MÉTODOS DE PESQUISA EM ATIVIDADE FÍSICA

T458m Thomas, Jerry R.
         Métodos de pesquisa em atividade física / Jerry R.
       Thomas, Jack K. Nelson, Stephen J. Silverman ; tradução:
       Ricardo Demétrio de Souza Petersen. – 6. ed. – Porto
       Alegre : Artmed, 2012.
         478 p. : il. ; 28 cm.

         ISBN 978-85-363-2713-6

         1. Educação física – Método de pesquisa. I. Nelson,
       Jack K. II. Silverman, Stephen J. III. Título.

                                           CDU 796:001.891

Catalogação na publicação: Ana Paula M. Magnus – CRB 10/2052

JERRY R. THOMAS
JACK K. NELSON
STEPHEN J. SILVERMAN

MÉTODOS DE PESQUISA EM ATIVIDADE FÍSICA

6ª EDIÇÃO

Tradução técnica:
Ricardo Demétrio de Souza Petersen
Professor da Escola de Educação Física da UFRGS.
PhD pela University of Maryland, EUA.

artmed

2012

Obra originalmente publicada sob o título
Research Methods in Physical Activity, 6th Edition
ISBN 9780736089395

Copyright © 2011, Jerry R. Thomas, Jack K. Nelson, and Stephen J. Silverman
All rights reserved. Except for use in a review, the reproduction or utilization of this work in any form or by any electronic, mechanical, or other means, now known or hereafter invented, including xerography, photocopying, and recording, and in any information storage and retrieval system, is forbidden without the written permission of the publisher.

This translation published by arrangement with Human Kinetics, Inc.

Capa: *Márcio Monticelli*

Imagem da capa: ©*iStockphoto.com / Dan Barbalata, 2011: 3d colorful arrrows, on white background*

Preparação de originais: *Luiza Signorelli Germano*

Leitura final: *Alessandra Bittencourt Flach*

Editora sênior – Biociências: *Cláudia Bittencourt*

Assistente editorial: *Adriana Lehmann Haubert*

Projeto e editoração: *Techbooks*

Reservados todos os direitos de publicação, em língua portuguesa, à
ARTMED EDITORA LTDA., divisão do GRUPO A EDUCAÇÃO S.A.
Av. Jerônimo de Ornelas, 670 – Santana
90040-340 – Porto Alegre – RS
Fone: (51) 3027-7000   Fax: (51) 3027-7070

É proibida a duplicação ou reprodução deste volume, no todo ou em parte, sob quaisquer formas ou por quaisquer meios (eletrônico, mecânico, gravação, fotocópia, distribuição na Web e outros), sem permissão expressa da Editora.

Unidade São Paulo
Av. Embaixador Macedo Soares, 10.735 – Pavilhão 5 – Cond. Espace Center
Vila Anastácio – 05095-035 – São Paulo – SP
Fone: (11) 3665-1100   Fax: (11) 3667-1333

SAC 0800 703-3444 – www.grupoa.com.br

IMPRESSO NO BRASIL
PRINTED IN BRAZIL

Sobre os Autores

Jerry R. Thomas, **EdD**, é professor e diretor do College of Education da University of North Texas. Além de ter escrito as versões anteriores deste livro, Thomas é autor de mais de 200 publicações, trazendo várias contribuições aos métodos de pesquisa. Ganhador do prêmio C. H. McCloy Lecturer, em 1999, em virtude de sua produção científica, Thomas trabalhou como editor-chefe da *Research Quarterly for Exercise and Sport* e como revisor da maioria dos grandes periódicos científicos sobre educação física, bem como de diversos outros periódicos sobre psicologia. Ele também foi presidente da American Academy of Kinesiology and Physical Education, da American Kinesiology Association, da American Alliance for Health, Physical Education, Recreation and Dance (AAHPERD) Research Consortium e da North American Society for Psychology of Sport and Physical Activity. Foi nomeado AAHPERD Alliance Scholar, em 1990, e NASPSPA Distinguished Scholar, em 2003, pelos resultados de uma vida dedicada à pesquisa.

Jack K. Nelson, **EdD**, é professor emérito do Departamento de Educação Física da Louisiana State University. Realizou e publicou pesquisas e ensinou métodos de pesquisa por 35 anos. Orientou mais de 50 teses e 50 dissertações com ênfase no processo de pesquisa. Além disso, tem mais de 80 publicações e trabalha como editor de publicações de pesquisa. Integrante do Research Consortium, é membro da AAHPERD, da American Educational Research Association e da American College of Sports Medicine. Ele também foi presidente da Association for Research, Administration, Professional Councils and Societies (agora AAALF) e vice-presidente da AAHPERD.

Stephen J. Silverman, **EdD**, ensina métodos de pesquisa e escreve sobre esse assunto há mais de 20 anos. É professor de Educação no Teachers College, da Columbia University, e realiza pesquisas sobre o ensino em educação física, com ênfase no modo como as crianças aprendem habilidades motoras e desenvolvem atitudes. Publicou mais de 50 artigos de pesquisa, além de muitos livros e capítulos de livros. Silverman é membro da American Academy of Kinesiology and Physical Education e da AAHPERD Research Consortium e um colaborador da American Educational Research Association (AERA). Ex-coeditor do *Journal of Teaching in Physical Education* e editor-chefe da *Research Quarterly for Exercise and Sport*. Silvermam foi AERA Physical Education Scholar Lecturer, Research Consortium Scholar Lecturer e o 2010-2011 AAHPERD Alliance Scholar.

AGRADECIMENTOS

Assim como em qualquer trabalho, contamos com a colaboração de várias pessoas para este livro e queremos agradecer-lhes. Muitas delas são ex-alunos e colegas professores que, de uma forma ou outra, contribuíram para o desenvolvimento das ideias aqui expressas. Além dessas pessoas, vários docentes, que usaram edições anteriores e apresentaram revisões ou sugestões, ajudaram a aprimorá-lo. Mesmo não sendo possível relacionar e nem mesmo lembrar cada contribuição, sabemos que vocês as fizeram e gostaríamos de agradecê-los.

Em especial, agradecemos a Karen French, da University of South Carolina; a Dick Magill, da Louisiana State University (emérito); a Brad Cardinal, da Oregon State University; e a Kathi Thomas, da University of North Texas, pela permissão para usar materiais publicados em conjunto. Scott Kretchmar, Nancy Struna, Barb Ainsworth e Chuck Matthews contribuíram de forma inestimável, escrevendo os capítulos sobre métodos de pesquisa em filosofia, história e epidemiologia do exercício, tópicos que não poderíamos tratar com tanta competência.

Também somos gratos ao executor literário Sir Ronald A. Fisher, FRS, ao Dr. Frank Yates, FRS, e ao Longman Group Ltd., London, por permitir a reimpressão das tabelas 3 e 5 do Apêndice de seu livro *Statistical Tables for Biological, Agricultural and Medical Research* (6th ed., 1974).

Por fim, agradecemos à equipe da editora Human Kinetics, em especial a Kate Maurer, nossa editora de desenvolvimento, pelo apoio e pelas contribuições. Eles aguçaram nosso raciocínio e melhoraram nossa redação.

Jerry R. Thomas
Jack K. Nelson
Stephen J. Silverman

PREFÁCIO

Com a publicação desta sexta edição, 25 anos se passaram desde que a primeira edição foi publicada, em 1985. Aproveitamos a oportunidade para agradecer a todos os que utilizaram este livro nesse período. Esperamos que os leitores tenham aprendido muito sobre métodos de pesquisa em atividade física e que também tenham se divertido um pouco com as histórias engraçadas, os casos e as ilustrações incluídos com o objetivo de animar a leitura. Tivemos grande prazer em saber, pelo artigo de Silverman e Keating (2002), publicado na *Research Quarterly for Exercise and Sport*, que 71% das pessoas que responderam ao *survey* deles sobre a disciplina de métodos de pesquisa mencionaram ter usado o nosso livro. Esses dados revelam que o conteúdo desta obra está bem alinhado com tópicos que professores de métodos de pesquisa acreditam ser importantes. Temos ainda a satisfação de constatar que nosso livro tem sido bem-sucedido em muitos outros países de língua inglesa – "É isso aí, amigos australianos!". Além disso, ficamos felizes que edições anteriores tenham sido traduzidas para o chinês, o grego, o coreano, o italiano, o japonês, o espanhol e o português.

O Dr. Stephen Silverman juntou-se a nós como coautor da quinta edição e, apesar do nosso senso de humor, concordou em continuar conosco na sexta. O Dr. Jack Nelson se aposentou, mas continua colaborando e orientando. O Dr. Silverman é um renomado acadêmico e metodólogo de pedagogia da educação física, e é ex-editor da *Research Quarterly for Exercise and Sport*.

Este livro ainda é muito usado no primeiro nível dos cursos de métodos de pesquisa da pós-graduação, embora seja também adotado em disciplinas de métodos de pesquisa na graduação e como recurso para elaboração de planejamentos e análise de pesquisas. Usamos a expressão *atividade física* no sentido de um amplo campo de estudo, frequentemente rotulado de cinesiologia, ciência do exercício, ciência do exercício e do esporte, estudos esportivos, movimento humano ou educação física, e também áreas correlatas, como fisioterapia, reabilitação e terapia ocupacional. Esperamos que todos os que leem, interpretam, planejam, realizam, escrevem ou apresentam pesquisas encontrem neste livro uma ferramenta útil para seus trabalhos.

A sexta edição mantém a organização da edição anterior:

- *Parte I* – visão geral do processo de pesquisa, incluindo o desenvolvimento do problema, a utilização da literatura, a preparação do plano de pesquisa e o entendimento de questões éticas em pesquisa e escrita.
- *Parte II* – introdução de questões de estatística e medidas em pesquisas, incluindo descrições estatísticas, poder, relações entre variáveis, diferenças entre grupos, procedimentos não paramétricos e questões sobre medidas na pesquisa.
- *Parte III* – apresentação de vários tipos ou abordagens de pesquisa, inclusive os métodos histórico, filosófico, síntese de pesquisa, *survey*, descritivo, epidemiológico, experimental, qualitativo e mistos.
- *Parte IV* – ajuda para completar o processo de pesquisa, incluindo redação e discussão dos resultados, organização de artigos científicos, elaboração de boas figuras e tabelas e apresentação da pesquisa tanto na forma oral como na escrita.
- O *Apêndice* inclui tabelas estatísticas.

Fizemos algumas alterações de formato em relação à quinta edição, a fim de melhorar e atualizar o texto. Para isso, contamos com a colaboração de vários leitores, entre eles alunos nossos e docentes em cujas disciplinas este livro foi usado no ensino de métodos de pesquisa. Agradecemos a revisão do Dr. Larry Loocke da edição anterior; ele forneceu boa orientação, que incluímos nesta edição. De fato, levamos em consideração suas observações. Mas, às vezes, quando lemos revisões, nos sentimos como Day (1983, p. xi). Ele disse que um revisor descreveu seu livro como bom e original, porém, acrescentou que a parte boa não era original, e a parte original não era boa. A seguir, apresentamos um resumo das modificações introduzidas nesta sexta edição:

- *Parte I*: *Visão geral do processo de pesquisa*. Em todos os capítulos, fizemos pequenas alterações, atualizamos informações e incluímos dados mais recentes. Fizemos uma revisão significativa do Capítulo 2, sobre o uso das técnicas de biblioteca, incluindo muito mais informações sobre buscas eletrônicas. Além disso, o Capítulo 5, sobre questões éticas, foi atualizado com atenção especial aos procedimentos para uso de sujeitos humanos e animais.
- *Parte II*: *Conceitos de estatística e de mensuração em pesquisas*. Tentamos apresentar exemplos relevantes e fornecer aos alunos cálculos de fácil compreensão nessa seção de estatística básica. Reduzimos os exemplos de cálculos manuais e fórmulas e os substituímos por amostras de resultado do Statistical Package for the Social Sciences. Usamos dados da *performance* de jogadores de 2008 para variáveis de resultado e habilidade do *site* da Professional Golf Association como exemplo para a análise nos capítulos de estatística. Continuamos a usar uma abordagem unificada das técnicas paramétricas e não paramétricas.
- *Parte III*: *Tipos de pesquisa*. Mais uma vez, aproveitamos a experiência de outros autores para apresentar visões coerentes das pesquisas histórica (Nancy Struna), filosófica (Scott Kretchmar) e epidemiológica (Barbara Ainsworth e Chuck Matthews) em atividade física. Como não somos especialistas nesses três tipos de pesquisa, preferimos que eles fossem tratados por acadêmicos da área. Nessa parte, outra revisão importante refere-se ao capítulo da pesquisa qualitativa. Várias mudanças aconteceram nesse campo, determinando a expansão e a atualização das informações. Em razão do crescente uso de ambas as abordagens, quantitativa e qualitativa, em um único estudo, adicionamos o Capítulo 20, sobre pesquisa de métodos mistos. Além disso, pequenas revisões e atualizações foram implementadas em todos os demais capítulos dessa parte.
- *Parte IV*: *Redação do relatório de pesquisa*. Os dois capítulos dessa seção praticamente não foram alterados, a não ser por pequenas revisões e atualizações de conteúdo.

Como dissemos nas edições anteriores, somos gratos pela ajuda de nossos amigos, que reconhecemos em várias partes deste livro e em outros lugares onde temos inadvertidamente usado uma ideia sem dar o devido crédito.

> Depois de certo tempo, costumamos esquecer quem foi o verdadeiro autor de determinadas ideias. Depois de mais tempo ainda, começamos a pensar que fomos nós os autores de todas as boas ideias, proposição sabidamente indefensável. (Day, 1983, p. xv)

Acreditamos que este livro contém informações necessárias tanto ao consumidor de pesquisas quanto ao pesquisador. Ainda que o conhecimento das ferramentas de pesquisa não seja mais importante do que a experiência adquirida na prática, os bons acadêmicos da área da atividade física não podem renunciar a esse conhecimento. Pesquisadores, professores, médicos, técnicos, trabalhadores do setor de saúde, graduados em educação física, treinadores e técnicos precisam compreender o processo de pesquisa. Caso contrário, serão forçados a aceitar informações sem questioná-las ou a agir de acordo com a recomendação de outros. É claro que isso nem sempre é negativo, mas a marca do profissionalismo está justamente em desenvolver a capacidade de avaliar materiais e em tirar conclusões válidas, com base em dados, método e lógica.

Em vários capítulos, inserimos anedotas, casos, descrições, leis e consequências. O objetivo é enfatizar determinados pontos e facilitar a leitura, sem desviar a atenção do conteúdo. Processos de pesquisa não são eventos misteriosos que os graduandos devam temer. Ao contrário, são ferramentas úteis para qualquer acadêmico ou profissional; constituem-se, na verdade, como base sólida para a tomada de decisão competente.

Jerry R. Thomas
Jack K. Nelson
Stephen J. Silverman

Dicas de Estudo

Prezado estudante de métodos de pesquisa:

Queremos que você aprenda com o material disponível aqui, e a maioria de vocês está aprendendo em uma sala de aula e também lendo o livro-texto. Em razão dos muitos anos ensinando métodos de pesquisa, chegamos às seguintes recomendações:

1. Esteja presente e participe da aula – 90% da vida é comparecer!
2. Faça anotações em aula – escrever é uma forma eficiente de aprender.
3. Leia o material indicado antes da aula. Dã!
4. Planeje e faça pelo menos uma pergunta em cada aula.
5. Desenvolva e trabalhe com um grupo de estudo.
6. Prepare-se para os testes e provas – não estude na última hora – estude por vários dias.
7. Use os recursos do *campus* para aumentar o aprendizado – biblioteca, computador, Internet.
8. Visite seu orientador com frequência – nós que ensinamos métodos de pesquisa somos sujeitos simpáticos.

A lista a seguir o ajudará a determinar sua prontidão para ser um estudante de métodos de pesquisa.

Marque um ponto para cada uma das seguintes declarações que o descreve

A decoração da sua sala de estudo é melhor do que a do seu apartamento.
Alguma vez já levou um artigo acadêmico para um bar ou café.
Para avaliar bares ou cafés, leva em conta a existência de tomadas para *notebook*.
Alguma vez já discutiu questões acadêmicas em um evento esportivo.
Em relação a microfilmes e microfichas, tem indiscutível preferência por um deles.
Sempre lê referências bibliográficas de artigos acadêmicos.
Pensa que as letras gregas escritas no agasalho de uma irmandade são fórmulas estatísticas.
Precisa explicar às crianças por que continua estudando.
Refere-se a contos de fadas como "Branca de Neve et al.".
Pergunta-se se uma conversa consigo mesmo pode ser citada como "comunicação pessoal", de acordo com as regras da ABNT.

Pontuação

5 ou 6 – pronto para cursar disciplinas sobre métodos de pesquisa
7 ou 8 – provavelmente um bom mestrando
9 ou 10 – com certeza um bom doutorando

Humoristicamente,
Professores de Métodos de Pesquisa

SUMÁRIO

Parte I	**Visão Geral do Processo de Pesquisa**	**21**
Capítulo 1	**Introdução à Pesquisa em Atividade Física**	**23**
	Natureza da pesquisa	23
	Métodos não científicos e científicos de solução de problemas	30
	Modelos de pesquisa alternativos	34
	Tipos de pesquisa	37
	Visão geral do processo de pesquisa	42
	As partes da tese: uma reflexão sobre as etapas do processo de pesquisa	42
	Resumo	44
Capítulo 2	**Desenvolvimento do Problema e Utilização da Literatura**	**45**
	Identificação do problema a ser pesquisado	45
	Objetivos da revisão da literatura	49
	Estratégias básicas da pesquisa da literatura	51
	Etapas da pesquisa da literatura	52
	Resumo	70
Capítulo 3	**Apresentação do Problema**	**73**
	Escolha do título	73
	Redação da introdução	74
	Enunciado do problema de pesquisa	76
	Apresentação da hipótese	78
	Definição operacional dos termos	79
	Suposições, delimitações e limitações básicas	79
	Justificativa da significância do estudo	82
	Diferenças entre tese e artigo científico	83
	Resumo	84
Capítulo 4	**Formulação do Método**	**87**
	Apresentação dos detalhes metodológicos	88
	Importância do planejamento do método	88

Dois princípios do planejamento de experimentos	89
Descrição dos participantes	89
Descrição dos instrumentos	91
Descrição dos procedimentos	92
Descrição do delineamento e da análise	94
Estabelecimento da relação de causa e efeito	96
Interação entre participantes, medidas e tratamentos	97
Resumo	98

Capítulo 5 Questões Éticas da Pesquisa e do Trabalho Acadêmico   **99**

Sete áreas da desonestidade científica	99
Questões éticas relacionadas aos direitos autorais	105
Modelo que considera condutas científicas inadequadas	105
Relações de trabalho com o corpo docente	108
Proteção dos participantes humanos	110
Proteção dos participantes animais	112
Resumo	113

Parte II   Conceitos de Estatística e de Mensuração em Pesquisas   117

Capítulo 6 Introdução aos Conceitos Estatísticos   **119**

Por que precisamos da estatística	119
Uso de computadores na análise estatística	121
Descrição e inferência não são técnicas estatísticas	121
Formas de selecionar uma amostra	121
Justificativa de explicações *post hoc*	123
Dificuldades da amostragem e da designação aleatória: como lidar com isso?	123
Unidade de análise	124
Medidas de tendência central e de variabilidade	125
Conceitos básicos de técnicas estatísticas	129
Dados para usar no restante dos capítulos de estatística	132
Resumo	132

Capítulo 7 Questões Estatísticas no Planejamento e na Avaliação de Pesquisas   **135**

Probabilidade	135
Significação (tamanho do efeito)	137
Poder	138
Uso de informações no contexto do estudo	141
Resumo	144

Capítulo 8 Relações entre Variáveis   **145**

Objeto de investigação da pesquisa correlacional	145
Compreensão da natureza da correlação	146
Significado do coeficiente de correlação	152
Uso da correlação para predição	155

	Correlação parcial	158
	Usos da correlação semiparcial	158
	Procedimentos da regressão múltipla	159
	Formas de correlação multivariadas	162
	Resumo	164
Capítulo 9	**Diferenças entre Grupos**	**167**
	Como a estatística testa diferenças	167
	Tipos de testes t	168
	Interpretação do t	173
	Relação entre t e r	176
	Análise de variância	178
	Análise de covariância	191
	Índice de erro experimental	192
	Compreensão das técnicas multivariadas	193
	Resumo	197
Capítulo 10	**Técnicas Não Paramétricas**	**201**
	Qui quadrado: teste do observado *versus* o esperado	202
	Procedimentos para lidar com dados classificados por ordenação	207
	Correlação	208
	Diferenças entre grupos	209
	Resumo	212
Capítulo 11	**Medidas de Variáveis de Pesquisa**	**213**
	Validade	213
	Fidedignidade	217
	Métodos de determinação da fidedignidade	221
	Fidedignidade (objetividade) entre avaliadores	223
	Erro-padrão da medida	223
	Uso de escores-padrão na comparação de desempenhos	224
	Medida do movimento	225
	Medida de respostas escritas	226
	Medida do comportamento afetivo	226
	Escalas para medida do comportamento afetivo	228
	Medida de conhecimento	230
	Teoria da resposta ao item	231
	Resumo	233
Parte III	**Tipos de Pesquisa**	**235**
Capítulo 12	**Pesquisa Histórica em Atividade Física**	**237**
	Paradigmas de pesquisa	237
	Linhas de investigação e tópicos	239
	Delineamento da pesquisa	242
	Trabalhando com evidências	242
	Resumo	250

Capítulo 13	**Pesquisa Filosófica em Atividade Física**	**255**
	Identificação dos objetivos da pesquisa filosófica	256
	Localização do problema a ser pesquisado	259
	Análise de um problema de pesquisa	259
	Resumo	267
Capítulo 14	**Síntese de Pesquisa (Metanálise)**	**273**
	Utilização da metanálise para sintetizar a pesquisa	274
	Apresentação de dados de tamanho do efeito	283
	Resumo	283
Capítulo 15	***Surveys***	**293**
	Questionário	293
	Surveys eletrônicos	304
	Método Delphi	305
	Entrevista pessoal	305
	Survey normativo	308
	Resumo	309
Capítulo 16	**Outros Métodos de Pesquisa Descritiva**	**311**
	Pesquisa desenvolvimental	311
	Estudo de caso	315
	Análise de cargo	317
	Pesquisa observacional	318
	Técnicas de pesquisa não intrusivas	322
	Pesquisa correlacional	323
	Resumo	324
Capítulo 17	**Pesquisa Epidemiológica em Atividade Física**	**327**
	Pesquisa observacional *versus* experimental	328
	O que é epidemiologia?	329
	Definições de mensuração em atividade física	331
	Avaliação da atividade física	332
	Delineamentos de estudos epidemiológicos	335
	Leitura e interpretação de um estudo epidemiológico em atividade física	344
	Resumo	347
Capítulo 18	**Pesquisa Experimental e Quase Experimental**	**349**
	Fontes de invalidação	350
	Ameaças à validade interna	351
	Ameaças à validade externa	354
	Controle de ameaças à validade interna	356
	Controle de ameaças à validade externa	358
	Tipos de delineamentos	358
	Resumo	371

Capítulo 19	**Pesquisa Qualitativa**	**373**
	Procedimentos na pesquisa qualitativa	374
	Análise dos dados	379
	Resumo	388
Capítulo 20	**Métodos Mistos de Pesquisa**	**391**
	Combinação de métodos qualitativos e quantitativos	392
	Delineamento de pesquisa de métodos mistos	393
	Questões específicas na pesquisa de métodos mistos	393
	Exemplos de pesquisa de métodos mistos	394
	Resumo	395

Parte IV Redação do Relatório de Pesquisa 397

Capítulo 21	**A Conclusão do Processo de Pesquisa**	**399**
	Projeto de pesquisa	399
	Desenvolvimento de uma boa introdução	399
	Descrição do método	401
	Processo do projeto	402
	Preparação e apresentação de projetos de pesquisa qualitativa	406
	Redação de projetos para agências de fomento	406
	Submissão de projetos internos	408
	Finalização da tese ou dissertação	408
	Resultados e discussão	408
	Como lidar com múltiplos experimentos em um único relatório	412
	Como usar tabelas e figuras	413
	Resumo	421
Capítulo 22	**Formas de Relatar a Pesquisa**	**423**
	Orientações básicas de redação	423
	Algumas palavras sobre os agradecimentos	424
	Formato da tese ou dissertação: tradicional *versus* de periódico	424
	Dicas úteis para a redação de artigos científicos	430
	Revisão de artigos de pesquisa	432
	Redação de resumos	435
	Apresentações orais e em pôsteres	436
	Resumo	439
Apêndice	**Tabelas Estatísticas**	**441**
Referências		**455**
Índice Onomástico		**465**
Índice		**467**

PARTE I

VISÃO GERAL DO PROCESSO DE PESQUISA

Certas pesquisas obscureceram tanto o tema que, se continuarem, em breve não saberemos absolutamente mais nada sobre esse assunto.

Afirmação atribuída a Mark Twain

Na Parte I, apresentamos uma visão geral do processo de pesquisa. O capítulo introdutório define e revisa vários tipos de pesquisa em atividade física e fornece alguns exemplos. Definimos ciência como uma investigação sistemática e discutimos as etapas do método científico. Esse método lógico responde às quatro perguntas a seguir (Day, 1983, p. 4), típicas de uma tese, uma dissertação ou um relatório de pesquisa:

1. Que problema foi escolhido? A resposta está na Introdução.
2. Como estudamos esse problema? A resposta está em Materiais e Métodos.
3. O que descobrimos? A resposta está em Resultados.
4. Qual é o significado dessas descobertas? A resposta está em Discussão.

Além disso, apresentamos abordagens alternativas de execução de pesquisas, vinculadas a uma discussão mais filosófica das ciências e das formas de conhecimento. Em especial, tratamos de pesquisa qualitativa, de aplicação de estudos de campo e de métodos de introspecção como estratégias para solucionar questões de pesquisa, em vez de nos basearmos no paradigma tradicional como único recurso possível para essa tarefa.

O Capítulo 2 sugere formas de desenvolver um problema e de usar a literatura da área para esclarecer questões, especificar hipóteses e desenvolver a metodologia. Em especial, enfatizamos o uso de novas tecnologias eletrônicas para pesquisa, leitura, análise, síntese, organização e revisão da literatura.

Os dois capítulos seguintes apresentam o formato do projeto de pesquisa e alguns exemplos. Em geral, essas informações são exigidas de alunos de mestrado ou doutorado antes da coleta de dados para a tese ou a dissertação. O Capítulo 3 define o problema de pesquisa, tratando da introdução, da declaração do problema, das hipóteses de pesquisa, das definições operacionais, das suposições e limitações e da importância. O Capítulo 4 abrange a metodologia, ou seja, como fazer a pesquisa. Foram incluídos os seguintes tópicos: seleção de participantes, instrumentos, aparelhos ou equipamentos, procedimentos, planejamento e análise. Enfatizamos o valor do trabalho-piloto, realizado antes da pesquisa, e o modo de estabelecer as causas e os efeitos.

O Capítulo 5 aborda questões éticas na pesquisa e na academia. Incluímos informações sobre má conduta de pesquisadores, considerações éticas relacionadas à redação do trabalho acadêmico, ao trabalho com orientadores, aos direitos autorais e ao uso de seres humanos e animais em pesquisas.

Quando terminar a leitura da Parte I, você será capaz de entender melhor o processo de pesquisa. Virá então a parte complicada: aprender todos os detalhes. Tratamos desses detalhes na Parte II (Conceitos de Estatística e Mensuração em Pesquisa), na Parte III (Tipos de Pesquisa) e na Parte IV (Redação do Relatório de Pesquisa).

Capítulo 1

Introdução à Pesquisa em Atividade Física

Pesquisar é ver o que todo mundo já viu e pensar o que ninguém tinha pensado.

Albert Szent-Györgyi

Para cada pessoa, a palavra *pesquisa* traz uma imagem diferente. Uma pensará em navegar na Internet ou ir à biblioteca; outra imaginará um laboratório cheio de tubos de ensaio, frascos e, talvez, alguns ratinhos brancos. Portanto, antes de começar a escrever sobre esse assunto, devemos estabelecer um conceito comum de pesquisa. Neste capítulo, você será introduzido à natureza da pesquisa. Isso será feito por meio da discussão de métodos de solução de problemas e tipos de pesquisa. Explicaremos o processo de pesquisa e a sua relação com as partes da tese. Quando chegar ao final do Capítulo 1, terá compreendido o que a pesquisa realmente envolve.

Natureza da pesquisa

O objetivo da pesquisa é determinar como as coisas são em comparação ao que deveriam ser. Para alcançar essa meta, empregamos meios cuidadosos e sistemáticos para solucionar problemas, respeitando o fato de que a pesquisa envolve cinco características (Tuckman, 1978):

- **Sistemática.** A resolução de problemas é alcançada pela identificação e pela rotulação das variáveis, seguidas do planejamento da pesquisa, que testa as relações entre essas variáveis. Na sequência, são coletados dados que, relacionados às variáveis, permitem avaliar o problema e as hipóteses.
- **Lógica.** A verificação dos procedimentos usados no processo de pesquisa permite que os pesquisadores avaliem as conclusões.
- **Empírica.** O pesquisador coleta dados nos quais baseia as próprias decisões.
- **Redutiva.** O pesquisador considera eventos individuais (dados) e, a partir deles, estabelece relações gerais.
- **Replicável.** O processo de pesquisa é registrado, permitindo que outros o repitam para testar as descobertas ou que realizem pesquisas futuras com base nos resultados anteriores.

Os problemas a serem resolvidos originam-se de várias fontes e podem envolver solução de questões controversas, teste de teorias e tentativas de melhorar a prática vigente. Vejamos, por exemplo, um tópico popular preocupante: a obesidade e os métodos de perda de peso. Suponha-se que queiramos investigar essa questão comparando a eficácia de dois programas de exercício na perda de

Pesquisa aplicada
Tipo de pesquisa que possui aplicações no campo prático, mas cujas condições não podem ser inteiramente controladas pelo pesquisador.

Pesagem hidrostática
Técnica de medição da composição corporal, em que a densidade corporal é computada pela razão entre o peso da pessoa no ar e a perda de peso embaixo d'água.

peso. Obviamente, já sabemos que gastos calóricos resultam em perda de gordura. Portanto, buscaremos descobrir que programa apresenta melhor resultado sob certas condições. (Observação: aqui, o nosso objetivo é fornecer uma visão geral, simples e concisa de um estudo de pesquisa. Não temos a intenção de apresentar um modelo de originalidade ou sofisticação.)

Esse estudo é um exemplo de **pesquisa aplicada** (outros detalhes sobre esse tema estão na próxima seção). Em vez de tentar calcular as calorias gastas e assim por diante partimos de um ponto de vista estritamente pragmático. Imaginemos o seguinte: dirigimos uma academia, em que oferecemos aulas de dança aeróbica e *jogging* para indivíduos cuja intenção é perder peso. O problema de nossa pesquisa é este: qual desses dois programas é mais eficaz na redução de gordura?

Nesse exemplo, contamos com determinado número de pessoas, dentre as quais podemos escolher os sujeitos da pesquisa. Designamos, de modo aleatório, dois terços delas para os dois programas de exercícios e um terço para o grupo-controle. Obtemos de cada uma o compromisso de não estar fazendo nenhuma dieta drástica e de não estar envolvida em outras atividades físicas extenuantes durante o estudo. As aulas, tanto de dança aeróbica quanto de *jogging*, têm duração de uma hora e frequência de cinco vezes por semana, durante 10 semanas. As duas contam com o mesmo professor, entusiástico e muito qualificado.

Para calcular a gordura, usaremos a soma das medidas das dobras cutâneas de oito partes do corpo. Com certeza, poderíamos usar outro índice, como a porcentagem de gordura estimada a partir da **pesagem hidrostática** (o conteúdo total de água corporal ou algum outro tipo de cálculo da gordura). Em qualquer situação, temos argumentos suficientes para defender a nossa opção (cujos indicadores são válidos e confiáveis); além disso, as dobras cutâneas são medidas de campo funcionais. Medimos todos os sujeitos, inclusive os do grupo-controle, no início e no final do período de 10 semanas. Durante o estudo, tentamos garantir a similaridade dos procedimentos dos dois programas, como as técnicas de motivação e o fator do ambiente. Em outras palavras, não favorecemos nenhum dos grupos, incentivando um deles e desencorajando o outro. Também não colocamos um grupo em salas com ar condicionado e ambiente agradável enquanto o outro transpira demais, em um local escuro ou em uma área de estacionamento. Tentamos tornar ambos os programas o mais semelhantes possível em todos os aspectos, exceto nos tratamentos experimentais. Durante o estudo, o grupo-controle não faz nenhum exercício físico regular.

No final do programa de 10 semanas, depois de medir a gordura de todos os sujeitos de acordo com o critério estabelecido, estamos prontos para analisar os dados. Queremos saber que mudanças ocorreram na densidade das dobras cutâneas e se houve diferenças entre os dois tipos de exercício. Uma vez que estamos trabalhando com amostras de pessoas (de todo um universo de indivíduos semelhantes), precisamos usar algum tipo de estatística para estabelecer qual o grau de confiabilidade dos resultados. Em outras palavras, temos de determinar a importância desses resultados. Suponhamos que a média dos valores (escores) de cada grupo seja a seguinte:

- Dança aeróbica = -21 mm
- *Jogging* = -25 mm
- Controle = $+8$ mm

Esses valores (fictícios) representam a média das alterações na espessura das dobras cutâneas de todas as oito partes do corpo. Ambos os grupos experimentais perderam gordura, enquanto o grupo-controle, na verdade, apresentou aumento desse critério após o período observado de 10 semanas. Decidimos usar a técnica estatística de análise da variância de medidas repetidas. Descobrimos uma razão F significativa, indicando diferenças relevantes entre os três grupos. Por meio de um procedimento de testagem subsequente, descobrimos que os dois grupos de exercícios são significativamente diferentes do grupo-controle. Contudo, não identificamos grande diferença entre o grupo da dança aeróbica e o do *jogging*. (Pode ser que muitos não tenham a mínima ideia do que é proporção F e significância, mas não há motivos para preocupação. Tudo isso será explicado mais adiante. Este livro está diretamente preocupado com esse tipo de assunto.)

A partir desse estudo, nossa conclusão é a seguinte: tanto a dança aeróbica quanto o *jogging* são eficazes (aparentemente equivalentes) na perda de gordura em pessoas com excesso de peso (como as analisadas no estudo), em um período de 10 semanas. Ainda que esses resultados sejam razoáveis, esse cenário é apenas um exemplo. Poderíamos supor, inclusive, que esse estudo foi publicado em uma revista de prestígio e que ganhamos o Prêmio Nobel.

Continuum da pesquisa

Em nossa área, a pesquisa pode ser colocada em um *continuum* que tem pesquisa aplicada em um extremo e **pesquisa básica** no outro. Ambos os extremos possuem características próprias. A pesquisa aplicada tende a tratar de problemas imediatos, utilizar os chamados ambientes do mundo real, usar sujeitos humanos e dispor de controle limitado sobre o ambiente investigado. Porém, fornece resultados de valor direto para a prática profissional. A pesquisa básica costuma lidar com problemas teóricos. Ela utiliza o laboratório como ambiente, prefere usar animais como sujeitos, manipula condições de controle com cuidado e produz resultados de aplicação direta limitada. Christina (1989) sugeriu que as formas de pesquisa básica e aplicada são úteis uma à outra para informar sobre futuras direções de pesquisa. A Tabela 1.1 mostra como a pesquisa de questões da área de aprendizagem motora pode variar ao longo do *continuum*, do básico ao aplicado, de acordo com o objetivo e a abordagem.

De certa forma, os pontos fortes da pesquisa aplicada são os pontos fracos da pesquisa básica, e vice-versa. Há considerável controvérsia nas literaturas da psicologia, da educação e da atividade física (ver exemplos em Christina, 1989; Martens, 1979, 1987; Siedentop, 1980; Thomas, 1980) sobre o que deve prevalecer: a pesquisa básica ou a aplicada. Esse tema, rotulado de **validade ecológica**, envolve duas questões: será que o ambiente de pesquisa é percebido pelo sujeito da maneira imaginada pelo experimentador? Será que esse ambiente inclui quantidade suficiente de características do mundo real para permitir a generalização das descobertas?

Com certeza, a maioria das pesquisas não é puramente aplicada, nem apenas básica, mas incorpora certo grau de ambas. Acreditamos que esforços sistemáticos são necessários no estudo de atividade física para a produção de pesquisas que transitem pelos níveis (Tab. 1.1) propostos por Christina (1989). Excelentes resumos desse tipo de pesquisa e do conhecimento acumulado são fornecidos em três volumes dedicados à fisiologia do exercício, à psicologia do esporte e ao comportamento motor:

▶ A pesquisa básica e a pesquisa aplicada podem ser pensadas como dois extremos de um *continuum*. A pesquisa básica aborda problemas teóricos, geralmente em laboratório, e pode ter aplicação direta limitada. A pesquisa aplicada aborda problemas imediatos, geralmente em situações menos controladas do mundo real, e é mais proximamente ligada à aplicação.

Pesquisa básica
Tipo de pesquisa que costuma ter limitada aplicação prática direta, mas em que o pesquisador mantém controle cuidadoso das condições.

Validade ecológica
O grau em que a pesquisa emula o mundo real.

TABELA 1.1

Níveis de relevância da pesquisa em aprendizagem motora para a solução de problemas práticos no esporte

	Nível 1 Relevância direta mínima Pesquisa básica	Nível 2 Relevância direta moderada Pesquisa aplicada	Nível 3 Relevância direta máxima Pesquisa aplicada
Objetivo fundamental	Desenvolver conhecimentos com base em teoria apropriados à compreensão da aprendizagem de habilidades no ambiente esportivo, sem a obrigação de encontrar soluções imediatas para problemas dessa área.	Desenvolver conhecimentos com base em teoria apropriados à compreensão da aprendizagem motora em geral, sem a obrigação de demonstrar sua relevância na solução de problemas práticos.	Encontrar soluções imediatas para problemas de aprendizagem no esporte, sem a obrigação de demonstrar ou desenvolver conhecimentos com base em teoria, relacionados aos níveis 1 ou 2.
Abordagem principal	Testar hipóteses em ambiente de laboratório, usando tarefas motoras planejadas pelo experimentador.	Testar hipóteses em um ambiente esportivo ou em um laboratório de condições semelhantes, usando habilidades esportivas ou tarefas motoras que apresentem as propriedades dessas habilidades.	Testar soluções para problemas de aprendizagem específicos do esporte em ambientes descritos na pesquisa aplicada de nível 2.

De R. W. Christina, 1989, "Whatever happened to applied research in motor learning?" In *future directions in exercise and sport science research*, edited by J.S. Skinnner et al. (Champaign, IL: Human Kinetics). Copyright 1989 by James S. Skinner. Reimpressa com permissão.

Physical Activity, Fitness, and Health (Bouchard, Shepard e Stephens, 1994); *Handbook of Sport Psychology* (Singer, Hausenblas e Janelle, 2001); e *Cognitive Issues in Motor Expertise* (Starkes e Allard, 1993). Nesses livros, cada capítulo foi preparado por um especialista que resumiu as teorias e as pesquisas básicas e aplicadas de áreas relacionadas a esses três campos do conhecimento. O pesquisador iniciante deveria ler vários desses capítulos para ver exemplos de como o conhecimento é desenvolvido e acumulado no estudo de atividade física. Precisamos de mais esforços voltados para a produção de um corpo de conhecimentos dessa área. Mesmo que a base de pesquisas tenha crescido de modo excepcional ao longo dos últimos 25 anos, ainda existe muito a ser feito.

Há grande necessidade de preparar consumidores de pesquisas e pesquisadores proficientes em educação física. Ser proficiente implica o entendimento completo dos conhecimentos básicos adequados (p. ex., fisiologia do exercício, comportamento motor, pedagogia e ciências sociais e biológicas), bem como dos métodos de pesquisa. Neste livro, tentamos explicar as ferramentas necessárias ao consumo e à produção de pesquisas. Muitos desses métodos são usados em várias áreas da educação física, da ciência do exercício e da ciência do esporte (assim como em psicologia, sociologia, educação e fisiologia). Esforços para garantir a boa qualidade das pesquisas sempre envolvem alguns destes componentes ou todos eles:

- Identificação e delimitação do problema.
- Investigação e revisão da literatura relevante e comentário eficaz sobre ela.
- Especificação e definição de hipóteses testáveis.
- Planejamento da pesquisa para testar as hipóteses.
- Seleção, descrição, teste e tratamento dos sujeitos.
- Análise e relato dos resultados.
- Discussão do significado e das implicações das descobertas.

Viabilidade e acessibilidade

Reconhecemos que nem todos serão pesquisadores. Em nossa profissão, não são muitos os que se interessam pela pesquisa. Na verdade, alguns têm verdadeira aversão a ela. Os pesquisadores, às vezes, são vistos como pessoas estranhas, preocupadas com problemas insignificantes e desligados do mundo real (embora saibamos que esse não é o seu caso). Em um livro informativo, e também divertido, sobre redação de artigos científicos, Day (1983) conta a história de dois homens passeando em um balão de ar quente que depararam com algumas nuvens e perderam o rumo. Quando finalmente se aproximaram do chão, não reconheceram a região e nem faziam a mínima ideia de onde tinham ido parar. Na verdade, eles estavam sobrevoando um de nossos mais famosos institutos de pesquisa. De repente, avistaram um homem, caminhando pela estrada e o chamaram: "Ei, senhor, onde estamos?". O homem olhou para cima, avaliou a situação e depois de alguns momentos de reflexão, respondeu: "Vocês estão em um balão". Um dos balonistas virou-se para o outro e disse: "Aposto que aquele homem é um pesquisador". O outro perguntou: "O que o faz pensar assim?". O primeiro então explicou: "A resposta dele é perfeitamente exata, mas totalmente inútil" (p. 152).

Brincadeiras à parte, não se pode negar a importância das pesquisas para todas as profissões. Afinal, uma das distinções básicas entre disciplinas ou profissões e "ofício" é que este último lida apenas com o modo de fazer as coisas, enquanto as duas primeiras estão relacionadas não apenas com o modo, mas também com o motivo de algo dever ser feito de determinado modo (e, inclusive, por que deve ser feito). No entanto, em disciplinas ou profissões, embora a maioria das pessoas reconheça a importância da pesquisa, grande parte delas não lê artigos científicos. Essa situação não é exclusiva da nossa área. Há informações de que apenas 1% dos químicos leem publicações científicas da própria área; de que menos de 7% dos psicólogos leem revistas acadêmicas de psicologia, etc. A grande questão é: por que isso acontece? Acreditamos que a maioria dos profissionais não lê resultados de pesquisas porque considera isso desnecessário. A pesquisa não é prática o suficiente ou não diz respeito ao trabalho deles. Outra razão, dada pelos próprios profissionais do movimento, é que eles não entendem os artigos. A linguagem é muito técnica; a terminologia, pouco familiar e confusa. Essa reclamação é válida, mas poderíamos argumentar que, se os programas de preparação profissional tivessem orientação mais científica, o problema seria diminuído. Entretanto, a compreensão da literatura científica é extremamente difícil para quem não é pesquisador.

Leitura de pesquisas

Alguém disse certa vez (com ironia) que artigos científicos não são feitos para serem lidos, mas para serem publicados. Infelizmente, há uma verdade considerável nessa observação. Como escritores, em geral somos culpados por tentar usar uma linguagem que fascine o leitor, dando a impressão de que nossa matéria de estudo é mais esotérica do que realmente é. Tendemos a escrever em prol de apenas algumas leitores, ou seja, dos pesquisadores de nossa área.

Sem dúvida, há o problema do jargão. Em qualquer campo, seja física, futebol ou confeitaria, o jargão confunde os leigos. O uso do jargão serve como um tipo de estenografia. Ele significa algo para as pessoas da área porque todas usam essas palavras em um mesmo contexto. A literatura de artigos científicos é famosa por incluir palavras de três dólares quando um mero níquel bastaria. Como escreveu Day (1983, p. 147), por que um autor que se autorrespeita usaria uma palavra de cinco letras, como "agora", em lugar da elegante expressão "neste exato momento"? Pesquisadores nunca "fazem" coisas, eles "as executam"; nunca "começam", "iniciam", e "finalizam" em vez de "terminar". Mais adiante, Day observou que um autor ocasional pode até escorregar e usar a palavra "remédio", mas a maioria saliva como os cães de Pavlov só de pensar em escrever "agente quimioterapêutico".

A necessidade de preencher a lacuna entre o pesquisador e o profissional do movimento é reconhecida há anos. Por exemplo, o *Journal of Physical Education, Recreation and Dance* tem uma seção chamada "Research Works", destinada a disseminar informações de pesquisas aplicadas entre professores, técnicos e instrutores de atividades físicas e recreação. A página da *web* para a American Kinesiology Association (www.americankinesiology.org) tem uma seção sobre pesquisa aplicada. Mesmo assim, apesar dessa e de outras tentativas de diminuir a distância entre pesquisadores e profissionais práticos, o problema permanece.

Não é necessário dizer que, se você não conhece o assunto em questão, não consegue ler a literatura de pesquisa. No entanto, conhecendo o assunto, é possível transitar pelo jargão científico com maior eficácia. Se você entende de beisebol, por exemplo, e o pesquisador recomendar que, encurtando o raio, o batedor pode aumentar a velocidade angular, fica fácil compreender que ele quer dizer: "segure o bastão mais em cima".

Nos relatórios de pesquisas, um dos maiores obstáculos é a parte da análise estatística. Mesmo a mais ardente sede de conhecimento perde força diante de descrições como esta: "As correlações tetracóricas entre as variáveis de teste foram submetidas a uma análise do fator centroide, e as rotações ortogonais dos eixos primários foram tratadas pelo método gráfico de Zimmerman até que a estrutura simples e a cópia positiva se aproximaram". Queremos ressaltar que não criticamos os autores por essas descrições, porque os revisores e editores exigem. Apenas admitimos que a análise estatística é assustadora para alguém que está tentando ler um artigo acadêmico e não sabe distinguir entre uma análise fatorial e uma bola de vôlei. A ampla utilização de computadores e do "computadorês" provavelmente aumenta a mística da estatística. Muitas pessoas acreditam em qualquer coisa que sai de um computador. Outras são mais conservadoras e conferem os dados do computador com os de suas calculadoras. Um caso clássico, ainda que fictício, de erro de computador aconteceu em uma escola de ensino médio, cuja máquina imprimiu o número do armário dos estudantes na coluna em que deveriam estar os QIs. Tornou-se clássico, porque, na hora, ninguém notou o erro, mas, no final do ano, os estudantes cujos armários tinham os números mais altos tiraram as melhores notas.

Como ler pesquisas

Apesar de todas as barreiras que surgem no caminho do profissional do movimento durante a leitura de artigos científicos, defendemos a ideia de que ele pode ler a literatura acadêmica e lucrar com ela (normalmente não de forma material, mas ainda assim vale considerar os dados sobre o novo maiô Speedo e sua influência em 208 resultados de natação em Pequim, China), mesmo que não tenha uma boa base em técnica de pesquisa e análise estatística. Aqui gostaríamos de argumentar que, depois de ler este livro, você estará apto a ler qualquer revista de qualquer área, mas nosso editor não nos permitiria fazer essa afirmação. Aos profissionais interessados em ler artigos de pesquisa, apresentamos as seguintes sugestões:

- Familiarize-se com algumas publicações relativas a pesquisas pertinentes a sua área. Você pode obter alguma ajuda de um bibliotecário ou professor na escolha de publicações.
- Leia apenas estudos que são do seu interesse. Pode parecer um conselho banal, mas algumas pessoas sentem-se obrigadas a encarar todo tipo de artigo.
- Leia como um profissional prático. Não busque verdades absolutas. Busque ideias e indicações. Estudos não são prova de nada. Apenas depois de serem verificados repetidas vezes eles passam a constituir conhecimento.
- Leia primeiro o resumo. Essa abordagem economiza tempo, pois é possível determinar se vale a pena ler o resto. Se a leitura do resumo despertar interesse, leia o estudo para adquirir um melhor entendimento da metodologia e das interpretações, mas não se prenda a detalhes.
- Não dê atenção demais à significância estatística. Com certeza, entender o conceito de significância ajuda, mas um pouco de bom senso é tão útil quanto conhecer a diferença entre os níveis 0,02 e 0,01 ou entre um teste caudal e outro bicaudal. Pense em termos de importância. Por exemplo, se dois métodos de ensino de boliche resultam em uma diferença média de 0,5 pinos, o que muda se a diferença é ou não significativa? Entretanto, se houver uma grande diferença que não é significativa, serão necessárias investigações posteriores, em especial se o estudo em questão envolveu um pequeno número de participantes. Sem dúvida, é útil saber os conceitos das diferenças em análise estatística, mas isso não é essencial no desenvolvimento da habilidade de ler um estudo. Simplesmente ignore essa parte.
- Seja crítico, mas objetivo. Em geral, você pode partir do princípio de que as revistas científicas nacionais contam com um júri para selecionar as publicações. Dois ou três indivíduos qualificados leem e avaliam a relevância do problema, a validade e a confiabilidade dos procedimentos, a eficácia do delineamento experimental e a adequação da análise estatística. Certamente, são publicados artigos que não mereceriam publicação. Mas, ainda assim, se você não é um pesquisador, não precisa levantar suspeitas a respeito da validade científica de estudos divulgados em revistas reconhecidas. Se o conteúdo estiver muito distante da sua prática profissional, não leia o texto.

Você vai descobrir que, quanto mais lê, mais fácil é a compreensão. Isso acontece por causa da familiarização com a linguagem e a metodologia, como no caso do homem que se assustou quando se deu conta de que tinha falado em prosa durante toda a sua vida.

Exemplo de pesquisa prática

Para ilustrar nossas sugestões ao consumidor de pesquisas, consideremos o relato despretensioso de Sonjia Roundball, uma jovem treinadora e professora de educação física (J. K. Nelson, 1988). Em um momento de fraqueza, ela deu uma olhada no sumário da *Research Quarterly for Exercise and Sport*, que um amigo, estudante da graduação, tinha deixado no carro (eles tinham usado a revista para forrar o banco, onde colocaram seus lanches). Ela se interessou ao ler o título de um artigo – "Os efeitos de uma temporada de basquetebol nas respostas cardiorrespiratórias de garotas do ensino médio". Com certa curiosidade, Sonjia localizou o artigo e iniciou a leitura. Na introdução, o autor afirmava que, entre as garotas, havia relativamente pouca informação específica disponível sobre alterações fisiológicas decorrentes da participação em esportes. Uma breve revisão da literatura citava alguns estudos com nadadoras e outras esportistas, e a conclusão era de que as atletas têm níveis mais elevados de aptidão cardiovascular do que as mulheres não atletas. O autor enfatizava que nenhum estudo tinha tentado detectar mudanças na aptidão de meninas durante uma temporada de basquetebol.

A seção seguinte do artigo tratava de métodos. Incluía informações sobre a duração da temporada, o número de jogos, o número e a duração dos treinos e o tempo dedicado à prática de exercícios coletivos e individuais. Os sujeitos eram 12 meninas do time de basquetebol de uma escola de ensino médio e 14 meninas que não eram do time, mas participavam das aulas de educação física e cumpriam um programa de atividades acadêmicas e físicas semelhante ao das outras. Todas elas passaram por um teste no início e no final da temporada para medir o consumo máximo de oxigênio e vários outros índices fisiológicos relacionados a ventilação, frequência cardíaca e pressão sanguínea. Sonjia lembrava-se de todos esses itens, aprendidos no curso de fisiologia alguns anos antes e estava convencida de que eram bons indicadores de aptidão cardiorrespiratória.

No artigo, os resultados tinham sido dispostos em tabelas. Sonjia não entendia dessas coisas, mas estava disposta a acreditar que o autor tinha plena consciência da adequação desse recurso. O pesquisador não havia encontrado aumentos significativos na comparação dos valores cardiorrespiratórios dos exames pré e pós-temporada de nenhum dos grupos. Sonjia ficou perplexa! Certamente, um esporte vigoroso como o basquetebol deveria melhorar a aptidão. Alguma coisa estava errada, pensou ela. Adiante ela leu (sem grande consolo) que o consumo máximo de oxigênio das jogadoras de basquetebol tinha sido maior do que o daquelas que não participavam do time, tanto no início quanto no final da temporada. Sonjia então leu a **discussão**, que mencionava coisas do tipo: os valores eram mais elevados do que os valores similares de outros estudos. ("E daí?", pensou ela.) Sonjia leu com mais interesse comentários do autor de que os programas de basquetebol masculino eram mais vigorosos em termos de duração e número de treinos. Ela ficou pensando sobre isso. O autor admitia que o número de sujeitos do estudo era reduzido e que talvez algumas mudanças não tivessem sido observadas. Além disso, ele oferecia outras especulações, mas concluía que o programa de treinamento usado não tinha sido vigoroso o suficiente para induzir melhorias significativas na aptidão cardiorrespiratória.

Sonjia tinha experiência suficiente para perceber as limitações de um único estudo. Entretanto, a escala de prática e rotinas gerais de treinamento utilizadas no estudo era muito similares à sua própria rotina. Nas referências bibliográficas, eram citados três artigos de uma revista chamada *Medicine and Science in Sports and Exercise*. Ela nunca tinha lido essa revista, mas resolveu ir à biblioteca universitária no fim de semana seguinte para dar uma olhada na publicação. No último número, havia um artigo sobre efeitos condicionadores da natação em universitárias. Embora o estudo tratasse de esporte e faixa etária diferentes, ela pensou que a revisão da literatura poderia ser útil. E realmente foi. Era mencionado um estudo recente sobre capacidade aeróbia, frequência cardíaca e custo energético durante uma temporada de basquetebol feminino. Sonjia rapidamente localizou o estudo e então leu-o com grande excitação, provocada pela descoberta de novas ideias. Além disso, teve a grande surpresa de notar que a leitura desse segundo artigo foi mais fácil do que a do primeiro, pois ela estava mais familiarizada com a terminologia e a organização geral do texto científico.

Esse segundo estudo também não relatava melhorias na capacidade aeróbia durante a temporada. Os pesquisadores haviam monitorado a frequência cardíaca das atletas em jogos, por telemetria, e poucas vezes observaram valores superiores a 170 batimentos por minuto (bpm). Eles concluíram que, pelo visto, a intensidade das sessões práticas tinha sido moderada demais e que o treinamento deveria ter sido estruturado de acordo com as demandas de habilidade e aptidão do esporte.

Sonjia retornou à escola onde trabalhava determinada a adotar um procedimento mais científico no programa de basquetebol. Para começar, passou a anotar em tabelas o tempo realmente gasto pelas jogadoras em movimentações nas sessões práticas. Além disso, pediu às atletas que medissem a própria pulsação em vários intervalos durante as sessões. Para a surpresa da professora, as frequências cardíacas raramente ultrapassavam 130 bpm. Na literatura pesquisada, Sonjia tinha lido que um limiar mínimo de intensidade era necessário para melhorar a aptidão cardiorrespiratória. Para a faixa etária daquele grupo de jogadoras, era preciso cerca de 160 bpm para produzir efeitos de treinamento significativos. Consequentemente, Sonjia começou a introduzir algumas mudanças nas sessões práticas (incluindo mais exercícios de condicionamento) e intensificou os treinos coletivos, além de torná-los mais parecidos com os jogos. Essa saga de Sonjia teve final feliz: o time da treinadora Roundball começou a ganhar todos os jogos de que participava, tanto os campeonatos municipais e estaduais quanto os mundiais.

> **Discussão** Capítulo ou seção de um relatório de pesquisa em que é explicado o significado dos resultados.

Ciência Processo de investigação cuidadosa e sistemática.

Resumo da natureza da pesquisa

Thomas Huxley escreveu que **ciência** é simplesmente o bom senso na sua melhor forma. Momentos de descoberta podem ser muito gratificantes – não importa se a descoberta aplica-se a determinada situação e destina-se a melhorá-la ou se consiste em novos conhecimentos teóricos, incluídos em teses ou dissertações. A pesquisa deve ser vista mais como um método de solução de problemas do que um reino obscuro e misterioso, habitado por pessoas pouco práticas, que falam e escrevem de modo confuso. Acreditamos que os profissionais do movimento podem ler literatura de pesquisa e, por isso, neste livro, dedicamo-nos à tarefa de tentar facilitar o processo de formação de consumidores de pesquisa.

Métodos não científicos e científicos de solução de problemas

Mesmo havendo muitas definições de pesquisa, praticamente todas caracterizam essa atividade como algum tipo de solução estruturada de problemas. A palavra *estruturada* refere-se ao fato de que uma série de técnicas de pesquisa pode ser usada, desde que sejam consideradas aceitáveis pelos acadêmicos da área. Portanto, a pesquisa preocupa-se com a solução de problemas, o que pode levar a novos conhecimentos.

O processo de solução de problemas envolve várias etapas – desenvolvimento, definição e delimitação do problema, formulação de hipóteses, coleta e análise de dados e interpretação dos resultados para decidir se as hipóteses foram confirmadas ou negadas. Em geral, essas etapas são chamadas de **método científico de solução de problemas**. Além disso, elas constituem capítulos ou seções de artigos acadêmicos, teses e dissertações. Assim, dedicamos grande parte deste livro aos modos específicos de cumpri-las.

Método científico de solução de problemas Método de solução de problemas que inclui as seguintes etapas: definição e delimitação do problema, formulação de hipóteses, coleta de dados, análise dos dados e interpretação dos resultados.

Alguns métodos não científicos de solução de problemas

Antes de detalharmos o método científico de solução de problemas, devemos reconhecer alguns outros meios pelos quais a humanidade adquire conhecimento. Todos nós os utilizamos; portanto, somos capazes de reconhecê-los. Helmstadter (1970) chamou-os de tenacidade, intuição, autoridade, método racionalista e método empírico.

Tenacidade

Às vezes, as pessoas prendem-se a determinadas crenças, embora não haja evidências de sua validade. Nossas superstições são bons exemplos do método chamado **tenacidade**. Treinadores e atletas são notoriamente supersticiosos. Um treinador pode decidir, por exemplo, usar sempre determinado casaco esportivo, chapéu, gravata ou par de sapatos porque estava usando essa peça a última vez que o time venceu. Os atletas costumam adotar padrões de vestir, aquecer ou entrar no estádio porque acham que eles trazem sorte. Ainda que admitam não haver relação lógica entre o resultado do jogo e a rotina adotada, esses jogadores temem quebrar o princípio estabelecido.

Vejamos, por exemplo, o caso de um homem que acreditava na má sorte trazida por gatos pretos. Certa noite, ao dirigir de volta para o sítio, ele viu que um gato preto ia passar na frente do carro na estrada. Então desviou do animal e bateu em uma pedra, que fez com que os faróis apagassem. Já que não podia mais enxergar o gato na noite escura, seguiu freneticamente em meio a rochas, colinas e buracos, até parar, de repente, em um desfiladeiro, destruindo o carro e sofrendo ferimentos moderados. Certamente, esse episódio apenas confirmou sua sólida crença de que gatos pretos dão azar. É fato que a tenacidade não tem lugar na ciência. Trata-se da fonte menos confiável de conhecimento.

Tenacidade Método não científico de solução de problemas, pelo qual as pessoas apegam-se a determinadas crenças, apesar da ausência de indícios que comprovem sua eficácia.

Intuição

O conhecimento intuitivo muitas vezes é considerado bom senso ou autoevidência. No entanto, muitas verdades autoevidentes, mais tarde, mostram-se falsas. A teoria da Terra plana é um exemplo clássico de óbvio intuitivo; o movimento do Sol ao redor da Terra já foi autoevidente; o mesmo vale para a certeza de que ninguém poderia correr 1,6 km em menos de quatro minutos. Além disso, julgava-se impossível que alguém arremessasse um peso além de 21,3 metros ou executasse o salto com vara acima de 5,5 metros e que uma mulher pudesse correr mais do que 800 metros. Um dos dogmas da ciência consiste em termos sempre em mente a importância de substanciar nossas convicções com evidências factuais.

Autoridade

A referência a alguma autoridade tem sido usada como fonte de conhecimento há muito tempo. Apesar de essa abordagem não ser necessariamente inválida, ela depende da autoridade e do rigor da adesão. Mas o apelo à autoridade tem sido levado a extremos absurdos. Por conta dele, desprezam-se, inclusive, a observação e a experiência pessoal. Supostamente, as pessoas recusaram-se a olhar pelo telescópio de Galileu quando ele contestou a teoria de Ptolomeu sobre o mundo e os céus. Mais tarde, Galileu foi preso e forçado a desmentir as próprias crenças. Bruno também rejeitou a teoria de Ptolomeu e foi queimado na fogueira. (Estudiosos leram e acreditaram no livro de Ptolomeu sobre astrologia e astronomia até 1.200 anos após a morte do autor!) Em 1543, Vesalius escreveu um livro sobre anatomia cujo conteúdo, em grande parte, é considerado correto até hoje. Mas, por ter se chocado com as teorias de Galeno, o trabalho de Vesalius foi tão ridicularizado que ele desistiu do estudo de anatomia.

Talvez o aspecto mais essencial do apelo à autoridade como meio de obter conhecimento seja o direito de questionar e, assim, aceitar ou rejeitar a informação. Além disso, as qualificações da autoridade e os métodos usados por ela para adquirir o conhecimento também determinam a validade dessa fonte de informações.

Método racionalista

No método racionalista, chegamos ao conhecimento por meio do raciocínio. Um bom exemplo é o seguinte silogismo clássico:

> Todos os homens são mortais (premissa principal).
>
> O imperador é um homem (premissa secundária).
>
> Portanto, o imperador é mortal (conclusão).

Provavelmente, você não iria questionar esse raciocínio. Mas a chave desse método está na verdade das premissas e na relação entre elas. Por exemplo:

> Jogadores de basquetebol são altos.
>
> Tom Thumb é um jogador de basquetebol.
>
> Portanto, Tom Thumb é alto.

Nesse caso, porém, Tom é muito baixo. A conclusão só é confiável se derivar de premissas (suposições) verdadeiras. Além disso, há casos em que as premissas não são verdadeiramente premissas, mas sim descrições de eventos ou declarações de fatos. Os relatos não mantêm uma relação de causa e efeito entre si. Vejamos um exemplo.

> Existe uma correlação positiva entre o número do sapato e o desempenho matemático de crianças do ensino fundamental (ou seja, crianças de pés grandes são boas em matemática).
>
> Herman está no ensino fundamental e o número de seu sapato é grande.
>
> Logo, Herman é bom em matemática.

É claro que, na primeira enunciação, o fato comum ao desempenho em matemática e ao tamanho do sapato é a idade. Crianças mais velhas tendem a ser maiores e, portanto, têm pés maiores do que as mais jovens. Elas também tiram boas notas em matemática, mas não há relação de causa e efeito nesse caso. Deve-se sempre ter isso em mente ao lidar com correlações. No método científico de solução de problemas, o raciocínio é fundamental, mas não pode ser utilizado, por si só, para alcançar o conhecimento.

Método empírico

> **Empírico** Descreve dados ou estudos com base em observações objetivas.

O adjetivo **empírico** denota experiência e coleta de dados. Com certeza, essa coleta é parte do método científico de solução de problemas. Mas confiar demais na própria experiência (ou em dados) traz inconvenientes. Em primeiro lugar, a experiência pessoal é limitada. Em segundo lugar, a retenção depende substancialmente da coincidência entre os eventos, por um lado, e das crenças e da experiência pessoal, por outro. Entra em jogo também se as coisas "fazem sentido" e se há motivação suficiente para lembrar. Entretanto, o uso de dados (e o método empírico) encontra-se no mais alto ponto do *continuum* dos métodos de obtenção de conhecimento, desde que se esteja ciente das limitações de confiar demais nesse método.

Método científico de solução de problemas

Aos métodos de aquisição de conhecimento discutidos previamente faltam a objetividade e o controle próprios da abordagem científica de solução de problemas. Várias etapas básicas estão envolvidas no método científico. Alguns autores listam sete ou oito delas; outros as concentram em três ou quatro. Todos eles, porém, concordam a respeito da sequência e dos processos envolvidos. A seguir, descrevemos brevemente essas etapas. Os processos básicos serão cobertos em detalhe em outros capítulos.

Etapa 1: Desenvolvimento do problema (definição e delimitação)

Essa etapa pode parecer um pouco contraditória, pois como o desenvolvimento pode ser parte da solução de um problema? Na verdade, não discutimos aqui como encontrar um problema (trataremos disso no Cap. 2); partimos do pressuposto de que o pesquisador já escolheu um tópico. Para planejar e executar uma investigação profunda, ele deve especificar bem o objeto de estudo e até que ponto esse objeto será estudado.

> **Variável independente** É a parte do experimento que o pesquisador manipula, também chamada de variável experimental ou de tratamento.

Muitas ramificações constituem essa etapa. Entre elas, é importante identificar a variável independente e as variáveis dependentes. A **variável independente** é o que o pesquisador manipula. Se, por exemplo, são comparados dois métodos de ensino de uma habilidade motora, o método de ensino é a variável independente. Às vezes, esse item é chamado de variável experimental ou de tratamento.

> **Variável dependente** Efeito da variável independente, também é chamada de produto.

A **variável dependente** é o efeito da variável independente. No exemplo da comparação dos métodos de ensino, ela é a medida da habilidade. Se pensarmos em um experimento como uma proposição de causa e efeito, a causa é a variável independente e o efeito, a dependente. Esta última, às vezes, é chamada de produto. Portanto, o pesquisador tem de definir muito bem o que será estudado e que efeito será medido. Quando essa questão está resolvida, pode-se determinar o delineamento experimental.

Etapa 2: Formulação da hipótese

> **Hipótese** É o resultado antecipado de um estudo ou experimento.

A **hipótese** é o resultado esperado. Quando alguém realiza um estudo, geralmente faz ideia do resultado. Essa solução antecipada do problema pode se basear em alguma construção teórica, em resultados de estudos anteriores ou talvez na experiência pessoal e nas observações do experimentador. Essa última fonte costuma ser a menos provável e a menos defensável, devido às falhas dos métodos não científicos de aquisição de conhecimento discutidas previamente. Apesar disso, a pesquisa deve ter alguma hipótese experimental sobre cada subproblema do estudo.

Apreciamos muito os quadrinhos de "Calvin e Haroldo", produzidos por Bill Watterson. Em uma tirinha muito bem-feita, Calvin está conversando com a amiga Susie, no refeitório:

> Calvin: A curiosidade é a essência da mente científica. Por exemplo: você sabe que o leite sai pelo nariz quando a gente ri e bebe ao mesmo tempo, não é? Pois eu vou investigar o que acontece quando a gente inala o leite pelo nariz e ri.
>
> Susie (saindo do refeitório): A idiotice é a essência da mente masculina.
>
> Calvin: Eu acho que o leite vai sair pelas minhas orelhas. Você não quer ver?

Nessa situação, Calvin desenvolveu uma hipótese testável: "Se eu inalar leite pelo nariz e rir ao mesmo tempo, o leite sairá pelas minhas orelhas". E Susie apresentou uma hipótese não testável (pelo menos em nossa opinião): "A idiotice é a essência da mente masculina".

Um dos aspectos essenciais da hipótese é a possibilidade de ela ser testada. O planejamento do estudo tem de ser feito de tal modo que seja possível confirmar ou refutar a hipótese. Obviamente, portanto, a hipótese não pode ser um tipo de julgamento de valor ou um fenômeno abstrato, não passível de observação.

Podemos, por exemplo, partir da hipótese de que o sucesso nos esportes depende apenas do destino. Em outras palavras, um time ganha porque é assim que tem de ser; outro perde porque não estava destinado à vitória. Refutar essa hipótese é impossível porque nenhuma evidência pode ser obtida para que se tenha indícios para testá-la.

▶ Se uma hipótese é testável, um estudo irá dar suporte ou refutá-la. A possibilidade de ser testada é uma característica necessária de uma hipótese.

Etapa 3: Obtenção de dados

Obviamente, antes de completar a segunda etapa, o pesquisador tem de escolher os métodos de obtenção de dados destinados a testar a hipótese da pesquisa. A confiabilidade dos instrumentos de mensuração, os controles empregados, bem como a objetividade e a precisão geral do processo de coleta de dados, são essenciais para solucionar o problema.

Em termos de dificuldade, obter os dados pode ser uma das etapas mais fáceis, pois, em muitos casos, basta seguir uma rotina. Contudo, planejar o método é uma das mais difíceis. Bons métodos são aqueles que tentam maximizar tanto a **validade interna** quanto a **externa**.

As validades interna e externa estão relacionadas com o delineamento e com os controles da pesquisa. A validade interna refere-se à dimensão em que os resultados do estudo podem ser atribuídos aos tratamentos utilizados no próprio estudo. Em outras palavras, o pesquisador deve tentar controlar todas as outras variáveis que possam influenciar os resultados. Vejamos um exemplo. Jim Nasium deseja avaliar a eficácia do programa de aptidão física que desenvolveu para meninos. Ele testa os participantes no início e no final de um programa de treinamento de nove meses e conclui que houve melhora significativa na aptidão. O que há de errado com a conclusão de Jim? Seu estudo apresenta várias falhas. A primeira é que Jim não considerou o grau de maturidade dos participantes. Nove meses produzem muitas alterações de tamanho e, consequentemente, de força e resistência. Além disso, o pesquisador não investigou o que mais os participantes fizeram nesse período. Como podemos saber se outras atividades foram ou não responsáveis, ainda que parcialmente, pelas alterações observadas nos níveis de aptidão? O Capítulo 18 lida com essas ameaças à validade interna.

A validade externa refere-se à generalização dos resultados. Em que proporção os resultados podem ser aplicados ao mundo real? Com frequência ocorre um paradoxo em pesquisas das ciências comportamentais, pois também é preciso controlar a validade interna. Em estudos de aprendizagem motora, por exemplo, a tarefa costuma ser algo novo, de forma que proporciona um controle para a experiência. Além disso, é desejável que a mensuração do desempenho seja objetiva e confiável. Consequentemente, a tarefa de aprendizagem tende a ser um labirinto, um rotor de perseguição ou uma tarefa de posicionamento linear, sendo todos eles capazes de atender às demandas de controle relacionadas à validade interna. Mas o pesquisador confronta-se, ainda, com a questão da validade externa: como o desempenho registrado em um ambiente de laboratório, no cumprimento de uma tarefa nova e irrelevante, pode ser aplicado à aprendizagem de ginástica ou de basquetebol? Essas questões são importantes e, às vezes, irritantes, mas nunca insolúveis. (Elas serão discutidas mais adiante.)

Validade interna
Dimensão em que os resultados do estudo podem ser atribuídos aos tratamentos utilizados no próprio estudo.

Validade externa
Possibilidade de generalização dos resultados do estudo.

> **Possíveis interpretações erradas dos resultados**
>
> - Nunca ficaremos sem professores de matemática porque eles sempre se multiplicam.
> - A professora descobriu que sua teoria sobre terremotos estava em um terreno instável.
> - O oceano seria muito mais profundo sem esponjas.

Etapa 4: Análise e interpretação de resultados

Por várias razões, o pesquisador iniciante considera essa etapa como a mais temível. Em primeiro lugar, ela pode envolver alguma análise estatística, e o novato (sobretudo o mestrando) costuma ter formação limitada nessa área, chegando a temê-la. Em segundo lugar, a análise e a interpretação requerem considerável conhecimento, experiência e discernimento, aspectos que, às vezes, faltam ao iniciante.

Não há dúvidas de que a análise e a interpretação dos resultados são a etapa mais desafiadora. É aqui que o pesquisador tem de fornecer indícios para confirmar ou rejeitar a hipótese da pesquisa. Ao fazer isso, ele também compara os resultados com os de outros (a literatura relacionada) e pode tentar relacionar os resultados com algum modelo teórico ou integrá-los a esse modelo. Nessa etapa, emprega-se o raciocínio indutivo (enquanto o dedutivo é utilizado principalmente no enunciado do problema). O pesquisador tenta sintetizar os dados de seu estudo, junto com os resultados de outros estudos, a fim de contribuir para o desenvolvimento ou a fundamentação de uma teoria.

Modelos de pesquisa alternativos

Na seção precedente, resumimos as etapas básicas do método científico de solução de problemas. A ciência é uma forma de conhecimento e, com frequência, é definida como investigação estruturada. Um dos objetivos básicos da ciência é explicar coisas ou generalizar e construir uma teoria. Quando um cientista desenvolve um modelo útil para explicar o comportamento, os acadêmicos em geral testam as predições desse modelo de acordo com as etapas do método científico. O modelo e as abordagens utilizadas para testar o modelo são chamados de paradigma.

Ciência normal

> **Ciência normal**
> Trata-se de uma forma de estudo objetiva, fundamentada nas ciências naturais, sistemática, lógica, empírica, redutiva e replicável.

Por séculos, as abordagens científicas usadas no estudo de problemas, tanto nas ciências naturais quanto nas sociais, foram o que Thomas Kuhn (1970), notável historiador da ciência, denominou **ciência normal**. Essa forma de estudo caracteriza-se pelos adjetivos que listamos no início deste capítulo (ou seja, ela é sistemática, lógica, empírica, redutiva e replicável). Sua doutrina básica é a objetividade. A ciência normal fundamenta-se nas ciências naturais, que, há muito, aderiram à ideia da ordem e da realidade da matéria; à ideia de que as leis da natureza são absolutas e podem ser descobertas por observações sistemáticas e objetivas e por investigações que não tenham sido influenciadas pelos humanos (em outras palavras, independentes). Os experimentos são conduzidos por teorias e têm hipóteses testáveis.

A ciência normal recebeu um golpe terrível da teoria da relatividade, de Einstein, e da teoria quântica, que indicaram que as leis da natureza podem ser influenciadas pelos humanos (ou seja, que a realidade depende, em grande parte, de como a percebemos). Além disso, algumas coisas, como a desintegração de um núcleo radioativo, acontecem sem razão alguma. As leis fundamentais, tidas como absolutas, agora são consideradas estatísticas, em vez de deterministas. Desse modo, os fenômenos podem ser previstos estatisticamente, mas não explicados de forma determinística (Jones, 1988).

Desafios da ciência normal

Há relativamente pouco tempo (desde 1960), desafios importantes têm surgido acerca do conceito de objetividade da ciência normal (ou seja, a noção de que pode haver separação entre o pesquisador e os instrumentos e a condução do experimento). Dois dos mais importantes questionadores da ideia do conhecimento objetivo foram Thomas Kuhn (1970) e Michael Polanyi (1958). Eles sustentam que a objetividade é um mito. Para eles, desde a própria concepção da ideia para a hipótese até a análise dos resultados, passando pela seleção do aparato, há envolvimento do observador. A condução do experimento e os resultados podem ser considerados expressões da opinião do pesquisador. Polanyi se opôs, em especial, à adoção da ciência normal para o estudo do comportamento humano.

Kuhn (1970) afirmou que a ciência normal, na verdade, não se desenvolve em etapas sistemáticas, como defendido por escritores científicos. Ele discutiu o **fenômeno da crise de paradigma**, segundo o qual pesquisadores que seguem determinado paradigma começam a encontrar discrepâncias nele. As descobertas passam a divergir das predições, e um novo paradigma começa a tomar forma. Curiosamente, o antigo paradigma não morre por completo, apenas se desvanece. Vários pesquisadores que investiram muito tempo e esforço no antigo paradigma relutam em mudar; por isso, em geral, é um novo grupo de pesquisadores que propõe outro paradigma. Assim, a ciência normal progride por revolução, a partir de um novo grupo de cientistas que rompe com o antigo e o substitui. Kuhn e Polanyi concordaram que a doutrina da objetividade simplesmente não é uma realidade. Entretanto, a ciência normal tem e continuará a ter êxito nas ciências naturais e em determinados aspectos dos estudos com humanos. Martens (1987), porém, afirmou que ela tem falhado de forma significativa no estudo do comportamento humano, em especial em relação a funções mais complexas.

Como psicólogo do esporte, Martens afirma que experimentos laboratoriais têm utilização limitada na busca de respostas para questões sobre o complexo comportamento humano em atividades esportivas. Ele considerou que a própria profissão de psicólogo do esporte é muito mais produtiva em termos de aquisição de conhecimento sobre atletas e técnicos e de adoção de soluções para seus problemas. Outros trabalhadores de profissões chamadas assistenciais têm feito observações similares sobre a limitação da ciência normal e a importância de fontes alternativas de conhecimento na formação e na modelagem de crenças profissionais. Schein (1987), notável acadêmico da psicologia social, fez uma revelação interessante (alguns poderão considerá-la chocante) sobre a influência relativa dos resultados de pesquisas publicados em comparação a experiência prática. Em uma conferência, ele e alguns colegas discutiam em que confiavam mais para ministrar suas aulas. Esses professores pareciam concordar que os dados em que eles realmente confiavam e que usavam na sala de aula originavam-se de experiências pessoais e de informações aprendidas na prática. Schein considerava que categorias de conhecimento diferentes podem ser obtidas a partir de métodos diferentes. Com efeito, alguns são mais influenciados por modelos de pesquisa sociológicos ou antropológicos do que pela abordagem da ciência normal.

Há algum tempo, muitos acadêmicos de educação, psicologia, sociologia, antropologia, psicologia do esporte, educação física e outras disciplinas propõem outros métodos de estudo do comportamento humano, diferentes daqueles da ciência normal. Por quase três quartos de século, antropólogos, sociólogos e psicólogos clínicos fazem uso de observação aprofundada, descrição e análise do comportamento humano. Ao longo dos últimos 40 anos, pesquisadores da educação utilizam as observações participante e não participante para obter relatos abrangentes e inéditos sobre comportamentos de professores e estudantes, tais como ocorrem no mundo real. Mais recentemente, educadores físicos, psicólogos do esporte e especialistas da área de exercício se engajaram nesse tipo de pesquisa de campo. São vários os nomes dados a essa forma geral de pesquisa – etnográfica, qualitativa, fundamentada, naturalista e participativa observacional. Porém, independentemente do nome, dos compromissos e das crenças dos pesquisadores, esse tipo de pesquisa não foi bem-recebido, no início, pelos partidários da ciência normal e do método científico. Na verdade, com frequência, ela (incluímos aqui todas as formas reunidas sob o nome de **pesquisa qualitativa**) é rotulada por cientistas normais de superficial, inexata ou simplesmente não científica. Entretanto, na medida em que os métodos da pesquisa qualitativa evoluíram, o mesmo aconteceu com a opinião das pessoas. Como veremos no Capítulo 19, muitos dos princípios de pesquisa listados por Kuhn (1970) encontram-se na pesquisa qualitativa contemporânea.

> **Fenômeno da crise de paradigma**
> Desenvolvimento de discrepâncias em um paradigma, levando a propostas de um novo paradigma, capaz de explicar melhor os dados.

> **Pesquisa qualitativa**
> Método de pesquisa que, com frequência, envolve a observação intensiva e prolongada em um ambiente natural, o registro preciso e detalhado do que acontece nesse ambiente, a interpretação e a análise dos dados, utilizando descrições, narrativas, citações, gráficos e tabelas. Também chamada de etnográfica, naturalista, interpretativa, fundamentada, fenomenológica, subjetiva e participativa observacional.

Martens (1987) referiu-se aos partidários da ciência normal como guardiões do conhecimento, pois eles são os editores e revisores de revistas científicas que decidem o que será publicado, quem comporá os conselhos editoriais e que artigos serão apresentados em conferências. Estudos sem validade interna não são publicados, embora os sem validade externa careçam de significação prática. Martens (1987) declara que a ciência normal (em psicologia) prefere o critério da "publicabilidade" ao da importância prática.

Debates entre partidários das pesquisas qualitativa e normal (com frequência classificada como quantitativa) estão cada vez mais calorosos e prolongados. Os adeptos da pesquisa qualitativa ganharam mais segurança e impulso nos últimos anos, e esse ponto de vista agora é reconhecido como um método viável no tratamento de problemas das ciências comportamentais. A credibilidade é estabelecida pela categorização e pela análise sistemática de fatores causais e resultantes. A ambientação naturalista da pesquisa qualitativa facilita a análise e impede um controle preciso dos assim chamados fatores extrínsecos, como acontece com muitas outras pesquisas de campo. A inter-relação holística entre as observações e a complexidade e a dinâmica dos processos da interação humana não possibilitam a limitação do estudo do comportamento humano à abordagem estéril e reducionista da ciência normal. O **reducionismo**, aspecto da ciência normal, pressupõe que o comportamento complexo pode ser reduzido, analisado e explicado em partes, que, posteriormente, serão reagrupadas em um todo compreensível. Os críticos dessa visão convencional acreditam que a questão central está na crença injustificada de que a ciência normal é a única fonte do verdadeiro conhecimento.

> **Reducionismo** É um aspecto da ciência normal. Pressupõe que o comportamento complexo pode ser reduzido, analisado e explicado em partes, que, posteriormente, serão reagrupadas em um todo compreensível.

Implicações dos desafios

Os desafios à ciência normal envolvem muitas implicações. Pode-se, por exemplo, propor as seguintes questões: quando, em um laboratório, estudamos movimentos simples (como o posicionamento linear), para refletir o processamento cognitivo de informações? Quando aprendemos algo sobre movimentos no ambiente do mundo real, como o desempenho de habilidades esportivas? Quando avaliamos a atividade eletromiográfica em grupos musculares específicos durante um movimento simples, os resultados realmente dizem algo sobre o modo como o sistema nervoso controla os movimentos em ambientes naturais, como nos esportes? É possível estudar a associação de processos psicológicos relacionados ao movimento em laboratórios esperando que os resultados sejam aplicáveis a situações de esportes e de exercícios? Ao realizarmos esses experimentos, estamos estudando um fenômeno da natureza ou de laboratório?

Não se deve interpretar mal a intenção dessas questões. Com isso, não queremos dizer que é impossível descobrir algo interessante sobre a atividade física a partir de pesquisas de laboratório. Na verdade, sugerimos que essas descobertas não modelam, necessariamente, de forma acurada o modo como os seres humanos planejam, controlam e executam movimentos em ambientes naturais, associados ao exercício físico e ao esporte.

As descrições feitas por Kuhn (1970) de como a ciência avança e das limitações da aplicação da ciência normal a ambientes naturais demonstram que os cientistas precisam considerar as várias formas de conhecimento e que a aplicação estrita do método científico normal de solução de problemas, às vezes, mais atrasa do que desenvolve a ciência. Se a abordagem reducionista do método científico não serviu bem aos cientistas naturais responsáveis por seu desenvolvimento, não há dúvidas de que os pesquisadores do comportamento humano precisam avaliar as forças e as fraquezas relativas dos paradigmas convencionais e alternativos na solução de suas próprias questões científicas.

Formas alternativas de investigação científica

Martens (1987, p. 52) sugeriu que entendamos o conhecimento não como algo científico ou não científico, nem como algo confiável ou não confiável, mas como um *continuum*, ilustrado na Figura 1.1. Esse *continuum*, rotulado de "DK", do inglês *degrees of knowledge* (graus do conhecimento), abrange desde "Não sei" até "Totalmente confiável". Considerada desse modo, a variação das abordagens da investigação disciplinada seria útil à acumulação de conhecimentos. Como exemplos, Martens (1979, 1987) incentivou psicólogos do esporte a considerar a abordagem idiográfica, os métodos introspectivos e os estudos de campo, em vez de confiar no paradigma da ciência normal como única resposta a questões de pesquisa da psicologia do esporte. Thomas, French e Humphries (1986) detalharam como estudar o conhecimento e as habilidades esportivas de crianças em jogos e esportes. Costill (1985) abordou o estudo das respostas fisiológicas em exercícios práticos e ambientes esportivos. Locke (1989) apresentou um guia de utilização da pesquisa qualitativa na educação física e no esporte. Em capítulos posteriores, detalharemos algumas dessas estratégias alternativas de pesquisa.

Esperamos que se guarde, desta seção, a noção de que a ciência é uma investigação disciplinada, e não um conjunto de procedimentos específicos. Ainda que defensores de métodos alternativos de pesquisa sejam, com frequência, persuasivos, não queremos que se conclua que o estudo da atividade física deve prescindir dos métodos tradicionais da ciência normal. Aprendemos muito com essas técnicas e continuaremos a aprender. No entanto, não queremos que você descarte este livro, julgando-o inútil. Ainda nem começamos a contar as coisas fascinantes que aprendemos ao longo dos anos (é difícil dizer se elas podem ser classificadas como ciência normal ou anormal). Além disso, ainda temos muitas histórias engraçadas pela frente (humor anormal). Deixando de lado essas razões convincentes para a leitura do livro até o final, gostaríamos que você percebesse e apreciasse o fato de que, embora possa não ser a solução de todas as questões levantadas em nossa área, a chamada ciência normal consiste no modelo reconhecido de pesquisa, frequentemente ensinado na graduação como o único possível. Além disso, nenhum dos métodos alternativos denuncia o método científico de solução de problemas. Os principais pontos de discórdia são os métodos, o ambiente, os tipos de dados e as análises.

O ponto de partida é que problemas diferentes exigem soluções diferentes. Como já referimos, ciência é uma investigação disciplinada e não um conjunto de procedimentos específicos. Precisamos adotar todas as formas sistemáticas de investigação. Em vez de discutir sobre diferenças, deveríamos aproveitar os pontos fortes de cada um dos métodos a fim de produzir conhecimentos úteis sobre o movimento humano. A natureza das questões de pesquisa e do ambiente é que deve orientar a seleção da abordagem para a aquisição de conhecimento. Na verdade, assim como devem transitar entre os níveis de pesquisa, como sugerido por Christina (1989), os pesquisadores devem transitar também entre os paradigmas (do quantitativo ao qualitativo) para adquirir conhecimentos.

Ao abordar essa questão, adicionamos um novo capítulo a esta edição do livro, chamado Métodos mistos de pesquisa (Cap. 20), que foca o uso de vários tipos de abordagens de pesquisas dentro das questões de pesquisa. Decidimos não incluir um tipo a mais de pesquisa – na tirinha cômica *Non Sequitur* (de Wiley), Danae (uma jovem) diz para o seu cavalo que quer crescer para ser uma cientista pré-conceitual. Seu cavalo perguntou: "O que é isso?", e Danae respondeu que isso é "a nova ciência de alcançar uma conclusão antes de fazer qualquer pesquisa e então simplesmente desconsiderar qualquer coisa contrária a suas noções preconcebidas".

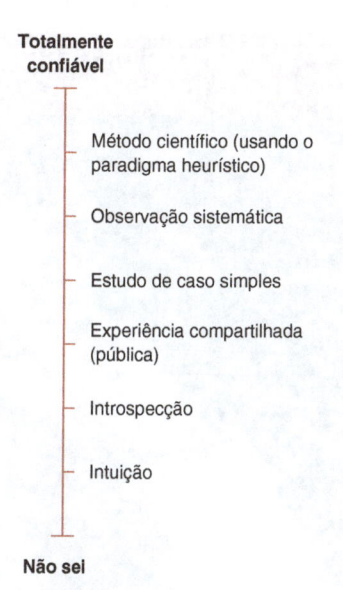

▶ **Figura 1.1** Os graus da teoria do conhecimento com exemplos de diferentes tipos de métodos com variação no grau de fidedignidade.

Reimpressa, com permissão, de R. Martens, 1987, "Science, Knowledge, and Sport psychology", *The Sport Psychologist* 1 (1): 46.

Totalmente confiável
- Método científico (usando o paradigma heurístico)
- Observação sistemática
- Estudo de caso simples
- Experiência compartilhada (pública)
- Introspecção
- Intuição

Não sei

Tipos de pesquisa

Pesquisa é um modo estruturado de solucionar problemas. Diferentes tipos de problemas participaram no estudo da atividade física e, por isso, diferentes tipos de pesquisa são utilizados para estudar cada um deles. Este texto concentra-se nestes quatro: analítico, descritivo, experimental, qualitativo e modelos mistos, descritos resumidamente a seguir.

Pesquisa analítica

Como o próprio nome diz, a **pesquisa analítica** envolve o estudo e a avaliação, em profundidade, das informações disponíveis na tentativa de explicar fenômenos complexos. Os diferentes tipos de pesquisa analítica são: histórico, filosófico, de revisão e de síntese de pesquisas.

Pesquisa analítica
Tipo de pesquisa que envolve o estudo e a avaliação, em profundidade, das informações disponíveis, na tentativa de explicar fenômenos complexos; pode ser categorizada do seguinte modo: histórica, filosófica, de revisão e de metanálise.

> **MOMENTOS DE DESCOBERTA PODEM SER ESCLARECEDORES**

Pesquisa histórica

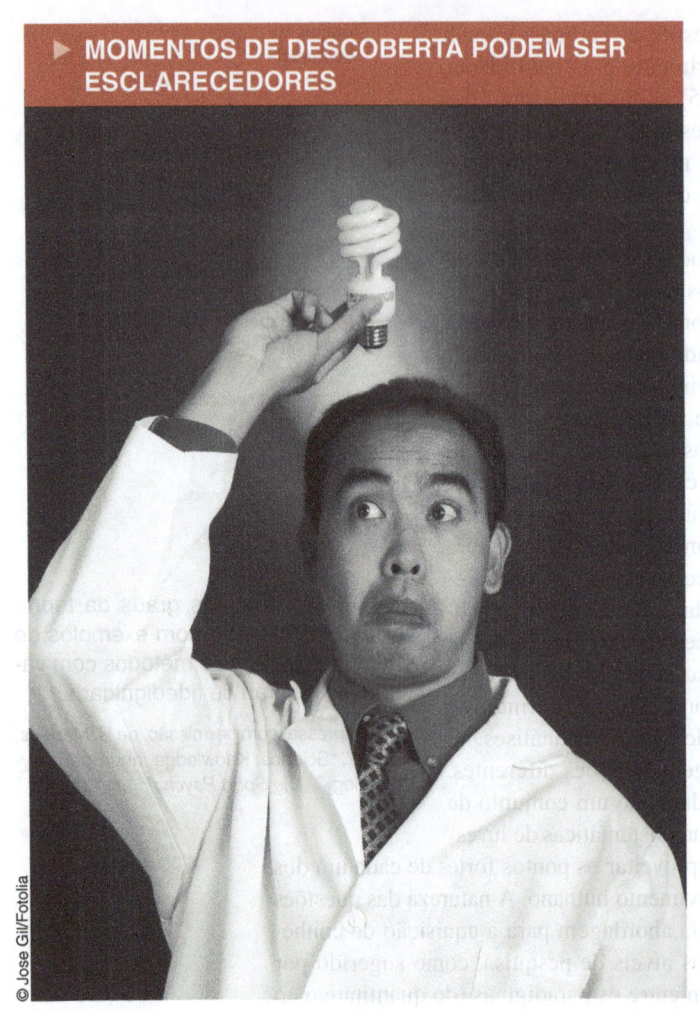

A pesquisa histórica lida, obviamente, com eventos que já ocorreram. Enfatiza eventos, organizações, instituições e pessoas. Em alguns estudos, o pesquisador interessa-se mais em preservar o registro de eventos e feitos do passado. Em outros, tenta descobrir fatos que permitam compreender melhor eventos passados e, por extensão, a situação atual. Alguns historiadores têm buscado, inclusive, utilizar informações do passado para prever o futuro. Os procedimentos de pesquisa associados aos estudos históricos são tratados de forma mais detalhada no Capítulo 12.

Pesquisa filosófica

A investigação crítica caracteriza a pesquisa filosófica. O pesquisador estabelece hipóteses, examina e analisa fatos existentes e sintetiza os indícios em um modelo teórico viável. Muitas das mais importantes áreas de problemas devem ser tratadas pelo método filosófico. Questões relacionadas a objetivos, currículo, conteúdo de cursos, requisitos e metodologia são apenas alguns dos problemas importantes que podem ser resolvidos pelo método filosófico.

Ainda que alguns autores enfatizem as diferenças entre ciência e filosofia, o método filosófico de pesquisa segue, em essência, os mesmos passos de outros métodos de solução científica de problemas. A abordagem filosófica utiliza fatos científicos como base para formulação e teste de hipóteses de pesquisa.

Um exemplo é o estudo de Morland, de 1958, em que as visões educacionais apoiadas por líderes da educação física estadunidense foram analisadas e classificadas nas filosofias educacionais do reconstrucionismo, do progressivismo, do essencialismo e do perenialismo.

Ter uma opinião é o mesmo que ter uma filosofia. Na pesquisa filosófica, as crenças têm de ser submetidas a uma crítica rigorosa, à luz de suposições fundamentais. São necessárias boa preparação acadêmica em filosofia e sólida formação na área específica da qual serão derivados os fatos. Outros exemplos e uma explicação mais detalhada desse tipo de pesquisa são fornecidos no Capítulo 13.

Revisões

Revisão Artigo científico que consiste na avaliação crítica de pesquisas sobre determinado tema.

A **revisão** é a avaliação crítica da pesquisa recente sobre determinado tópico. O autor tem de conhecer muito bem a literatura disponível, assim como o tópico e os procedimentos de pesquisa. A revisão envolve análise, avaliação e integração da literatura publicada, levando, com frequência, a importantes conclusões sobre descobertas de pesquisas feitas até aquele momento (para bons exemplos de revisão, ver a revisão de Blair, 1993, "Physical Activity, Physical Fitness, and Health"; a de Silverman e Subrumanian, 1999, "Student Attitude Toward Physical Education and Physical Activity: A Review of Measurement Issues and Outcomes").

Certas publicações consistem inteiramente em revisões, como a *Psychological Review*, a *Annual Review of Physiology* e a *Review of Educational Research*. Muitas revistas publicam revisões periodicamente; outras ocasionalmente dedicam números inteiros a revisões. A edição de 75 anos do *Research Quarterly for Exercise and Sport* (Silverman, 2005) contém algumas excelentes revisões sobre vários tópicos.

Síntese de pesquisa

É difícil escrever revisões de literatura especializada, porque, para isso, é preciso sintetizar um grande número de estudos a fim de determinar descobertas comuns fundamentais, pontos de concordância e de discordância. De certo modo, é como tentar dar sentido a dados coletados sobre um grande número de sujeitos simplesmente olhando esses dados. Glass (1977) e Glass, McGaw e Smith (1981) propuseram um meio quantitativo de analisar descobertas feitas em vários estudos – esse método é chamado metanálise. As descobertas dos estudos são comparadas, convertendo os resultados em uma métrica comum, chamada medida de efeito. Com o passar dos anos, muitas metanálises foram relatadas na literatura da atividade física (Feltz e Landers, 1983; Payne e Morrow, 1993; Sparling, 1980; Thomas e French, 1985). Essa técnica é discutida em mais detalhes no Capítulo 14.

Pesquisa descritiva

A **pesquisa descritiva** preocupa-se com o *status*. A técnica mais prevalente nesse tipo de pesquisa é a obtenção de declarações, sobretudo por questionário. Entre as outras, estão: a entrevista (frente a frente ou por telefone) e o levantamento (*survey*) normativo. O Capítulo 15 fornece informações detalhadas sobre essas técnicas.

> **Pesquisa descritiva**
> Um tipo de pesquisa que tenta descrever o *status* do foco do estudo. Técnicas comuns são questionários, entrevistas, *surveys* normativos, estudos de caso, análise de emprego, pesquisa observacional, estudos desenvolvimentais e estudos correlacionais.

Questionário

A principal justificativa para o uso do questionário é a necessidade de obter respostas das pessoas, com frequência, em uma ampla área geográfica. Em geral, o questionário é a tentativa de conseguir informações sobre práticas e condições atuais e dados demográficos. Às vezes, utiliza-se essa técnica para pedir opiniões ou expressão de conhecimentos.

Entrevista

A entrevista e o questionário, em essência, são a mesma técnica, pelo menos no que diz respeito a planejamento e procedimentos. A entrevista tem algumas vantagens sobre o questionário. O pesquisador pode reformular e acrescentar perguntas para esclarecer as respostas e garantir resultados mais válidos. Para tornar-se um hábil entrevistador, é preciso treinamento e experiência. Nos últimos anos, a entrevista por telefone tem se tornado cada vez mais frequente. Ela é muito mais barata, custando metade do que é gasto em entrevistas frente a frente e pode cobrir uma área geográfica maior, aspecto que costuma limitar as entrevistas face a face. No Capítulo 15, abordamos outras vantagens da técnica da entrevista por telefone.

Survey *normativo*

Um número significativo de *surveys* normativos no campo da atividade física e da saúde tem sido realizado. Essa técnica busca reunir dados sobre desempenho ou conhecimento em uma grande amostra da população e apresentar os resultados na forma de padrões ou normas comparativos. O desenvolvimento das normas para o AAHPER *Youth Fitness Test Manual* (American Association for Health, Physical Education and Recreation, 1958) é um excelente exemplo de *survey* normativo. Milhares de meninos e meninas dos Estados Unidos, com idades de 10 a 18 anos, passaram por uma bateria de testes relacionados a itens da aptidão motora. Em seguida, foram estabelecidas porcentagens para comparação de desempenhos, a fim de fornecer informações a estudantes, professores, administradores e pais. O AAHPER *Youth Fitness Test* (Teste de Aptidão de Jovens) foi desenvolvido em resposta a outro *survey*, o Kraus-Weber (Kraus e Hirschland, 1954), que revelara marcas acentuadamente baixas das crianças americanas em um teste de condicionamento (aptidão) muscular mínimo, em comparação com dados de crianças europeias.

Outras técnicas de pesquisa descritiva

Entre outras formas de pesquisa descritiva, estão o estudo de caso, a análise de trabalho, a pesquisa observacional, os estudos de desenvolvimento e os estudos correlacionais. O Capítulo 16 cobre em detalhes esses procedimentos da pesquisa descritiva.

Estudo de caso

O estudo de caso é usado para fornecer informações detalhadas sobre um indivíduo (ou instituição, comunidade, etc.). Seu objetivo é determinar características singulares de um sujeito ou de uma condição. Essa técnica de pesquisa descritiva encontra-se amplamente disseminada em áreas como medicina, psicologia, aconselhamento e sociologia. O estudo de caso também é utilizado na pesquisa qualitativa.

Análise de trabalho

Esse tipo de pesquisa é uma forma especial de estudo de caso. É feito para descrever a natureza de determinado trabalho, inclusive suas obrigações e responsabilidades e a preparação necessária para seu êxito.

Pesquisa observacional

A pesquisa observacional é uma técnica descritiva, em que se observa o comportamento dos sujeitos no ambiente natural, como na sala de aula ou no local do jogo. Muitas vezes, as observações são codificadas e, em seguida, a frequência e a duração são analisadas.

Estudos de desenvolvimento

Na pesquisa de desenvolvimento, geralmente o pesquisador preocupa-se com a interação entre o aprendizado ou o desempenho e a maturação. Pode ser interessante avaliar, por exemplo, até que ponto a habilidade de processar informações sobre o movimento pode ser atribuída à maturação em oposição à estratégia. Outra opção seria determinar os efeitos do crescimento sobre um parâmetro físico, como a capacidade aeróbia.

Essa pesquisa pode ser conduzida pelo método conhecido como longitudinal, em que os mesmos sujeitos são estudados durante um período de vários anos. Problemas logísticos óbvios são associados a estudos longitudinais, de modo que uma alternativa é selecionar amostras de sujeitos de diferentes faixas etárias para avaliar os efeitos da maturação. Essa abordagem é chamada de transversal.

Estudos correlacionais

O propósito da pesquisa correlacional é examinar a relação entre determinadas variáveis de desempenho; por exemplo, a frequência cardíaca e os índices de fadiga percebidos; traços como ansiedade e tolerância à dor; atitudes e comportamentos, como a atitude positiva em relação à aptidão e o nível de participação em atividades de aptidão. Às vezes, a correlação é empregada para prever o desempenho. A intenção pode ser, por exemplo, prever a porcentagem de gordura corporal de medições das dobras cutâneas. A pesquisa correlacional é descritiva, no sentido de que não se pode presumir uma relação de causa e efeito. Tudo o que pode ser estabelecido é que há (ou não) uma associação presente entre dois ou mais traços ou desempenhos.

Pesquisa epidemiológica

Outra forma de pesquisa descritiva que tem se mostrado viável para estudar problemas relacionados com saúde, condicionamento e questões de segurança é a epidemiológica. Esse tipo de pesquisa diz respeito à frequência e à distribuição das condições de saúde e doença entre várias populações. A taxa de ocorrência é o conceito básico dos estudos epidemiológicos. O tamanho da população estudada é um aspecto importante para o exame da prevalência de ocorrências como lesões, doenças e o estado de saúde em determinado grupo populacional de risco.

Ainda que se possa estabelecer uma relação de causa e efeito com base em dados de incidência ou prevalência, sempre é possível fazer alguma forte inferência causal por associação. O Capítulo 17 é dedicado à pesquisa epidemiológica.

Pesquisa experimental

A **pesquisa experimental** tem uma grande vantagem sobre os outros tipos – o pesquisador pode manipular tratamentos para fazer com que aconteçam certas coisas (p. ex., pode-se estabelecer uma situação de causa e efeito). Essa abordagem contrasta com a de outras formas de pesquisa, em que se observam e analisam fenômenos já existentes ou dados do passado. Como exemplo de estudo experimental, suponhamos que Virginia Reel, professora de dança, tenha formulado a hipótese de que os alunos poderiam aprender de modo mais eficaz se assistissem a filmagens da própria aula. Para realizar a pesquisa, em primeiro lugar, ela distribui os alunos, aleatoriamente, em duas sessões. Na primeira, usa o método de ensino chamado de tradicional (explicação, demonstração, prática e crítica). Na outra, um método similar, porém com a diferença de que os estudantes são filmados durante a prática e, portanto, podem se observar enquanto a professora analisa o desempenho apresentado. Após nove semanas, uma comissão de professores de dança avalia os participantes das duas sessões. Nesse estudo, o método de ensino é a variável independente; o desempenho (habilidade) na dança é a variável dependente. Depois de comparar as pontuações estatisticamente, Virginia poderá concluir se a hipótese inicial foi ou não confirmada.

Na pesquisa experimental, o pesquisador tenta controlar todos os fatores, exceto a variável experimental (ou tratamento). Quando os fatores externos são bem-controlados, o pesquisador pode presumir que as alterações na variável dependente são devidas à variável independente. O Capítulo 18 é dedicado à pesquisa experimental e à quase experimental.

> **Pesquisa experimental** Tipo de pesquisa que envolve a manipulação de tratamentos na tentativa de estabelecer relações de causa e efeito.

Pesquisa qualitativa

No estudo da atividade física, a pesquisa qualitativa é a grande novidade. Na verdade, ela tem sido usada há muitos anos em outros campos, como na antropologia e na sociologia. Os pesquisadores da educação engajaram-se nos métodos qualitativos bem antes dos de nossa área. Como mencionamos, essa pesquisa recebe vários nomes (etnográfica, naturalista, interpretativa, fundamentada, fenomenológica, subjetiva e participativa observacional). Entre algumas, há apenas a diferença da nomenclatura; entre outras, diferenças de abordagens e opiniões. Agrupamos todas sob o título de pesquisa qualitativa porque esse parece ser o mais comumente usado em nosso campo de estudo.

A pesquisa qualitativa é diferente das outras abordagens. É um método sistemático de investigação e, em medida considerável, segue o método científico de solução de problemas, embora haja desvios em certas dimensões. Raramente são estabelecidas hipóteses no início do estudo. Em vez disso, utilizam-se questões mais gerais para guiar o estudo. A pesquisa qualitativa progride em um processo indutivo de desenvolvimento de hipóteses e teoria à medida que os dados são revelados. O pesquisador é o instrumento primário na coleta e na análise de dados. Esse tipo de pesquisa caracteriza-se pela presença intensiva do pesquisador. Os instrumentos de coleta de dados são observação, entrevistas e instrumentos projetados pelos próprios pesquisadores (Goetz e LeCompte, 1984). Descrevemos essa pesquisa no Capítulo 19.

Métodos mistos ou modelos mistos de pesquisa

Nesse método, ambas as abordagens, quantitativa e qualitativa, são incluídas (ou misturadas) em um esforço de pesquisa. Essa abordagem, geralmente vista como pragmática, sugere que ambas as técnicas são úteis quando estudam fenômenos do mundo real. A noção é que a abordagem que melhor funciona para capturar os dados comportamentais é a que deveria ser usada. Para os modelos mistos, as técnicas qualitativas e quantitativas são integradas, ou misturadas, em um único estudo. Para modelos mistos, é como pequenos estudos, um quantitativo e um qualitativo.

```
                          ┌─────────────────────┐
              ┌──────────▶│       Problema      │
              │           └──────────┬──────────┘
              │                      ▼
              │           ┌─────────────────────────┐
              │           │ Leitura da literatura   │
              │           │       relevante         │
              │           └─────────────────────────┘
              │            Teórico        Empírico
              │              │               │
              │       Raciocínio         Raciocínio
              │        dedutivo           indutivo
              │              ▼               ▼
              │           ┌─────────────────────┐
              │           │       Hipótese      │◀──────┐
              │           └──────────┬──────────┘       │
              │                      ▼                  │
              │           ┌─────────────────────┐       │
              │           │Definições operacionais│     │
              │           └──────────┬──────────┘       │
              │                      ▼                  │
              │  ┌──────────────────────────────────┐   │
              │  │            Método                │   │
              │  │ Participantes ↔ Técnicas de      │   │
              │  │ coleta de dados ↔ Procedimentos  │   │
              │  │ ↔ Delineamento                   │   │
              │  └──────────────────┬───────────────┘   │
              │                     ▼                   │
              │           ┌─────────────────────┐       │
              │           │Coleta e análise de  │       │
              │           │        dados        │       │
              │           └──────────┬──────────┘       │
              │                      ▼                  │
              │           ┌─────────────────────┐       │
              │           │       Achados       │───────┘
              │           └──────────┬──────────┘
              │                      ▼
              │           ┌─────────────────────┐
              └───────────│      Discussão      │
                          └─────────────────────┘
```

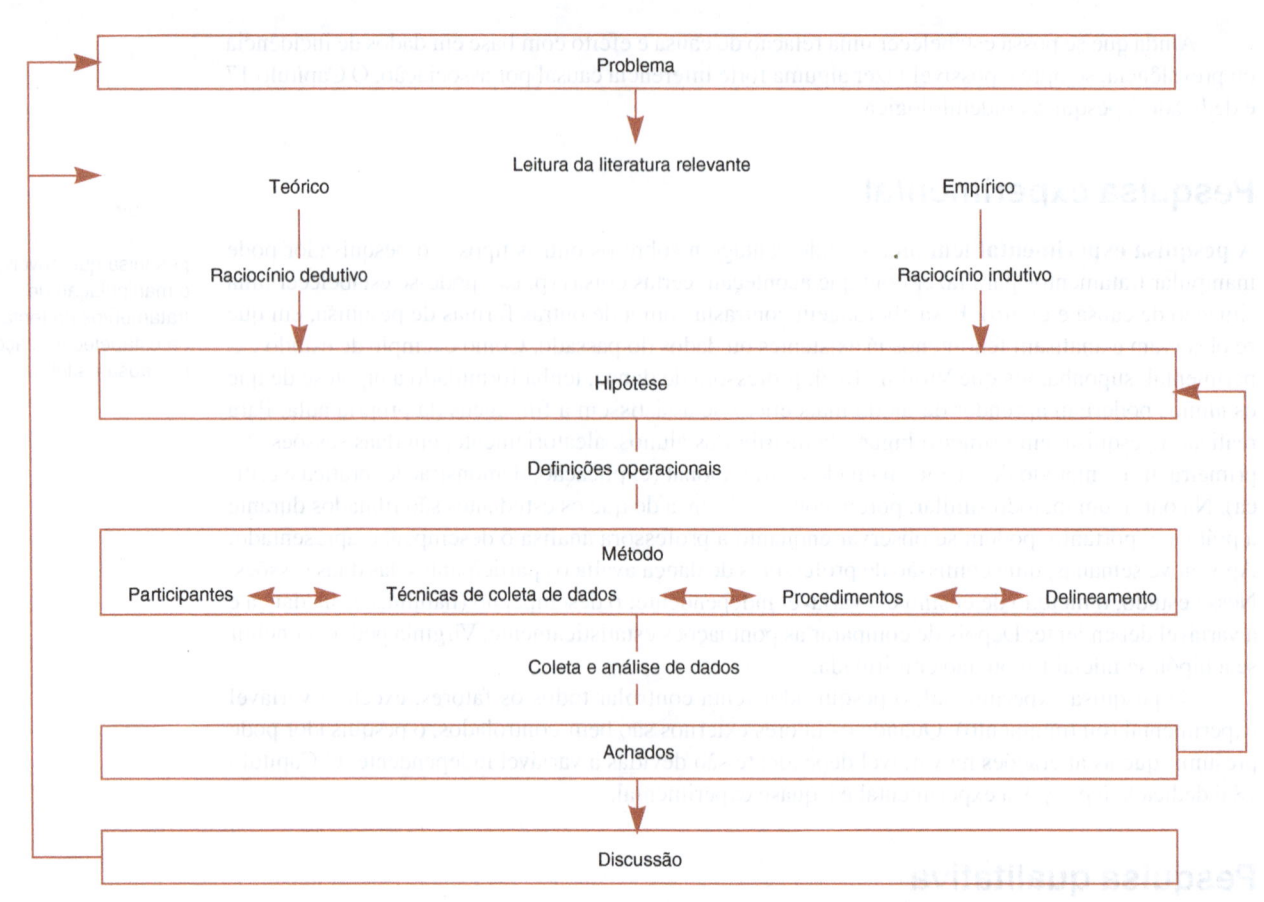

▶ **Figura 1.2** O cenário total da pesquisa.

Visão geral do processo de pesquisa

Uma boa visão geral dos cursos de métodos de pesquisa, que serve bem como uma introdução a este livro, é fornecida na Figura 1.2. Trata-se de um fluxograma que apresenta um modo linear de pensar sobre o planejamento de um estudo de pesquisa. Depois da identificação da área do problema, a leitura e a reflexão sobre teorias e conceitos relevantes, assim como a consulta cuidadosa da literatura em busca de achados relevantes, chega-se à especificação de hipóteses ou questões. Definições operacionais são necessárias ao estudo de pesquisa, de modo que o leitor possa saber exatamente o que o pesquisador quis dizer com os termos usados. Essas definições descrevem fenômenos observáveis que possibilitam ao pesquisador verificar empiricamente se as predições são confirmadas. Em primeiro lugar, faz-se o planejamento e operacionalizam-se os dispositivos de medidas. Depois, os dados são coletados e analisados, e os achados, identificados. Por fim, os resultados são relacionados às hipóteses ou às questões originais, sendo discutidos de acordo com teorias, conceitos e descobertas científicas anteriores.

As partes da tese: uma reflexão sobre as etapas do processo de pesquisa

Este capítulo introduziu o processo de pesquisa. O tema foi o método científico de solução de problemas. Em geral, a tese e o artigo de pesquisa têm um formato padrão. Essa característica serve para facilitar, para que o leitor saiba onde encontrar várias peças de informações, como o objetivo, os métodos e os resultados. O formato também reflete as etapas do método científico. Agora veremos o formato típico da tese e como as partes correspondem às etapas do método.

Às vezes, teses e dissertações são feitas no formato de capítulos, em que cada um deles representa uma parte específica do relatório de pesquisa (p. ex., a introdução). Esse tem sido um modelo bastante comum há muito tempo. Acreditamos que é mais adequado que graduandos preparem a tese ou a dissertação na forma de artigo de revista científica, pois essa é uma parte importante do processo de pesquisa. No Capítulo 22, fornecemos detalhes consideráveis sobre o modo de utilizar o formato de artigo de revista na tese ou na dissertação e sobre a importância de fazê-lo. Ao longo deste livro, indicamos as partes típicas do relatório de pesquisa. Elas podem ser consideradas partes de artigo de revista ou capítulos, tudo depende do formato escolhido.

Introdução

Na introdução, o problema é definido e delimitado. O pesquisador identifica o problema de modo específico e, com frequência, declara as hipóteses de pesquisa. Além disso, ele define de forma operacional, para o leitor, alguns termos essenciais ao estudo e esclarece limitações e, às vezes, determinadas suposições básicas.

A revisão da literatura pode ficar na primeira parte ou em uma seção separada. No primeiro caso, ela se refere mais às etapas do método científico de solução do problema; ou seja, a revisão da literatura é instrumental na formulação de hipóteses e no raciocínio dedutivo, levando à enunciação do problema.

Método

O propósito do capítulo sobre o método é estabelecer um paralelo entre o formato da tese e as etapas de coleta de dados do método científico. O pesquisador explica como os dados foram coletados. Ele identifica os participantes, descreve os instrumentos de medida, apresenta os procedimentos da medida e do tratamento, explica o delineamento experimental e resume os métodos de análise de dados. Portanto, o principal objetivo desse capítulo é descrever o estudo em detalhes e com clareza, de modo que o leitor possa repeti-lo.

Com frequência, as duas primeiras partes abrangem o **projeto de pesquisa** e são apresentadas ao comitê de pós-graduação antes do início da pesquisa propriamente dita. Por isso, em geral, os verbos são empregados no tempo futuro. Mais tarde, na elaboração da versão final da tese, serão convertidos para o passado. Em geral, o projeto de pesquisa conterá alguns dados preliminares demonstrando que o estudante tem a *expertise* exigida para coletar os dados usando a instrumentação necessária.

Projeto de pesquisa
Preparação formal que inclui introdução, revisão da literatura e proposição do método de condução do estudo.

Resultados

Os resultados apresentam as descobertas pertinentes, provenientes da análise dos dados, e contribuem para a formação de novos conhecimentos. Eles correspondem à etapa do método científico em que são verificadas sua importância e confiabilidade.

Discussão e conclusões

Na última etapa do método científico, o pesquisador emprega o raciocínio indutivo, a fim de analisar as descobertas, compará-las com estudos anteriores e integrá-las em um modelo teórico. Nessa parte, julga-se a aceitabilidade das hipóteses de pesquisa. Em seguida, com base na análise e na discussão, são tiradas conclusões, que devem tratar do propósito e dos subpropósitos especificados na introdução.

Resumo

A pesquisa é simplesmente um modo de solucionar problemas. Levantam-se questões e desenvolvem-se métodos para tentar resolvê-las. Há maneiras diferentes (métodos de pesquisa) de tratar problemas. Às vezes, a natureza do problema dita o método. Se um pesquisador quer, por exemplo, descobrir as origens de um esporte, será usado o método histórico. Às vezes, um pesquisador deseja analisar um problema a partir de determinado ângulo; portanto, escolherá o melhor método para resolver a questão por esse ângulo.

Uma pesquisa sobre a eficácia do ensino, por exemplo, pode ser realizada de vários modos. Uma opção é o estudo experimental para avaliação da eficácia de métodos de ensino, pela comparação de resultados mensuráveis. Pode-se fazer também um estudo em que os comportamentos dos professores sejam codificados e avaliados pelo instrumento observacional. Outra forma de pesquisa descritiva consiste no emprego da técnica de questionário ou entrevista para examinar as respostas de professores a questões relativas a crenças ou práticas. Uma quarta possibilidade emprega o estudo qualitativo para observar e entrevistar certo professor de determinada escola sistematicamente durante um período prolongado, a fim de retratar experiências e percepções desse professor em um ambiente natural.

A questão é que não há apenas um modo de fazer pesquisa. Algumas pessoas optam por apenas um tipo de pesquisa. Algumas delas criticam os métodos usados por outras. Mas quem vê o próprio tipo de pesquisa como o único modo "científico" de solucionar problemas tem pensamento limitado e está completamente equivocado. Ciência é uma investigação disciplinada, e não um conjunto de procedimentos específicos.

A pesquisa básica lida, em essência, com problemas teóricos, e não pressupõe a aplicação imediata dos resultados. A pesquisa aplicada, em contrapartida, tenta responder questões de importância direta para o profissional do movimento. É preciso preparar tanto consumidores de pesquisa quanto pesquisadores proficientes. Portanto, um dos propósitos de livros sobre métodos de pesquisa é ajudar o leitor a compreender as ferramentas necessárias para o consumo e também para a produção de pesquisa.

Apresentamos aqui uma visão geral da natureza da pesquisa. O método científico de solução de problemas foi contrastado com métodos "não científicos", pelos quais as pessoas adquirem informações. Discutimos vários modelos para enfatizar que não há apenas um modo de tratar problemas em nossa disciplina e profissão. Identificamos os cinco tipos de pesquisa principais no estudo de atividade física: analítica, descritiva, experimental, qualitativa e modelos e métodos mistos. Essas categorias e suas diferentes técnicas serão vistas, em detalhes, nos próximos capítulos.

✓ Verifique sua compreensão

1. Dê uma olhada em números recentes da *Research Quarterly for Exercise and Sport*. Leia dois artigos de sua escolha: um quantitativo, outro qualitativo. Qual dos dois você compreendeu mais facilmente? Por quê?
2. Procure um artigo de pesquisa que você classificaria como estudo de pesquisa aplicada. Selecione também um estudo de pesquisa básica. Defenda as suas escolhas.
3. Pense em dois problemas de sua área que precisem ser pesquisados. A partir das descrições dos tipos de pesquisa encontradas neste capítulo, sugira o método de abordagem de cada um deles.

Capítulo 2

Desenvolvimento do Problema e Utilização da Literatura

Penso que grande parte das informações que tenho foi obtida quando eu procurava algo, mas acabava encontrando alguma outra coisa no caminho.
Franklin P. Adams

A preparação é a fase mais difícil de quase todo novo empreendimento, e a pesquisa não é exceção. Você não pode fazer qualquer pesquisa significativa se não determinar a área que deseja investigar, o que já foi publicado nessa área e como será conduzida a investigação. Neste capítulo, abordamos os modos de identificar problemas pesquisáveis, de procurar a literatura específica e de escrever a revisão da literatura.

Identificação do problema a ser pesquisado

Entre as muitas questões importantes enfrentadas pelo aluno de graduação, está a identificação de um problema de pesquisa. Este pode surgir a partir de situações do mundo real ou de quadros referenciais teóricos. De qualquer modo, um requisito básico para propor um bom problema de pesquisa é conhecer a fundo a área de interesse. Porém, quando o aluno expande seus conhecimentos a respeito de determinada área, parece-lhe que tudo já foi investigado. Mesmo querendo tornar-se um especialista, não limite demais seu campo de pesquisa. Relacionar o seu conhecimento básico a outras áreas costuma gerar bons *insights* sobre áreas significativas para pesquisa.

Ironicamente, pedimos aos alunos que comecem a pensar em tópicos de pesquisa específicos durante a disciplina de métodos de pesquisa, o que, em geral, eles fazem no primeiro semestre (ou trimestre) da graduação, antes de adquirir o conhecimento mais profundo necessário. Por isso, muitos dos problemas de pesquisa escolhidos mostram-se triviais, carecem de base teórica e repetem pesquisas já realizadas. Apesar de essa ser uma limitação considerável, as vantagens de fazer o curso de métodos de pesquisa logo no início são substanciais para o sucesso na própria graduação. Os alunos aprendem a:

- tratar e resolver problemas de modo científico;
- pesquisar a literatura;
- escrever de modo claro e científico;

- compreender temas básicos da mensuração e da estatística;
- usar um estilo de texto adequado;
- ser um consumidor inteligente de pesquisa; e
- apreciar a enorme variedade de estratégias e técnicas de pesquisa usadas na área de estudo.

Como, então, o estudante sem formação completa pode selecionar um problema? Conforme você dedica um esforço cada vez maior para pensar em um tópico, poderá ficar cada vez mais inclinado a pensar que todos os problemas da área já foram resolvidos. Soma-se a essa frustração a pressão do tempo. Para mostrar que questões importantes ainda esperam solução, fornecemos a seguir uma lista, com 10 questões provocantes.

Orientações para descobrir um tópico

Para ajudar a aliviar o problema de encontrar um tópico, oferecemos as seguintes sugestões. Em primeiro lugar, tome conhecimento das pesquisas feitas na instituição onde você estuda, porque pesquisas geram ideias para outras pesquisas. Frequentemente, o pesquisador tem uma série de estudos planejados. Em segundo lugar, esteja atento a qualquer tema polêmico em áreas de seu interesse. Polêmicas ardorosas estimulam tentativas de resolver a disputa. Em todo caso, converse com professores e pós-graduandos mais avançados de sua área de pesquisa e aceite os temas sugeridos (no quadro "Procure as causas, não os efeitos", veja por que os estudantes devem agir assim ao procurar temas de pesquisa). Em terceiro lugar, leia algum artigo de revisão (provavelmente, em algum periódico de resenhas ou de pesquisa ou em algum manual recém-lançado). Nessa publicação, leia vários estudos de pesquisa das listas bibliográficas e localize outros artigos atuais sobre o tema. De posse de todas essas informações, faça uma lista de questões de pesquisa que parecem não solucionadas ou de tópicos complementares ao material lido. Tente selecionar problemas que não sejam muito difíceis, nem muito fáceis. Os difíceis vão ocupar todo o seu tempo pela vida inteira, e você nunca terá a tese pronta. Quanto aos muito fáceis, ninguém se preocupa com eles.

Obviamente, nenhum problema específico se enquadra de modo perfeito em todos esses critérios. Pode ser que alguns problemas teóricos, por exemplo, tenham aplicação direta limitada. Problemas teóricos deveriam ser direcionados para aspectos que, no final, pudessem ser úteis à prática

---

Dez principais problemas que o ser humano ainda não resolveu

10. Existe um dia em que colchões não estão em oferta?
9. Se as pessoas evoluíram do macaco, por que ainda existem macacos?
8. Por que alguém acredita quando você diz que existem 4 bilhões de estrelas, mas checam quando você diz que a pintura ainda está úmida?
7. Por que você nunca ouve piadas de sogro?
6. Se a natação é boa para a sua silhueta, como você explica as baleias?
5. Como aqueles insetos mortos entram nas luminárias?
4. Por que o Super-homem para as balas de uma arma com seu peito, mas se abaixa quando atiram um revólver contra ele?
3. Por que as pessoas constantemente voltam ao refrigerador com a esperança de que alguma coisa nova para comer se materializou?
2. Por que os bancos cobram uma taxa sobre "fundos insuficientes" quando sabem que não há dinheiro suficiente na conta?
....rufar dos tambores...
1. Por que o Tarzan não tem barba?

> ### Procure as causas, não os efeitos
>
> Em um artigo muito interessante, Salzinger (2001) destaca que os cientistas não devem olhar apenas para os efeitos que observam, mas, sim, tentar encontrar as causas subjacentes. Descobrir resultados surpreendentes é sempre interessante, mas o que devemos realmente buscar são as suas causas. Com frequência, ouvimos que o propósito do método científico é "refutar" teorias e que nunca podemos realmente comprovar uma delas. No entanto, dificilmente um único experimento destrói teorias – "Velhas teorias, assim como soldados veteranos, só deixam o posto quando teorias melhores tomam o seu lugar" (Salzinger, 2001, B14). Por outro lado, a confirmação de uma teoria nos conduz a mecanismos subjacentes; os resultados explicam por que algo aconteceu.
>
> Frequentemente lemos resultados de pesquisas como estes:
>
> - Comprovou-se que ESP realmente funciona
> - Ouvir Mozart melhora o raciocínio espacial
> - Pessoas que frequentam igrejas vivem mais
>
> Quando nos depararmos com esse tipo de título, devemos nos perguntar por que essas coisas acontecem. Quais as explicações? A religião realmente tem algo a ver com a longevidade ou será que a explicação está no fato de que as pessoas que frequentam igrejas recebem apoio emocional, formam uma rede de relacionamentos que troca informações sobre bons médicos, saem de casa, caminham até a igreja, etc.?
>
> Salzinger (2001) sugere que devemos passar mais tempo pensando sobre o que causa os resultados e quais os mecanismos, identificando o ingrediente crítico que permite a aplicação de resultados em outros contextos.
>
> **Referência**
>
> Salzinger, K. (16 de fevereiro de 2001). Scientists should look for basic causes, not just effects. *Chronicle of Higher Education*, 157 (23), B14.

profissional. Respondendo com sinceridade às perguntas publicadas por McCloy (1930), é possível fazer uma avaliação prática do problema escolhido (ver o quadro na p. 48).

Um modo intrigante de desenvolver o problema de pesquisa é verificar como especialistas desenvolvem problemas. Snyder e Abernethy (1992) organizaram *The Creative Side of Experimentation*, em que acadêmicos reconhecidos das áreas de controle motor, desenvolvimento motor e psicologia do esporte explicam os fatores determinantes de suas carreiras como pesquisadores. Os editores também selecionaram temas recorrentes em programas de pesquisa acadêmica. Nessa análise, enfatizam-se questões como:

- Que características pessoais e profissionais são comuns a pesquisadores experientes?
- Que tipo de experimentação pesquisadores experientes realizam?
- Que estratégias pesquisadores experientes usam para melhorar a própria habilidade de levantar questões importantes?

Além desses pontos, Locke, Spirduso e Silverman (2007) forneceram uma relação de 20 etapas que auxiliam estudantes de graduação a identificar tópicos e a desenvolver propostas.

Uso dos raciocínios indutivo e dedutivo

Os meios de identificação de problemas de pesquisa específicos originam-se de dois métodos de raciocínio: o indutivo e o dedutivo. A Figura 2.1 fornece um esquema do processo de raciocínio indutivo. Observações individuais são reunidas em hipóteses específicas, que são agrupadas em

> ### Critérios para selecionar um problema de pesquisa
>
> Em 1930, o primeiro volume (edição n° 2) da *Research Quarterly* (agora *Research Quarterly for Exercise and Sport*) teve um artigo do Dr. C. H. McCloy, um dos nossos historicamente famosos acadêmicos. McCloy ofereceu uma lista de questões com as quais o pesquisador pode julgar a qualidade e a exequibilidade do problema de pesquisa. Essas questões (listadas a seguir) são tão válidas e úteis hoje como eram em 1930:
>
> - O problema está no domínio da pesquisa?
> - Isto lhe interessa?
> - Isto possui unidade?
> - Vale a pena?
> - É exequível?
> - É oportuno?
> - Você pode atacar o problema sem prejuízo?
> - Você está apto a usar as técnicas para tratar do problema?
>
> Nosso agradecimento a Jim Morrow, University of North Texas, por fazer esta indicação.

explicações mais gerais, que, por sua vez, formam uma teoria. A passagem do nível de observação ao de teoria exige muitos estudos individuais que testam hipóteses particulares. Porém, além dos estudos individuais, é necessário entender como as descobertas estão relacionadas para oferecer uma explicação teórica que inclua todas as descobertas individuais.

Um exemplo desse processo pode ser encontrado nas áreas de aprendizagem e controle motor. Adams (1971) propôs a **teoria de circuito fechado** da aprendizagem de habilidades motoras. Essa teoria propõe que as informações recebidas como *feedback* de um movimento sejam comparadas com alguma referência interna de correção (que se pressupõe armazenada na memória). Em seguida, registram-se as discrepâncias entre o movimento realizado e o pretendido. Por fim, a próxima tentativa de realização do movimento é ajustada de modo a aproximar-se mais do objetivo motor. A teoria de Adams reúne muitas observações prévias sobre respostas motoras (de movimento) e baseia-se em um raciocínio lógico muito bem desenvolvido, mas limitado a respostas de posicionamento lento. Essa limitação, na verdade, torna-a uma explicação mais geral, de acordo com a Figura 2.1.

Schmidt (1975) propôs a **teoria do esquema**, que expandiu o raciocínio de Adams, incluindo tipos mais rápidos de movimento, frequentemente chamados de tarefas balísticas. (A teoria do esquema também trata de várias limitações da teoria de Adams, que não são relevantes para esta discussão.) O essencial é que a teoria do esquema propôs a unificação de duas explicações gerais, uma sobre movimentos lentos e outra sobre movimentos balísticos (rápidos), sob uma única explicação teórica – claramente um exemplo de raciocínio indutivo.

O raciocínio tem de ser cuidadoso, lógico e causal; caso contrário, o resultado pode ser inadequado. Vejamos um caso de raciocínio indutivo malfeito:

> Por várias semanas, um pesquisador ensinou uma barata a saltar. No final, ela estava bem-treinada e saltava bem alto ao ouvir o comando "salte". Então o pesquisador começou a manipular a variável independente, que consistia em remover as patas do inseto, uma de cada vez. Após remover a primeira pata, ordenou "salte", e a barata saltou. E assim fez sucessivamente, com a segunda, a terceira, a quarta e a quinta, ao que o inseto continuava respondendo com o salto. No entanto, depois de remover a sexta pata, o pesquisador deu o comando "salte", mas a barata continuou no chão. A conclusão do estudo foi a seguinte: "Quando removemos todas as patas de uma barata, ela fica surda". (Thomas, 1980, p. 267)

Teoria de circuito fechado Teoria da aprendizagem de habilidades motoras proposta por Adams (1971), segundo a qual informações recebidas como *feedback* de um movimento são comparadas com alguma referência interna de correção.

Teoria do esquema Teoria da aprendizagem das habilidades motoras proposta por R. A. Schmidt (1975) como uma extensão da teoria de circuito fechado de Adams (1971). Foi sugerida a unificação de duas explicações mais gerais sob uma explicação teórica.

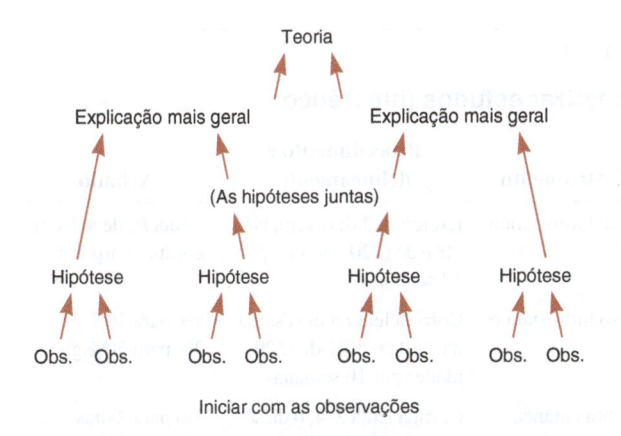

▶ **Figura 2.1** Raciocínio indutivo. Obs. = observação.

Reimpressa de R. L. Hoenes and B. Chissom, 1975, A student guide for educational research (Statesboro, G. A: Vog Press), 22. Com permissão de Arlene Chissom.

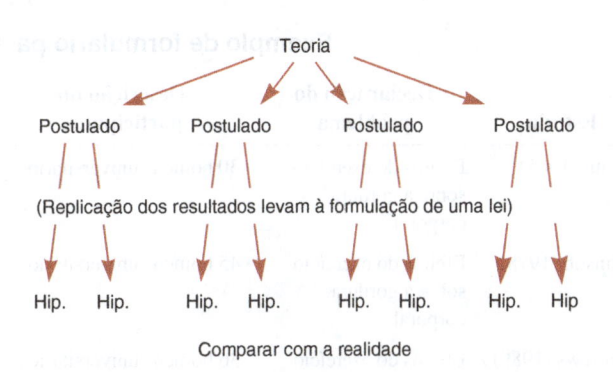

▶ **Figura 2.2** Raciocínio dedutivo. Hip. = hipótese.

Reimpressa de R. L. Hoenes and B. Chissom, 1975, A student guide for educational research (Statesboro, G. A: Vog Press), 22. Com permissão de Arlene Chissom.

A Figura 2.2 apresenta um modelo de raciocínio dedutivo. Esse raciocínio avança da explicação teórica de eventos a hipóteses específicas, testadas de acordo (ou comparadas) com a realidade, a fim de avaliar a correção das próprias hipóteses. Usando as noções da teoria do esquema apresentadas (para evitar a explicação de outra teoria), Schmidt apresentou a hipótese chamada de **variabilidade da prática**. Em essência, segundo essa hipótese (concluída ou deduzida da teoria), a prática de uma série de experiências de movimento (dentro de determinada classe de movimentos), comparada à prática de um único movimento, facilita a passagem para um novo movimento (ainda dentro da mesma classe). Muitos pesquisadores testaram essa hipótese, identificada pelo raciocínio dedutivo, e consideraram-na viável. Na verdade, em qualquer estudo, são úteis tanto o raciocínio indutivo quanto o dedutivo. O cenário geral de pesquisa foi apresentado no capítulo anterior, na Figura 1.2. (p. 42). Relembre como funcionam os processos dedutivo e indutivo – no início de um estudo, o pesquisador deduz hipóteses a partir de teorias e conceitos relevantes; no final, induz hipóteses a partir de descobertas importantes feitas durante a pesquisa.

Variabilidade da prática Princípio da aprendizagem de habilidades motoras proposto por R. A. Schmidt, em que a prática de uma série de experiências de movimento facilita a passagem para um novo movimento em comparação à prática de um único movimento.

Objetivos da revisão da literatura

Uma grande parte do desenvolvimento de problemas de pesquisa consiste na leitura do que já foi publicado sobre o tema. Muitos trabalhos de pesquisa sobre o tema em que você está interessado podem já ter sido feitos. Em outras palavras, o problema praticamente já foi "pescado". Esperamos que não seja esse o caso do processo de pesquisa que você iniciou. (Em muitos casos, o orientador pode tirar o pós-graduando da rota de tópicos saturados. Incentivamos você a trabalhar próximo dele ou dela, porque assim tornará sua tarefa mais eficiente.) De qualquer modo, seja qual for o tema, investigar o que já foi feito tem valor incalculável para o planejamento da nova pesquisa.

Uma consulta rápida ao catálogo da biblioteca confirma que há informações (e muitas). O dilema está em saber como localizar e avaliar as informações desejadas e, no final, em como usar as informações após tê-las encontrado.

Revisões da literatura servem para vários propósitos. Com frequência, estimulam o raciocínio indutivo. O acadêmico pode tentar localizar e sintetizar toda a literatura relevante sobre determinado tópico para desenvolver uma explicação mais geral ou uma teoria para explicar certos fenômenos. Para a tese ou a dissertação, a revisão será mais focada, apresentando diretamente as questões e os métodos para o estudo. Um modo alternativo de analisar a literatura, mencionado no Capítulo 1, é a metanálise (Glass, McGaw e Smith, 1981), explicada em detalhes no Capítulo 14.

O principal problema das revisões da literatura está em como relacionar todos os estudos entre si de modo eficaz. Com maior frequência, os autores buscam relacionar estudos por similaridades

▶ Nas revisões da literatura, os estudos podem ser relacionados uns aos outros com base nas semelhanças e nas diferenças em quadros referenciais teóricos, na declaração do problema, nas metodologias e nos achados.

TABELA 2.1
Exemplo de formulário para sintetizar estudos (hipotético)

Estudo	Declaração do problema	Descrição do participante	Instrumento	Procedimento e delineamento	Achado
Smith (1985)	Efeitos do exercício sobre a gordura corporal	30 homens universitários	Peso hidrostático	Exercício 3 dias/semana a 70% de (220 – idade) por 12 semanas	Redução de 4% em gordura corporal
Johnson (1978)	Efeitos do exercício sobre a gordura corporal	45 homens universitários	Peso hidrostático	Corrida lenta 3 dias/semana a 70 ou 50% de (220 – idade) por 10 semanas	5% para 70% gp 2% para 50% gp
Andrews (1989)	Efeitos do exercício frequente e intenso sobre a gordura corporal	36 homens universitários	Dobra cutânea	Corrida lenta 2, 4, 6 dias/semana a 75% (220 – idade) por 12 semanas	1% para 2 dias 4% para 4 dias 5% para 6 dias
Mitchell (1980)	Efeitos da carga de trabalho sobre a gordura corporal	24 homens do ensino médio	Dobra cutânea	Pedalar a 30, 45, 60 rpm com 2 KP de resistência por 20 min, 3 dias/semana por 14 semanas	1% a 30 rpm 3% a 45 rpm 4% a 60 rpm

gp = grupo; KP = kilo-pounds.

e diferenças entre estruturas teóricas, enunciados dos problemas, metodologias (participantes, instrumentos, tratamentos, delineamentos e análises estatísticas) e achados. Os resultados são determinados, então, por contagem de votos. O pesquisador escreveria, por exemplo: "De oito estudos com características similares, cinco não registraram diferenças acentuadas entre os tratamentos; portanto, esse tratamento não produz efeitos consistentes".

Esse procedimento é realizado com maior facilidade por meio de um quadro esquemático, como demonstrado na Tabela 2.1, no qual relacionamos a frequência e a intensidade do exercício com a porcentagem das mudanças na gordura corporal. A conclusão, a partir desses estudos, poderia ser a seguinte:

> Fazer 20 minutos de exercícios por dia, três vezes por semana, durante 10 a 14 semanas, a 70% da frequência cardíaca máxima, produz perdas moderadas de gordura corporal (4 a 5%). Sessões de exercício mais frequentes produzem aumentos mínimos; exercícios menos frequentes ou menos intensos são substancialmente menos eficazes na eliminação da gordura corporal.

Técnicas desse tipo prestam-se ao desenvolvimento da revisão da literatura sobre temas ou tópicos centrais. Essa abordagem, além de permitir a síntese de descobertas relevantes, também torna interessante a leitura das revisões.

Identificação do problema

Como já abordamos, a revisão da literatura é essencial na identificação de problemas específicos. Em geral, a redação final do problema, das questões e das hipóteses não pode ser feita até que a literatura seja revista e o estudo esteja situado na literatura prévia. Obviamente, depois de localizar uma série de estudos, a próxima tarefa consiste em decidir quais deles se relacionam com a área temática. Com frequência, o objetivo pode ser feito pela leitura do resumo e, se necessário, de partes específicas do artigo. Após identificar alguns estudos-chave, a leitura cuidadosa costuma produzir várias ideias e levantar questões não solucionadas. É útil discutir essas questões com um professor ou graduando veterano da mesma área de especialização. Desse modo, pode-se eliminar abordagens improdutivas ou resolver impasses. Após a identificação do problema, tem início uma intensa pesquisa na biblioteca.

Desenvolvimento de hipóteses ou questões

As hipóteses são deduzidas a partir da teoria ou inferidas de outros estudos empíricos e observações do mundo real. Elas se baseiam no raciocínio lógico e, quando preditivas do resultado do estudo, são chamadas de hipóteses da pesquisa. Vejamos um exemplo. Depois de termos gastado um bom tempo no mercado, podemos propor esta hipótese para ser testada: a fila mais curta é sempre a mais lenta; se você resolver mudar de fila, aquela em que estava andará mais rapidamente, e a outra, em que você entrou, mais lenta. Em estudos qualitativos, questões mais gerais costumam desempenhar o mesmo papel das hipóteses em estudos quantitativos.

Desenvolvimento do método

Ainda que identificar o problema e especificar hipóteses e questões envolva considerável trabalho, uma das partes mais criativas da pesquisa é o desenvolvimento do método destinado a testar as hipóteses. Quando o método é planejado e testado de modo apropriado em um estudo-piloto, os resultados possibilitam a avaliação das hipóteses e das questões. Acreditamos que há falha do pesquisador quando o fracasso dos resultados do estudo é creditado a questões metodológicas. Creditar o fracasso a questões metodológicas indica falta ou problemas de planejamento ou do trabalho-piloto realizado antes do início da pesquisa.

A revisão da literatura pode ser extremamente útil na identificação de métodos bem-sucedidos utilizados para solucionar problemas específicos. Entre os elementos valiosos de outros estudos estarão: características dos participantes, instrumentos de coleta de dados, procedimentos de testagem, tratamentos, delineamentos e análises estatísticas. Todos os métodos usados previamente (ou partes ou combinações deles) são úteis, mas não devem limitar o pesquisador no momento de fazer o planejamento do estudo. A metodologia criativa é a chave de um bom teste de hipóteses. Porém, nem o trabalho de outros pesquisadores, nem a criatividade podem substituir a condução integral do estudo-piloto.

▶ Elementos de outros estudos podem ajudar a identificar métodos para o delineamento do estudo e incluir características dos participantes, instrumentos de coleta de dados e aspectos da testagem e análise estatística.

Estratégias básicas da pesquisa da literatura

A perspectiva de iniciar a pesquisa da literatura, às vezes, pode ser angustiante ou deprimente. Como e por onde começar? Que tipo de sequência ou estratégia deve-se usar para localizar a literatura relevante? Que serviços a biblioteca oferece para sua busca?

Autores de textos de pesquisa têm proposto várias estratégias para localizar informações pertinentes sobre determinado tópico. Não conhecemos nenhuma forma ideal de fazê-lo. O processo de busca depende consideravelmente da familiaridade inicial com o tópico. Em outras palavras, o ponto de partida de alguém que não conhece praticamente nada sobre o assunto será diferente daquele de quem está familiarizado com a literatura.

Nos últimos anos, a pesquisa pelo computador tornou-se parte fundamental de toda a busca da literatura. Algumas pessoas são inclinadas a começar pela busca computadorizada. Essa estratégia pode ser frutífera, com certeza, mas não é totalmente infalível. Adquirir alguma familiaridade com o tópico e os descritores de busca ajudará no desenvolvimento e no refinamento da busca. Para estudantes que não conhecem bem o assunto, determinadas fontes preliminares (gerais) são úteis na localização de **fontes secundárias** que os ajudem a se familiarizar com o tema e a se preparar para adquirir e compreender as **fontes primárias**.

Índices, como o *Education Index*, são fontes preliminares (não primárias). O índice pode fornecer ao pesquisador referências de livros e artigos relacionados ao problema. Livros-texto são fontes *secundárias* valiosas, que dão ao leitor uma visão geral do tópico e do que tem sido feito na área. Na verdade, fontes secundárias, como enciclopédias e livros didáticos, podem ser o ponto de partida da pesquisa, por meio dos quais o estudante toma consciência do problema no início. Por fim, as fontes *primárias* são as mais valiosas para o pesquisador, pois as suas informações são de primeira mão. Teses e dissertações também são fontes primárias, e as completadas a partir de 1997 estão disponíveis *online* no ProQuest Digital Dissertations.

Fontes secundárias
Em pesquisa, fonte de dados cujo autor avaliou e resumiu pesquisas anteriores.

Fontes primárias
Em pesquisa, fonte de dados de primeira mão; estudo original.

▶ Fontes primárias, mais comumente na forma de artigos de periódicos, são as mais valiosas para os pesquisadores.

Etapas da pesquisa da literatura

Você deve seguir seis etapas ao revisar a literatura. Elas garantem uma busca completa e a tornam mais produtiva.

Etapa 1: Redija o enunciado do problema

Abordaremos a redação formal do enunciado do problema no próximo capítulo. Agora, tentamos apenas especificar as questões de pesquisa levantadas. Vejamos um exemplo. O pesquisador quer descobrir se a experiência de ensino do estudante influencia suas atitudes em relação ao ato de ensinar. Mais especificamente, ele quer examinar essas atitudes antes e depois da experiência de ensino dos estudantes de um programa de preparação de professores de educação física. Ao definir com cuidado o problema de pesquisa, o pesquisador tem condições de estabelecer limites razoáveis para a pesquisa da literatura. Lembre-se: a definição do problema, das questões e das hipóteses podem mudar com base na busca. Redija o enunciado do modo mais completo (porém conciso) possível.

Etapa 2: Consulte fontes secundárias

Essa etapa ajuda a formar uma visão geral do tópico, mas você pode suprimi-la quando tem conhecimentos suficientes sobre o tema. Fontes secundárias, como livros didáticos e enciclopédias, são úteis aos que conhecem pouco o tópico e, portanto, podem se beneficiar de informações básicas e de resumos de pesquisas anteriores. Artigos de revisão da literatura da área de interesse são especialmente valiosos.

Enciclopédias

As enciclopédias fornecem uma visão geral das informações sobre tópicos de pesquisa e resumem o conhecimento sobre temas específicos. As gerais contêm informações abrangentes sobre campos inteiros. Contudo, as especializadas oferecem tópicos muito mais restritos. Alguns exemplos são: *Encyclopedia of Sport Sciences and Medicine*, *Encyclopedia of Physical Fitness*, *Encyclopedia of Physical Education, Fitness and Sports*, *Encyclopedia of Educational Research* e *Handbook of Research on Teaching*.

Já que existe um grande intervalo (anos) entre o momento da submissão de uma contribuição acadêmica e a sua publicação, é importante lembrar que as informações enciclopédicas são datadas. Ainda assim, é possível obter informações básicas sobre o tema, familiarizar-se com termos básicos e anotar referências de periódicos de pesquisa pertinentes.

Revisões de pesquisas

Revisões de pesquisas são uma excelente fonte de informação, por três razões:

- Algum acadêmico bem-informado empregou bastante tempo e esforço para compilar a literatura mais recente sobre o tópico.
- Além de localizar a literatura relevante, o autor também fez uma revisão crítica e sintetizou essa literatura em um resumo integrado do que já se sabe nessa área.
- Com frequência, o autor da revisão sugere áreas que carecem de pesquisas, fornecendo dicas valiosas ao graduando.

Entre as publicações de revisões atuais, podemos citar *Annual Reviews of Medicine*, *Annual Review of Psychology*, *Review of Educational Research*, *Physiological Reviews*, *Psychological Review* e *Exercise and Sport Science Reviews*. Essas fontes, como *Annual Review of Psychology* e *Physiological Reviews*, encontram-se disponíveis tanto na forma impressa como eletrônica.

Muitas revistas publicam regularmente um ou dois artigos de revisão. Por exemplo, a *Research Quarterly for Exercise and Sport* publica um artigo de revisão da C. H. McCloy Lecture, dada no café

> BUSCAS POR COMPUTADOR PODEM OFERECER ACESSO MAIS EFICIENTE E EFICAZ A FONTES DO QUE A BUSCA MANUAL EM BIBLIOTECAS.

da manhã do consórcio de pesquisa, no encontro anual da *American Alliance for Health, Physical Education, Recreation and Dance* (AAHPERD). A palestra de Diane Gill na C. H. McCloy Lecture em 2008, "Social psychology and physical activity: Back to the future", foi publicada na edição de dezembro de 2009 (volume 80, p. 685-695) da *Research Quarterly for Exercise and Sport*. Ocasionalmente, uma revista publica uma edição especial que consiste inteiramente de artigos de rervisão.

Etapa 3: Determine as palavras-chave

As palavras-chave são termos que ajudam a localizar fontes relativas a determinado tópico. A respeito do efeito da prática de ensino do estudante sobre as suas próprias atitudes em relação ao ato de ensinar no campo da educação física, palavras-chave óbvias são atitude (em relação ao ensino), mudanças de atitude, prática de ensino de estudantes e educação física. As palavras-chave podem ser classificadas em principais e secundárias. A combinação desses dois tipos ajuda o pesquisador a localizar a literatura relacionada pertinente. Obviamente, termos como "atitude", "prática de ensino de estudantes" e "educação física" são muito abrangentes. Vários bancos de dados adotam palavras-chave próprias para cada tema. Discutiremos isso mais adiante, neste capítulo, ao descrevermos a pesquisa eletrônica.

Etapa 4: Busque fontes preliminares

Use fontes preliminares (gerais) para chegar às fontes primárias, por meio de pesquisas eletrônicas. Elas consistem, principalmente, em resumos e índices. Nos parágrafos seguintes, descreveremos fontes preliminares que podem ser úteis a pesquisadores da educação física, ciência do exercício e ciência do esporte.

Sessões de painéis
Método de apresentação de pesquisa em conferências, em que o autor coloca o resumo de sua pesquisa em paredes ou murais e fica à disposição para responder às perguntas dos interessados.

Resumos

Resumos concisos de estudos de pesquisa são fontes de informação valiosas. Resumos de artigos apresentados em congressos científicos encontram-se disponíveis em encontros nacionais, municipais e na maioria dos estaduais. Resumos de simpósios patrocinados pela AAHPERD Research Consortium, comunicações livres e **sessões de painéis** apresentados no Encontro Nacional da AAHPERD são publicados anualmente na *Research Quarterly for Exercise and Sport Supplement*. A *Medicine and Science in Sports and Exercise* publica, uma vez ao ano, um suplemento especial de resumos apresentados no encontro anual da American College of Sports Medicine.

Outras fontes são a *Dissertation Abstracts International*, que contém resumos de dissertações da maioria das faculdades e universidades dos Estados Unidos e do Canadá, e a *Index and Abstracts of Foreign Physical Education Literature*, que fornece resumos de revistas de outros países. Fontes de resumos em áreas relacionados incluem *Biological Abstracts*, *Psychological Abstracts*, *Sociological Abstracts*, *Resources in Education* e *Current Index to Journals in Education*.

Índices

Vários índices fornecem referências de artigos de jornais e revistas dedicados a temas específicos. Entre os índices gerais mais usados em educação física, ciência do exercício e ciência do esporte, podemos citar *Education Index*, *Reader's Guide to Periodical Literature*, *New York Times Index*, *Web of Science* e *Physical Education Index*. Apesar do título (índice de publicações de educação física), essa última fonte fornece um catálogo de temas que abrange periódicos estadunidenses e de outros países nos campos da dança, da educação para a saúde, da recreação, dos esportes, da fisioterapia e da medicina esportiva. Pesquisadores de várias áreas da educação física, da ciência do exercício e da ciência do esporte tendem a usar catálogos específicos, relacionados aos seus próprios temas de interesse, como *Index Medicus*, *PsycINFO*, *ERIC*, *Current Contents* e *SPORTDiscus*. Todos eles estão disponíveis em meio eletrônico, o formato preferido na maioria das bibliotecas de pesquisa.

- *Index Medicus.* Amplamente usado na ciência do exercício, fornece acesso a mais de 2.500 revistas biomédicas do mundo inteiro. É publicado mensalmente; cada edição contém seções por tema e por autor e uma bibliografia de revisões médicas. Também pode ser pesquisado por computador, via Medline.
- *PsycINFO.* Catálogo eletrônico na área da ciência do comportamento. A partir de palavras-chave, relaciona títulos apropriados, identificando autores e revistas.
- *ERIC.* O acrônimo ERIC refere-se ao Educational Resources Information Center. É a maior fonte de informações da área de educação do mundo. O sistema coleta, ordena, classifica e armazena milhares de documentos sobre vários tópicos associados a educação e áreas correlatas. Seus catálogos básicos são *Resources in Education* (RIE) e *Current Index to Journals in Education* (CIJE). Além de conter resumos, o RIE indica como obter documentos, se podem ser adquiridos em microfilme ou como arquivo em formato pdf ou como solicitar a cópia do original diretamente do editor. Tanto o RIE quanto o CIJE fornecem assistência valiosa na busca de informações sobre tópicos específicos. O ERIC ainda produz um tesauro (léxico), contendo milhares de termos que podem ser usados na localização de referências e na busca eletrônica de informações.
- *Current Contents.* Esta pequena revista semanal, publicada pelo Institute for Scientific Information, contém o sumário de revistas científicas publicadas recentemente em áreas de conteúdo geral (p. ex., ciências sociais e do comportamento) e classificadas por subárea (p. ex., psicologia, educação, reabilitação e educação especial). O índice dessa fonte contém títulos de revistas listados por tópico e autor, além de fornecer endereços de autores para que o pesquisador possa obter cópias dos trabalhos. A *Current Contents* também tem uma seção sobre livros atuais, em cada número, além de edições semanais da área de ciências da vida; física, química e ciências da terra; ciências sociais e do comportamento; agricultura, biologia e ciências ambientais; medicina clínica; engenharia, tecnologia e ciências aplicadas;

artes e humanidades. Encontra-se disponível em formato eletrônico, via Web of Science, na maioria das bibliotecas universitárias.

- *SPORTDiscus*. Este índice é um recurso valioso para a obtenção de informações sobre a literatura prática e de pesquisa nas áreas de esporte, condicionamento físico e educação física. Os tópicos incluem medicina esportiva, fisiologia do exercício, biomecânica, psicologia, treinamento, *coaching*, educação física, condicionamento e outros temas relacionados ao esporte e ao condicionamento físico. Fornece também um catálogo abrangente da coleção *Microform Publications* de dissertações e teses do International Institute for Sport and Human Performance. Inclui, ainda, todas as citações do antigo banco de dados bibliográfico *Sport and Leisure* do SIRLS, que cobre a literatura de pesquisa relacionada a aspectos sociais e psicológicos do esporte e do lazer, incluindo jogos e dança. O *SPORTDiscus* encontra-se disponível apenas em meio eletrônico; não há versão impressa. Os dados listados remontam a 1975.

Bibliografias

As bibliografias listam livros e artigos sobre tópicos específicos. Encontram-se disponíveis em vários formatos, de acordo com o modo como as informações foram ordenadas. Todas as bibliografias contêm o nome dos autores, o título dos livros ou dos artigos, o nome das revistas e os dados sobre a publicação. Uma **bibliografia comentada** tem uma breve descrição da natureza e da abrangência do artigo ou livro referido.

> **Bibliografia comentada** Lista de recursos que fornece breve descrição da natureza e da abrangência de cada artigo ou livro.

Dados bibliográficos de estudos recentes sobre o tema escolhido são de valor incalculável para o pesquisador. Alguns autores declaram que uma das contribuições mais importantes da dissertação é a revisão da literatura e da bibliografia. Contudo, você não pode simplesmente usar a revisão da literatura apresentada em um estudo anterior. O fato de alguém ter revisado fontes pertinentes não permite que o pesquisador deixe de ler e avaliar, por conta própria, cada uma das fontes. Lembre-se de que o autor do trabalho anterior (a) pode ter sido descuidado, citando fontes incorretamente, e (b) pode ter citado os resultados de um estudo fora do contexto ou a partir de um ponto de vista diferente daquele do autor original.

Em várias ocasiões, encontramos referências bibliográficas incorretas. Um estudo realizado por Stull, Christina e Quinn (1991) revelou que, de 973 citações encontradas em volumes de 1988 e 1989 da *Research Quarterly for Exercise and Sport*, 457 continham um ou mais erros, uma proporção de 47%. E isso não acontece apenas nessa revista. Uma proporção de 50% de erros foi registrada no *JAMA: The Journal of the American Medical Association* (Goodrich e Roland, 1977). Stull, Christina e Quinn (1991) enfatizaram a importância de todos os elementos da referência bibliográfica, sem exceção. Além disso, a responsabilidade pela exatidão das informações, em última análise, é do autor. No processo de publicação, podem ocorrer erros na cópia da fonte, na digitação do artigo, na revisão do manuscrito, na conferência das provas, ou em outros aspectos.

Uma boa estratégia de pesquisa consiste em consultar as fontes de informação mais recentes e, depois, trabalhar de modo retroativo. Assim, economiza-se tempo, pois o pesquisador pode tirar vantagem dos estudos de outros. Alguns exemplos de bibliografias são: *Annotated Bibliography on Movement Education, Bibliography of Research Involving Female Subjects, Bibliography on Perceptual Motor Development, Bibliography of Medical Reviews in Index Medicus, Annotated Bibliography in Physical Education, Recreation and Psychomotor Function of Mentally Retarded Person* e *Social Sciences of Sports*.

Sistema de informações da biblioteca

O catálogo tradicional de fichas, armazenadas em gavetas e com informações bibliográficas por nome do autor, assunto ou título da obra, praticamente não existe mais. Na verdade, a biblioteca central da universidade onde um dos autores trabalha agora tem a única ficha catalográfica no *campus*, localizada em uma exposição que mostra a história da biblioteca. Quase todas as bibliotecas universitárias adotaram o catálogo computadorizado, e é inevitável que as poucas que ainda permanecem sem adotarão esse método assim que as condições financeiras permitirem.

Há abundância de catálogos computadorizados. Em geral, o usuário seleciona, em primeiro lugar, o tipo de busca, relacionado em um menu – por autor, título, palavra-chave ou número de registro. Se o item pesquisado for encontrado, o computador apresentará uma tela com nome do autor, título, informações sobre a publicação, termos indexados e número de registro. A maioria das bibliotecas de faculdades e universidades também pode ser acessada pela Internet, por docentes e alunos, a partir de seus computadores pessoais.

Alguns dos que usaram o antigo sistema por muitos anos mostram-se nostalgicamente resistentes ao seu desaparecimento. Eles afirmam que, ao consultar as fichas em busca de um material específico, com frequência, encontravam outras referências valiosas por acaso. Entretanto, à medida que o estudante se familiariza com o computador, o processo de busca torna-se mais rápido e produtivo. Lembre-se: se tiver qualquer dúvida sobre pesquisas em bibliotecas, consulte os bibliotecários. Em geral, eles são extremamente prestativos e gentis.

Buscas por computador

Os recursos computadorizados podem acelerar muito a pesquisa da literatura. A busca automática é mais eficaz e eficiente na localização de dados e informações em catálogos do que a manual, que ainda é possível com algumas bases de dados, mas é recomendável usar o computador quando você estiver pronto para descobrir as fontes primárias. Alguma bases de dados relevantes para várias áreas em educação física estão listadas na página seguinte. A busca computadorizada varre muitos arquivos de resumos e catálogos nas áreas de ciências naturais, humanidades e ciências sociais.

Antes de começar a busca, recomendamos fortemente que você gaste um pouco de tempo planejando. A quantidade de tempo e os artigos achados tornarão o primeiro passo valioso. À medida que você fala com seu orientador e lê as fontes primárias e secundárias, registre as palavras que descrevem o tópico e guarde-as para os aspectos iniciais da busca. Essa lista pode ser longa, mas o fato de ter esses termos pode ajudá-lo a ajustar o escopo da busca e aventurar-se em áreas correlatas.

Familiarizar-se com múltiplas bases de dados o ajudará em sua busca. A maioria dos estudantes que fazem uma revisão de literatura ou querem entender um tópico usará três ou mais bases de dados. Por exemplo, um estudante de pedagogia preferirá usar Web of Science, ERIC e ProQuest Digital Dissertation, porque essas ferramentas cobrem diferentes revistas e os protocolos de busca são levemente diferentes. Seu orientador e outros estudantes de pós-graduação podem auxiliá-lo na identificação de que base de dados será mais útil. Se a biblioteca tiver sessões de orientação para o uso de bases de dados, sugerimos que você participe. Se utilizou busca computadorizada em outra biblioteca ou há mais de dois anos, você deveria dedicar algum tempo para aprender sobre as bases de dados e a interface na sua universidade – os sistemas mudam rapidamente, e o sistema de cada universidade é levemente diferente. Conforme se familiariza com cada base de dados, tome notas sobre como ela funciona (p. ex., pode usar curingas para significar múltiplos possíveis termos relacionados ou funciona melhor se você usa palavras de um léxico?).

Agora, a maioria das bases de dados permite que o usuário salve, envie por *email* ou imprima a informação. Além disso, muitas bases de dados mostrarão a história das mudanças durante uma sessão. Manter anotações nos arquivos salvos e mudanças feitas durante a busca é útil. Pode ser particularmente relevante ter um arquivo em seu computador no qual salvar a lista de artigos marcados na busca. Antes de salvar (ou enviar por *email*), é aconselhável adicionar uma nota à seção de comentários, assim poderá ser facilmente identificado quando você voltar mais tarde.

Ajuste da abrangência da pesquisa

▶ Planejar é a chave para uma busca de literatura com sucesso. Escreva o seu problema de pesquisa e, com calma, formule descritores e palavras-chave.

Como mencionamos, em praticamente todas as bibliotecas universitárias, uma pessoa pode utilizar a busca eletrônica em computadores conectados à Internet. As informações podem ser salvas e impressas com uma grande quantidade de informação (p. ex., resumos, palavras-chave, referências, o número de vezes que o artigo foi citado). Lembre-se: conforme observado, a chave para o sucesso da pesquisa da literatura é o planejamento cuidadoso. Portanto, redija o enunciado do problema e formule descritores convincentes e palavras-chave. Se o banco de dados que você está utilizando tiver um léxico, use-o. Uma forma eficiente de descobrir palavras-chave produtivas ou termos do assunto é localizar um ou mais artigos relacionados ao seu tópico e ver como eles estão indexados.

Alguns bancos de dados que podem ser consultados por computador

ERIC (Educational Resources Information Center) (a partir de 1966)
Indexadores: Léxico de palavras-chave do ERIC
Tipo de informação: Todos os tópicos relativos à educação, da pré-escola à universidade, estão incluídos em áreas como administração, currículo, ensino e aprendizagem. Artigos publicados são acessados a partir do *Current Index to Journals in Education*; materiais não-publicados podem ser obtidos no *Resources in Education*, uma parte do ERIC. Ambos os bancos de dados podem ser pesquisadas de modo simultâneo ou separado. O conteúdo do ERIC também está disponível em CD-ROM.

MEDLINE (a partir de 1966)
Forma de busca: Temas médicos
Tipo de informação: A vasta coleção de artigos de revistas de biomedicina, saúde, gerontologia, etc. do *Index Medicus* pode ser acessada pelo *MEDLINE*, disponível em CD-ROM.

PsycINFO (a partir de 1967)
Forma de busca: Léxico de termos de catálogos de psicologia
Tipo de informação: Apresenta artigos de revistas, dissertações e relatórios técnicos (livros e citações de capítulos de livros estão disponíveis desde 1992) de psicologia e relacionados às ciências do comportamento. Esse banco de dados origina-se do *Psychological Abstracts*. *PsycLit* (a partir de 1974) é a versão em CD-ROM.

Sociological Abstracts (a partir de 1963)
Forma de busca: As palavras-chave são digitadas pelo próprio usuário.
Tipo de informação: Esse banco de dados contém amplo arquivo de artigos de revistas, publicações de conferências e livros sobre psicologia social, desenvolvimental e clínica. É composto de vários arquivos combinados. *Sociofile* (a partir de 1974) é a versão em CD-ROM.

Dissertation Abstracts Online (a partir de 1861)
Forma de busca: As palavras-chave são digitadas pelo próprio usuário.
Tipo de informação: Incluir resumos e textos completos de dissertações e teses (desde 1962) do *Dissertation Abstracts International* e do *American Doctoral Dissertations*. Inclui dissertações de praticamente todas as instituições de ensino superior dos EUA, de numerosas instituições do Canadá e de algumas de outros países. Disponível em CD-ROM.

Ingenta (a partir de 1988)
Forma de busca: As palavras ou nomes são digitados pelo próprio usuário.
Tipo de informação: Inclui artigos e sumários de mais de 15.000 revistas, com milhares de citações acrescentadas diariamente. Trata-se de um serviço pago, que oferece oportunidade de aquisição de arquivos pdf ou por fax da maioria dos artigos, em geral no prazo de 24 horas.

SPORTDiscus (a partir de 1975)
Forma de busca: As palavras são digitadas pelo próprio usuário.
Tipo de informação: Trata-se de amplo arquivo de literatura especializada em esportes, condicionamento físico e educação física. Inclui também um índice abrangente de dissertações e teses, além de citações sobre aspectos sociais e psicológicos da pesquisa em esporte e lazer. Encontra-se disponível em CD-ROM.

Web of Science (a partir de 1965)
Forma de busca: Palavras-chave, nome do autor, nome da revista
Tipo de informação: Trata-se de um banco de dados eletrônico, acessado com mais frequência em bibliotecas. Fornece acesso a três grandes catálogos de revistas e a outras informações: *Science Citation Index* (a partir de 1965), *Social Sciences Citation Index* (a partir de 1965) e *Arts and Humanities Citation Index* (a partir de 1975). Provê uma lista de todas as revistas constantes do catálogo (por área geral, campo de trabalho e ordem alfabética). Os usuários podem localizar artigos publicados específicos, autores dos artigos e nomes de revistas. Além disso, permite pesquisar dados sobre fatores de impacto de várias revistas e frequência de citação de vários artigos e autores.

A abrangência de sua busca pode ser estreitada ou alargada usando palavras especiais, chamadas operadores de Boolean. Os dois operadores mais comuns, ou conectores, são as palavras "e" e "ou". Para estreitar a busca, você adiciona outro termo com a palavra "e". Por exemplo, no estudo proposto sobre a investigação de mudanças na atitude em relação a ensinar após a experiência estudante-ensino, 2.237 itens foram listados sob o descritor "mudança de atitude". Para "atitude + ensinar", 186 itens foram listados e, para "atitudes de estudante professor", 100 itens. Quando todos foram conectados com a palavra "e", 44 referências foram listadas, o que é um número possível de examinar. A Figura 2.3 ilustra a lógica de Boolean com esse exemplo.

A palavra *ou* amplia a busca. Termos adicionais relacionados podem ser conectados com *ou* para que o computador busque mais de uma palavra-chave (Fig. 2.4). O pesquisador que quiser, por exemplo, informações sobre a "prática de ensino" (133 itens) pode ampliar os resultados, usando "prática de ensino" (133 itens) *ou* "estágio" (495 itens), obtendo, então, um total de 628 itens relacionados.

Se a busca completa produz um ou mais artigos que são frequentemente citados ou considerados chave para o tópico, é possível identificar onde cada um foi citado desde a publicação. A tarefa é completada fazendo-se uma busca de referência citada no Web of Science. Essa abordagem permite verificar novamente e encontrar artigos que você perdeu. Além disso, ela identifica artigos relacionados que podem usar palavras-chaves ou descritores diferentes. Você pode pedir que alguém o ajude em sua primeira busca. Nesse caso, você provavelmente consultará o bibliotecário e a pesquisa será agendada e poderá ser conduzida por algum funcionário da biblioteca. É provável que o pesquisador tenha de preencher um formulário, em que especificará o enunciado da pesquisa, as palavras-chave e o banco de dados. O funcionário pode ser extremamente útil no momento de selecionar as palavras-chave e também em todo o processo de pesquisa da literatura. Os resultados da busca podem ser salvos e baixados ou enviados por correio eletrônico para você, para impressão no momento mais conveniente. Ainda que esse serviço às vezes seja pago, na maioria dos casos vale a pena pagar o preço pela bibliografia resultante, especialmente em função de sua abrangência e da economia de tempo e esforço. Contudo, observamos, que, se você planeja usar a biblioteca com frequência, por razões de pesquisa ou profissional, será válido o esforço para aprender como fazer a busca você mesmo.

Obtenção de fontes primárias

Depois de conseguir uma lista de referências relacionadas, é preciso localizar e ler os estudos na íntegra. Muitas bases de dados contêm resumos, além de indicações bibliográficas. O resumo é extremamente útil na hora de decidir se o artigo deve ser recuperado. Para a maioria das buscas, ler o resumo informará se o artigo será necessário, e você pode facilmente incluí-lo nas referências bibliográficas salvas com as citações que selecionou para olhar mais tarde.

Quando souber que artigos quer recuperar, precisará obtê-los. Praticamente todas as revistas científicas estão disponíveis em formato eletrônico. Algumas revistas têm muitos anos de arquivos eletrônicos, enquanto outras têm poucos anos desde que foi oferecida a versão digital de artigos. Conforme você aprende a usar a base de dados disponível em sua biblioteca, é recomendável aprender como recuperar artigos de revistas eletronicamente. Cada biblioteca tem uma forma

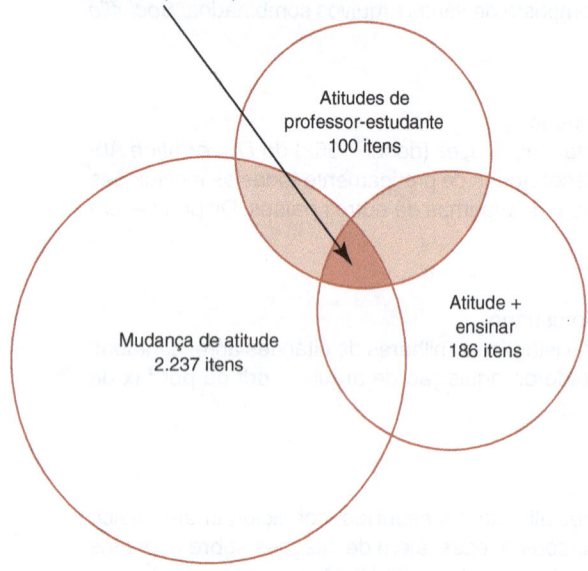

▶ **Figura 2.3** Uma ilustração do conector "e" para estreitar a busca.

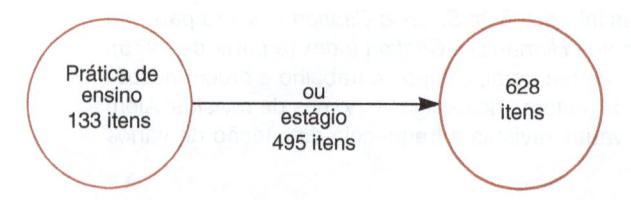

▶ **Figura 2.4** Uma ilustração do conector *ou* para ampliar a busca.

diferente de fazer isso – desde *links* diretos com as bases de dados até a busca de cada revista separadamente –, e temos recomendado tornar-se proficiente em descobrir e recuperar artigos na biblioteca que você usará.

A sua biblioteca pode não ter todas as revistas que estão na lista de referências. Você deve consultar o sistema de informação da biblioteca para ver se sua biblioteca tem uma revista específica. Se o artigo é de um volume mais antigo, você talvez tenha de recuperar a cópia física e fazer uma fotocópia. Se a biblioteca não tem a revista ou o volume de que você precisa, deve usar o empréstimo entre bibliotecas ou possivelmente obter um fax ou um arquivo pdf do artigo por meio do serviço *Ingenta*.

A Tabela 2.2 contém uma lista de revistas que são frequentemente usadas por estudantes de atividade física. Cada título de revista é acompanhado por seu fator de impacto e fator de impacto de cinco anos. O fator de impacto é uma medida padronizada da frequência com que os artigos de uma revista são citados em outras revistas ao longo dos dois últimos anos. O fator de impacto de cinco anos, que é novo para o *Journal Citation Reports* de 2008 do Institute for Cientific Information (Thomson Reuters, 2010), é uma medida semelhante dos últimos cinco anos. Quanto maior o fator de impacto, mais citações por artigo publicado pela revista ao longo do período.

TABELA 2.2
Periódicos com fatores de impacto*

Título do periódico	Fator de impacto	Fator de impacto de 5 anos
ACSM's Health and Fitness Journal	0,353	0,366
Adapted Physical Activity Quarterly	0,837	1,009
American Educational Research Journal	1,667	2,874
American Journal on Mental Retardation	1,589	2,159
American Journal of Physical Medicine & Rehabilitation	1,695	1,868
American Journal of Physiology—Heart and Circulatory Physiology	3,643	3,736
American Journal of Sports Medicine	3,646	3,952
Applied Physiology Nutrition and Metabolism (Physiologie Appliquee Nutrition et Metabolisme)	1,591	1,603
Archives of Physical Medicine and Rehabilitation	2,159	2,774
Athletic Therapy Today	0,110	0,164
Australian Journal of Physiotherapy	1,948	2,297
Aviation, Space, and Environmental Medicine	0,774	0,958
Biology of Sport	0,113	0,135
British Journal of Sports Medicine	2,126	2,905
Child Development	3,821	5,543
Clinical Biomechanics	2,000	2,416
Clinical Journal of Sports Medicine	1,595	2,221
Clinics in Sport Medicine	1,298	1,399
Epidemiology	5,406	5,705
Ergonomics	1,604	1,729
European Journal of Applied Physiology	1,931	2,174
European Journal of Sport Science	0,755	*
Exercise Immunology Review	3,400	4,641

(*continua*) ▶

▶ **TABELA 2.2** (*continuação*)

Título do periódico	Fator de impacto	Fator de impacto de 5 anos
Exercise and Sport Science Review	2,649	3,854
Experimental Brain Research	2,195	2,465
Gait and Posture	2,743	3,415
High Altitude Medicine and Biology	1,667	1,839
Human Biology	0,807	1,346
Human Factors	1,529	1,870
Human Movement Science	1,725	2,249
International Journal of Sport Nutrition and Exercise Metabolism	1,438	1,672
International Journal of Sport Psychology	0,627	0,782
International Journal of Sports Medicine	1,626	1,910
International Sportmed Journal	0,103	*
Isokinetics and Exercise Science	0,221	0,370
Japanese Journal of Physical Fitness and Sports Medicine	0,007	0,105
Journal of Aging and Physical Activity	1,660	1,973
Journal of Applied Biomechanics	1,197	1,141
Journal of Applied Physiology	3,658	3,760
Journal of Applied Sport Psychology	1,093	1,894
Journal of Athletic Training	1,651	2,094
Journal of Back and Musculoskeletal Rehabilitation	0,196	0,463
Journal of Biomechanics	2,784	3,520
Journal of Curriculum Studies	0,384	0,616
Journal of Electromyography and Kinesiology	1,884	2,850
Journal of Experimental Psychology – Human Perception and Performance	2,947	3,720
Journal of Motor Behavior	1,037	1,867
Journal of Orthopaedic Sport Physical Therapy	1,895	2,258
Journal of Orthopedic Trauma	1,877	2,429
Journal of the Philosophy of Sport	0,346	0,273
Journal of Rehabilitative Medicine	1,983	3,057
Journal of Science and Medicine in Sport	1,913	2,051
Journal of Shoulder and Elbow Surgery	1,827	2,172
Journal of Sport and Exercise Psychology	2,118	2,651
Journal of Sport Management	1,087	1,120
Journal of Sport Rehabilitation	0,371	0,531
Journal of Sports Medicine and Physical Fitness	0,695	1,034
Journal of Strength and Conditioning Research	0,815	1,282
Journal of Sport Sciences	1,625	2,296
Journal of Teaching in Physical Education	0,761	1,171
Knee	1,490	1,547
Knee Surgery Sports Traumatology Arthroscopy	1,696	1,858
Medicina Dello Sport	0,100	0,130
Medicine and Science in Sports and Exercise	3,399	4,078
Motor Control	1,578	1,675
Movement Disorders	3,898	3,852
Operative Techniques in Sport Medicine	0,222	0,345

Título do periódico	Fator de impacto	Fator de impacto de 5 anos
Pediatric Exercise Science	1,000	1,494
Perceptual and Motor Skills	0,402	0,523
Physical Therapy	2,190	2,844
Physical Therapy in Sport	0,612	0,875
Psychology of Sport and Exercise	1,568	1,925
Quest	0,677	0,769
Research Quarterly for Exercise and Sport	1,214	1,455
Scandinavian Journal of Medicine and Science in Sports	2,264	2,809
Science and Sports	0,151	0,144
Sociology of Sport Journal	0,674	0,813
Sport Biomechanics	0,451	*
Sport Education and Society	0,511	0,969
Sport Psychologist	0,8893	1,393
Sports Medicine	3,018	4,538
Sports Medicine and Arthroscopy Review	1,000	0,574
Sportverletzung-Sportschaden	0,325	0,474
Strength and Conditioning Journal	0,205	0,273
Teaching and Teacher Education	0,769	1,367
Wilderness and Environmental Medicine	0,518	0,765

*O fator de impacto de 5 anos do *Journal of Citation Reports* não está disponível.
Adaptada de Cardinal e Thomas 2004.

Essa medida obtida de modo simples e fácil pode parecer uma forma válida para avaliar a qualidade da revista. Contudo, muitas autoridades têm criticado o uso dos fatores de impacto para avaliar revistas (p. ex., veja Joint Commission on Quantitative Assessment of Research, 2008; Kulinna, Scrabis-Fletcher, Kodish, Phillips e Silverman, 2009; Lawrence, 2003; Sammarco, 2008). Entre as objeções, estão que autores podem se citar, que os fatores de impacto não dizem se a citação foi positiva ou negativa e que comparações entre áreas são problemáticas, porque existem grupos de pesquisadores grandes e pequenos. Em um artigo recente, Larivère e Gingras (2009) realizaram uma busca extensa e descobriram que os mesmos artigos publicados em duas revistas tiveram diferentes índices de citação. Eles sugeriram que algumas revistas têm uma vantagem cumulativa em manter seus fatores de impacto. Este ou outros índices de citação são somente uma pequena parte de informação para a avaliação de revistas.

Uso da Internet: o bom, o ruim e o feio

Uma grande quantidade de informações pode ser encontrada *online*. No entanto, com frequência, é difícil determinar se essas informações estão corretas e se são precisas. Na verdade, grande parte dessas informações é incorreta ou inexata. A pesquisa pela Internet pode ser feita com palavras-chave, utilizando recursos de busca-padrão. Provavelmente, você vai encontrar muitos *sites* de pesquisa. Distinguir os bons e válidos dos inúteis e tendenciosos é difícil. Entretanto, vários *sites* são reconhecidos por conter informações acuradas sobre tópicos que os estudantes querem encontrar.

- O Scout Report (http://scout.cs.wisc.edu/index.html) é um projeto conjunto da National Science Foundation e da University of Wisconsin, na cidade de Madison. Inclui uma quantidade considerável de informações científicas úteis nas áreas das ciências biológicas e físicas, da matemática, da engenharia e da tecnologia.

- O SOSIG, Social Science Information Gateway (http://sosig.ac.uk), conecta o usuário a mais de 50 mil páginas da *Web* sobre ciências sociais de áreas como antropologia, negócios, economia, educação, ciências ambientais, estudos europeus, geografia, administração pública, direito, filosofia, política, psicologia, sociologia e outras áreas.
- 1.400 The Virtual Library (http://vlib.org) é organizada com base nos temas da Library of Congress e, por isso, assemelha-se às bibliotecas municipais e universitárias. Entre os temas, estão agricultura, engenharia, humanidades, relações internacionais, direito, lazer, estudos regionais, ciência e sociedade.

Computadores pessoais

Já mencionamos que muitos docentes e discentes podem acessar os arquivos da biblioteca e realizar as pesquisas da literatura a partir de computadores pessoais em suas próprias casas ou em seus escritórios. Sua biblioteca deve ter informações que lhe digam como se conectar e que informação será exigida para completar uma busca de uma localização remota.

Além disso, você deve estar atento à capacidade do computador para armazenar entradas bibliográficas, resumos e, inclusive, arquivo de textos de estudos em formato pdf. Uma série de programas comerciais serve a esse propósito (p. ex., EndNote, ProCite e Reference Manager). Após entrar com as informações bibliográficas e as notas, as informações podem ser recuperadas por meio de palavras-chave adequadas e nomes do autores ou dos periódicos. Acréscimos, alterações e exclusões são executados com facilidade, e o número de itens que podem ser armazenados é limitado somente pelo tamanho da memória do computador. Cada nova entrada é armazenada automaticamente em ordem alfabética, e o acesso à bibliografia completa é instantâneo. Ligar arquivos pdf de artigos diretamente às notas é fácil, e informações adicionais podem ser encontradas rapidamente. Muitas universidades disponibilizam gratuitamente ou com custo reduzido um ou mais desses programas. Além disso, a maioria das bibliotecas dispõe de aulas para ensinar o programa ou consultores que podem auxiliar se houver algum problema.

Outros serviços da biblioteca

Os serviços disponíveis em bibliotecas dependem, em grande parte, da dimensão da instituição. Faculdades maiores costumam destinar mais recursos a bibliotecas, apesar de que algumas instituições de ensino relativamente pequenas alcançam excelência nessa área, oferecendo ótimo suporte institucional e de pesquisa.

Além dos serviços usuais do sistema de informações (catálogo computadorizado, seções de referência e circulação, coleções bibliográficas e acervo de livros), as bibliotecas também desempenham outras funções – fazem cópias, mantêm salas de leitura de jornais e seções de documentos oficiais, oferecem guias telefônicos, catálogos de universidades, etc. Um serviço de grande valor é o empréstimo entre bibliotecas, que permite obter livros, teses, dissertações e cópias de artigos de periódicos de outros acervos. Esse empréstimo costuma demorar uma ou duas semanas a partir da data do pedido, e muitas bibliotecas estão agora entregando as solicitações em arquivos pdf.

Microforma Termo genérico que abrange o microfilme, a microficha e qualquer outro tipo de armazenamento de dados, em que as páginas do material original são fotografadas e reduzidas em tamanho.

Em geral, as universidades dispõem de extensas coleções em **microforma**, termo genérico que engloba microfilmes, microfichas, microcartões e microimpressões. As microformas são simplesmente reproduções fotográficas miniaturizadas de conteúdos de uma página impressa. São necessárias máquinas especiais, chamadas leitoras, para ampliar as informações, de forma que você possa lê-las.

A vantagem óbvia das microformas é a economia de espaço. Além disso, elas são úteis na aquisição de materiais que não poderiam ser divulgados de outro modo. Livros e manuscritos raros e materiais deteriorados podem ser preservados em microforma. Alguns periódicos científicos são armazenados em microforma de modo que a biblioteca possa obtê-los de maneira mais econômica. Acervos de documentos governamentais costumam ficar em microforma, assim como publicações do ERIC. Em geral, na biblioteca, há uma impressora/leitora destinada a imprimir materiais microformatados. O conteúdo desses materiais é listado no catálogo eletrônico e nas relações de periódicos. Muitos acervos em microforma (p. ex., o ERIC) estão sendo convertidos em arquivos pdf para facilitar o acesso e o armazenamento.

Inúmeras bibliotecas oferecem visitas monitoradas, cursos de orientação de curta duração para usuários, informações para visitas auto-orientadas e instruções para uso de recursos eletrônicos. Familiarize-se com sua biblioteca. As horas gastas serão o melhor investimento do seu tempo como estudante de pós-graduação.

Etapa 5: Leia a literatura e faça anotações

Reunir a literatura relacionada é uma grande façanha, mas a etapa seguinte consome ainda mais tempo. Você tem de ler, compreender e registrar informações relevantes da literatura, tendo em mente uma das muitas Leis de Murphy (anônimas): "Não importa quanto tempo você guarda algo; assim que jogá-lo fora, precisará dele".

A pessoa que criou essa citação foi, provavelmente, um pesquisador que trabalhava na revisão da literatura. Você pode ter certeza de que, se descartar alguma anotação da pesquisa da literatura, o artigo referido será citado incorretamente no seu texto ou na lista de referências bibliográficas. Se você deletou suas anotações sobre um artigo, julgando que não seriam relevantes, o seu orientador, um membro da banca ou o editor do periódico ao qual você submeteu um trabalho vai solicitar a inclusão desse artigo. E quando tentar localizá-lo de novo, na biblioteca, você vai descobrir que arrancaram do periódico as respectivas páginas ou que o periódico sumiu ou, ainda, que um professor pegou o periódico emprestado e não devolveu (e o bibliotecário não vai dizer o nome dele). Portanto, ao localizar um artigo, faça anotações cuidadosas e completas, incluindo informações exatas da citação e use um programa bibliográfico para ligá-las ao arquivo pdf para que esteja preparado se precisar ver o artigo novamente.

Para entender melhor a literatura lida, tente decifrar as frases científicas no quadro da página 64. Assim que compreender o verdadeiro significado de cada frase, você praticamente não terá dificuldades em entender os autores de artigos de pesquisa. Agora, falando sério, como pesquisador, você deve anotar as seguintes informações de estudos que lê:

- Enunciado do problema (e talvez hipóteses)
- Características dos participantes
- Instrumentos e testes usados (incluindo informações sobre fidedignidade e validade, se houver alguma)
- Procedimentos da testagem
- Variáveis dependentes e independentes
- Tratamentos aplicados aos participantes (em caso de estudo experimental)
- Delineamento e análise estatística
- Achados
- Questões levantadas para estudo posterior
- Citações e outros estudos relevantes não localizados

Quando os estudos são particularmente relevantes para a pesquisa proposta, guarde uma cópia. Se o artigo não está disponível eletronicamente, fotocopie e escreva a referência completa na página do título, caso essas informações não tenham sido incluídas pelo periódico. Indique também, em seu sistema eletrônico ou em um cartão de anotações, quais estudos estão salvos eletronicamente no seu computador e quais são fotocopiados.

Outra forma útil de aprender a ler e entender a literatura relacionada é criticar alguns estudos. Use a relação de questões da página 65 quando estiver criticando um estudo. A página 66 oferece um formulário amostra que usamos para relatar críticas. Algumas tentativas de crítica devem auxiliá-lo a focar a informação importante contida em estudos de pesquisa.

Às vezes, os revisores exageram nas críticas, como mostramos no quadro na página 66 "Crítica da produtividade de Schubert", a respeito da *Sinfonia Inacabada* desse compositor.

Decifrando frases científicas

O que foi dito	O que se quis dizer
Há muito se sabe que...	Eu não me preocupei em procurar a referência original, mas...
De grande importância teórica e prática.	Interessante para mim.
Por enquanto, ainda não foi possível dar respostas definitivas a essas questões...	O experimento não funcionou, mas eu pensei que poderia, pelo menos, fazer com que ele fosse publicado.
O sistema W-PO foi escolhido porque era perfeitamente adequado para mostrar o comportamento predito.	O pesquisador do laboratório ao lado já tinha uma parte feita.
Três das amostras foram escolhidas para estudo detalhado.	Os resultados das outras não faziam sentido.
Acidentalmente prejudicado durante a montagem.	Derrubado no chão.
Manuseado com extremo cuidado durante todo o experimento.	Não foi derrubado no chão.
Apresentamos resultados típicos.	Apresentamos os melhores resultados.
O grau de correspondência com a curva predita é: Excelente Moderado Bom Baixo	 Satisfatório Duvidoso Moderado Imaginário
Sugere-se que...	Eu penso que...
Acredita-se que...	Eu penso que...
Pode ser que...	Eu penso que...
Está claro que será necessário ainda muito trabalho para compreender completamente...	Eu não compreendi nada.
Infelizmente, ainda não foi formulada uma teoria quantitativa que explique esses resultados.	Ninguém vai formular.
Correto com uma ordem de magnitude...	Errado.
Agradeço a Fulano pela ajuda nos experimentos e a Beltrano pelos valiosos comentários.	Fulano fez o experimento e Beltrano explicou o significado.

Para resumir, usando um sistema computadorizado para anotar ou cartões de indexação, se preferir, a informação importante sobre a maioria dos estudos pode ser registrada e indexada por tópico. Lembre-se sempre de anotar citações de modo completo e correto, no formato exigido pela instituição (p. ex., American Psychological Association [APA] ou *Index Medicus*). Se utilizar um sistema computadorizado, assegure-se de fazer cópia de segurança dos arquivos de dados e arquivos pdf do artigo no seu *pen drive* ou em outro computador.

Critérios para criticar um artigo de pesquisa

I. Impressão geral (mais importante): O artigo é uma contribuição significativa ao conhecimento na área?

II. Introdução e revisão da literatura
   A. O projeto de pesquisa foi desenvolvido dentro de uma estrutura teórica razoável?
   B. A pesquisa citada é atual e relevante? Ela foi adequadamente interpretada?
   C. O enunciado do problema é claro, conciso, testável e derivado da teoria e da pesquisa revisada?

III. Método
   A. São relevantes as características dos participantes descritas? Os participantes são adequados para a pesquisa proposta?
   B. A instrumentação é adequada?
   C. Os procedimentos de testagem ou tratamento são descritos de modo suficientemente detalhado?
   D. As análises estatísticas e o delineamento da pesquisa são suficientes?

IV. Resultados
   A. Os resultados servem para avaliar os problemas enunciados?
   B. A apresentação dos resultados está completa?
   C. As tabelas e as figuras são adequadas?

V. Discussão
   A. Os resultados são discutidos?
   B. Os resultados são relacionados ao problema, à teoria e às descobertas prévias?
   C. Há excesso de especulação?

VI. Referências
   A. Todas as referências estão no formato correto? Estão completas?
   B. Todas as referências são citadas no texto?
   C. Todas as datas das referências estão corretas? Elas correspondem realmente ao texto citado?

VII. Resumo
   A. Inclui o enunciado do objetivo, a descrição dos participantes, a instrumentação e os procedimentos? É feito também o relato das descobertas significativas?
   B. O tamanho do resumo é adequado?

VIII. Geral
   A. São apresentadas palavras-chave?
   B. São apresentados cabeçalhos (títulos)?
   C. O vocabulário do texto é politicamente correto? Os participantes humanos são apropriadamente identificados e protegidos?

Etapa 6: Redija a revisão da literatura

Depois de localizar e ler as informações necessárias e de gravar os dados bibliográficos apropriados, é hora de começar a redigir a revisão da literatura. Essa etapa envolve três partes básicas:

1. Introdução
2. Desenvolvimento (corpo)
3. Resumo e conclusões

A introdução deve explicar o propósito da revisão, o modo e o motivo da sua organização. O corpo da revisão deve ser organizado em torno de tópicos importantes. Finalmente, a revisão deve resumir implicações relevantes e sugerir caminhos para pesquisas futuras. O objetivo da revisão é demonstrar que o seu problema precisa ser investigado e que você considerou o valor da pesquisa

Modelo para uma crítica

I. Informações básicas
   A. Qual o nome do periódico?
   B. Qual a editora do periódico?
   C. Quantos artigos há neste número?
   D. São fornecidas normas de publicação para submissão de artigos? Em que número?
   E. Quem é o editor?
   F. Há um índice anual? Em que número?
   G. Que índice de indexação é utilizado (APA, *Index Medicus,* etc.)?
   H. Qual a referência completa, em APA, do artigo que será revisado?

II. Resumo do artigo

III. Crítica do artigo
   A. Introdução e revisão
   B. Método
   C. Resultados
   D. Discussão
   E. Referências
   F. Geral

IV. Cópia do artigo

V. Orientações para a crítica.
   A. Digite-a em APA e espaço duplo.
   B. Não a coloque em nenhum tipo de pasta, apenas grampeie as páginas no canto superior esquerdo.
   C. Na primeira página, escreva o nome do curso, o objetivo e o seu próprio nome.
   D. Escreva, no máximo, cinco páginas digitadas, além da página de identificação.

Crítica da produtividade de Schubert

Um alto executivo ganhou um ingresso para a *Sinfonia Inacabada* de Schubert. Como não podia ir, deu a entrada ao coordenador do setor de gerenciamento total de qualidade da empresa. Na manhã seguinte, perguntou ao coordenador se ele tinha gostado do concerto. Em vez de fazer algumas observações plausíveis, o funcionário entregou ao chefe um memorando, com os seguintes comentários:

- Por períodos consideráveis, os oboístas não tinham o que fazer. O quadro de oboístas deve ser reduzido, sendo o trabalho deles distribuído entre os outros músicos da orquestra. Isso evitaria picos de inatividade.
- Todos os 12 violinos tocaram as mesmas notas. Essa duplicação parece desnecessária. O número de integrantes dessa seção deve ser drasticamente reduzido. Quando realmente for necessário um grande volume de som, pode-se usar um amplificador.
- Despendeu-se muito esforço para tocar a semicolcheia. Esse refinamento parece excessivo; é recomendável o arredondamento das notas para a colcheia mais próxima. Assim seria possível usar estagiários em vez de músicos profissionais.
- Não há motivo para repetir, nos instrumentos de sopro, a passagem que já foi tocada nos de corda. Se todas essas passagens redundantes fossem eliminadas, seria possível reduzir as duas horas de concerto para 20 minutos.

À luz do que acabamos de relacionar, podemos concluir que, se Schubert tivesse tratado essas questões, provavelmente teria tido tempo suficiente para terminar a sinfonia.

para o desenvolvimento das hipóteses e dos métodos, ou seja, que conhece e entende o que outras pessoas fizeram e como essa pesquisa relaciona-se com o trabalho proposto, e que dá suporte à pesquisa que você planejou fazer.

A introdução da revisão (ou dos tópicos específicos da revisão) é importante. Se esses parágrafos não forem bem escritos e interessantes, o leitor desistirá de ler o restante da seção. Tente atrair a atenção do leitor, identificando de modo provocativo os principais pontos destacados.

O corpo da revisão da literatura requer considerável atenção. Pesquisas relevantes têm de ser organizadas, sintetizadas e escritas de modo claro, conciso e interessante. Nenhum acordo informal obriga o pesquisador a escrever revisões de literatura tediosas e mal escritas, embora pareça que muitos estudantes pressupõem que assim deva ser. Parte do problema origina-se da ideia, disseminada entre pós-graduandos, de que a sua tarefa é encontrar um modo de escrever complicado e tortuoso, em oposição ao simples e direto. Aparentemente, a regra é nunca usar uma palavra curta e simples quando houver uma substituta mais longa e mais complexa. Na Tabela 2.3, oferecemos uma

TABELA 2.3
Palavras e expressões que devem ser evitadas

Jargão	Uso preferencial	Jargão	Uso preferencial
A bem da verdade	Na verdade (ou deixe fora)	Considerável quantidade de	Muito
A fim de	Para	De cor vermelha	Vermelho
A grande maioria	A maioria	De grande importância teórica e prática	Útil
A partir do ponto de vista de	Para	De modo satisfatório	Satisfatoriamente
A questão de se	Se	Definitivamente provado	Provado
A respeito de	Sobre	Deve-se notar, no entanto, que	Mas
A sua opinião era que	Acreditava que	Deve-se notar que	Note que (ou deixe fora)
Absolutamente essencial	Essencial	Devido a	Porque
Acredita-se que	Eu penso que	Devido ao fato de que	Porque
Apesar do fato de que	Embora	Durante o decorrer de	Durante, enquanto
Apresento a seguinte opinião	Eu penso que	É definido como	É
Baseado no fato de que	Por causa de	É desnecessário dizer	(Deixe fora e questione a inclusão do que houver a seguir)
Bastante singular	Singular		
Com a possível exceção de	Exceto	É evidente que a produziu b	a produziu b
Com base em	Por	É interessante notar que	(deixe fora)
Com frequência, o caso é que	Com frequência	Efeito resultante	Resultado
Com o objetivo de	Para	Eliminar inteiramente	Eliminar
Com o resultado de que	De modo que	Elucidar	Explicar
Com referência a	Sobre (ou deixe fora)	Em alguns casos	Às vezes
Como consequência de	Por causa de	Em conexão com	Sobre, relativo a
Como costuma acontecer	Como ocorre	Em estreita proximidade	Próximo
Como hoje em dia	Hoje	Em favor de	Para
Completamente cheio	Cheio	Em minha opinião essa não é uma pressuposição injustificável	Eu penso que
Consenso de opinião	Consenso		

(continua) ▶

▶ TABELA 2.3 (*continuação*)

Jargão	Uso preferencial	Jargão	Uso preferencial
Em muitos casos	Com frequência	Modos e maneiras	Modos, maneiras (não os dois)
Em número inferior	Menos	Não tinha capacidade de	Não podia
Em posição de	Pode	Neste momento	Agora
Em relação a	Sobre	No caso de	Se
Em termos de	Sobre	No momento presente	Agora
Em um sentido muito real	No sentido de (ou deixe fora)	No tocante a	Sobre
Em uma base diária	Diariamente	O motivo está em que	Porque
Em uma época anterior	Previamente	O nosso conhecimento é insuficiente	Não sabemos
Em uma série de casos	Alguns	O primeiro de todos	O primeiro
Esse resultado parece indicar	Esse resultado indica	O que chamou nossa atenção foi o fato de que	Descobrimos tardiamente
Está claro que	Claramente		
Está claro que ainda serão necessários outros trabalhos antes de se chegar à plena compreensão	Eu não compreendi	Para o propósito de	Para
		Pela razão de que	Já que, porque
		Pelo uso de	Por, com
Executar	Fazer	Permita-me deixar uma coisa absolutamente clara	(será feita uma proposta indecorosa)
Fabricar	Fazer		
Fica aparente que	Aparentemente	Por meio de	Por
Final	Último	Previamente	Antes
Finalizar	Terminar	Quanto a	Dentre, para
Foi observado, no decorrer do experimento, que	Nós observamos	Referido aqui como	Chamado de
		Relativo a	Sobre
Foi relatado por Smith	Smith relatou que	Reunido junto	Reunido
Foram executadas determinações de proteínas	Proteínas foram determinadas	São da mesma opinião	Concordam
		Segundo o teor de	Conforme
Graças ao fato de que	Uma vez que, porque	Subsequentemente	Depois
Grande em termos de tamanho	Grande	Suficiente	Bastante
Gostaríamos de agradecer	Agradecemos	Sugere-se que	Eu penso
Há dúvidas sobre se	Possivelmente	Tendo em vista o fato de	Por causa de, uma vez que
Há motivos para acreditar que	Eu penso que		
Há muito se sabe que	Eu não me preocupei em procurar a referência	Ter capacidade de	Poder
		Terminar por resultar em	Resultar em
Iniciar	Começar	Uma ordem de magnitude mais rápida	Dez vezes mais rápido
Levar a	Causar		
Levar em consideração	Considerar	Uma série de	Muitos
Menor em tamanho	Menor	Utilizar	Usar
Militar contra	Proibir	Visto que	Como

Baseada em Day e Gastel, 2006.

ferramenta útil a potenciais redatores de pesquisas. Recomendamos enfaticamente o livro de Day e Gastel (2006), que pode ser lido, sem grande esforço, em 4 a 6 horas. Ele oferece muitos exemplos ótimos, engraçados e valiosos para quem pretende escrever artigos científicos, teses e dissertações.

Além de remover o jargão tanto quanto possível (usando as sugestões de Day e Gastel), você deve ser claro e ir direto ao ponto. Defendemos o princípio KISS *(Keep It Simple, Stupid* – Seja simples, estúpido) como a regra básica da boa redação. A lista apresentada a seguir (Day, 1983), reformula os mandamentos da boa escrita publicadas em 1968, em um boletim informativo do Council of Biology Editors. Os dez primeiros são de Day e os outros, nossos.

A sintaxe apropriada (o modo como palavras e frases são reunidas) é o segredo do sucesso do texto. Destacamos também, mais adiante, alguns exemplos de sintaxe inadequada e de outros problemas de redação, na página 70.

Como mencionado, a revisão da literatura tem de ser organizada em torno de tópicos importantes, que servem como subtítulos do artigo, destinados a chamar a atenção do leitor. O melhor modo de organizar os tópicos e as informações neles contidas é desenvolver um esboço. Quanto mais cuidadoso for o planejamento do esboço, mais fácil será a redação do texto. Um bom exercício consiste em selecionar um artigo de revisão publicado em algum periódico científico ou o capítulo de revisão de alguma tese ou dissertação e tentar elaborar o esboço provavelmente usado pelo autor. Ao estudar teses e dissertações mais antigas, notamos que as revisões incluídas nesses trabalhos costumavam ser uma avaliação histórica, com frequência, em ordem cronológica. Sugerimos que você não se baseie em estudos antigos, pois o estilo desses textos é enfadonho e, em geral, eles são mal-resumidos. Locke e colaboradores (2007) oferecem orientação detalhada para preparar e escrever a revisão de literatura.

Para redigir com eficácia a revisão da literatura, o pesquisador deve escrever um texto semelhante ao que ele gosta de ler. Ninguém gosta de ler resumos após resumos, dispostos em ordem cronológica. A leitura torna-se mais agradável e interessante quando o autor apresenta um conceito e, em seguida, discute o que foi encontrado na literatura sobre esse conceito, fazendo referências a

Os 10 mandamentos da boa escrita – e mais alguns

1. Mantenha a concordância entre os pronomes e o respectivo antecedente.
2. Respeite as regras de utilização de maiúsculas.
3. Nunca termine a frase com uma preposição. (A propósito, você já ouviu a história daquela pedestre que violou uma regra gramatical? Ela se aproximou de um policial à paisana e fez-lhe uma proposta, que terminava com uma sentença.)
4. Mantenha a concordância entre verbos e o respectivo sujeito.
5. Não use nenhuma dupla negação.
6. Não mude de opinião no decorrer do texto.
7. Se tiver dúvidas, não use particípios.
8. Use as conjunções de modo adequado.
9. Não escreva sentenças muito longas; isso dificulta o uso da pontuação, prejudicando a compreensão da pessoa que vai ler o que você escreveu.
10. Evite fragmentos de sentenças.
11. Não use vírgulas desnecessárias.
12. Confirme se não faltou alguma palavra.
13. Não deixe construções incompletas.
14. Por último, mas não menos importante, dispense os clichês.

> ### Exemplos de redação confusa
>
> **Exemplos de perguntas confusas para as crianças e suas respostas:**
>
> 1. Nomeie as quatro estações. Sal, pimenta, mostarda e vinagre.
> 2. Como você pode evitar que o leite azede? Mantendo-o na vaca.
> 3. O que é a fíbula? Uma pequena mentira.
> 4. O que significa varicose? Próximo.
> 5. Como é formado o orvalho? O sol brilha e faz as folhas suarem.
> 6. O que os peixes fazem na escola? Debatem.
> 7. O que você vê em Los Angeles quando a neblina desaparece? UCLA.
>
> **Frases com sintaxe imprópria**
>
> - O paciente foi encaminhado para o hospital para reparar uma hérnia por um agente social.
> - Conforme um babuíno cresceu selvagemente na floresta, eu me dei conta de que Wiki tinha necessidades nutricionais especiais.
> - Ninguém se feriu na explosão, que foi atribuída a um aumento de gás por um dos funcionários da cidade.
> - A Tabela 1 contém um resumo de respostas relativas a suicídio e morte por meio de um questionário. (Estamos cientes de que alguns questionários podem ser ambíguos, irrelevantes e triviais, mas não tínhamos ideia de que eram fatais.)

vários relatórios de pesquisa relacionados com o tema. Desse modo, é possível identificar pontos consensuais e polêmicos e discutir a revisão da literatura. Estudos mais relevantes e importantes podem ser apresentados de modo mais detalhado; estudos com resultados semelhantes podem ser relatados em uma frase.

Em uma tese ou dissertação, os dois aspectos importantes da revisão da literatura são a crítica e a integralidade. Não se deve apresentar os estudos simplesmente pelo tema. Os aspectos teórico, metodológico e interpretativo da pesquisa devem ser criticados em vários estudos, e não necessariamente em cada um deles de modo isolado. Esse tipo de crítica indica que você entendeu bem os temas e consegue identificar problemas que podem ser superados no seu próprio estudo. Com frequência, os problemas identificados na crítica da literatura fornecem justificativas para a pesquisa escolhida.

Ser completo (não no sentido da extensão da revisão, mas sim em relação às referências) é outro aspecto importante da revisão de literatura. O pesquisador tem de demonstrar à banca examinadora que localizou, leu e compreendeu a literatura relacionada. Muitos estudos são redundantes e merecem apenas a citação específica, mas não se pode deixar de citá-los. A tese ou dissertação é o passaporte para vencer a etapa da pós-graduação, pois ela atesta a competência do pesquisador. Portanto, não deixe nada de fora. Esse conselho, no entanto, aplica-se apenas a teses ou dissertações. Ao escrever artigos para publicação em periódicos, não há necessidade de enfatizar a totalidade da literatura citada (note bem: "citada", e não "lida"). Os periódicos dispõem de pouco espaço e, em geral, é preferível que a introdução e a revisão da literatura sejam integradas e curtas.

▶ Críticas inteligentes e referências completas são os aspectos mais importantes da revisão de literatura.

Resumo

Com frequência, identificar e formular um problema pesquisável são tarefas difíceis, em especial para o pesquisador iniciante. Fornecemos algumas sugestões para ajudar o estudante de pós-graduação a encontrar tópicos pertinentes. Abordamos os raciocínios indutivo e dedutivo de formulação de hipóteses de pesquisa. O indutivo parte de observações sobre hipóteses específicas para chegar a um modelo teórico mais geral. O dedutivo faz o contrário: vai da explicação teórica a hipóteses específicas, que devem ser testadas.

As etapas da pesquisa da literatura incluem a redação do enunciado do problema, a consulta de fontes secundárias, a determinação das palavras-chave, a busca de fontes preliminares para facilitar a localização das fontes primárias, a leitura e o registro da literatura e a redação da revisão.

Não há atalhos para localizar, ler e indexar a literatura, nem para escrever a revisão. Ao seguir as nossas sugestões, você fará tudo isso de modo mais eficaz, mas ainda assim haverá muito trabalho duro. O bom pesquisador é cuidadoso e direto. Não confie no relato de outros, pois, com frequência, ele apresenta erros. Faça você mesmo as consultas.

Não se pode simplesmente sentar e fazer uma boa revisão da literatura. Antes, é necessário planejar tudo com cuidado. Em primeiro lugar, faça um esboço do que pretende escrever; depois redija o texto mais de uma vez. Quando estiver convencido de que fez o melhor possível, peça a um estudante de pós-graduação mais experiente ou a um professor que leia o seu trabalho. Aceite as sugestões propostas. Depois, peça a opinião de alguém que não é acadêmico. Se o seu amigo conseguir entender tudo, provavelmente a revisão está boa. Com certeza, o seu orientador vai encontrar algo errado ou, no mínimo, que ele gostaria que fosse diferente. Lembre-se de que os professores sentem-se obrigados a apontar erros no trabalho dos pós-graduandos.

✓ Verifique sua compreensão

A seguir, sugerimos exercícios para treinar a localização, o resumo, a crítica e a redação da revisão da literatura. Para fazer esses exercícios, você terá de recorrer a vários textos e tabelas deste capítulo.

1. Critique um estudo de pesquisa da sua área. As perguntas relacionadas no quadro "Critérios para criticar um artigo de pesquisa" (p. 65) podem ajudá-lo. Redija a crítica de acordo com o quadro "Critérios para criticar um artigo de pesquisa".
2. Selecione um artigo de pesquisa de um periódico. Reconstitua o possível esboço usado pelo autor para escrever a introdução e a revisão de literatura (apresentadas juntas ou separadamente).

Capítulo 3

APRESENTAÇÃO DO PROBLEMA

Ainda não li a sua proposta de dissertação, mas já tenho algumas boas ideias de como melhorá-la.
Randy Glasbergen do "Today's Cartoon" (2006)

Em uma tese ou dissertação, a primeira seção ou primeiro capítulo serve para introduzir o problema. Por isso, com frequência, essa é a "Introdução". Várias partes da introdução destinam-se a destacar a significância do problema e a indicar as dimensões do estudo empreendido. Este capítulo discute cada uma das seguintes seções, frequentemente necessárias à primeira parte da tese ou dissertação:

- Título
- Introdução
- Enunciado do problema
- Hipótese
- Definições
- Suposições e limitações
- Significância

Nem todos os orientadores defendem o mesmo formato de tese, porque não há um único formato aceito universalmente. Além disso, de acordo com a natureza do problema de pesquisa, o formato pode variar. Um estudo histórico, por exemplo, não se encaixa no mesmo formato utilizado em um estudo experimental; os títulos de seções podem variar em estudos descritivos e qualitativos. O que fazemos, portanto, é apresentar seções tipicamente encontradas na introdução e especificar seus propósitos e características.

Escolha do título

Ainda que discutir o título logo no início pareça lógico, talvez você fique surpreso em saber que, com frequência, ele só é determinado, de fato, depois da redação completa do estudo. Mas, no momento de apresentar o projeto, o trabalho deve ter um título (ainda que provisório). Por isso, discutimos essa questão em primeiro lugar.

Alguns autores afirmam que há uma tendência de encurtar os títulos (p. ex., Day e Gastel, 2006). Entretanto, a análise de mais de 10 mil dissertações de sete áreas do campo da educação não comprovou essa tendência (Coorough e Nelson, 1977). Muitos títulos são, em essência, o enunciado do problema (alguns incorporam até a seção de métodos). A seguir, apresentamos um exemplo de título longo demais. (Obs.: Os exemplos que usamos para representar práticas pobres são fictícios. Em geral, foram inspirados por estudos reais, mas qualquer semelhança com trabalhos existentes é mera coincidência.)

Uma investigação de *survey* e análise da influência do PL 94-142 nas atitudes, na metodologia de ensino e nas técnicas de avaliação de professores de educação física dos sexos masculino e feminino, escolhidos aleatoriamente em escolas públicas de ensino médio do município de Cornfield, no Estado Confusão.

Esse título simplesmente inclui informações demais. Day (1983) tratou esse problema com humor, relatando uma conversa entre dois estudantes. Um perguntou ao outro se ele tinha lido determinado artigo. A resposta foi: "Eu o estou lendo, mas ainda não terminei o título" (p. 10). No exemplo que acabamos de mencionar, teria sido melhor optar por: "A influência do PL 94-142 nas atitudes, na metodologia e nas avaliações de professores de educação física".

O propósito do título é transmitir o conteúdo, mas esse objetivo deveria ser alcançado do modo mais sucinto possível. "Doze minutos de nado como teste de resistência aeróbia na natação" (Jackson, 1978) é um bom título, porque diz ao leitor exatamente qual é o assunto do trabalho. Ele define o propósito específico – a validação de 12 minutos de nado – e delimita o campo do estudo – a avaliação da resistência aeróbia de nadadores.

▶ Um bom título informa sucintamente ao leitor o conteúdo do estudo.

Contudo, na tentativa de sintetizar, o pesquisador também não deve exagerar. "Preparação profissional", por exemplo, não é particularmente útil. Não inclui o campo nem os aspectos da preparação profissional estudada. A chave da eficácia do título curto está na capacidade de refletir o conteúdo do estudo. Títulos específicos são mais fáceis de indexar e de arquivar em bancos de dados eletrônicos. Além disso, mostram-se mais significativos para potenciais leitores que buscam uma literatura sobre determinado tópico.

Evite palavras e frases supérfulas, como "Uma investigação de", "Uma análise de" e "Estudo de". Elas simplesmente aumentam o tamanho do título sem contribuir em nada para a descrição do conteúdo. Consideremos este título: "Estudo de três métodos de ensino". Metade do texto é composta de palavras supérfulas: "Estudo de"; o restante não é específico o bastante para ser indexado de modo eficaz: ensinar o quê? Que métodos?

Além disso, pense sempre no público. Talvez você pressuponha que os leitores estão razoavelmente familiarizados com a área, a terminologia adotada e os problemas relevantes. Um leigo, entretanto, pode questionar a relevância de estudos em qualquer área. Alguns títulos de supostos trabalhos eruditos são evidentemente humorísticos. Recentemente, deparamos com o título "A natureza da penugem do umbigo", da revista *Medical Hypothesis* (Steinhauser, 2009), que sugere que a penugem coletada pode oferecer uma função de limpeza para o umbigo.

Para se divertir, dê uma olhada nos títulos de teses e dissertações aprovadas em determinado ano. Por exemplo, descobrimos "A distribuição de fosfolipídeos em testes com grilos cinzas" (em inglês, *house cricket*, literalmente "críquete doméstico"). Até onde pode ir o bizarro? Mas estamos apenas brincando, é claro. A questão é que as pessoas tendem a criticar estudos feitos em outras disciplinas simplesmente porque ignoram o assunto.

Redação da introdução

A parte introdutória da tese ou do artigo de pesquisa destina-se a despertar o interesse pelo problema. O autor usa a introdução para convencer os leitores da significância do problema, fornecer informações, levantar áreas que precisam de pesquisa e, em seguida, com habilidade e lógica, conduzi-los ao objetivo específico do estudo.

Como escrever uma boa introdução

Ao redigir uma boa introdução, é preciso habilidade literária para construir um texto fluente e razoavelmente breve. Tome cuidado para não massacrar o leitor com o jargão técnico, porque o leitor deve ser capaz de compreender o problema para então se interessar pela solução. Portanto, uma regra importante é: não seja técnico demais. Um vocabulário substancial, simples e direto é mais eficaz para a comunicação do que um jargão científico, recheado de polissílabos. Day (1983, p. 147-148) contou um caso clássico de armadilhas do jargão científico:

Isso me faz lembrar do encanador que escreveu à Agência Nacional de Padronização, afirmando ter descoberto que o ácido hidroclorídrico era bom para desentupir canos. A agência respondeu-lhe o seguinte: "A eficácia do ácido hidroclorídrico é indiscutível, mas o resíduo corrosivo é incompatível com a permanência metálica". O bombeiro replicou ter ficado satisfeito com a aprovação da agência. O pessoal da padronização tentou explicar tudo de novo: "Não podemos assumir a responsabilidade pela produção de resíduos tóxicos e nocivos resultantes do uso do ácido hidroclorídrico. Sugerimos que o senhor busque algum procedimento alternativo". Mais uma vez, o bombeiro respondeu ser bom saber que a agência concordava com ele. No final, os funcionários da padronização apelaram: "Não use ácido hidroclorídrico. Ele destrói a droga do cano".

O grau de conhecimento do público é importante. Novamente, você pode pressupor que os leitores estão razoavelmente informados sobre o tópico (ou, provavelmente, nem leriam o artigo). Contudo, mesmo leitores bem-informados precisam de algumas informações extras para refrescarem a memória e, assim, entenderem a natureza do problema, terem interesse suficiente e apreciarem o raciocínio que você desenvolveu para solucionar a questão. Lembre-se de que o público não esteve imerso em sua área de pesquisa de modo tão completo e recente quanto você.

▶ Escreva uma introdução de forma que os leitores conheçam o objetivo do estudo antes de lerem o problema. As introduções devem também criar interesse, oferecer informação básica e explicar a lógica do estudo.

Os parágrafos introdutórios têm de despertar o interesse pelo estudo; por isso, a habilidade de escrever e o conhecimento do tópico são especialmente valiosos nesse momento. A narrativa deve introduzir informações básicas de modo rápido e explicar o raciocínio condutor do estudo. Sendo fluente, unificada e bem-escrita, a introdução deve levar ao enunciado do problema com tal clareza que o leitor é capaz de dizer o objetivo do estudo antes de tê-lo lido na íntegra. Contudo, algumas vezes, descobertas estatísticas podem estar incorretamente conectadas na introdução, produzindo fatos inapropriados: um estudo recente descobriu que o australiano médio caminha cerca de 1.440 km e bebe, aproximadamente, 84 litros de cerveja por ano; portanto, os australianos fazem 17,14 quilômetros por litro. Não é tão ruim.

As introduções que apresentaremos a seguir foram selecionadas em periódicos científicos pela brevidade e eficácia da apresentação. Não queremos dizer com isso que a brevidade, por si só, é um critério, porque alguns tópicos exigem introduções mais abrangentes do que outros. Estudos para desenvolvimento ou validação de um modelo teórico, por exemplo, em geral, possuem introduções mais longas do que os que lidam com pesquisa aplicada. Além disso, teses e dissertações (no formato tradicional) quase sempre têm introduções mais longas do que artigos científicos. Isso acontece simplesmente por questões de custo da página.

Exemplos de boas introduções

Os exemplos a seguir especificam alguns aspectos desejáveis da introdução, incluindo introdução geral, informações básicas, menção de lacunas na literatura e de áreas que ainda precisam ser pesquisadas e progressão lógica, que leva ao enunciado do problema. Após ter lido os exemplos, veja se consegue escrever o propósito de cada um deles.

Exemplo 3.1 (de Teramoto e Golding, 2009)

De *Research Quarterly for Exercise and Sport*, Vol. 80, p. 138-145, Copyright 2009 da American Alliance for Health, Physical Education, Recreation and Dance, 1900 Association Drive, Reston, VA 20191.

> **[Introdução geral]** A pesquisa mostra que a participação em atividade física regular e vigorosa é um fator-chave na redução do risco de doenças coronárias (DC) (Mazzeo et al., 1998). A DC é a principal causa de morte nos Estados Unidos (Rosamond et al., 2007). A inatividade física é um dos fatores de risco de DCs que pode ser modificado (National Cholesterol Education Program [NCEP] Expert Panel, 2002).
> **[Informações básicas]** Níveis plasmáticos elevados de colesterol e triglicerídeos estão associados ao desenvolvimento de DC... A atividade física regular pode aumentar certos níveis de lipídeos associados ao risco de DC....
> **[Direcionamento]** Apesar de a pesquisa sobre os efeitos da atividade física regular sobre os lipídeos de plasma ser extensiva, poucos estudos têm monitorado as mudanças nos níveis de lipídeos plasmático em indivíduos que se exercitam regularmente por mais de 10 anos.

Exemplo 3.2 (de Stodden, Langendorfer e Roberton, 2009)
De *Research Quarterly for Exercise and Sport*, Vol. 80, p. 223-229, Copyright 2009 da American Alliance for Health, Physical Education, Recreation and Dance, 1900 Association Drive, Reston, VA 20191.

[**Introdução geral**] Desenvolver estilos de vida saudáveis inclui a manutenção de níveis adequados de aptidão física relacionada à saúde... e atividade física. Manter níveis de aptidão física pode reduzir o risco de mortalidade e a incidência de doenças crônicas (Blair et al., 1995; CDC, 2001; Freedman, Dietz, Srinivasan e Berenson, 1999, Centers for Disease Control and Prevention, 2001) e força muscular e resistência... as limitações funcionais que levam à dependência de um cuidador na velhice...

[**Informações básicas**] Enquanto a aptidão física em crianças, adolescentes e adultos tem sido promovida, (Blair et al., 1995; McKenzie et al., 2003; Okely, Booth e Patterson, 2001; Asllis et al., 1997), relativamente pouco se sabe sobre os efeitos da manutenção das habilidades motoras na aptidão física ao longo da vida. Níveis intermediários a altos de competência e habilidades motoras fundamentais (HMF) necessárias para a participação com sucesso em muitos esportes e atividades físicas podem estar associados a altos níveis de desempenho e aptidão física relacionada à saúde.

[**Direcionamento**] Em geral, a pesquisa sobre a relação entre competência em habilidades motoras e aspectos da aptidão física é exígua.

Enunciado do problema de pesquisa

O enunciado do problema segue a introdução. Poderíamos destacar que a revisão da literatura, com frequência, é incluída na seção introdutória e, portanto, precede o enunciado formal do problema. Quando for assim, o pesquisador deverá incluir um breve enunciado do problema logo no início da seção introdutória, antes da revisão da literatura.

No Exemplo 3.1, de Teramoto e Golding (2009), o enunciado refere-se ao exame dos efeitos longitudinais bem documentados do exercício regular na redução do risco de DC, especialmente para a manutenção de um estilo de vida independente de idosos.

No estudo de Stodden, Langendorfer e Roberton, de 2009, o enunciado do problema também estava óbvio, a partir da introdução, para avaliar o papel da competência em habilidade motora em aspectos da aptidão física relacionados à saúde.

Identificação das variáveis

O enunciado do problema deve ser sucinto. Contudo, quando o estudo tem vários subpropósitos, essa meta nem sempre é alcançada facilmente. O enunciado deve identificar as diferentes variáveis do estudo, incluindo as variáveis independente, dependente e categórica (se houver) para um estudo experimental ou quase experimental. Em geral, algumas **variáveis de controle** (que poderiam influenciar os resultados, mas que foram mantidas fora do estudo) também podem ser identificadas nessa parte.

Mencionamos as variáveis independente e dependente no Capítulo 1. A independente é experimental ou de tratamento; é a causa. A dependente consiste no que é medido para avaliar os efeitos da variável independente; é o efeito. A **variável categórica**, às vezes chamada de variável moderadora (Tuckman, 1978), é um tipo de variável independente, mas que não pode ser manipulada, tal como idade, raça ou sexo. Uma variável categórica é estudada para determinar se sua presença muda a relação de causa e efeito entre as variáveis independente e dependente.

Anshel e Marisi (1978) estudaram o efeito de movimentos síncronos e assíncronos estimulados por música no desempenho de resistência. O primeiro grupo executava o exercício em sincronia com a música de fundo; o segundo exercitava-se ouvindo uma música que não seguia o ritmo do exercício; e o terceiro fazia o exercício sem música.

Variável de controle
É um fator que poderia influenciar os resultados, mas que foi mantido fora do estudo.

Variável categórica
É um tipo de variável independente, que não pode ser manipulada, como idade, raça, sexo, etc.; também é chamada de variável moderadora.

A variável independente era a condição da música de fundo. Havia três níveis dessa variável: música síncrona, música assíncrona e sem música. A variável dependente era o desempenho de resistência, expresso pelo tempo que o sujeito se exercitava em uma bicicleta ergométrica até a exaustão. Nesse estudo, comparou-se o desempenho de homens e mulheres submetidos a cada um dos três níveis da variável. Os autores procuraram determinar se os homens respondiam de forma diferente das mulheres às condições do exercício. O sexo, portanto, representava uma variável categórica. Nem todos os estudos têm essa variável.

É o pesquisador quem decide que variáveis manipular e controlar. Ele pode controlar a possível influência de alguma variável, mantendo-a fora do estudo. Nesse caso, ele decide não avaliar o possível efeito dessa variável sobre a relação entre as variáveis independentes e dependentes – isso significa que ela é controlada. Suponhamos, por exemplo, que o pesquisador esteja comparando os métodos de redução do estresse do estado de ansiedade competitiva de ginastas antes de competições duplas. Possivelmente, os anos de experiência do atleta influenciam o grau de ansiedade. Os pesquisadores têm uma escolha. Podem incluir esse atributo como uma variável categórica, exigindo que metade dos participantes tenha determinado número de anos de competição e que a outra metade tenha número menor, ou controla a variável da experiência, exigindo que todos os participantes tenham experiência similar.

▶ Os pesquisadores controlam a influência das variáveis decidindo quais variáveis devem ser manipuladas e quais devem ser controladas.

A decisão de incluir ou de excluir alguma variável depende de várias considerações. Deve-se considerar, por exemplo, se a variável está estritamente relacionada ao modelo teórico e qual a probabilidade de acontecer uma interação. As considerações práticas incluem a dificuldade de tornar uma variável categórica ou controlá-la (tal como a disponibilidade de participantes com determinada característica) e o grau de controle que o pesquisador tem sobre a situação experimental.

No estudo dos efeitos da música síncrona sobre a resistência (Anshel e Marisi, 1978), o fator do nível de aptidão foi controlado com um teste de capacidade de trabalho físico com todos os participantes. Em seguida, com base nesse teste, a carga de trabalho de cada pessoa foi calculada de modo a provocar 170 bpm de frequência cardíaca. Portanto, ainda que os índices de resistência ergométrica das pessoas envolvidas fosse diferente, todos os sujeitos seriam submetidos a cargas de trabalho semelhantes; as diferenças de aptidão eram controladas desse modo. Outra forma de controle poderia ter sido a aplicação de um teste de aptidão e a seleção apenas de pessoas com determinado nível de prática.

Variáveis estranhas são fatores que podem afetar a relação entre as variáveis independente e dependente, sem serem incluídas ou controladas. A possível influência de uma variável estranha comumente é levantada na seção de discussão. Anshel e Marisi (1978) especularam que algumas das diferenças observadas entre as aptidões de homens e mulheres talvez fossem causadas pela relutância feminina em atingir o esforço máximo na presença de um experimentador do sexo masculino. Essa seria uma variável estranha. (Os tipos de variáveis são discutidos em detalhes no Cap. 18.)

Variável estranha
É um fator que pode afetar a relação entre as variáveis independente e dependente, mas não é incluído no estudo, nem controlado.

Raramente as variáveis são rotuladas como tal no enunciado do problema. Em certos casos, o pesquisador identifica as variáveis independente e dependente, mas, em geral, elas são apenas sugeridas.

Em resumo, a boa introdução leva naturalmente ao propósito do estudo. Esse item é expresso na forma do enunciado do problema e deve ser redigido do modo mais claro e preciso possível, de acordo com os subpropósitos e as variáveis.

Estrutura do enunciado do problema

Para garantir a clareza do enunciado do problema, um último e importante aspecto a ser considerado é a estrutura da sentença ou sintaxe. Suponhamos, por exemplo, que o pesquisador realizou um estudo "para comparar velocistas e corredores em termos de potência anaeróbia, medida pela velocidade na atividade de subir escadas". Observe como mudaria o sentido da frase se o pesquisador tivesse escrito que tinha realizado um estudo "para comparar a potência anaeróbia de velocistas e corredores enquanto sobem correndo um lance de escadas". O pesquisador teria de estar em boa forma para fazer as comparações ao mesmo tempo em que subia escadas. Outro exemplo de sintaxe incorreta é o caso do estudo cujo objetivo era "avaliar os ganhos de força no quadríceps de ratos albinos que usam estimulação elétrica". Os ratos teriam de ser incrivelmente espertos para saber usar instrumentos elétricos.

Apresentação da hipótese

Após redigir o enunciado do problema, você tem de apresentar a hipótese (ou a questão, no estudo qualitativo). A formulação de hipóteses foi discutida nos Capítulos 1 e 2. A discussão aqui se refere ao enunciado das hipóteses e à distinção entre hipóteses de pesquisa e hipóteses nulas. Lembre-se de que as **hipóteses de pesquisa** são os resultados esperados. No estudo de Anshel e Marisi (1978), a hipótese poderia ser a seguinte: a aptidão de resistência é maior quando a pessoa se exercita ao som de uma música síncrona. O raciocínio empregado na introdução leva a essa hipótese. Outra hipótese seria "o exercício sob música de fundo assíncrona é mais eficaz do que o exercício feito sem música de fundo" (porque o estímulo sensorial prazeroso bloqueia o estímulo desagradável associado à fadiga do exercício). Vejamos outro exemplo. Um pesquisador da área de reabilitação cardíaca pode criar a hipótese de que a distância da casa do paciente até a academia ou o centro esportivo é o fator mais importante na determinação da prática do exercício do que o tipo de atividade oferecido no programa de reabilitação cardíaca. No exemplo dado no Capítulo 1, a professora de dança elaborou a hipótese de que o uso de gravações no programa institucional melhoraria a aprendizagem de habilidades da dança. A seguir, algumas hipóteses de pesquisa engraçadas:

- Um saco plástico nunca abre do lado que você tenta primeiro.
- Pressionar o controle remoto com mais força ajudará quando as baterias estiverem fracas.
- Não importa a cor do sabonete, espuma sempre é branca.
- A cola não aderirá na parte interna da garrafa.

Em contraste, a **hipótese nula** é usada principalmente no teste estatístico para garantir a confiabilidade dos resultados; ela indica que não há diferenças entre os tratamentos (ou relação entre as variáveis). Qualquer diferença ou relação observada deve-se, por exemplo, simplesmente ao acaso (Cap. 7). Comumente, a hipótese nula não é a hipótese de pesquisa, e a hipótese de pesquisa é a que costuma ser apresentada. Em geral, o pesquisador espera que um método seja melhor do que os outros ou então ele antecipa certa relação entre duas variáveis. Ninguém embarca em um estudo esperando que nada aconteça. Contudo, às vezes o pesquisador formula a hipótese de que um método é exatamente tão bom quanto o outro. Em uma série de estudos feitos nas décadas de 1950 e 1960 sobre exercícios isométricos *versus* isotônicos, por exemplo, com frequência a hipótese era de que o exercício isométrico com mudança rápida de posição era quase tão eficaz quanto o exercício isotônico tradicional se os resultados fossem avaliados de modo regular. Em um estudo sobre a escolha de atividades recreativas para crianças com deficiência mental, Mathews (1979) mostrou que a maioria das pesquisas nessa área, com registro de diferenças entre crianças com e sem deficiência mental, não tinha considerado a condição socioeconômica dos participantes. Por isso, ele elaborou a hipótese de que não havia diferenças na frequência da participação em atividades recreativas entre crianças com e sem deficiência mental leve quando a condição socioeconômica era constante.

Além disso, às vezes, o pesquisador não espera diferenças em alguns aspectos do estudo, mas espera em outros. Pode-se criar a hipótese, por exemplo, de que crianças com elevada aptidão para aprender obtêm melhores resultados em resposta a determinado estilo de ensino, enquanto as com baixa aptidão aprendem mais em resposta a outro estilo. Em um estudo sobre as diferenças de idade na estratégia de memorizar os movimentos (Thomas, Thomas, Lee, Testerman e Ashy, 1983), os autores previram que, como a localização é codificada automaticamente na memória, não haveria diferença real entre a memorização de um local (onde acontecia um evento durante a corrida) por crianças mais jovens e mais velhas. Porém, eles partiram da hipótese de que haveria diferença na memorização da distância, uma vez que as crianças mais velhas usam uma estratégia de memorizar

---

Hipóteses de pesquisa
São hipóteses deduzidas da teoria ou induzidas de estudos empíricos, que se baseiam no raciocínio lógico e predizem o resultado do estudo.

Hipótese nula
É uma hipótese usada sobretudo no teste estatístico para garantir a confiabilidade de resultados, indicando que não há diferenças entre os tratamentos (ou relação entre as variáveis).

espontaneamente, enquanto as mais jovens, não. A formulação de hipóteses é um aspecto importante na definição e na delimitação do problema de pesquisa.

Definição operacional dos termos

Outra das tarefas da preparação da primeira seção de uma tese ou dissertação é definir operacionalmente certos termos, de modo que o pesquisador e o leitor possam avaliar os resultados adequadamente. A variável dependente deve ser definida operacionalmente.

A **definição operacional** descreve um fenômeno observável e se opõe à definição sinonímica ou de dicionário. Para ilustrar esse ponto, podemos lembrar que um estudo como o de Anshel e Marisi (1978), que investigou os efeitos da música sobre a antecipação da fadiga, deve definir o termo "fadiga" operacionalmente. O autor não pode usar outra palavra, como *exaustão*, porque essa ideia não é concreta o suficiente. Todos podemos ter uma ideia própria de fadiga, mas, se vamos concluir que alguma variável independente a afeta, teremos de fornecer evidências observáveis das possíveis mudanças. Portanto, temos de definir fadiga de modo operacional. Anshel e Marisi não usaram o termo *fadiga*, mas, a partir da descrição dos procedimentos, podemos inferir a sua definição operacional como o momento em que o sujeito não consegue mais manter o ritmo de 50 revoluções por minuto, durante 10 segundos consecutivos na bicicleta ergométrica.

> **Definição operacional**
> Fenômeno observável, que permite ao pesquisador testar empiricamente se os resultados previstos podem ser confirmados.

Outro pesquisador poderia definir fadiga como o momento em que se alcança a frequência cardíaca máxima. Um terceiro poderia escolher o ponto máximo do consumo de oxigênio. Em todos os casos, porém, o critério deve ser observável.

Um estudo que trata da desidratação tem de fornecer uma definição operacional, como a perda de 5% do peso corporal. O termo *obesidade* em homens pode ser definido a partir da proporção de 25% de gordura corporal. Para estudar métodos de aprendizagem, é preciso definir operacionalmente o termo *aprendizagem*. A antiga definição "uma mudança em comportamento" não tem significado para oferecer evidência de aprendizagem. A aprendizagem pode ser demonstrada, por exemplo, por meio de cinco desempenhos de arremesso ou por algum outro critério de desempenho observável.

Pode ser que você não concorde com as definições do pesquisador, mas, pelo menos, vai saber como determinado termo foi usado. Um erro comum de pesquisadores iniciantes está em pensar que é preciso definir todos os termos. (Veem-se estudantes de mestrado que definem, inclusive, termos que não são usados no próprio estudo.) Vejamos um exemplo de definição desnecessária, no estudo de efeitos do treinamento de força sobre as mudanças no autoconceito. Teríamos de definir *autoconceito* (provavelmente representado por alguma escala), mas não *força*. O programa de treinamento de força usado seria descrito na seção de métodos. Basicamente, as definições operacionais relacionam-se, de modo direto, com as hipóteses de pesquisa, pois, ao predizer algum tratamento que produzirá algum efeito, é preciso definir como esses efeitos serão manifestados. A seguir, algumas definições operacionais curiosas:

- Osteopornose: uma doença degenerada.
- Ataque aracnoléptico: uma dança frenética executada logo após passar por uma teia de aranha.
- Palidez de lagarta: a cor que você fica após encontrar metade de uma lagarta na fruta que está comendo.

Suposições, delimitações e limitações básicas

Além de redigir a introdução, enunciar o problema e as hipóteses de pesquisa e definir operacionalmente os termos, pode ser necessário esboçar as suposições e as limitações básicas da realização da pesquisa.

Suposições

Todos os estudos têm certas premissas sem as quais não podem ser realizados. Em outras palavras, o pesquisador tem de pressupor a existência de determinadas condições e a possibilidade de observar e medir alguns comportamentos (junto com várias outras suposições básicas). Um estudo de pedagogia em que se comparem métodos de ensino tem de pressupor que os professores envolvidos são capazes de promover a aprendizagem; se não partir dessa premissa, o estudo inteiro será inútil. Além disso, em um estudo sobre aprendizagem, o pesquisador deve supor que a seleção da amostra (p. ex., uma seleção aleatória) resulta em distribuição normal da capacidade de aprendizagem.

Um estudo destinado a avaliar a atitude em relação ao exercício físico baseia-se na suposição de que é possível medir e demonstrar, de modo confiável, essa atitude. Além disso, você deve considerar que os participantes responderão com sinceridade, pelo menos a maioria deles. Se não puder contar com isso, melhor não perder tempo na realização do estudo.

É claro que o pesquisador faz o possível para aumentar a credibilidade das premissas. Ele se preocupa em selecionar bem os instrumentos de medição e as amostras, em reunir dados relativos a itens como instruções padronizadas e técnicas de motivação. Mas, ainda assim, ele precisa partir de algumas suposições básicas.

Consideremos alguns estudos. Johnson (1979) investigou os efeitos de diferentes níveis de fadiga sobre o reconhecimento visual de materiais previamente aprendidos. Entre as suposições básicas, constavam: (a) as capacidades mentais dos participantes estavam em um nível normal para estudantes universitários, (b) os participantes tinham entendido as orientações, (c) a tarefa mental escolhida fazia parte do conjunto encontrado em esportes e (d) as demandas físicas da tarefa correspondiam ao nível de esforço comumente exigido para atletas.

Lane (1983) comparou os perfis de dobras cutâneas de meninas e meninos negros e brancos e tentou determinar que locais do corpo melhor indicavam a gordura corporal total, de acordo com raça, sexo e idade. Ela partiu do pressuposto de que (a) o adipômetro era um instrumento válido e confiável para medir a gordura subcutânea; (b) as medições das dobras cutâneas de determinados locais do corpo indicam os depósitos de gordura subcutânea nos membros e no tronco; e (c) a soma de todas as dobras cutâneas representa um índice válido da gordura corporal.

Em alguns estudos fisiológicos, os participantes são instruídos a (e concordam em) jejuar, parar de fumar ou suspender o consumo de líquidos durante determinado período de teste. Obviamente, a não ser que o estudo seja conduzido em algum tipo de ambiente prisional, o experimentador não tem condições físicas de monitorar as atividades de todos os participantes. Por isso, parte-se da suposição básica de que os indivíduos envolvidos no estudo vão seguir as instruções.

Delimitações e limitações

Limitação Possível falha ou influência que não pode ser controlada ou resulta de delimitações impostas pelo investigador.

Delimitação Limitação imposta pelo pesquisador no espaço do estudo; escolha feita pelo pesquisador para definir um problema de pesquisa executável.

Cada estudo tem as suas **limitações**. Elas consistem em possíveis falhas ou influências que não podem ser controladas ou resultam de restrições impostas pelo próprio investigador. Algumas limitações referem-se ao espaço do estudo, normalmente definido pelo pesquisador, sendo chamadas de **delimitações**. Kroll (1971) descreveu as delimitações como escolhas feitas pelo experimentador para definir um problema de pesquisa executável, como o uso de um teste específico para avaliar características da personalidade. Além disso, em estudos que lidam com atletas de modalidades individuais, o pesquisador pode optar pela restrição da amostra a representantes de dois ou três esportes, simplesmente porque não é possível incluir todos os tipos de esporte em uma única investigação. Portanto, o pesquisador delimita o estudo. Provavelmente você notou que essas delimitações lembram definições operacionais. No entanto, embora sejam semelhantes, elas não são iguais. O tamanho da amostra, por exemplo, é uma delimitação, mas não se inclui no conjunto das definições operacionais.

Percebe-se, também, que as suposições básicas estão entrelaçadas com as delimitações e, ainda, com as definições operacionais. O pesquisador tem de partir da suposição de que as restrições adotadas no estudo não serão tão cerceadoras a ponto de destruir a validade externa (capacidade de generalização) dos resultados.

Lembre-se de que não há um formato "correto" para teses e dissertações. O exame de vários estudos mostra muitas variações na forma de organização. Alguns têm seções separadas para a descrição de delimitações e limitações. Uns usam um cabeçalho combinado; outros listam um cabeçalho simples, mas incluem as duas na descrição; e há os que encaixam as duas em outras seções da tese ou da dissertação. Assim como acontece com todos os aspectos do formato, tudo depende da formação do orientador. Em cursos de pós-graduação, com frequência, é permitida grande liberdade na definição do formato, desde que o estudo seja internamente consistente. Encontramos consideráveis diferenças de formato, inclusive dentro de um mesmo departamento. No quadro abaixo, são apresentadas algumas explicações bem-humoradas de limitações.

▶ **UMA LIMITAÇÃO É QUE TODOS OS PARTICIPANTES PODEM NÃO REALIZAR O ESFORÇO MÁXIMO.**

No exemplo de Kroll (1971), em que se delimitou o espaço do estudo a apenas dois esportes para representar atletas de modalidades individuais, uma limitação automática é o quão bem esses esportes representam todos os esportes individuais? Se o pesquisador estiver estudando traços da personalidade dos atletas e decidir delimitar a medição desses traços em apenas um teste, há uma limitação. Além disso, há pelo menos uma limitação inerente em todos os instrumentos de autorrelato, pelos quais os sujeitos respondem a perguntas sobre o próprio comportamento, gostos ou interesses – a questão da veracidade das respostas.

É possível observar, portanto, que as limitações acompanham as suposições básicas até o ponto em que estas últimas deixam de ser justificáveis. Assim como faz com as suposições, o investigador tenta, tanto quanto possível, reduzir as limitações que possam surgir de erros de procedimento. No estudo de 1979, a respeito dos efeitos da fadiga sobre o reconhecimento visual do material previamente aprendido, em primeiro lugar, R. L. Johnson teve de ensinar o material aos participantes. Ele estabeleceu critérios para a aprendizagem (definição operacional) e tentou controlar a sobrecarga de ensino (ou seja, as diferenças no nível de aprendizagem). No entanto, apesar desses esforços,

Limitações e explicações

Limitação	Explicação
No caminhão de lixo	Refeições de ontem sobre rodas
No caminhão do hidráulico	Refazer o que o seu marido consertou
No caminhão do eletricista	Deixe-nos remover ou "consertar" os seus curtos-circuitos
Na porta da sala da maternidade	Empurre, empurre, empurre
No portão da cerca	Vendedores bem vindos, a comida de cachorro está cara
Na sala de espera do veterinário	Já volto – Sente, fique
Em uma funerária	Dirija com cuidado, esperaremos
Na porta do consultório do oftalmologista	Se você não consegue ler isto, está no lugar certo

Johnson reconheceu a existência da seguinte limitação: havia diferenças no grau de aprendizagem que, certamente, poderiam afetar o reconhecimento.

No estudo de perfis de dobras cutâneas, Lane (1983) delimitou a investigação a determinado número de sujeitos de uma parte de Baton Rouge, no estado da Louisiana (Estados Unidos). Como consequência, a limitação era que as crianças originavam-se de uma região apenas. Além disso, a pesquisadora reconheceu que alterações na gordura corporal estão associadas ao surgimento da puberdade, mas não conseguiu obter dados sobre esse período, nem outros índices de maturidade, o que, portanto, tornou-se uma limitação. E houve outra: a inabilidade de controlar outros fatores que pudessem afetar a medição das dobras cutâneas, como desidratação e outras variações diurnas. Por fim, como não há pontos do corpo padronizados e reconhecidos internacionalmente como ideais para a medição das dobras cutâneas, a capacidade de generalização fica limitada aos pontos usados no estudo.

Apesar de tudo o que acabamos de afirmar, não exagere na identificação de limitações para não acabar desmerecendo seu próprio trabalho. Esse foi o caso de um de nossos orientandos, que planejava apresentar seu projeto ao comitê de pós-graduação. Ele se desculpou, antecipando as seguintes limitações:

- Talvez o tamanho da amostra seja pequeno.
- Talvez os testes não representem o parâmetro em questão.
- Talvez as sessões de treinamento sejam muito curtas.
- Talvez o investigador não tenha a devida experiência em medições.

Como resultado, a proposta foi revisada, e o método, reavaliado.

Nenhum estudo é perfeito. É necessário analisar com cuidado as delimitações para determinar se elas são superadas pelas limitações resultantes. Além disso, o cuidado no planejamento e o detalhamento da metodologia aumentam a validade dos resultados, reduzindo bastante a possibilidade de deficiências no estudo.

Justificativa da significância do estudo

Na apresentação do projeto ao comitê de pós-graduação e nos exames orais finais, você enfrentará uma questão inevitável, relativa à importância ou à significância do estudo. A questão pode ser colocada de várias maneiras – "E daí?", "O que há de bom nisso?" ou "Em que medida isso é importante para seu campo de atuação?". Seja qual for a forma da pergunta, você deve respondê-la. Talvez pela inevitabilidade dessa questão, exige-se da maioria dos estudantes que incluam uma seção intitulada "A significância do estudo" ou, então, "A necessidade do estudo", "A importância do estudo" ou "A base lógica do estudo".

Pesquisa básica e aplicada revisitada

O valor do estudo é julgado, em grande medida, como pesquisa básica ou aplicada. No Capítulo 1, explicamos que a pesquisa básica não tem significância social imediata; em geral, envolve problemas teóricos e é conduzida em um ambiente de laboratório controlado. A pesquisa aplicada, por sua vez, trata de problemas imediatos, melhorando a prática. Nesse caso, oferece menor controle, mas, idealmente, maior aplicação no mundo real. Por isso, esses dois tipos de pesquisa não podem ser avaliados pelos mesmos critérios.

A significância do estudo de pesquisa básica depende, obviamente, do seu propósito específico, mas, em geral, os critérios enfatizam o grau de contribuição para a formulação ou a validação de alguma teoria. O valor da pesquisa avaliado, entretanto, depende de sua contribuição à solução de algum problema imediato.

Redação da seção sobre a significância do estudo

Com frequência, é difícil escrever a seção da significância, provavelmente porque o estudante pensa apenas em termos da aplicação prática do estudo – como os resultados podem ser usados de imediato para melhorar algum aspecto da profissão. Kroll (1971) enfatizou a importância de manter a relação de continuidade entre a introdução e a seção da significância. É bastante comum a redação dessas seções com estruturas de referência diferentes, e não em um fluxo contínuo de pensamento. A seção da significância deve enfatizar aspectos como achados contraditórios de pesquisas anteriores, lacunas no conhecimento de determinadas áreas e a contribuição que o estudo pode dar para a prática. Às vezes, são enfocadas dificuldades na medição de aspectos do fenômeno em questão. Em alguns estudos, a base lógica da verificação das teorias existentes pode ser o foco dessa seção; em outros, a aplicação prática é o principal ponto. Em geral, expressam-se tanto razões teóricas quanto práticas, mas a ênfase varia de acordo com o estudo.

Assim como acontece com a introdução, a extensão da seção da significância varia consideravelmente, dependendo do estudo. Tomamos um exemplo de Lane (1983) para ilustrar o enfoque que privilegia alguns conflitos entre achados de pesquisas anteriores e a prática atual.

> Uma vez que a medição da composição corporal tornou-se um aspecto importante do teste de aptidão física, a validade, a confiabilidade e a praticabilidade administrativa das medidas são de extrema importância. As fórmulas de estimativa da porcentagem de gordura em adultos não são consideradas válidas para crianças; por enquanto, as dobras cutâneas continuam sendo usadas para medir a composição corporal.
>
> O AAHPERD (*Health Related Physical Fitness Test Manual*), de 1980, descreve a medição de duas dobras cutâneas: tríceps e subescapular. As normas da totalidade dessas duas medidas são fornecidas para meninos e meninas, com idades de 6 a 17 anos. Normas abreviadas também são fornecidas apenas para as dobras do tríceps. Essas normas são tiradas dos dados do HES (Johnston et al., 1974). Não há indicações claras da razão que levou à escolha desses dois pontos do corpo, em especial quando sabemos que um deles, o subescapular, é bastante modesto. Se as regiões do tríceps e a subescapular foram escolhidas a fim de representar os membros e o tronco, respectivamente, será que elas indicam, de fato, a gordura total, tanto quanto a soma de várias dobras cutâneas dos membros e do tronco? Além disso, se outros locais são igualmente adequados, a facilidade da administração tem de ser considerada.
>
> Nesse estudo, é de fundamental importância saber se as dobras cutâneas que melhor representam a gordura corporal em crianças brancas são igualmente adequadas para crianças negras. Alguns autores (Cronk e Roches, 1982; Harsha et al., 1974; Johnston et al., 1974) relataram que há diferenças na espessura das dobras cutâneas de crianças brancas e negras, embora as normas da AAHPERD não façam nenhuma distinção entre elas. Para ter algum valor, essas normas têm de representar a população a que se destinam. Além disso, pode ser que haja maiores diferenças entre negros e brancos de idades diferentes no que diz respeito à gordura.
>
> Do mesmo modo, pode ser que uma combinação diferente das dobras cutâneas seja mais válida para meninas do que para meninos. Parece não haver grande vantagem administrativa em usar os mesmo locais para ambos os sexos quando outros pontos do corpo são igualmente válidos como indicadores da gordura total.

Um alerta: no exame oral final, ao ouvir a pergunta inevitável sobre a significância do estudo, não responda: "Era necessário para que eu recebesse o meu diploma". O silêncio sepulcral que virá a seguir o deixará mais nervoso.

Diferenças entre tese e artigo científico

Uma mera passada de olhos em artigos de revistas científicas vai revelar que uma série de seções encontradas em teses ou dissertações tradicionais e descritas neste capítulo não estão lá presentes. Há pelo menos duas razões para isso. A primeira é financeira: os editores dos periódicos preocupam-se com os custos da publicação, por isso estimulam a brevidade. A segunda refere-se a uma espécie de ritual entre calouros e veteranos. Exige-se do iniciante que declare as hipóteses explicitamente, defina os termos, enuncie as suposições, reconheça as limitações e justifique o valor do estudo no próprio texto. Com certeza, essas etapas são parte da definição e da delimitação do problema de pesquisa e, sem dúvida, tratar de cada uma delas formalmente é uma experiência valiosa.

Entretanto, autores de artigos de revistas científicas não precisam explicar em detalhes o procedimento que usaram para desenvolver o problema. Tipicamente, o periódico tem uma introdução, que inclui uma revisão curta da literatura. A extensão varia bastante, e algumas revistas insistem na brevidade das introduções.

Quase sempre, o propósito do estudo é dado, mas geralmente não é designado por um título; costuma ser a última sentença ou ficar na última parte da introdução. Em um volume da *Research Quarterly for Exercise and Sport*, por exemplo, de 30 artigos, apenas um tinha uma seção intitulada "O propósito do estudo". Vinte e quatro deles terminavam as introduções com sentenças cujo início era "O propósito desse estudo era...". Quatro indicam o objetivo do seguinte modo: "Esse estudo foi designado para..." ou "O objetivo do estudo era...". Um dos artigos não declarava a intenção da pesquisa. Portanto, em 29 casos, os autores e editores consideraram o propósito como algo evidente a partir do título e da introdução.

Hipóteses e questões de pesquisa às vezes são dadas, mas com pouca uniformidade. Definições operacionais, suposições, limitações e significância do estudo raramente aparecem em artigos científicos. Pelo visto, para o pesquisador "especialista", essas etapas foram contempladas no desenvolvimento do problema, e pressupõe-se que tenham sido compreendidas e/ou sejam óbvias e, por isso, não precisam ser enunciadas. Se o artigo for bem escrito, conseguimos discernir as definições operacionais, as suposições e as limitações, além das variáveis independente, dependente e categórica, embora nenhuma delas seja especificada de modo aberto. Por fim, a significância do estudo também aparece implícita em um artigo bem redigido.

Resumo

Este capítulo discutiu as informações que geralmente se encontram presentes na primeira seção ou no primeiro capítulo de uma tese ou dissertação (excluindo-se a revisão da literatura). Em primeiro lugar, consideramos a extensão e a substância do título do estudo. Algumas vezes, o pesquisador negligencia a importância de um título bom, curto e descritivo para a indexação e a pesquisa da literatura.

Com frequência, é difícil escrever a introdução de um estudo de pesquisa. Transmitir ao leitor a significância do trabalho exige muito raciocínio, esforço e habilidade. Se essa seção for malfeita, pode levar o leitor a desistir do artigo.

O enunciado do problema e as hipóteses ou questões de pesquisa aparecem na maioria dos estudos científicos, sejam eles teses, dissertações, artigos de periódicos ou projetos para captação de recursos. Definições operacionais, suposições, limitações, delimitações e significância do estudo são explicitamente escritas apenas em teses e dissertações. Seu propósito é ajudar (ou forçar) o pesquisador a definir e a delimitar o problema de pesquisa de modo sucinto. Já as definições operacionais descrevem especificamente como determinados termos (em especial as variáveis dependentes) são usados no estudo em questão. As suposições identificam as condições básicas, cuja existência deve ser pressuposta para que os resultados tenham credibilidade. Já as delimitações relatam as características do estudo impostas pelo pesquisador, como o número e as características dos participantes, as condições do tratamento, as variáveis dependentes específicas utilizadas e o modo como as variáveis dependentes são medidas. Por sua vez, as limitações são possíveis influências sobre os resultados, surgidas em consequência das delimitações, ou que não podem ser controladas por completo.

A seção sobre a significância do estudo força o pesquisador a tratar a questão inevitável da validade do estudo. Ela deve ser uma continuação natural da introdução, seguindo o mesmo fluxo contextual. Em geral, essa seção destaca a relação (e as diferenças) entre o estudo em questão e os anteriores, aponta controvérsias e lacunas na literatura e explica a contribuição do estudo para a prática profissional, para os modelos teóricos ou para ambos.

Verifique sua compreensão

1. Para cada uma destas breves descrições de estudos, escreva um título, o(s) objetivos(s) e três hipóteses de pesquisa. Os pesquisadores trataram do seguinte:

    a. Aquisição de habilidades por três grupos de meninos e meninas da quarta série, submetidos a estilos de ensino diferentes (A, B e C).
    b. Autoconceito de dois grupos de meninos (um de pouca força e outro de muita) antes e depois de um programa de treinamento de força.
    c. Composição corporal (estimada pela porcentagem de gordura), usando o método de análise da impedância elétrica dos participantes em estado normal de hidratação e, depois, em estado de desidratação.
    d. Médias das notas de atletas dos sexos masculino e feminino de clubes grandes e pequenos, pertencentes a grandes universidades e a pequenas faculdades particulares.

2. Localize cinco artigos em periódicos científicos e, para cada um, tente determinar (a) as hipóteses (se não estiverem declaradas), (b) a variável (ou variáveis) independente, (c) a variável (ou variáveis) dependente, (d) a definição operacional da variável dependente, (e) pelo menos duas delimitações, (f) pelo menos duas limitações e (g) uma suposição básica.

Capítulo 4

FORMULAÇÃO DO MÉTODO

A diferença entre o fracasso e o sucesso está em fazer a coisa quase ou inteiramente certa.
Edward Simmons

O capítulo anterior forneceu uma visão geral da introdução da tese ou dissertação. Como já indicamos, no formato de artigo, a revisão da literatura (ver Cap. 2) costuma integrar a introdução. (Quando se adota o formato de capítulos, a revisão da literatura pode constituir um capítulo separado ou uma parte da introdução.) De qualquer modo, após completar a introdução, o pesquisador tem de descrever a metodologia da pesquisa. Tipicamente, essa seção é intitulada "Método". A seguir, apresentamos uma visão geral das quatro partes da seção de método:

1. Participantes
2. Instrumentos ou equipamentos
3. Procedimentos
4. Delineamento e análise

Para nosso propósito, vamos assumir a utilização do formato de artigo, estando a revisão da literatura incluída na introdução da tese ou dissertação, seguida da seção método. Muito do restante deste livro enfoca o método:

- Aspectos importantes do estudo: quem são os participantes, quais são os instrumentos e procedimentos e como são o delineamento e a análise (descritos neste capítulo).
- Como mensurar e analisar os resultados (Parte II).
- Como delinear o estudo (Parte III).

O objetivo da seção do método é explicar como o estudo foi conduzido. A regra-padrão determina que a descrição deve ser completa o bastante para que outro pesquisador competente possa reproduzir o estudo.

A ciência, como a concebemos hoje, originou-se das trevas do saber da Idade Média (p. ex., da bruxaria e do ritual religioso).

Mas, enquanto bruxas, padres e chefes tribais desenvolviam chapéus cada vez mais altos, os cientistas elaboravam um método para determinar a validade de resultados experimentais: aprenderam a perguntar "É possível reproduzir esse experimento?", ou seja, outra pessoa, usando os mesmos materiais e métodos chegaria aos mesmos resultados? (Scherr, 1983, p. ix).

Por exemplo, se King Kong, há 40 anos, soltasse duas bolas de ferro, de 10 e 5 kg, do alto do Empire State Building, e Arnold Schwarzenegger fizesse o mesmo hoje, as bolas atingiriam simultaneamente o solo, em ambas as ocasiões.

▶ Pesquisadores competentes devem ser capazes de reproduzir o estudo após lerem a seção de metodologia.

Apresentação dos detalhes metodológicos

Dissertações e teses diferem consideravelmente de artigos publicados, no que diz respeito aos detalhes metodológicos fornecidos. Contudo, quando o pesquisador usa o formato de artigo, os materiais adicionais devem ser colocados em um apêndice. Por um lado, os periódicos tentam economizar espaço; por outro, em teses ou dissertações, a questão do espaço não é relevante. Enquanto em um artigo de revista as únicas referências às técnicas-padrão são a menção de outro estudo publicado (em uma revista fácil de ser encontrada), em teses ou dissertações, o autor deve fornecer vários outros detalhes no apêndice. Observe-se que indicamos que as referências às técnicas têm de levar o leitor a uma obra fácil de ser encontrada. Ao escrever para publicação, use o bom senso. Consideremos, por exemplo, esta citação:

> Farke, F. R., Frankenstein, C., & Frickenfrack, F. (1921). Flexion of the feet by foot fetish feet feelers. *Research Abnormal: Perception of Feet*, 22, 1-26.

Pela norma, não podemos considerar fácil a tarefa de encontrar esse artigo. Portanto, quando estiver em dúvida, forneça detalhes do estudo ou da técnica.

Além disso, já que dissertações e teses incluem apêndices, muitos detalhes que podem sobrecarregar o capítulo de método, tornando-o confuso e longo demais, devem ser transferidos para um apêndice. É o caso, por exemplo, de instruções exatas aos **participantes**, amostras de teses e questionários, diagramas e figuras do equipamento, folhas de registro de dados e termos de consentimento.

Participantes
Indivíduos submetidos a um estudo. No estilo APA, usa-se o termo participante em vez de sujeito.

Importância do planejamento do método

O propósito do planejamento do método é eliminar qualquer alternativa ou hipótese rival. Essa afirmativa realmente significa que, se o delineamento for elaborado corretamente e os resultados corresponderem ao previsto, a única explicação é o que você fez na pesquisa. Usando um exemplo anterior para ilustrar essa questão, nossa hipótese é: "Há uma relação positiva entre o tamanho do calçado e o desempenho em matemática no período do ensino fundamental". Para testar essa hipótese, vamos a uma escola de ensino fundamental, medimos o número dos calçados e registramos as notas de matemática, em uma variação de 1 a 5, dos alunos. Ao montar um gráfico com essas notas, obtemos a representação mostrada na Figura 4.1, em que cada ponto representa uma criança. O eixo horizontal mostra o tamanho do calçado; o vertical, o desempenho em matemática. "Vejam só!", dizemos. "Estávamos certos. À medida que o tamanho do calçado aumenta, as notas em matemática também aumentam. Eureca! Agora, só precisamos comprar calçados maiores para os alunos e seu desempenho vai melhorar." Mas espere aí! Deixamos duas coisas de lado. Em primeiro lugar, há uma explicação rival: tanto o tamanho dos sapatos quanto o desempenho relacionam-se à idade. Essa relação realmente explica tudo. Quando as crianças ficam mais velhas, seus pés crescem e suas notas em matemática melhoram. Em segundo lugar, o fato de duas coisas estarem relacionadas, por si só, não significa que uma causa a outra. A correlação não implica causalidade. Obviamente, não é possível melhorar o desempenho de crianças em matemática comprando-lhes calçados de número maior.

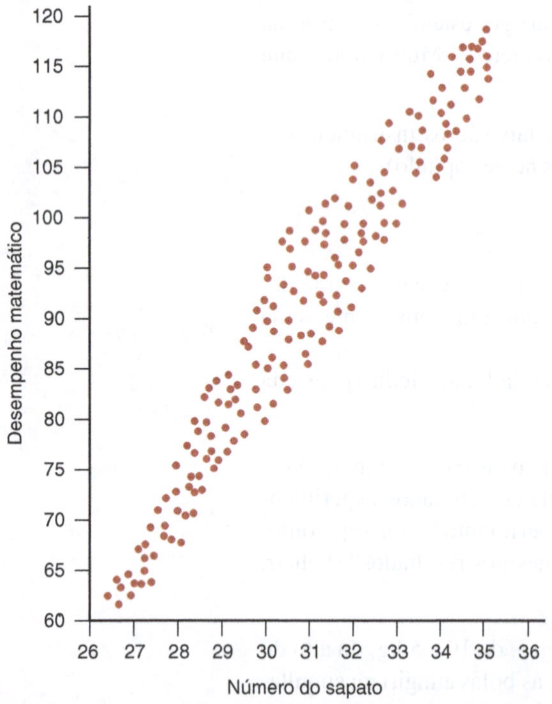

▶ **Figura 4.1** Relação do desempenho matemático e o número do sapato de crianças do primeiro ao quinto ano do ensino fundamental.

Em pesquisas, devemos utilizar o **princípio MAXICON**: maximize a verdadeira variância, ou seja, aumente a probabilidade de descobrir a relação ou a explicação verdadeira; minimize a variância de erro, ou seja, reduza todos os erros que possam afetar o estudo e ocultar a relação verdadeira; e controle a variância extrínseca, ou seja, certifique-se de que as hipóteses rivais não sejam consideradas as verdadeiras explicações da relação.

> **Princípio MAXICON**
> Método de controle de qualquer explicação dos resultados, exceto a hipótese que o pesquisador pretende avaliar. Isso é feito pela maximização da verdadeira variância, pela minimização da variância de erro e pelo controle da variância extrínseca.

Dois princípios do planejamento de experimentos

Em um artigo muito interessante, Cohen (1990) adiantou dois princípios bastante razoáveis para o planejamento de experimentos. O primeiro: *menos é mais*. Com certeza, esse princípio raramente aplica-se ao número de participantes do estudo, mas serve perfeitamente aos outros aspectos. Em geral, os pós-graduandos querem realizar estudos significativos e solucionar problemas importantes. Assim, com frequência, planejam estudos complexos, que incluem muitas variáveis independentes e dependentes. De certa forma, essa abordagem é boa: o mundo da atividade física realmente é complexo. É comum, no início do trabalho, os estudantes terem ideias úteis, mas, com o passar do tempo, essas ideias tornam-se tão confusas a ponto de comprometer o estudo, devido ao excesso de complexidade. Portanto, avalie com cuidado a quantidade de variáveis independentes e dependentes de valor prático e teórico para o seu trabalho. Não se deixe levar pela opinião de outras pessoas (apenas o orientador, é claro, deve convencer o orientando de alguma coisa) que sugerem a inclusão de variáveis adicionais apenas para ver o que acontece. Essa ação complica o estudo e causa todo tipo de problema de estatística e de medição.

Essa ideia leva ao segundo princípio de Cohen (1990): *simples é melhor*, que vale para tudo – desde o delineamento até o tratamento, passando pela análise, pela exibição dos dados e pela interpretação dos resultados. Mantenha a simplicidade do estudo, de modo que, ao encontrar algum ponto específico, seja possível compreendê-lo e interpretar bem o seu significado. Compreender os dados é um conceito importante. Apesar de fantásticos procedimentos estatísticos serem impressionantes e informativos, nada pode substituir a plotagem gráfica dos dados e sua avaliação cuidadosa. Resumos estatísticos (p. ex. média, desvio-padrão) são úteis e informativos, mas não substituem o olhar da distribuição dos dados originais. Resumos estatísticos podem não mostrar o que pesquisador realmente precisa saber; essas coisas costumam ficar evidentes quando o estudante verifica um gráfico de dados.

▶ Avaliar e plotar graficamente os dados pode melhorar o seu entendimento e sua interpretação destes.

Descrição dos participantes

Essa parte do método da tese ou dissertação descreve como e por que os participantes foram selecionados e quais de suas características são pertinentes ao estudo. As questões a seguir merecem consideração no momento da seleção dos participantes:

- Os participantes possuem as características necessárias à pesquisa?
  - Idade (crianças, idosos)
  - Sexo (mulheres, homens ou ambos)
  - Nível de treinamento (treinado ou não)
  - Nível de desempenho (experiente ou iniciante)
  - Tamanho (peso, gordura)
  - Tipos especiais (atletas, ciclistas, corredores)
- É possível conseguir a devida permissão ou cooperação dos participantes?
- É possível encontrar o número necessário de participantes?

É claro que o pesquisador quer escolher participantes que respondam potencialmente aos tratamentos e às medidas usados no estudo. Para observar, por exemplo, os resultados do treinamento de um grupo de crianças no arremesso por cima do ombro, não seria uma boa ideia incluir como participantes arremessadores experientes de beisebol, de 12 anos de idade, pois não haverá grandes mudanças nos resultados do arremesso. Um programa de treinamento longo e intenso seria necessário para afetar esses participantes. Selecionar crianças que são jogadoras de futebol que nunca jogaram beisebol regularmente serviria bem à investigação, oferecendo probabilidades de mudanças ao longo do programa.

Na pesquisa experimental, a interação entre os participantes, as medidas e a natureza do programa de treinamento é essencial para o funcionamento do trabalho (Thomas et al., 1997). Se forem selecionados participantes com alto nível de aptidão física, um programa de treinamento moderado não produzirá mudanças na aptidão. Além disso, participantes com alto nível de aptidão apresentarão pouca variação na amplitude de escores da resistência cardiovascular (p. ex., $\dot{V}O_2$máx.). O pesquisador não vai encontrar, por exemplo, uma correlação significativa entre $\dot{V}O_2$máx. e aptidão em provas com maratonistas de nível mundial. As amplitudes dos valores do $\dot{V}O_2$máx. desses atletas é pequena, assim como a variação dos tempos registrados na corrida. Desse modo, não haverá nenhuma correlação significativa. Esse resultado não significa que o desempenho na corrida e a resistência cardiovascular não estejam relacionados. O fato é que o pesquisador restringiu tanto a amplitude do desempenho dos participantes que a correlação não se manifesta. Se os participantes fossem corredores moderadamente treinados (p. ex., mulheres que correm 40 minutos, três vezes por semana), seria observada uma correlação significativa entre o desempenho em uma corrida de 5 km e $\dot{V}O_2$máx. (No Cap. 6, discutimos os procedimentos adequados à seleção da amostra de participantes.)

▶ Os participantes, as medidas e os programas de treinamento são inter-relacionados. Certifique-se de escolher participantes que responderão ao programa de tratamento e tenha uma amplitude grande o suficiente de resultados quando medir utilizando as técnicas escolhidas.

▶ A SEÇÃO DOS PARTICIPANTES DESCREVE AS CARACTERÍSTICAS ESPECIAIS DOS PARTICIPANTES E COMO E ONDE ELES FORAM SELECINADOS.

O que dizer sobre os participantes

O texto científico deve informar o número exato de participantes e registrar qualquer mudança nesse número no decorrer do experimento. No projeto, pode haver alguma inexatidão nas informações. A descrição de potenciais participantes pode ser, por exemplo:

Participantes: para este estudo, serão selecionados aleatoriamente 48 homens, na faixa etária de 21 a 34 anos, de um grupo ($N = 147$) de corredores de distância bem treinados ($\dot{V}O_2$máx. = 60 mL $\cdot$ kg $\cdot$ min^{-1} ou mais alto) que tenham participado de competições por, no mínimo, dois anos. Os participantes serão distribuídos aleatoriamente em quatro grupos ($n = 12$).

Após o estudo ser completado, haverá mais detalhes sobre os sujeitos, de modo que essa parte do texto será modificada para:

Participantes: neste estudo, foram selecionados aleatoriamente 48 homens, na faixa etária de 21 a 34 anos, de um grupo ($N = 147$) de corredores bem treinados ($\dot{V}O_2$máx. = 60 mL $\cdot$ kg $\cdot$ min^{-1} ou mais alto) que tinham participado de competições por, no mínimo, dois anos. Os participantes tinham as seguintes características (desvios-padrão entre parênteses; M = média): idade, M = 26 anos (3,3); altura, M = 172,5 cm (7,5); peso, M = 66,9 kg (8,7); e $\dot{V}O_2$máx., M = 65 mL $\cdot$ kg $\cdot$ min^{-1} (4,2). Eles foram distribuídos aleatoriamente em quatro grupos ($n = 12$).

As características dos participantes listadas são extremamente pertinentes em um estudo de fisiologia do exercício, mas não o seriam, por exemplo, em um estudo sobre equipamentos usados por crianças em parques infantis. A natureza da pesquisa dita quais características dos participantes são interessantes para o pesquisador. Avalie com cuidado as características essenciais que serão incluídas no texto científico. Leia estudos relacionados em busca de ideias sobre essas características.

Os traços dos participantes identificados e relatados devem ser claramente especificados. Observe, no exemplo anterior, que corredores bem treinados foram definidos com exatidão, ou seja, aqueles cujo $\dot{V}O_2$máx. fosse igual a 60 mL · kg · min.$^{-1}$ ou mais alto. Outro bom exemplo é o estudo em que a idade dos participantes varia. Dizer somente que eles tinham entre 7, 9 e 11 anos de idade não é suficiente. O quão ampla é a variação para os de 7 anos? É de meses: ± 1 mês, ± 6 meses, etc. No projeto, pode-se escrever que serão incluídos indivíduos de 7, 9 e 11 anos. Mas, no momento do teste, cada idade tem de ser limitada a uma precisão de ± 6 meses. Portanto, na redação da tese ou dissertação, o pesquisador escreverá algo assim:

> Neste estudo, foram selecionadas 15 crianças de idades diferentes. As médias das idades eram as seguintes (desvios-padrão entre parênteses): grupo mais jovem, 7,1 anos (4,4 meses); grupo de 9 anos, 9,2 anos (3,9 meses); e grupo mais velho, 11,2 anos (4,1 meses).

Um estudante de pós-graduação que conhecemos estava em uma banca quando um professor pediu-lhe para descrever um de seus participantes. O estudante disse: "Ele tinha 1,80m, cabelos castanhos e barba e treinava regularmente corrida de longa distância". Então, o professor, perspicaz, perguntou: "Era um homem ou uma mulher?". O estudante não pôde responder por causa das risadas.

Proteção dos participantes

A maioria das pesquisas na área da atividade física lida com seres humanos, com frequência crianças, mas também há estudos com animais. Portanto, o pesquisador tem de estar atento para qualquer circunstância do ambiente ou da atividade da pesquisa que possa prejudicar as pessoas ou os animais envolvidos. No Capítulo 5, "Questões éticas da pesquisa e do trabalho acadêmico", fornecemos detalhes consideráveis sobre os procedimentos de proteção de seres humanos e animais usados em pesquisas. Obter o consentimento dos participantes humanos e garantir os cuidados adequados aos animais é bastante importante.

Descrição dos instrumentos

Informações sobre instrumentos, aparatos ou testes de coleta de dados são usadas para gerar as variáveis dependentes do estudo. Consideremos os seguintes pontos da seleção de testes e instrumentos:

- Qual a validade e a confiabilidade das medidas?
- Qual o grau de dificuldade da obtenção dessas medidas?
- Você tem acesso aos instrumentos, testes ou aparatos necessários?
- Você sabe (ou pode aprender) como administrar os testes ou usar o equipamento?
- Você sabe avaliar o desempenho dos participantes no teste?
- Os testes, os instrumentos ou os aparatos vão produzir amplitude razoável dos resultados apresentados pelos participantes selecionados?
- Os participantes estão dispostos a empregar o tempo necessário à administração de testes ou instrumentos?

Vejamos um exemplo. Em um estudo de psicologia do esporte, o pesquisador está interessado no modo como um grupo de jogadores de futebol americano universitário será afetado por uma palestra sobre o uso de esteroides. Além disso, ele suspeita de que as atitudes dos jogadores podem ser modificadas por determinados traços da personalidade. Então ele seleciona três testes – um de conhecimento sobre esteroides, outro para registrar as atitudes em relação ao uso responsável de substâncias e um terceiro para medir traços de personalidade – e aplica-os a todos os participantes.

> **Conversões métricas incorretas**
>
> 1 trilhão de microfones = 1 megafone
> 1 milhão de bicicletas = 2 megaciclos
> 2.000 sabiás = 2 quilo-sabiás
> 1/2 lavatório = 1 garrafão de água
> 1 milionésimo de peixe = 1 microfeixe
>
> 435,6 gramas de biscoito = 1 libra de bolo
> 10 rações = 1 decoração
> 10 diplópodes = 1 centopeia
> 10 monólogos = 5 diálogos

Os testes de conhecimento e atitude provavelmente serão realizados antes e depois da palestra; o de traços da personalidade apenas antes da palestra (supõe-se que eles não mudem; o teste destina-se a estratificar de algum modo os participantes). Na seção de instrumentos, o pesquisador deve descrever os três testes e, provavelmente, anexar cópias completas de cada um no apêndice (ver Cap. 5 sobre o uso ético de testes padronizados). Ele também deve apresentar informações sobre a fidedignidade (consistência) e a validade (o que o teste mede) de cada teste, acompanhadas de citações apropriadas. Na sequência, deve-se explicar as folhas de anotações dos escores (colocar um exemplo no apêndice) e os métodos de pontuação (mas não usar conversões de medidas inadequadas, como mostramos no quadro "Conversões métricas incorretas").

Outro exemplo seria um estudo de comportamento motor, em que o tempo da reação e dos movimentos dos sujeitos é medido sob várias condições. Na seção dos instrumentos, o pesquisador deve descrever o aparato do teste e fornecer um diagrama ou uma figura. Se o aparelho estiver ligado a um computador para controlar a situação do teste e a coleta dos dados, deve-se descrever esse computador (marca e modelo) e informar como foi feita a interface. Pelo menos uma descrição do funcionamento do *software* deve ser incluída no apêndice. O pesquisador deve explicar as variáveis dependentes geradas para o tempo da reação e do movimento e fornecer estimativas confiáveis para essas características. Na parte da seção do método relativa aos instrumentos e também em apêndices, devem ser apresentadas todas as informações importantes sobre o uso dos instrumentos (ou aparatos); assim, a seção do método fluirá naturalmente.

Descrição dos procedimentos

Na seção de procedimentos, você deve descrever como os dados foram obtidos, incluindo todos os procedimentos de testagem para obtenção de resultados relacionados às variáveis de interesse. Como e por quem os testes foram aplicados são aspectos importantes. Devem-se detalhar a estrutura da situação de teste e as instruções dadas aos participantes (embora você possa incluir parte dessas informações no apêndice.) Se o estudo for experimental, então descreva os tratamentos aplicados aos diferentes grupos de participantes. Considere estes pontos ao planejar os procedimentos:

- Coleta de dados
  - Quando? Onde? Por quanto tempo?
  - Você dispõe de dados-piloto para demonstrar sua qualificação e capacidade de aplicar os testes e manusear o equipamento e saber como os participantes vão responder?
  - Você desenvolveu um esquema de aquisição, registro e pontuação de dados? (Geralmente essas etapas são controladas por computador).
- Planejamento dos tratamentos (em estudos quase experimentais e experimentais)
  - Por quanto tempo? Qual a intensidade? Qual a frequência?
  - Como será determinada a adesão dos participantes aos tratamentos?

- Você tem dados-piloto para indicar como os participantes vão responder aos tratamentos e para mostrar a sua capacidade de administrar os tratamentos?
- Você selecionou tratamentos adequados para o tipo de participante requisitado?

Um dos nossos resumos favoritos dos problemas encontrados e das soluções propostas é apresentado aqui. Esse material foi retirado de um artigo de Martens (1973).

A seção dos procedimentos contém a maior parte dos detalhes que permitem a outro pesquisador replicar o estudo. Tuckman (1978) relacionou estes detalhes:

- a ordem específica de realização das etapas;
- a sincronia do estudo (p. ex., o tempo destinado a vários procedimentos e ao intervalo entre eles);
- instruções dadas aos sujeitos; e
- informações essenciais, prestação de contas e proteções.

Como evitar falhas metodológicas

Nenhum dos itens deste livro é mais importante do que este conselho: faça um piloto de todos os seus procedimentos. A educação, a cinesiologia e as ciências do exercício e do esporte têm produzido milhares de estudos cujas discussões centram-se em falhas metodológicas que prejudicaram a validade da pesquisa. Vale a pena repetir que, depois de derramar o leite, não adianta colocar a culpa na metodologia para justificar resultados inadequados. Qualquer projeto de tese ou dissertação tem de apresentar um **estudo-piloto**, que verifica se todos os instrumentos e procedimentos funcionam como especificado para o tipo de participante previsto pela pesquisa. Além disso, você tem de demonstrar que é capaz de usar esses procedimentos e o aparato de modo acurado e confiável.

Não adote procedimentos complexos demais ou você vai acabar como Papai Noel na noite de Natal – com uma quantidade tal de trabalho que parecerá impossível realizá-lo.

De acordo com nossos cálculos, Papai Noel tem cerca de 31 horas para dar conta do serviço do Natal (considerando as diferenças de fuso horário e a rotação da Terra). Se viajar de Leste a Oeste nos Estados Unidos, para visitar as 91,8 milhões de casas do caminho, ele terá de fazer 822,6 visitas por segundo, restando 1/1.000 de segundo para estacionar, descer do trenó, entrar pela chaminé, colocar os presentes nas meias, distribuir os presentes restantes

> **Estudo-piloto**
> Estudo que consiste em verificar se o pesquisador é capaz de aplicar corretamente os testes e tratamentos do estudo planejado, usando participantes adequados.

Erros nos experimentos

O método de Martens deriva da premissa básica de que:

> Em experimentos com pessoas, os erros destas aumentam desproporcionalmente com o contato que têm umas com as outras.

É óbvio que a dedução mais lógica desta premissa é:

> Reduzir o erro das pessoas em experimentos com pessoas pela diminuição do número de pessoas.

Apesar dessa solução ser a preferida por sua elegante simplicidade, sua factibilidade pode ser questionada. Portanto, a seguinte formulação alternativa garante consideração:

> O contato entre as pessoas que testam e as pessoas participantes em experimentos com pessoas deveria ser minimizado, padronizado e randomizado.

Reimpresso, com permissão, de R. Martens, 1973, "People errors in people experiments", Quest 20:22.

debaixo da árvore, comer alguma coisa que os moradores tenham deixado na mesa, subir pela chaminé, voltar ao trenó e seguir até a próxima casa.

Importância do estudo-piloto

Como professores, editores e pesquisadores, vimos milhares de dissertações de mestrado e teses de doutorado. Mais de 75% desses esforços não são publicáveis e não contribuem para a teoria nem para a prática, por conterem falhas metodológicas graves, que poderiam ter sido facilmente corrigidas por um estudo-piloto. Infelizmente, essa circunstância se reflete de modo negativo não apenas nas respectivas disciplina e profissão, mas também nos pós-graduandos autores das pesquisas e em seus orientadores. Quase todos os problemas observados poderiam ter sido corrigidos se o estudante tivesse compreendido melhor o tópico, elaborado um melhor delineamento da pesquisa e realizado um estudo-piloto.

Com frequência, os pós-graduandos buscam informações sobre procedimentos adequados na literatura relacionada (e realmente devem fazer isso). Procedimentos relativos à intensidade, à frequência e à duração de tratamentos experimentais são encontrados com facilidade, assim como informações sobre instrumentos e procedimentos de testes. Contudo, lembre-se de que procedimentos de uma área podem não funcionar em outra, como mostramos no quadro da página seguinte.

▶ Um estudo deve ser delineado de forma que as variáveis dependentes mudem somente quando as variáveis independentes mudarem.

Descrição do delineamento e da análise

O delineamento é a chave do controle dos resultados de pesquisas quase experimentais e experimentais. As variáveis independentes são manipuladas na tentativa de avaliar os seus efeitos sobre as variáveis dependentes. Um delineamento bem elaborado é aquele cuja única explicação para a mudança na variável dependente está no modo como os participantes foram tratados (variável independente). O delineamento e a teoria capacitam o pesquisador a eliminar todas as hipóteses rivais ou alternativas. O delineamento requer um subtítulo na seção de método de pesquisas quase experimentais e experimentais. Os planos da análise de dados também devem ser relatados. Na maioria dos estudos, usa-se algum tipo de análise estatística, mas há algumas exceções (p. ex., pesquisas históricas ou qualitativas, em que há outros tipos de análises).

Em geral, o pesquisador explica a aplicação proposta da estatística. Em quase todos os casos, são fornecidas estatísticas descritivas, tais como médias e desvios-padrão de cada variável. Quando são usadas técnicas correlacionais (relações entre variáveis), as variáveis a serem correlacionadas e as técnicas são nomeadas; por exemplo: "O grau de correlação entre duas estimativas do percentual de gordura será estabelecido pelo r de Pearson, para correlacionar a soma de três dobras cutâneas com as estimativas de gordura de um Bod Pod". Em estudos experimentais e quase experimentais, são fornecidas estatísticas descritivas para as medidas dependentes, e relata-se a estatística usada para estabelecer diferenças entre os grupos. Vejamos um exemplo. "Usou-se o teste t para determinar se jogadores da Liga de Hóquei Juvenil que observavam jogos profissionais produziam ações mais violentas em suas próprias partidas do que os que não observavam esses jogos."

O principal problema encontrado por pós-graduandos na descrição de técnicas estatísticas é a tendência a exibir os seus próprios conhecimentos de estatística. Obviamente, essa não é uma questão crítica entre os iniciantes, mas, quando o programa de estudos é orientado para a pesquisa e inclui vários cursos de estatística, a atitude do pesquisador logo muda.

> Hiawatha, que se especializou em estatística aplicada na faculdade, sentia-se autorizado a instruir os companheiros em todo e qualquer assunto. (Kendall, 1959, p. 23)

Procedimentos de pesquisa nem sempre são generalizáveis

O Dr. I. M. Financiado era um cientista boa-vida que estudou bioquímica do exercício em um laboratório de pesquisa privado. Ele também realizou uma série de pesquisas com um colega da psicologia do esporte, para determinar se algumas respostas bioquímicas que havia encontrado eram fatores nas respostas psicológicas ao exercício. Assim, ele tinha um bom domínio de algumas técnicas de ciências sociais, bem como daquelas das ciências da vida.

Infelizmente, os recursos financeiros do Dr. Financiado acabaram e ele perdeu seu emprego. Um amigo seu era superintendente de um grande distrito educacional. Dr. Financiado encontrou seu amigo, Dr. Eleito, e disse: "Eu sou um bom cientista, bem treinado em técnicas de resolução de problemas. Certamente, você deve necessitar de alguém como eu em sua estrutura administrativa. Além disso, tenho diploma de graduação em Educação Física; portanto, estou apto a lecionar, apesar de nunca tê-lo feito". O Dr. Eleito concordou em contratá-lo como seu Supervisor de Efetividade de Ensino, porque a escola estava tendo dificuldade de identificar bons professores. O Dr. Eleito pensou que talvez um cientista com boas habilidades de resolução de problemas e capacidade de fazer boas avaliações poderia encontrar a solução.

O Dr. Financiado decidiu que sua primeira tarefa era identificar bons professores; assim, ele poderia determinar suas características. Ele usaria algumas técnicas que havia adquirido de seu colega da psicologia do esporte para identificar bons professores. Ele havia aprendido que questionários eram eficientes para examinar grandes grupos, mas que a entrevista era mais válida. O Dr. Financiado extraiu uma amostra de 6 das 40 escolas do distrito. Então, selecionou, aleatoriamente, seis professores em cada escola e os entrevistou. Ele utilizou uma pergunta de entrevista direta: "Você é um bom professor?". Todos os 36 disseram que eram bons professores. Então ele procurou o Dr. Eleito, explicou o que tinha feito e disse: "Você não tem um problema de ensino. Todos os seus professores são bons." (Certamente ele observou que poderia ter algum erro de amostragem, mas tinha certeza dos seus resultados.) O Dr. Eleito não estava muito feliz com os procedimentos e os resultados do Dr. Financiado e sugeriu que talvez ele precisasse de técnicas e estratégias mais sofisticadas para identificar bons professores.

O Dr. Financiado ficou um pouco perturbado, mas pensou consigo mesmo: "De qualquer maneira, eu tenho sempre questionado as técnicas daqueles psicólogos – vou retornar para as minhas técnicas das ciências da vida para encontrar a resposta". Ele retomou os 36 professores previamente selecionados com um plano de coletar sangue, amostra de urina e biópsia muscular (todos os quatro sítios), uma vez por semana, por quatro semanas. Imediatamente, 34 professores disseram que não participariam, mas dois que eram triatletas concordaram em participar. O Dr. Financiado observou que o índice de mortalidade dos participantes era em torno do normal para estudos de biópsia, para que os dados pudessem ser generalizados. Ele coletou todos os dados, realizou as análises químicas corretas e relatou ao Dr. Eleito. Ele informou que professores eficientes tinham 84% de fibras de contração lenta, quantidade de hemoglobina por decilitro de sangue acima da média e um perfil específico de catecolaminas (epinefrina e noraepinefrina) na urina. Além disso, bons professores treinavam por, pelo menos, 160 quilômetros por semana de bicicleta, 80 km de corrida e 7.5 km de natação. O Dr. Financiado recostou-se presunçosamente em sua cadeira e disse: "Técnicas para as ciências da vida podem ser aplicadas para resolver muitos problemas". Então o Dr. Eleito disse: "Você está demitido".

Na tese ou na dissertação, o importante é descrever as análises estatísticas e não exibir seus conhecimentos sobre suportes teóricos e usos adequados.

> Em termos de progresso científico, qualquer análise estatística cujo propósito não seja determinado pela teoria, cuja hipótese e cujos métodos não sejam teoricamente especificados ou cujos resultados não estejam relacionados à teoria será considerada um passatempo, como a pesca sem teoria ou a arte da modelagem. (Serlin, 1987, p. 371)

Estabelecimento da relação de causa e efeito

Em um estudo experimental, o estabelecimento da relação causa-efeito é mais do que uma questão estatística ou de delineamento. É uma questão de lógica. Se a hipótese nula não é verdadeira, então que hipótese é a verdadeira? É claro que o acadêmico espera que a hipótese de pesquisa seja verdadeira, mas não é fácil determinar isso. Em ciência, o pesquisador tenta explicar que determinados tipos de efeitos normalmente acontecem na presença de circunstâncias ou causas específicas. Um efeito pode ocorrer, por exemplo, diante de algo, mas não em sua ausência. A água ferve sob alta temperatura e não ferve na ausência dessa temperatura específica (em determinada pressão do ar).

Pode haver divergências (e há) de opinião entre as pessoas sobre qual a relação causa-efeito ou, inclusive, sobre a existência dessa relação. Acreditar em leis universais, destino, livre arbítrio ou em uma divindade onipotente pode influenciar a visão da relação causa-efeito.

As causas devem ser observáveis? Se a resposta for "sim", então são necessários dois critérios para estabelecer a causa e o efeito. Em primeiro lugar, o método da concordância. Se um efeito ocorre quando A e B estão presentes, e A e B só têm C em comum, então C é a causa provável (ou, pelo menos, parte dela). Em segundo lugar, o método da discordância. Se o efeito não ocorre em E e F, quando C é o único elemento comum ausente, então C é a causa (ou parte dela). Portanto, fica claro que o raciocínio do pesquisador influencia o estabelecimento da causa, pois as crenças dele prepararam o terreno para o que pode ser considerado causa ou, inclusive, para a determinação da existência de uma. Isso sugere que as crenças teóricas do pesquisador, assim como o delineamento e a análise do estudo, são fatores essenciais no estabelecimento da causa e do efeito (ver em White, 1990, uma discussão mais detalhada da questão da causalidade).

Efeitos da manipulação

Em uma pesquisa experimental ou quase experimental, determinados tratamentos implicam o envolvimento regular do participante. Se, por exemplo, em um programa de exercícios que deve ser feito em casa, os participantes têm de se exercitar por, pelo menos, 40 minutos diariamente, como o pesquisador pode ter certeza de que eles estão seguindo as instruções? Algum tipo de efeito de manipulação quantitativa deve ser implementado. Pode-se pedir a cada um dos sujeitos que coloque um dispositivo de registro da atividade durante o treinamento. Como a quantidade de movimento realizada é armazenada nesse dispositivo, o pesquisador será capaz de determinar se o programa vigoroso de exercícios foi realizado pelo tempo correto. Mas essa solução não é infalível: o sujeito que não fez o exercício pode pedir a outra pessoa que use o dispositivo ao exercitar-se.

Em qualquer estudo experimental, os pesquisadores têm de ter um plano como parte da metodologia de verificação da manipulação da variável independente em relação à dependente. Em um estudo de exercícios em laboratório que envolva apenas um participante e um pesquisador, isso é relativamente fácil. No entanto, quanto maior for o tempo de pesquisa em ambientes do mundo real, mais importante é a verificação da manipulação. Em pesquisas pedagógicas, psicológicas e sociológicas relacionadas à atividade física, a verificação da manipulação quase sempre é essencial para confirmar se os participantes compreenderam o tratamento e responderam a ele do modo programado pelo pesquisador.

Às vezes, a verificação da manipulação pode ser feita de modo qualitativo, pelo questionamento dos participantes durante ou após as sessões de treinamento individual ou, ainda, no final do período de treinamento. Ainda que seja preferível a verificação quantitativa, há casos em que só a qualitativa é possível ou razoável.

Erros fatais em pesquisa

Todos os projetos de estudo, e em particular a sua metodologia, devem ser avaliados com cuidado em busca de erros fatais. A questão é a seguinte: nesse estudo, a falta de alguma coisa poderá resultar na impossibilidade de publicação, independentemente dos resultados ou do modo como ele foi conduzido? Vejamos alguns exemplos de perguntas que podem auxiliar a identificar essas falhas:

- Todas as hipóteses são lógicas de acordo com a teoria e as características do estudo?
- Todas as suposições que você faz sobre o estudo são boas?
- Foram selecionados os sujeitos "certos" para o estudo e em número suficiente, especialmente em relação aos tratamentos e às medições?
- A intensidade e a duração dos tratamentos são suficientes para produzir as mudanças desejadas (em especial, considerando os sujeitos selecionados)?
- Todas as medidas são válidas, confiáveis e apropriadas ao estudo planejado, em especial considerando as características dos sujeitos e os níveis de tratamento em estudos experimentais?
- Os procedimentos de coleta e o armazenamento de dados foram bem-planejados e executados com cuidado?
- Todas as variáveis estranhas foram controladas?

Mesmo em estudos famosos, erros importantes acontecem. Por exemplo, Franklin Henry foi um dos mais famosos pesquisadores em cinesiologia. Seu artigo *Memory Drum Theory* (Henry e Rogers, 1960), que estabeleceu a primeira explicação para como o movimento é controlado, é o artigo mais citado de todos os tempos que aparece na *Research Quarterly for Exercise and Sport* (Cardinal; Thomas, 2005). Mesmo assim, Fischman, Christina e Nason (2008) relataram um importante erro no método utilizado. Fischman e colaboradores (2008) sugeriram que essa descoberta oferece uma outra lição sobre a necessidade de replicar em ciência.

Interação entre participantes, medidas e tratamentos

Estudos correlacionais usam participantes selecionados para avaliar a relação entre duas ou mais medidas, enquanto estudos experimentais usam participantes selecionados para avaliar se determinado tratamento causa um resultado específico. Em ambos os casos, é extremamente importante selecionar os participantes, as medidas e os tratamentos "certos". Em estudos correlacionais, as medidas têm de avaliar as características que interessam ao pesquisador e produzir uma variação apropriada de valores; caso contrário, ficarão reduzidas as chances de descobrir relações importantes. Vejamos um exemplo. Se a questão for determinar a relação entre ansiedade e desempenho motor, os sujeitos terão de apresentar valores tanto de ansiedade quanto de desempenho motor que correspondam a uma boa variação. Se todos eles tiverem baixos níveis de ansiedade e baixa habilidade motora, haverá poucas oportunidades de estabelecer uma relação entre eles.

A mesma ideia é válida em um estudo experimental destinado a revelar a influência do treinamento com peso sobre o desempenho no salto. Se todos os participantes forem levantadores de peso regulares, que trabalham o fortalecimento das pernas, e excelentes saltadores, um programa de treinamento com peso não aumentará o seu desempenho no salto. Em outras palavras, os participantes têm de demonstrar uma variação de desempenho cujas medidas sejam interessantes para estudos correlacionais, e as medidas têm de capturar as características que o pesquisador deseja avaliar. Em estudos experimentais, os participantes devem estar no nível "certo" para responder aos tratamentos; a intensidade e a frequência dos tratamentos devem ser capazes de produzir as alterações que o pesquisador espera; e os instrumentos de medição devem ser sensíveis às alterações provocadas pelo tratamento no participante.

Resumo

Este capítulo forneceu uma visão geral do método do estudo de pesquisa. Identificamos as suas principais partes – participantes, instrumentos ou aparato, procedimentos, delineamento e análise. O principal propósito das quatro partes da seção do método é eliminar hipóteses alternativas ou rivais e barrar as explicações dos resultados, exceto aquela que o pesquisador pretende avaliar. O princípio MAXICON mostra como fazer isso: (a) maximize as fontes de variância verdadeiras ou planejadas; (b) minimize as fontes de variância não planejadas ou de erro; e (c) controle todas as fontes de variação extrínsecas. Nos capítulos seguintes, detalharemos como fazer isso a partir da visão estatística e da medição (Parte II) e do delineamento (Parte III). Na Parte IV, explicaremos as seções finais da tese ou dissertação.

Verifique sua compreensão

1. Procure um estudo experimental na *Research Quarterly for Exercise and Sport* e critique a seção ou o capítulo sobre o método. Comente o grau de informações fornecido pelo autor, no que diz respeito aos sujeitos (e ao consentimento), aos instrumentos, aos procedimentos, ao delineamento e à análise.
2. Localize um estudo de pesquisa. Compare e contraste a descrição do método desse estudo com a do estudo experimental da questão anterior.

Capítulo 5

QUESTÕES ÉTICAS DA PESQUISA E DO TRABALHO ACADÊMICO

Entre dois males, prefiro sempre o que nunca experimentei antes.
Mae West

Como pós-graduando, você vai se deparar com uma série de questões éticas relacionadas à pesquisa e ao trabalho acadêmico. Neste capítulo, chamamos sua atenção para muitas delas e fornecemos uma base para discussões e tomada de decisões. No entanto, nem sempre as opções estão claramente definidas. Para tomar boas decisões, o aspecto mais importante é reunir informações pertinentes e aconselhar-se com professores confiáveis. Entre os principais tópicos apresentados, estão a má conduta científica, o trabalho com professores universitários e com outros pós-graduandos e o uso de seres humanos e animais como sujeitos de pesquisas.

Sete áreas da desonestidade científica

Nos Estados Unidos, o White House Office of Science and Technology Policy (Departamento da Casa Branca para Assuntos de Ciência e Tecnologia) definiu *má conduta científica* do seguinte modo:

> A má conduta científica consiste em fabricação, falsificação ou plágio na proposta, na execução ou na revisão de pesquisas ou, ainda, no relato de resultados de pesquisas. (*Federal Register*, 14 de outubro de 1999)

Nesta seção, abordamos questões relacionadas à má conduta científica pertinentes a todas as áreas acadêmicas da atividade física. Além disso, fornecemos uma lista de referências bibliográficas sobre esse assunto e apresentamos algumas situações e questões relacionadas à honestidade no campo da ciência.

Shore (1991) identificou sete áreas em que pode haver desonestidade científica; discutimos cada uma delas nas seções subsequentes. Um dos volumes de 1993 da *Quest* (Thomas e Gill [Eds.]) inclui vários artigos instigantes sobre ética no estudo da atividade física; e Drowatzky (1996) é uma ferramenta valiosa para a discussão desse tema. Para ver uma recente referência sobre má conduta na ciência, procure em www.files.chem.vt.edu/chem-ed/ethics/index.html.

Plágio

Plágio significa usar ideias, textos ou ilustrações de outras pessoas como se fossem seus. Com certeza, essa abordagem é completamente inaceitável no processo de pesquisa (incluindo a redação do trabalho). Em qualquer instituição, o plágio resulta em punições rigorosas. O pesquisador plagiador carrega esse estigma para o resto da vida profissional. Nenhum resultado potencial vale o risco envolvido.

Plágio Usar ideias, conceitos, textos ou ilustrações de outros como se fossem seus; fraude.

Às vezes, pós-graduandos ou professores universitários envolvem-se em plágio inadvertidamente. Em geral, essa situação ocorre em trabalhos de coautoria. Se um dos autores plagia algum material, o outro pode ser igualmente punido, ainda que não saiba de nada. Mesmo que nenhum dos meios de proteção seja infalível (exceto nunca trabalhar com outros pesquisadores), não permita que um artigo com seu nome seja submetido (ou revisado) sem que, antes, você tenha lido todo o texto na versão final.

Na redação de textos científicos, originalidade também é uma característica importante. Entre acadêmicos de uma mesma área, é comum a prática de fazer circular manuscritos e versões inéditas de artigos (com frequência, compartilhados com os pós-graduandos). Ao citar ideias, métodos ou descobertas encontrados nesses materiais, devem-se registrar os créditos pertinentes.

Fabricação e falsificação

Nos Estados Unidos, há cerca de 40 mil periódicos científicos, que, ao todo, publicam mais de 1 milhão de artigos por ano (Henderson, 1990). Portanto, não surpreende ninguém ouvir falar, ocasionalmente, de casos de cientistas que maquiaram ou alteraram dados de pesquisas. Com certeza, isso é completamente antiético, e aplicam-se rigorosas punições aos indivíduos apanhados nesse tipo de conduta. A pressão tem sido particularmente intensa na pesquisa das áreas médica e de saúde, pois, em geral, ela é cara e envolve financiamento externo e riscos. A tentação é grande de mudar uma coisinha aqui e ali ou maquiar dados, uma vez que "eu preciso apenas de mais alguns participantes, mas não tenho tempo suficiente". A probabilidade de ser descoberto nesse tipo de procedimento é alta; no entanto, ainda que ninguém descubra o que foi feito, você vai ter de conviver com essa culpa e, provavelmente, vai colocar outras pessoas em risco.

Se, por um lado, pós-graduandos e professores universitários podem produzir pesquisas fraudulentas de modo intencional, por outro, estudiosos idôneos às vezes se envolvem em má conduta científica de forma indireta. Isso pode acontecer quando eles trabalham com outros cientistas que fraudam os dados a fim de obter os resultados previstos (p. ex., em uma pesquisa financiada, cujo projeto sugere prováveis resultados). Nessas situações, o acadêmico idôneo vê nos dados apenas o que já esperava. Como o resultado confirma as hipóteses, esses dados são considerados aceitáveis. Assim aconteceu com o Prêmio Nobel David Baltimore, coautor de um artigo publicado na *Cell*, em abril de 1986, e cujos autores principais eram Thereza Imanishi-Kari e David Weaver. Baltimore conferiu os resultados, mas, como viu dados esperados, concordou em submeter o artigo. Subsequentemente, a inexatidão dos dados levou Baltimore a renunciar à presidência da Rockefeller University. Portanto, embora ele não fosse o principal autor do artigo, sua carreira ficou seriamente prejudicada em função desse episódio.

Falsificações podem ocorrer também na literatura citada. Os pós-graduandos devem ter cuidado ao interpretar o que outros autores escreveram. Trabalhos de outros acadêmicos não podem ser distorcidos de acordo com as hipóteses da pesquisa. Mais uma vez, temos um motivo para que os pós-graduandos leiam fontes originais em vez de confiar em interpretações de terceiros, que podem distanciar-se do original.

Não publicação de dados

Alguns dados não são incluídos por não darem suporte ao resultado esperado. Esse procedimento tem sido chamado, às vezes, de "forjar" os dados. Há uma linha divisória muito tênue entre eliminar dados "ruins" e "forjar" dados. Os dados ruins devem ser descobertos, se possível, no momento em que são obtidos. Por exemplo, quando valores de um teste parecem muito altos ou muito baixos, e o pesquisador verifica o instrumento e descobre algum problema de calibragem, uma boa prática de pesquisa é a eliminação desses dados. No entanto, decidir pela inutilidade de um valor e mudá-lo durante a análise consiste em "forjar" dados.

Referências sobre conduta inadequada em ciência: leituras para os estudantes de pós-graduação

American Association of University Professors (1981). Statement on professional ethics. *New Directions for Higher Education, 33,* 83–85.

Anderson, A. (1988). First scientific fraud conviction. *Nature, 335,* 389.

Association of American Medical Colleges. (1992). *Beyond the "framework": Institutional considerations in managing allegations of misconduct in research.* Washington, DC: Association of American Medical Colleges.

Bell, R. (1992). *Impure science: Fraud, compromise, and political influences in scientific research.* New York: Wiley.

Callahan, J.C. (Ed.). (1988). *Ethical issues in professional life.* New York: Oxford University Press.

Chalmers, I. (1990). Underreporting research is scientific misconduct. *Journal of the American Medical Association, 263,* 1405–1408.

Dickersin, K. (1990). The existence of publication bias and risk factors for its occurrences. *Journal of the American Medical Association, 263,* 1385–1389.

Engler, R.L., Covell, J.W., Friedman, P.J., Kitcher, P.S., & Peters, R.M. (1987). Misrepresentation and responsibility in medical research. *New England Journal of Medicine, 317,* 1383–1389.

Ethics in the study of physical activity. (1993). Special issue. *Quest 45*(1).

Evans, J.T., Nadjari, H.I., & Burchell, S.A. (1990). Quotational and reference accuracy in scientific journals: A continuing peer review problem. *Journal of the American Medical Association, 263,* 353–1357.

Federal Register. (1991). Federal policy for the protection of human subjects: Notices and rules. *56,* 28001–28032.

Friedman, P.J. (1988). Research ethics, due process, and common sense. *Journal of the American Medical Association, 260,* 1937–1938.

Friedman, P.J. (1990). Correcting the literature following fraudulent publication. *Journal of the American Medical Association, 263,* 1416–1419.

Garfield, E., & Welljams-Dorof, A. (1990). The impact of fraudulent research on the scientific literature: The Stephen E. Breuning case. *Journal of the American Medical Association, 263,* 1424–1426.

Goodstein, D. (1992). What do we mean when we use the term "science fraud"? *Scientist,* March 2, 11–12. Reprinted from *Windows,* Fall 1991, p. 7.

Jayarama, K.S. (1990). Scientific ethics: Accusations of "paper recycling." *Nature, 334,* 187.

Kimmel, A.J. (1988). *Ethics and values in applied social research.* Newbury Park, CA: Sage.

Klotz, I.M. (1986). *Diamond dealers and feather merchants: Tales from thesciences.* Boston: Birkhauser.

Kohn, A. (1988). *False prophets: Fraud and error in science and medicine.* New York: Basil Blackwell.

LaPidus, J.B., & Mishkin, B. (1991). Values and ethics in the graduate education of scientists. In W.W. May (Ed.), *Ethics and higher education,* p. 283–298. New York: Macmillan.

Loeb, J.M., Hendee, W.R., Smith, S.J., & Schwartz, M.R. (1989). Human vs. animal rights: In defense of animal research. *Journal of the American Medical Association, 262,* 2716–2720.

Mallon, T. (1989). *Stolen words: Forays into the origins and ravages of plagiarism.* New York: Ticknor and Fields.

Mishkin, B. (1988). Responding to scientific misconduct: Due process and prevention. *Journal of the American Medical Association, 260,* 1932–1936.

Mooney, C.J. (1992). Critics question higher education's commitment and effectiveness in dealing with plagiarism. *Chronicle of Higher Education, 38*(23), A16, A18.

Mooney, C.J. (1992). Plagiarism charges against a scholar can divide experts, perplex scholarly societies, and raise intractable questions. *Chronicle of Higher Education, 38*(23), A1, A14, A16.

National Academy of Sciences, National Academy of Engineering, and Institute of Medicine. (1993). *Responsible science: Ensuring the integrity of the research process.* Vol. 2. Washington, DC: National Academy Press.

Pfeifer, M.P., & Snodgrass, G.L. (1990). The continued use of retracted, invalid scientific literature. *Journal of the American Medical Association, 263,* 1420–1423.

Pope, K.S., & Vetter, V.A. (1992). Ethical dilemmas encountered by members of the American Psychological Association. *American Psychologist, 47,* 397–411.

Responsibilities of awardee and applicant institutions for dealing with and reporting possible misconduct in science. (1989). *Federal Register, 54*(151), 32446–32451.

Rudolph, J., & Brackstone, D. (1990). Too many scholars ignore the basic rules of documentation. *Chronicle of Higher Education, 36,* 11 April, A56.

Schurr, G.M. (1982). Toward a code of ethics for academics. *Journal of Higher Education, 53,* 318–334.

Taubes, G. (1993). *Bad science: The short life and weird times of cold fusion.* New York: Random House.

Whistleblowing and scientific misconduct (1993). Special issue. *Ethics and Behavior, 3*(1).

Wrather, J. (1987). Scientists and lawyers look at fraud in science. *Science, 238,* 813–814.

Outlier Escore não representativo; escore que se encontra fora dos limites dos escores normais.

Outro termo aplicado a dados pouco comuns é *outlier*. Algumas pessoas os chamam de "totalmente mentirosos", sugerindo que eles seriam ruins. No entanto, agora, valores extremos às vezes são "podados". O simples fato de ser extremo não significa que o escore se baseie em dados ruins. Ainda que escores extremos possam criar problemas na análise dos dados, podá-los *automaticamente* é uma péssima prática (no Cap. 10, veja a análise não paramétrica, uma das soluções para esse problema).

Nessa categoria, a situação mais drástica é a decisão de não publicar resultados que contrariam as hipóteses sugeridas. Com frequência, os periódicos científicos têm sido acusados de desvios editoriais, que favoreceriam apenas resultados significativos. Alega-se que os autores deveriam publicar sempre os resultados de pesquisas sólidas, fossem eles favoráveis ou não às hipóteses projetadas. Os resultados de estudos bem planejados baseados em teorias e dados empíricos prévios são importantes, independentemente de se os resultados previstos são encontrados.

Erros nos procedimentos de coleta de dados

Na etapa de coleta de dados para o projeto de pesquisa, podem ocorrer várias atividades antiéticas. Em particular, os pós-graduandos devem estar cientes das seguintes situações:

- prosseguimento na coleta de dados de participantes que não correspondem às exigências da pesquisa (p. ex., indivíduos que não se esforçam, não aderem aos termos do acordo sobre dieta, exercício e descanso, etc.);
- problemas no funcionamento do equipamento;
- tratamento inadequado de participantes (p. ex., violação das normas do Human Subjects Committee);
- registro incorreto de dados.

Vejamos um exemplo. Uma doutoranda, conhecida nossa, estava coletando dados sobre economia na corrida em uma situação de campo. Enquanto repetiam a corrida, os participantes retornavam várias vezes para serem filmados, variando a velocidade e o comprimento das passadas. No terceiro dia de teste, um corredor do sexo masculino correu de forma errática. Ao ser questionado pela experimentadora, ele respondeu que tinha saído na noite anterior com os amigos e que estava de ressaca. É claro que ela, sabiamente, descartou os dados e marcou outra corrida com ele, dias depois. Se ela não tivesse notado a natureza anormal do desempenho do corredor e não tivesse investigado o problema, teriam sido incluídos dados que provavelmente teriam distorcido os resultados, uma vez que o participante não tinha cumprido as condições combinadas previamente para o estudo.

Erros na retenção e no armazenamento de dados

Os dados têm de ser armazenados e mantidos como foram registrados originalmente, ou seja, não devem ser alterados. Todos os registros originais devem ser guardados, de modo que os dados iniciais fiquem disponíveis para exame. Nos Estados Unidos, órgãos de controle federais e a maioria dos periódicos sugerem que os dados originais sejam mantidos por, pelo menos, três anos após a publicação dos resultados.

Problemas de autoria

Entre pesquisadores, um dos temas éticos mais importantes envolve projetos de pesquisa conjuntos ou, mais especificamente, a publicação e a apresentação de trabalhos de pesquisa em conjunto. Em geral, a ordem da autoria e das apresentações e publicações baseia-se nas contribuições de pesquisa feitas ao projeto. Comumente, o primeiro autor, ou sênior, é o pesquisador que teve a ideia e planejou a pesquisa. Em geral, o segundo e o terceiro autores são listados na ordem de suas contribuições (ver em Fine e Kurdeck, 1993, mais detalhes e estudos de casos).

Mesmo que isso pareça bastante simples, tomar decisões sobre autoria às vezes é difícil. Em alguns casos, os pesquisadores contribuem igualitariamente e decidem tirar cara ou coroa para determinar quem será listado primeiro. De qualquer maneira, é preciso decidir a ordem dos autores no início do esforço cooperativo. Essa abordagem evita mágoas mais tarde, quando houver discordância sobre quem contribuiu mais. Se, no decorrer do projeto, ocorrer alguma mudança no grau de importância das contribuições, deve-se rediscutir a questão da ordem.

Uma segunda questão consiste em quem é o autor (ver em Crase e Rosato, 1992, uma discussão sobre a mudança da natureza da autoria). Algumas vezes, os estudos têm mais autores do que participantes. Acontece também de os próprios autores serem participantes. Quando prestamos atenção na situação vivida pelo participante em alguns estudos de pesquisas, compreendemos prontamente por que apenas pós-graduandos, sob a orientação de um professor, são capazes de submeter-se a essas coisas. Desse modo, embora concordem em participar, depois insistem em ter o próprio nome na lista de autores como recompensa. Deixando a brincadeira de lado, estas duas regras ajudam a definir a questão da autoria:

- **A autoria deve envolver apenas os que contribuíram diretamente para o projeto de pesquisa em questão.** Isso não significa incluir o diretor do laboratório ou o orientador do pós-graduando. No quadro "Corrente para aumentar o número de publicações", defendemos o bom humor.
- **Técnicos não são, necessariamente, autores.** Às vezes, os pós-graduandos pensam que, porque coletaram os dados, deveriam ser listados como coautores. No entanto, eles só se qualificam como autores quando contribuem para o planejamento, a análise e a redação do relatório de pesquisa. E essa regra não se aplica aos fundos que remuneram os pós-graduandos. Bons orientadores envolvem os seus pós-graduandos em todos os aspectos do programa de pesquisa, de modo que esses estudantes, com frequência, podem assumir tanto o papel de coautores quanto o de técnicos.

Práticas de publicação inaceitáveis

Aqui, o problema são as publicações conjuntas, em especial as que envolvem o orientador e o pós-graduando. Em geral, os orientadores incluem imediatamente (e assim deve ser) os pós-graduandos

---

Corrente para aumentar o número de publicações

Prezado colega:

Temos certeza de que você está consciente da importância das publicações para se estabelecer, buscar verbas, prêmios e posição acadêmica ou de chefia bem remunerada. Elaboramos uma forma pela qual seu currículo será enormemente melhorado com muito pouco esforço.

Esta carta contém uma lista de nomes e endereços. Ela inclui os dois principais nomes como coautores no seu novo artigo de pesquisa. Depois, remova o nome no topo da lista e coloque seu próprio nome no fim da lista. Envie a carta revisada para cinco colegas.

Se essas instruções forem seguidas, quando seu nome atingir o topo da lista, você terá sido o coautor de 15.625 publicações. Se quebrar esta corrente, seus próximos dez artigos serão rejeitados por falta de relevância para o comportamento no mundo real. Assim, você será rotulado por seus pares como ecologicamente inválido.

Atenciosamente,

    Jerry R. Thomas, professor
    Jack K. Nelson, professor

Coautores:

    Jerry R. Thomas
    Jack K. Nelson
    I. M. Published
    U. R. Temured
    C. D. Raise

no principal projeto de pesquisa sob sua coordenação (ver uma discussão desse tema em Zelaznik, 1993). Quando isso acontece, aplicam-se as regras sugeridas. Ao mesmo tempo, há duas forças conflitantes em ação. Por um lado, o trabalho do professor consiste em estimular e desenvolver as habilidades acadêmicas dos estudantes. Por outro, nas faculdades, cada vez mais se pressiona o corpo docente a publicar, a fim de obter benefícios como promoções, estabilidade, financiamentos das agências de fomento e salários condignos. Nesses casos, é importante ser o principal autor da publicação. Portanto, os docentes podem até querer ser altruístas e ajudar os estudantes, mas são pressionados a publicar. Essa questão talvez possa não afetar o professor sênior, mas com certeza é significativa para o professor novato. Como mencionado, não há regras prontas e rígidas, a não ser fechar um acordo antes de iniciar a pesquisa.

A tese ou dissertação é um caso especial. Por definição, é assim que os pós-graduandos demonstram estar capacitados a receber o diploma. Com frequência, no mestrado, o orientador, fornece a ideia, elabora o projeto e realiza a maior parte da redação e da edição. Apesar disso, defendemos a posição de que esse trabalho é do estudante. A autoria da dissertação sempre deve ser creditada ao pós-graduando. Aceita-se, entretanto, a concessão da segunda autoria ao orientador tanto na dissertação quanto na tese, em algumas circunstâncias. A American Psychological Association (2001) definiu bem essas circunstâncias, e recomendamos a adoção de suas orientações.

- Aceita-se conceder ao orientador da dissertação apenas a segunda autoria.
- Ela pode ser considerada obrigatória quando o orientador designa as variáveis primárias, fornece contribuições interpretativas fundamentais ou fornece o banco de dados.
- A segunda autoria é uma cortesia quando o orientador designa a área geral de investigação, envolve-se substancialmente no desenvolvimento do delineamento e na determinação dos procedimentos de medição ou contribui de forma significativa na redação do relatório publicado.
- A segunda autoria não é aceitável quando a contribuição do orientador limita-se ao encorajamento, à facilitação da parte material, ao suporte financeiro, a críticas e a contribuições editoriais.
- Em todos os casos, deve haver concordância antes de escrever e submeter para publicação. Se houver discordância, deveria ser resolvida por uma terceira pessoa, com base nestas orientações.

Dupla publicação
Em geral, é considerado antiético publicar o mesmo artigo científico em mais de uma revista científica.

Os autores também devem ter cuidado com a **dupla publicação**. Às vezes, essa circunstância é legítima – um artigo publicado em determinada revista, por exemplo, pode ser reimpresso em outro periódico ou em um livro de revisões (essas condições devem ser sempre observadas). No entanto, os autores não podem publicar o mesmo artigo em mais de um periódico científico indexado. Mas o que queremos dizer com "o mesmo artigo"? Pode-se escrever mais de um artigo a partir de um único conjunto de dados? A linha divisória é bastante imprecisa. Thomas (1986, p. iv-v), por exemplo, indicou que:

> Com frequência, pode haver ganhos de interpretação quando dados previamente registrados são avaliados a partir de uma nova perspectiva. No entanto, relatórios desse tipo sempre são considerados notas de pesquisa, não importando se a reanálise foi feita pelo próprio autor do original ou por outra pessoa. Isso não significa que relatórios dedicados à avaliação de dados de mais de um estudo (p. ex., metanálises, análises de eficácia) devam ser considerados como notas de pesquisa.

▶ Uma única publicação primária deve incluir todos os dados adequados (p. ex. psicológico, fisiológico) ou uma nota de que os dados relevantes estão publicados em outro lugar.

A boa prática científica consiste em publicar todos os dados apropriados em um único artigo principal. Se, em um experimento sobre treinamento, por exemplo, foram coletados dados tanto psicológicos quanto fisiológicos, talvez a sua publicação em separado não seja adequada. Com frequência, a descoberta mais relevante está na relação entre as respostas psicológicas e fisiológicas. Mas, em outros casos, o volume dos dados é grande demais para ser incluído em um único artigo. Algumas vezes, é possível publicar uma série de artigos; outras, deve-se manter a independência de cada texto. Outro exemplo são os estudos de larga escala, em que é coletada uma imensa quantidade de informações (p. ex., os epidemiológicos ou pedagógicos). Costumam-se selecionar dados de arquivos de computador (ou vídeos), a fim de responder a grupos específicos de questões correlacionadas, que serão tratadas no relatório de pesquisa. Assim, para endereçar um outro conjunto de perguntas, os pesquisadores podem usar partes diferentes de uma única base de dados ou, inclusive, partes sobrepostas. Isso pode resultar na publicação de mais de um artigo legítimo a partir dos mesmos dados. No entanto, os autores devem informar que mais de um artigo foi escrito. Se não adotarem essas regras gerais, podem ser acusados de falta de objetividade científica ou de falta de modéstia (Day, 1988).

A maioria dos periódicos científicos exige do autor uma declaração de que o artigo não foi publicado em nenhum outro local e não será submetido a nenhuma outra revista enquanto estiver sendo avaliado. Os artigos publicados em uma língua não podem ser publicados como originais em outra.

Questões éticas relacionadas aos direitos autorais

Os pós-graduandos devem conhecer bem a lei de direitos autorais e o conceito de uso honesto de materiais educacionais. Com frequência, materiais protegidos pela lei de direitos são usados em teses e dissertações, sendo esse uso aceitável quando for honesto e razoável. Os pós-graduandos costumam querer usar figuras ou tabelas em uma tese ou dissertação. Se for usada uma tabela ou figura de outra fonte, será necessário obter permissão (ver exemplo de carta na próxima página) junto ao detentor dos direitos (no caso de artigos, em geral é o autor; às vezes, pode ser a própria revista científica) e citar isso de modo adequado (p. ex., "usado com permissão de...").

O conceito de uso honesto baseia-se em quatro regras fundamentais:

1. *Propósito*. O uso é comercial ou educacional? Tolera-se mais o uso educacional, como em dissertações, teses e artigos de revistas científicas.
2. *Natureza*. Espera-se que sejam feitas cópias? Em geral, é razoável e previsível a cópia de artigos de revista para uso pessoal. No entanto, não se prevê que copiem um livro inteiro ou um teste padronizado, e isso, provavelmente, é uma violação do conceito do uso honesto.
3. *Quantidade*. Que porcentagem do texto será copiada? A questão significativa é: qual a importância da parte copiada?
4. *Efeito*. Como a cópia afeta o mercado do documento? Fazer uma única cópia de um artigo de revista pouco afeta o mercado da revista, mas copiar um livro (ou um capítulo inteiro) ou um teste padronizado reduz o valor dos *royalties* (direitos do autor) e o lucro do editor. Esse uso não é honesto.

Poucas respostas-padrão se aplicam ao uso honesto. O uso honesto é uma ideia flexível (ou, se preferir, é uma afirmação que não pode ser interpretada de modo rígido). É melhor se garantir do que se arrepender quando utilizar materiais de terceiros em sua dissertação ou tese. Se tiver dúvidas, peça permissão. A University Microfilms (produtora de *Dissertation Abstracts International*) relata que cerca de 15% das dissertações necessitam de acertos referentes a direitos autorais.

Modelo que considera condutas científicas inadequadas

Com frequência, a intenção é usada como critério para distinguir a má conduta do erro científico. Drowatzky (1993, 1996) observou que, em geral, sugere-se o seguinte modelo:

Má conduta científica → Sanções

Erro científico → Reparações

Modelo de carta de pedido de permissão de direitos autorais

Data

Editor de permissão (ou nome de um autor individual)

Editora (desnecessário se for um indivíduo)

Endereço

Prezado_____:

Estou preparando minha dissertação/tese, com o título provisório_____
Gostaria de ter permissão para usar o seguinte material:
Título do artigo na revista, livro, capítulo de livro:_____
Autor do artigo, livro, capítulo de livro:_____
Título da revista ou livro (inclui volume e número da edição da revista):_____
Editor, se o livro for editado:_____
Ano de publicação_____
Local de publicação e nome da editora do livro ou da revista:_____
Detentor do direito autoral e ano:_____
Número das páginas em que o material aparece:_____ ❏ para ser reimpresso ❏ para ser adaptado

UMA CÓPIA DO MATERIAL É ANEXADA.
Tabela, figura, número de página da minha dissertação:
_____

Solicito permissão para direitos não exclusivos em todos os idiomas. Citarei uma linha de fonte-padrão, incluindo dados bibliográficos completos. Se você tem exigências específicas da linha de crédito, por favor informe no espaço abaixo.
_____
Uma via deste formulário é sua. Agradecerei sua pronta colaboração. Se a permissão for concedida, por favor assine o canhoto abaixo e retorne para:

SUA ASSINATURA:_____

SEU NOME E ENDEREÇO:_____

Permissão concedida, assinatura:_____

Endereço:_____ Data:_____

Sanções para má conduta científica

Sanções costumam ser impostas a indivíduos que fraudam o próprio trabalho. As sanções internas, impostas pela universidade do pesquisador, incluem:

- restrição de responsabilidades acadêmicas;
- afastamento do projeto;
- rebaixamento de cargo;
- multas para cobrir despesas;
- desligamento da universidade (com ou sem perda de benefícios);
- congelamento de salário;
- congelamento de promoções;
- supervisão de futuras solicitações de recursos;
- repreensões verbais;
- carta de repreensão (incluída ou não no registro permanente);
- monitoramento da pesquisa, com revisão prévia de publicações.

Além das sanções universitárias internas, em função de fraude científica, também podem ser aplicadas sanções por parte de agências de fomento, revistas científicas que publicaram o trabalho e grupos acadêmicos/profissionais relacionados. Nos últimos anos, as sanções têm incluído:

- anulação de publicações anteriores;
- cartas à parte lesada;
- proibição de financiamentos externos;
- suspensão de contratos com agências externas;
- liberação de informações para agências e organizações profissionais;
- encaminhamento do caso ao sistema judiciário, para as devidas providências;
- multas para cobrir despesas.

Responsabilidades do pós-graduando

Como aluno de pós-graduação, você tem de ficar atento às questões éticas. Obviamente, essas questões são importantes não só para as ciências biológicas (fisiologia do exercício, biomecânica, comportamento motor, promoção da saúde e exercício e psicologia do exercício) ou para as ciências comportamentais (sociologia, filosofia e psicologia do esporte e pedagogia da educação física). Fraude, adulteração e interpretação inexata de dados, plágio, autoria fraudada e práticas de publicação antiéticas são problemas que se estendem a todas as áreas acadêmicas. Mesmo que essas práticas possam ocorrer apenas em razão de uma postura pessoal antiética, às vezes, as pressões impostas ao pesquisador pelo próprio sistema de ensino superior o induzem a agir assim:

- necessidade de obter financiamento externo para pesquisas;
- pressão para publicação de descobertas científicas;
- necessidade de concluir o trabalho de pós-graduação;
- desejo de obter recompensas no ensino superior (p. ex., promoções, títulos).

As instituições acadêmicas deveriam ser encorajadas a desenvolver mecanismos de discussão dessas questões com os pós-graduandos. Esse programa deveria incluir seminários para alunos de mestrado e doutorado com ênfase em temas éticos. Mas são necessários alguns recursos sistemáticos para colocar esses problemas na ordem do dia.

Posições filosóficas subjacentes às questões éticas

A posição filosófica pessoal a respeito das questões éticas conduz o processo de tomada de decisões na pesquisa. Drowatzky (1993, 1996) resumiu as várias visões éticas que fundamentam esse processo:

- O indivíduo é precioso, e o benefício individual precede o social.
- A igualdade é essencial, e todos devem ser tratados igualmente.
- A probidade é a base da ética, e todas as decisões devem se basear nela.
- O bem-estar social precede o individual, e deve-se fazer de tudo para o benefício da sociedade.
- A verdade, definida como ser verdadeiro, autêntico e condizente com a realidade, é a base da tomada de decisões.

É evidente que várias afirmações dessa lista chocam-se diretamente umas com as outras e levam a decisões substancialmente diferentes, conforme a visão do pesquisador envolvido. Discutir e avaliar essas afirmações e compreender o que cada uma delas significa para as decisões acadêmicas aumenta o conhecimento dos pós-graduandos a respeito de temas importantes. Algumas outras considerações filosóficas estão listadas no quadro a seguir.

Por fim, ler um pouco sobre fraude e má conduta em pesquisas pode ser uma boa experiência para todos. Um exemplo notável de literatura relacionada é o volume especial "Whistleblowing and Scientific Misconduct" de *Ethics and Behavior* (vol. 3, n. 1, 1993). Esse volume apresenta um relato fascinante dos casos de David Baltimore e Herbert Needleman, incluindo visões gerais e réplicas dos denunciantes e dos acusados de má conduta científica. Drowatzky (1996) também ofereceu vários exemplos de má conduta e de problemas relacionados.

Relações de trabalho com o corpo docente

Questões éticas entre pesquisadores e fatores éticos do relacionamento entre o pós-graduando e o orientador são dois tópicos importantes (ver uma discussão mais detalhada em Roberts, 1993). Os orientadores devem tratar os pós-graduandos como colegas. Se quisermos que, no final da dissertação, os nossos estudantes sejam verdadeiros acadêmicos, então devemos tratá-los como acadêmicos desde o início, porque eles não se tornam acadêmicos somente no recebimento do diploma. De acordo com o mesmo princípio, os pós-graduandos devem agir como acadêmicos responsáveis. Isso significa produzir um trabalho meticuloso, completo e de alta qualidade.

Seleção do orientador

Os alunos devem tentar escolher orientadores que compartilhem visões semelhantes às suas na área de interesse. Os mestrandos costumam fazer a escolha da instituição com base em critérios como localização e promessa de auxílio financeiro. Os doutorandos, por sua vez, devem avaliar a qualidade do programa e o corpo docente da sua área de especialização (ver uma discussão sobre esse tema em Baxter, 1993-1994). No *site* www.aakpe.org, encontra-se disponível uma lista de programas de doutorado em atividade física, com os respectivos endereços eletrônicos. Não escolha o seu orientador às pressas. Se você já estiver em alguma instituição, avalie com cuidado as especializações disponíveis em suas áreas de interesse. Faça perguntas sobre os professores e sobre o que eles publicaram nessas áreas. Leia algumas de suas publicações e determine o seu próprio campo de interesse. Qual o

> **Questões filosóficas para reflexão**
>
> 1. O professor descobriu que a teoria sobre terremotos estava em um terreno instável.
> 2. Um poeta hesitante escreve invertido.
> 3. Eu plantei alpiste e nasceu um passarinho. O que faço com isso?
> 4. Eu fui a São Francisco e encontrei o coração de alguém. O que faço agora?
> 5. O que é um presente grátis? Todos os presentes não são grátis?
> 6. Eu costumava ser indeciso. Agora não tenho certeza.
> 7. Como podem existir grupos de autoajuda?

suporte material, como laboratórios e equipamentos, das áreas analisadas? Além disso, converse com colegas da pós-graduação. Por fim, converse com os professores para determinar qual será a eficácia de um trabalho conjunto.

Propomos um modelo de mentor para preparar pós-graduandos (em particular, doutorandos) em cinesiologia, educação física, ciência do exercício e ciência do esporte. Para se tornar um bom pesquisador (ou bom clínico), o aluno precisa ter um relacionamento de igual para igual com o professor. Isso envolve várias características dos corpos discente e docente.

Em primeiro lugar, os pós-graduandos devem ser estudantes em tempo integral, a fim de desenvolverem com sucesso as habilidades profissionais e de experimentador necessárias às atividades de ensino e de pesquisa. No programa de pesquisa em andamento, eles têm de trabalhar sob a direção de um orientador. Esse arranjo confere continuidade aos esforços de pesquisa e insere os pós-graduandos em grupos de pesquisa eficazes. Tópicos para dissertações e teses surgem naturalmente nesse tipo de ambiente. Além disso, os estudantes veteranos transformam-se em modelos e podem prestar assistência aos iniciantes. A devida competência (experiência) é adquirida quando o estudante observa especialistas competentes, trabalha com eles e, depois, coloca em prática as técnicas aprendidas.

No entanto, para serem bons orientadores, os docentes têm de manter programas de pesquisa ativos. Isso significa garantir locais e equipamentos adequados, assim como ter tempo para se dedicar à pesquisa e à orientação dos pós-graduandos. Potenciais alunos de pós-graduação devem investigar com cuidado as situações em que serão inseridos, em especial quando têm maior interesse pela pesquisa (ver uma boa descrição de orientadores em Newell, 1987).

Se você ainda não estiver matriculado em alguma instituição, descubra quais oferecem as especialidades que lhe interessam. Busque informações em faculdades e departamentos e nos respectivos endereços eletrônicos. Leia revistas científicas pertinentes (dos últimos 5 a 10 anos) e relacione o nome dos professores que estão publicando. Depois, selecione alguns nomes dessa lista, informe-se sobre o possível suporte financeiro e agende uma visita à instituição. Converse com o coordenador da pós-graduação do departamento de seu interesse. Professores universitários podem ser encontrados também em convenções, como as da AAHPERD (encontros nacionais ou regionais), da American College of Sports Medicine, da International Society for Biomechanics e da North American Society for Psychology of Sport and Physical Activity.

Após definir o orientador, você deve escolher a banca de qualificação. Normalmente, a banca de mestrado ou doutorado é selecionada em conjunto, pelo aluno e pelo orientador. O importante é que os professores da banca possam realmente contribuir para o planejamento e para a avaliação do seu trabalho e não sejam apenas pessoas de fácil acesso. É preferível esperar um ou dois trimestres ou semestres antes de fazer a escolha definitiva (se possível). Esse intervalo dá a oportunidade de fazer disciplinas ministradas por potenciais integrantes da banca, podendo, então, avaliar se há algum interesse em comum.

Troca de orientador

Apesar de todos esses cuidados, o que acontece se você chegar à conclusão de que o orientador (ou os professores da banca) não é o ideal? Em primeiro lugar, procure saber o motivo da inadequação. Você e o orientador não precisam ser muito amigos; o importante é que ambos busquem os mesmos objetivos. Algumas vezes, o interesse do aluno muda. Outras, as pessoas simplesmente não conseguem trabalhar juntas. Tratado de modo profissional, isso não constitui um problema. Converse com seu orientador, explique-lhe o que está acontecendo e deixe que ele responda abertamente. Contudo, é claro que o conflito pode ser mais pessoal. Nesse caso, adote uma postura objetiva e profissional. Se você não conseguir fazer isso ou se essa atitude não produzir resultados satisfatórios, o melhor recurso é buscar o conselho do coordenador da pós-graduação.

Proteção dos participantes humanos

▶ Sempre haverá o risco de dano. Os pesquisadores devem considerar o grau de risco, os direitos dos participantes e o valor do estudo.

A maioria das pesquisas no estudo da atividade física lida com seres humanos, frequentemente com crianças. Portanto, o pesquisador deve ponderar se as circunstâncias de realização da pesquisa ou da atividade podem causar algum dano aos participantes. Dano aqui pode ser compreendido como algo que causa medo ou constrangimento ou afeta os participantes de modo negativo (Tuckman, 1978). É evidente que os pesquisadores sempre correm o risco de criar problemas. O que deve ser considerado são o grau do risco, os direitos dos participantes e o valor potencial da pesquisa para a ampliação dos conhecimentos para o desenvolvimento das tecnologias e para a melhoria da vida das pessoas.

O que os participantes de pesquisas podem esperar?

Tuckman (1978) listou os direitos dos participantes que devem ser considerados pelos pesquisadores.

- **Privacidade ou não participação.** O pesquisador não deve pedir informações desnecessárias ao trabalho; deve obter o consentimento dos adultos e dos pais das crianças (assim como o consentimento da própria criança, quando apropriado).
- **Anonimato.** O pesquisador deve explicar que o estudo enfatiza dados do grupo e que será usado um número de identificação (e não o nome) do participante para registro dos dados pessoais.
- **Confidencialidade.** Deve-se informar aos participantes quem terá acesso aos dados originais, que possibilitam a identificação destes (limite ao máximo o acesso).
- **Responsabilidade do pesquisador.** O pesquisador deve ser bem-intencionado e sensível à dignidade humana. Quando o objetivo do estudo não é dito ao participante no início nem durante o experimento (ou for simulado um objetivo falso), essa informação deve ser fornecida logo após o final do teste.

A pesquisa qualitativa (abordada em detalhes no Cap. 19) envolve alguns problemas éticos em razão da interação próxima e pessoal com os participantes. Com frequência, o pesquisador passa muito tempo com eles, esforça-se para compreendê-los e pede que compartilhem seus pensamentos e percepções. Griffin e Templin (1989) levantaram questões éticas sobre o compartilhamento das notas de campo, a proteção da autoestima dos participantes sem comprometimento da precisão do relatório da pesquisa e a existência de conflito entre eles e a atitude do pesquisador ao ser informado de (ou perceber) algo ilegal ou imoral durante a coleta de dados. Locke, Spirduso e Silverman (2000) aprofundaram a discussão desses temas.

Trabalho de campo
Metodologia comum na pesquisa qualitativa em que os dados são coletados no ambiente natural.

Não há respostas fáceis para questões éticas no **trabalho de campo**. Algumas vezes, a pesquisa qualitativa lida com participantes chamados de desviados, como viciados em drogas e integrantes de gangues ilegais de motociclistas. Em certas circunstâncias, é impossível obter o consentimento informado. Punch (1986, p. 36) destacou isso ao descrever a sua pesquisa acompanhando a polícia. A viatura em que ele estava foi direcionada ao local de uma briga. Enquanto os policiais saltavam do carro e começavam a lutar com as pessoas que brigavam, Punch perguntava-se se deveria gritar "parados", enfiar a cabeça entre os corpos enlaçados e, à moda Miranda,* recitar os direitos dos envolvidos. De modo similar, será que, quando ficou frente a frente com uma multidão de linchadores, Powermaker (citada por Punch) deveria ter apresentado a credencial de pesquisadora e explicado a todos a natureza da própria presença? Com esses dois exemplos, não queremos dizer que, em pesquisas qualitativas, os pesquisadores estão isentos da obrigação de refletir sobre o consentimento informado e o fornecimento de informações falsas. Apenas destacamos que determinadas situações apresentam problemas éticos específicos. Você pode ler a discussão de Punch (1986) e consultar algumas das fontes citadas por ele a respeito desse tema.

Pessoas com necessidades especiais são um capítulo à parte. Nos Estados Unidos, esses indivíduos estão sob a proteção da Lei do Direito à Privacidade (Right to Privacy Act). Desse modo, é proibido às instituições de saúde divulgar o nome de potenciais participantes com necessidades especiais. O pesquisador tem de entrar em contato com a instituição, solicitando essas informações. A instituição, por sua vez, tem de solicitar a permissão do participante ou de seus pais antes de divulgar o nome e a natureza da necessidade especial. Se a permissão for concedida, será permitido o contato entre ele ou seus pais e o pesquisador para obter o consentimento da participação na pesquisa em questão. Ainda que esse procedimento seja embaraçoso e varie de acordo com o Estado, os indivíduos têm o direito de não serem citados em estudos, nem rotulados de deficientes, a menos que manifestem concordância.

Consentimento informado

O pesquisador deve levar em consideração a proteção dos participantes humanos. Exige-se que ele proteja os direitos e o bem-estar dos sujeitos da sua pesquisa. Nos Estados Unidos, regulamentos com procedimentos detalhados são publicados pelo Department of Health and Human Services (45 CFR 46.101). A maior parte das instituições de pesquisa promove essa proteção de dois modos. Primeiro, solicitam aos estudantes que preencham um formulário, descrevendo a pesquisa. O treinamento para preparar permissão para usar participantes humanos normalmente se encontra *online*, assim como os formulários. Os procedimentos e as formas variam de instituição para instituição, mas são fáceis de completar e enviar.

▶ A Lei Federal requer que os pesquisadores protejam os direitos e o bem-estar dos participantes.

Depois de preencher o formulário, o pesquisador anexa um resumo de sua pesquisa. Para começar a trabalhar, inclusive no trabalho-piloto, ele precisa de aprovação oficial, que pode ser dada por várias fontes. Algumas instituições exigem, por exemplo, que todos os formulários sejam aprovados por uma comissão central. Outras delegam a aprovação de pesquisas do tipo chamado padrão a grupos de nível hierárquico mais baixo (p. ex., uma comissão da própria faculdade).

Em geral, as instituições exigem que o documento do consentimento informado seja anexado ao pedido de autorização para a realização de pesquisas com humanos. Quando os participantes são menores, é preciso obter a permissão dos pais e a concordância da criança, caso ela já esteja em idade de compreender esse procedimento. Cada universidade adota orientações um pouco diferentes para pesquisas com humanos e para a obtenção do consentimento. Logo no início, você deve se informar sobre elas e conferir se os formulários preenchidos cumprem as exigências locais.

A seguir, relacionamos elementos básicos do consentimento informado, como especificado pelo conselho editorial da *Research Quarterly for Exercise and Sport* (Thomas, 1983, p. 221).

- Explicação fiel dos procedimentos a serem seguidos, incluindo a identificação dos experimentais.
- Descrição de possíveis desconfortos e riscos.
- Descrição dos benefícios esperados.
- Revelação de procedimentos alternativos apropriados, que podem ser vantajosos para o participante.

---

* N. de T. Trata-se do caso Miranda *versus* Arizona, ocorrido nos Estados Unidos em 1963, o qual resultou na determinação legal, em 1966, de que todo suspeito detido deve ser informado do seu direito de permanecer em silêncio e de que tudo o que disser poderá ser usado contra ele no tribunal.

> O CONSENTIMENTO INFORMADO INCLUI UMA BOA DESCRIÇÃO DOS PROCEDIMENTOS A SEREM SEGUIDOS.

- Disposição para responder a perguntas referentes aos procedimentos.
- Informação ao participante de que ele é livre para retirar o consentimento e interromper a participação no projeto ou na atividade a qualquer momento. Além disso, o acordo não deve conter linguagem justificativa, que leve o participante a abrir mão ou sugira que ele abriu mão de algum direito legal ou que isente a instituição ou seus agentes da devida responsabilidade ou obrigação em caso de negligência.

Exige-se que o pesquisador siga as orientações institucionais de proteção de participantes humanos e de obtenção do consentimento informado. Na seção de método da dissertação ou tese, na parte relativa ao participante, o pesquisador deve explicar como foram cumpridas essas orientações. Normalmente, o formulário do consentimento informado é apresentado em um apêndice.

Proteção dos participantes animais

Matt (1993), no artigo *Ethical Issues in Animal Research*, destaca que esse não é um tema novo – tem sido discutido na Europa nos últimos 400 anos e, nos Estados Unidos, há pelo menos 100 anos. As regras básicas foram estabelecidas há muito, quando Descartes justificou o uso de animais em pesquisas pelo fato de que eles não raciocinam e, portanto, encontram-se, na ordem das coisas, em um nível inferior ao dos seres humanos (Matt, 1993). No entanto, Bentham (1970) disse que era importante discutir não se os animais podem pensar e raciocinar, mas se eles sentem dor e sofrem.

Como argumentou Matt (1993), os animais usados em pesquisas são em menor número do que os abatidos pela indústria alimentícia, os mantidos em zoológicos e os domésticos mortos em canis estatais depois de terem sido abandonados pelos donos. Na verdade, os critérios para aprovação de estudos com animais podem ser até mais rígidos do que os relativos a pesquisas com humanos. Em geral, as comissões de controle das instituições de ensino dos Estados Unidos exigem que os pesquisadores comprovem que os estudos com animais contribuem de modo significativo para o desenvolvimento do conhecimento, e não são apenas reproduções de pesquisas anteriores. Essa exigência não é feita quando os participantes são seres humanos.

Se os animais forem bem tratados, é justificável seu uso em pesquisas? Matt (1993, p. 46-47) afirma que sim, quando os propósitos da pesquisa enquadram-se em alguma destas cinco categorias:

(1) teste de medicamentos, como desenvolvimento e teste de medicamentos contra a aids; (2) modelos animais de doenças, como desenvolvimento de modelos animais de artrite, diabetes, deficiência de ferro, disfunção autoimune e envelhecimento; (3) pesquisa básica, voltada para o exame e a elucidação de mecanismos que não podem ser bem-definidos em modelos humanos; (4) educação de graduandos e pós-graduandos em laboratórios e aulas, quando experiência e informações são obtidas pelo uso de modelos animais; e (5) desenvolvimento de técnicas cirúrgicas, categoria usada extensivamente no treinamento de estudantes de medicina e no teste de novos instrumentos e procedimentos cirúrgicos.

A consideração minuciosa dessas categorias sugere poucas alternativas adequadas (mas veja uma discussão desse tema em Zelaznik, 1993).

Nas ciências do exercício, se forem usados animais como participantes de pesquisas, as instituições devem seguir o *Guide for the Care and Use of Laboratory Animals*, publicado pelo Department of Health and Human Services dos Estados Unidos, como detalhado na Lei do Bem-estar Animal (Animal Welfare Act), PL 89-544, PL 91-979 e PL 04-279. A maior parte das instituições também obedece a regras e procedimentos recomendados para o tratamento de animais em laboratórios, ditados pela American Association for Accreditation of Laboratory Animal Care.

Todos esses documentos reconhecem que, para obter avanços em pesquisas com participantes humanos e animais, devem ser utilizados animais. Mas eles têm de ser bem tratados e, em caso de incapacitação ou sacrifício, tal procedimento deve ser feito humanamente.

▶ Enquanto os avanços da pesquisa requerem testagem de animais, estes devem ser bem cuidados e tratados com humanidade.

Resumo

Abordamos neste capítulo questões éticas que afetam os pós-graduandos em suas atividades acadêmicas e de pesquisa. Identificamos temas e preparamos o terreno para que você reflita sobre esses valores, já que eles influenciam tanto a pós-graduação como a sua vida universitária.

Entre os pontos levantados na discussão da má conduta científica estão o plágio, a fabricação e a falsificação de dados, a não publicação de dados, os problemas em sua coleta, os temas relacionados com armazenamento e retenção, as controvérsias sobre direitos autorais e práticas de publicação. Debatemos questões de direitos autorais em pesquisas e publicações. Também apresentamos o modelo usado com maior frequência para lidar com a má conduta científica e algumas das sanções internas e externas impostas a indivíduos cujo procedimento acadêmico foi considerado incorreto.

Tratamos de problemas éticos e de procedimentos em relações de trabalho. Como os pós-graduandos podem escolher o orientador e a banca de qualificação? Quando não consegue trabalhar eficaz ou amigavelmente com os professores selecionados, o aluno deve escolher outro orientador ou integrantes da banca?

Por fim, discutimos ética e procedimentos do uso de participantes humanos e animais. Nesse tópico, repassamos os direitos e a proteção dos sujeitos e a obtenção do consentimento informado das pessoas envolvidas no estudo.

✓ Verifique sua compreensão

1. Procure *online*, no *site* do comitê de ética da sua universidade, instruções e formulários para requerer o uso de seres humanos na pesquisa. Prepare um resumo dos procedimentos para discussão em aula.
2. Agradecemos ao Dr. Philip Martin, professor de cinesiologia da Iowa State University, por ter elaborado esses estudos de caso e pela permissão para publicá-los. Os nomes de pessoas e instituições não devem ser levados a sério; tentamos apenas divertir os amigos.

Plágio

- O que é plágio? Você consegue reconhecê-lo assim que o vê?

ESTUDO DE CASO. Durante a preparação da introdução da tese, a pós-graduanda Christina copiava literalmente várias sentenças das fontes consultadas (sua atitude era: "Eu não poderia ter escrito isso melhor!").

- É errado agir assim?
- Ainda que forneça a referência das fontes no final do parágrafo, a pesquisadora está errada?

Fabricação ou falsificação de dados

ESTUDO DE CASO. O professor Wade obteve dados sobre treinamento de força de 20 sujeitos idosos. Enquanto processava loucamente os dados, na tentativa de terminar antes do prazo final de submissão de resumos para a ACSM (American College of Sports Medicine), Wade percebeu que as amostras não apontavam aumento significativo na força. Desapontado com esse achado, ele examinou os dados com mais cuidado e observou que 15 participantes tinham apresentado aumento substancial da força, mas cinco tinham registrado declínio. O professor deduziu que, talvez, esses cinco participantes não tivessem seguido estritamente o programa e, por isso, decidiu eliminá-los do estudo. Usando dados dos restantes, somente dos 15 participantes, ele foi capaz de demonstrar, por estatísticas, melhorias significativas na força e escreveu o resumo com base nesses 15 participantes.

- O professor Wade agiu eticamente?
- O que é um *outlier*? Como ele pode ser definido?
- Por quanto tempo após a publicação você deve manter os dados brutos à disposição de outras pessoas?
- Se for solicitado, você é obrigado a fornecer os dados brutos para avaliação?

Autoria das apresentações e das publicações

ESTUDO DE CASO. A professora Singer ganhou fama por sua pesquisa sobre os efeitos do exercício na densidade óssea. Em 2006, ela foi premiada com cinco anos de financiamento do NIH (National Institutes of Health) para estudar a densidade óssea. Quando começou a trabalhar sob a orientação de Singer, em 2008, o pós-graduando Martin logo foi incumbido de conduzir um dos experimentos esboçados no projeto financiado. A professora nunca aparecia no laboratório para a coleta de dados, mas, regularmente, realizava reuniões laboratoriais, em que discutia com Martin o andamento da coleta. Após a coleta de dados, o estudante organizou e apresentou os dados à professora, que ficou satisfeita. Em seguida, ela atribuiu ao aluno a tarefa de redigir um artigo com base naqueles dados. Depois de várias revisões, ambos ficaram satisfeitos com o produto final e concluíram que o manuscrito estava pronto para submissão. Infelizmente, eles não discutiram a questão da autoria.

- Qual deve ser a ordem dos autores? Singer e Martin ou Martin e Singer?

Na fase de preparação do manuscrito, a professora Singer indica que queria incluir os pós-graduandos Powers, Cauraugh, Stelmach e Thomas (os outros quatro alunos do projeto) como coautores, pois eles estavam envolvidos em outros aspectos da pesquisa financiada (afinal, eles precisavam de publicações para enriquecer o currículo e garantir posições de prestígio no pós-doutorado).

- A solicitação da professora é razoável? Pode ser interessante fazer o exercício de computar alguns índices bizarros em caso de manuscritos com longas listas de autores. Considere a porcentagem (1) de palavras e (2) de linhas de cada autor e (3) a proporção entre o número de sujeitos e de autores – assim, você terá ferramentas para calcular com precisão a importância da contribuição de cada um dos que assinam o manuscrito.
- Suponhamos que o projeto para o qual Martin coletou os dados é um dos tópicos da sua dissertação (uma ramificação da linha de pesquisa da professora Singer, mantida com o financiamento). A autoria deve ser Singer e Martin, Martin e Singer ou apenas Martin?
- Suponhamos que a professora tenha contratado o técnico Magill para ajudar Martin no processamento de dados (no exemplo inicial). A autoria deve ser Singer e Martin; Singer, Martin e Magill; Martin e Singer; ou Martin, Singer e Magill?
- É importante fechar um acordo sobre a autoria logo no início do processo de redação do artigo?

Outras questões sobre publicação e apresentação

ESTUDO DE CASO. O professor Sharp, especialista em biomecânica forense, apresentou um artigo de pesquisa sobre a relação entre a distância entre as pegadas e o tamanho corporal no encontro anual da ACSM de 2010. Pouco tempo depois, em um momento de lazer, ele viu, em uma revista de pesquisas, o anúncio de um outro encontro, chamado "A ciência da biomecânica forense", patrocinado pela Society of Police Detectives. O professor Sharp então submete o mesmo resumo enviado antes à ACSM e, em seguida, apresenta o mesmo artigo nesse outro encontro.

- Certo ou errado?

ESTUDO DE CASO. O professor Sharp submete um artigo intitulado "A relação entre a distância entre pegadas e o tamanho corporal" ao *Journal of Biomechanics*. O artigo é aceito, e sua publicação agendada para o número de março de 2009. Um resumo dele sobre o mesmo tema também foi aceito para apresentação em maio de 2009, no encontro da ACSM.

- Há algo de errado em apresentar dados já publicados?

ESTUDO DE CASO. O professor Sharp quer mudar de emprego e precisa enriquecer o próprio currículo. Ele submete um manuscrito intitulado "A relação entre a distância entre pegadas e o tamanho corporal" ao *Journal of Biomechanics*. Na tentativa de garantir a publicação de sua pesquisa, o professor decide submeter o mesmo manuscrito ao *Journal of Forensic Science*, enquanto espera a resposta do outro periódico (afinal, duas chances são melhor do que uma).

- Certo ou errado?

ESTUDO DE CASO. O professor Jones submete o manuscrito "A relação entre a distância entre pegadas e o tamanho corporal" ao *Journal of Biomechanics* (*JoB*). Em seguida, usa os mesmos dados, mas os interpreta a partir de uma perspectiva um pouco diferente, prepara um novo manuscrito, intitulado "A relação entre a distância entre pegadas e a velocidade de locomoção", e o apresenta ao *Journal of Forensic Science,* enquanto o primeiro manuscrito ainda está sendo analisado pelo comitê do *JoB*.

- Certo ou errado?

ESTUDO DE CASO. A professora assistente Roberts, recém-admitida na University of Reallycold, acabou de concluir uma dissertação multidisciplinar sobre os benefícios do treinamento de resistência para os indicadores psicológicos e fisiológicos de saúde e bem-estar e os aspectos biomecânicos do padrão de corrida. Em cada uma das três áreas principais (psicologia, fisiologia e biomecânica), ela têm quatro variáveis dependentes fundamentais. Já que, daqui a cinco anos, ela vai precisar de um bom número de publicações a fim de conseguir promoção e a prorrogação de seu contrato, Roberts decide tentar extrair 12 publicações da própria pesquisa de doutorado ("Os benefícios do treinamento de resistência para...").

- O que você pensa sobre esta estratégia "publicar ou perecer"?

ESTUDO DE CASO. O professor assistente French, novo integrante do corpo docente da University of South Columbia, terminou o doutorado na Big Time University, orientado pelo Dr. Samoht. O tema da dissertação enquadrava-se no escopo geral das atividades de pesquisa conduzidas pelo Dr. Samoht, mas tinha sido tratado a partir de uma perspectiva singular, que não havia sido imaginada antes pelo orientador. French submete um artigo ao periódico *Medicine and Science in Sports and Exercise*, indicando o próprio nome como único autor e a University of South Columbia como local de trabalho.

- O orientado agiu eticamente?
- Ele tratou de modo adequado a questão dos créditos ao Dr. Samoht e à Big Time University?

ESTUDO DE CASO. O professor Logan é um ícone na área de gerontologia. Ele dirige o Institute of Gerontological Research (IGR) da Jellystone University – um laboratório de pesquisa conceituado, onde trabalham vários professores, pós-graduandos e graduandos. Conan exige que o citem como autor em todos os artigos cuja pesquisa foi completada no IGR.

- Essa exigência é justificada ou não passa de um exemplo de "ego extremado"?

Mudança de orientador

ESTUDO DE CASO. O pós-graduando Lee interessa-se muito pelo comportamento mecânico dos músculos e foi aceito no programa de doutorado em ciência do exercício, sob orientação do professor Silverman, especialista nessa área. Após um ano de programa, a química do relacionamento entre orientador e orientando não é das melhores. Além disso, Lee nota que um de seus colegas pós-graduandos recebe apoio do orientador, professor Moran, para viajar. Lee quer continuar a estudar a mecânica muscular, mas gostaria de ficar sob a orientação de Moran, e não de Silverman. Ele deve mudar de orientador? Se a resposta for sim, o que ele deve fazer para concretizar a troca? Que obrigações ele tem com o professor Silverman?

Malabarismo para lidar com várias ofertas de trabalho

ESTUDO DE CASO. A pós-doutora King, depois de anos de treinamento na pós-graduação, está correndo atrás de várias oportunidades de trabalho como professora efetiva de ciência do exercício. Sua primeira opção é a University of Minnesota (UM), que possui excelente reputação nesse campo, oferece condições de trabalho interessantes e dispõe de laboratórios bem montados e equipados. Além disso, a família de King mora a poucos quilômetros do *campus*, no Estado de Wisconsin. Enquanto espera uma resposta da UM, a candidata é convidada a fazer uma entrevista na Gator University, na Flórida Central. Ela aceita o convite, e o resultado é bom. Ela gosta da faculdade e pensa que esta pode ser uma boa oportunidade para montar um programa de pesquisa sólido, embora o programa de ciência do exercício e a própria faculdade não sejam considerados "os melhores" do país. No final, ela recebe uma proposta da Gator, cujas condições são bastante modestas. King não está muito entusiasmada com a ideia de morar na Flórida (ela não tem grande paixão por jacarés, nem por mosquitos, muito menos por umidade), mas não recebeu qualquer oferta de outras instituições, e o tempo está passando. Nesse contexto, ela escreve à Gator, aceitando o emprego. Dois dias depois, King recebe um convite da University of Minnesota para uma entrevista.

- O que ela deve fazer?

Suponhamos que ela tenha decidido fazer a entrevista na UM. Ao chegar lá, encontra o professor Smith, amigo de um professor da Gator. Há pouco, em um telefonema corriqueiro, o amigo de Smith tinha lhe contado sobre a entrevista de King na Gator e a subsequente aceitação da oferta de trabalho.

- Como você acha que os docentes das duas faculdades reagiriam diante dessa situação?
- Se King ainda não tivesse recebido uma oferta por escrito da Gator University, mas já tivesse fechado um acordo verbal, aceitando as condições de trabalho (ou seja, se ela estivesse esperando a oferta oficial pelo correio), a situação seria diferente?

PARTE II

CONCEITOS DE ESTATÍSTICA E DE MENSURAÇÃO EM PESQUISAS

De todas as estatísticas, 42,7% são inventadas na hora.

Nos próximos seis capítulos, apresentamos técnicas básicas de estatística e de medida usadas com mais frequência na pesquisa em atividade física. Dedicamos maior atenção a técnicas estatísticas básicas do que a métodos mais complexos. Enfatizamos mais os conceitos da área do que a derivação de fórmulas ou cálculos extensos. Como a compreensão do funcionamento das técnicas estatísticas básicas ajuda a entender procedimentos mais avançados, fornecemos procedimentos computacionais para a maioria dessas estatísticas e desses exemplos de uso. Usamos os procedimentos da Statistical Package for Social Science (SPSS) para analisar os dados de 30 jogadores de golfe profissional da temporada de 2008 da Associação Profissional de Golfe (PGA).

O Capítulo 6 aborda a importância da estatística. Nele, descrevemos tipos diferentes de procedimentos de amostragem e resumimos os conceitos básicos da descrição de dados, como os de distribuição, medição da tendência central e medição da variação. A estatística pode revelar duas coisas sobre os dados: a significância e o significado.

Já o Capítulo 7 introduz conceitos de probabilidade, dimensão do efeito e – o mais importante – extensão da força. A análise da força é essencial para a avaliação de estudos – tanto dos que você lê quanto dos que planeja.

Por sua vez, o Capítulo 8 trata das relações entre variáveis. Revisamos várias técnicas correlacionais, como a *r* de Pearson para apenas duas variáveis. Explicamos a correlação parcial como técnica para determinar a correlação entre duas variáveis, mantendo constante a influência de variáveis adicionais. A aplicação da correlação na predição é abordada quando usamos mais de uma variável para prever um critério (regressão múltipla). Finalmente, apresentamos, de modo sucinto, técnicas multivariadas de correlação: canônica, análise fatorial e modelagem estrutural.

O Capítulo 9 enfoca técnicas estatísticas de comparação de efeitos de tratamentos sobre determinados grupos, como métodos de treinamento ou amostras diferentes. A comparação mais simples é aquela entre dois grupos: o teste *t*. Em seguida, descrevemos a análise de variância como meio de testar a significância das diferenças entre dois ou mais grupos. Também discutimos a análise fatorial da variância, pela qual são comparadas duas ou mais variáveis independentes. Uma vez que, em nosso meio, é comum o uso de medidas repetidas, descrevemos como elas devem ser analisadas. Além disso, fornecemos uma visão geral das técnicas multivariadas nessa área, incluindo as análises discriminante e multivariada da variância.

Em seguida, o Capítulo 10 fornece informações sobre técnicas não paramétricas de análise de dados. Esses são procedimentos em que os dados não correspondem a uma ou mais das suposições básicas das técnicas paramétricas descritas nos Capítulos 8 e 9. Apresentamos uma abordagem às técnicas não paramétricas, paralela aos procedimentos descritos nos Capítulos 8 e 9. Desse modo, você não precisa aprender um novo conjunto de estatísticas para usar as técnicas.

Por fim, o Capítulo 11 revisa muitos dos temas da mensuração que se aplicam à condução de pesquisas. Enfocamos a validade e a confiabilidade das variáveis dependentes. Apresentamos uma breve visão geral de temas sobre mensuração relacionados à coleta de dados em relação a desempenho físico, embora não tenha sido possível a cobertura completa desse tópico. Em muitas pesquisas em atividade física, as variáveis dependentes podem ser medidas afetivas ou de conhecimento. Por isso, discutimos também esses dois tipos.

Quando terminar de ler os seis capítulos da Parte II, você não terá se tornado um estatístico nem um especialista em mensuração (a não ser que já seja um). No entanto, se ler e estudar esses capítulos com cuidado, além de explorar algumas das referências, você será capaz de compreender a análise estatística e as técnicas de mensuração da maioria dos estudos de pesquisa.

Capítulo 6

INTRODUÇÃO AOS CONCEITOS ESTATÍSTICOS

Na vida, tudo é 6 contra 5.
Damon Runyon

A simples ideia de aprender estatística assusta muita gente. Mas você não precisa ficar intimidado. A estatística é um dos poucos modos em que os dados podem ser apresentados uniformemente, permitindo fazer comparações e tirar conclusões relevantes e precisas. Ela não é aleatória, inconsistente ou aterrorizante; ao contrário, é metódica, lógica e necessária. Neste livro, enfocamos a estatística a partir dos conceitos básicos e fornecemos um conhecimento aplicável; não é nosso propósito fazer de você um estatístico, em especial considerando este famoso ditado: "Há os mentirosos, os mentirosos malditos e os estatísticos".

Por que precisamos da estatística

Lembre-se de que, durante todo o processo de concepção, planejamento, execução e redação da pesquisa, você deve confiar principalmente nos seus próprios conhecimentos como cientista. Isso é válido tanto para os aspectos estatísticos quanto para todos os outros (Cohen, 1990, p. 1310).

A estatística é apenas o meio objetivo de interpretar uma série de observações. Várias técnicas estatísticas são necessárias para descrever características de dados e testar relações e diferenças entre conjuntos de dados. Se for medida, por exemplo, a altura de alunos da sétima série do ensino fundamental e o seu respectivo escore no salto em distância sem corrida, será possível somar todas as estaturas e então dividir o total pelo número de alunos. O resultado é a **média** (estatística que representa o valor médio das alturas) $M = X/N$, onde X = altura de cada um dos estudantes e N = número de estudantes. Lê-se assim: a soma de todos os X dividida por N. A média (M) descreve o valor médio na turma; é uma característica singular deduzida a partir dos dados.

Um exemplo para testar as relações entre conjuntos de dados é a medida do grau de associação entre a altura e os escores do salto. Podemos elaborar a hipótese de que pessoas mais altas saltam mais longe. Representando graficamente os escores (Fig. 6.1), confirmamos que, em geral, as pessoas mais altas saltam mais longe. Mas observe que essa relação não é perfeita. Se fosse, os escores estariam distribuídos em uma linha reta, começando no canto esquerdo

> **Média** Medida estatística da tendência central, formada pelo valor médio de um grupo de escores.

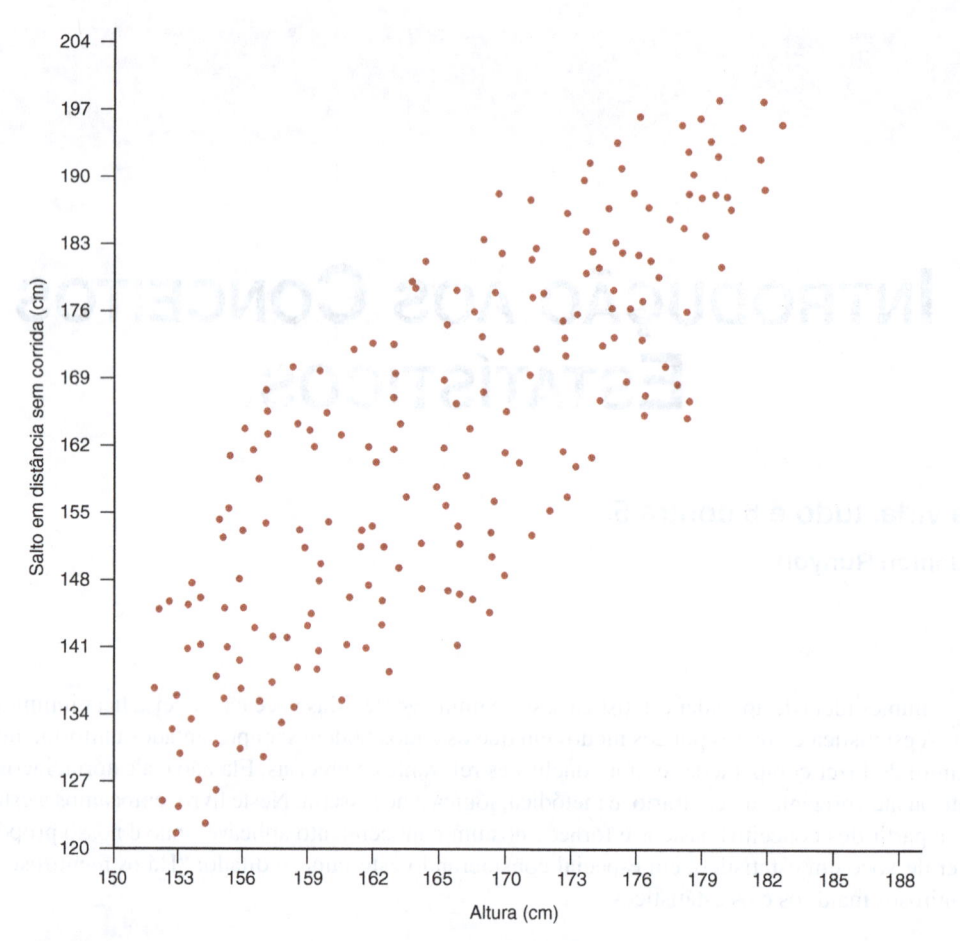

▶ **Figura 6.1** Relação entre altura e salto em distância sem corrida.

Coeficiente de correlação produto--momento de Pearson
O método mais comum para computar correlações entre duas variáveis; também chamado de correlação interclasses, correlação simples ou *r* de Pearson.

inferior do gráfico em direção ao canto superior direito. A medida do grau de associação entre duas variáveis é chamada de **coeficiente de correlação produto-momento de Pearson** (também conhecido como *r* de Pearson, correlação interclasses ou correlação simples). Quando duas variáveis não estão relacionadas, sua correlação é quase zero. Na Figura 6.1, ambas as variáveis (as alturas e os escores no salto) têm correlação moderadamente positiva (o *r* está, provavelmente, entre 0,40 e 0,60). Relações e correlações são abordadas em mais detalhes no Capítulo 8, mas, por enquanto, você deve notar que, com frequência, os pesquisadores desejam investigar a relação entre variáveis.

Além das técnicas descritivas e correlacionais, uma terceira categoria estatística é usada para medir diferenças entre os grupos. Vejamos um exemplo. Você acredita que o treinamento das pernas com pesos aumenta a distância que o indivíduo é capaz de saltar. Para testar essa hipótese, divide-se a turma da sétima série em dois grupos – um participa de oito semanas de treinamento com peso, destinado a desenvolver a força da perna; o outro continua as atividades regulares. O objetivo é saber se a variável independente (treinamento com pesos *versus* atividade regular) produz alguma mudança na variável dependente (escore no salto em distância sem corrida). Portanto, no final das oito semanas (período do treinamento), medem-se os escores dos dois grupos e compara-se seu desempenho médio. Nesse caso, seria usado o **teste *t***, técnica estatística para avaliar diferenças entre dois grupos independentes. Calculando *t* e comparando-o com um valor da tabela de *t*, é possível avaliar se os dois grupos apresentaram diferenças significativas nos escores no salto. Os modos de avaliação de diferenças entre grupos são abordados no Capítulo 9.

Teste *t* Técnica estatística para avaliar diferenças entre dois grupos.

Uso de computadores na análise estatística

Os computadores são extremamente úteis no cálculo estatístico. Não cometem os erros registrados em cálculos manuais e são muito mais rápidos. Em laboratórios, escritórios e casas, há maior frequência de microcomputadores (*desktops* ou computadores pessoais). O computador e os seus acessórios físicos (disco rígido, *flash drive*, monitor, impressora, unidade de CD e outros) chamam-se **hardware**; os programas, **software**. Vários programas de computador foram desenvolvidos para cálculos estatísticos.

Entre os pacotes de *software* mais populares, estão o Statistical Package for the Social Sciences (SPSS) e o Statistical Analysis System (SAS). A maior parte das faculdades e universidades possui um ou mais desses pacotes, que podem ser usados em computadores pessoais (com *hardware* e *software* adequados). O centro de computação da instituição tem informações sobre equipamentos e serviços disponíveis. Muitos desses centros fornecem serviços ou postos de atendimento onde é possível obter informações sobre *hardware* e *software* disponíveis e obter instruções de uso.

A maioria das instituições oferece cursos de estatística, em que são utilizados esses pacotes. Pode ser que o departamento de estatística ou de outras áreas também forneça serviços de consultoria sobre o uso adequado da estatística em projetos de pesquisa. Você deve informar-se sobre isso. Pós-graduandos veteranos e professores podem aconselhá-lo.

Hardware
Unidades físicas do computador, como placas de circuito impresso, monitor, teclado, disco rígido e impressora.

Software
Programas ou instruções destinados a fazer o computador funcionar de determinado modo.

Descrição e inferência não são técnicas estatísticas

No início deste capítulo, declaramos que as técnicas estatísticas permitem descrever características de dados e testar relações e diferenças. No entanto, quando discutimos descrição e **inferência**, não estamos descrevendo técnicas estatísticas, embora essas duas primeiras palavras sejam, às vezes, confundidas com esse segundo termo. A confusão é causada pelo fato de dizermos que correlações descrevem relações e que causa e efeito são inferidos por técnicas de teste de diferenças entre grupos. Mas isso não é necessariamente verdadeiro. Qualquer estatística descreve a **amostra** de sujeitos a partir da qual foi feito o cálculo. Se a amostra representa um grupo maior, as descobertas podem ser inferidas (ou generalizadas) para esse grupo maior. Porém, a estatística usada não tem nada a ver com a inferência. O método de selecionar a amostra, os procedimentos e o contexto é que vão permitir ou não a inferência.

Inferência
Generalização dos resultados para um grupo maior.

Amostra Grupo de participantes, tratamentos ou situações selecionados a partir de uma população maior.

▶ O uso ou não da inferência é determinado pelo método empregado para selecionar a amostra, os procedimentos e o contexto. A permissão não é afetada pela estatística.

Formas de selecionar uma amostra

A amostra é o grupo de participantes, os tratamentos e as situações do estudo. Uma questão-chave é o modo de seleção da amostra. Nas seções a seguir, discutiremos os tipos de amostras tipicamente usados no delineamento de estudos e na aplicação de análises estatísticas.

Seleção aleatória

A amostra de participantes pode ser selecionada aleatoriamente a partir de um grupo ou uma **população** maior. Suponhamos que sua faculdade ou universidade tenha 10 mil alunos. Você pode escolher, de modo aleatório, 200 deles para um estudo. A cada um dos 10 mil seria atribuído um identificador numérico. O primeiro é o 0000, o segundo 0001, o terceiro 0002, e assim por diante, até o último (10.000º), que seria o 9999. A seguir, usa-se uma **tabela de números aleatórios** (ver a Tab. 1, no apêndice) para seleção da amostra. Na tabela, os números são ordenados em conjuntos de dois dígitos, de modo que as combinações de linhas ou colunas não mantêm relação entre si. Nesse

População
Grupo maior de onde é extraída a amostra.

Tabela de números aleatórios Tabela em que os números são organizados em conjuntos de dois (ou mais) dígitos, de modo que as combinações de linhas ou colunas não mantêm relação entre si.

exemplo (identificadores de 0000 a 9.999), é preciso escolher 200 números de dois dígitos. Uma vez que as linhas e colunas se relacionam, você pode selecionar qualquer estratégia sistemática para percorrer a tabela. Comece por um ponto aleatório (feche os olhos e coloque o dedo em algum lugar da página) ou decida que vai iniciar pelo número da sexta coluna, na oitava linha. A partir desse último local, pode-se formar o identificador 9.953 (incluindo as colunas 6 e 7 para completar quatro dígitos). Assim, você seleciona o estudante de número 9953. A partir daí, é possível seguir em linha reta para baixo, na transversal ou na diagonal. Para baixo, obtém-se a combinação de quatro dígitos nas colunas 6 e 7 – 9.386, seguido do identificador 1.846, e assim por diante, até completar a seleção dos 200 estudantes. Ao chegar ao final dessa coluna, passa-se à coluna de quatro dígitos seguinte, excluindo-se a 7, que já foi usada junto com a 6.

O sistema na tabela de números aleatórios não é a única opção. Você pode utilizar qualquer outro modo sistemático. Obviamente, o objetivo é escolher a amostra de forma aleatória, para que ela represente a população maior, ou seja, para que, das descobertas feitas a partir dela, possam ser inferidas informações sobre os 10 mil estudantes. No enfoque estatístico, inferir significa que uma característica, relação ou diferença encontrada na amostra provavelmente estará presente na população da qual ela foi retirada.

▶ O objetivo de uma amostra aleatória é inferir que os achados se aplicam a populações maiores.

Programas de computador também podem ser usados para gerar um conjunto de números aleatórios. Basta informar o tamanho da população e a quantidade de números aleatórios necessária.

Amostragem estratificada aleatória

Amostragem estratificada aleatória
Método de estratificar a população com base em alguma característica antes de selecionar aleatoriamente a amostra.

Na **amostragem estratificada aleatória**, a população é dividida (estratificada) de acordo com determinadas características, antes da seleção dos elementos. Retomando o exemplo anterior, precisamos selecionar 200 estudantes de uma população de 10 mil. Suponhamos que o grupo de alunos dessa instituição seja composto de 30% de calouros, 30% de estudantes do segundo ano, 20% do terceiro e 20% do último. Seria possível estratificar por classes, antes da seleção aleatória, para garantir que a amostra fosse exata em termos de representação dessas classes. Nesse caso, selecionaríamos, de modo aleatório, 60 estudantes dos 3 mil calouros; 60 dos 3 mil do segundo ano; 40 dos 2 mil do terceiro; e 40 dos 2 mil do último. No final, teríamos uma amostra total de 200 estudantes.

A amostragem estratificada aleatória pode ser especialmente apropriada para estudos exploratórios ou entrevistas. Vejamos um exemplo. Você suspeita de que as atitudes em relação à participação nos exercícios muda ao longo dos anos de universidade. Seria possível usar essa técnica para entrevistar 200 universitários e testar a hipótese. Outro exemplo seria o desenvolvimento de dados normativos para um teste de aptidão física destinado a alunos da quarta à oitava séries, em uma escola municipal. Como o desempenho está relacionado à idade, pode-se estratificar a população pela idade, antes de selecionar aleatoriamente a amostra a partir da qual serão coletados os dados normativos.

Amostragem sistemática

Quando a população da qual será selecionada a amostra é muito grande, toma muito tempo atribuir um identificador numérico a cada sujeito potencial. Suponha que a intenção seja amostrar uma população de 50 mil para descobrir a necessidade de novas instalações esportivas. Uma possibilidade é a amostragem sistemática a partir da lista telefônica. Você pode ligar para uma amostra de 500 pessoas. Para isso, seleciona nomes na lista de 100 em 100 (50.000/500 = 100). Obviamente, supõe-se que a lista telefônica represente a população ou, em outras palavras, que todas as pessoas que precisam ser amostradas têm um número de telefone nessa lista. Na eleição presidencial de 1948 nos Estados Unidos (Dewey *versus* Truman), essa foi uma suposição fraca. As pesquisas de opinião pública apontavam a vitória de Dewey com vantagem substancial, mas a amostra havia sido extraída a partir das listas telefônicas de áreas-chave. Infelizmente para Dewey, muitas pessoas que não tinham telefone votaram em Truman. A vitória desse último foi considerada uma "virada", mas isso aconteceu apenas por causa de procedimentos de amostragem incorretos. O critério da seleção sistemática pode gerar uma boa amostra e deve ser equivalente ao da escolha aleatória, quando a amostra é muito grande. No entanto, em geral, os pesquisadores preferem a amostragem aleatória.

Designação aleatória

Na pesquisa experimental, a amostra é dividida em grupos. A questão aqui não é como a amostra é selecionada, mas como esses grupos são formados. O Capítulo 18 aborda a pesquisa experimental e os delineamentos realmente experimentais. Esses delineamentos exigem que os grupos de uma amostra sejam designados aleatoriamente ou aleatorizados. Ainda que essa exigência não tenha nada a ver com a seleção da amostra, os procedimentos usados na designação aleatória são os mesmos. A cada sujeito, é atribuído um identificador numérico. Se a amostra tiver, por exemplo, 30 sujeitos, teremos identificadores de 00 a 29. Nesse caso, suponhamos a formação de três grupos iguais ($n = 10$). Na tabela de números aleatórios, o primeiro identificador numérico encontrado, entre 00 e 29, vai para o grupo 1; o segundo, para o 2; o terceiro, para o 3, e assim sucessivamente, até completar 10 em cada grupo. Esse processo permite ao pesquisador pressupor que os grupos são equivalentes no início do experimento, sendo um dos vários aspectos importantes para a elaboração de um bom delineamento experimental, destinado a estabelecer causa e efeito.

Há programas de computador para a distribuição aleatória de grupos. Basta fornecer o tamanho da amostra e o número de grupos e decidir se os grupos terão igual número de sujeitos. Em seguida, o próprio computador distribui os sujeitos aleatoriamente.

Justificativa de explicações *post hoc*

Com frequência, em pesquisas, a amostra não é selecionada de modo aleatório; ao contrário, o pesquisador tentará justificar *post hoc* que a amostra representa um grupo maior. Um exemplo típico consiste em provar que a amostra não difere do grupo maior em termos de média de idade, equilíbrio racial ou condição socioeconômica. Obviamente, o objetivo é possibilitar a generalização das descobertas para o grupo maior. A tentativa de generalização *post hoc* pode ser melhor do que nada, mas não equivale à seleção aleatória, que permite pressupor que a amostra não difere da população no que diz respeito às características medidas (assim como a outras características). Nesse tipo de justificativa, apenas as características medidas podem ser comparadas. Se elas são as que realmente importam já é questão de especulação.

A justificação *post hoc* também é usada para comparar grupos intactos ou grupos da amostra que não foram formados de modo aleatório. Com exceção desse caso, a justificação é de que, como os grupos não apresentavam diferenças em determinadas características antes do início do estudo, então eles podem ser considerados equivalentes. De fato, levanta-se a mesma questão: os grupos diferem em alguma característica não medida que afeta os resultados? Essa pergunta não pode ser respondida de forma satisfatória. Mas, como antes, uma boa justificativa de equivalência *post hoc* fortalece a comparação de grupos intactos.

Dificuldades da amostragem e da designação aleatória: como lidar com isso?

Em muitos estudos sobre atividade física, não é possível utilizar os procedimentos da amostragem aleatória. Isso acontece, por exemplo, quando comparamos veteranos com iniciantes. Em geral, os grupos não são formados aleatoriamente, nem a admissão (veteranos e iniciantes) nos grupos é feita desse modo. O mesmo vale para estudos de corredores ou ciclistas treinados *versus* não treinados. Com frequência, interessa-nos comparar as respostas de grupos de diferentes faixa etária, etnia e sexo ao treinamento de habilidade ou ao exercício. Esses grupos são selecionados de modo aleatório, mas não podem ser formados de modo aleatório. Em vários estudos, a amostragem nem é feita; os pesquisadores já ficam satisfeitos quando conseguem reunir alguns sujeitos voluntários.

A amostragem também se aplica aos tratamentos usados para diferentes grupos de sujeitos. Como escolher os tratamentos? Eles representam alguma população de tratamentos potenciais? O que dizer do contexto situacional em que os sujeitos fazem o teste ou recebem o tratamento experimental? Eles são amostrados de algum modo? Eles representam as situações potenciais?

As verdadeiras respostas a essas questões sobre amostragem resumem-se ao fato de que raramente amostramos uma população de modo aleatório em algum nível: sujeitos, tratamentos ou situações. Ainda assim, esperamos poder utilizar técnicas estatísticas com base em suposições da amostragem e inferir que os resultados aplicam-se a algum grupo maior do que o dos sujeitos usados no estudo. Precisamos realmente de uma amostra que "seja boa o bastante para o nosso propósito" (Kruskal e Mosteller, 1979, p. 259). Esse conceito é de importância fundamental para as pesquisas na área da atividade física. Se não pudermos desconsiderar os requisitos restritos da amostragem aleatória, que permitam estudar resultados posteriormente generalizados para algum grupo similar, então nunca seremos capazes de generalizar nada, a partir das características de estudos particulares – local, idade, raça, sexo, tempo, etc. Estritamente falando, não existe fundamento para afirmar que os resultados de uma amostra são similares aos de uma população que difere de alguma forma dessa amostra (ainda que uma hora depois da amostragem). "No entanto, um princípio de amostragem bom o bastante teria de permitir generalizações para qualquer população da qual a amostra fosse suficientemente representativa" (Serlin, 1987, p. 366).

A fim de que seja "boa o bastante" para generalizações, a amostra de sujeitos, tratamentos e situações deve ser selecionada de acordo com algum fundamento teórico. Por exemplo, se a teoria propõe que o sistema cardiovascular responde ao treinamento de modo específico em todos os adultos não treinados, é aceitável o uso de graduandos voluntários não treinados em um estudo sobre treinamento. "Apenas com base na teoria, é possível decidir se os resultados experimentais podem ser generalizados para a população respondente, ecológica ou de estímulo, ou para ambas" (Serlin, 1987, p. 367). A melhor declaração de generalização possível consiste em dizer que as descobertas podem ser "plausíveis" em outros participantes, tratamentos e situações, dependendo de sua similaridade com as características do estudo.

▶ Uma boa amostra leva a uma generalização que diz que é plausível que os achados se apliquem a populações maiores.

Unidade de análise

A questão relativa à amostragem e à análise estatística, discutida nos capítulos subsequentes, é chamada de **unidade de análise**. Esse conceito refere-se ao que pode ser considerado como a primeira unidade da produção de dados. Em geral, pensamos nela como um sujeito individual, ou seja, medimos a alteração no nível de atividade física de uma criança do ensino fundamental.

O conceito de unidade de análise também está relacionado com o nível do tratamento. Por exemplo, considere um estudo amplo na área de atividade física a respeito da influência de um programa específico de intervenção sobre alunos de 16 escolas de escola fundamental em um mesmo município. Nossa intenção é distribuir os alunos, de modo aleatório, em dois níveis de intervenção. O tratamento experimental é uma aula de educação física que enfatiza a necessidade de manter a criança ativa fisicamente e de fazê-la compreender por que a atividade física integral (fora e dentro de programas escolares) é importante para a saúde. A condição de controle é crianças que continuam a cumprir o programa de educação física regular (pressupõe-se um programa que enfatiza jogos e esportes competitivos, e não a atividade física integral). Já se pode deduzir que fazer a distribuição dos alunos aleatoriamente vai ser bastante difícil. Como programas diferentes podem ser oferecidos ao mesmo tempo às crianças em uma única aula?

O pesquisador decide que não se pode atribuir às crianças os dois tratamentos de modo aleatório, mas é possível destinar cada aula a um tratamento. Felizmente, as escolas de ensino fundamental mantêm duas aulas de educação física em cada ano (planejar experimentos é fácil quando as condições são inventadas pelos autores; no mundo real, as tarefas são muito mais difíceis, pois não se pode dispor das condições de acordo com o gosto do pesquisador). Assim, em uma escola de ensino fundamental, uma das aulas de cada turma foi destinada, de forma aleatória, ao tratamento experimental, e a outra, ao de controle. Nesse caso, a unidade de análise é a aula, não a criança indi-

Unidade de análise
Conceito relativo à amostragem e à análise estatística, que se refere ao que é considerado como a primeira unidade da produção de dados.

vidualmente, porque a aula é que foi definida de modo aleatório. Portanto, calcula-se o escore médio da atividade física para cada aula e não para cada aluno; esse resultado será usado na análise estatística. Vejamos como isso afeta drasticamente o número de pontos dos dados para a análise estatística. Se as *crianças* fossem a unidade de análise e cada série tivesse duas turmas de 25 alunos, o total da amostra de cada escola (n) seria 300, e a amostra final de todas as 16 escolas (N), seria 4.800. Mas se considerarmos a *turma* como a unidade de análise, o tamanho da amostra será 12 para cada uma das escolas do ensino fundamental, o que soma 192 para o total geral da amostra (N).

Vamos levar em consideração também que oferecer dois tratamentos diferentes em uma mesma escola pode misturar os dados – crianças de um grupo podem conversar com as do outro, ainda que estejam em turmas diferentes. Pode ser que crianças que recebem o tratamento de controle decidam exercitar-se em casa por causa de um amigo do outro grupo (que recebe o tratamento experimental) que está fazendo assim. Essa possibilidade contaminaria os dados e aumentaria a variabilidade. Para evitar essa situação, o pesquisador pode decidir atribuir randomicamente apenas um dos dois tratamentos a cada uma das 16 escolas. Agora, a unidade de análise passa a ser a escola. Os tratamento experimental e de controle tem um n de 8 cada.

Como se pode concluir, a escolha da unidade de análise adequada afeta de forma decisiva o tamanho da amostra para a análise estatística (no exemplo dado, a variação vai de 16 a 4.800). No próximo capítulo, veremos que a análise estatística apropriada demanda *força* estatística. Essa força é influenciada pelo tamanho da amostra – se forem maiores, geralmente têm maior força para detectar relações ou diferenças. Ao planejar estudos em que se atribui um tratamento a unidades intactas (turmas ou escolas, como no exemplo anterior), o efeito da unidade de análise apropriada sobre a força deve ser considerado logo no início. Caso contrário, durante a análise, o pesquisador poderá se defrontar com duas péssimas opções – usar a unidade de análise errada e inflar N ou coletar mais dados, a fim de reunir força suficiente para determinar se o tratamento foi eficaz.

▶ A unidade de análise afeta significativamente o tamanho da amostra.

Medidas de tendência central e de variabilidade

Alguns dos cálculos matemáticos estatísticos de mais fácil compreensão são os que medem a **tendência central** e a **variabilidade** dos escores. Quando se tem um grupo de escores, pode-se usar um número para representá-lo. Em geral, esse número é a média, mediana ou moda, termos que expressam a tendência central. No grupo, cada escore apresenta algum grau de variação em relação a essa tendência. Esse grau de diferença é a variabilidade. Dois termos descrevem a variabilidade dos escores: o **desvio-padrão** e a **variância**.

Escores de tendência central

Provavelmente, você já conhece a média (M), estatística para o escore da tendência central:

$$M = \sum X / N \quad (6.1)$$

Portanto, se tivermos os números 6, 5, 10, 2, 5, 8, 5, 1 e 3, então

$$M = (6 + 5 + 10 + 2 + 5 + 8 + 5 + 1 + 3)/9 = 45/9 = 5$$

Cinco é a média e representa essa série de números.

Às vezes, a média pode não ser o escore mais representativo ou característico. Suponhamos que você substitua o número 10, no conjunto anterior de escores, pelo 46. A média passa a ser 9, número maior do que todos os outros, com exceção de um. Esse número não é representativo, pois um único escore (46) elevou a média. Nesse caso, outra medida da tendência central é mais útil. A **mediana** é definida como o valor do meio – aquele encontrado pela fórmula $(N + 1)/2$, quando os valores são ordenados. Em nosso exemplo, organize os números em ordem crescente – 1, 2, 3, 5, 5, 5,

Tendência central (medida de) Escore único que melhor representa todos os escores.

Variabilidade Grau de diferença entre cada escore e o escore de tendência central.

Desvio-padrão Estimativa da variabilidade dos escores de um grupo em relação à média.

Variância É o quadrado do desvio-padrão.

Mediana Medida estatística da tendência central; em um grupo de escores, o valor do meio.

Moda Medida estatística da tendência central; é dada pelo escore que ocorre com maior frequência no grupo.

6, 8, 46 – e conte (9 + 1)/2 = 5 posições a partir do primeiro escore; a mediana é 5, um escore muito mais representativo. Quando *N* é ímpar, o valor da mediana pode ser um decimal. Por exemplo, para os escores 1, 2, 3, 4, a mediana é 2,5.

Os pesquisadores interessam-se, com maior frequência, pela média de um grupo de escores. Às vezes, pode haver interesse pela mediana ou, talvez, ainda por uma outra medida da tendência central, a **moda**, definida como o escore que ocorre mais vezes. No exemplo anterior, a moda também é 5, pois esse escore repete-se três vezes. Alguns grupos podem ter mais de uma moda.

Escores de variabilidade

Outra característica de um grupo de escores é a variabilidade. Uma das estimativas da variabilidade, ou dispersão, é o desvio-padrão (*dp*):

$$dp = \sqrt{\Sigma(X-M)^2 / (N-1)} \tag{6.2}$$

Essa fórmula traduz-se do seguinte modo: calcule a média pela Equação 6.1, subtraia a média do escore de cada pessoa (*X* – *M*), eleve o resultado ao quadrado, some os escores quadrados, divida o resultado pelo número de escores menos 1 (*N* – 1) e extraia a raiz quadrada desse resultado. A Tabela 6.1 fornece um exemplo.

Juntos, a média e o desvio-padrão são boas descrições de um conjunto de escores. Quando o desvio-padrão é grande, a média pode não ser uma boa representação. Grosseiramente, 68% de um conjunto de escores estão incluídos na faixa de ± 1 *dp*; 95% na de ± 2 *dp*; e 99% na de ± 3 *dp*. Essa distribuição de escores é chamada de distribuição normal (discutida mais adiante neste capítulo).

A Equação 6.2 foi usada para facilitar o entendimento do significado do desvio-padrão. Já a Equação 6.3, destinada a calculadoras, é mais simples:

$$dp = \sqrt{\left[N\Sigma X^2 - (\Sigma X)^2 / [N(N-1)]\right]} \tag{6.3}$$

Um ponto final para consideração posterior é que o quadrado do desvio-padrão é chamado de variância, ou s^2.

TABELA 6.1
Cálculos de média e desvio-padrão

X	X – M	(X – M)²
6	1	1
5	0	0
10	5	25
2	–3	9
5	0	0
8	3	9
5	0	0
1	–4	16
3	–2	4
Σ = 45	0	64

$M = \Sigma X / N = 45 / 9 = 5$

$dp = \sqrt{\Sigma(X-M)^2 / (N-1)} = \sqrt{64/8} = \sqrt{8} = 2,83$

Amplitude de escores

Às vezes, a amplitude dos escores (a extensão do mais baixo ao mais alto) também pode ser relatada, em especial quando se usa a mediana e não a média. Essas duas últimas podem ser usadas em conexão uma com a outra. Vejamos um exemplo. São distribuídos a 15 sujeitos 10 blocos de 10 tentativas (100 tentativas, no total), em uma tarefa de tempo de reação. O experimentador pode usar a mediana do tempo de reação dos 10 testes do sujeito como o escore mais representativo de cada bloco. Assim, cada sujeito tem 10 medianas, uma para cada bloco de 10 testes. Nesse caso, é preciso registrar a amplitude dos escores a partir da qual a mediana foi selecionada. Tanto a média quanto o desvio-padrão devem ser registrados para as medianas dos 15 sujeitos nos blocos de testes 1, 2 e assim por diante. Portanto, registra-se a amplitude da seleção da mediana de cada bloco de testes, sendo também registrado o desvio-padrão da média de cada bloco.

Intervalos de confiança

Os intervalos de confiança (IC) são uma técnica eficaz usada pelos pesquisadores para facilitar a interpretação de uma série de estatísticas, como médias, medianas e correlações. Os ICs também são usados em testes de hipóteses e fornecem os limites superior e inferior esperados para determinada estatística, em um nível de probabilidade determinado, geralmente 95 ou 99%. O tamanho ou a duração do intervalo é afetado pela dimensão da amostra, pela homogeneidade dos valores da amostra e pelo nível de confiança selecionado pelo pesquisador. Os intervalos de confiança baseiam-se no fato de que, em qualquer estatística, há um erro de amostragem, que depende de quão bem a estatística representa a população-alvo. Quando calculamos a média de uma amostra, fazemos uma estimativa da média da população-alvo. O IC fornece uma faixa, e não um único ponto, dentro da qual provavelmente estará a estimativa da média da população.

▶ Intervalos de confiança devem ser usados porque as estatísticas variam em definir quão bem representam populações–alvo.

O IC da média, por exemplo, emprega as seguintes informações:

IC= estatística observada ± (erro-padrão × valor do nível de confiança especificado)   (6.4)

Construiremos um intervalo de confiança para a média de uma amostra com as seguintes características: $n = 30$, $M = 40$, $dp = 8$.

A estatística observada é a média ($M = 40$). O **erro-padrão** representa a variabilidade da distribuição da amostragem. Considere que, em vez de uma amostra $n = 30$, tenham sido selecionadas cem amostras desse tamanho. A média de cada amostra não seria a mesma; na verdade, elas começariam a se aproximar de uma distribuição normal. Se calculasse o desvio-padrão de todas essas médias, você teria uma estimativa do erro-padrão. Felizmente, não precisamos esboçar centenas de amostras para calcular o erro-padrão; basta dividirmos o desvio-padrão de nossa amostra pela raiz quadrada do tamanho da amostra. Não pergunte por que, apenas aceite isso. (Por acaso, já mentimos para você alguma vez?) Portanto, em nosso exemplo, o erro-padrão da média é $s_M = 8 / \sqrt{30} = 1.46$.

Erro-padrão
Representa a variabilidade da distribuição da amostragem.

A última informação de que precisamos para construir o intervalo de confiança é o valor do nível de confiança especificado. Isso é simples: basta olhar na tabela. Da discussão sobre a curva normal, lembre-se de que 95% dos escores estão contidos na faixa de ± 2 dp. Na verdade, o limite exato é 1,96 dp, e não 2,00; e 99% estão na faixa de ± 2,576 dp, e não 3,00 (ver a Tab. 2, no Apêndice A). Portanto, se soubermos que a nossa amostra tem distribuição normal, usaremos 1,96 para o nível de confiança 95% ou 2,58 para 99%. No entanto, uma vez que não podemos supor que a nossa amostra se encontra normalmente distribuída, devemos usar uma tabela de distribuição que leva em consideração o tamanho da amostra. Por isso, usamos a distribuição t da Tabela 5 no Apêndice A. A primeira coluna é rotulada de df (graus de liberdade; do inglês *degrees of freedom*). Para nossos propósitos aqui, isso significa apenas $n - 1$ ou $30 - 1 = 29$. Usaremos os valores nos dois últimos testes (para refletir a distribuição acima e abaixo da média). O valor para o nível de confiança de 95% está na coluna 0,05. Assim, lendo transversalmente, a partir do 29 df, vemos que o valor a ser usado é 2,045. Para o nível de confiança de 99%, usaríamos a coluna 0,01, e o valor seria 2,756.

▶ **EM UMA AMOSTRA RANDÔMICA, TODOS OS INDIVÍDUOS TÊM UMA CHANCE IGUAL DE SEREM SELECIONADOS.**

Agora podemos construir o intervalo de confiança (95%), usando a Equação 6.4:

IC = média da amostra ± (erro-padrão × valor da tabela para o nível de confiança)
 = 40 ± (1,46 × 2,045) = 40 ± 2,99

Subtraímos 2,99 de 40 e somamos esse mesmo valor para obter um intervalo de confiança de 37,01 a 42,99. Portanto, temos 95% de confiança de que esse intervalo inclui a média da população-alvo.

Os intervalos de confiança também são usados em testes de hipóteses, como aquele em que se aplica a hipótese nula à diferença entre duas ou mais médias. Quando comparamos as médias de dois grupos, a diferença entre elas é a estatística observada. O erro-padrão será o da diferença (que combina os erros-padrão das duas médias). O valor da tabela seria tirado da tabela de t (Apêndice, Tab. 5), usando um df de $(n_1 - 1) + (n_2 - 1)$ ou $(N - 2)$ para o nível de confiança selecionado (p. ex., 95%). O intervalo de confiança calculado forneceria uma estimativa da amplitude dentro da qual a diferença real entre as médias dessas duas populações estaria em 95% das vezes.

Distribuição de frequência e gráfico de caule-e-folhas

Distribuição de frequência
Distribuição de escores que inclui a frequência em que eles ocorrem.

Intervalos de frequência Pequenas amplitudes de escores de uma distribuição de frequência.

Gráfico de caule-e-folhas Método de organizar escores brutos. Os intervalos de escores são mostrados à esquerda de uma linha vertical, e os escores individuais de cada intervalo ficam à direita.

Uma técnica comum de resumo de dados consiste em produzir uma figura (chamada histograma) da distribuição dos escores, utilizando a **distribuição de frequência**. A distribuição de frequência simples apenas lista todos os escores e a frequência de cada um. Diante de uma grande amplitude de valores, usa-se a distribuição de frequência agrupada, em que os valores são reunidos em grupos de amplitude menor, chamados de **intervalos de frequência**. Por exemplo, a Figura 6.2 é um histograma de médias de escores de 30 jogadores selecionados da PGA para o ano de 2008. O escore médio dos jogadores está no eixo x (abaixo), e a frequência de cada escore é representada pela altura da coluna no eixo de y. Você pode ver, segundo a figura, que seis jogadores tiveram uma média de 70,25 tacadas por rodada. Observe que uma réplica da curva normal é colocada sobre a distribuição real, de forma que as duas podem ser comparadas visualmente. A principal desvantagem da distribuição de frequência agrupada é que a informação é perdida, ou seja, o leitor não sabe o escore exato de cada indivíduo em determinado intervalo.

Outro modo eficaz de fornecer informações sobre a distribuição de um conjunto de dados é o chamado **gráfico de caule-e-folhas**. Essa representação assemelha-se à distribuição de frequência agrupada, mas nenhuma informação é perdida. A Figura 6.2 oferece uma distribuição caule-e-

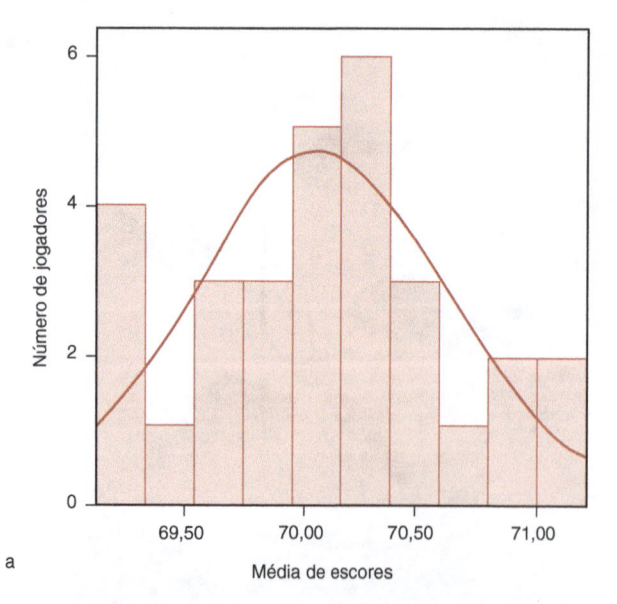

Frequência	Caule	e	Folhas
5,00	69	.	11224
8,00	69	.	57778999
11,00	70	.	00022233334
4,00	70	.	5589
2,00	71	.	02

Amplitude do caule 1,00
Cada folha 1 caso(s)

▶ **Figura 6.2** *(a)* Histograma de média de escores de 30 jogadores selecionados do PGA Tour em 2008. *(b)* Gráfico de caule-e-folhas de média de escores de 30 jogadores selecionados do PGA Tour em 2008.

-folhas dos mesmos dados do golfe. Pode-se perceber a média do escore real de cada jogador – observe que estão listados 11 jogadores pelo primeiro escore de 70,0, três estão com 70,2, quatro com 70,3 e um com 70,4. Quando os intervalos são ordenados do mais baixo para o mais alto, é possível ver um tipo de gráfico similar ao histograma. Esse método ajuda a visualizar a normalidade da distribuição.

Conceitos básicos de técnicas estatísticas

Além da medida da tendência central e da variabilidade, existem outras técnicas estatísticas um pouco mais complicadas que podem ser utilizadas. No entanto, antes de explicar cada uma delas em detalhes, precisamos apresentar algumas informações gerais sobre técnicas estatísticas.

Duas categorias de testes estatísticos

As duas categorias gerais de testes estatísticos são **paramétrica** e **não paramétrica**. O uso dos vários testes em cada categoria requer o cumprimento dos respectivos pressupostos. A primeira categoria, ou seja, a dos testes estatísticos paramétricos, inclui três pressupostos a respeito da distribuição dos dados:

- A população da qual são extraídas as amostras encontra-se normalmente distribuída na variável de interesse.
- As amostras extraídas da população têm as mesmas variâncias na variável de interesse.
- As observações são independentes.

Algumas técnicas paramétricas têm pressupostos adicionais. A segunda categoria, ou seja, a estatística não paramétrica, é chamada de **distribuição livre**, pois não é preciso cumprir os pressupostos citados.

Sempre que se cumprem os pressupostos, diz-se que a estatística paramétrica tem mais **força**, embora haja certa polêmica em torno desse tema. Ter força significa aumentar a probabilidade de rejeição de hipóteses nulas e falsas. Com frequência, o pesquisador parte do princípio de que os três critérios da estatística paramétrica foram atendidos. Esses pressupostos podem ser testados pelo uso de estimativas de **assimetria** e **curtose**. (Aqui, explicamos apenas o significado desses testes. Qualquer manual de estatística fornece mais detalhes. Uma discussão útil sobre assimetria e curtose pode ser encontrada em Newell e Hancock, 1984.)

Para compreender a assimetria e a curtose, primeiro deve-se considerar a distribuição normal na Figura 6.3. Essa é uma **curva normal**, em que a média, a mediana e a moda estão no mesmo ponto (centro da distribuição). Além disso, ± 1 *dp* da média inclui 68% dos escores; ± 2 *dp* da média, 95%; e ± 3 *dp*, 99%. Portanto, dados distribuídos como na Figura 6.3 correspondem aos três pressupostos de uso das técnicas paramétricas. A assimetria da distribuição descreve a direção do pico da curva (chamado de *A* na Fig. 6.4) e a natureza das extremidades da curva (chamadas de *B* e *C*). Se *A* estiver inclinada para a esquerda e a extremidade longa (*B*) para a direita (Fig. 6.4*a*), a assimetria será positiva. Se for o contrário – *A* para a direita e a extremidade longa (*C*) para a esquerda (Fig. 6.4*b*), a assimetria será negativa. A curtose descreve o aspecto vertical da curva como se a curva fosse mais ou menos acentuada do que a normal. A Figura 6.5*a* mostra uma curva mais acentuada; a 6.5*b*, uma curva mais aplanada.

A Tabela 2, no Apêndice, apresenta distribuição normal da unidade (*z*) para a curva normal. A coluna *z* mostra a localização da média. Quando a média se encontra no centro de distribuição, sua coluna *z* é igual a 0,00; portanto, 0,50 (50%) da distribuição está além (à direita) da média, deixando os outros 0,50 (50%) como restante (à esquerda da média). À medida que a média da distribuição se move para a direita da curva normal (p. ex., para um *z* de + 1 *dp*), 0,8413 (84%) da distribuição fica à esquerda da média (restante) e 0,1587 à direita (além) da média. Essa tabela ajuda a determinar a

Teste estatístico paramétrico Teste baseado no pressuposto de que os dados têm distribuição normal e igual variância e de que há independência de observação.

Teste estatístico não paramétrico Qualquer uma de várias técnicas estatísticas usadas quando os dados não correspondem aos pressupostos dos testes paramétricos.

Distribuição livre Termo usado para descrever testes estatísticos não paramétricos porque não são exigidos os critérios de distribuição dos dados para um teste paramétrico.

Força (estatística) Probabilidade de rejeição de hipóteses nulas e falsas.

Assimetria Descrição da direção da protuberância da curva de distribuição dos dados e da natureza das extremidades da curva.

Curtose Descrição da característica vertical da curva, mostrando a distribuição dos dados. A curva pode ser mais acentuada ou mais plana do que a normal.

Curva normal Distribuição de dados em que a média, a mediana e a moda encontram-se no mesmo ponto (centro da distribuição) e em que ± 1 dp da média inclui 68% dos escores; ± 2 dp inclui 95%; e ± 3 dp, 99%.

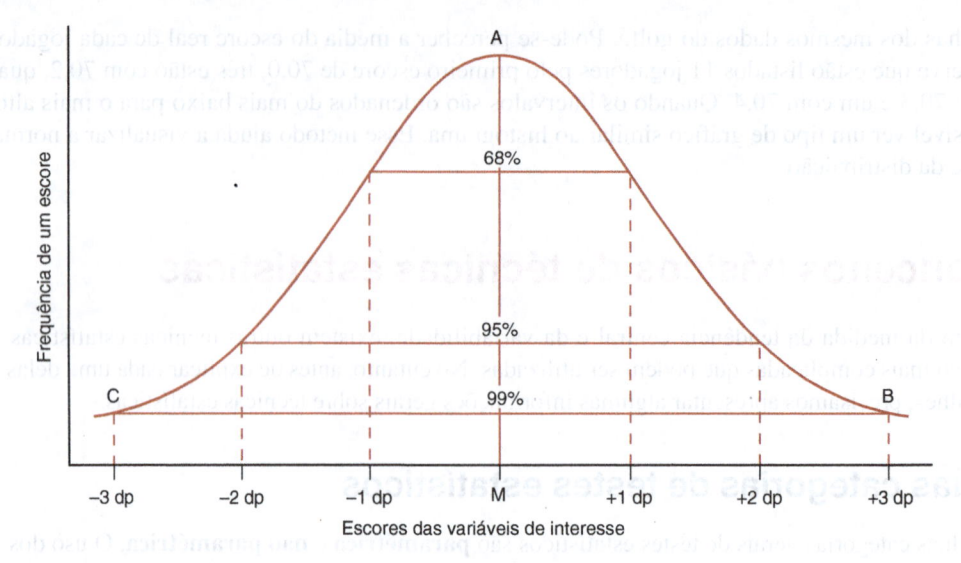

▶ **Figura 6.3** A curva normal.

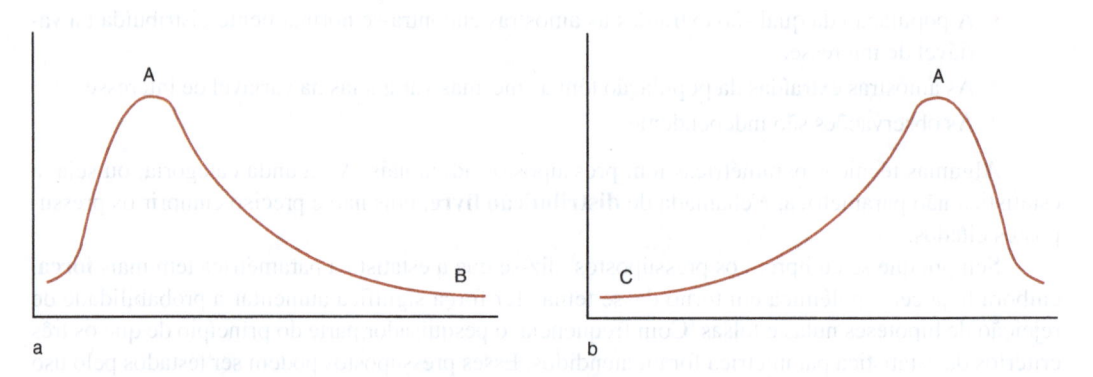

▶ **Figura 6.4** Curvas inclinadas: *(a)* inclinação positiva; *(b)* inclinação negativa.

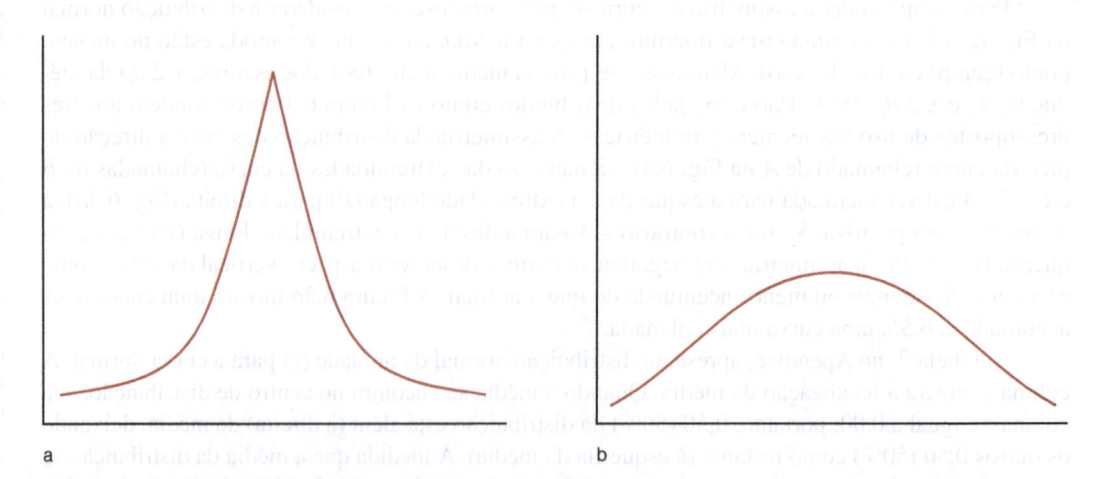

▶ **Figura 6.5** Curvas com curtose anormal: *(a)* mais acentuada; *(b)* mais plana.

porcentagem da distribuição normal, incluída pela média mais qualquer fração do desvio-padrão. Suponhamos que se queira saber que porcentagem de distribuição seria incluída pela média mais metade (0,50) do desvio-padrão. Pela Tabela 2, pode-se ver que a resposta seria 0,6915 (restante), ou 69%.

Nos Capítulos 8 e 9, vamos considerar que foram atendidos os três pressupostos básicos para testes estatísticos paramétricos. Faremos isso por duas razões. Em primeiro lugar, os pressupostos são muito resistentes a violações, ou seja, o resultado do teste estatístico é relativamente acurado, inclusive quando há violação grave dos pressupostos. Em segundo lugar, a maior parte das pesquisas em atividade física usa testes paramétricos.

O que as técnicas estatísticas dizem sobre os dados

As técnicas estatísticas apresentadas nos próximos quatro capítulos respondem às seguintes perguntas sobre os dados a que se aplicam:

1. O efeito ou a relação de interesse é estatisticamente significativo? Em outras palavras, se a pesquisa for repetida, o efeito ou a relação aparecerá de novo (ele é fidedigno)?
2. O quão forte ou significativo é o efeito ou a relação de interesse? Essa pergunta refere-se à magnitude ou ao tamanho do efeito ou da relação.

Há dois fatos importantes a respeito dessas questões. Em primeiro lugar, a pergunta 1 geralmente é respondida antes da 2, porque a força da relação ou do efeito pode despertar pouco interesse quando ainda não se conhece o grau de confiabilidade do efeito ou da relação de interesse. Em segundo lugar, se o efeito ou a relação for significativo, a pergunta 2 sempre será de interesse; ocasionalmente, ela será de interesse, inclusive, quando o efeito não for significativo. Às vezes, a euforia com a significância dos efeitos e das relações faz perder de vista a necessidade de avaliar a força e a significância dessas relações. Esse ponto é particularmente verdadeiro em pesquisas que comparam diferenças entre grupos. Com frequência, o experimentador esquece que diferenças relativamente pequenas podem ser significativas. Descobrir uma diferença significativa quer dizer apenas que as diferenças são confiáveis ou que há probabilidade de obter a mesma resposta em caso de repetição da pesquisa. Nesse caso, o experimentador tem de analisar o tamanho das diferenças para concluir se os resultados são significativos. Nas técnicas apresentadas nos próximos três capítulos, primeiro avaliamos se a relação ou o efeito é significativa (confiável). Em seguida, sugerimos modos de medir a força (significação) da relação ou do efeito.

Correlação *versus* distinção de diferença em técnicas estatísticas

As técnicas estatísticas podem ser divididas em duas categorias: (a) para testar relações entre diversas variáveis em um grupo de participantes (regressão ou correlação) e (b) para testar diferenças entre grupos de participantes (testes *t* e análise de variância). Estritamente falando, essa divisão não é acurada, pois esses dois conjuntos de técnicas baseiam-se no modelo linear geral e apenas envolvem modos diferentes de registro de dados e manipulação de componentes de variância. No entanto, um livro de introdução a métodos de pesquisa não é o meio apropriado para reformar o mundo da estatística, nem para confundir o leitor. Assim, vamos classificar essas técnicas em dois grupos distintos. O Capítulo 8 aborda as relações entre variáveis; e o 9, as diferenças entre grupos. Entendendo primeiro os cálculos simples, subjacentes às técnicas mais fáceis, é possível compreender os mais complexos depois. Não entre em pânico, porque a estatística envolve a manipulação de números. Você sairá ileso desta seção, tendo aprendido razoavelmente bem como, por que e quando as várias técnicas estatísticas são usadas no estudo da atividade física.

Lembre-se de que a correlação entre duas variáveis não indica causalidade (releia o Cap. 4). A causalidade não é determinada a partir de estatísticas ou correlações. Causa e efeito são estabelecidos pela teoria, pela lógica e pela situação experimental geral, da qual a estatística é apenas uma parte. Como resumiu Pedhazur (1982, p. 579):

> "Correlação não é uma prova de causalidade." Além disso, nenhum outro índice prova a causalidade, seja ele derivado de dados coletados na pesquisa experimental ou na não experimental. Covariações ou correlações entre variáveis podem sugerir ligações causais. Entretanto, não se obtém um esquema explicativo a partir dos dados, mas sim a partir do conhecimento, de formulações e suposições teóricas e de análises lógicas. É o esquema explicativo do pesquisador que determina o tipo de análise a ser aplicado aos dados, e não o contrário.

Tem sido atribuída a Descartes a declaração lógica "Penso, logo, existo". No entanto, o famoso filósofo Edsall Murphy "a reconheceu como um silogismo cuja premissa principal não foi declarada" (Morgenstern, 1983, p. 112):

> Um objeto não existente não pode pensar (premissa principal).
>
> Eu penso (premissa menor).
>
> Logo, existo (conclusão).

Insatisfeito com isso, Murphy tentou descobrir um significado mais profundo e uma análise lógica melhor.

> P: Como você pode ter certeza de que existe?
>
> R: Eu penso.
>
> P: Como você pode ter certeza de que está pensando?
>
> R: Eu não posso, mas eu penso que penso.
>
> Q: Isso lhe dá a certeza de que você existe?
>
> R: Eu penso que sim.

Essa troca deve deixar claro que Descartes foi longe demais. Ele deveria ter dito: "Eu penso que penso, logo, eu existo" ou, possivelmente, "Eu penso que penso, logo, eu penso que existo, eu penso...". Na verdade, você não existe a não ser que os outros estejam conscientes da sua existência. Murphy proclamou "Eu cheiro mal; logo, existo" (Morgenstern, 1983, p. 112).

Dados para usar no restante dos capítulos de estatística

Conforme indicamos na introdução da Parte II, utilizaremos um conjunto de dados-padrão nos próximos capítulos. Os dados são do *web site* da PGA, e selecionamos dados dos *top* 10 vencedores de dinheiro (não, Tiger Woods não está na lista; lembre da sua operação do joelho em 2008), os vencedores de 21 a 30 e de 41 a 50. Os dados, por características dos jogadores, estão na Tabela 6.2 – nome do jogador, dinheiro ganho, *ranking* mundial, média de escore, distância de *drive*, precisão de *drive*, *greens* no regulamento, *putts* por rodada, recuperação, salvos da areia, a posição do jogador em três grupos (codificado 1 = top 10, 2 = 21–30 e 3 = 41-50, jogador americano [código 1] *versus* jogador internacional [código 2].

Resumo

A estatística é usada para descrever dados, determinar relações entre variáveis e testar diferenças entre grupos. Neste capítulo, tentamos mostrar que o tipo de estatística não determina se as descobertas podem ser generalizadas; ao contrário, é a amostragem que permite (ou limita) a inferência. Sempre que possível, a amostragem aleatória é o melhor método, mas, na pesquisa comportamental,

TABELA 6.2
Os 10 jogadores top, de 21 a 30 e de 41 a 50, entre os que mais ganharam dinheiro – dados do PGA, de 2009

Nome	Dinheiro ganho	Rank mundial	Escore médio	Distância do drive	Precisão do drive	Greens no regulamento	Putts por rodada	Recuperação	Salvos da areia	Grupamento por dinheiro	Estados Unidos versus Internacional
Singh	6601094,00	5,00	69,58	297,80	59,45	68,45	29,47	58,92	45,11	1,00	2,00
Mickelson	5188875,00	3,00	69,17	295,70	55,27	65,81	28,74	60,42	62,50	1,00	1,00
Garcia	4858224,00	2,00	69,12	294,60	59,39	67,06	29,61	57,59	57,02	1,00	2,00
Perry	4663794,00	14,00	69,83	296,00	61,97	67,47	29,25	57,57	50,00	1,00	1,00
Kim	4656265,00	11,00	69,28	300,90	58,34	65,78	28,85	59,32	50,35	1,00	1,00
Villegas	4422641,00	7,00	69,49	293,30	58,15	64,60	28,97	53,52	54,61	1,00	2,00
Harrington	4313551,00	4,00	69,28	296,30	59,37	60,67	28,04	61,02	58,06	1,00	2,00
Cink	3979301,00	16,00	70,02	296,90	55,27	66,94	29,16	55,60	51,13	1,00	1,00
Leonard	3943542,00	23,00	69,77	281,40	67,72	66,61	28,85	60,07	55,17	1,00	1,00
Allenby	3606700,00	27,00	69,73	291,70	65,64	70,40	30,07	55,26	46,49	1,00	2,00
Els	2537290,00	9,00	69,90	296,00	56,88	61,33	29,28	56,61	54,37	2,00	2,00
Petersson	2512538,00	62,00	70,24	286,00	59,87	63,54	28,80	59,00	53,13	2,00	2,00
Appleby	2484630,00	38,00	69,73	290,90	58,19	61,90	28,55	60,24	56,30	2,00	2,00
Stricker	2438304,00	15,00	69,98	283,60	56,25	63,81	28,76	61,83	52,34	2,00	1,00
Campbell	2404770,00	65,00	70,04	289,90	65,68	68,44	29,50	54,68	43,41	2,00	1,00
Weekley	2398751,00	48,00	70,41	291,70	64,75	67,87	30,19	57,08	50,39	2,00	1,00
Trahan	2304368,00	74,00	70,33	291,30	65,31	66,25	29,52	55,69	42,48	2,00	1,00
Ames	2285707,00	37,00	69,99	283,80	62,72	65,04	28,99	58,72	50,76	2,00	2,00
Duke	2238885,00	81,00	70,38	284,90	62,27	64,80	28,79	57,82	50,96	2,00	1,00
Hart	2218817,00	54,00	70,59	275,50	61,18	66,11	28,83	61,12	63,71	2,00	1,00
Thompson	1869329,00	156,00	71,04	295,40	66,85	63,14	29,75	57,75	48,78	3,00	1,00
D. Johnson	1789895,00	143,00	71,22	309,70	53,05	63,71	29,40	51,58	42,48	3,00	1,00
Perez	1756038,00	82,00	70,08	294,20	63,27	66,91	29,38	56,20	55,80	3,00	1,00
Mayfair	1750683,00	92,00	70,51	284,00	72,16	68,12	29,84	60,07	54,60	3,00	1,00
Clark	1722030,00	28,00	70,31	281,10	64,98	63,61	29,97	58,32	54,55	3,00	2,00
Bryant	1719153,00	85,00	70,21	279,50	73,87	64,88	29,47	59,18	48,31	3,00	1,00
Pampling	1702952,00	56,00	70,81	288,00	65,65	63,61	29,31	56,11	53,46	3,00	2,00
Love	1695237,00	80,00	70,30	301,30	58,22	6474	29,50	55,56	50,00	3,00	1,00
Baddeley	1665587,00	47,00	70,20	290,30	59,45	62,02	28,38	58,52	52,00	3,00	2,00
Kelly	1652400,00	102,00	70,94	277,00	66,21	63,36	29,39	57,76	48,68	3,00	1,00

a questão mais importante pode ser a seguinte: "A amostra é boa o suficiente?". Em alguns tipos de pesquisa, como as que envolvem entrevistas, é desejável a adoção da amostragem estratificada para que o estudo represente determinados segmentos da população. Na pesquisa experimental, a atribuição aleatória de sujeitos a grupos é definitivamente necessária para que o pesquisador possa pressupor a equivalência no início do experimento.

Iniciamos a cobertura das técnicas estatísticas pelos conceitos básicos, como medidas da tendência central, variabilidade e distribuição normal. Lembre que a estatística pode fazer duas coisas: estabelecer significância e avaliar a significação. A significância refere-se à confiabilidade da relação ou da diferença, ou seja, pode-se esperar que ela ocorra de novo, caso o estudo seja repetido. Por sua vez, a significação refere-se à importância dos resultados.

✓ Verifique sua compreensão

Os escores a seguir representam o número de flexões na barra realizadas por 15 estudantes.

8	4	13
11	6	2
6	7	5
5	0	4
8	6	5

1. Use a Equação 6.1 para calcular a média.
2. Use a Equação 6.2 para calcular o desvio-padrão.
3. Use a Equação 6.3 para calcular o desvio-padrão e veja se a resposta é igual à da Equação 6.2.
4. Reordene os escores na ordem crescente. Use a fórmula $(N + 1)/2$ para encontrar o ponto médio. Some aquele número de valores, a partir de baixo, para localizar o escore mediano.
5. Faça uma lista de 50 nomes. Usando a tabela de números aleatórios (Tab. 1, no Apêndice), selecione aleatoriamente 24 participantes e os distribua, também de modo aleatório, em dois grupos de 12.
6. Construa um gráfico de caule-e-folhas, usando intervalos de 10 escores (p. ex., 10-19, 20-29, e assim por diante), para os seguintes 30 escores:

50	42	64	18	41	30	48	68	21	48
43	27	51	42	62	53	45	31	13	58
60	35	28	46	36	56	39	46	25	49

7. Consulte a Equação 6.4 e construa um intervalo de confiança para a média de uma amostra ($M = 50$, $dp = 6$, $n = 100$). Use o nível de confiança 95%. Interprete os resultados.

Capítulo 7

Questões Estatísticas no Planejamento e na Avaliação de Pesquisas

As estatísticas mostram que, entre os que adquirem o hábito de comer, pouquíssimos sobrevivem.
Wallace Irwin

Para planejar o seu próprio estudo ou avaliar o estudo de outros, é preciso compreender os conceitos de alfa, poder, tamanho da amostra, tamanho do efeito e suas inter-relações. Neste capítulo, apresentamos esses conceitos e mostramos como usá-los no planejamento e na avaliação de pesquisas.

Probabilidade

Um conceito que lida com técnicas estatísticas é a **probabilidade**, cuja questão é quais as chances de algo acontecer. Usamos a probabilidade em eventos cotidianos. Quais as chances de chover? Pela previsão do tempo, ficamos sabendo que há 90% de probabilidade de chuva. Você pode ficar em dúvida se isso significa que vai chover em 90% dos lugares ou, mais provavelmente, que as chances de chover onde você está são de 90%, em especial se estiver planejando um jogo de tênis ou de golfe.

Um dos conceitos da probabilidade relacionado à estatística é chamado de **eventos igualmente prováveis**. Vejamos um exemplo. Quando jogamos um dado, as chances de ocorrência de cada um dos números de 1 a 6 são iguais (ou seja, uma em cada seis, a não ser que você esteja em Las Vegas). Outro aspecto pertinente à probabilidade envolve a **frequência relativa**. Para ilustrar, vamos supor que você jogue uma moeda para cima cem vezes. Espera-se que dê cara 50 vezes e coroa também 50 vezes; a probabilidade de qualquer resultado é de metade, ou seja, 0,50. No entanto, na prática, pode ser que dê cara 48 vezes, ou seja, 0,48. Essa é a frequência relativa. Você pode realizar cem lançamentos 10 vezes e nunca conseguir 0,50, mas a frequência relativa estaria distribuída em uma faixa próxima de 0,50 e, ainda assim, partiríamos do pressuposto da probabilidade de 0,50.

Em um teste estatístico, o pesquisador seleciona a amostra de uma população de sujeitos e eventos. São feitas afirmativas de probabilidade para descrever a confiança que se coloca nas descobertas estatísticas. Com frequência, encontramos testes estatísticos acompanhados de uma definição do nível de probabilidade do tipo $p < 0,05$. Aqui, a interpretação é a seguinte: uma diferença ou relação desse tamanho é esperada menos de cinco vezes em cada cem por acaso.

Probabilidade
Chances de que algo aconteça.

Eventos igualmente prováveis
Conceito de probabilidade em que as chances de um evento ocorrer são iguais às de outro evento.

Frequência relativa
Conceito de probabilidade relativo à probabilidade comparativa da ocorrência de dois ou mais eventos.

Alfa

Alfa (α)
Nível de probabilidade (de chance de ocorrência) definido pelo experimentador antes do estudo; às vezes, refere-se ao nível de significância.

Erro tipo I
Rejeição de uma hipótese nula verdadeira.

Erro tipo II
Aceitação de uma hipótese nula falsa.

Tabela da verdade
Representação gráfica de decisões corretas e incorretas relativas a erros dos tipos I e II.

Em pesquisas, comparam-se os resultados do teste estatístico com a respectiva tabela de probabilidade para descobrir quais as chances de ocorrência. O pesquisador pode estabelecer um nível aceitável de chance de ocorrência (chamado de **alfa**) antes do estudo. Esse nível pode variar de baixo a alto, mas não pode ser eliminado. Em qualquer estudo, sempre há probabilidade de que as descobertas sofram alterações ou, citando a Homilia de Holten: "O único momento em que podemos ter certeza é quando temos certeza de que estamos errados".

Em pesquisas comportamentais, muitas vezes, alfa (probabilidade da chance de ocorrência) é definido como 0,05 ou 0,01 (são cinco em 100 ou 1 em 100 as chances de que as descobertas mudem). Não há nada de mágico nessa porcentagem. Esses valores são usados para controlar um **erro tipo I**. Em estudos, o pesquisador pode cometer dois tipos de erro. O tipo I consiste em rejeitar uma hipótese nula verdadeira. Nesse caso, conclui-se, por exemplo, que há diferenças entre dois métodos de treinamento, quando, na verdade, não há. O **erro tipo II** consiste em não rejeitar uma hipótese nula falsa. Dessa vez, conclui-se que não há diferenças entre dois métodos de treinamento, quando, na verdade, existe alguma diferença. Na Figura 7.1, apresentamos a chamada **Tabela da verdade**, que exibe os erros tipos I e II. Como se pode ver, a decisão correta é aceitar a hipótese nula verdadeira ou rejeitar a hipótese nula falsa. Para controlar erros tipo I, define-se alfa. Vejamos um exemplo em que alfa é definido como 0,05. Se forem realizados cem experimentos, a hipótese nula verdadeira de que não há diferença nem relação seria rejeitada apenas em cinco ocasiões. Mesmo que ainda haja chances de erro, elas foram especificadas pelo pesquisador justamente quando ele estabeleceu alfa.

	H_0 verdadeira	H_0 falsa
Aceita	Decisão correta	Erro tipo II (β)
Rejeita	Erro tipo I (α)	Decisão correta

▶ **Figura 7.1** Tabela da verdade para a hipótese nula (H_0).
Adaptada de Kirk, 1995.

Até certo ponto, a questão é: se tiver de cometer um erro, que tipo de erro você estará inclinado a cometer? O nível de alfa reflete esse tipo de erro. Em outras palavras, o que é mais importante? Evitar concluir que um método de treinamento é melhor do que outro quando, na verdade, não é (tipo I)? Ou evitar concluir que um método não é melhor do que o outro quando, na verdade, é (tipo II)? Em um estudo sobre o efeito de um medicamento contra o câncer, por exemplo, o pesquisador não vai querer aceitar a hipótese nula (não há qualquer efeito) se houver alguma chance de ação do medicamento. Portanto, alfa deve ser definido como 0,30, embora isso aumente as chances de ocorrência de erros do tipo I. Agindo assim, o pesquisador terá a certeza de que o medicamento apresentará todas as chances de mostrar sua eficácia. Contudo, se alfa for definido em um nível muito baixo (p. ex., 0,001), haverá enorme diminuição das chances de ocorrência de um erro do tipo I e, por consequência, aumenta a dificuldade de detectar uma diferença real (erro do tipo II).

Não podemos predeterminar o valor de alfa; no entanto, observamos que os níveis 0,05 ou 0,01 são amplamente aceitos na comunidade científica. Ao decidir aumentar ou diminuir alfa, considere isso: "Com certeza, Deus ama o 0,06 quase tanto quanto o 0,05" (Rosnow e Rosenthal, 1989, p. 1.277).

Inclusive quando adotam determinada definição de alfa (p. ex., 0,05) antes da pesquisa, com frequência, os pesquisadores relatam a probabilidade de ocorrência de efeitos específicos do estudo no nível em que aconteceram (p. ex., $p = 0,012$). Esse procedimento é adequado (e recomendado), porque os pesquisadores estão apenas demonstrando até que ponto o nível da probabilidade excedeu o especificado.

É questionável se alfa deve ser especificado antes da pesquisa e se as descobertas devem ser registradas no nível de alfa determinado. Alguns argumentam que os resultados são ou não significativos em certo nível de alfa (não haveria muita coisa no intervalo intermediário). A condição é como estar grávida está ou não está. Comparações de alfa funcionam do mesmo modo. Alfa é definido como um critério; os resultados correspondem ou não ao critério. Embora, às vezes, os pesquisadores relatem significâncias limítrofes (quando alfa é 0,05), as fronteiras estabelecidas vão de 0,051 a 0,10.

Um enfoque mais razoável consiste em registrar o nível exato da probabilidade (p. ex., $p = 0,024$) associado à estatística do teste (p. ex., r, t) e depois estimar a significação da diferença ou da relação. Usando informações estatísticas (significância e significação), o pesquisador pode interpretar as descobertas a partir da teoria e das hipóteses propostas. Em vez de transformar a decisão em uma questão estatística, desse modo, coloca-se a responsabilidade da decisão no campo devido: nas mãos do pesquisador, que encaixou o estudo em determinado modelo teórico, levando em consideração a pesquisa relacionada. Grande parte das críticas à estatística gira em torno da aplicação cega das técnicas aos dados, sem a interpretação apropriada dos resultados. Em Cohen (1990) e Serlin (1987), podem ser encontrados excelentes artigos sobre o bom senso no uso de resultados estatísticos.

> COMETI UM ERRO TIPO I QUANDO DISSE QUE ESTE TREINO RESULTOU EM UM AUMENTO REAL DE FORÇA. NA VERDADE, NÃO AUMENTOU.

Beta

Mesmo que a magnitude do erro tipo I seja especificada por alfa, também é possível cometer o erro tipo II determinado por **beta** (β). Na Figura 7.2, podemos ver a sobreposição da distribuição dos escores sobre a variável dependente de x (a distribuição da amostra quando a hipótese nula é verdadeira) e de y (a distribuição da amostra quando a hipótese nula é falsa). Especificando alfa, você indica que a média de y (dada certa distribuição) deve estar a certa distância da média de x antes de a hipótese nula ser rejeitada. Entretanto, se a média de y cair em qualquer outro ponto do intervalo entre a média de x e o y especificado, pode haver um erro tipo II (beta), ou seja, não se rejeita a hipótese nula quando, na verdade, há uma diferença. Como se pode ver, há uma relação entre alfa e beta. Por exemplo, quanto menor for o valor determinado para alfa, maior será beta.

Beta (β) Magnitude de um erro tipo II.

Significação (tamanho do efeito)

Além de registrar a significância das descobertas, os acadêmicos têm de se preocupar com a **significação** dos resultados da pesquisa. A significação da diferença entre duas médias pode ser estimada de muitos modos, mas o que tem chamado mais a atenção recentemente é o **tamanho do efeito** (sugerido por Cohen, 1969; também chamado de delta). Talvez você já esteja familiarizado com o tamanho do efeito (TE) na metanálise (se não, logo estará; ver o Cap. 14, sobre a síntese da pesquisa). A fórmula do TE é

$$TE = (M_1 - M_2)/dp \qquad (7.1)$$

Essa fórmula subtrai a média de um grupo (M_1) da média de um segundo grupo (M_2) e divide a diferença pelo desvio-padrão. Isso coloca a diferença entre as médias na unidade métrica chama-

Significação Importância ou significado prático de um efeito ou relação.

Tamanho do efeito Valor padronizado da diferença entre as médias, dividida pelo desvio-padrão. Também chamado de delta.

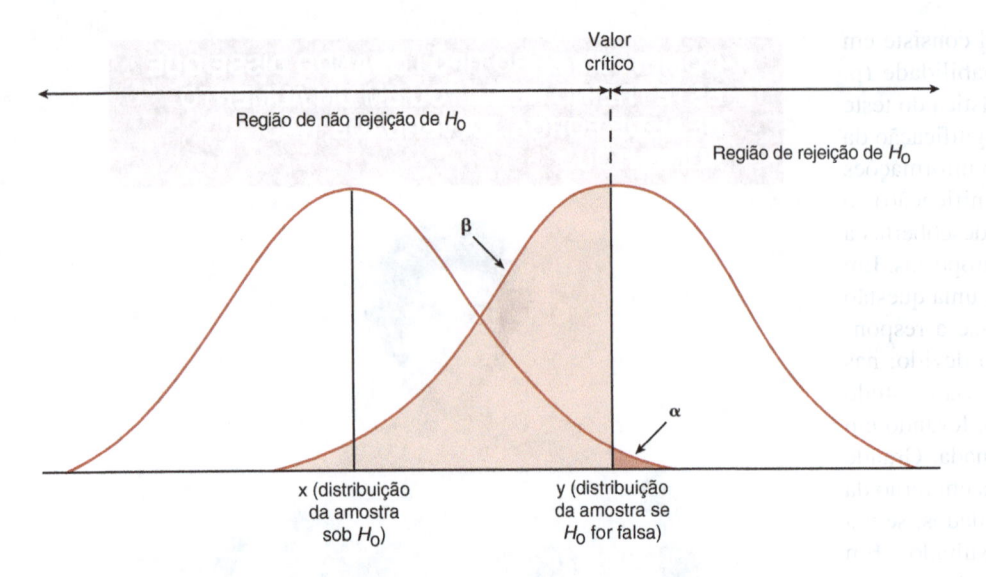

▶ **Figura 7.2** Regiões sob a curva normal correspondentes às probabilidades de cometer erros tipo I e tipo II.

da *unidade de desvio-padrão*, que pode ser comparada às orientações da pesquisa comportamental, sugeridas por Cohen (1969): 0,2 ou menos representa um TE pequeno; cerca de 0,5 é moderado; e 0,8 ou mais é grande. Há uma abordagem mais detalhada do uso do tamanho do efeito em pesquisas sobre atividade física em Thomas, Salazar e Landers (1991).

Muitos autores (p. ex., Cohen, 1990; Serlin, 1987; Thomas, Salazar e Landers, 1991) indicaram a necessidade de registrar alguma estimativa da significação de todos os testes de significância.

Poder

O poder é a probabilidade de rejeitar a hipótese nula quando ela é falsa (p. ex., quando o pesquisador detecta uma diferença real) ou de tomar a decisão correta. O poder varia de 0 a 1. Quanto maior ele for, maior será a chance de detecção de uma verdadeira diferença ou relação. Portanto, o poder aumenta as chances de rejeição de uma hipótese nula. Obviamente, na pesquisa comportamental, de certa forma, *a hipótese nula sempre é falsa*!

Essa afirmação reflete o fato de que, nesse tipo de pesquisa, as médias de dois grupos nunca são iguais. Portanto, se houver um número suficiente de participantes (uma forma de obter poder), quaisquer duas médias podem ser declaradas significativamente diferentes. Lembre-se do que isso significa. Se o estudo for repetido, será obtida praticamente a mesma resposta. Na pesquisa comportamental, as perguntas mais interessantes são:

- Em que medida a diferença é importante na teoria ou na prática? e
- Quantos participantes são necessários para que uma diferença importante seja declarada significativa?

Compreendendo o conceito de poder, podemos esclarecer essas perguntas. Se o pesquisador puder identificar o tamanho de um efeito importante por meio de uma pesquisa prévia ou, inclusive, da simples estimativa do tamanho do efeito (p. ex., 0,5 é um TE moderado) e estabelecer a quantidade de poder aceitável (uma estimativa comum na ciência comportamental é 0,8), então será possível estimar o tamanho da amostra necessária ao estudo.

As Figuras 7.3 e 7.4 mostram a relação entre o tamanho da amostra (eixo *y*), o poder (eixo *x*) e as curvas do tamanho do efeito (TE) quando alfa é 0,05 ou 0,01.

Considere o exemplo a seguir. Uma pesquisadora está planejando um estudo com dois grupos formados aleatoriamente, mas não sabe quantos sujeitos devem ser incluídos em cada grupo para que se detecte uma diferença significativa entre os tratamentos. No entanto, há vários estudos relacionados, e, segundo seus cálculos, a média do TE é 0,7 (usando a Equação 6.4, p. 127), a favor do grupo experimental dos resultados desses estudos. Então a pesquisadora decide que alfa é 0,05 e que beta deve ser quatro vezes maior do que alfa (portanto, beta = 0,20), pois Cohen (1988) sugere que, em ciências comportamentais, a gravidade dos erros tipos I e II guarda a proporção de 4 para 1. Já que o poder é 1 beta (1,0 0,2 = 0,8), seu valor calculado é 0,8 (índice recomendado, com frequência, nessas

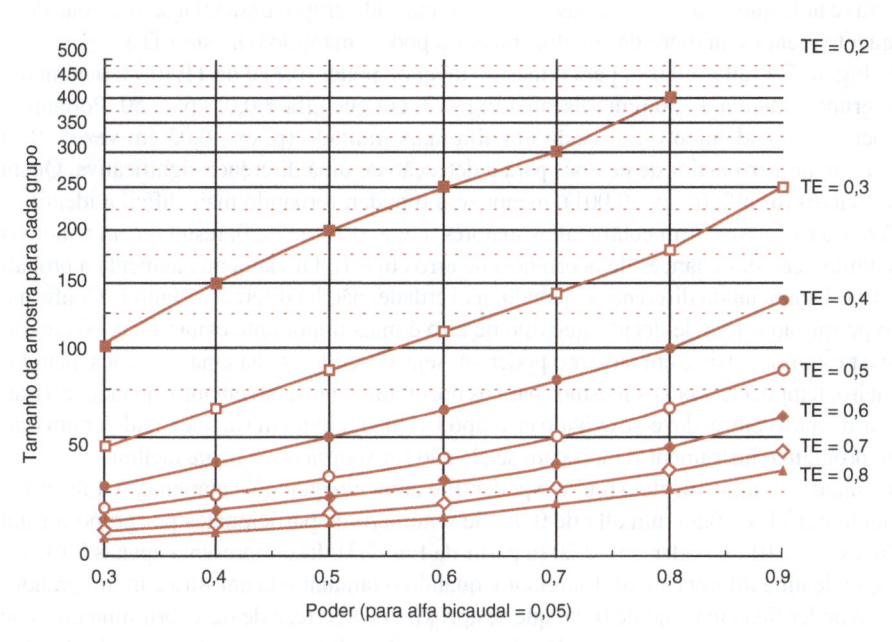

▶ **Figura 7.3** Curvas do tamanho do efeito quando alfa é 0,5 para um teste bicaudal.

How many subjects?: Statistical power analysis in research por C. Kraemer e S. Thiemann. Copyright 1987 de SAGE PUBLICATIONS INC. BOOKS. Reproduzida com permissão de SAGE PUBLICATIONS INC. Livros no formato livro-texto via Copyright Clearance Center.

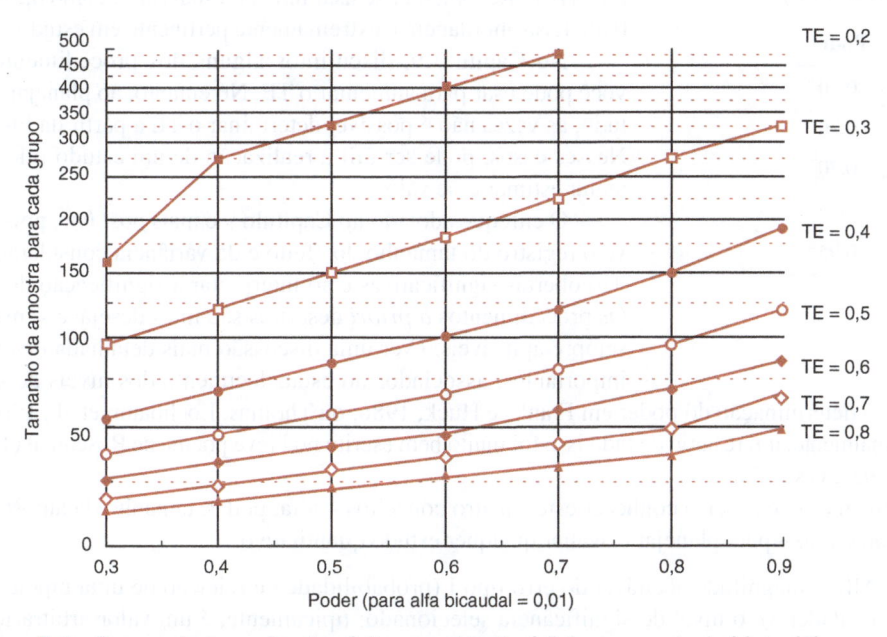

▶ **Figura 7.4** Curvas do tamanho do efeito quando alfa é 0,1 para um teste bicaudal.

How many subjects?: Statistical power analysis in research por C. Kraemer e S. Thiemann. Copyright 1987 de SAGE PUBLICATIONS INC. BOOKS. Reproduzida com permissão de Sage Publications Inc. Livros no formato livro-texto via Copyright Clearance Center.

ciências; Green, 1991, p. 502). De posse dessas informações sobre alfa, TE e poder, pode-se estimar o número de sujeitos necessário em cada grupo, a partir da Figura 7.3. Localize, na linha 0,7 do TE, o ponto 0,8 do eixo x (poder). Depois, acompanhe a linha imaginária desse ponto até o eixo y (tamanho da amostra) e note que serão necessárias 30 pessoas em cada grupo. Essa relação funciona do seguinte modo: quanto menor o número de sujeitos, menor o poder (mantido o mesmo TE).

Na Figura 7.4 (alfa = 0,01), para o mesmo nível de poder (0,8) e de TE (0,7), o número de pessoas por grupo aumenta de 30 (em relação à Fig. 7.3, em que alfa = 0,05) para 50. Portanto, se todo o resto permanecer idêntico e for usado um alfa mais limitado (p. ex., 0,05 em vez de 0,01), será necessário um número maior de pessoas para a detecção de uma diferença significativa. Quanto mais limitado (baixo) for alfa (p. ex., 0,001), menor será o poder, tornando mais difícil a identificação de uma diferença expressiva. Em contra, alfas maiores, como 0,10 ou 0,20, resultam em maior poder, ou seja, há diminuição das chances de ocorrência de erros tipo II. Obviamente, aumenta a probabilidade de erros tipo I anunciando diferenças, quando, na verdade, não há diferença alguma. Conforme declaramos, o pesquisador tem de decidir que tipo de erro é mais importante evitar. Uma boa regra prática aplicada à pesquisa consiste em buscar o poder, ou seja, descobrir se há uma diferença quando os custos (dinheiro, tempo, etc.) são os mesmos para os dois tratamentos. No entanto, quando um tratamento custa mais do que o outro, deve-se evitar o erro tipo I. Afinal, ninguém vai querer adotar um tratamento (método, programa, instrumento) mais caro se ele não for *significativamente* melhor.

▶ A relação entre alfa, tamanho da amostra e TE são importantes. Por exemplo, estudos com tamanho de amostra pequeno requerem um TE ou um alfa maior, ou ambos.

O tamanho da amostra afeta muito o poder. Ele aumenta quando n aumenta. A Tabela 7.1 ilustra isso, usando um TE de 0,5 e um alfa de 0,05. Se o número de participantes por grupo for muito pequeno (p. ex., $n = 10$), o poder será 0,20 (a partir da Fig. 7.3). Isso representa apenas 20% de chance de detecção de uma diferença real. Entretanto, quando o tamanho da amostra é muito grande (p. ex., $n = 100$), o poder fica em torno de 0,95, que se aproxima da certeza de descobrir uma diferença real.

Ao planejar estudos, deve-se considerar as relações entre alfa, o tamanho da amostra e o TE. Se tiver acesso apenas a um pequeno número de sujeitos, será preciso adotar um TE, um alfa ou ambos mais amplos. Não se deve limitar a especificar cegamente um alfa de 0,05, quando a questão principal consiste em identificar uma diferença real. Recomenda-se usar um valor mais alto, como 0,20 ou até 0,30. Essa abordagem é extremamente pertinente em estudos-piloto.

No Capítulo 9, discutimos alguns dos procedimentos que você pode usar para aumentar o TE. No entanto, ao planejar um estudo, às vezes não é possível determinar o TE a partir da literatura. Nesses casos, pode ser útil a realização de um estudo-piloto para tentar estimar esse valor.

O enfoque adotado no Capítulo 9 é mais *post hoc*, pois envolve o registro do tamanho do efeito e da variância considerados em descobertas significativas e ao interpretar a significação do efeito. Os procedimentos *a priori* descritos são mais desejáveis, mas nem sempre aplicáveis. (Ver uma discussão mais detalhada dos fatores importantes, associados ao estabelecimento dos níveis de significância e à determinação do poder em Franks e Huck, 1986, ou Thomas, Lochbaum et al., 1997.)

Finalmente, um resumo de tudo isso foi muito bem escrito no breve poema de Rosenthal (1991, p. 221), na página seguinte.

Em síntese, é preciso conhecer estes quatro conceitos – alfa, poder, tamanho da amostra e tamanho do efeito – para planejar e avaliar qualquer estudo quantitativo.

- Alfa – magnitude aceitável do erro tipo I (probabilidade de rejeição de uma hipótese nula verdadeira), o nível de significância selecionado; tipicamente, é um valor arbitrário; com frequência, nas áreas comportamental e biológica da atividade física, é 0,05 ou 0,01.
- Poder – probabilidade de rejeição de uma hipótese nula falsa; baseia-se na magnitude de beta (probabilidade de ocorrência de um erro tipo II, ou seja, de aceitação de uma hipótese nula falsa); tipicamente, beta é 4 × alfa (se alfa for 0,05, beta será 0,20) e o poder é 1 beta, ou 0,80 nas áreas comportamental e biológica da atividade física.
- Tamanho da amostra – número de participantes avaliados ou planejados no estudo.
- Tamanho do efeito – resultado do estudo, tipicamente expresso em unidades de desvio-padrão (dp).

TABELA 7.1

Relações de poder e tamanho da amostra (TE = 0,5, alfa = 0,05)

n	Poder
10	0,20*
20	0,30
50	0,70
75	0,85
100	0,95*

*Estes valores são do gráfico da Figura 7.3.

> ### Obter poder
>
> **I. O problema**
> Oh! *F* é grande e *p* é pequeno.
> Por isso estamos tão serenos.
> Isso significa que não precisamos quebrar a cabeça.
> Simplesmente rejeitamos a hipótese nula.
> Ou então o qui quadrado grande e o *p* perto de zero.
> Resultados como esse são mais do que espertos.
> E se for preciso uma pesquisa de opinião?
> Estamos com sorte, deixe de lado a preocupação!
> Então, que mensagem aprendemos muito bem?
> Significância! Sugere algo também!
>
> **II. As implicações**
> A moral de nossa pequena história?
> Somos frágeis, nós mortais.
> Quando *p* chega perto de zero,
> Já nos sentimos heróis.
> Mas então diga aí é tarde demais?
> Ou dá para evitar o destino?
> Submeta esse desejo à rejeição nula
> E registre o *tamanho* do efeito.
> Talvez isso não garanta nossa glória,
> Mas, pelo menos, conta uma história.
> E é esse justamente o tipo de produto
> Que faz desenvolver o nosso reduto.
>
> Psycological Science, Cumulating psychology: An appreciation of Donald T. Campbell por R. Rosenthal. Copyright 1991 by Sage Publications Inc. Books. Reimpresso com permissão de Sage Publications Inc. Livros no formato livro-texto via Copyright Clearance Center.

$$TE = (M_1 - M_2) / dp \quad (7.2)$$

r^2 também é uma forma do tamanho do efeito ou pode ser expresso em unidades de desvio-padrão pela fórmula (Rosenthal, 1994):

$$TE = [r / \sqrt{(1 - r^2)}] [\sqrt{(df \ (n_1 + n_2)} / n_1 \ n_2] \quad (7.3)$$

Na avaliação de estudos publicados, com muita frequência, são incluídas todas as informações para determinar os quatro conceitos, embora, às vezes, nem tudo esteja na forma final (p. ex., o tamanho do efeito pode ser calculado a partir das médias e dos desvios-padrão ou convertido a partir de *r*).

Uso de informações no contexto do estudo

Fora do âmbito desses quatro conceitos, há um item de grande interesse, usado na avaliação de todas as pesquisas: o **contexto**. Como as descobertas do estudo se enquadram no contexto da teoria e da prática? Na verdade, a questão mais importante para o leitor de pesquisas (que pode ser de importância considerável para o pesquisador) em geral fica sem resposta: os tamanhos do efeito são descobertas significativas, a ponto de manter a significação quando interpretados no contexto do estudo, na aplicação das descobertas a outras amostras relacionadas ou no planejamento de estudos afins?

No planejamento da pesquisa, muitas vezes, o investigador ou pesquisador conta com descobertas anteriores ou com uma pesquisa-piloto, a partir da qual é possível estimar os tamanhos adequados do efeito das variáveis importantes. Se o pesquisador define alfa como 0,05 e o poder como 0,80, a questão passa a ser "quantos sujeitos serão necessários para detectar um efeito de determinada magnitude quando o tratamento funciona ou a relação está presente?". Gráficos e tabelas encontrados em livros (ver Fig. 7.3), assim como programas de computador, estimam o número de sujeitos necessário, desde que o pesquisador estabeleça ou estime os outros três componentes. Várias calculadoras *online* de poder fazem análises do poder para você (simplesmente coloque o termo poder estatístico [statistical power] no seu *browser*).

Um dos maiores benefícios do uso dos tamanhos do efeito na estimativa da significação dos dados é eles não serem diretamente sensíveis ao tamanho da amostra. Não há dúvidas de que sofrem alguma influência do tamanho da amostra, que afeta o desvio-padrão. Eles se baseiam na diferença

---

Contexto
Inter-relações encontradas no ambiente do "mundo real". (Ver também o uso de contexto no Cap. 12.)

TABELA 7.2
Interpretação do tamanho do efeito usando a distribuição da curva normal

Tamanho do efeito	Percentagem de diferença do grupo experimental acima da média do grupo-controle	Percentagem – 50
0,0	50	0
0,1	54	4
0,2	**58**	**8**
0,3	62	12
0,4	65	15
0,5	**69**	**19**
0,6	73	23
0,8	**79**	**29**
1,0	84	34
1,2	88	38
1,5	93	43
2,0	98	48

Adaptada de McNamara, 1994.

entre as médias (dividida pelo desvio-padrão) ou no tamanho da correlação. A Tabela 7.2 fornece a magnitude dos tamanhos do efeito, pois estes refletem como os escores de dois grupos de tratamento se sobrepõem. Observe que, quando o tamanho do efeito é 0, a distribuição dos escores dos dois grupos sobrepõe-se completamente, e os pontos médios são os mesmos (50% dos escores dos sujeitos em cada lado da média). Quando os tamanhos do efeito aumentam, há um ganho líquido, de modo que um percentual maior de escores dos sujeitos de um grupo (tipicamente o experimental) excede o ponto médio (50%) da distribuição dos escores do outro grupo (de controle). Com frequência, os tamanhos do efeito são interpretados pelo seu tamanho absoluto. Na Tabela 7.2, um pequeno tamanho do efeito (em geral, 0,2 ou menos) sugere que o grupo experimental tem um ganho líquido (como resultado do tratamento) de 8% sobre o grupo-controle; ou seja, 58% da distribuição dos escores do grupo experimental estão além do ponto médio (50%) dos escores do grupo-controle. Se o tamanho do efeito for moderado (em geral, cerca de 0,5), haverá um ganho líquido de 19% sobre o ponto médio dos escores do grupo-controle. Já um tamanho do efeito grande (em geral, 0,8 ou mais) significa um ganho líquido de 29%. Esse é um modo excelente de descobrir a influência das mudanças ocorridas em um grupo experimental em comparação a um grupo-controle. Ou seja: se os grupos experimental e controle iniciam-se em pontos similares da variável dependente, observa-se que o percentual dos escores dos sujeitos experimentais encontra-se acima do ponto médio (50%) na distribuição dos escores do grupo-controle. Portanto, quanto maior for o tamanho do efeito, menor será a sobreposição da distribuição dos escores dos dois grupos.

Nos próximos três capítulos sobre estatística, lembre-se de que as análises gerais da estatística de modelo linear têm algum valor apenas se a amostra não for pequena nem grande demais. No caso de amostras muito pequenas, um único valor incomum pode influenciar substancialmente os resultados. Além disso, a variação de um mesmo participante e dos participantes entre si (a variância de erro) tende a ser alta, o que faz com que seja alto o limite do erro em testes de significância, resultando em poucas descobertas significativas. No extremo oposto, a estatística tem pouco valor para amostras muito grandes, pois praticamente todas as diferenças ou relações são significativas. Lembre-se de que a variância de erro em testes de significância divide-se pelos graus de liberdade, cálculo baseado no tamanho da amostra. Portanto, é possível notar que grandes estudos em saúde pública costumam discutir mais, na análise de dados, os fatores de risco, o percentual da amostra com determinada característica (prevalência, incidência, taxa de mortalidade) e as proporções das probabilidades do que a significância (ver Cap. 17, de B. E. Ainsworth e C. E. Mathews, neste livro).

No Capítulo 3, abordamos a pesquisa e as hipóteses nulas. Cohen (1990, 1994) e Hagen (1997) forneceram contribuições interessantes sobre a importância (ou a falta dela) da hipótese nula como teste estatístico. No entanto, nas ciências comportamental e biológica da atividade física, que lidam principalmente com sujeitos humanos, de certa forma, a hipótese nula é quase sempre falsa (Cohen, 1990; mas ver Hagen, 1997, uma opinião diferente). Lembre-se de que, sob o enfoque conceitual, a hipótese nula vem do desenvolvimento de tabelas estatísticas usadas por pesquisadores para comparar as estatísticas do teste (p. ex., proporções de F). Essas tabelas baseiam-se em estimativas populacionais da frequência com que amostras selecionadas podem diferir, quando, na verdade, não há diferença alguma. Portanto, $p = 0,05$ significa que duas amostras de determinado tamanho (n), selecionadas de modo aleatório, só apresentarão diferenças cinco vezes em cada cem. Usamos esses valores tabelados para fazer comparações com nossos valores estatísticos calculados (p. ex., proporções de F). No entanto, dois grupos humanos dificilmente são exatamente iguais no que diz respeito a determinada variável mensurável e, se houver um número suficiente de participantes, então p será menor do que 0,05. Testar a hipótese nula é um conceito errado. A questão correta é: que diferença é significativa (tamanho do efeito) no contexto da teoria e da aplicação e quantos participantes são necessários para que se possa rejeitar uma diferença da magnitude de $p < 0,05$ e do poder $> 0,80$? Obviamente, esses valores de p e do poder são arbitrários.

Lembre-se de que as rotinas estatísticas são apenas isto: procedimentos computarizados que, a partir de números fornecidos, produzem resultados-padrão. Assim como "não se sabe de onde vêm" os números atribuídos a variáveis (alguém realizou o processo de atribuição de valores em determinados níveis de características), os programas estatísticos para computadores também não sabem de onde vêm os números e nem se importam com isso. Como pesquisador, você tem de verificar se os números são "bons". É preciso checar se os números (dados) correspondem às suposições usadas no desenvolvimento das tabelas com as quais serão comparados (p. ex., a distribuição normal dos dados na tabela F ou o uso da tabela χ^2 para distribuições anormais). Esse julgamento é a noção básica da avaliação de dados e da escolha entre as análises estatísticas paramétrica e não paramétrica (ver mais informações sobre esse tema no Cap. 10).

Para o significado, o que importa é o contexto. Você tem de se perguntar: "No contexto do que eu faço, um efeito deste tamanho tem alguma importância?". Quase sempre a resposta depende de quem você é e do que está fazendo (praticamente nunca depende do valor de p, se é 0,05 ou 0,01). Portanto, na estatística, ter um efeito significativo (confiável) é necessário, mas não suficiente. Para

▶ Um efeito significativo e pertinente é necessário e suficiente.

Contexto: a chave do significado

Aqui está um exemplo simples de contexto. Suponhamos que digamos a você que desenvolvemos (e anunciamos na TV) um programa de treinamento físico, chamado "Sistema Corriflex", destinado a melhorar em 100 milissegundos a velocidade nos 100 m rasos. Nesse sistema, conectam-se cabos de barras flexíveis aos pés. Deitado de costas, você leva os joelhos em direção ao peito, flexionando as barras do aparelho. Garantimos o resultando anunciado em seis semanas ou o dinheiro de volta. O sistema foi testado pelo laboratório de fisiologia do exercício de uma universidade conceituada e realmente produz um aumento médio de 100 milissegundos na velocidade nos 100 m rasos. Você estaria disposto a nos enviar três parcelas de 99,95 dólares por esse sistema? Provavelmente não: "Esse cara está louco? Eu nem corro os 100 m?". Mas imagine que você é o segundo mais rápido do mundo nos 100 m rasos, e que a marca do primeiro é 100 milissegundos superior à sua. Nesse caso, você compraria o nosso Corriflex? O contexto importa!

satisfazer os critérios de necessidade e suficiência, o efeito tem de ser significativo no contexto de uso. Em outras palavras:

- As estimativas da significância são conduzidas pelo tamanho da amostra.
- As estimativas da significação são conduzidas pelo tamanho da diferença.
- O contexto é conduzido pelo modo como as descobertas serão usadas.

Pesquisadores quantitativos costumam não fornecer contextos adequados para os estudos, especialmente para as descobertas importantes. Alguns contextos podem ser fornecidos na introdução dos artigos, em que se desenvolve a base lógica da pesquisa, mas, ainda assim, às vezes é difícil compreender por que um estudo é importante e como ele se enquadra no esquema das coisas. No texto acadêmico, na parte de discussão, com frequência tendemos a "deixar os dados falarem por si próprios" e pouco tentamos explicar por que os resultados são importantes, como eles dão (ou não) suporte à teoria, por que as descobertas acrescentam algo ao (ou questionam o) conhecimento prévio, quais são as questões de pesquisa lógicas subsequentes e por que os profissionais devem se preocupar com os resultados.

Tipicamente, os pesquisadores qualitativos são mais fortes do que os quantitativos quando a tarefa é colocar os resultados no contexto (ver uma boa abordagem desse tema em Biddle et al., 2001). É claro que essa diferença acontece porque o contexto orienta o plano de pesquisa, a análise de dados e a interpretação das descobertas dos pesquisadores qualitativos. Não estamos sugerindo que os quantitativos devam aderir à pesquisa qualitativa; já aprendemos muito e ainda temos muito a aprender com pesquisas quantitativas. (Além disso, já estamos muito velhos para aprender todas as técnicas.) No entanto, os pesquisadores quantitativos estão aprendendo a usar o contexto como base para o planejamento e a interpretação das pesquisas e, em particular, os resultados importantes. Nesta edição, adicionamos um novo capítulo, Capítulo 20, intitulado "Métodos mistos de pesquisa". Essa abordagem tira proveito da força de ambas as metodologias, qualitativas e quantitativas. Recomendamos que você pense nos modelos mistos quando planejar sua pesquisa.

Resumo

Neste capítulo, você aprendeu as inter-relações entre alfa, poder, tamanho da amostra e tamanho do efeito. O uso apropriado dessas informações é o aspecto mais importante do planejamento do próprio estudo ou da avaliação dos estudos de outros. Situar essas informações no contexto em que a pesquisa foi planejada ou planejar o uso dos resultados permite que outras pessoas interpretem e usem os resultados da pesquisa de modo apropriado.

✓ Verifique sua compreensão

1. Em um periódico científico, localize um artigo baseado em dados. Responda às seguintes perguntas sobre ele:
    a. Que níveis de probabilidade os pesquisadores usaram para testar as hipóteses?
    b. Qual foi ou quais foram o(s) tamanho(s) da amostra do(s) grupo(s)?
    c. Cite algum tamanho do efeito de algum aspecto do estudo.
    d. Estime o poder, usando suas respostas para a, b e c.
2. Desenhe um gráfico (como na Fig. 7.2) com duas curvas normais (uma para o grupo experimental, outra para o controle) que reflitam um tamanho do efeito de 0,2. Faça outro gráfico para um tamanho do efeito de 0,5. E ainda um terceiro para 0,8.

Capítulo 8

RELAÇÕES ENTRE VARIÁVEIS

As estatísticas são como um biquíni. O que revelam é sugestivo, o que escondem é vital.

Aaron Levenstein

No Capítulo 6, prometemos que, depois de apresentar algumas informações básicas para facilitar a compreensão das técnicas estatísticas, começaríamos a explicar algumas delas em detalhes. Iniciaremos pela correlação.

A **correlação** é uma técnica estatística usada para determinar a relação entre duas ou mais variáveis. Neste capítulo, discutimos os vários tipos de correlação, a confiabilidade, a significação dos coeficientes correlacionais e o uso de correlações para previsões, inclusive as correlações parciais e semiparciais e as equações de regressão múltipla. Por fim, apresentamos uma breve visão geral de formas multivariadas de correlação: canônica, análise de fatores e modelagem estrutural.

Correlação
Técnica estatística usada para determinar a relação entre duas ou mais variáveis.

Objeto de investigação da pesquisa correlacional

Em geral, o pesquisador está interessado no grau da relação ou na correlação entre desempenhos, como a relação entre os desempenhos na corrida em distância e no **teste de** *step*, como medidas de aptidão cardiovascular. Algumas vezes, o investigador deseja estabelecer a relação entre traços da personalidade e comportamentos; por exemplo, qual a relação entre as características pessoais e a participação em atividades recreativas de alto risco? Outros problemas da pesquisa correlacional envolvem, ainda, relações entre medidas antropométricas, como a espessura das dobras cutâneas e a percentagem de gordura calculada pela pesagem debaixo d'água. Nesse caso, talvez o pesquisador queira até prever o percentual de gordura das dobras cutâneas.

Teste de *step*
Teste usado para medir o condicionamento cardiorrespiratório, envolvendo a medição da pulsação depois do exercício de subir e descer de uma plataforma.

A correlação pode envolver duas variáveis, como a altura e o peso. Ou, então, três ou mais variáveis, como acontece, por exemplo, quando o pesquisador investiga a relação entre um critério (variável dependente), como o condicionamento físico, e duas ou mais variáveis determinantes (variáveis independentes), como o peso corporal, o percentual de gordura, a velocidade, a resistência muscular, etc. Essa técnica é a correlação múltipla. Outra técnica, a correlação canônica, estabelece relações entre duas ou mais variáveis dependentes e duas ou mais variáveis independentes. A análise de fatores usa correlações entre certo número de variáveis para tentar identificar relações ou fatores subjacentes. A modelagem estrutural, por sua vez, fornece indícios do modo como determinadas variáveis podem afetar outras de modo direto ou indireto.

Compreensão da natureza da correlação

Coeficiente de correlação Valor quantitativo da relação entre duas ou mais variáveis, cujo valor pode ir de 0,00 a 1,00, tanto na direção positiva quanto na negativa.

Correlação positiva Relação entre duas variáveis em que um valor pequeno de uma variável é associado a um valor pequeno de outra variável e o valor grande de uma variável, a um valor grande de outra.

O **coeficiente de correlação** é um valor quantitativo da relação entre duas ou mais variáveis. Esse coeficiente pode variar de 0,00 a 1,00, tanto na direção positiva quanto na negativa. Portanto, a correlação perfeita é 1,00 (+ 1,00 ou 1,00), e nenhuma relação é 0,00 (ver na página a seguir alguns exemplos de correlações perfeitas e de ausência de correlação).

Correlação positiva

Há **correlação positiva** quando um valor pequeno de uma variável é associado a um valor pequeno de outra variável e um valor grande de uma variável, a um valor grande da outra. A força e o peso corporal mantêm uma correlação positiva: pessoas mais pesadas geralmente são mais fortes do que as mais leves. (A correlação ainda não é perfeita, pois algumas pessoas leves são mais fortes do que algumas pesadas e mais fracas do que outras que pesam ainda menos.)

A Figura 8.1 apresenta um gráfico ilustrativo da correlação positiva perfeita. Observe que o peso corporal de Bill é 32 kg e sua medida de força é 68 kg. Os dados de Dick são peso = 36 kg, força = 79 kg, e o aumento continua através dos dados de Tom onde peso = 50 kg e força = 113 kg. Desse modo, quando relacionados na tabela, os escores formam uma linha reta diagonal perfeita. Essa é a correlação perfeita ($r = 1,00$). As posições relativas dos pares de escores dos garotos são idênticas em ambas as distribuições. Em outras palavras, cada garoto mantém a mesma distância relativa da média de cada conjunto de escores. O senso comum nos diz que não ocorre correlação

---

Correlação: perfeita e não tão perfeita

Citações de pessoas anônimas famosas sobre a correlação perfeita ($r = 1,00$)

Fumar mata. Se você morrer, vai perder uma parte muito importante da sua vida.
Tradicionalmente, a maioria das importações da Austrália vem do além-mar.
Dá azar ser supersticioso.
As coisas são mais como são agora do que como eram antes.
A polícia não está aqui para criar desordem, mas para preservar a desordem.
A Internet é um bom meio de entrar na rede.
O presidente cumpriu todas as promessas que ele tinha intenção de cumprir.
A China é um grande país habitado por muitos chineses.
Aquele salafrário miserável merece ser coiceado até a morte por burros, e sou eu justamente quem vai cuidar disso.
É como um *déjà-vu* de novo.
A perda de vidas será insubstituível.

Declarações feitas por estudantes sem correlação com o desempenho dos professores

Às vezes, os estudantes escrevem coisas interessantes na avaliação final do nosso curso sobre métodos de pesquisa. A seguir, listamos alguns comentários cuja relação com a nossa didática é $r = 0,00$.

1. Para mim, esta disciplina foi uma experiência religiosa. Só mesmo com muita fé.
2. O livro básico da disciplina faz um som "surdo" satisfatório quando é jogado no chão.
3. Alguma vez você já caiu no sono em uma aula e acordou em outra?
4. Socorro! Caí no sono e não consigo acordar.
5. O professor ensina como se fosse o Ligeirinho do desenho animado depois de ter tomado doses extras de cafeína.
6. Estou aprendendo por osmose; durmo com a cabeça sobre o livro.
7. A aula foi um relaxante maravilhoso, fiquei tão confuso que esqueci quem eu era.
8. Nesta disciplina, eu fico longe dos problemas das 14h30min às 16h, às terças e quintas.

perfeita em traços humanos, habilidades e desempenhos humanos, pois contamos com a chamada variabilidade e com outras influências.

A Figura 8.2 ilustra uma relação mais realista usando os dados da PGA apresentados no final do Capítulo 6. Os dados são dos 30 jogadores da PGA (de 2008) e a correlação é entre a percentagem de tacadas no *greens* no regulamento (eixo de *x*) e o número de *putts* por rodada (eixo de *y*). A correlação é $r = 0,549$, o que é significativo para um $p = 0,002$ com 28 graus de liberdade (número de participantes, $N - 2$, chamado de *df*). Como pode ser observado, os pontos de dados (cada ponto representa uma pessoa – leia no eixo *x* a percentagem dos *greens in regulation* e no eixo *y* os *putts* por rodada) geralmente progridem da parte inferior esquerda para a parte superior direita, representando uma relação, mas não perfeita.

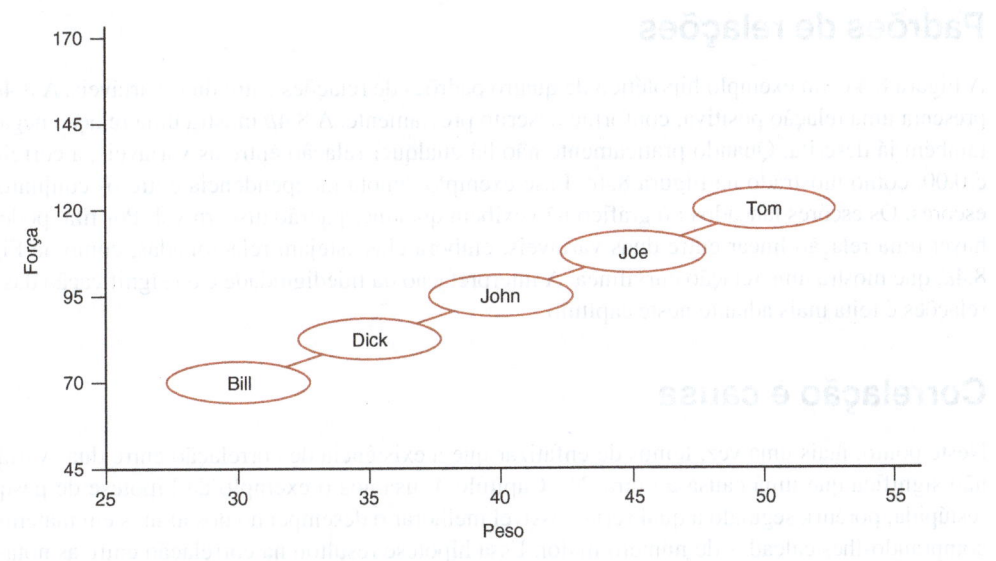

▶ **Figura 8.1** Correlação positiva perfeita ($r = 1.00$).

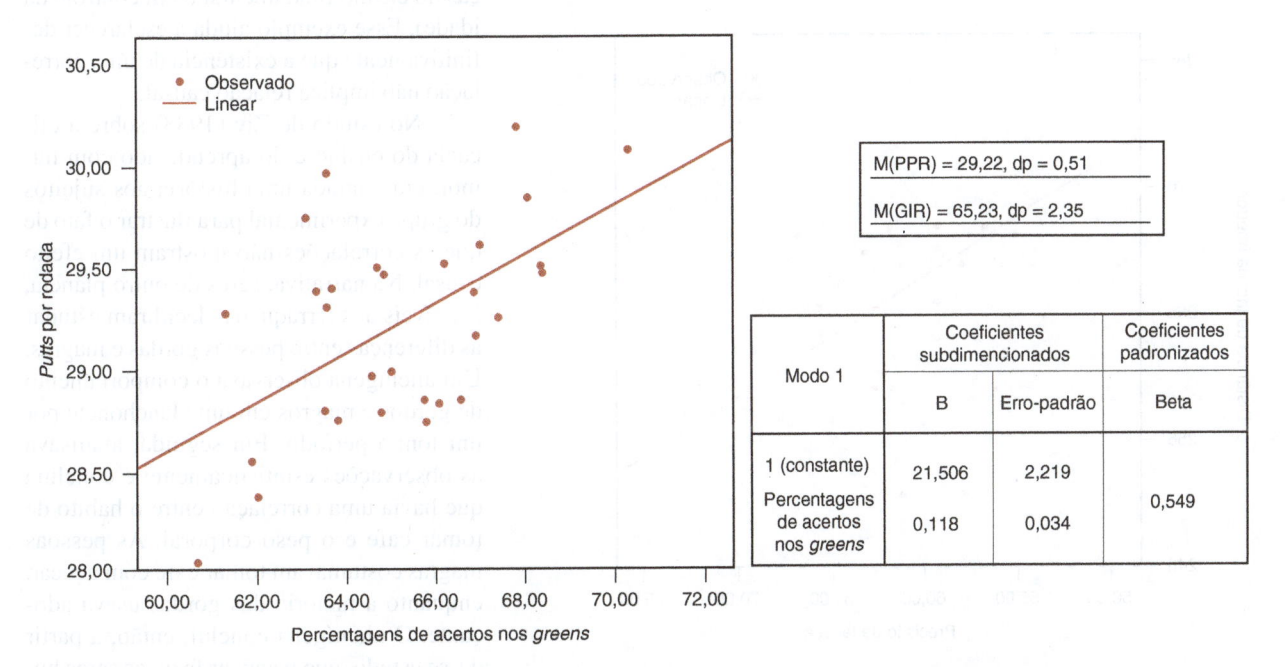

▶ **Figura 8.2** Relação mais realista entre golfistas da PGA em percentagens de acertos nos *greens* no regulamento (GIR) (eixos de *x*) e *putts* por rodada (PPR) (eixo y). A correlação é $r(28) = .0,549$, $p = .0,002$ dp = desvio-padrão.

Correlação negativa

Na Figura 8.3, plotamos os dados da PGA para distância de tacada *versus* a precisão da tacada. A correlação é $r = 0,594$, $p < 0,001$, $df = 28$. Isso significa que a correlação é negativa – tacar a bola uma distância maior é negativamente correlacionado a tacar a bola no *fairway*. Essa relação é mostrada na Figura 8.3, em que o padrão geral dos pontos de dados é da parte superior esquerda para a parte inferior direita. Essa é uma **correlação negativa**. A correlação negativa perfeita deve formar uma linha reta diagonal com ângulo de 45° (do canto superior esquerdo do gráfico ao canto inferior direito). A Figura 8.3 descreve uma correlação negativa de grau moderado ($r = -0,594$), mas ainda é aparente o padrão esquerdo-superior a direito-inferior.

Correlação negativa
Relação entre duas variáveis, em que um valor pequeno da primeira variável é associado a um valor grande da segunda variável e em que um valor grande da primeira variável é associado a um valor pequeno da segunda variável.

Padrões de relações

A Figura 8.4 é um exemplo hipotético de quatro padrões de relações entre duas variáveis. A 8.4*a* representa uma relação positiva, conforme descrito previamente. A 8.4*b* mostra uma relação negativa, também já descrita. Quando praticamente não há qualquer relação entre as variáveis, a correlação é 0,00, como mostrado na Figura 8.4*c*. Esse exemplo denota independência entre os conjuntos de escores. Os escores lançados no gráfico não exibem qualquer padrão discernível. Por fim, pode não haver uma relação linear entre duas variáveis, embora elas estejam relacionadas, como na Figura 8.4*d*, que mostra uma relação curvilínea. A interpretação da fidedignidade e da significação das correlações é feita mais adiante neste capítulo.

Correlação e causa

Neste ponto, mais uma vez, temos de enfatizar que a existência de correlação entre duas variáveis não significa que uma causa a outra. No Capítulo 4, usamos o exemplo da hipótese de pesquisa (estúpida, porém), segundo a qual seria possível melhorar o desempenho dos alunos em matemática comprando-lhes calçados de número maior. Essa hipótese resultou na correlação entre as notas em matemática e o número do calçado de crianças do ensino fundamental (sem controle da idade). Esse exemplo ajuda a esclarecer definitivamente que a existência de uma correlação não implica relação causal.

No estudo de Ziv (1988) sobre a eficácia do ensino e do aprendizado com humor, era contada uma história aos sujeitos do grupo experimental para ilustrar o fato de que as correlações não mostram um efeito causal. Na narrativa, seres de outro planeta, invisíveis aos terráqueos, decidiram estudar as diferenças entre pessoas gordas e magras. Um alienígena observava o comportamento de gordos e magros em uma lanchonete por um longo período. Em seguida, analisava as observações estatisticamente e concluía que havia uma correlação entre o hábito de tomar café e o peso corporal. As pessoas magras costumavam tomar café com açúcar, enquanto a maioria das gordas usava adoçante. O alienígena conclui, então, a partir desse estudo, que o açúcar fazia os seres humanos emagrecer, enquanto o adoçante os fazia engordar.

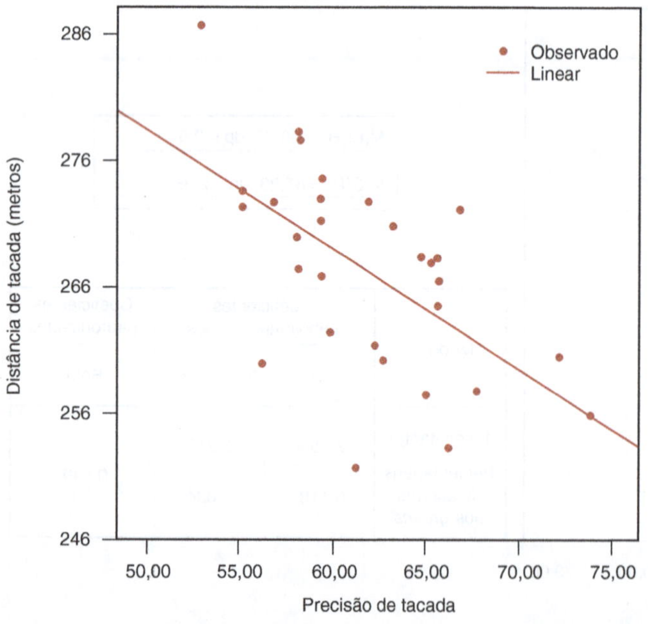

▶ **Figura 8.3** Plotagem de relações entre precisão de tacada (eixo *x*) e distância de tacada (eixo *y*) para os 30 golfistas da PGA. A correlação é $r = (28) = 0,594$, $p < 0,001$.

Figura 8.4 Padrões de relações.

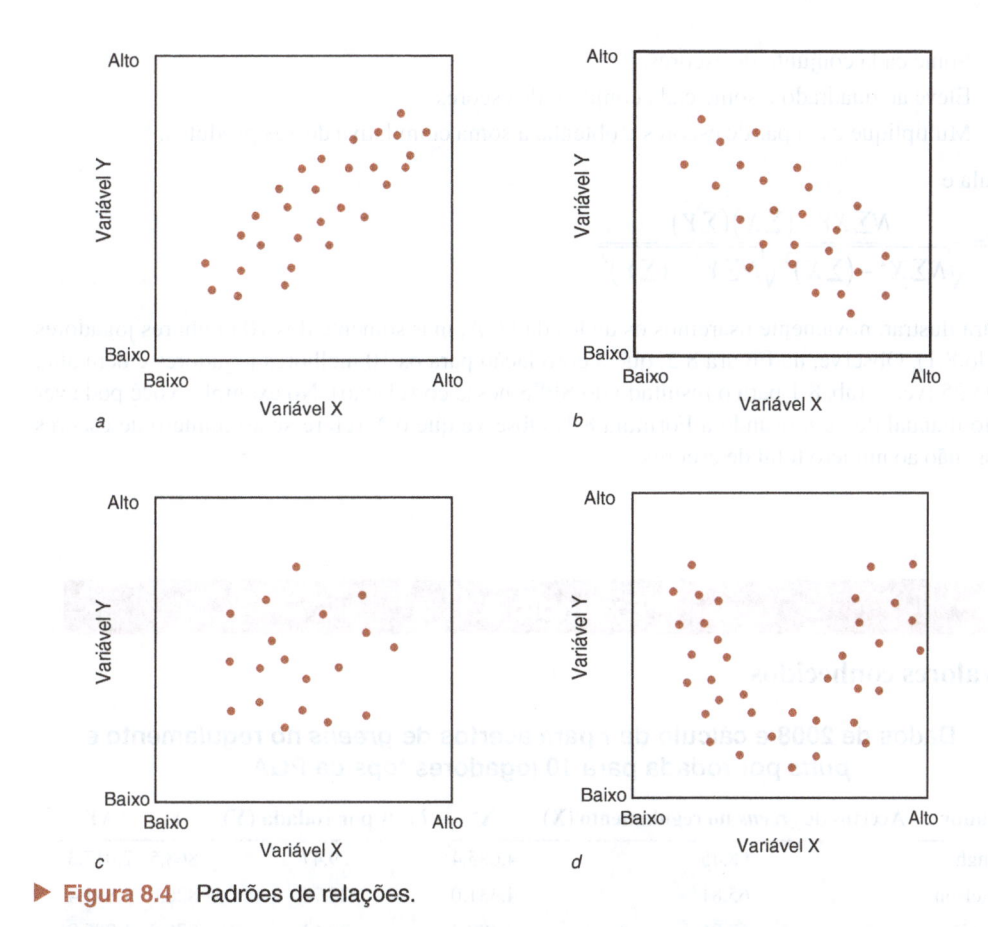

Não queremos dizer, com isso, que uma variável não possa ser a causa da outra. Na verdade, usando o nosso exemplo da correlação negativa, é provável que tacar a bola de golfe mais longe cause um decréscimo na precisão de tacada (conforme determinado pela percentagem de *fairways* que o jogador acerta), mas o estabelecimento dessa relação não determina causa e efeito. Porém, para que ocorra a relação de causa e efeito, essas variáveis devem estar correlacionadas. Isso é uma condição necessária, mas não suficiente para a relação causal. O único modo de mostrar a causa é fazer um estudo experimental em que uma variável independente seja manipulada para produzir determinado efeito.

▶ Enquanto duas variáveis devem estar correlacionadas para que exista uma relação de causa e efeito, correlação por si só não garante tal relação.

Correlação produto-momento de Pearson

Várias vezes, na discussão precedente, usamos o símbolo *r*. Ele denota o **coeficiente de correlação produto-momento de Pearson**. Esse tipo de correlação tem uma variável critério (ou dependente) e outra preditora (ou independente). Portanto, cada participante tem dois escores; por exemplo, a distância da tacada e a precisão da tacada. Um pressuposto importante para o uso de *r* consiste em presumir uma relação linear entre as variáveis, ou seja, que uma linha reta é o melhor modelo de relação. Quando isso não é verdadeiro (p. ex., como na Fig. 8.4d), *r* é inadequado para a analisar os dados. Se aplicarmos a fórmula estatística do cálculo de *r* aos dados da Figura 8.4d, o resultado será um *r* de, aproximadamente, 0,00, indicando nenhuma relação. Ainda assim, podemos ver, pelo gráfico, que a relação existe; ela apenas não é linear.

O cálculo do coeficiente de correlação envolve as distâncias relativas dos escores em comparação com as médias das distribuições. São várias as fórmulas possíveis para a realização desses cálculos; aqui, apresentamos apenas uma. Às vezes, ela é chamada de método de computador, pois envolve operações similares às realizadas por um computador. Essa fórmula parece longa e imponente, mas, na verdade, consiste em apenas três operações:

Coeficiente de correlação produto--momento de Pearson
O método mais comumente usado para calcular a correlação entre duas variáveis; também chamado de *correlação interclasses, correlação simples* ou *r de Pearson*.

1. Some cada conjunto de escores.
2. Eleve ao quadrado e some cada conjunto de escores.
3. Multiplique cada par de escores e obtenha a soma cumulativa desses produtos.

A fórmula é

$$r = \frac{N\Sigma XY - (\Sigma X)(\Sigma Y)}{\sqrt{N\Sigma X^2 - (\Sigma X)^2}\sqrt{N\Sigma Y^2 - (\Sigma Y)^2}} \quad (8.1)$$

Para ilustrar, novamente usaremos os dados da PGA, mas somente dos 10 melhores jogadores (Exemplo 8.1). Observe, na Figura 8.5, que a correlação para os 10 melhores jogadores é bem alta, $r(8) = 0,925$ (ver a Tab. 8.1 para o resultado do SPSS nessa correlação). No exemplo, você pode ver o cálculo manual desse r, usando a Fórmula 8.1. Observe que o N refere-se ao número de escores pareados, não ao número total de escores.

Exemplo 8.1

■ **Valores conhecidos**

Dados de 2008 e cálculo de *r* para acertos de *greens* no regulamento e *putts* por rodada para 10 jogadores tops da PGA

Jogador	Acertos de *greens* no regulamento (X)	X^2	*Putts* por rodada (Y)	Y^2	XY
Singh	68,45	4.685,4	29,47	868,5	2.017,3
Mickelson	65,81	4.331,0	28,74	826,0	1.891,4
Garcia	67,06	4.498,4	29,61	876,8	1.985,9
Perry	67,47	4.552,2	29,25	855,6	1.973,6
Kim	65,78	4.327,0	28,85	832,3	1.897,8
Villegas	64,60	4.173,2	28,97	839,3	1.871,5
Harrington	60,67	3.680,8	28,04	786,2	1.701,3
Cink	66,94	4.481,0	29,16	850,3	1.952,1
Leonard	66,61	4.436,9	28,85	832,3	1.921,7
Allenby	70,40	4.956,2	30,07	904,2	2.116,9

Número de escores pareados: $N = 10$
Soma dos acertos no *green* no regulamento: $\Sigma X = 663,8$
Soma dos *putts* por rodada: $\Sigma Y = 291,0$
Soma dos acertos no *green* no regulamento ao quadrado: $\Sigma X^2 = 44.121,98$
Soma dos *putts* por rodada ao quadrado: $\Sigma Y^2 = 8.471,44$
Soma dos acertos no *green* × *putts*: $\Sigma XY = 19.329,40$

■ **Trabalhando (Equação 8.1)**

$$r = \frac{N\Sigma XY - (\Sigma X)(\Sigma Y)}{\sqrt{N\Sigma X^2 - (\Sigma X)^2}\sqrt{N\Sigma Y^2 - (\Sigma Y)^2}}$$

$$r = \frac{(10)19.329,4 - (663,8)(291,0)}{\sqrt{10(44.121,98) - (663,8)^2}\sqrt{10(8.471,44) - (291,0)^2}}$$

$$r = \frac{193,294 - 193,165}{\sqrt{589,36}\sqrt{33}} = \frac{129,0}{139,5} = 0,925$$

TABELA 8.1

Correlação entre acertos de *greens* no regulamento e *putts* por rodada para 10 jogadores *top*

Resumo do modelo

R	R ao quadrado	R ao quadrado ajustado	Erro-padrão da estimativa
0,925	0,855	0,837	0,223

A variável independente é acertos de *greens* no regulamento.

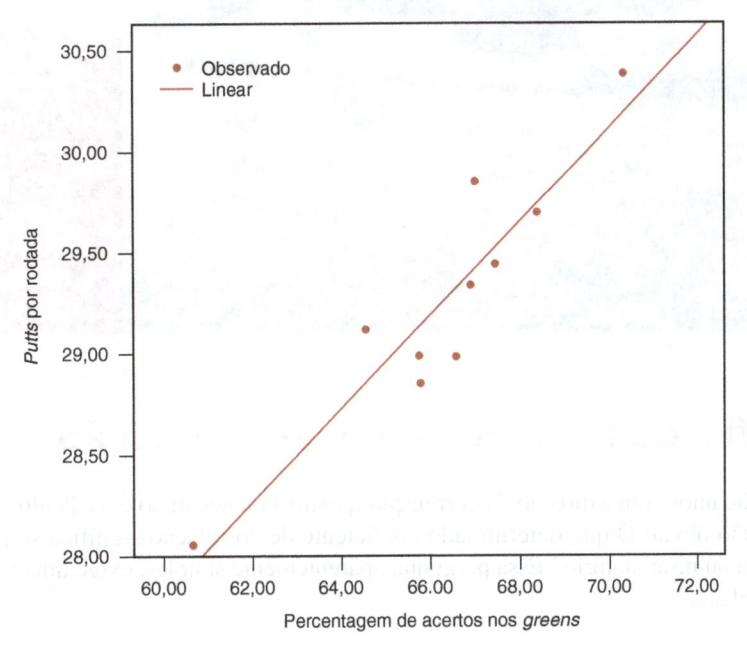

▶ **Figura 8.5** Correlação entre acertos de *greens* no regulamento e *putts* por rodada para os 10 jogadores *top* da PGA em 2008.

Para os valores de $(\sum X)^2$ e $(\sum Y)^2$, a somas dos escores brutos para X e Y são, então, elevadas ao quadrado. Observe que esses valores não são os mesmos que os valores $\sum X^2$ e $\sum y^2$, para os quais X e Y são elevados ao quadrado e então somados. O $\sum XY$ (a soma dos produtos cruzados dos escores de X e Y) determina a direção da correlação, isto é, se é positiva ou negativa.

Em um problema de correlação que determina simplesmente a relação entre duas variáveis, não importa quem é X ou Y. Se o investigador quiser prever um escore a partir do outro, então Y designa a variável critério (dependente, que será prevista) e X a variável preditora (independente). Nesse exemplo, o número de *putts* por rodada poderia ser previsto a partir dos acertos no *greens hit* no regulamento, uma vez que não faria muito sentido fazer o contrário, porque acertar o *green* ocorre antes do *putting* no golfe. As equações de predição são discutidas adiante nesta seção.

A relação entre a distância que uma pessoa consegue percorrer em 12 minutos e a frequência cardíaca após o exercício resulta em uma correlação negativa. Esse resultado ocorre porque, por um lado, é melhor percorrer uma distância maior e, por outro, é melhor ter uma frequência cardíaca mais baixa após o exercício. Uma pessoa com boa resistência cardiovascular apresenta escores altos em um teste (a corrida) e baixos no outro (a frequência cardíaca). Assim, para que o valor da correlação seja positivo ou negativo, não depende somente das relações, mas também da direção das variáveis X e Y.

> EXISTE UMA RELAÇÃO ENTRE QUANTO EU TENHO QUE LER E O QUÃO RAPIDAMENTE EU ADORMEÇO. ISSO É POSITIVO OU NEGATIVO?

Significado do coeficiente de correlação

Até aqui, lidamos com a direção da correlação (positiva ou negativa) e o cálculo de r. Surge, então, uma questão óbvia: O que determinado coeficiente de correlação significa se for alto ou baixo, satisfatório ou insatisfatório? Essa pergunta, aparentemente simples, exige uma resposta um pouco mais complexa.

Interpretação da fidedignidade de r

Significância
Fidedignidade da (ou confiança na) probabilidade de recorrência da estatística caso o estudo seja repetido.

Em primeiro lugar, há vários modos de interpretar r. Um dos critérios é a fidedignidade, ou **significância**. O r representa uma relação real? Ou seja, se o estudo for repetido, qual a probabilidade de se descobrir uma relação similar? Para adotar esse critério estatístico de significância, simplesmente consulte uma tabela. Selecione na tabela o nível de significância desejado (p. ex., 0,05) e localize os devidos graus de liberdade (df, com base no número de participantes corrigido pela tendência da amostra), que, para r, são iguais a $N - 2$. A Tabela 3, no Apêndice, contém os coeficientes de correlação necessários aos níveis de significância 0,05 e 0,01. Consulte o exemplo da correlação entre acertos em *greens* no regulamento e *putts* por rodada ($r = -0,925$). Os graus de liberdade são $N - 2 = 10 - 2 = 8$ (lembre-se de que a variável N, na correlação, refere-se ao número de pares de escores). Ao localizar o ponto 8 df na Tabela 3, vemos que a correlação de 0,632 é necessária para a significância de um teste bicaudal, no nível 0,05 (e 0,765 no nível 0,01). Teríamos de concluir, portanto, que a nossa correlação $-0,925$ não é significativa para um $p < 0,01$. (Na seção sobre a interpretação de t, no Cap. 9, explicamos quando se deve escolher valores de correlação da coluna de teste caudal ou bicaudal.)

Outra olhada na Tabela 3 do Apêndice revela alguns fatos óbvios. A correlação necessária à significância diminui à medida que aumenta o número de participantes (df). Em nosso exemplo, tínhamos apenas 10 participantes (ou pares de escores).

Coeficientes de correlação muito baixos podem ser significativos quando houver uma amostra grande de participantes. No nível 0,05, $r = 0,38$ é significativo com 25 df; $r = 0,27$ é significativo com 50 *df*; e *r* = 0,195 é significativo com 100 *df*. Com 1.000 *df*, a correlação tão baixa quanto 0,08 é significativa no nível 0,01.

A segunda observação a respeito dessa tabela refere-se ao fato de que é necessária uma correlação maior para a significância no nível 0,01 do que em 0,05. Essa afirmativa deveria fazer sentido. Lembre-se de que, no Capítulo 7, afirmamos que o nível 0,05 significa que, se fossem feitos cem experimentos, a hipótese nula (ou seja, a ausência de relação) seria rejeitada incorretamente em cinco de cada cem situações. No nível 0,01, esperaríamos uma relação ocasional dessa magnitude por causa da chance de ocorrer uma vez em cada cem experimentos. Portanto, o teste de significância no nível 0,01 é mais limitado do que no nível 0,05, e uma correlação mais alta é exigida para o primeiro nível. A maioria dos programas de computador usados para calcular estatísticas como *r* fornece o nível de significância exato automaticamente.

Interpretação da significação de *r*

A interpretação de uma correlação para uma significância estatística é importante, mas, devido à vasta influência do tamanho da amostra, esse critério nem sempre é significativo. Conforme explicado no Capítulo 7, as estatísticas podem responder a duas questões sobre os dados: eles são confiáveis? Eles são significativos?

O critério mais comumente usado para a interpretação da significação do coeficiente de correlação é o **coeficiente de determinação** (r^2). Nesse método, determina-se a porção da associação comum dos fatores que influenciam as duas variáveis. Em outras palavras, o coeficiente de determinação indica a porção da variância total em uma medida, que pode ser explicada ou considerada pela variância em outra medida.

A Figura 8.6 oferece uma descrição visual dessa ideia. O círculo A representa a variância em uma primeira variável e o círculo B, a variância em uma segunda variável. No desenho à esquerda está a relação em que *r* = 0,00 (não há sobreposição entre as duas); portanto, r^2 = 0,00. No da direita, *r* = 0,71; portanto, r^2 = 0,50 (uma sobreposição considerável entre as duas).

O salto em distância e o salto vertical, por exemplo, em geral, testam a força explosiva. Eles são usados com tanta frequência que tendemos a julgá-los intercambiáveis, ou seja, consideramos que eles têm a mesma medida. Ainda assim, as correlações entre esses dois testes geralmente variam de 0,70 a 0,80. Por isso, os coeficientes de determinação vão de 0,49 ($0,70^2$) a 0,64 ($0,80^2$). Em geral, o coeficiente de determinação é expresso como porcentagem da variação. Assim, $0,70^2$ = 0,49 = 49% e $0,80^2$ = 0,64 = 64%.

Para uma correlação de 0,70 entre os saltos em distância e vertical, apenas cerca de metade (49%) da variação (ou influência) de um teste está associada ao outro. Os dois testes envolvem força de explosão das pernas, alguma flexão e extensão do tronco e balanço dos braços. Ambos são afetados pelo peso corporal, pois o sujeito tem de impulsionar o próprio corpo no espaço; ambos envolvem a habilidade de preparar-se psicológica e fisiologicamente para gerar a força explosiva; além disso, ambos envolvem a **força relativa**. Esses são fatores comuns aos dois testes. Se *r* = 0,80, então 64% do desempenho em um dos testes associam-se a (ou são explicados por) fatores envolvidos no desempenho no outro.

Mas o que dizer da variância não explicada ($1,0 - r^2$)? Uma correlação de 0,70 é composta 49% de variância comum (explicada) e 51% (1,00 – 0,49) de variância de erro (não explicada). Que fatores são específicos de cada teste? Não temos uma explicação exata para essas diferenças, mas alguns dos fatores podem ser: (a) o salto em distância exige que o corpo seja impulsionado para a frente e para cima, enquanto o salto vertical exige o impulso apenas para cima; (b) o escore do salto vertical neutraliza a altura da pessoa, pois o alcance de pé é subtraído do resultado do salto; entretanto, no salto em distância, o sujeito mais alto pode ter alguma vantagem; e (c) talvez esteja envolvida uma maior habilidade (coordenação) no salto vertical, uma vez que o indivíduo tem de saltar, girar e depois tocar a tábua de marcação.

Coeficiente de determinação
Trata-se do coeficiente de correlação elevado ao quadrado; usado na interpretação da significação de correlações.

Força relativa
Medida da habilidade de exercer a força máxima em relação ao tamanho do indivíduo.

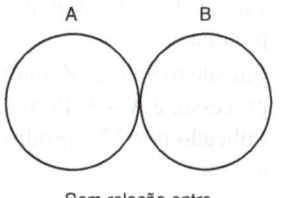

Sem relação entre A e B, r^2 = 0,00

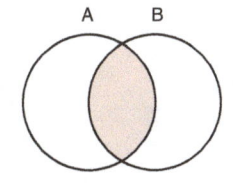

Variância comum em torno de 50% entre A e B, r^2 = 0,50

▶ **Figura 8.6** Exemplo de variância compartilhada entre variáveis.

Essa explicação não pretende ser nenhum tipo de análise mecânica dos dois testes. Apresentamos apenas sugestões de possíveis fatores de associação comum ou de variância explicados e de outros não explicados ou próprios de somente um dos testes de força explosiva.

Quando usamos o coeficiente de determinação para interpretar coeficientes de correlação, torna-se evidente que uma relação bastante substancial é necessária para garantir uma grande quantidade de variância comum. É preciso uma correlação de 0,71 para explicar a metade da variância em outro teste; 0,90 é responsável por apenas 81%. Em alguns testes padronizados, usados para prever o êxito acadêmico, as correlações costumam ser bastante baixas, com frequência em torno de 0,40. Pelo coeficiente de determinação, pode-se ver que a correlação de 0,40 responde por apenas 16% dos fatores que contribuem para o sucesso acadêmico; portanto, a variância não explicada é substancial. Ainda assim, essas medidas são usadas comumente e de modo rigoroso como critério de admissão em programas acadêmicos. É óbvio que o uso de múltiplos recursos de predição melhora muito a estimativa de êxito. Os tamanhos das correlações também podem ser comparados pelo coeficiente de determinação. A correlação de 0,90 não é três vezes maior do que 0,30; na verdade, é nove vezes maior ($0,30^2 = 0,09$ ou 9% e $0,90^2 = 0,81$ ou 81%).

Interpretar o coeficiente de correlação é mais complicado, pois se a correlação é "boa" ou "inadequada" depende do objetivo. Por exemplo, para determinar a fidedignidade (possibilidade de repetição) de um teste, será necessária uma correlação muito mais alta do que para determinar apenas se há relação entre duas variáveis. A correlação 0,60 não seria aceitável para a relação entre duas versões similares de um teste de conhecimento de exercício, mas poderia ser bastante válida para a relação entre o conhecimento do exercício e o comportamento nele.

A transformação Z de r

Eventualmente, o pesquisador precisa determinar a média de duas ou mais correlações. Tentar calcular a média dos coeficientes por eles mesmos é estatisticamente inadequado, pois a distribuição da amostragem de coeficientes da correlação não é uniforme. Na verdade, quanto mais alta a correlação, tanto na direção positiva quanto na negativa, mais desviada se torna a distribuição. O método mais satisfatório para aproximar da normalidade a distribuição de amostragem de relações lineares consiste em transformar os coeficientes de correlação em valores Z. Costuma-se chamar esse procedimento de **transformação Z de Fisher**. (Este Z não deve ser confundido com o z referente à altura da ordenada na área da curva normal.)

O processo de transformação envolve logaritmos naturais. No entanto, não precisamos usar a fórmula de Fisher para calcular as transformações (essas conversões estão prontas na Tab. 4, no Apêndice). Apenas consultamos a tabela e localizamos o valor Z correspondente a determinado coeficiente de correlação.

Vejamos um exemplo. Registramos as correlações entre o consumo máximo de oxigênio e a corrida em distância (p. ex., 8 min de corrida/caminhada) de quatro grupos de sujeitos de diferentes idades. Gostaríamos de combinar essas correlações da amostra para obter uma estimativa válida e confiável da relação entre essas duas medidas de resistência cardiorrespiratória. Os dados para as etapas a seguir são mostrados na Tabela 8.2.

Transformação Z de Fisher Método para aproximar da normalidade a distribuição de amostragem de relações lineares que consiste na transformação de coeficientes de correlação em valores Z.

1. Em primeiro lugar, converta cada correlação em um valor Z, usando, no Apêndice, a Tabela 4. Por exemplo, a correlação 0,69 para o grupo de 13 e 14 anos de idade corresponde ao valor Z 0,85; a próxima correlação, 0,85, do grupo de 15 e 16, corresponde a 1,26; e assim por diante.

2. Calcule os valores Z, multiplicando-os pelos graus de liberdade de cada amostra, que, nesse processo, é $N - 3$. Portanto, para os participantes de 13 e 14 anos, o valor Z 0,85 é multiplicado por 27 e produz um valor Z ponderado de 22,95. Faça o mesmo com as outras amostras.

3. Some os valores Z ponderados e calcule a sua média, dividindo o total dessa soma pela soma dos graus de liberdade ($N - 3$): 137,70/135 = 1,02.

TABELA 8.2
Média dos coeficientes de correlação pelo uso da transformação Z

Grupo de idade	N	r	Z	N – 3	Z ponderado
13-14	30	0,69	0,85	27	22,95
15-16	44	0,85	1,26	41	51,66
17-18	38	0,70	0,87	35	30,45
19-20	35	0,77	1,02	32	32,64
				135	137,70

4. Converta a média dos valores Z ponderados de volta para uma correlação média, consultando, no Apêndice, a Tabela 4 mais uma vez. Podemos ver que a correlação correspondente ao valor Z 1,02 é 0,77.

Alguns autores afirmam que, para calcular a média das correlações pela técnica de transformação Z, primeiro é preciso estabelecer a inexistência de diferenças significativas entre as quatro correlações. A comparação para identificar diferenças pode ser feita pelo teste de qui quadrado dos valores Z ponderados (o qui quadrado é discutido no Cap. 10). Outros estatísticos defendem que a determinação da média dos coeficientes da correlação é permissível, desde que a correlação média não seja interpretada em termos de intervalos de confiança.

A transformação Z também é usada em testes estatísticos (como os que determinam a significância do coeficiente de correlação) e na determinação da significância da diferença entre dois coeficientes de correlação. Depois de ler o Capítulo 9, talvez seja interessante consultar um texto estatístico, como o de Mattson (1981), que discute o uso da transformação Z nesses procedimentos.

Uso da correlação para predição

Afirmamos várias vezes que um dos propósitos da correlação é a predição. O exame vestibular é usado para prever o êxito na universidade. Às vezes, tentamos prever critérios, como a porcentagem de gordura pela medida das dobras cutâneas ou o consumo máximo de oxigênio pela corrida em distância. Em estudos desse tipo, as variáveis de predição (a medida das dobras cutâneas) consomem menos tempo e são mais baratas e praticáveis em testes de massa do que a variável de critério; assim, desenvolve-se uma **equação de predição**, também chamada de equação de regressão.

A predição baseia-se na correlação. Quanto maior for a relação entre duas variáveis, mais precisa poderá ser a predição de uma a partir da outra. Se a correlação fosse perfeita (o que nunca é com seres humanos), poderia haver predição com precisão total.

Como trabalhar com equações de regressão

Obviamente, não encontramos relações perfeitas no mundo real, mas, ao introduzir o conceito da equação de predição (regressão), é bom começar pelo exemplo hipotético de uma relação perfeita.

Na introdução ao tema da equação de regressão, Verducci (1980) fornece um dos melhores exemplos, relacionando a renda anual e o salário mensal. Quando não há outras fontes de renda, podemos prever com perfeita exatidão, por exemplo, a renda anual de professores, simplesmente multiplicando os salários mensais por 12. A Figura 8.7 ilustra essa relação perfeita. Distribuindo os salários mensais na tabela (o *X* ou a variável de predição), podemos obter a renda anual prevista (o *Y* ou a variável de critério). Portanto, se sabemos que uma professora (p. ex., a Sra. Brooks) recebe um

> **Equação de predição**
> Fórmula para prever algum critério (p. ex., uma medida de desempenho), com base na relação entre as variáveis de predição e de critério; também chamada de equação de regressão.

▶ Quanto maior a correlação entre as variáveis, maior a precisão com que uma pode ser predita a partir da outra.

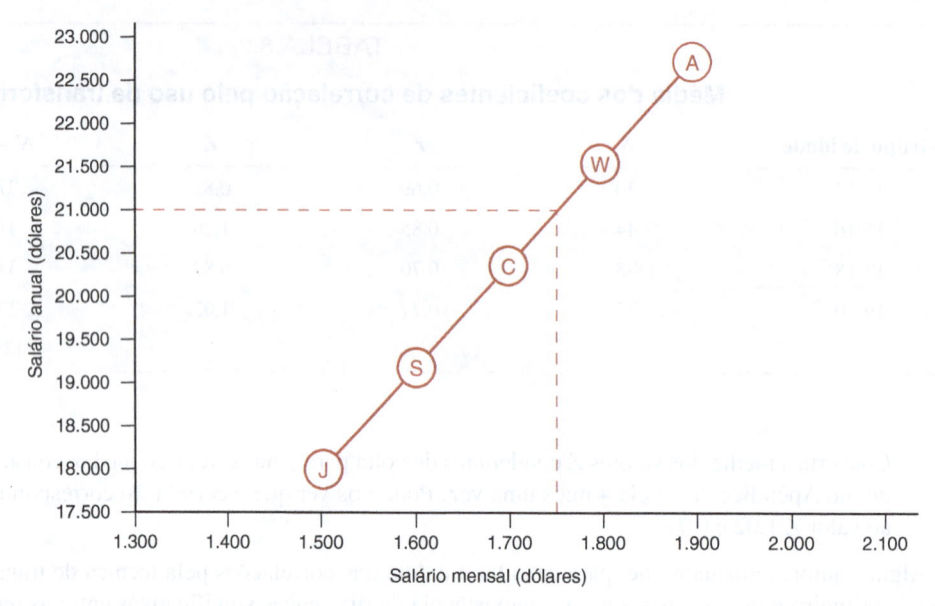

▶ **Figura 8.7** Plotagem de salários mensais e anuais com *r* perfeito. *Nota*: as letras se referem às iniciais dos professores.

Abscissa Trata-se do eixo horizontal ou x de um gráfico.

Ordenada É o eixo vertical ou y de um gráfico.

salário mensal de 1.750 dólares, fica fácil incluir esse dado no gráfico: esse valor (1.750 dólares) fica no eixo horizontal (*x*, a **abscissa**) e intercepta o eixo vertical (*y*, a **ordenada**) no ponto correspondente a dólares. Portanto, a equação para predição ($\hat{Y}$, renda anual prevista) é $\hat{Y}$ = 12X. No exemplo anterior, o salário mensal da professora (*X*) seria inserido na fórmula: Y = 12(1.750) = 21.000.

Agora, suponhamos que todos os professores recebam um adicional anual de 1.000 dólares pela coordenação ou por supervisão do treinamento das torcidas organizadas ou por alguma outra atividade extracurricular. A fórmula muda para $\hat{Y}$ = 1.000 + 12X. A renda anual da professora Brook será prevista do seguinte modo: $\hat{Y}$ = 1.000 + 12(1.750) = 22.000. A renda anual de todos os professores pode ser prevista da mesma maneira. Esta é a fórmula geral para uma linha reta (lembre-se de quando aprendeu isto no ensino médio), expressa assim:

$$\hat{Y} = a + bX \tag{8.2}$$

onde $\hat{Y}$ = o critério ou o escore previsto; *a* = o ponto de interseção; *b* = a inclinação da linha de regressão; e *X* = a variável preditora.

Nesse exemplo, determina-se o fator *b* pelo senso comum, pois sabemos que há 12 meses no ano. A inclinação da linha (*b*) significa a quantidade de alteração em *Y*, que acompanha a mudança de uma unidade de *X*. Portanto, qualquer unidade de *X* (salário mensal) é multiplicada por 12 para se obter o valor de $\hat{Y}$. Em problemas de regressão reais, como não sabemos intuitivamente o valor de *b*, temos de fazer o cálculo com a seguinte fórmula:

$$b = r\,(dp_y/dp_x) \tag{8.3}$$

onde *r* = a correlação entre *X* e *Y*, dp_y = o desvio-padrão de *Y*, e dp_x = o desvio-padrão de *X*. Retomando o exemplo anterior, na aplicação da Equação 8.3, usam-se os seguintes dados:

X (salário mensal) Y (renda anual)
M_x = 1.700 M_y = 21.400 (incluindo o adicional de 1.000 dólares)
dp_x = 141,42 dp_y = 1.697,06
r = 1,00

Portanto, *b* = 1,00(1.697,06/141,42) = 12. Na fórmula de regressão, *a* indica a interseção entre a linha de regressão e o eixo *y*. Em outras palavras, *a* é o valor de *Y* quando *X* é zero. No gráfico, se você estender bem a linha de regressão, poderá ver onde ela intercepta *Y*. O *a* é uma constante, pois é acrescentado a cada valor bX calculado. Mais uma vez, no exemplo dado, sabemos que a constante é 1.000. Em outras palavras, esse será o valor de Y, inclusive quando não houver salário mensal (X). Mas, para calcular o valor de a, primeiro é preciso calcular b, após a seguinte fórmula:

$$a = M_y - bM_x \qquad (8.4)$$

onde a = a constante (ou interseção), M_y = a média dos escores de Y, b = a inclinação da linha de regressão e M_x = a média dos valores de X. No exemplo, $a = 21.400 - 12(1.700) = 1.000$. Portanto, a equação de regressão final é $Y = a + bX$ ou $Y = 1.000 + 12X$.

Agora vamos usar um exemplo mais prático cuja correlação não é 1,00. Podemos usar os dados da Figura 8.2, em que a correlação entre *putts* por rodada e *greens* no regulamento era 0,55. As médias e os desvios-padrão são os seguintes:

X (*greens* no regulamento) Y (*putts* por rodada)
$M_x = 65,23$ $M_y = 29,22$
$dp_x = 2,35$ $dp_y = 0,51$
$r = 0,55$

Em primeiro lugar, calculamos b, a partir da Equação 8.3 (Ver Fig. 8.2 para uma cópia impressa do SPSS.)

$$b = r\,(dp_y/dp_x) = 0,55(0,51/2,35) = 0,12$$

Depois, calculamos a, a partir da Equação 8.4:

$$a = M_y - bM_x = 29,22 - 0,12(65,23) = 21,4$$

A fórmula de regressão (Equação 8.2, $Y = a + bX$) torna-se:

$$\hat{Y} = 21,4 + 0,12X$$

Para o *greens* no regulamento de qualquer jogador da PGA, podemos calcular os *putts* por rodada. Por exemplo, para um jogador que acerta 60% dos *greens* no regulamento, teríamos uma predição de *putts* por rodada $Y = 21,4 + 0,12\,(60) = 28,6$. A principal diferença entre esse exemplo e o dos salários mensais e anuais é que aquele não apresentava erro de predição, pois a correlação era 1,00. No entanto, para prever os *putts* por rodada a partir dos *greens* no regulamento, a correlação é inferior a 1,00, indicando a existência de erro de predição.

Cálculo da linha de melhor ajustamento

A Figura 8.2 mostra uma linha reta que conecta os escores dos *putts* por rodada e os *greens* no regulamento, ao contrário do que acontecia no exemplo mostrado na Figura 8.1. Esta **linha de melhor ajustamento** é usada para prever os escores de Y a partir dos de X.

Essa linha passa pela interseção das médias de X e Y. Repetimos o alerta: esse tipo de correlação é útil apenas se a reta for a linha que melhor se ajusta aos dados. A suposição de que uma linha reta abarca os dados aplica-se a todas as técnicas estatísticas discutidas nos Capítulos 8, 9 e 10; vale também a suposição de que os dados estão normalmente distribuídos.

A Figura 8.2 mostra a linha de regressão de melhor ajustamento. Você pode prontamente ver que os escores não caem em uma linha reta, como o fazem no exemplo da correlação perfeita.

Essas diferenças entre as previsões e os escores de Y reais representam a margem de erro de predição e são chamados de **escores residuais**. Se computarmos todos os escores residuais, a média será zero, e o desvio-padrão será o **erro-padrão de predição** ou **erro-padrão de estimativa** ($dp_{y \cdot x}$).

Um modo simples de obter o erro-padrão consiste em usar esta fórmula:

$$dp_{Y \cdot X} = dp_Y \sqrt{1 - r^2} \qquad (8.5)$$

O erro-padrão de estimativa é interpretado do mesmo modo que o desvio-padrão. Em outras palavras, o valor previsto (*putts* por rodada) do jogador do nosso exemplo, mais ou menos o erro-padrão de estimativa, ocorre aproximadamente 68 vezes em cada 100.

Linha de melhor ajustamento Linha de regressão calculada que resulta na menor soma dos quadrados das distâncias verticais de cada ponto da linha.

Escores residuais A diferença entre os escores previstos e os reais representa o erro de predição.

Erro-padrão de predição A computação do desvio-padrão de todos os escores residuais de uma população; a quantidade de erro esperada na predição. Também chamado de erro-padrão de estimativa.

Erro-padrão de estimativa Ver erro-padrão de predição.

Quanto maior for a correlação, menor será o erro de predição. Além disso, quanto menor o desvio-padrão do critério, menor o erro.

A linha de melhor ajustamento às vezes é chamada de método de quadrados mínimos. Isso significa que a linha de regressão calculada é aquela para a qual é mínima a soma dos quadrados das distâncias verticais de cada ponto da linha. Não abordaremos essa questão aqui. A soma dos quadrados será discutida no próximo capítulo.

Correlação parcial

Eventualmente, a correlação entre duas variáveis é enganosa e apresenta dificuldades de interpretação quando há pouca ou nenhuma correlação entre as variáveis, a não ser aquela causada pela dependência comum de uma terceira variável.

Por exemplo, muitos atributos aumentam regularmente dos 6 aos 18 anos de idade, como altura, peso, força, desempenho mental, vocabulário, capacidade de leitura, entre outros. Em uma ampla faixa etária, a correlação entre quaisquer duas dessas medidas certamente será positiva e, provavelmente, alta, devido ao fator de maturidade comum com o qual estão estritamente relacionadas. Na verdade, a correlação pode cair para zero quando se elimina a variabilidade causada por diferenças etárias. É possível controlar o fator idade de dois modos. Podemos selecionar apenas crianças da mesma idade ou podemos eliminar os efeitos (remover a influência de algo ou manter esse algo constante) da idade de modo estatístico, mantendo-a constante.

O símbolo da correlação parcial é $r_{12\cdot3}$, que representa a correlação entre as variáveis 1 e 2 com uma variável 3 constante (podemos diversificar à vontade o número de variáveis constantes; p. ex., $r_{12\cdot345}$). O cálculo da correlação parcial entre três variáveis é simples. Retomemos a correlação anterior entre o número do calçado e as notas em matemática. Esse é um bom exemplo de **correlação espúria**, ou seja, a correlação entre as duas variáveis deve-se à influência comum de outra variável (idade ou maturidade). Quando o efeito da terceira variável (idade) é removido, a correlação entre o número do calçado e as notas em matemática diminui ou desaparece completamente. Rotulamos as três variáveis do seguinte modo: 1 = nota em matemática; 2 = número do calçado e 3 = idade. Então, $r_{12\cdot3}$ é a correlação parcial entre as variáveis 1 e 2, mantendo 3 constante. Suponhamos que os coeficientes de correlação entre as três variáveis sejam $r_{12} = 0{,}80$, $r_{13} = 0{,}90$ e $r_{23} = 0{,}88$. A fórmula para $r_{12\cdot3}$ é:

Correlação espúria
Relação em que a correlação entre duas variáveis deve-se primariamente à influência comum de outra variável.

$$r_{12\cdot3} = \frac{r_{12} - r_{13}r_{23}}{\sqrt{1-r_{13}^2}\sqrt{1-r_{23}^2}}$$
$$= \frac{0{,}80 - 0{,}90 \times 0{,}88}{\sqrt{1-0{,}90^2}\sqrt{1-0{,}88^2}}$$
$$= 0{,}039 \qquad (8.6)$$

Portanto, vemos que a correlação entre as notas em matemática e o número do calçado cai para quase zero quando mantemos a idade constante.

A importância da correlação parcial consiste em desenvolver uma equação de regressão múltipla com duas ou mais variáveis de predição. No processo de seleção, quando uma nova variável é "introduzida", sua correlação com o critério é determinada com os efeitos da variável precedente mantida constante. O tamanho e o sinal de uma correlação parcial podem ser diferentes daqueles da correlação de ordem zero (duas variáveis) entre as mesmas variáveis.

Usos da correlação semiparcial

Na seção anterior, sobre correlação parcial, os efeitos de uma terceira variável sobre a relação entre duas outras variáveis foram eliminados pelo uso da fórmula da correlação parcial. Em outras palavras, em $r_{12\cdot3}$, a relação da variável 3 com a correlação da variáveis 1 e 2 é removida. Em algumas situações, o pesquisador pode querer remover os efeitos de apenas uma das variáveis correlacionadas. Isso é chamado de **correlação semiparcial**. O símbolo é $r_{1(2\cdot3)}$, que indica que a relação entre as variáveis 1 e 2 é determinada após a eliminação da influência da variável 3 sobre a variável 2.

Suponhamos, por exemplo, que o pesquisador esteja estudando a relação entre a percepção do esforço (PE, a percepção do indivíduo em relação ao nível de esforço no trabalho), a frequência cardíaca (FC) e a carga de trabalho (CT). Obviamente, a CT será correlacionada com a FC. O objetivo é investigar a relação entre PE e FC, enquanto se controla a CT. A correlação semiparcial mostra essa relação; no entanto, também removerá os efeitos da CT sobre a relação entre PE e FC. Mas o pesquisador quer remover esses efeitos apenas da FC, e não da relação entre PE e FC. Em outras palavras, o foco está no efeito líquido da FC sobre o PE após a remoção da influência da CT. Portanto, na correlação semiparcial, o efeito da CT é removido da FC, mas não do PE.

> **Correlação semiparcial** Técnica em que uma variável é isolada – os efeitos são removidos – das duas variáveis da correlação.

Procedimentos da regressão múltipla

A **regressão múltipla** envolve uma variável dependente (em geral algum tipo de critério) e duas ou mais variáveis preditoras (variáveis independentes). O uso de mais de uma variável preditora tende a aumentar a precisão da predição. Isso parece autoevidente. Se você desejava prever a média de escores do PGA Tour, espera-se obter uma predição mais exata usando vários resultados de habilidades (p. ex., distância da tacada, *greens* no regulamento, *putts* por rodada) em vez de apenas um.

O coeficiente de correlação múltipla (*R*) indica a relação entre o critério e a soma ponderada das variáveis preditoras. O fato é que R^2 representa a quantidade de variância do critério explicado ou responsável pelas variáveis preditoras combinadas. Ele é similar ao coeficiente de determinação (r^2), discutido anteriormente em relação à associação comum entre variáveis. Agora, no entanto, temos a quantidade de associação entre uma variável (o critério) e a combinação ponderada das variáveis.

Queremos encontrar a melhor combinação de variáveis para fornecer a predição mais exata do critério. Portanto, estamos interessados em saber em que proporção cada um dos preditores contribui para a variância total explicada. Outra forma de dizer isso seria que queremos descobrir as variáveis que mais reduzem os erros de predição. A partir de uma visão prática, em termos do tempo e do esforço gastos para medir as variáveis preditoras, é desejável encontrar o menor número possível de preditores responsáveis pela maior parte da variância do critério. Há vários procedimentos de seleção que podem ser usados para esse propósito. (Busque informações adicionais sobre regressão múltipla em Cohen e Cohen [1983] e Pedhazur [1982]).

No momento de decidir que preditores (ou conjuntos de preditores) usar, os pacotes estatísticos oferecem várias opções. A Tabela 8.3 inclui grande parte dos procedimentos mais comuns. Uma opção é simplesmente usar todas as variáveis preditoras. No entanto, quanto menos dessas variáveis for possível usar para obter uma boa predição, mais econômica e valiosa será a equação de predição. Às vezes, os pesquisadores especificam a ordem e as combinações das variáveis preditoras. Esse método é chamado de regressão hierárquica e deve ser baseado em teoria e em provas empíricas anteriores. Os demais procedimentos listados na Tabela 8.3 permitem ao programa selecionar a ordem das variáveis preditoras e quantas delas serão usadas, de acordo com critérios estatísticos. Tudo é organizado de modo a terminar com um menor número de variáveis preditoras do que o modelo completo.

O Exemplo 8.2 ilustra a regressão múltipla que usa muitas das variáveis de habilidades do golfe para predizer o escore médio (para um conjunto completo de dados, consultar a Tab. 6.2). As médias e o desvio-padrão do critério (escore médio) e dos preditores (distância da tacada, precisão da tacada, *greens* no regulamento, *putts* por rodada, recuperação e salvos da areia) estão na parte superior da tabela. O procedimento usa um modelo de regressão regressiva – todas as variáveis são incluídas no início (Modelo 1 na tabela) e a variável que não é importante (não é uma boa preditora) é removida a cada passo, até que todas as variáveis importantes permaneçam (contribuem para o mo-

> **Regressão múltipla** Modelo usado para prever um critério a partir de duas ou mais variáveis independentes ou preditoras.

> ▶ *R* representa o coeficiente de correlação múltipla, que indica a relação entre o critério (uma variável dependente) e uma soma ponderada das variáveis preditoras (variáveis independentes).

TABELA 8.3
Seleção de procedimentos na regressão múltipla

Procedimento	Como isso funciona
Modelo total	Todas as variáveis de predição são incluídas no modelo.
Hierárquico	As variáveis de predição são adicionadas como blocos (p. ex., duas juntas) e determinadas com antecedência.
Progressivo	A preditora com correlação mais alta é adicionada primeiro; então, a próxima mais alta é inserida após explicar a relação com a primeira preditora.
Regressivo	Todas as variáveis são plotadas; então, a com menor contribuição é removida primeiro, depois a seguinte com menor contribuição.
Gradativo	Uma combinação de procedimentos progressivos e regressivos na qual é feita uma checagem a cada passo para ver se a preditora plotada previamente deve ser removida.
R ao quadrado máximo	O programa calcula a melhor combinação de variável de duas, três ou mais preditoras.

delo de predição). Nesse exemplo, o Modelo 2 removeu precisão de tacada, e o Modelo 3 (o Modelo final) removeu recuperação. Portanto, o Modelo 3 usa a combinação de salvos da areia, *greens* no regulamento, distância da tacada e *putts* por rodada para predizer o escore médio. Os quatro preditores em um composto linear (cada um com peso para sua contribuição) predizem de forma significativa $F(4,25) = 5,26$, $p = 0,003$, escore médio, $R = 0,676$. Esse composto linear dos quatro aspectos da *performance* do golfe explica 45,7% da variância (R^2) na média de escore. A equação de predição está na tabela. Mas, como a composição linear dos preditores explica apenas 45,7% da variância no escore médio, a predição pode não ser útil.

Exemplo 8.2

■ **Valores conhecidos**

Regressão múltipla usando variáveis de habilidades do golfe para predizer a média do escore (regressão múltipla regressiva)

Estatísticas descritivas

Variável	Média	Desvio-padrão	N
Média de escore	70,1	0,5	30
Distância de tacada	290,6	7,8	30
Precisão de tacada	61,9	4,9	30
Acertos de *greens* no regulamento	65,2	2,3	30
Putts por rodada	29,2	0,5	30
Recuperação	57,8	2,4	30
Salvos da areia	51,9	5,1	30

Resumo do modelo (d)

Modelo	R	R^2
1	0,703 (a)	0,494
2	0,703 (b)	0,494
3	0,676 (c)	0,457

a. Preditores = salvos da areia, precisão da tacada, *greens* no regulamento, recuperação, distância da tacada, *putts* por rodada.
b. Preditores = salvos da areia, *greens* no regulamento, recuperação, distância da tacada, *putts* por rodada
c. Preditores = salvos da areia, *greens* no regulamento, distância da tacada, *putts* por rodada.
d. Variavéis = escore médio

$F_{(4,25)} = 5{,}26, p = 0{,}003$

■ Equação de predição

$\hat{Y}$ = 70,9 − (0,022) distância de tacada − (0,121) *greens* no regulamento + (0,529) *putts* por rodada − (0,37) salvos da areia

Equações de predição na regressão múltipla

A equação de predição resultante da regressão múltipla é basicamente aquela do modelo de regressão de duas variáveis, $Y = a + bX$. A única diferença é que há mais de uma variável X. Portanto, eis a equação:

$$Y = a + b_1X_1 + b_2X_2 + \ldots + b_iX_i \qquad (8.7)$$

Não vamos nos aprofundar nessa fórmula para calcular a e os bs das variáveis selecionadas. Como dissemos, certamente os pesquisadores usam computadores nos problemas de regressão múltipla.

Alguns problemas associados à regressão múltipla

O procedimento básico para avaliar a regressão múltipla é o mesmo usado na regressão com apenas duas variáveis: o tamanho da correlação. Quanto maior a correlação, mais exata será a predição. No entanto, alguns fatores devem ser mencionados.

Uma limitação da predição relaciona-se com a generalização. Equações de regressão desenvolvidas a partir de determinada amostra com frequência perdem considerável precisão quando aplicadas a outras. Essa perda da exatidão na predição é chamada de **redução**. O termo **especificidade da população** também relaciona-se com esse fenômeno. A redução e o uso da validação cruzada para melhorar a generalização serão abordados no Capítulo 11. Precisamos reconhecer que, quanto mais o pesquisador busca a precisão por meio dos procedimentos de seleção (progressivo, regressivo, gradual e R^2 máximo), de acordo com as características próprias da amostra, menos são capazes de generalizar para outras populações. Vejamos um exemplo. Uma fórmula de previsão da porcentagem de gordura corporal, com base na medição das dobras cutâneas e desenvolvida para homens adultos, perde muito da sua precisão se usada para adolescentes. Portanto, o pesquisador deve selecionar a amostra com bastante cuidado, pensando na população para a qual os resultados serão generalizados.

Nos estudos de predição, o número de participantes da amostra deve ser grande o suficiente. Em geral, quanto maior a amostra, maior a probabilidade de que ela represente a população da qual foi retirada. Contudo, há outro problema com amostras pequenas em estudos de regressão múltipla: a correlação pode ser espuriamente alta. Existe uma relação direta entre a correlação e a proporção entre o número de participantes e o número de variáveis. Na verdade, o grau em que o valor esperado de R^2 excede zero, quando ele é zero na população, depende de duas coisas: do tamanho da amostra (n) e do número de variáveis (k). Mais precisamente, é a razão $(k-1)/(n-1)$. Para ilustrar, suponhamos que você tenha lido um estudo em que $R^2 = 0{,}90$. Impressionante, não é? Os resultados, porém, seriam sem sentido caso a pesquisa tivesse incluído apenas 40 participantes e 30 variáveis, pois poderíamos esperar um R^2 de 0,74 com base apenas na probabilidade: $R^2 = (k-1)/(n-1) = (30 - 1)/(40 - 1) = 0{,}74$. Você deve ter em mente essa relação entre o número de participantes e o número de variáveis ao ler estudos que utilizam a regressão múltipla. No caso mais extremo, você poderá ver que ter o mesmo número de variáveis e de participantes $(k-1)/(n-1)$ resulta em um R^2 de 1,00! Com frequência, recomenda-se uma proporção participante-variável de 10:1 ou mais alta.

Redução Tendência de diminuição da validade quando a fórmula de predição é usada em outra amostra.

Especificidade da população Fenômeno pelo qual uma equação de regressão desenvolvida com determinada amostra perde considerável precisão quando aplicada a outras.

Formas de correlação multivariadas

Discutimos formas de correlação tipicamente rotuladas de univariadas, ou seja, em que há uma ou mais variáveis de predição (independentes), mas apenas uma variável de critério (dependente). Nesta breve seção, introduzimos as formas multivariadas de correlação. Nosso propósito é fornecer informações suficientes para que você possa compreender artigos sobre pesquisas em que foi utilizado um desses procedimentos.

Correlação canônica

A correlação canônica é uma extensão da correlação múltipla (vários preditores e um critério) para uma análise com vários preditores e critérios, representada pelo símbolo R_c. Na correlação múltipla, forma-se uma combinação linear das variáveis preditoras que predizem maximamente a única variável de critério. Na correlação canônica, formam-se duas combinações lineares, uma das variáveis preditoras e outra das variáveis de critério. Essas duas combinações são formadas para maximizar a relação entre elas, sendo a relação representada por R_c. A R_c^2 é interpretada exatamente como a R_c^2 da correlação múltipla; ela representa a variância compartilhada entre duas combinações lineares de variáveis.

McPherson e Thomas (1989), por exemplo, estudaram jogadores de tênis iniciantes e veteranos de duas faixas etárias (dos 10 aos 11 e dos 12 aos 13). Eles mediram três variáveis preditoras (o conhecimento do tênis, o serviço e os golpes de fundo, ou *ground stroke*). Depois, filmaram as crianças jogando tênis e codificaram as fichas de acordo com as três variáveis de critério: controle (ficar na posição), decisões (escolha do golpe e de onde atingir) e execução (realização do que foi planejado). Os pesquisadores usaram a correlação canônica para avaliar a relação entre os compostos lineares das três variáveis preditoras e das três variáveis de critério. Foi registrada uma correlação canônica significativa, $R_c = 0,79$, $F(6,70 = 7,58$, $p < 0,01$ (a proporção F e a notação que a descreve são abordadas no Cap. 9). Quando avaliaram os coeficientes canônicos padronizados (como os pesos beta padronizados em correlação múltipla) e os acompanhamentos (*follow-ups*) da regressão múltipla, descobriram que o conhecimento do tênis relacionava-se mais estreitamente com as boas tomadas de decisões durante o jogo; já os golpes de fundo, com a execução durante o jogo.

Análise fatorial

Muitas características e variáveis de desempenho são usadas para descrever o comportamento humano. Com frequência, é útil reduzir um amplo conjunto de medidas de características e de desempenho a uma estrutura mais administrável. Já discutimos a probabilidade de que duas medidas de desempenho avaliem, em certa medida, a mesma característica subjacente. Isso representa o grau em que estão correlacionadas. A **análise fatorial** é uma abordagem usada para reduzir um conjunto de medidas correlacionadas a um número menor de variáveis latentes ou ocultas (Tinsley e Tinsley, 1987). Vários procedimentos são agrupados sob o tópico geral da análise fatorial. Não abordamos as várias técnicas em detalhe, mas fornecemos uma explicação geral, que permite ler e compreender estudos que usam essa análise. Há uma boa explicação e um exemplo de análise fatorial em Tinsley e Tinsley (1987) e McDonald (1999).

Análise fatorial Técnica estatística usada para reduzir um conjunto de dados, agrupando variáveis similares em componentes básicos (fatores).

A análise fatorial é executada com base em dados de um grupo de indivíduos dos quais foi extraída uma série de medidas. Em geral, o pesquisador pretende descrever um número reduzido de construtos subjacentes e, possivelmente, selecionar uma ou duas melhores medidas para cada construto. A análise fatorial começa pelo cálculo das intercorrelações entre todas as medidas usadas (a correlação entre todos os pares possíveis de variáveis); portanto, se forem usadas oito medidas, a correlação será determinada entre as variáveis 1 e 2, 1 e 3, e assim por diante, até completar um total de 28 correlações). O objetivo da análise fatorial é descobrir os fatores (construtos subjacentes ou ocultos) que melhor explicam determinado grupo de medidas e descrevem a relação de cada medida com o fator ou o construto subjacente. Os dois tipos gerais de análise fatorial são: (*a*) exploratória, em que muitas variáveis são reduzidas a um conjunto subjacente e (b) confirmatória, que confirma ou não a estrutura proposta pela teoria. A análise fatorial confirmatória é a técnica mais útil.

Marsh, Marco e Açýý (2002), por exemplo, examinaram se o Questionário de Autodescrição Física (PSDQ, do inglês *Physical Self-Description Questionnaire*) apresentava estruturas de fator similares quando usado para amostras de dois ou mais grupos culturais de estudantes do ensino médio da Austrália, da Espanha e da Turquia. Eles traduziram o instrumento para o espanhol e para o turco e usaram técnicas de versão para avaliar se as traduções tinham produzido um instrumento similar na nova língua. Em cada país, as crianças completaram o instrumento e foram comparadas as estruturas de fator e as estatísticas de adequação (tais como erro de aproximação do quadrado da média [RM-SEA] e o índice de não centralidade relativa [RNI]). A pesquisa corroborou o uso do PSDQ em uma série de ambientes culturais. Como referido no Capítulo 11, a análise fatorial confirmatória é muitas vezes usada para validar escores a partir de instrumentos de atitude ou de outros questionários, e esse estudo ampliou isso para vários países.

Modelagem da equação estrutural

A análise de trajetória (*path analysis*) e as **relações estruturais lineares** (LISRELs), do inglês *linear structural relations*, são técnicas de modelagem estruturais ou causais, usadas para explicar o modo como determinadas características relacionam-se com outras e para tentar deduzir a causa. Você deve se lembrar, pela discussão apresentada no Capítulo 4 e no começo deste capítulo, de que a causa e o efeito são o resultado lógico, e não estatístico. Ou seja, se o pesquisador puder argumentar teoricamente que a mudança de certa característica deve resultar em uma alteração específica de comportamento e se os experimentos reais (e a análise estatística) confirmarem essa hipótese, então, com frequência, infere-se que determimada variável independente causa a variável dependente. É claro que isso é verdade apenas se todas as outras influências possíveis forem controladas.

> **Relações estruturais lineares (LISRELs)**
> Abordagem estatística usada para estabelecer relações e examinar o modelo das equações estruturais.

O modo como as variáveis se influenciam entre si nem sempre é evidente. Por exemplo, $X \rightarrow Y \rightarrow Z$ ou $X \leftarrow Y \rightarrow Z$. No primeiro caso, X influencia Y, que, por sua vez, influencia Z; contudo, no segundo caso, Y influencia tanto X quanto Z. Esse é um caso muito simples. A análise de trajetória e as LISRELs permitem uma modelagem mais complexa do modo como as variáveis se influenciam entre si. Mas tudo o que podemos dizer a respeito desses modelos é que eles são consistentes ou inconsistentes com os dados e as hipóteses. A possível implicação de causa e efeito depende de outros fatores (p. ex., controle de todas as demais variáveis, tratamentos cuidadosos, hipóteses lógicas, teorias válidas). Em Schumacker e Lomax (2004), há uma revisão útil e também uma explicação prática da modelagem da equação estrutural.

Para compreender os fundamentos das LISRELs, vejamos um exemplo retirado da literatura da educação física. Greenockle, Lee e Lomax (1990) estavam interessados em descrever a relação entre as características dos estudantes e seu comportamento em relação ao exercício. A Figura 8.8 mostra a relação descoberta por eles a partir de uma amostra de 10 turmas de educação física do ensino médio cujo professor tinha concordado em ensinar determinada unidade de condicionamento físico. Os pesquisadores mediram quatro variáveis do histórico dos estudantes: nível anterior de atividade, percepção do nível de atividade do pai, percepção do nível de atividade da mãe e conhecimento do condicionamento físico. As duas medidas de atitude em relação ao exercício foram tomadas a partir de um questionário válido e confiável. Duas medidas de norma subjetiva, que indicavam como os sujeitos percebiam o modo como outras pessoas se sentiam a respeito do comportamento do sujeito em relação aos exercícios, foram obtidas a partir desse mesmo questionário. Uma medida da intenção ao se exercitar também foi coletada. Mediram-se cinco comportamentos nos exercícios: corrida, escore no teste de condicionamento, porcentagem de participação, frequência cardíaca e esforço percebido.

A técnica das LISRELs foi usada porque permitia que as medidas relacionadas fossem agrupadas (como na análise de fator) em componentes (p. ex., o comportamento em relação ao exercício) e

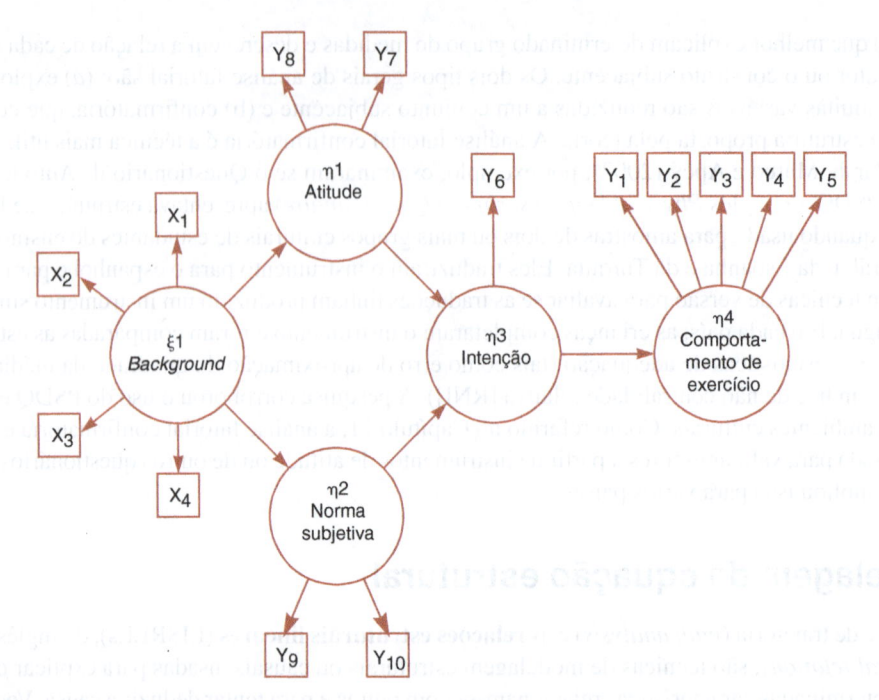

▶ **Figura 8.8** Modelo LISREL.

Reimpressa com permissão da *Research Quarterly for Exercise and Sport*, Vol. 61, p. 65, Copyright © 1990 pela American Alliance for Health, Physical Education, Recreation and Dance, 1900 Association Drive, Reston, VA 20191.

porque mostrava a relação entre os componentes em termos de magnitude e direção. As estimativas de cada componente são agrupadas em uma equação linear (usando as respectivas cargas de fator). Então uma série de equações lineares gerais (como na regressão múltipla) mostra as relações entre os componentes. Os índices de adequação do modelo são usados para avaliar a natureza da adequação. Os resultados do estudo de Greenockle e colaboradores revelaram que "a predição do comportamento em relação ao exercício a partir da norma subjetiva e da atitude era mediada significativamente pela intenção" (p. 59). Vê-se, então, que as técnicas de modelagem estrutural fornecem um meio de avaliar relações complexas existentes em dados do mundo real. Quando estabelecemos as direções de certas relações, podemos fazer inferências mais fortes a respeito de que características têm probabilidade de causar outras características.

Resumo

Exploramos algumas técnicas estatísticas para determinar relações entre variáveis. O tipo mais simples é a correlação *r* de Pearson, que descreve a relação entre duas variáveis. Introduzimos a regressão linear, que pode ser usada para prever uma variável a partir de outra. A correlação é interpretada pela significância (fidedignidade) e pelo significado (r^2), que indica a porção da variância total de uma medida que pode ser explicada pela outra medida ou pela qual esta é responsável.

A correlação parcial é um procedimento de obtenção da correlação entre duas variáveis quando a influência de uma ou mais variáveis é mantida constante. A correlação semiparcial remove a influência de uma terceira variável apenas sobre uma das duas variáveis correlacionadas. A correlação parcial (ou semiparcial) é usada na correlação múltipla e no desenvolvimento de fórmulas de regressão múltipla.

Na regressão múltipla, duas ou mais variáveis preditoras (independentes) são usadas para prever a variável de critério. A mais eficiente composição linear ponderada das variáveis preditoras é determinada por técnicas como a seleção progressiva, a regressiva, a gradual e o R^2 máximo.

Por fim, fornecemos uma visão geral de três procedimentos correlacionais multivariados: correlação canônica, análise fatorial e modelagem da equação estrutural. Foi apresentado um exemplo de uso de cada técnica.

Verifique sua compreensão

1. Qual a correlação (r) entre os depósitos de gordura em duas regiões do corpo diferentes? A variável X é a dobra cutânea do tríceps e a Y, a medida da dobra suprailíaca.

X	Y
16	9
17	12
17	10
15	9
14	8
11	6
11	5
12	5
13	6
14	5
4	1
7	4
12	7
7	1
10	3

2. Usando a Tabela 3, no Apêndice, determine se a correlação obtida na questão anterior é significativa no nível 0,05. Que tamanho deveria ter a correlação para ser significativa no nível 0,01 se houvesse 30 participantes? Qual a porcentagem da variância comum entre as duas medidas das dobras cutâneas na primeira questão?

3. Determine a fórmula de regressão (Equação 8.2) para prever o consumo máximo de oxigênio ($\dot{V}O_2$máx.) a partir dos escores registrados em 12 minutos de corrida. As informações necessárias são:

   X (12 minutos de corrida) Y ($\dot{V}O_2$máx.)
   $M_x = 2.853$ m $M_y = 52,6$ mL · kg · min^{-1}
   $dp_x = 305$ m $dp_y = 6,3$ mL · kg · min^{-1}.
   $r = 0,79$

4. Usando a fórmula de predição desenvolvida na questão anterior, qual o $\dot{V}O_2$máx. previsto para um sujeito que correu 2.954 m nos 12 minutos? E para outro que correu 2.688 m em 12 minutos?

5. Qual o erro-padrão de estimativa (Equação 8.5) da fórmula de predição na questão 3? Como você interpreta o $\dot{V}O_2$máx. previsto para os participantes na questão anterior?

Capítulo 9

DIFERENÇAS ENTRE GRUPOS

Lembre-se: metade dos seus conhecimentos está abaixo da média!

Conforme abordado nos Capítulos 6 e 8, as técnicas estatísticas são usadas para encontrar e descrever relações entre variáveis. Também são usadas para detectar diferenças entre grupos. São muito frequentes na análise de dados de pesquisas experimentais e quase experimentais. Elas permitem avaliar efeitos de uma variável independente (causa ou tratamento) ou categórica (sexo, idade, raça, etc.) sobre outra dependente (efeito, resultado). Lembre-se, no entanto, de que as técnicas descritas neste capítulo não são usadas de modo isolado para estabelecer relações de causa e efeito, mas apenas para avaliar a influência da variável independente. Relações de causa e efeito não são estabelecidas por estatísticas, mas pela teoria, pela lógica e pela natureza total da situação experimental.

Como a estatística testa diferenças

Na pesquisa experimental, os níveis da variável independente podem ser estabelecidos pelo experimentador. Pode ser, por exemplo, que o experimento envolva a investigação dos efeitos da intensidade do treinamento sobre a resistência cardiorrespiratória. Portanto, a intensidade do treinamento é a variável independente (ou o fator de tratamento), enquanto alguma medida da resistência cardiorrespiratória é a variável dependente. A intensidade do treinamento pode ter vários níveis. Se for avaliada pela porcentagem do consumo máximo de oxigênio ($\dot{V}O_2$máx.), poderá ser 30, 40, 50%, etc. O investigador escolhe o número e a intensidade dos níveis. Em um experimento simples, a variável independente pode incluir dois níveis de intensidade; digamos, 40 e 70% do $\dot{V}O_2$máx. A duração de cada sessão, a frequência e o número de semanas de treinamento (p. ex., respectivamente, 30 minutos, três vezes por semana, em 12 semanas) são controlados (iguais para ambos os grupos). A variável dependente pode ser a distância que a pessoa corre em 12 minutos.

▶ As estatísticas podem avaliar a influência das variáveis independentes, mas não podem estabelecer causa e efeito.

O objetivo do teste estatístico é avaliar a hipótese nula em determinado nível de probabilidade (p. ex., $p < 0,05$). Em outras palavras, será que os dois níveis de tratamento diferem de modo tão significativo ($p < 0,05$) que podemos afirmar que essas diferenças não são atribuíveis a ocorrências ocasionais mais de cinco vezes em cada cem? O teste estatístico é sempre o da hipótese nula. Tudo o que a estatística pode fazer é rejeitar ou não essa hipótese. Ela não pode aceitar a hipótese da pesquisa. Apenas o raciocínio lógico, o bom delineamento experimental e a teorização apropriada são capazes de fazer isso. A estatística determina apenas se os grupos são diferentes, e não por que eles são diferentes.

Ao usar técnicas lógicas para inferir relações de causa e efeito, depois de ter encontrado diferenças significativas, atenção especial deve ser dada à consideração de todas as possibilidades. Por exemplo, propomos o teorema de que todos os números ímpares são primos (exemplo de Ronen et al., citado em Scherr, 1983, p. 146). Sabemos que os números primos são aqueles que podem ser divididos apenas por 1 e por eles mesmos. Portanto, 1, 3, 5, 7, etc, são primos. Pela técnica de raciocínio indutivo, concluímos que todos os números ímpares são primos. No exemplo de Ronen e colaboradores, foi amostrado um número muito pequeno de níveis da variável independente (números primos), e o erro originou-se da inferência de que todos os níveis da variável independente eram iguais.

Quando usamos estatísticas para testar diferenças entre grupos, queremos não apenas estabelecer se os grupos são significativamente diferentes, mas também determinar a força da associação entre as variáveis independente e dependente ou o tamanho da diferença entre os dois grupos. O t e as razões F são usados ao longo deste capítulo para determinar se os grupos são significativamente diferentes. O significado das diferenças é estimado pelo tamanho do efeito (TE). Ele (lembre-se do Cap. 7) é a diferença padronizada entre dois grupos e também é usado para estimar o significado. Nas técnicas da ANOVA, R^2 é também usado para estabelecer o significado. O R^2 é a percentagem de variância na variável dependente, explicada pela variável independente.

▶ **R quadrado (R^2)**
Método de interpretação do significado da força da relação entre as variáveis independente e dependente; proporção da variância total que cabe aos tratamentos.

Os usos do t e das distribuições F, como apresentados neste capítulo, têm quatro suposições (além daquelas da estatística paramétrica, apresentadas no Cap. 6; Kirk, 1982, é uma boa fonte de informações adicionais):

- As observações são extraídas de populações normalmente distribuídas;
- As observações representam amostras populacionais aleatórias;
- O numerador e o denominador são estimativas da variância da mesma população;
- O numerador e o denominador das razões F (ou de t) são independentes.

Ainda que os testes t e F resistam a violações dessas suposições (ou sejam influenciados apenas um pouco por elas), ainda assim elas não são triviais. Você deve estar atento à presença de violações e ao fato de que afetam os níveis de probabilidade possivelmente obtidos em conexão com t e as razões F.

▶ Lembre-se de estabelecer que, se os grupos são significativamente diferentes, duas coisas são importantes: a significância para a associação entre as variáveis dependente e independente e o tamanho da diferença entre os grupos.

Tipos de testes t

Discutiremos três tipos de testes t: entre as médias da amostra e da população, entre grupos independentes e entre grupos dependentes.

Teste t entre as médias da amostra e da população

Inicialmente, queremos saber se uma amostra de estudantes difere da população mais ampla. Suponhamos, por exemplo, que, em um teste de conhecimento padronizado sobre condicionamento físico, a média seja 76 para uma população ampla de calouros universitários. Quando testada, sua turma de condicionamento físico (n = 30) apresenta média de 81 e desvio-padrão de 9. Será que os alunos da sua turma têm conhecimentos sobre condicionamento físico significativamente maiores do que o típico para universitários novatos?

O t é um teste da hipótese nula que declara não existir diferenças entre a média da amostra (M) e a média da população (μ) ou $M - \mu = 0$. A Equação 9.1 é o teste t entre as médias da amostra e da população:

$$t = \frac{M - \mu}{dp_M / \sqrt{n}} \tag{9.1}$$

onde dp_M = desvio-padrão da média da amostra e n = número de observações na amostra. O Exemplo 9.1 mostra essa equação aplicada às médias e ao desvio-padrão do teste padronizado de conhecimentos sobre condicionamento físico sugerido anteriormente.

Exemplo 9.1

■ **Valores conhecidos**

População:	$N = 10.000$
Classe de aptidão física:	$n = 30$
Média da amostra:	$M = 81$
Média da população:	$\mu = 76$
Desvio-padrão:	$dp_M = 9$

■ **Cálculo (Equação 9.1)**

$$t = \frac{M - \mu}{dp_M / \sqrt{n}}$$

$$t = \frac{81 - 76}{9 / \sqrt{30}} = \frac{5}{1,64} = 3,05$$

O valor 3,05 é significativo? Para descobrir isso, temos de recorrer à Tabela 5, no Apêndice. Primeiro, verificamos os graus de liberdade (*df*) para o teste *t*. Esses graus baseiam-se no número de sujeitos com correção da tendência:

$$df = n - 1 \tag{9.2}$$

Em nosso exemplo, os graus de liberdade são 30 – 1, ou seja, 29. Os graus entram na formação de uma tabela *t*, usada como referência para que se possa decidir se o *t* calculado é igual ou maior do que o valor mostrado na tabela. Observe que, no Apêndice, na Tabela 5, encontram-se também níveis de probabilidade. Queremos saber se o nosso *t* é significativo para $p < 0,05$ (nível de significância por nós determinado). Para isso, observamos a linha do nível 0,05. E, depois, na coluna *df*, à esquerda, localizamos os graus de liberdade calculados (*df* = 29). Buscamos, então, o ponto de interseção entre o *df* = 29 e a coluna 0,05. O valor calculado (*t* = 3,05) é maior do que o localizado (2,045)? Sim. Portanto, *t* é significativo quando $p < 0,05$. Concluímos que a turma usada como amostra é confiavelmente (significativamente) diferente da média da população no que diz respeito ao teste sobre condicionamento físico.

Teste *t* independente

O teste *t* anterior, aplicado para determinar se a amostra difere da população, é pouco usado. Com frequência, é o *t* que determina se duas médias de amostras diferem confiavelmente entre si. Ele é chamado de **teste *t* independente**.

Suponha que retomemos o exemplo anterior: dois grupos, treinando com diferentes graus de intensidade (40 ou 70% do $\dot{V}O_2$máx., 30 minutos por dia, três dias por semana, por 12 semanas) diferem entre si no que diz respeito à resistência cardiorrespiratória (corrida de 12 minutos)? Pressupomos que 30 sujeitos foram distribuídos aleatoriamente em dois grupos de 15.

Nesse *t*, usa-se a Equação 9.3 para duas amostras independentes:

$$t = \frac{M_1 - M_2}{\sqrt{s_1^2 / n_1 + s_2^2 / n_2}} \tag{9.3}$$

A Equação 9.4 é a versão que se aplica mais facilmente a calculadoras:

$$t = \frac{M_1 - M_2}{\sqrt{\frac{\left[\Sigma X_1^2 - (\Sigma X_1)^2 / n_1 + \Sigma X_2^2 - (\Sigma X_2)^2 / n_2\right] \cdot (1/n_1 + 1/n_2)}{n_1 + n_2 - 2}}} \tag{9.4}$$

Teste *t* independente
Teste mais comumente usado para determinar se duas médias de amostra diferem confiavelmente entre si.

Os graus de liberdade do teste *t* independente são calculados assim:

$$df = n_1 + n_2 - 2 \quad (9.5)$$

Em nosso exemplo, $df = 15 + 15 - 2 = 28$ (ou $N - 2 = 30 - 2 = 28$).

Estimativa do significado dos tratamentos

Em nosso exemplo de comparação entre treinamentos de intensidades diferentes, qual o significado do resultado? Ou, de modo mais simples: o aumento de 548 m (3.004 − 2.456) na resistência cardiorrespiratória na corrida compensa o trabalho adicional de treinar a 70% do $\dot{V}O_2$máx. em relação aos 40%? Dada a variação total do desempenho na corrida de cada grupo, o que realmente queremos saber é quanto dessa variação se deve à (está associado com a) diferença entre os níveis da variável independente (70 *versus* 40%).

Tamanho do efeito

Para estimar o grau de influência do treinamento sobre o resultado, utilize o tamanho do efeito (TE), a diferença padronizada entre as médias. A Equação 9.7 (dada previamente como 7.1) serve para estimar o tamanho do efeito (esse conceito foi discutido no Cap. 7 e também é usado na metanálise, abordada no Cap. 14):

$$TE = (M_1 - M_2)/dp \quad (9.6)$$

onde M_1 = média de um grupo ou nível de tratamento, M_2 = média do outro grupo ou nível de tratamento e dp = desvio-padrão. A questão é qual desvio-padrão usar. Há considerável controvérsia a esse respeito. Alguns estatísticos acreditam que, quando há um grupo-controle, deve-se usar o desvio-padrão dele. E, quando não há, deve-se optar pelo desvio-padrão combinado (Equação 9.7). Outros defendem o uso do combinado em todas as ocasiões. As duas posições são passíveis de defesa, porém, quando não há grupo-controle definido (como em nosso exemplo), recomenda-se o desvio-padrão combinado:

Exemplo 9.2

■ **Valores conhecidos**

	Grupo 1	Grupo 2
Distância média corrida	$M_1 = 3.004$ m	$M_2 = 2.456$ m
Desvio-padrão	$dp_1 = 114$ m	$dp_2 = 103$ m
Número de participantes	$n_1 = 15$	$n_2 = 15$

■ **Cálculo (Equações 9.6 e 9.7)**

$$dp_p = \sqrt{\frac{s_1^2(n_1-1) + s_2^2(n_2-1)}{n_1 + n_2 - 2}}$$

$$dp_p = \sqrt{\frac{(114)^2(15-1) + (103)^2(15-1)}{15+15-2}} = 108{,}64$$

$$TE = (M_1 - M_2)/dp$$

$$TE = \frac{3.004 - 2.456}{108{,}64} = 5{,}0$$

$$dp_p = \sqrt{\frac{s_1^2(n_1-1)+s_2^2(n_2-1)}{n_1+n_2-2}}$$

(9.7)

onde dp_p = desvio-padrão combinado, s_1^2 = variância do grupo 1, s_2^2 = variância do grupo 2, n_1 = número de participantes do grupo 1 e n_2 = número de participantes do grupo 2.

O tamanho do efeito pode ser interpretado assim: considera-se grande o TE igual ou superior a 0,8; moderado, em torno de 0,5; e pequeno, igual ou menor do que 0,2. Portanto, o TE do exemplo 9.2 (5,0) é um valor grande e, tipicamente, seria avaliado como um efeito de tratamento significativo.

O teste t independente é uma técnica estatística comum em pesquisas. Algumas vezes, é a principal técnica; outras, é apenas um de vários testes estatísticos do estudo. Sachtleben e colaboradores (1997) compararam os níveis de lipoproteína e de apolipoproteína no soro de dois grupos de levantadores de peso: um que usou esteroides anabolizantes e outro que não usou. Foi feita uma série de comparações. Vejamos um exemplo de como os autores relataram os resultados dos testes t: "No grupo sem esteroides, o nível de HDL-C em jejum foi significativamente mais alto do que no grupo de uso periódico, $t(21) = 4,66, p < 0,007$" (p. 112). Esse é o modo de relatar o teste t no estilo APA. O número entre parênteses (21) é o df, igual a $N - 2$. Portanto, sabemos que havia um total de 23 pessoas em ambos os grupos. O t de 4,66 computado foi significativo no nível alfa $p = 0,007$ estabelecido. Os autores usaram o procedimento de Bonferroni para ajustar o nível alfa. Discutiremos esse procedimento mais adiante neste capítulo. Sachtleben e colaboradores (1997) usaram o TE para relatar o significado. Para o t citado, teríamos um TE de 1,2, considerado grande.

Verificação da homogeneidade de variância

Todas as técnicas para comparação entre grupos assumem que as variâncias (desvio-padrão ao quadrado) entre os grupos são equivalentes. Apesar de pequenas violações dessa suposição não apresentarem maiores problemas, violações sérias são mais prováveis se os tamanhos dos grupos não forem aproximadamente iguais. As fórmulas apresentadas aqui e usadas na maioria dos programas de computador permitem tamanhos de grupos desiguais. Contudo, a suposição de homogeneidade deve ser conferida se o tamanho dos grupos for muito diferente ou mesmo quando as variâncias são muito diferentes (essas técnicas não são apresentadas aqui, mas são abordadas em livros-texto básicos de estatística).

Teste *t* dependente

Até aqui, consideramos o uso do teste t para avaliar se a amostra difere da população e se duas amostras independentes diferem entre si. Uma terceira aplicação é chamada de **teste *t* dependente**, usada quando dois grupos de escores estão relacionados de algum modo. Em geral, a relação toma uma dessas duas formas:

- Comparam-se características (uma ou mais) de dois grupos de participantes, que, portanto, já não são independentes.
- Em um dos grupos, a mesma variável é testada duas vezes, e interessam ao experimentador as possíveis alterações.

A equação do teste t dependente é:

$$t = \frac{M_{post} - M_{pre}}{\sqrt{\left[\left(s_{pós}^2 + s_{pré}^2\right) - \left(2r_{pp} \cdot dp_{pós} \cdot dp_{pré}\right)\right]/(N-1)}}$$

(9.8)

Teste *t* dependente
Teste de significância de diferenças entre as médias de dois conjuntos de escores relacionados. Por exemplo, quando os mesmos sujeitos são medidos em duas ocasiões.

Observe que o numerador é o mesmo da equação do teste t independente (9.3). Além disso, o primeiro termo do denominador (entre parênteses, à direita) também é similar. No entanto, subtrai-se certa quantidade do denominador (termo de erro) do teste t. Esse termo é lido assim: "duas vezes a correlação entre o pré-teste e o pós-teste (r_{pp}) vezes o desvio-padrão do pós-teste vezes o desvio-padrão do teste pré-treinamento". O teste t independente (Equação 9.3) pressupõe que os dois grupos de sujeitos são independentes. Nesse caso, os mesmos sujeitos são testados duas vezes (pré e pós-testes). Desse modo, ajustamos o termo de erro do teste t para baixo (ou seja, diminuímos o valor), levando em consideração a relação (r) entre os testes pré e pós-treinamento, ajustados pelos respectivos desvios-padrão. Os graus de liberdade do teste t dependente são:

$$df = N - 1 \tag{9.9}$$

onde N = número de observações *pareadas*. A Equação 9.8 é trabalhosa porque é preciso calcular a correlação (r) entre o pré-teste e o pós-teste. Por isso, a equação de escores brutos é muito mais fácil de usar:

$$t = \frac{\Sigma D}{\sqrt{\left[N\Sigma D^2 - (\Sigma D)^2\right]/(N-1)}} \tag{9.10}$$

onde D = pós-teste menos o pré-teste de cada sujeito e N = número de observações *pareadas*. Vejamos um exemplo. Dez dançarinos realizam o teste do toque na parede (diferença entre a altura na parede que conseguem alcançar parados de pé e altura alcançada com salto). Em seguida, fazem 10 semanas de atividade de dança, envolvendo pulos e saltos, três vezes por semana. Após esse treinamento, repetem o teste. (Esse não é um experimento real, apenas um exemplo ilustrativo da técnica estatística.) A nossa hipótese de pesquisa é a seguinte: 10 semanas de experiência de dança melhoram as habilidades de salto e resultam em mudança nos escores do toque na parede. A hipótese nula (H_0) é: a diferença entre o pré e o pós-teste de saltos não é significativamente diferente de zero, $H_0 = M_{pós} - M_{pré} = 0$. O Exemplo 9.3 mostra como é feito o cálculo do valor t dependente.

Os resultados indicam que a média do pós-teste (19,7 cm) foi significativamente melhor do que a do pré (16,5 cm); $t(9) = 4,83$; $p < 0,05$. A hipótese nula pode ser rejeitada e, se o experimento todo foi controlado corretamente, conclui-se que o treinamento de dança produziu aumento confiável de 3,2 cm na altura da marca do salto.

Podemos estimar a magnitude do efeito dividindo o ganho médio pela média do pré-teste, como no Exemplo 9.4.

Exemplo 9.3

■ **Valores conhecidos**

Sujeito	Escore do pré-teste (cm)	Escore do pós-teste (cm)	Pós-teste – Pré-teste D	D^2
1	12	16	4	16
2	15	21	6	36
3	13	15	2	4
4	20	22	2	4
5	21	21	0	0
6	19	23	4	16
7	14	16	2	4
8	17	18	1	1
9	16	22	6	36
10	18	23	5	25

Soma dos escores do pré-teste: $\Sigma_{pré} = 165$ cm
Soma dos escores do pós-teste: $\Sigma_{pós} = 197$ cm
Soma de D: $\Sigma D = 32$
Soma de D²: $\Sigma D^2 = 142$
Número de observações pareadas: $N = 10$
Média do pós-teste: $M_{pós} = 19,7$
Média do pré-teste: $M_{pré} = 16,5$

■ **Cálculo (Equação 9.10)**

$$t = \frac{\Sigma D}{\sqrt{\left[N\Sigma D^2 - (\Sigma D)^2\right]/(N-1)}}$$

$$t = \frac{32}{\sqrt{\frac{10(142)-(32)^2}{10-1}}} = \frac{32}{\sqrt{\frac{1.420-1.024}{9}}} = \frac{32}{6,63} = 4,83$$

Exemplo 9.4

■ **Valores conhecidos**

Diferenças entre as médias pós e pré-testes: $M_D = 3,2$

Média dos escores do pré-teste: $M_{pré} = 16,5$

■ **Cálculo**

$$\text{Magnitude de aumento} = \frac{M_D}{M_{pré}} = \frac{3,2}{16,5} = 0,194 = 19,4\%$$

O ganho é de 19,4% em relação ao pré-teste, uma melhora de cerca de 20%. Apesar de grosseiro, esse modo de estimar o efeito é suficiente. No entanto, podemos estimar o TE da diferença entre pré-testes e pós-testes do seguinte modo: subtraímos a M do pré-teste da M do pós-teste e dividimos o resultado pelo desvio-padrão do pré-teste. No exemplo dado, isso equivaleria a TE = 3,2/3,03 = 1,06; ou seja, um tamanho de efeito grande (e significativo).

Na literatura, um exemplo de teste t dependente pode ser encontrado em Kokkonen, Nelson e Cornwell (1998), que investigaram a influência do alongamento intenso sobre o desempenho de força máxima. Os mesmos participantes foram testados antes e depois do alongamento, o que exigiu um teste t dependente. Uma das comparações foi assim relatada: "Os exercícios de alongamento alteraram o desempenho no teste sentar-e-alcançar de tal forma que os valores registrados após o alongamento sofreram um aumento significativo de 16%, $t(29) = 11,1$ e $p < 0,05$, em relação aos escores iniciais" (p. 413).

Interpretação do *t*

Até aqui, aprendemos a fazer os cálculos que determinam as diferenças entre grupos. Mas o que os resultados significam? Eles são significativos? É importante saber se eles são significativos ou não? Para responder a essas perguntas, nesta seção, explicamos a diferença entre os testes *t* caudal e bicaudal e abordamos os aspectos do teste *t* que afetam o poder da pesquisa.

Teste *t* caudal *versus* bicaudal

Agora consulte novamente a Tabela 5, no Apêndice (a tabela de *t* que serve de comparação para os valores calculados). Lembre-se: você escolhe o nível alfa (probabilidade; o nosso tem sido 0,05), calcula os graus de liberdade de *t* e localiza o valor na tabela *t*, na interseção da coluna (probabilidade) com a linha (*df*). Quando o *t* calculado excede o valor da tabela, isso quer dizer que ele

Teste *t* bicaudal
Pressupõe que a diferença entre as duas médias pode favorecer qualquer um dos grupos.

Teste *t* caudal
Pressupõe que a diferença entre as duas médias toma uma única direção.

é significativo para o alfa e os graus de liberdade especificados. Essa tabela é usada para **testes *t* bicaudais**, porque partimos do pressuposto de que a diferença entre as duas médias pode favorecer qualquer uma delas. Às vezes, supomos que o grupo 1 será melhor ou, na pior das hipóteses, não será pior do que o grupo 2. Nesse caso, o **teste *t*** é **caudal**, ou seja, ele só pode tomar uma única direção. Portanto, ao usar a Tabela 5, no Apêndice, podemos ver que o nível 0,05 do teste caudal localiza-se em direção ao nível 0,10 do bicaudal; e o 0,01, em direção a 0,02. Em pesquisas comportamentais, no entanto, geralmente não se tem tanta certeza dos resultados a ponto de empregar a tabela *t* caudal.

Testes *t* e poder na pesquisa

No Capítulo 7, o poder foi definido como a probabilidade de rejeitar a hipótese nula quando ela é falsa. Em pesquisas, obter poder é desejável, porque as chances de rejeitar uma hipótese nula falsa são maiores. O teste *t* independente é usado aqui para explicar três modos de obter poder (além da definição do nível alfa). Esses modos aplicam-se a todos os tipos de pesquisas experimentais.

Considere a fórmula do teste *t* independente:

$$t = \frac{M_1 - M_2 \quad (1)}{\sqrt{\dfrac{s_1^2}{n_1} + \dfrac{s_2^2}{n_2}} \quad (2) \atop (3)}$$

(9.11)

Observe que colocamos números (1, 2, 3) ao lado dos três níveis horizontais dessa fórmula. Eles representam o que pode ser manipulado para aumentar ou reduzir o poder.

O primeiro nível $(M_1 - M_2)$ dá poder quando conseguimos aumentar a diferença entre M_1 e M_2. Devemos observar que, caso o segundo e o terceiro níveis permaneçam os mesmos, a maior diferença entre as médias aumenta o tamanho de *t*, que, por sua vez, eleva as chances de rejeição da hipótese nula, aumentando o poder. Mas como a diferença entre as médias pode ser aumentada? A resposta lógica é: aplicando-se tratamentos mais fortes e mais concentrados. Vejamos um exemplo. Usar um tratamento de 12 semanas em vez de outro de seis aumenta as chances de mostrar seu efeito. Aquele primeiro, em comparação com o último, resultaria em maior distância entre as médias dos grupos experimental e de controle. Haveria menor sobreposição dos resultados em suas distribuições.

O segundo nível da fórmula *t* independente é s_1^2 e s_2^2 ou as variâncias (s^2) para cada um dos dois grupos. Lembre-se de que o desvio-padrão representa a dispersão dos escores em torno da média. Se essa dispersão diminuir (se os escores estiverem mais próximos da média), a variância será menor. Se o termo de variância for menor e o primeiro e o terceiro níveis permanecerem os mesmos, o denominador do teste *t* será menor e o *t* maior, elevando, portanto, as chances de rejeição da hipótese nula e do poder. Mas o que fazer para que o desvio-padrão e, consequentemente, a variância diminuam? A resposta está em aplicar tratamentos de modo mais consistente. Quanto maior a consistência dos tratamentos destinados a cada sujeito, mais semelhantes eles serão em resposta à variável dependente. Isso resulta em maior agrupamento da distribuição em torno das médias, reduzindo, desse modo, o desvio-padrão (e, logo, a variância).

Por fim, o terceiro nível (n_1, n_2) é o número de participantes em cada grupo. Quando aumentamos n_1 e n_2 sem alterar o primeiro e o segundo níveis, o denominador diminui (observe que *n* é divisor de s^2) e o *t* aumenta, aumentando, então, as chances de rejeição da hipótese nula, o que confere mais poder à pesquisa. Obviamente, n_1 e n_2 podem ser aumentados pela inclusão de mais participantes em cada grupo.

É claro que a força também pode ser influenciada pela variação de alfa (se, por exemplo, em vez de 0,05 for usado um alfa de 0,10, o poder será maior). Mas, ao fazer isso, aumenta-se o risco de rejeição de uma hipótese nula verdadeira (ou seja, é maior o risco de se cometer um erro tipo I).

Lembre-se de que o poder pode ser afetado pelo delineamento e pelas técnicas estatísticas escolhidas. Destacamos esse ponto na discussão sobre os vários testes estatísticos, mas um exemplo simples, usando testes já mencionados, pode esclarecer melhor a questão. Indicamos que o teste *t* dependente é usado quando há pares correspondentes ou dupla medição dos mesmos participantes. O teste *t* dependente é usado porque o *t* independente pressupõe que os grupos são compostos de participantes diferentes e que o termo de erro é atribuído a um erro de amostragem. O *t* dependente reduz esse erro. Vejamos outro modo de tratar a questão: aumentamos o poder usando o *t* dependente, quando a situação garante esse uso. Ao calcular o *t* independente com base, por exemplo, nos escores do Exemplo 9.3, descobrimos que *t* é 2,32; já o dependente seria 4,83. Portanto, mesmo quando há menos graus de liberdade do *t* dependente, conseguimos mais poder ao obtermos um *t* mais elevado no teste estatístico. Veremos ainda que é possível aumentar o poder por meio de técnicas como a análise de covariância e a análise fatorial de variância.

▶ Para obter poder (e aumentar as chances de reinjetar uma hipótese nula falsa), aplique tratamentos fortes de modo consistente, varie o alfa ou use um tamanho maior de amostra. O poder pode ser aumentado usando delineamento de pesquisa e análise estatística adequados.

Em resumo, é desejável obter poder, porque ele aumenta as chances de rejeição de uma hipótese nula falsa. O poder pode ser obtido por tratamentos fortes, administração consistente desses tratamentos, utilização do maior número possível de participantes, variação do alfa ou adoção do delineamento e da análise estatística adequados à pesquisa. É bom lembrar, no entanto, que sempre surge uma segunda questão, inclusive nos experimentos de maior poder. Após a rejeição da hipótese nula, deve-se avaliar a força (significado) dos efeitos.

A razão *t* é composta de numerador e denominador. Do ponto de vista teórico, o numerador é considerado a **variância verdadeira** ou a diferença real entre as médias; e o denominador, a **variância de erro** ou a variação em relação à média. Portanto, a razão *t* é

$$t = \frac{\text{variância verdadeira}}{\text{variância de erro}}$$

▶ Uma razão *t* significativa quer dizer que a variância verdadeira excede significativamente a variância de erro.

Variância verdadeira
Porção (teoricamente) real das diferenças entre os escores.

onde a variância verdadeira = $M_1 - M_2$ e a variância de erro = $\sqrt{s_1^2/n_1 + s_2^2/n_2}$. Se não houver nenhuma diferença real entre os grupos, a variância verdadeira será igual à variância de erro, ou a razão entre as duas será igual a 1 (variância verdadeira/variância de erro = 1,0). Quando encontramos uma razão *t* significativa, quer dizer que a variância verdadeira excede a variância de erro em grau expressivo. A quantidade pela qual a razão *t* deve exceder 1,0 para significância depende do número de participantes (*df*) e do nível de alfa estabelecido.

Variância de erro
Porção dos escores atribuída à variabilidade dos sujeitos.

A estimativa da força da relação (R^2) entre as variáveis independente e dependente é representada pela razão entre as variâncias verdadeira e total.

$$R^2 = \frac{\text{variância verdadeira}}{\text{variância total}}$$

Portanto, R^2 representa a proporção da variância total devido aos tratamentos (variância verdadeira).

O tamanho do efeito também é uma estimativa da força ou do significado das diferenças entre os grupos ou seus tratamentos. Ele estabelece a diferença entre as médias em unidades do desvio-padrão, $(M_1 - M_2)/dp$. A Figura 9.1 mostra como a distribuição normal de dois grupos difere de acordo com o tamanho do efeito (0,5 e 1,0). Em 9.1*a*, a diferença padronizada entre as médias dos grupos é TE = 0,5; ou seja, a média do grupo 2 apresenta 0,5 de desvio-padrão à direita da média do grupo 1. (Se esse desvio fosse à esquerda, o TE seria 0,5.) Em 9.1*b*, está representada a distribuição quando TE = 1,0; ou seja, a média do grupo 2 apresenta um desvio-padrão de 1 à direita do grupo 1. Observe que há menos sobreposição entre a distribuição dos dois grupos de escores na Figura 9.1*b* do que na 9.1*a*. Em outras palavras, quando os escores da variável dependente foram agrupados pela variável independente na Figura 9.1*b*, as médias afastaram-se mais, havendo menor sobreposição do que na Figura 9.1*a*.

Às vezes, o tamanho do efeito é interpretado como mudança de percentil atribuído ao tratamento. Em 9.1*b*, por exemplo, a média do grupo de tratamento (2) foi 1,0 *dp* mais alta do que a do grupo-controle. Se consultarmos a Tabela 2 no Apêndice, veremos que o *z* de 1,00 (ou seja, a distância de 1 *dp* acima da média) mostra que apenas 0,1587 (16%) dos escores foram superiores a 1,0.

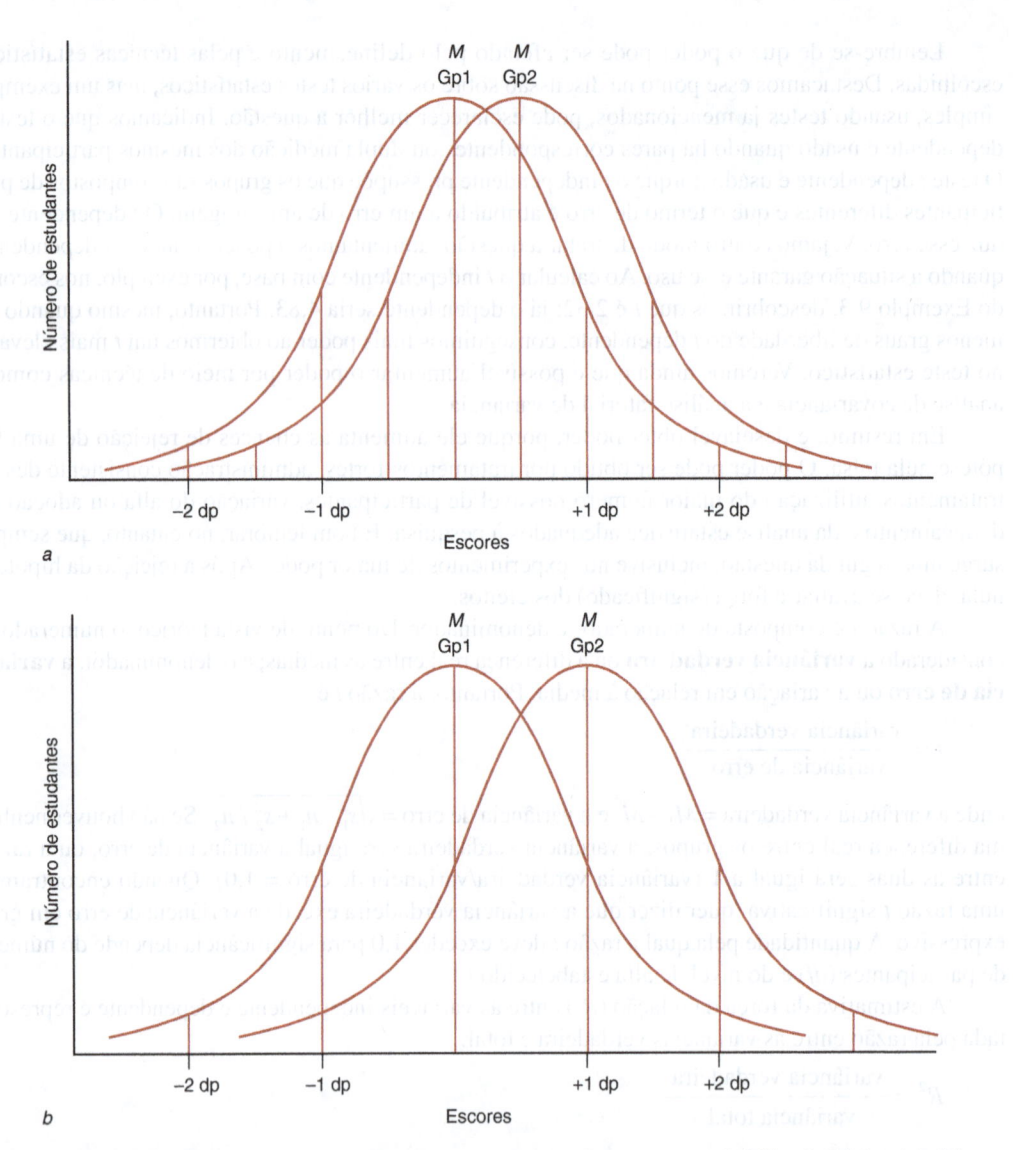

▶ **Figura 9.1** Distribuição de escores para os grupos 1 e 2 para os quais TE = 0,5 (*a*) e 1,0 (*b*).

Em outras palavras, a classificação percentual desses escores é 84 (100 − 16). Como consequência, ao interpretar um tamanho do efeito cujo valor é 1,0, podemos inferir que o tratamento melhorou o desempenho médio em 34 pontos percentuais (grupo de tratamento = 84; grupo-controle = 50; 84 − 50 = 34).

Relação entre *t* e *r*

Conforme mencionamos, nossa classificação das técnicas estatísticas nas categorias de relações entre variáveis (Cap. 8) e de diferenças entre grupos (neste capítulo) é artificial, pois esses dois conjuntos de técnicas baseiam-se no modelo linear geral. Uma breve demonstração com *t* e *r* esclarece essa questão. No entanto, essa ideia pode ser estendida a técnicas mais sofisticadas, discutidas no Capítulo 8 e mais adiante neste capítulo. O Exemplo 9.5 mostra a relação entre *t* e *r*. O grupo 1 tem um conjunto de escores (variável dependente) de cinco participantes, assim como o grupo 2.

Exemplo 9.5

■ **Valores conhecidos**

Grupo 1		Grupo 2	
Participante	Variável dependente	Participante	Variável dependente
A	1	F	6
B	2	G	7
C	3	H	8
D	4	I	9
E	5	J	10

Soma do grupo 1: $\Sigma_1 = 15$
Média do grupo 1: $\Sigma_1 = 3$
Desvio-padrão do grupo 1: $dp_1 = 1,58$
Soma do grupo 2: $\Sigma_2 = 40$
Média do grupo 2: $\Sigma_2 = 8$
Desvio-padrão do grupo 2: $dp_2 = 1,58$

■ **Cálculo**

1. Realize um teste *t* independente (Equação 9.3) e teste para significância.

$$t = \frac{3-8}{\sqrt{\frac{1,58^2}{5} + \frac{1,58^2}{5}}} = 5,0* \qquad df = (n_1 + n_2) - 2 = 8$$
$$t(8) = 5,0, \; p < 0,05$$

*O sinal não é importante para este exemplo.

2. Dê a cada participante um código simulado que vale para seu grupo.

Grupo 1		Grupo 2	
Participante	Código simulado	Participante	Código simulado
A	1	F	0
B	1	G	0
C	1	H	0
D	1	I	0
E	1	J	0

3. Aplique a fórmula da correlação (Equação 8.1). Se tratarmos a variável código simulado como *X* e a variável dependente como *Y* e ignorarmos o grupo de pertencimento (10 participantes com duas variáveis), então a fórmula de correlação usada anteriormente pode ser aplicada a estes dados.

$$r = \frac{N\Sigma XY - (\Sigma X)(\Sigma Y)}{\sqrt{N\Sigma X^2 - (\Sigma X)^2}\sqrt{N\Sigma Y^2 - (\Sigma Y)^2}}$$
$$= \frac{10(15) - 5(55)}{\sqrt{10(5) - 25}\sqrt{10(385) - 3,025}} = \frac{125}{144} = 0,87*$$

*O sinal não é importante para este exemplo.

4. Aplique um teste *t* ou *r*. Neste exemplo, *t* = 5,0, o mesmo que o teste *t* aplicado nas médias dos grupos (dentro do erro de arredondamento)

$$t = \sqrt{\frac{r^2}{(1-r^2)/(N-2)}} = \sqrt{\frac{0,87^2}{(1-0,87^2)/(10-2)}} = \sqrt{\frac{0,757}{0,030}} = 5,0$$

A questão é que *r* representa a relação entre as variáveis independente e dependente, e o teste *t* pode ser aplicado a *r* (ver a Etapa 4 do Exemplo 9.6) para avaliar a confiabilidade (significância) da relação.

Há duas fontes de variância: a verdadeira e a de erro (variância verdadeira + variância de erro = variância total). O teste *t* é a razão entre aquela primeira e esta última, enquanto *r* é a raiz quadrada da proporção da variância total que responde pela variância verdadeira. Obter *t* a partir de *r* significa apenas manipular os componentes da variância de modo um pouco diferente. Isso acontece porque todas as técnicas de correlação paramétrica e de diferenças entre grupos baseiam-se no modelo linear geral. Facilmente podemos mostrar que esse resultado está presente nas mais avançadas técnicas estatísticas. (Pedhazur, 1982, trata esse tópico integralmente.)

Você precisa compreender esse princípio básico, porque, entre pesquisadores, torna-se cada vez mais comum o uso de técnicas de regressão para analisar dados experimentais. Tradicionalmente, esses dados são analisados por técnicas discutidas neste capítulo. No entanto, demonstramos que o tradicional nem sempre é o necessário. O importante é que os dados sejam analisados de forma apropriada para responder às seguintes perguntas:

- Os grupos são significativamente diferentes?
- A variável independente responde por uma proporção significativa da variância na variável dependente?

A significância é sempre avaliada como a razão entre as variâncias verdadeira e de erro, enquanto o percentual da variância explicado é sempre a razão entre as variâncias verdadeira e total.

Análise de variância

O teste *t* é um bom modo para determinar diferenças entre grupos. Porém, muitas vezes, os pesquisadores trabalham com mais de dois grupos. Nesses casos, torna-se necessário outro método. Esta seção explica como a análise da variância é usada para detectar diferenças entre dois ou mais grupos.

Análise de variância simples

Análise de variância (ANOVA) Teste que permite avaliar a hipótese nula entre as médias de dois ou mais grupos.

O conceito da **análise de variância (ANOVA)** simples (às vezes chamada *one-way*, mas raramente considerada simples pelos graduandos) é uma extensão do teste *t* independente. Na verdade, *t* é apenas um caso especial de ANOVA simples em que há dois grupos. A análise de variância simples permite avaliar a hipótese nula entre as médias de dois ou mais grupos, com a restrição de que os grupos representem níveis da mesma variável independente.

Vamos utilizar um exemplo dos dados do golfe do PGA (Cap. 6, Tab. 6.2) para uma ANOVA. Podemos comparar três grupos de desempenho dos jogadores (com base no dinheiro ganho) com a variável dependente de média de escore. A Tabela 9.1 mostra as médias, os desvios-padrão e os 95% de IC para cada grupo. Também está na ANOVA, mostrando que os três grupos são significativamente diferentes, $F(2,27) = 24,48$, $p < 0,001$. A variância explicada pode ser estimada usando-se $SQ_{inter}/SQ_{total} = 5.444/8.445 = 0,64$, ou 64% da variância no escore-padrão é explicado a partir do grupamento de jogadores com base no dinheiro ganho.

Por que não fazer um teste *t* entre os grupos 1 e 2; outro entre 1 e 3; e um terceiro entre 2 e 3? O motivo é que essa abordagem violaria a suposição relativa ao nível alfa estabelecido (digamos que seja $p = 0,05$). O nível 0,05 significa uma chance em cada 20 de existir uma diferença causada por erro de amostragem, pressupondo que os grupos de participantes, aos quais são aplicados os testes estatísticos, tenham sido formados a partir de amostras aleatórias independentes. Em nosso caso, essa suposição não é verdadeira. Cada um dos grupos foi usado em duas comparações, e não em uma (p. ex., 1 vs. 2 e 1 vs. 3). Portanto, aumentamos o risco de um erro tipo I (i. e., alfa não é mais 0,05). Fazer esse tipo de comparação, em que a média de um mesmo grupo é usada mais de uma vez, é um exemplo de aumento do índice de erro relacionado ao modo do experimento (discutido mais adiante,

TABELA 9.1
ANOVA entre três grupos de desempenho (*top* 10, 21-30 e 41-50) com a média de escore como variável dependente

ANOVA *one-way* (também chamada de ANOVA simples)

		Descritores			Intervalo de confiança de 95%			
Média de escore	N	Média	Desvio-padrão	Erro-padrão	Limite inferior	Limite superior	Mínimo	Máximo
1,00	10	69,5270	0,30811	0,09743	69,3066	69,7474	69,12	70,02
2,00	10	70,1590	0,27066	0,08559	69,9654	70,3526	69,73	70,59
3,00	10	70,5620	0,40661	0,12858	70,2711	70,8529	70,08	71,22
Total	30	70,0827	0,53964	0,09852	69,8812	70,2842	69,12	71,22

ANOVA

Média de escore	Soma dos quadrados	df	QM	F	Significância
Intergrupos	5,444	2	2,722	24,482	0,0001
Intragrupos	3,002	27	0,111		
Total	8,445	29			

neste capítulo). A ANOVA simples permite que as médias dos três grupos sejam comparadas simultaneamente, mantendo alfa no nível 0,05 predeterminado.

Cálculo da ANOVA simples

A Tabela 9.2 contém as equações para o cálculo da ANOVA simples e da razão F. O método, chamado *ABC*, é simples:

- $A = \Sigma X^2$: eleve o escore de cada participante ao quadrado e some os resultados (independentemente do grupo). O total será o A.
- $B = (\Sigma X)^2/N$: some os escores de todos os participantes (independentemente do grupo), eleve o total ao quadrado e divida o resultado pelo número de sujeitos. Teremos o B.
- $C = (\Sigma X_1)^2/n_1 + (\Sigma X_2)^2/n_2 + ... + (\Sigma X_k)^2/n_k$: some todos os escores do grupo 1, eleve o total ao quadrado e divida o resultado pelo número de sujeitos desse grupo. Repita a mesma operação para o grupo 2 e para todos os outros (k). Em seguida, some os totais para chegar ao C.

Em seguida, preencha a tabela da ANOVA, utilizando A, B e C. Assim, a **soma dos quadrados (SQ)** intergrupos (variância verdadeira) é igual a C – B; os graus de liberdade (*df*) intergrupos são o número de grupos menos um ($k - 1$); a variância ou o quadrado da média (QM_{inter}) intergrupos é a soma dos quadrados dos grupos dividida pelos respectivos graus de liberdade. Repete-se o mesmo quando a fonte é intragrupos (variância de erro) e depois para o total. A razão F é QM_{inter}/QM_{intra} (ou seja, a razão entre as variâncias verdadeira e de erro).

O Exemplo 9.6 mostra como as equações da Tabela 9.1 são usadas. Os escores dos grupos 1, 2 e 3 são as somas das notas dadas por juízes para a habilidade dos participantes em séries de movimentos específicas. Os grupos, formados aleatoriamente, consistem em 15 calouros do ensino médio. As aulas do grupo 1 basearam-se em videoteipes; o professor fazia correções individuais enquanto o aluno assistia à fita. Nas aulas do grupo 2, também foram usados videoteipes, mas a professora fazia apenas correções gerais do grupo enquanto os alunos assistiam à fita. Já as aulas

> **Soma dos quadrados**
> Medida de variabilidade de escores; a soma dos desvios ao quadrado da média dos escores.

TABELA 9.2
Fórmulas para calcular ANOVA simples

$$A = \sum X^2$$

$$B = \frac{(\sum X)^2}{N}$$

$$C = \frac{(\sum X_1)^2}{n_1} + \frac{(\sum X_2)^2}{n_2} + \ldots + \frac{(\sum X_k)^2}{n_k}$$

Tabela para ANOVA

Fonte	SQ	df	QM	F
Entre (verdadeira)	C − B	k − 1	(C − B)/(k − 1)	QM_{entre}/QM_{intra}
Intra (erro)	A − C	N − k	(A − C)/(N − k)	
Total	A − B	N − 1		

Nota: X = escore dos participantes, N = número total de participantes, M = número de participantes em um grupo, K = número de grupos, SQ = somas dos quadrados, df = graus de liberdade, MQ = quadrado da média.

do grupo 3 não incluíram o recurso do videoteipe. Olhando as equações da Tabela 9.1, podemos ver como cada número do exemplo foi calculado.

No Exemplo 9.6, depois de ter certeza de que compreendeu bem como os números foram obtidos, o que mais interessa ao pesquisador é a razão F igual a 10,00. A Tabela 6, no Apêndice, contém valores de F para os níveis de significância 0,05 e 0,01. Ainda que os números dessa tabela tenham sido obtidos do mesmo modo que os da t, seu uso é um pouco diferente. Para determinar a razão F, divide-se o QM_{inter} pelo QM_{intra}. Observe, no Exemplo 9.8, que o df do termo QM_{inter} (numerador

Exemplo 9.6

■ **Valores conhecidos**

	Grupo 1		Grupo 2		Grupo 3	
	X	X^2	X	X^2	X	X^2
	12	144	9	81	6	36
	10	100	7	49	7	49
	11	121	6	36	2	4
	7	49	9	81	3	9
	10	100	4	16	2	4
Σ	50	514	35	263	20	102
M	10	—	7	—	4	—

■ **Cálculo**

$A = \sum X^2 = 514 + 263 + 102 = 879$

$B = (\sum X)^2 / N = (50 + 35 + 20)^2 / 15 = (105)^2 / 15 = 11.025 / 15 = 735$

$C = (\sum X_1)^2 / n_1 + (\sum X_2)^2 / n_2 + (\sum X_3)^2 / n_3 = (50)^2 / 5 + (35)^2 / 5 + (20)^2 / 5$
$= 2.500 / 5 + 1.225 / 5 + 400 / 5 = 825$

■ **Valores conhecidos**

Tabela-resumo para ANOVA

Fonte	SQ	df	QM	F
Entre (verdadeira)	90	2	45	10,00*
Intra (erro)	54	12	4,5	
Total	144	14		

*p < 0,05.

da razão F) é 2 ($k - 1 = 2$), enquanto o do QM_{intra} (denominador da razão F) é 12 ($N - k = 12$). Note também que, no Apêndice, na Tabela 6, há graus de liberdade dispostos horizontalmente no topo (numerador) e verticalmente à esquerda (denominador). Para F igual a 10,00, acompanhe o df igual a 2 da linha de cima até o ponto de interseção com o df igual a 12, na coluna à esquerda; ali, você vai encontrar dois números que correspondem ao valor de F. O de cima (**3,88**), em negrito, refere-se ao nível 0,05; o de baixo (6,93), em tipo normal, ao 0,01. Se o nosso alfa for 0,05, então o valor para F igual a 10,00 será maior do que o 3,88 da tabela no nível 0,05 (ele também é maior do que o 6,93 do nível 0,01). Portanto, o nosso F é significativo e deve ser escrito no artigo do seguinte modo: $F(2,12) = 10,00$, $p < 0,05$ (lê-se "F com graus de liberdade 2 e 12 é igual a 10,00 e é significativo em níveis inferiores a 0,05").

Buchowski, Darud, Chen e Sun (1998) usaram uma ANOVA *one-way* (simples) para comparar a eficiência do trabalho de instrutores e não instrutores durante uma rotina aeróbia e descobriram uma diferença significativa: os instrutores apresentaram maior eficiência de trabalho (DT), $F(1, 22) = 13,01$, $p < 0,002$. Segundo a notação APA, havia dois grupos com 24 participantes, pois os graus de liberdade entre parênteses (1, 22) são primeiro para a variação intergrupos ($k - 1$) e depois para a intragrupos ($N - k$). A F calculada, 13,01, era significativa no nível $p < 0,002$.

Teste de acompanhamento

Agora, no exemplo de ANOVA dado com três grupos, sabemos que há diferenças significativas entre as médias ($M_1 = 10$; $M_2 = 7$; e $M_3 = 4$). No entanto, não sabemos se todos os três diferem (ou seja, se os grupos 1 e 2 diferem do 3, mas não entre si). Por isso passamos ao teste de acompanhamento. Uma das formas seria usar testes t entre os grupos 1 e 2; 1 e 3; e 2 e 3. No entanto, o mesmo problema discutido surge com o alfa (maior risco de erro tipo I). Vários testes de acompanhamento protegem a proporção de erro relacionado ao modo do experimento (erro tipo I, discutido adiante neste capítulo). Esses métodos incluem os de Scheffé, Tukey, Newman-Keuls, Duncan e vários outros (ver em Toothaker, 1991, tanto explicações conceituais quanto cálculos de várias técnicas). Cada teste é calculado de modo um pouco diferente, mas todos são conceitualmente similares ao teste t, em que se identificam os pares de grupos que diferem dos outros. O método de Scheffé é o mais conservador (o que significa que ele identifica menos diferenças significativas), seguido do de Tukey. O de Duncan é o mais liberal, identificando mais diferenças significativas. O de Newman-Keuls fica entre os extremos, mas apresenta alguns problemas.

Para o nosso propósito, basta um exemplo, em que explicamos o uso do método de Scheffé para fazer comparações múltiplas entre médias. Das técnicas de comparação múltipla, a de Scheffé (1953) é a mais amplamente reconhecida (Toothaker, 1991). Por acreditarmos que os pesquisadores devem ser conservadores ao usarem dados comportamentais, geralmente recomendamos esse método no teste de acompanhamento. Porém, outras técnicas de comparação múltipla são apropriadas em várias situações.

A técnica de Scheffé tem valor crítico constante para a comparação de acompanhamento de todas as médias quando a razão F de uma ANOVA simples (ou o efeito principal de uma ANOVA fatorial, discutida adiante) é significativa. Scheffé controla o erro tipo I (inflação de alfa) para qualquer número de comparações apropriadas. A Equação 9.12 serve para calcular o valor crítico (VC, tamanho exigido da diferença) da significância, usando a técnica de Scheffé:

$$VC = \sqrt{(k-1)F_{\alpha, k-1, N-k}} \sqrt{2(QM_w / n)} \quad (9.12)$$

onde k = número de médias a serem comparadas, F = razão F tabelada (na Tab. 6 do Apêndice) para o alfa selecionado (p. ex., 0,05), dados os df de k 1 (intergrupos) e $N - k$ (intragrupos). Para a segunda metade da equação, o QM_{intra} é obtido pela tabela-resumo da ANOVA (SQ_{intra}/df_{intra}) e n = número em um grupo.

O Exemplo 9.7 mostra a técnica de Scheffé aplicada à ANOVA simples do Exemplo 9.6. A razão F é encontrada no Apêndice, na Tabela 6, na interseção da coluna $df = 2$ ($k - 1 = 3 - 1 = 2$) com a linha $df = 12$ ($N - k = 15 - 3 = 12$), a partir dos df da ANOVA resumo, na Tabela 9.1; a razão F apresentada na tabela é 3,88. Desenvolvendo o lado esquerdo da Equação 9.12, no Exemplo 9.9, descobrimos que o valor de Scheffé para a significância no nível 0,05 é 2,79. Do lado direito, obtemos o QM_{intra} = 4,5 (da Tab. 9.1), e o n para cada grupo é 5. Portanto, $\sqrt{2(4,5/5)} = 1,34$. Desse modo, a Equação 9.12 torna-se:

VC = (2,79) (1,34) = 3,74

Esse valor é o tamanho da diferença entre as médias necessário para garantir a significância quando $p < 0,05$.

O Exemplo 9.9 dispõe as médias em ordem decrescente, da maior (10) para a menor (4). Computa-se a diferença observada em cada comparação; em seguida, essas diferenças são comparadas com a diferença necessária (VC) para garantir a significância. Seguindo essas etapas, podemos ver que apenas a comparação entre os grupos 1 e 3 era significativa, com $p < 0,05$. Podemos concluir que as técnicas usadas no grupo 1 eram significativamente melhores do que as do grupo 3, mas não suficientemente melhores do que as do 2. Além disso, as técnicas usadas no grupo 2 não eram significativamente melhores do que as do 3.

O pesquisador também pode usar **comparações planejadas** para testar diferenças entre grupos. Elas são planejadas (pelo desenvolvimento de hipóteses testáveis) antes do experimento. Assim, o pes-

Comparação planejada
Comparação entre grupos que é planejada antes do experimento, em vez de um teste de acompanhamento como o ANOVA.

Exemplo 9.7

■ **Cálculo**

1. Ordene as médias da maior (10) para a menor (4).
2. Calcule as diferenças entre todas as médias.

Grupo 1 ($M = 10$)	Grupo 2 ($M = 7$)	Grupo 3 ($M = 4$)	Diferença observada
10	7		3
10		4	6
	7	4	3

3. Calcule o valor crítico (diferença necessária) para significância em um alfa = 0,05 (Equação 9.11):

$$VC = \sqrt{(k-1)F_{\alpha, k-1, N-k}} \sqrt{2(QM_w / n)}$$
$$= \sqrt{(3-1)3,88} \sqrt{2(4,5/5)}$$
$$= (2,79)(1,34) = 3,74$$

4. Compare o VC de 3,74 com cada diferença observada para determinar que diferença ou diferenças são significativas. Nesse caso, somente a diferença entre os grupos 1 e 3 é tão grande como ou maior de que o VC de 3,74.

quisador postula determinado teste entre dois grupos antes do experimento, porque, em teoria, considera essa comparação específica importante e, provavelmente, significativa. Contudo, em um experimento, o número de comparações planejadas deve ser pequeno ($k - 1$, onde k = número de grupos ou níveis de tratamento de uma variável independente) em relação ao número total de comparações possíveis.

Determinação do significado dos resultados

Agora, depois de ter descoberto que F é significativa para o estudo usado como exemplo e de ter feito os cálculos para ver que grupos diferem, devemos responder à segunda pergunta: que percentual de variância deve-se aos nossos tratamentos? ou quão significativos são os nossos resultados? Podemos ter uma ideia rápida recorrendo à Tabela 9.1 e dividindo a variância verdadeira pela total: $(SQ_{\text{verdadeira}}/SQ_{\text{total}}) = 90/144 = 0{,}625$ ou 62,5% da variância devem-se aos tratamentos. Como estimativa rápida, esse método é suficiente, mas é enviesado (tendencioso). O modo mais preciso consiste em usar a equação seguinte, de Tolson (1980):

$$\omega^2 = \frac{[F(k-1)]-(k-1)}{[F(k-1)]+(N-k)+1} \tag{9.13}$$

onde F = razão F, k = número de grupos e N = número total de participantes. Se fizermos isso com os dados do Exemplo 9.6, teremos

$$\omega^2 = \frac{[10{,}00(3-1)]-(3-1)}{10{,}00(3-1)+(15-3)+1} = \frac{18}{33} = 0{,}545$$

Assim, ω^2 indica que 54,5% da variância total devem-se aos tratamentos.

Reunindo as nossas estatísticas, poderíamos dizer que o tratamento foi significativo, $F(2{,}12) = 10{,}00$, $p < 0{,}01$, tendo respondido por uma proporção significativa da variância, $\omega^2 = 54{,}5\%$. Além disso, o teste de acompanhamento de Scheffé indica que o grupo 1 teve o melhor desempenho e foi significativamente diferente ($p < 0{,}05$) do 3. No entanto, ele não foi significativamente diferente do 2, nem o 2 do 3.

Exemplo 9.8

■ **Valores conhecidos**

	Grupo-controle			Grupo experimental		
	X	$(X-M)^2$	X^2	X	$(X-M)^2$	X^2
	2	0,09	4	8	4	64
	4	2,89	16	7	1	49
	3	0,49	9	5	1	25
	3	0,49	9	4	4	16
	2	0,09	4	7	1	49
	1	1,69	1	5	1	25
	1	1,69	1	6	0	36
Σ	16	7,43	44	42	12	264
M	2,3	–	–	6,0	–	–
dp	1,11	–	–	1,41	–	–

(continua) ▶

■ **Cálculo**

1. Descubra t (Equação 9.3)

$$t = \frac{M_1 - M_2}{\sqrt{(s_1^2/n_1)+(s_2^2/n_2)}} = \frac{2,3-6}{\sqrt{(1,11^2/7)+(1,41^2/7)}} = \frac{3,7}{0,68} = 5,44*$$

* Não é importante relatar o sinal.

2. Calcule uma ANOVA simples e complete a tabela-resumo.

$$A = \sum X^2 = 44 + 264 = 308$$

$$B = (\sum X)^2 / N = (58)^2 / 14 = 240,29$$

$$C = (\sum X_1)^2 / n_1 + (\sum X_2)^2 / n_2 = (16)^2 / 7 + (42)^2 / 7 = 36,57 + 252 = 288,57$$

Tabela-resumo para ANOVA

Fonte	SQ	df	QM	F
Entre	48,28	1	48,28	29,80
Intra	19,43	12	1,62	
Total	67,71	13		

$t^2 = F$, $(5,44)^2 = 29,6 \cong 29,8$ (dentro do erro de arredondamento).

Resumo da ANOVA simples

Um último ponto a ser lembrado antes de terminar a discussão sobre a ANOVA simples é que t é um caso especial de F quando há apenas dois níveis da variável independente (dois grupos). Na verdade, essa relação ($t^2 = F$) é exata, dentro do erro de arredondamento (ver o Exemplo 9.8).

Em outras palavras, o t praticamente não é necessário, pois F lida com dois ou mais grupos. No entanto, t permanece em uso porque foi desenvolvido primeiro, como o caso mais simples de F. Além disso, é conveniente e pode ser calculado manualmente, uma vez que M e dp já estão calculados para cada grupo, a fim de servir como estatística descritiva.

ANOVA fatorial

Até aqui, discutimos exemplos de dois (t) ou mais níveis (ANOVA simples) de variável independente. Na verdade, por enquanto, mantivemos todas as outras variáveis independentes do nosso exemplo controladas, com exceção da manipulada e do seu efeito sobre a variável dependente. Isso é chamado de Lei da Variável Independente. Mas, na realidade, podemos manipular mais de uma variável independente e, de forma estatística, avaliar seus efeitos sobre a dependente. Esse procedimento é chamado de **ANOVA fatorial**, usado quando há mais de um fator ou variável independente. Na literatura, você pode ver que muito mais estudos utilizam a ANOVA fatorial, em comparação com a ANOVA simples ou *one-way*. Teoricamente, a fatorial pode ter qualquer número de fatores (dois ou mais) e de níveis (dois ou mais) dentro de um fator. No entanto, raramente encontramos uma com mais de três ou quatro fatores. Essa é mais uma boa oportunidade de aplicar o princípio KISS (*Keep it simple, stupid* Mantenha isto simples, estúpido).

> **ANOVA fatorial** Análise de variância em que há mais de uma variável independente.

TABELA 9.3
Modelo de ANOVA fatorial (2 × 2)

		VI_2 (aptidão)		
		B_1 (baixa aptidão)	B_2 (alta aptidão)	
VI_1 (intensidade)	A_1 (alta intensidade)	$M = 10$	$M = 40$	$M_{A1} = 25$
	A_2 (baixa intensidade)	$M = 30$	$M = 20$	$M_{A2} = 25$
		$M_{B1} = 20$	$M_{B2} = 30$	

Tabela-resumo para ANOVA

Fonte	SQ*	df	QM	F
A (intensidade)	–	$A - 1 = 2 - 1 = 1$	SQ_A/df_A	QM_A/QM_{erro}
B (aptidão)	–	$B - 1 = 2 - 1 = 1$	SQ_B/df_B	QM_B/QM_{erro}
AB (interação)	–	$(A-1)(B-1) = 1$	SQ_{AB}/df_{AB}	QM_{AB}/QM_{erro}
Erro		$(N-1) - [(A-1) + (B-1)$ $+ (A-1)(B-1)]$	SQ_{erro}/df_{erro}	
Total	–	$N - 1$		

*Para simplificar, as fórmulas para calcular a soma dos quadrados não é oferecida aqui.

Os componentes da ANOVA fatorial

Para fins explicativos, vamos considerar a forma mais simples de ANOVA fatorial, com apenas duas variáveis independentes e dois níveis de cada variável. Nesse delineamento, conhecido como ANOVA 2 × 2, há dois efeitos principais e uma interação. Os **efeitos principais** são testes de cada variável independente quando a outra é desconsiderada (e controlada). Observe, na Tabela 9.3, que a primeira variável independente (VI_1) tem dois níveis, rotulados de A_1 e A_2. Em nosso exemplo, essa VI representa a intensidade do treinamento: alta e baixa. A segunda variável independente (VI_2) representa o nível de condicionamento dos participantes: baixo (B_1) e alto (B_2). Os números no quadro representam os escores de atitude da média de cada um dos quatro grupos em relação ao tipo de treinamento (alta ou baixa intensidade). Assim, temos um grupo de pessoas com alto condicionamento, treinadas por um programa de alta intensidade, e outro de pessoas com baixo condicionamento, submetidas a um programa de baixa intensidade. As pessoas do último grupo foram divididas, ainda, em dois programas de intensidade.

Podemos testar o efeito principal de VI_1 (nível de intensidade), comparando as médias das linhas (M_{A1} e M_{A2}), pois VI_2 (B_1 e B_2) – nível de condicionamento dos participantes – é igualmente representada em cada nível de A. Na verdade, calcula-se a soma dos quadrados com $df\ A - 1$ e os quadrados das médias para as fontes intergrupos e intragrupos de variância. Assim, calculamos F para o efeito principal (intensidade).

O mesmo vale para VI_2 (nível de condicionamento), pela comparação das médias das colunas (M_{B1} e M_{B2}). Pode-se notar que os dois níveis de A (VI_1), a intensidade do treinamento, estão igualmente representados nos dois níveis de B. Portanto, o efeito principal das atitudes dos sujeitos com alto e baixo condicionamento em relação ao exercício pode ser testado pela razão F para B.

Em um estudo desse tipo, o principal interesse costuma estar na interação. Queremos saber se a atitude em relação aos programas de exercício de alta e de baixa intensidade (fator A) depende do

> **Efeitos principais**
> Testes de cada variável independente quando todas as outras variáveis independentes são mantidas constantes.

(ou é afetada pelo) nível de condicionamento dos participantes (fator *B*). Esse efeito é testado pela razão *F* da interação (*A* x *B*) das duas VIs, que avalia as médias das quatro células do quadro: M_{A1B1}; M_{A1B2}; M_{A2B1}; M_{A2B2}. Caso não haja qualquer circunstância especial, o interesse em testar os efeitos principais geralmente é limitado pela presença de uma interação significativa, indicando que aquilo que acontece em uma variável independente depende do nível da outra. Sendo assim, praticamente não faz sentido avaliar os efeitos principais quando a interação é significativa.

Essa ANOVA fatorial, em particular, é chamada de 2 (intensidade do treinamento) x 2 (nível de condicionamento); lê-se "ANOVA 2 por 2". A variância verdadeira pode ser dividida em três partes:

- Variância verdadeira devida a *A* (intensidade do treinamento)
- Variância verdadeira devida a *B* (nível de condicionamento)
- Variância verdadeira devida à interação entre *A* e *B*.

Cada um desses componentes da variância é testado contra a (dividido pela) variância de erro para formar as três razões *F* da ANOVA. As *F*s, por sua vez, têm o seu próprio conjunto de graus de liberdade, de modo que a sua significância pode ser verificada na Tabela *F* (Tabela 6, no Apêndice).

Os efeitos principais (de mais de dois níveis) podem ser acompanhados pelo teste de Scheffé. No entanto, nenhum acompanhamento é exigido para uma variável independente com apenas dois níveis. Se *F* é significativa, você só precisa descobrir qual tem a maior *M*. Se a *F* da interação for significativa, o que indica que a atitude em relação ao treinamento de alta ou baixa intensidade depende do nível de condicionamento dos participantes, isso será refletido em um diagrama, como mostrado na Figura 9.2. Na Tabela 9.3, pode-se ver que não há diferença entre as médias do efeito principal da intensidade do treinamento (*A*1 e *A*2 são iguais; *M* = 25). Contudo, a plotagem na Tabela 9.2 reflete uma interação significativa, pois a média dos escores de atitude do grupo de baixo condicionamento em relação ao treinamento de baixa intensidade foi maior do que em relação ao de alta intensidade. Eles preferiram o programa de alta intensidade.

Esse é um exemplo de como aumentar a força, usando um tipo particular de teste estatístico. Apenas pelo teste *t* ou pela ANOVA simples não teríamos descoberto qualquer diferença na atitude em relação aos dois níveis de intensidade (essas duas médias foram idênticas, *M* = 25). No entanto, quando acrescentamos outro fator (nível de condicionamento), conseguimos notar que havia diferenças de atitude de acordo com o nível de condicionamento dos participantes.

Como se pode perceber, tudo o que fizemos para investigar a interação existente foi descrever verbalmente a plotagem da Figura 9.2. Há considerável discordância entre os pesquisadores sobre a investigação de interações significativas. Alguns usam um teste de comparação múltipla de médias (como o de Scheffé) para contrastar as médias da célula de interação. No entanto, esses testes de comparação múltipla foram desenvolvidos para contrastar níveis dentro de uma variável independente, e não para médias de células relacionadas a duas ou mais variáveis independentes; por isso, seu uso pode ser inadequado.

Outros pesquisadores optam por um acompanhamento chamado de teste de efeitos principais simples. Para investigar a interação por meio de teste estatístico, a técnica preferida para descobrir efeitos principais simples é o procedimento de Scheffé.

Optamos exatamente pelo que acabamos de fazer: plotar previamente a interação e descrevê-la. Isso leva em consideração a verdadeira natureza da interação, ou seja, o que acontece em uma variável independente depende da outra. No entanto, na literatura sobre pesquisas, é provável que você encontre todos esses modos de testar interações (e ainda alguns outros). Apenas lembre-se de que o pesquisador está tentando mostrar como duas ou mais variáveis independentes interagem. Lembre-se também de que os acompanhamentos dos efeitos principais em geral são desnecessários (ou, no mínimo, a interpretação tem de ser qualificada), quando a interação é significativa.

A Figura 9.3 mostra uma interação não significativa. Nesse caso, ambos os grupos preferiram o mesmo tipo de programa em comparação com o outro; portanto, as linhas

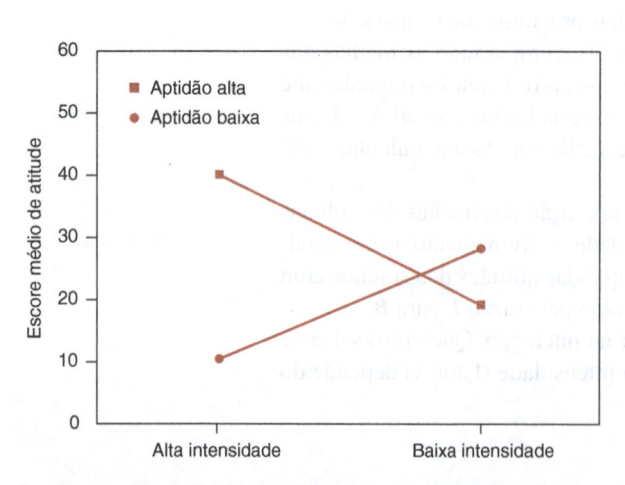

▶ **Figura 9.2** Plotagem da interação para ANOVA fatorial *two-way*, ou de dois caminhos.

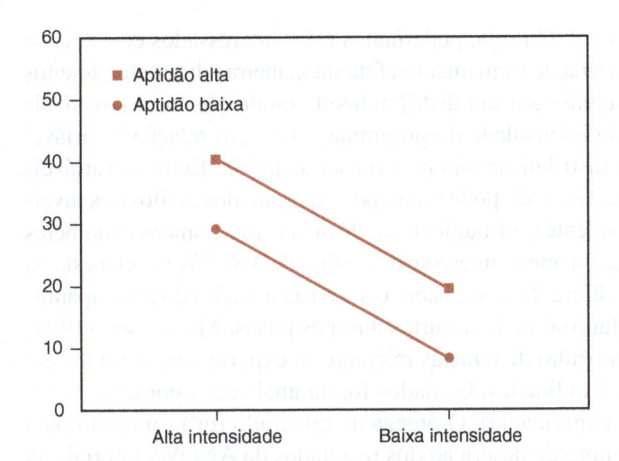

▶ **Figura 9.3** Plotagem de uma interação não significativa (linhas paralelas) na qual ambos os grupos de aptidão preferem programas de baixa intensidade aos de alta intensidade.

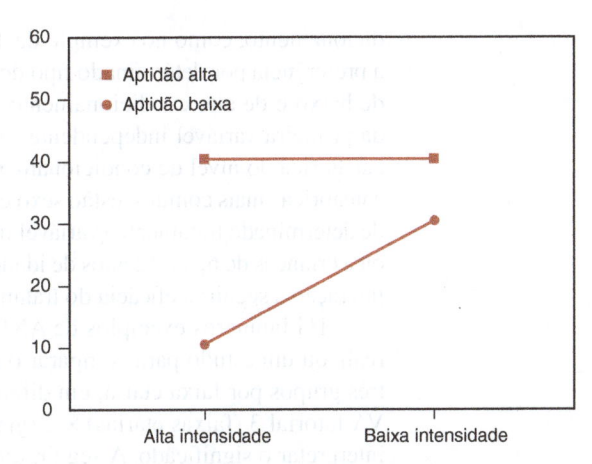

▶ **Figura 9.4** Plotagem de uma interação significativa de indivíduos com aptidão alta sem diferença na preferência, mas diferença significativa em preferência de intensidade entre indivíduos de baixa aptidão.

são paralelas. Interações significativas mostram desvios desse rumo paralelo (ver Figura 9.2). As linhas não devem, obrigatoriamente, se cruzar para refletir uma interação significativa. A Figura 9.4 mostra uma interação significativa em que o grupo de alto condicionamento apreciou igualmente ambas as formas de exercício, havendo, porém, diferença clara na preferência do grupo de baixo condicionamento, que se decidiu pelo programa de baixa intensidade em detrimento daquele de alta.

Determinação do significado dos resultados

Depois de responder à questão estatística sobre a ANOVA fatorial (os efeitos são significativos?), passamos às questões: qual o significado dos efeitos ou que percentual da variância da variável dependente se deve às variáveis independentes e a sua interação? As três equações seguintes (Tolson, 1980) fornecem o teste para cada componente da ANOVA:

$$\omega_A^2 = \frac{(p-1)F_A - (p-1)}{(p-1)F_A + (q-1)F_B + (p-1)(q-1)F_{AB} + (N-pq) + 1}$$

$$\omega_B^2 = \frac{(q-1)F_B - (q-1)}{(p-1)F_A + (q-1)F_B + (p-1)(q-1)F_{AB} + (N-pq) + 1}$$

$$\omega_{AB}^2 = \frac{(p-1)(q-1)F_{AB} - (p-1)(q-1)}{(p-1)F_A + (q-1)F_B + (p-1)(q-1)F_{AB} + (N-pq) + 1}$$

(9.14)

onde p = número de níveis de A e q = número de níveis de B. Essas equações envolvem a proporção entre as variâncias verdadeira e total. Observe que a variância total (denominador) é a mesma em todas as três proporções.

Cada ω^2 representa o percentual da variância devido ao componente do modelo da ANOVA. Os ω_s^2 podem ser somados para se estimar o percentual da variância total que é variância verdadeira. É claro que os tamanhos do efeito podem ser calculados de acordo com equações prévias (9.6 e 9.7), para quaisquer duas médias cujos efeitos principais serão comparados.

Resumo da ANOVA fatorial

Com frequência, os níveis de uma variável independente são categóricos (também chamados de classificatórios) e não aleatórios. Poderíamos realizar, por exemplo, uma ANOVA simples, em que os níveis (ou grupos) da variável independente envolvessem tenistas iniciantes e experientes ou a atitude em relação à intensidade do treinamento manifestada por participantes com alto e baixo nível de condicionamento, como no exemplo da Tabela 9.3. Ou seja, poderíamos estar interessados em saber se a preferência por determinado tipo de programa de treinamento afeta de maneiras diferentes sujeitos de baixo e de alto condicionamento. Os sujeitos seriam distribuídos de modo aleatório nos níveis da primeira variável independente (nível de intensidade do programa), mas, em relação à variável categórica do nível de condicionamento, a distribuição não poderia ser aleatória. Entre as variáveis categóricas mais comuns, estão sexo e idade. O estudo pode tratar, por exemplo, dos efeitos dos níveis de determinado tratamento (variável independente), atribuído de modo aleatório a homens e mulheres ou a crianças de 6, 9 e 12 anos de idade. Claramente, o interesse desse tipo de ANOVA fatorial está na interação a seguir: a eficácia do tratamento difere de acordo com o sexo (ou a idade) do participante?

Há inúmeros exemplos de ANOVA fatorial na literatura sobre pesquisas. McPherson (1999) realizou um estudo para comparar o desempenho de tenistas iniciantes e experientes, reunidos em três grupos por faixa etária, em diferentes habilidades. Os dados foram analisados por uma ANOVA fatorial 3 (faixas etárias) $\times$ 2 (grau de experiência). O ômega ao quadrado (ω^2) foi usado para interpretar o significado. A seguir, um exemplo de descrição dos resultados da ANOVA fatorial: "A análise de execuções de jogo forçadas indicaram efeitos principais significativos por idade, $F(2, 46) = 7,6$; $p < 0,002$; $\omega^2 = 0,10$ e por experiência, $F(1, 46) = 93,0$; $p < 0,00001$; $\omega^2 = 0,48$. A interação $F(2, 46) = 0,9$, $p > 0,05$ não foi significativa" (p. 238). Os efeitos principais significativos por idade foram investigados pelo método de Scheffé.

ANOVA de medidas repetidas

No estudo da atividade física, a maior parte das pesquisas envolve trabalhos de medida da mesma variável dependente mais de uma vez. É o caso, por exemplo, de um estudo de psicologia esportiva, destinado a investigar se o **estado de ansiedade** dos atletas (o grau de nervosismo em dado momento) difere antes e depois do jogo. Assim, o relatório do estado seria feito pouco antes e logo depois do jogo. A questão relevante é: o estado de ansiedade muda significativamente após o jogo? Poderia ser usado um teste t dependente para verificar se ocorrem mudanças significativas. Esse é o caso mais simples de **ANOVA de medidas repetidas**.

Outro estudo poderia medir a variável dependente dos sujeitos em ocasiões diversas. Suponhamos que o objetivo fosse descobrir se a distância percorrida pela bola arremessada por uma criança (na faixa etária de 6 a 8 anos), no padrão de arremesso sobre o ombro, aumenta com o passar do tempo. Nesse caso, temos nove medidas repetidas (uma no início e mais oito com intervalos de três meses) da mesma criança. Usaríamos, portanto, uma ANOVA simples com medidas repetidas de um único fator. Basicamente, essas medidas são usadas como nove níveis da variável independente, como o tempo (24 meses).

O uso mais frequente desse tipo de medida envolve a ANOVA fatorial com medidas repetidas de um ou mais fatores (variáveis independentes). Um exemplo é a investigação dos efeitos do conhecimento dos resultados (CR) sobre o desempenho motor hábil. Três grupos de participantes (três níveis da variável independente CR) recebem tipos diferentes de CR (não são informados de nada, ficam sabendo se ficaram perto ou longe do alvo ou dos centímetros a mais ou a menos em relação ao alvo). A tarefa consiste em posicionar um pegador, que desliza para a frente e para trás em um trilho (deslizamento linear), o mais próximo possível do alvo. Mas os participantes ficam vendados, de modo que não podem enxergar o alvo. Eles recebem apenas CR verbal para corrigir as próprias estimativas sobre a posição do alvo no trilho.

Nesse tipo de estudo, em geral os sujeitos são submetidos a múltiplos testes (nesse exemplo, suponhamos que sejam 30) para que seja possível avaliar os efeitos do tipo de CR. O escore de cada teste é a distância em relação ao alvo, em centímetros. Com frequência, analisamos esse tipo de estudo como uma ANOVA fatorial *two-way* (ou de dois caminhos), com repetidas medidas do segundo fator. Assim, uma ANOVA 3 (níveis do CR) $\times$ 30 (testes), com erro de distância como variável dependente, é usada para analisar os dados. A primeira variável independente (nível do CR) é verdadeira (três grupos são formados aleatoriamente). A segunda (30 testes) são as medidas repetidas. Às vezes, essa ANOVA é chamada de fatorial *two-way* com um fator intersujeitos (níveis do CR) e outro intrassujeitos (30 testes repetidos). Mesmo sendo calculada uma razão F para cada variável indepen-

---

Estado de ansiedade Estado emocional imediato de apreensão e tensão em resposta a uma situação específica

ANOVA de medidas repetidas Análise dos escores dos mesmos indivíduos em ocasiões sucessivas, como em uma série de testes; também chamada de ANOVA *split-plot* ou participantes x tentativas.

dente, o foco principal recai sobre a interação. Por exemplo, os grupos mudam de acordo com as diferentes proporções dos testes?

Vantagens da ANOVA de medidas repetidas

Os delineamentos de medidas repetidas apresentam três vantagens (Pedhazur, 1982). Em primeiro lugar, fornecem ao experimentador a oportunidade de controlar diferenças individuais entre participantes, provavelmente a mais ampla fonte de variação na maioria dos estudos. Em delineamentos intersujeitos (completamente aleatórios), a variação entre os indivíduos cai no termo de erro. É claro que isso tende a reduzir a razão F, a não ser que ela seja equilibrada por um N elevado. Lembre-se de que o termo de erro da razão F é calculado dividindo-se a variação pelos participantes por graus de liberdade (com base no número de sujeitos). Em delineamentos de medidas repetidas, a variação das diferenças individuais pode ser identificada e separada do termo de erro, reduzindo-o, portanto, e aumentando o poder. Como se pode deduzir dessa primeira vantagem, esses delineamentos são mais econômicos, pois é necessário menor número de participantes. Por fim, eles permitem o estudo do fenômeno ao longo do tempo. Essa característica tem importância especial em estudos sobre mudanças, como, por exemplo, no aprendizado, na fadiga, no esquecimento, no desempenho e no envelhecimento.

> ▶ **VOCÊ ESTÁ BRINCANDO? UMA MEDIDA REPETIDA COM MÚLTIPLAS VARIÁVEIS DEPENDENTES?**

Problemas da ANOVA de medidas repetidas

Muitos problemas prejudicam os delineamentos de medidas repetidas, entre eles:

- **Efeitos acumulados (prolongados).** Tratamentos anteriores podem influenciar os posteriores.
- **Efeitos da prática.** Os participantes desempenham melhor a tarefa (variáveis dependentes) em função da repetição dos testes, somada aos tratamentos (também chamado de efeito do teste).
- **Fadiga.** O desempenho dos participantes é prejudicado pela fadiga (ou pelo tédio).
- **Sensibilização.** A consciência do tratamento despertada nos participantes eleva-se devido à exposição repetida.

Observe que alguns desses problemas podem ser variáveis de interesse em delineamentos de medições repetidas. Efeitos acumulados podem interessar ao pesquisador da área da aprendizagem, enquanto o aumento da fadiga pela repetição dos testes pode intrigar um fisiologista do exercício.

A parte complicada desses delineamentos envolve a análise estatística dos dados. Já mencionamos modelos da ANOVA de medidas repetidas. Infelizmente, essas ANOVAs contam com outra suposição, além das que fornecemos em todas as técnicas anteriores. Ela é chamada **esfericidade**: as medidas repetidas, "quando transformadas por um conjunto de pesos ortonormais, não se correlacionam e apresentam variâncias iguais" (Schutz e Gessaroli, 1987, p. 134). Se o delineamento tiver um fator intersujeitos, os dados agrupados (entre todos os sujeitos) devem exibir esfericidade. Para estimar como os dados atendem a essas suposições, o melhor é usar uma estatística chamada épsilon (ε). Ele varia de 1,0 (esfericidade perfeita, ou seja, a suposição foi atendida) a 0,0 (violação comple-

▶ Delineamentos de medidas repetidas identificam e separam diferenças individuais do termo de erro, aumentam o poder, requerem menos participantes e estudam um fenômeno ao longo do tempo.

Esfericidade
Suposição de que medidas repetidas não estão correlacionadas e têm variância igual.

ta). Em experimentos de medidas repetidas, é desejável um épsilon superior a 0,75. A maior parte dos pacotes estatísticos amplamente usados (SPSS e SAS [BIMED]) têm funções de medidas repetidas que fornecem tanto por estimativas de épsilon quanto testes que devem ser usados para avaliar a razão F de fatores de medições repetidas dos delineamentos. O não atendimento da suposição resulta no aumento do erro tipo I; ou seja, o nível de alfa pode ser consideravelmente maior do que o desejado pelo pesquisador. Vários estatísticos (Davidson, 1972; Harris, 1985; Morrow e Frankiewicz, 1979) sugeriram que as técnicas multivariadas são os métodos de análise mais apropriados. No entanto, dois pontos adicionais são importantes (Pedhazur, 1982):

- Quando as suposições são atendidas, a ANOVA de medidas repetidas é mais forte do que os testes multivariados.
- Quando o número de participantes é baixo, pode-se usar apenas o teste ANOVA de medidas repetidas.

Se você estiver planejando a realização de um estudo cujo delineamento é o de medidas repetidas, uma fonte adicional de leitura pode ser útil. Schutz e Gessaroli (1987) fornecem instruções sobre o uso de medidas repetidas para dados univariados e multivariados, com base em um raciocínio sensato para a tomada de decisões, além de exemplos específicos de análise e avaliação dos dados.

Componentes da ANOVA de medidas repetidas

A Tabela 9.4 fornece as fontes de variação de uma ANOVA *one-way* de medidas repetidas. Esse tipo de análise também é chamado de ANOVA sujeito × tentativas, intrassujeitos ou *two-way* com um sujeito por célula.

Os valores usados para se chegar às estatísticas da Tabela 9.4 são os mesmos do Exemplo 9.6. Lembre-se de que, nesse exemplo, 15 participantes foram distribuídos aleatoriamente aos grupos de tratamento 1, 2 e 3. Suponhamos que, em outro estudo, tenham sido feitas medidas de cinco sujeitos em três testes de uma mesma tarefa (ou foram oferecidos tratamentos diferentes) e, por coincidência, chegamos a 15 medidas iguais às do Exemplo 9.6. De fato, em vez de 15 participantes nos grupos 1, 2 e 3, agora temos cinco avaliados nos testes 1, 2 e 3 (ou nos tratamentos 1, 2 e 3). Os valores conhecidos da Tabela 9.4 pareceriam idênticos aos do Exemplo 9.6, exceto pelo título das colunas, "teste 1", "teste 2" e "teste 3" (ou tratamentos 1, 2 e 3), em vez de "grupo 1", "grupo 2" e "grupo 3". Usamos os mesmos 15 valores, de modo que, ao compararmos a Tabela 9.4 e o Exemplo 9.6, entendemos por que o delineamento de medidas repetidas resulta em maior economia. Observe que as somas dos quadrados e dos graus de liberdade são iguais. Além disso, o efeito intergrupos do Exemplo 9.6 e o efeito dos testes da Tabela 9.4 também são iguais. No entanto, a soma dos quadrados do efeito intragrupo (erro) do exemplo é dividida em dois componentes na análise de medidas repetidas da tabela. A soma dos quadrados do efeito residual (estimativa de erro) é 28, com $df = 8$, e a soma dos quadrados do efeito dos sujeitos é 26, com $df = 4$. Isso resulta em uma razão F da ANOVA de

TABELA 9.4
Resumo da ANOVA de medidas repetidas

Tabela-resumo para ANOVA

Fonte	SQ	df	QM	F
Tentativas (T)	90	$(T - 1) = 2$	45,0	12,86*
Sujeitos (S)	26	$(S - 1) = 4$	3,5	
Residual (erro)	28	$(S - 1)(T - 1) = 8$		
Total	144	$N - 1 = 4$		

*$p < 0,05$.
Nota: $\varepsilon = 1.00$; não é necessário ajuste de df.

medidas repetidas (Tab. 9.4) maior do que a razão F da ANOVA simples (Exemplo 9.6), apesar de a primeira ter apenas um terço dos participantes da segunda. Na Tabela 9.4, a soma dos quadrados dos participantes não é testada e representa simplesmente a variação normal entre eles. Assim, ao longo dos três testes, o desempenho médio dos participantes diminuiu de modo significativo (teste 1 = 10; teste 2 = 7; teste 3 = 4). Essa análise incorpora todas as forças e as fraquezas dos delineamentos de medidas repetidas discutidas anteriormente.

Nessa análise, a estimativa de épsilon é mostrada na parte inferior da Tabela 9.4. Essa estimativa foi obtida por um programa de computador SPSS de medidas repetidas. Se épsilon for menor que 1,00, os graus de liberdade serão ajustados de acordo com a fórmula $df \times \varepsilon = df$ ajustado. Isso é feito para os graus de liberdade do numerador e do denominador de qualquer razão F que inclua o fator de medidas repetidas.

Um tratamento conservador desse ajuste (chamado de **correção de Geisser/Greenhouse**) pode ser adotado, como se segue (Stamm e Safrit, 1975):

$$\theta = 1/(k-1) \qquad (9.15)$$

onde k = número de medidas repetidas. Depois, multiplicamos os graus de liberdade dos testes por esse valor, θ ($k-1$), assim como os graus de liberdade de erro, θ ($n-1$) ($k-1$). Esses graus ajustados (ao df inteiro mais próximo) são usados para a busca da razão F na respectiva tabela. Quando essa razão é significativa no teste conservador, provavelmente o efeito é real. Esse procedimento foi defendido há vários anos, e, atualmente, dados os testes de delineamento de medidas repetidas disponíveis, são mais apropriados programas de computador que fornecem a estimativa de épsilon.

Provavelmente, é seguro dizer que a maioria dos modelos de ANOVA de pesquisas experimentais divulgadas em publicações científicas nacionais em nossa área utiliza a ANOVA de medidas repetidas para um ou mais fatores. Um exemplo desse tipo de estudo é o de M. R. Weiss e colaboradores (1998), que examinaram o papel da observação da mestria e da cópia de modelos nas habilidades, o medo e a autoeficácia de crianças na natação. Diante da violação da suposição de esfericidade ($\varepsilon < 0,75$), os autores usaram o método de medidas repetidas multivariadas. Quando não houve violação da esfericidade, eles optaram por uma ANOVA fatorial 3 (tipo do modelo de observação) x 3 (período de avaliação), com medições repetidas do último fator.

> **Correção de Geisser/Greenhouse**
> Abordagem conservadora do ajuste da estimativa de épsilon em ANOVA de medidas repetidas, que calcula graus ajustados de liberdade a fim de encontrar uma razão F para determinar a significância.

Análise de covariância

A **análise de covariância (ANCOVA)** é a combinação de regressão e ANOVA. Essa técnica é usada para ajustar a variável dependente a alguma variável distrativa (chamada de **covariante**), que pode afetar os tratamentos.

Uso da ANCOVA

Suponha que queiramos avaliar os efeitos de um programa de treinamento para desenvolver a potência de pernas no tempo necessário para correr 50 m. Sabemos que o tempo da reação (TR) afeta o tempo da corrida de velocidade de 50 m, pois os que largam mais rapidamente, logo após o sinal de partida, levam vantagem. Então formamos dois grupos, medimos o TR de cada um, treinamos um deles pelo programa de desenvolvimento da potência, enquanto o outro serve de controle, e medimos o tempo de cada sujeito na corrida de 50 m. A ANCOVA pode ser utilizada nesse estudo para analisar os dados. Há uma variável independente com dois níveis (treinamento e controle da potência), uma variável dependente (tempo da corrida de velocidade de 50 m) e uma importante variável distrativa ou covariante (TR).

A análise da covariância é um processo de duas etapas, em que primeiro se faz um ajuste do escore da corrida de velocidade de 50 m de cada corredor, levando em consideração o respectivo TR. Calcula-se a correlação (r) entre o TR e o tempo dos 50 m. A equação de predição resultante, tempo dos 50 m = $a + (b)$TR (a conhecida fórmula $a + bX$), é usada para calcular o tempo pre-

> **Análise de covariância (ANCOVA)**
> Combinação de regressão e ANOVA que ajusta estatisticamente a variável dependente para alguma variável distrativa, chamada de covariante.
>
> **Covariante** Uma variável distrativa controlada estatisticamente por ANOVA e MANCOVA.

visto para cada corredor (Y). A diferença entre o tempo real (Y) e o previsto (Y') é chamada de residual ($Y - Y'$). Em seguida, calculamos a ANOVA simples, usando o escore residual de cada sujeito como variável dependente (1 df para as somas dos quadrados intragrupo é perdido por causa da correlação). Isso permite avaliar a velocidade na corrida de velocidade de 50 m com o TR controlado.

A análise da covariância pode ser usada em situações fatoriais e com mais de uma covariante. Os resultados são avaliados como na ANOVA, a não ser que uma ou mais variáveis distrativas sejam controladas. Além disso, a ANCOVA costuma ser usada quando há algum tratamento e dois testes, um pré e outro pós-tratamento. Nesse tipo de análise, o pré-teste é usado como covariante. Observe que, na seção precedente sobre a ANOVA de medidas repetidas, indicamos que essa mesma situação pode ser analisada por medidas repetidas. Além disso, a ANCOVA é empregada quando se comparam grupos intactos, pois os desempenhos dos grupos (variável dependente) podem ser ajustados de acordo com as variáveis distrativas (covariantes) em que diferem. Se for garantida, a ANCOVA pode aumentar a força do teste F (facilitando a detecção da diferença).

Limitações da ANCOVA

Ainda que pareça ser a resposta para muitos problemas, na verdade, a ANCOVA tem limitações. Em particular, usá-la para ajustar o desempenho final em relação a diferenças iniciais pode resultar em interpretações equivocadas (Lord, 1969). Além disso, se as correlações entre a covariante e a variável dependente não forem iguais nos grupos submetidos ao tratamento, a ANCOVA-padrão (há técnicas de ANCOVA não padronizadas) será inapropriada.

Turner e Martinek (1999) testaram a validade da técnica chamada modelo de "jogos para compreensão" no ensino do hóquei de campo. Um grupo de participantes foi ensinado por esse método; outro por uma abordagem técnica para a instrução; e o terceiro foi usado como controle. Para algumas das variáveis dependentes (p. ex.: domínio da bola e tomada da decisão de fazer o passe), a ANCOVA foi inteiramente apropriada, com o pré-teste como covariante.

Índice de erro experimental

Às vezes, os pesquisadores estabelecem várias comparações de diferentes variáveis dependentes, usando os mesmos participantes. Em geral, uma das técnicas multivariadas (discutidas na próxima seção) é a solução apropriada. No entanto, quando as variáveis dependentes são combinações de outras variáveis dependentes (p. ex., o déficit cardíaco = frequência cardíaca × volume sistólico), o modelo da técnica multivariada com três variáveis dependentes mostra-se inapropriado. (Este livro não é o local ideal para explicarmos o porquê. Ver mais detalhes em Thomas, 1977.) Desse modo, uma ANOVA entre três grupos pode ser calculada separadamente para cada medida dependente (p. ex., três ANOVAs). O problema é que esse procedimento resulta em aumento do alfa estabelecido para o experimento. Há duas soluções apropriadas para o ajuste de alfa. A primeira, chamada de técnica de Bonferroni, consiste na simples divisão do nível de alfa pelo número de comparações a serem feitas:

$$\alpha_{EW} = \alpha/c \tag{9.16}$$

onde α_{EW} = alfa corrigido para o índice de erro experimental, α = alfa e c = número de comparações. Se, por exemplo, $\alpha = 0,05$ e $c = 3$, então o alfa de cada comparação será $0,05/3 = 0,017$. Isso significa que a razão F teria de alcançar um alfa de 0,017 para ser declarada significativa.

No artigo de Turner e Martinek (1999), os autores usaram o ajuste de Bonferroni para determinar a significância de cada variável dependente. Sachtleben e colaboradores (1997) fizeram várias comparações usando o teste t. Estes usaram o procedimento de Bonferroni para ajustar o nível de alfa. Com alfa de 0,05, o alfa ajustado foi de $0,05 / 7 = 0,007$. Assim, para serem significativos, os testes t devem ter $\alpha < 0,007$.

A segunda opção consiste em deixar o alfa geral em 0,05, calculando, porém, o limite superior de alfa:

$$\alpha_{LS} = 1 - (1 - \alpha)^k \quad (9.17)$$

onde α_{LS} = alfa (limite superior) e k = número de grupos. De novo, usando o exemplo com três comparações e alfa de 0,05, $\alpha_{LS} = 1 (1 0,05)^3 = 0,14$. Desse modo, as hipóteses estão sendo realmente testadas em algum ponto entre o alfa de 0,05, quando as variáveis dependentes estão perfeitamente correlacionadas, e o de 0,14, quando elas são independentes. Em situações em que os pesquisadores fazem comparações múltiplas usando os mesmos participantes, deve-se ajustar o alfa ao índice de erro experimental ou, pelo menos, informar o limite superior de alfa.

Compreensão das técnicas multivariadas

Até aqui, abordamos exemplos de pesquisa experimental envolvendo uma ou mais variáveis independentes, mas apenas uma variável dependente. Os casos multivariados têm uma ou mais variáveis independentes e duas ou mais variáveis dependentes. Parece provável, por exemplo, que, quando manipuladas, as variáveis independentes influenciam mais de uma coisa. O caso multivariado permite mais de uma variável dependente. Usar técnicas que possibilitem apenas uma variável dependente (chamadas univariadas) repetidamente, quando há diversas variáveis dependentes, aumenta o índice de erro experimental (às vezes, chamado de probabilidade em pirâmide), do mesmo modo como quando usamos testes t múltiplos, em vez da ANOVA simples, para analisar mais de dois grupos. Mas, em alguns casos, o uso de técnicas univariadas em estudos com múltiplas variáveis dependentes é aceitável ou é a única opção. Como em todas as pesquisas, a teoria, por exemplo, deve orientar a tomada de decisões. Pode ser que o pesquisador não queira incluir uma variável dependente teoricamente importante em uma análise multivariada, quando variáveis dependentes teoricamente menos importantes poderiam mascarar a importância da primeira. Além disso, às vezes, é simplesmente impossível aplicar a técnica multivariada, pois o número de participantes é muito pequeno. Com frequência, as técnicas multivariadas usadas em estudos experimentais são:

- análise discriminante;
- ANOVA multivariada (MANOVA) e casos especiais com delineamentos de medidas repetidas; e
- ANCOVA multivariada (MANCOVA).

Lembre-se de que o modelo linear geral ainda se encontra na base de todas as técnicas, e ainda estamos tentando descobrir duas coisas: estamos avaliando alguma coisa significativa (confiável)? E qual o grau de significância das descobertas significativas?

Análise discriminante

Usamos a análise discriminante quando temos uma variável independente (dois ou mais níveis) e duas ou mais variáveis dependentes. A técnica combina regressão múltipla e ANOVA simples. Na verdade, a análise discriminante utiliza uma combinação das variáveis dependentes para predizer ou discriminar os níveis da variável independente, que, nesse caso, é a participação no grupo. Na discussão da regressão múltipla, no Capítulo 8, usamos muitas variáveis de predição em uma combinação linear, para prever uma variável de critério. Em essência, a análise discriminante faz o mesmo, com exceção de que diversas variáveis dependentes são usadas em uma combinação linear para prever o grupo ao qual o participante pertence. Essa predição da participação no grupo é o equivalente à discriminação entre grupos (lembre-se de que t podia ser calculado a partir de r). Os mesmos métodos usados na regressão múltipla para identificar preditores importantes são usados na análise discriminante. Entre eles, estão as técnicas de seleção progressiva, regressiva e gradual. Para obter mais detalhes e também uma descrição útil e prática da análise discriminante, leia Betz (1987).

As seleções progressiva, regressiva e gradual

Como mencionado no Capítulo 8, a técnica de seleção progressiva registra as variáveis dependentes por ordem de importância; ou seja, a variável dependente que contribui mais para a separação dos grupos (que melhor discrimina ou prevê a participação no grupo) é registrada primeiro. Pelas técnicas de correlação, o efeito da primeira variável dependente sobre todas as outras é removido, e a variável dependente que ocupa o segundo lugar na separação dos grupos é registrada na etapa 2. Esse procedimento continua até que todas as variáveis dependentes tenham sido registradas ou até ser encontrado algum critério de interrupção do processo (estabelecido pelo pesquisador).

O procedimento de seleção regressiva é similar, porém todas as variáveis dependentes são registradas, e aquela que contribui menos para a separação do grupo é removida. Isso continua até que as únicas variáveis restantes sejam as que contribuem de forma significativa para a separação dos grupos.

A técnica gradual é semelhante à seleção progressiva, mas, em cada etapa, todas as variáveis dependentes são avaliadas, para determinar se elas ainda contribuem para a separação dos grupos. Quando alguma delas já não contribui, é excluída (removida) da combinação linear, do mesmo modo que acontece na regressão múltipla.

Um exemplo de análise discriminante

Tew e Wood (1980) realizaram um estudo em que jogadores de futebol americano universitário foram classificados em três grupos: (a) *backs* ofensivos e defensivos, (b) *linemen* ofensivos e defensivos, (c) *linebackers* e *receivers*. Foram coletados dados de 28 atletas de cada grupo ($N = 84$) em sete variáveis: corrida de 40 metros, corrida de 12 minutos, corrida de ida e volta, salto vertical, salto em distância, supino e agachamento. Aplicou-se a análise discriminante para determinar quantas das sete variáveis dependentes eram necessárias para separar (predizer) os três grupos de jogadores.

Dois critérios foram definidos para o programa estatístico computadorizado: incluir a variável com a maior razão F em cada etapa e interromper o processo quando não houvesse variável remanescente cuja F fosse significativa com $p < 0,05$. Primeiro, registrou-se o supino, pois ele tinha a maior F univariada. Em segundo lugar, foi selecionada a corrida de 40 metros, seguida do salto vertical. Nesse ponto, nenhuma das quatro variáveis dependentes restantes apresentavam Fs significativas; assim, o programa forneceu o teste geral de composição linear das habilidades das variáveis dependentes (supino, corrida de 40 metros e salto vertical) para separar os três agrupamentos de jogadores. A correlação canônica ao quadrado, cumulativa a cada etapa, fornece a estimativa do significado: a porcentagem da variância explicada (20% com a primeira variável, 34% com a primeira e a segunda, e 35% com as três). As outras quatro variáveis dependentes não foram selecionadas porque não foram capazes de melhorar a habilidade de separar os três grupos de jogadores. Isso significa que as características subjacentes ao desempenho nas três variáveis dependentes incluídas foram similares às das quatro não incluídas.

A análise discriminante pode ser acompanhada de técnicas univariadas para determinar que grupos realmente diferiram entre si em cada uma das variáveis dependentes selecionadas. Há inúmeros modos de tratar esse acompanhamento, mas, para simplificar, poderíamos realizar o teste de Scheffé entre os três grupos, na primeira variável dependente. Então você pode usar ANCOVA entre os três grupos na segunda variável dependente, usando a primeira como covariante. Isso forneceria médias ajustadas da segunda variável dependente (médias dessa segunda variável corrigidas pela primeira). O teste de Scheffé poderia ser feito entre as médias ajustadas, usando-se o quadrado da média ajustada para o erro. Esse procedimento, chamado de *técnica de decréscimo de F*, prossegue para cada variável dependente, usando-se como covariantes as variáveis dependentes previamente registradas. Há modos adicionais de acompanhar a análise discriminante.

Resumo da análise discriminante

O estudo de Tew e Wood (1980) usou a análise discriminante em uma situação de três grupos intactos (ou seja, não formados aleatoriamente). Essa é uma aplicação comum desse tipo de análise.

No entanto, a análise discriminante não elimina a necessidade de formar grupos de modo aleatório quando o propósito da pesquisa é a determinação da relação de causa e efeito.

Análise multivariada de variância

De um ponto de vista intuitivo, a análise multivariada de variância (MANOVA) é uma extensão um tanto direta da ANOVA. A única diferença é que os testes F das interações e das variáveis independentes baseiam-se no compósito linear ótimo de muitas variáveis dependentes. Aqui, não há necessidade de considerar a MANOVA simples, porque ela é uma análise discriminante (variável independente com dois ou mais níveis e duas ou mais variáveis dependentes). Ver em Haase e Ellis (1987) uma boa discussão prática, além da definição e de um exemplo de MANOVA.

Uso da MANOVA

A matemática da MANOVA fatorial é complexa, mas a ideia é simples. Faz-se uma combinação adequada (compósito linear) de variáveis dependentes maximamente responsável (preditora) da variância associada às variáveis independentes. Em seguida, isola-se a variância associada a cada variável independente (como na ANOVA) e testa-se cada uma das interações e das variáveis independentes da composição linear adequada. A F associada e os graus de liberdade de cada teste são interpretados do mesmo modo da ANOVA. Há vários meios de obter F na MANOVA: lambda de Wilks, traço de Pillai, traço de Hotelling e a maior raiz característica de Roy. Apontamos esses nomes apenas porque, algumas vezes, os autores informam como as Fs da MANOVA foram obtidas. Para os nossos propósitos aqui, essas distinções não são importantes. Lembre-se apenas de que as razões F da MANOVA são similares às da ANOVA.

Após a utilização da MANOVA, é identificado um compósito linear significante de variáveis dependentes que isola os níveis da variável (ou variáveis) independente(s). Então, em geral, a questão importante é: que variável dependente contribui significativamente para essa separação? Um dos muitos modos de responder a essa pergunta é usar a análise discriminante e os procedimentos de decréscimo do F abordados na seção anterior como técnicas de acompanhamento. Esse método funciona bem para os efeitos principais, mas não tão bem para interações. Na MANOVA, muitas vezes, as interações são trabalhadas pelo cálculo da ANOVA fatorial para cada variável dependente, embora esse procedimento desconsidere as relações entre as variáveis dependentes.

Um exemplo de MANOVA

Como exemplo do uso e do acompanhamento da MANOVA, considere um experimento relatado por French e Thomas (1987). Um aspecto desse estudo consiste em avaliar o conhecimento e o desempenho em basquetebol de dois grupos formados de acordo com a faixa etária (8 a 10 anos e 11 a 12 anos) e com o nível de experiência (experientes e iniciantes das duas faixas etárias). Todas as crianças foram submetidas a um teste de conhecimentos de basquetebol e a dois testes de habilidade nesse jogo (arremesso e drible). A seguir, apresentamos a descrição desses resultados particulares feita por French e Thomas:

> A MANOVA 2 × 2 (idade da liga × experiente/novato) foi realizada com base nos escores do teste de conhecimentos e dos dois testes de habilidades. Os resultados indicaram efeitos principais significativos para a liga por idade, $F(3, 50) = 5,81$, $p < 0,01$, para o experiente/novato, $F(3, 50) = 28,01$, $p < 0,01$, mas sem interação significativa. Esses efeitos principais foram acompanhados por um procedimento de decréscimo, usando uma análise discriminante de seleção progressiva. O nível alfa, usado como base para a introdução das variáveis, foi fixado em 0,05. A análise discriminante para a liga por idade revelou que o conhecimento foi introduzido primeiro, $F(1, 54) = 8,31$, $p < 0,01$. Não foi introduzido qualquer dos dois testes de habilidade. As crianças mais velhas ($M = 79,5$) tinham mais conhecimento do

que as mais novas ($M = 64,9$). A análise discriminante do experiente/novato revelou que os arremessos foram introduzidos em primeiro lugar, $F(1, 54) = 61,40$, $p < 0,01$; e o conhecimento em segundo, $F(1, 53) = 5,51$, $p < 0,05$; o drible não foi introduzido. Nas habilidades de arremesso, as crianças experientes ($M = 47,2$) tiveram desempenho significativamente melhor do que as novatas ($M = 25,7$). As médias do conhecimento ajustadas mostraram que as crianças experientes ($M = 77,1$) tinham mais conhecimentos de basquetebol do que as iniciantes ($M = 64,2$) (p. 22).

Na MANOVA, se tivesse havido mais de dois níveis em uma variável independente (p. ex., se tivessem sido usados três níveis de idade da liga), depois da análise discriminante, haveria três médias (uma para cada faixa etária) para testar a significância entre eles. Teria sido adequado o uso do teste de Scheffé para esse acompanhamento, exatamente como fizemos na ANOVA.

Análise multivariada de covariância

Conceitualmente, a análise multivariada de covariância (MANCOVA) representa a mesma extensão da ANCOVA que a MANOVA representou para a ANOVA. Na MANCOVA, há uma ou mais variáveis independentes, duas ou mais variáveis dependentes e uma ou mais covariantes. Lembre-se da explicação anterior sobre a ANCOVA. Usou-se uma variável para ajustar a variável dependente pela correlação e, então, a ANOVA foi aplicada à variável dependente ajustada. Na MANCOVA, cada variável dependente é ajustada para uma ou mais covariantes e, em seguida, forma-se, a partir das variáveis dependentes ajustadas, uma composição linear que melhor discrimina as variáveis independentes, assim como na MANOVA. Os procedimentos de acompanhamento são os mesmos da MANOVA, exceto pelo fato de que se usa a composição linear das variáveis dependentes ajustadas. Essa técnica é utilizada poucas vezes e quase sempre de modo incorreto. Em geral, não há razão para ajustar a variável dependente à composição linear de covariantes. Intencionalmente, não fornecemos qualquer exemplo do uso da MANCOVA extraído da literatura da atividade física. Quando o pesquisador compreende bem o que a MANCOVA faz e sabe com precisão o que será testado, essa é uma técnica refinada. No entanto, muitos pesquisadores não a compreendem, nem a utilizam da forma adequada. É óbvio que o mesmo vale para a ANCOVA. Veja uma boa abordagem desses temas em A. C. Porter e Raudenbush (1987).

Medidas repetidas com múltiplas variáveis dependentes

Com certa frequência, os experimentos apresentam múltiplas variáveis dependentes, medidas mais de uma vez (ao longo do tempo). Por exemplo, em um estudo sobre a adesão a exercícios, tanto as variáveis fisiológicas quanto as psicológicas podem ser medidas uma vez por semana, durante um programa de treinamento de 15 semanas. Se houver dois grupos de treinamento (diferentes níveis de treinamento) e um grupo-controle, cada um com 15 participantes, todos submetidos a medidas semanais (ou seja, 15 medidas) de dois fatores psicológicos e três fisiológicos, teremos o seguinte delineamento: três níveis de exercício x 15 testes (3 × 15), para cinco variáveis dependentes. Esse delineamento oferece várias opções de análise.

Poderíamos fazer cinco ANOVAS 3 × 15, com medidas repetidas no segundo fator. Aqui, acompanharíamos os procedimentos de medidas repetidas já descritos neste capítulo. No entanto, inflaríamos o alfa ao fazer análises múltiplas dos mesmos participantes. Obviamente, o alfa poderia ser ajustado pela técnica de Bonferroni ($\alpha = 0,05/5 = 0,01$), mas isso não levaria em conta as relações entre as variáveis dependentes, que podem ser substanciais e de considerável interesse. Excelentes instruções para a solução desse problema são fornecidas por Schutz e Gessaroli (1987). A breve discussão a seguir foi retirada de seu estudo; mas, caso pretenda usar esse delineamento e essa análise, você deve ler o estudo completo e o exemplo.

Duas opções estão disponíveis para esta análise: o modelo misto multivariado (MMM) e o duplamente multivariado (DM). A escolha de um deles depende dos pressupostos relativos aos dados. Usando o estudo previamente descrito (três níveis de exercício × 15 testes para cinco variáveis dependentes), a análise MMM trata a variável independente (níveis de exercício) como um verdadeiro caso multivariado, formando a composição linear das cinco variáveis dependentes para discriminar os níveis da variável independente. Quando significativa, essa composição pode ser acompanhada dos procedimentos de decréscimo de F (ver procedimento alternativo em Schutz e Gessaroli, 1987). Para o fator (e a interação) de medidas repetidas, forma-se um compósito linear para cada teste, sendo cada um deles tratado como análise regular de medidas repetidas. Isso significa que deve ser considerada a suposição de esfericidade, como descrito previamente, e o épsilon pode ser usado para testar essa suposição, nos mesmos padrões antes descritos. A interpretação da razão F resultante para os efeitos principais dos grupos, dos testes e da interação grupo × teste é a mesma dos outros delineamentos. Em geral, a questão levantada é: os grupos mudam em graus diferentes, ao longo dos testes, no compósito linear das variáveis dependentes? Essa é a análise preferida quando a suposição de esfericidade pode ser respeitada, pois a maioria dos autores acredita que ela confere maior força. No entanto, é difícil alcançar essa suposição, em especial quando há mais de duas ou três variáveis dependentes medidas em mais de 3 a 7 tentativas.

A análise DM não exige o cumprimento da suposição da esfericidade. Ela é igual à análise feita para a variável independente do exercício. Porém, na parte das medidas repetidas, forma-se um compósito linear não apenas das variáveis dependentes de cada teste, mas também dos 15 testes (sendo que eles próprios se transformam em um compósito linear), daí o nome *duplamente multivariado*. As interpretações de Fs para os dois efeitos principais e a interação permanecem essencialmente as mesmas, mas os acompanhamentos tornam-se mais complexos.

McCullagh e Meyer (1997) compararam quatro métodos de fornecimento de informações (prática física com *feedback*, modelos de aprendizagem com e sem *feedback* modelar e modelo de correção com *feedback* modelar) sobre a forma correta de aprendizagem da modalidade de agachamento do levantamento com peso livre. Havia duas variáveis dependentes (resultado e forma) e cinco testes. Usou-se uma MANOVA de medidas repetidas para analisar os dados. ANOVAs univariadas e comparações *post hoc* foram feitas como acompanhamentos para Fs significativas.

Resumo

Este capítulo apresentou técnicas usadas quando o foco da atenção são as diferenças entre grupos. Essas técnicas variam desde as mais simples, com dois níveis de uma variável independente e uma variável dependente, até as mais complexas, multivariadas com múltiplas variáveis independentes e dependentes, além de múltiplos testes. Todas podem ser classificadas do seguinte modo:

- O teste t é usado para determinar como um grupo difere da população, como dois grupos diferem entre si, como um grupo muda de acordo com a ocasião e como várias médias diferem (teste de Scheffé ou outro teste de comparação múltipla).
- A ANOVA mostra diferenças entre os níveis de uma variável independente (ANOVA simples), os níveis de duas ou mais variáveis independentes (ANOVA fatorial) ou os níveis das variáveis independentes quando há uma variável distrativa ou uma covariante (ANCOVA).
- A análise multivariada de variância (MANOVA) é usada quando há mais de uma variável dependente. A discriminante é a forma mais simples de MANOVA (quando há apenas uma variável independente e duas ou mais variáveis dependentes). MANOVAs mais complexas envolvem duas ou mais variáveis independentes e duas ou mais variáveis dependentes.
- A MANCOVA é uma extensão da MANOVA na qual há uma ou mais covariantes.
- A MANOVA de medidas repetidas é usada quando uma ou mais das variáveis independentes são medidas repetidas.

A Tabela 9.5 fornece uma visão geral das técnicas apresentadas neste capítulo e no Capítulo 8 (relações entre variáveis) e seus respectivos usos. Observe que há técnicas para relações entre variáveis semelhantes a cada técnica de análise de diferenças entre grupos. Na verdade, é mantida a relação entre t e r demonstrada anteriormente, neste capítulo, pois as técnicas da ANOVA são equivalentes às da regressão múltipla. Cada técnica trata das nossas questões básicas, ou seja: é o efeito ou a relação significativa? É efeito ou relação significante?

TABELA 9.5
Comparação das técnicas estatísticas dos Capítulos 8 e 9

Descrição	Relações entre variáveis	Diferenças entre grupos
1 VI (2 níveis) → 1 vd		Teste t independente
1 preditor → 1 critério	r de Pearson	
2 ou mais VIs → 1 vd		ANOVA fatorial
2 ou mais preditores → 1 critério	Regressão múltipla	
1 VI (dois ou mais níveis) → 2 ou mais vds		Análise discriminante
2 ou mais VIs → 2 ou mais vds		MANOVA
2 ou mais preditores → 2 ou mais critérios	Correlação canônica	

VI = variável independente; vd = variável dependente.

Algumas ideias apresentadas aqui são complexas e talvez não sejam facilmente compreendidas na primeira leitura. Neste capítulo, fornecemos sugestões de leituras e propomos problemas que podem ser úteis. Se você ainda não apreendeu esse conteúdo com segurança, releia o capítulo, resolva os problemas e consulte alguns dos textos que sugerimos. Isso é importante, pois, nas Partes III e IV, partimos do pressuposto de que você compreendeu a Parte II.

✓ Verifique sua compreensão

1. Critique a parte estatística de um estudo em que se utiliza um teste t independente. Calcule ω^2 para o t desse estudo.
2. Localize um estudo em que tenha sido utilizado um teste de comparação múltipla (Newman-Keuls, Duncan ou Scheffé) como acompanhamento da ANOVA. Critique o uso desse teste.
3. Um pesquisador deseja comparar o efeito de três distribuições de cadeiras na sala de aula (em fila, em grupos e em círculos) sobre o comportamento dos alunos (frequência de comportamentos observados durante a execução de tarefas). Crianças do ensino fundamental ($N = 18$) foram distribuídas aleatoriamente em três grupos de acordo com a disposição das cadeiras. O M, o dp e o n de cada grupo foram:

    a. Complete a tabela. Use a Tabela 9.6 para ajuda.
    b. Teste a F quanto à significância, no nível 0,05, usando a Tabela 6, do Apêndice

Grupo	M	dp	n
Fileira	6,0	1,4	6
Grupos	6,8	1,9	6
Círculos	9,5	1,0	6

Eis um resumo parcial da ANOVA

Fonte	SQ	df	QM	F
Entre	40,1			
Intra	34,3			
Total	74,4			

c. Calcule ω^2 para avaliar o significado.
d. Use o método de Scheffé para determinar onde estão as diferenças entre os três grupos (consulte o Exemplo 9.7).
e. Escreva um parágrafo curto interpretando os resultados da análise de dados.
4. Critique a parte estatística de um estudo em que foi utilizada a ANOVA fatorial *two-way*. Calcule ω^2 para cada fator e interação.
5. Localize um estudo em que foi usada a MANOVA na análise de dados. Identifique as variáveis independentes e dependentes.

Capítulo 10

TÉCNICAS NÃO PARAMÉTRICAS

Ele usa a estatística como os bêbados usam o poste como ponto de apoio, e não como fonte de luz.
Andrew Lang

Nos capítulos anteriores, descrevemos várias estatísticas paramétricas. Lembre-se de que elas incluem pressuposições sobre a normalidade e a homogeneidade da variância da distribuição. Outra categoria de estatísticas é chamada de não paramétrica. Essa última também é chamada de estatística de distribuição livre, pois não se faz nenhuma suposição sobre a distribuição dos escores. As estatísticas não paramétricas são versáteis, porque podem lidar com escores ordenados e categorias. Isso consiste em uma vantagem definitiva quando o investigador trabalha com variáveis que não se prestam a dados precisos, de intervalos ou de razões (com maior probabilidade de atender a suposições paramétricas), tais como categorias de respostas a questionários e vários instrumentos de classificação de comportamentos afetivos. Os dados de pesquisas quantitativas muitas vezes são avaliações numéricas de eventos que podem ser analisados com eficácia por estatísticas não paramétricas.

A principal desvantagem das estatísticas não paramétricas, com frequência alardeada, é que elas são menos poderosas do que as paramétricas. Como você deve lembrar, o poder refere-se à habilidade de um teste estatístico de rejeitar uma hipótese nula falsa. Devemos destacar, no entanto, que não há consenso sobre a suposta vantagem dos testes paramétricos no que diz respeito ao poder (Harwell, 1990; Thomas, Nelson e Thomas, 1999). Outra desvantagem das técnicas não paramétricas é a falta de um *software* estatístico para os testes mais complexos, como os dos casos multivariados.

No Capítulo 6, fornecemos um conjunto de procedimentos para a avaliação da normalidade dos dados, a fim de determinar se devem ser usadas técnicas paramétricas ou não paramétricas. Para isso, é preciso observar a distribuição dos dados (usar um gráfico de caule-e-folhas ou um histograma para analisar se os dados formam uma curva normal) e avaliar a assimetria e a curtose. É difícil determinar se os dados correspondem ou não à suposição de normalidade (Thomas, Nelson e Thomas, 1999). Por exemplo, para usar técnicas paramétricas, qual deve ser o grau de normalidade dos dados? Em várias ocasiões, os dados do pesquisador não corresponderão a essa suposição. Micceri (1989), por exemplo, defendeu que a maioria dos dados da área da educação e psicologia é moderada ou largamente não normal e, portanto, adequada às técnicas não paramétricas. Além disso, às vezes, os únicos escores disponíveis são frequências de ocorrência ou classificações (que, muitas vezes, não são normalmente distribuídos); nesses casos, o pesquisador deve usar as técnicas não paramétricas.

Neste capítulo, apresentamos duas categorias de técnicas não paramétricas. Inicialmente, o qui quadrado é usado para analisar a frequência de respostas incluídas em categorias, como nestes exemplos:

- Entre as crianças altamente condicionadas, qual o número de meninas e de meninos?
- Quantos ex-atletas ou não atletas participam de esportes recreativos após os 30 anos?
- Entre as mulheres altamente condicionadas, quantas praticam regularmente natação, corrida ou ciclismo?

▶ Como as estatísticas não paramétricas podem tratar escores e categorias ranqueadas, podem ser úteis quando se trabalha com dados que não se enquadram nas suposições paramétricas para a distribuição normal. As respostas de questionários e o ordenamento de técnicas de comportamentos são dois exemplos de dados que podem ser analisados usando estatística não paramétrica.

> **O QUÃO NORMAL TEMOS QUE SER?**

Em seguida, apresentamos um método-padrão de análise de dados classificados quando as classificações não são normalmente distribuídas. Para usar qualquer uma das técnicas do modelo linear geral (MLG) descritas nos Capítulos 8 e 9, os dados têm de ser normalmente distribuídos, e os pontos dos dados devem formar uma linha reta. Entre os dados que não atendem à suposição de normalidade, estão:

- Respostas de questionários com as opções "concordo plenamente", "concordo", "indiferente", "discordo" e "discordo inteiramente" podem ser consideradas como dados classificados; a classificação das respostas varia de 1 (concordo plenamente) a 5 (discordo inteiramente).
- Dados relacionados a tempo, velocidade, aceleração e pontos (p. ex., quantas flexões o participante consegue fazer) podem não ser normalmente distribuídos.

Nesses casos, o uso de procedimentos correlacionais paramétricos e da ANOVA (incluindo os teste t) seria inadequado, pois não há cumprimento das suposições para uso das tabelas r, t e F.

Neste capítulo, fornecemos uma série de procedimentos para dados classificados-ordenados semelhantes aos procedimentos paramétricos da correlação e da ANOVA (inclusive teste t). Nesses procedimentos, as ideias subjacentes são idênticas às apresentadas nos Capítulos 8 e 9. São usados os mesmos programas de computador (p. ex., SPSS, SAS) para analisar os dados classificados. Porém, em vez das tabelas de r, t e F, é feito um cálculo (uma estatística chamada L), que, depois, é comparado à tabela do qui quadrado, na qual não se exige a suposição de normalidade.

Qui quadrado: teste do observado *versus* o esperado

Medida nominal
Método de classificação de dados em categorias, como grupos por sexo, idade, nível de escolaridade ou tratamento.

Qui quadrado
Teste estatístico da significância da discrepância entre os resultados observados e esperados.

Com frequência, os dados são classificados em categorias, como grupos por sexo, idade, nível de escolaridade, tratamento ou outra **medida nominal** (de categoria). Às vezes, o pesquisador está interessado em avaliar se o número de casos de cada categoria é diferente do esperado com base no acaso, em alguma fonte de informação conhecida (dados do censo) ou em alguma outra hipótese racional sobre a distribuição dos casos entre a população. O **qui quadrado** fornece um teste estatístico de significância da discrepância entre os resultados observados e os esperados.

A equação do qui quadrado é

$$\chi^2 = \Sigma[(O - E)^2/E] \tag{10.1}$$

onde O = frequência observada e E = frequência esperada. Portanto, a frequência esperada em cada categoria, em geral chamada de "célula", como em uma tabela dividida em quatro quadrados iguais, é subtraída da observada (ou obtida). A diferença é elevada ao quadrado (o que significa que todas as diferenças serão positivas); os valores são divididos pela frequência esperada para as respectivas categorias e, depois, somados.

Vejamos um exemplo. O treinador de tênis Roger Ferradura é supersticioso. Ele acredita que uma das quadras da universidade realmente dá azar a sua equipe. Depois de registrar resultados de jogos em quatro quadras ao longo dos anos, ele se convenceu de que sua equipe perdeu um número significativamente maior de jogos na quadra número 4 do que em qualquer outra. Roger decidiu provar a própria teoria, comparando o número de derrotas em cada uma delas. Em cada quadra, a equipe participou do mesmo número de jogos perdeu um total de 120 partidas individuais nesse período.

Teoricamente, seria esperado que, em cada quadra, tivesse havido um quarto das derrotas, ou seja, 30. As frequências observadas e esperadas são mostradas no Exemplo 10.1.

Exemplo 10.1

■ **Valores conhecidos**

		\multicolumn{5}{c}{Número da quadra}				
		1	2	3	4	Total
Número de derrotas observadas	$O =$	24	34	22	40	120
Número de derrotas esperadas	$E =$	30	30	30	30	120

■ **Cálculo (Equação 10.1)**

	\multicolumn{4}{c}{Número da quadra}			
	1	2	3	4
$(O - E)$	–6	+4	–8	+10
$(O - E)^2$	36	16	64	100
$(O - E)^2/E$	1,20	0,53	2,13	3,33
$\chi^2 = \Sigma[(O - E)^2/E] = 7,19$				

Então, o qui quadrado resultante é interpretado em função da significância, pela consulta da Tabela 7, no Apêndice. Como há quatro quadras (ou células), o número de graus de liberdade (*df*) é c – 1 = 3. O pesquisador descobre o valor crítico para 3 *df*, que é 7,82 para o nível de probabilidade igual a 0,05. O valor calculado por Roger, 7,19, é inferior a esse, o que significa que não é rejeitada a hipótese nula de que não haveria diferenças entre as quatro quadras em termos de número de derrotas. As diferenças observadas podem ser atribuídas ao acaso. Provavelmente, no fundo do seu coração, Roger ainda acredita que está certo (é a chamada pesquisa cardíaca).

Em alguns casos, as frequências de classificações esperadas podem ser obtidas a partir de fontes de informação preexistentes, como no exemplo a seguir. Nancy Boagente, professora assistente novata, recebeu a incumbência de ministrar a maior parte de um curso de introdução à cinesiologia. Após alguns semestres, o chefe do departamento ouviu rumores de que ela era muito indulgente nos métodos de avaliação, pois usava o qui quadrado para comparar as notas dos seus 240 alunos com a distribuição de notas da curva normal prescrita pelo departamento: 3,5% de As e Fs, 24% de Bs e

Exemplo 10.2

■ **Valores conhecidos**

		\multicolumn{5}{c}{Grau}					
		A (3,5%)	B (24%)	C (45%)	D (24%)	F (3,5%)	Total
Número de graus atribuídos observados	$O =$	21	75	114	28	2	240
Número de graus atribuídos esperados	$E =$	8	58	108	58	8	240

■ **Cálculo (Equação 10.1)**

	Grau				
	A	B	C	D	F
$(O-E)$	13	17	6	-30	-6
$(O-E)^2$	169	289	36	900	36
$(O-E)^2/E$	21,13	4,98	0,33	15,52	4,50
$\chi^2 = \Sigma[(O-E)^2/E] = 46,46$					

Ds, e 45% de Cs. Se a professora Boagente tivesse aderido a essa distribuição normal, então poderíamos esperar que ela tivesse dado 8 As e 8 Fs (3,5% × 240); 58 Bs e 58 Ds (24% × 240) e 108 Cs (45% × 240). As frequências observadas (as notas dadas pela professora Boagente) e as esperadas (a distribuição determinada pelo departamento) são comparadas pelo qui quadrado no Exemplo 10.2.

O chefe do departamento, sempre justo, não quer tomar uma má decisão e, por isso, decide usar o nível 0,01 de probabilidade. A Tabela 7, no Apêndice, mostra que, para 4 *df* (há cinco notas ou células), é preciso um qui quadrado de 13,28 para obter significância no nível 0,01. O qui quadrado de 46,46 obtido excede o valor, indicando desvio significativo da distribuição de notas esperada. Claramente, as notas dadas pela professora Boagente incluem As e Bs demais e Ds e Fs de menos. O chefe fez a única coisa justa, demitiu a professora no mesmo dia.

Tabela de contingência

Com frequência, os problemas envolvem duas ou mais categorias de ocorrência e dois ou mais grupos (classificação *two-way*). Um exemplo comum é a análise dos resultados de questionários ou de levantamentos de atitude, em que aparecem várias categorias de respostas (p. ex., concordo, não tenho opinião formada, discordo), e dois ou mais grupos de entrevistados (p. ex., praticantes e não praticantes de exercícios). Esse tipo de classificação *two-way* é chamado de **tabela de contingência**.

Tabela de contingência
Classificação *two-way* de ocorrências e grupos, usada para calcular a significância de diferenças entre escores observados e esperados.

Para ilustrar, suponhamos que, em um levantamento sobre o espírito esportivo, tenha sido apresentada a dois grupos, um de atletas, outro de não atletas, a seguinte afirmação: "Um jogador de

Exemplo 10.3

■ **Valores conhecidos**

Respostas observadas	Concorda	Sem opinião	Não concorda	Total
Atletas	30	46	124	200
Não atletas	114	80	56	250
Total	144	126	180	450

■ **Cálculo**

1. Descubra os valores esperados (total da coluna X total da linha)/*N*

Respostas esperadas	Concorda	Sem opinião	Não concorda	Total
Atletas	144 × 200/450 = 64	12 × 200/450 = 56	180 × 200/450 = 80	200
Não atletas	144 × 250/450 = 80	126 × 250/450 = 70	180 × 250/450 = 100	250
Total	144	126	180	450

2. Calcule χ^2 (Equação 10.1)

Respostas	O – E	$(O - E)^2$	$(O - E)^2/E$
Atletas concordam	–34	1,156	18,06
Não atletas concordam	34	1,156	14,45
Atletas sem opinião	–10	100	1,79
Não atletas sem opinião	10	100	1,43
Atletas não concordam	44	1,936	24,20
Não atletas não concordam	–44	1,936	19,36
			$\chi^2 = 79,29$

basquetebol que pega uma bola aérea entre o chão e a luva deve dizer ao juiz que não a pegou". Nos exemplos anteriores de classificação *one-way*, as frequências esperadas eram determinadas por algum tipo de hipótese racional ou fonte de informação. Na tabela de contingência, os valores esperados são computados a partir dos totais marginais. O Exemplo 10.3 mostra as respostas dos participantes.

Um total de 144 entrevistados concordou com a afirmação. Uma vez que o total é de 450 pessoas, 144/450 ou 32% do grupo estavam de acordo. Portanto, se não houvesse diferença entre atletas e não atletas em relação ao espírito esportivo (hipótese nula), como refletido nessa afirmação, poderíamos esperar as frequências de 32% dos atletas (0,32 × 200 = 64) e 32% dos não atletas (0,32 × 250 = 80) para essas duas células.

Um método muito mais rápido para calcular as frequências esperadas consiste em simplesmente multiplicar a coluna do total pela linha do total de cada célula e dividir o resultado pelo número total (N), como fizemos na primeira etapa do Exemplo 10.3. O qui quadrado é computado como nos exemplos de classificação *one-way*.

Os graus de liberdade da tabela de contingência são $(r - 1)(c - 1)$, onde r representa as linhas e c as colunas. Aqui, temos duas linhas e três colunas, então, $df = (2-1)(3-1) = 2$. Como antes, o investigador procura na tabela o valor da significância (nesse estudo, ele tinha escolhido o nível 0,01) e vê que o qui quadrado 9,21 é o necessário. O qui-quadrado obtido (79,29) é claramente significativo. Isso nos diz que a hipótese nula é rejeitada: atletas e não atletas respondem à afirmativa de uma maneira significativamente diferente. Depois de observar a tabela, podemos concluir que uma proporção significativamente maior de não atletas concordou que o jogador devia dizer ao juiz que pegou a bola e, ao contrário, que uma proporção maior de atletas pensava que o jogador não deveria dizer nada.

Restrições ao uso do qui quadrado

Apesar de termos indicado que as estatísticas não paramétricas dispensam suposições relativas à população necessárias às paramétricas, a elas se aplicam algumas restrições. As observações têm de ser independentes, e as categorias, mutuamente exclusivas. Com isso, queremos dizer que, em qualquer categoria, as observações não devem relacionar-se a, nem serem dependentes de, observações de outras categorias. Vejamos, por exemplo, um caso em que você pergunta a 50 pessoas sobre suas atividades preferidas. Se cada pessoa tiver três preferências, não será justificado o uso de um total (N) de 150, pois as preferências dos sujeitos provavelmente seriam relacionadas e, em consequência, o qui quadrado ficaria inflado. Além disso, cada observação só pode entrar em uma única categoria. As frequências observadas são exatamente isto: números de ocorrências. Razões e porcentagens não são adequadas. Outro ponto relacionado é que os totais das frequências esperadas e das observadas, em qualquer classificação, têm de ser iguais. No Exemplo 10.3, o total das frequências esperadas para atletas é igual ao total das frequências observadas. O mesmo é visto nos dados dos não atletas e nos totais.

Em geral, o qui quadrado não é aplicável a amostras pequenas. A frequência esperada para qualquer célula não deve ser inferior a 1,0. Além disso, alguns estatísticos defendem que não mais de 20% das células podem ter valores esperados inferiores a 5. No entanto, há divergência de opiniões sobre esse ponto. Alguns dizem que nenhuma célula deve ter uma frequência menor do que 5, enquanto outros admitem que até 40% das células tenham frequência inferior a 5. Quando há várias células com frequências esperadas menores do que 5, uma tática comum consiste em combinar categorias adjacentes, aumentando, assim, os valores esperados.

Em geral, os pesquisadores concordam que uma tabela de contingência 2 x 2 deve ter uma correção de continuidade. Essa correção, usualmente chamada de **correção de continuidade de Yates**, implica subtrair 0,5 da diferença entre as frequências observada e esperada de cada célula, antes de elevá-la ao quadrado:

$$\text{Correção do } \chi^2 = \sum[(O - E - 0,5)^2/E] \qquad (10.2)$$

> **Correção de continuidade de Yates** Método de correção da tabela de contingência 2 × 2, pela subtração de 0,5 da diferença entre as frequências observada e esperada para cada célula, antes de elevá-la ao quadrado.

Outra limitação imposta à tabela de contingência 2 x 2 é que o número total (N) seja, no mínimo, 20.

Por fim, a distribuição esperada deve ser lógica e estabelecida antes da coleta dos dados. Em outras palavras, a hipótese (probabilidade, ocorrência igual, dados do censo, etc.) precede a análise. Não se permite que os pesquisadores desprezem a distribuição e simulem uma distribuição esperada que atenda às hipóteses.

Coeficiente de contingência

Várias técnicas correlacionais podem ser usadas quando os dados são discretos (ou seja, descontínuos). Você pode calcular a relação entre variáveis dicotômicas, como sexo e raça, usando um **coeficiente de contingência**. O teste de significância é o qui quadrado. Lembre-se da tabela de contingência, descrita na seção anterior, para detectar diferenças entre grupos ou conjuntos de dados. A tabela de contingência também pode ser usada para determinar as relações. Ela pode ter várias linhas e colunas. Depois do cálculo do qui quadrado, é possível calcular o coeficiente de contingência (C):

> **Coeficiente de contingência** Método de calcular a relação entre variáveis dicotômicas, como sexo e idade.

$$C = \sqrt{\chi^2/(N + \chi^2)} \qquad (10.3)$$

Se χ^2 for significativo, C também será significativo. A direção da relação é estabelecida pelo exame dos dados. Várias limitações afetam a habilidade do coeficiente de contingência para estimar a correlação. Em geral, um pesquisador necessita de várias categorias e muitas observações para obter uma estimativa razoável.

Tabelas de contingências multivariadas: o modelo loglinear

Dados categóricos podem ser analisados em combinação com outras variáveis. Ou seja, as tabelas de contingência podem ser estudas em mais de duas dimensões. Assim, o pesquisador pode identificar associações entre muitas variáveis, tais como inter-relações entre idade, sexo, nível de habilidade e método de ensino. Essa abordagem é similar à análise multivariada paramétrica. No entanto, com dados quantitativos contínuos, as variáveis são expressas como composições lineares, em relação a com variáveis categóricas, o pesquisador lida com contribuições às frequências esperadas dentro de cada célula da tabela de contingência multivariada. Qualquer célula dada representa a interseção de muitas proporções marginais.

> **Modelos loglineares** Sistema que analisa tabelas de contingência multivariadas pela transformação de frequências relativas em logaritmos.
>
> ***Logit*** Probabilidade de participação em grupo, em determinada categoria, como uma função da participação em outras categorias, em tabelas de contingência multivariadas.

Os **modelos loglineares** são usados para analisar tabelas de contingência multivariadas. Frequências relativas são transformadas em logaritmos aditivos e similares à soma dos quadrados na ANOVA. Interações e efeitos principais podem ser testados quanto à significância. A probabilidade de participação no grupo em determinada categoria pode ser prevista como uma função da participação em outras categorias, usando-se uma fórmula de regressão logística, com base nas probabilidades dessa participação (chamadas *logit*).

O modelo loglinear tem considerável aplicação potencial em pesquisas com dados categóricos (Schutz, 1989). Esse tipo de análise tem chamado a atenção de pesquisadores e teóricos. Ele fornece um meio de estudo sofisticado das inter-relações entre variáveis categóricas. Leitores interessados em se aprofundar nesse tema devem ler o texto de Kennedy (1983).

Procedimentos para lidar com dados classificados por ordenação

A maioria dos livros que relatam procedimentos não paramétricos (inclusive as quatro edições anteriores deste livro) propõe uma série de técnicas de classificação por ordenação, entre elas:

- Teste U de Mann-Whitney – análogo ao teste t paramétrico independente.
- Teste de dados pareados ordenados (*signed-rank*) de Wilcoxon – análogo ao teste t paramétrico dependente.
- ANOVA de Kruskal-Wallis – por ordem (*by ranks*) análoga à ANOVA paramétrica *one-way*.
- ANOVA *two-way* de Friedman – por classificação análoga à ANOVA paramétrica de medidas repetidas.
- Correlação de diferenças de classificação de Spearman – análoga ao r paramétrico de Pearson.

Uma vez que ainda encontramos essas técnicas na literatura de pesquisa, é preciso entender o que cada uma delas faz; essa lista indica a sua correspondência com os procedimentos paramétricos. No final, à medida que surgem métodos melhores, a maior parte dessas técnicas deixará de ser usada, mas isso leva tempo. Com frequência, os pesquisadores treinados nesses procedimentos não acompanham as novidades no campo dos métodos estatísticos; compreendemos que essa é uma tarefa difícil, pois eles precisam manter-se atualizados na própria área de pesquisa. Correm boatos de que são necessários 30 a 40 anos para que um novo método estatístico seja amplamente usado. Essa forma lenta de adoção acontece porque os pesquisadores não mudam os procedimentos adotados; assim, é preciso esperar a aposentadoria de uma geração e o surgimento de um grupo treinado mais recentemente que esteja disposto a usar os novos procedimentos.

Podemos substituir todas as técnicas de classificação por ordenação por um método padronizado de ordenação de dados, em que a distribuição deles não seja normal (ver mais detalhes em Thomas, Nelson e Thomas, 1999). Essas técnicas são similares às paramétricas, descritas nos Capítulos 8 e 9. Os procedimentos de todas as técnicas envolvem as seguintes etapas:

1. Ordenar os dados (a maioria dos *softwares* estatísticos faz isso).
2. Rodar o *software* estatístico paramétrico padrão (p. ex., correlação, correlação múltipla, ANOVA) com os dados ordenados.
3. Calcular a estatística L como teste de significância e compará-la à tabela χ^2 (Tabela 7, no Apêndice).

A estatística do teste não paramétrico (L) usada para avaliar a significância de todos esses procedimentos foi desenvolvida por Puri e Sen (1969, 1985) e representa o teste da hipótese nula entre X e Y, onde X pode ser grupos ou variáveis e Y, variáveis. Esse método pode substituir todas as técnicas previamente abordadas e pressupõe que os dados se encaixam em uma linha reta (assim como fizeram todas as técnicas nos Caps. 8 e 9), *mas não pressupõe uma distribuição normal dos dados*. É muito fácil calcular L pela seguinte fórmula:

$$L = (N\ 1)r^2 \tag{10.4}$$

▶ O teste de estatística não paramétrica (L) pode substituir todas as técnicas discutidas; presume que os dados se encaixam em uma linha reta e são fáceis calcular.

onde N = número de sujeitos e r^2 = proporção da verdadeira variância = $SQ_{regressão} / SQ_{total}$. Na correlação, a proporção da variância total é r^2 e, na correlação múltipla, R^2. Em um teste t, $r^2 = t^2 / (t^2 + df)$, onde $df = (n^1 + n^2)\ 2$. Na ANOVA, é a soma dos quadrados (SQ) para o efeito do interesse (p. ex., entre grupos na ANOVA *one-way* ou para cada fator na ANOVA fatorial, cada um deles é a variância verdadeira) dividida pela soma total dos quadrados (esses valores são mostrados no relatório impresso da ANOVA calculada por programas de estatística padronizados).

Quando calculada para cada teste de significância (para a correlação ou para a ANOVA), a estatística L é comparada à tabela do qui quadrado (Tabela 7, no Apêndice), com graus de liberdade $(df) = pq$, onde p = número de df por variável ou variáveis independentes (ou preditores) e q = número de df para a variável ou variáveis dependentes (ou critérios). Assim, para uma correlação (r) entre um preditor (p. ex., dobra cutânea do abdome) e um critério (p. ex., peso corporal), o $pq\,df$ é $1 \times 1 = 1$. Em um teste t, $df = p$ (número de grupos 1) $\times q$ (número de variáveis dependentes). Desse modo, novamente, $pq\,df = 1 \times 1 = 1$. Exemplos adicionais de como calcular L e df são fornecidos ao longo deste capítulo.

Correlação

Nesta seção, fornecemos dados de amostragem ordenados e mostramos como calcular a correlação e a correlação múltipla usando técnicas correlacionais usuais. Em seguida, calculamos o L e o df para cada exemplo. No exemplo da correlação simples, também mostramos por qual análise optar – a paramétrica ou a não paramétrica, mas não repetimos o processo em procedimentos subsequentes. (Para obter a lógica de cada procedimento, leia Thomas, Nelson e Thomas, 1999.)

Correlação simples

Estamos interessados em calcular a correlação entre duas medidas de dobras cutâneas, do bíceps e do antebraço, coletadas de 157 participantes. Os dados descritivos aparecem na Figura 10.1 juntamente com um histograma, que mostra a distribuição dos dados com a curva normal sobreposta. Do Capítulo 6, lembre-se de que a assimetria e a curtose fornecem informações sobre a natureza da distribuição. Aqui elas são dadas na forma de um escore z, onde 0,0 indica distribuição normal e valores positivos ou negativos indicam variações específicas em relação à normalidade da distribuição. Para a dobra cutânea do bíceps, a assimetria é positiva, + 1,0, indicando que o topo da curva tende para a esquerda. A curtose corresponde a quase + 2,0, indicando que a distribuição é muito afunilada. Para a dobra cutânea do antebraço, o topo da curva também inclina-se para a esquerda, e a curva é extremamente afunilada. Nenhum conjunto de dados parece normal nessa distribuição. Mesmo não havendo nenhuma regra que defina o modo como dados normais e não normais devem se apresentar, sabemos que as técnicas paramétricas não são tão resistentes à não normalidade como tínhamos imaginado. Cremos que esses dados são não normais o suficiente para sugerir o uso de procedimentos de classificação por ordenação, em lugar dos paramétricos.

Se usarmos um programa de computador de correlação paramétrica para determinar a relação entre essas duas variáveis (usando os dados originais), $r = 0,26$ e o teste de significância é $F(1, 155) = 11,46$, $p < 0,001$. No entanto, provavelmente, violaremos a pressuposição de que os dados são normalmente distribuídos. Se ordenarmos os participantes a partir da menor medida da dobra cutânea do bíceps (número 1) até a maior (número 157) e se fizermos o mesmo

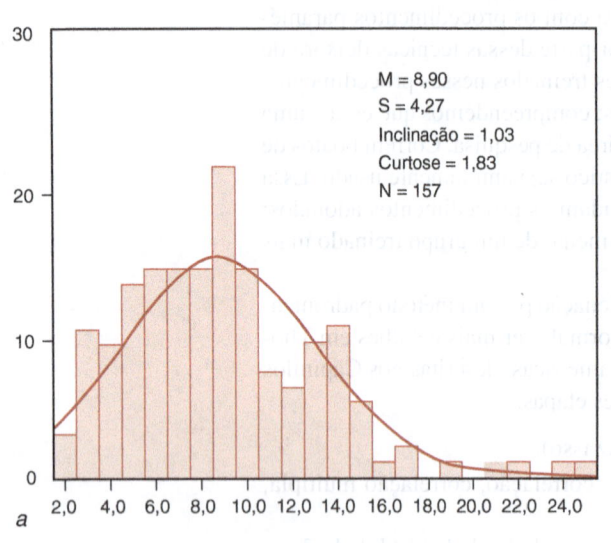

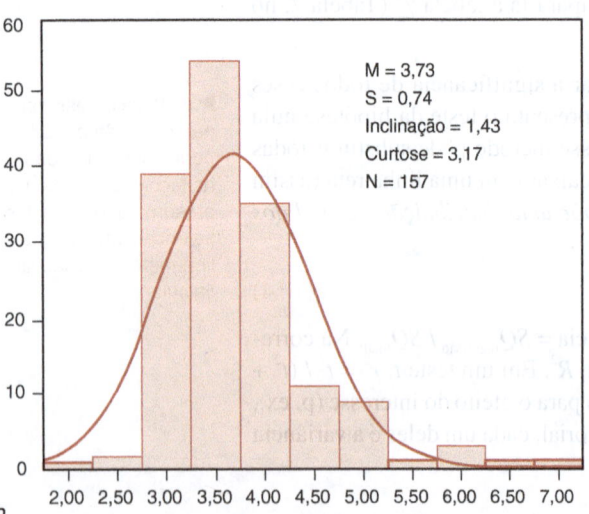

▶ **Figura 10.1** (a) Bíceps, (b) antebraço.

para a dobra cutânea do antebraço, poderemos usar o mesmo programa de computador para correlacionar os dados ordenados; na verdade, a correlação é maior, $r = 0,28$. Se elevarmos esse valor ao quadrado, obteremos 0,0784. Se, em seguida, usarmos a Fórmula 10.4 para calcular o teste de significância para substituir F, encontraremos:

$$L = (N-1)\, r^2$$
$$= (157-1)\,(0,28)^2 = (156)\,(0,0784) = 12,23$$

Esse L tem $df = 1$, porque há uma variável X (dobra cutânea do bíceps) e uma variável Y (dobra cutânea do antebraço); portanto, $pq = 1 \times 1 = 1$. Se olharmos esse L (Apêndice, Tabela 7) como um χ^2 com $df = 1$, encontraremos um valor de 10,83 para $p = 0,001$. Nosso valor é superior a esse, sendo então significativo com $p < 0,001$. Desse modo, usamos um procedimento de classificação por ordenação que não viola a suposição de normalidade; nosso r e o teste de significância para r, ou seja, a estatística L, foram ambos maiores do que os valores que obteríamos se tivéssemos usado as estatísticas paramétricas. Ainda que essa circunstância nem sempre aconteça, esse método de análise não paramétrica realmente tem boa força se comparado aos procedimentos paramétricos quando os dados não são normais.

Correlação múltipla

Podemos estender esses mesmos procedimentos à correlação múltipla. Nesse exemplo, usamos quatro dobras cutâneas – abdome, panturrilha, subescapular e coxa – para prever a porcentagem de gordura determinada pela pesagem hidrostática. (Os dados desse exemplo foram retirados de Thomas, Keller e Thomas, 1997. Agradecemos aos autores pela permissão de uso.) Todas as quatro medidas são ordenadas, assim como as medidas do percentual de gordura. Em seguida, rodamos o programa de correlação múltipla regular para SPSS, usando procedimentos de passos progressivos para os dados ordenados. As correlações para todos os pares ordenados de variáveis (p. ex., abdome com dobra cutânea da panturrilha; abdome com dobra cutânea subescapular, etc.) variam de 0,45 a 0,74. Esses valores são praticamente os mesmos dos dados originais (não ordenados), para os quais as correlações variam de 0,41 a 0,78. A Tabela 10.1 resume os resultados da regressão múltipla para os dados ordenados (observe-se que todas as estatísticas dos testes foram mudadas para L). A correlação múltipla geral, R, foi maior para os dados ordenados (0,82) do que para os originais não ordenados (0,80).

Diferenças entre grupos

Podemos aplicar exatamente a mesma lógica e os mesmos procedimentos quando queremos testar diferenças entre grupos. Aqui fornecemos exemplos de um teste t e de duas ANOVAs, uma *one-way* e outra fatorial. Para estender esses procedimentos à ANOVA de medidas repetidas e multivariadas, ver Thomas, Nelson e Thomas, 1999. Nesses exemplos, usamos dados de Nelson, Yoon e Nelson, 1991; agradecemos a permissão de uso.

TABELA 10.1
Resumo da regressão múltipla progressiva para dados ordenados

Passo	Variável	R	R^2	β	df	L
1	Dobra subescapular	0,68	0,46	0,332	1	35,83*
2	Dobra da panturrilha	0,77	0,60	0,602	2	20,29*
3	Dobra do abdome	0,80	0,64	0,321	3	7,85*
4	Dobra da coxa	0,82	0,68	-0,327	4	9,56*

*$p<0,05$ para todas.
$L(4) = 53,01$, $p<0,001$, para a composição linear de preditores.

O teste t

Os dados são escores da flexão na barra modificados para 90 meninos e 90 meninas em notas no último ano da ensino fundamental. A distribuição dos dados é positivamente assimétrica e tem curva um pouco afunilada. A seguir, apresentamos as médias e os desvios-padrão de ambos e o teste t que os compara:

Meninos $M = 18,6$ $dp = 9,9$
Meninas $M = 12,7$ $dp = 9,8$
$t(178) = 4,00, p < 0,001$

Alteramos os dados, ordenando-os de 1 a 180, sem considerar se os escores eram de meninos ou de meninas. Então calculamos t com base nos dados ordenados; o resultado é 3,77. No entanto, precisamos mudar t para L, usando a Equação 10.4. Mas antes temos de calcular r^2. Aqui estão os cálculos:

$$r^2 = t^2 / (t^2 + df) = 3,77^2 / (3,77^2 + 178) = 14,21 / (14,21 + 178) = 0,0739$$

$$L = (N - 1) r^2 = (179)(0,0739) = 13,23$$

L é testado como um χ^2 com $df = pq$, onde p = número de grupos 1 (2 – 1 = 1) e q = número de variáveis dependentes (1), portanto $1 \times 1 = 1$ df. Se olharmos na tabela do qui quadrado (Apêndice, Tabela 7), veremos que o valor calculado (13,23) excede o valor tabelado (10,83) no nível 0,001; portanto, nosso L é significativo com $p < 0,001$.

Para praticar, aplique esse procedimento aos dados do Exemplo 9.8, do Capítulo 9. Use os dados dos grupos 1 e 2, com cinco participantes em cada grupo ($N = 10$). Ordene os escores em ordem crescente, desconsiderando o grupo ao qual pertence o participante. Em seguida, calcule a média e o desvio-padrão de cada um dos grupos e aplique a Equação 9.3 para calcular t. O valor t será 2,79. Depois obtenha r a partir de t:

$$r^2 = t^2 / (t^2 + df) = 2,79^2 / (2,79^2 + 8) = 0,49$$

A seguir, calculamos L usando a Equação 10.4:

$$L = (N - 1) r^2 = (9)(0,49) = 4,41$$

Esse L tem df 1 [(grupos 1) × número de variáveis dependentes]. Com df 1, o χ^2 crítico, no nível 0,05 na Tabela 7, no Apêndice, é 3,84. Uma vez que o nosso valor é maior do que esse, ambos os grupos são significativamente diferentes.

ANOVA one-way

Os dados das flexões modificadas (Nelson, Yoon e Nelson, 1991) também foram avaliados pelo nível das notas: 4, 5 e 6. Usamos esse caso como exemplo de ANOVA *one-way*. O nível da nota é a variável independente com três níveis (na verdade, essa é uma variável categórica, mas, para a ANOVA, a consideramos como uma variável independente), e o escore na flexão na barra modificada é a variável dependente. Aqui estão os dados descritivos para cada grupo:

Nota 4 $M = 12,1$ $dp = 10,0$
Nota 5 $M = 16,3$ $dp = 9,6$
Nota 6 $M = 18,5$ $dp = 10,2$

Em seguida, ordenamos os dados, sem considerar o nível da nota da criança. Temos, portanto, 180 escores (número de crianças em todos os três níveis de notas) ordenados do mais alto escore na flexão na barra modificada (número de ordem 1) ao mais baixo (número de ordem 180). Depois, rodamos o programa da ANOVA *one-way* com base nos dados ordenados. Os resultados são mostrados na Tabela 10.2. No entanto, o resultado impresso mostra F onde mostramos L, na Tabela 10.2. Para calcular L, primeiro calcule R^2 (a proporção da variância verdadeira na ANOVA) usando:

TABELA 10.2
Resumo de dados do ANOVA para escores ordenados

Fonte	df	Soma dos quadrados	Quadrados das médias	L	p
Entre grupos	2	31.646,61	15.823,30	11,64	0,01
Intra grupo (erro)	177	453.765,39	2.563,65		
Total	179	485.412,00			

$R^2 = SQ_{inter} / SQ_{total}$

$= 31.646,61 / 485.412,00 = 0,065$

Então, calcule L assim:

$L = (N - 1) R^2 = (179) (0,065) = 11,64$

O L tem 2 df [(número de grupos 1) × número de variáveis dependentes]. O valor necessário à significância, no nível 0,01, com 2 df, é 9,21 na Tabela 7, no Apêndice (p. 454); o nosso valor excede esse e, portanto, é significativo.

Também é possível calcular um exemplo manualmente, retornando ao Exemplo 9.7 (p. 182) do Capítulo 9 e usando todos os três grupos. Como antes, ordene os escores de 1 a 15, sem considerar a que grupo pertencem os participantes. Em seguida, trate a ANOVA *one-way* como foi feito no Exemplo 9.8 (p. 183); porém, substitua os escores originais pelas ordens. Calcule R^2 e L, como descrito previamente. O resultado será: $R^2 = 0,657$ e $L(2) = 9,20$. O valor da significância no nível 0,02 é 7,82, no Apêndice, na Tabela 7. Portanto, o valor calculado é significativo, pois excede o da tabela.

ANOVA fatorial

Com o mesmo conjunto de dados, há um escore modificado das flexões na barra para meninas e meninos em cada um dos três níveis das notas. Assim, você pode ordenar os escores modificados das flexões na barra de 1 a 180 como antes e calcular uma ANOVA fatorial, em que um fator é o sexo (meninas e meninos) e outro é o nível das notas (4, 5 e 6). Dessa forma, temos uma ANOVA fatorial 2 (sexo) x 3 (nível das notas), com o escore modificado das flexões na barra como variável dependente.

Esses dados ordenados foram analisados por um *software* estatístico paramétrico regular. Encontramos o resultado mostrado na Tabela 10.3. Calculamos R^2 pela mesma fórmula para cada fator

TABELA 10.3
Resumo de dados da ANOVA fatorial para escores ordenados

Fonte	df	Soma dos quadrados	Quadrados das médias	L	p
Nota	2	31.646,61	15.823,30	11,64	0,001
Sexo	1	35.814,01	35.814,01	13,21	0,001
Nota x sexo	2	10.865,20	5.432,60	4,01	
Residual	174	407.086,18	2.339,58		
Total	179	485.412,00			

Reimpressa com permissão de Research Quarterly for Exercise and Sport, vol. 70, p. 11-23, Copyright 1999 by American Alliance for Health, Physical Education, Recreation and Dance, 1900 Association Drive, Reston, VA 20191.

e para a interação: $R^2_{notas} = SQ_{notas} / SQ_{total} = 31.646,61 / 485.412,00 = 0,065$; $R^2_{sexo} = SQ_{sexo} / SQ_{total} = 35.814,01 / 485.412,00 = 0,074$; e $R^2_{notas \times sexo} = SQ_{notas \times sexo} / SQ_{total} = 10.865,20 / 485.412,00 = 0,022$.

Em seguida, usamos o R^2 para calcular L para cada fator e para a interação. Na Tabela 7 do Apêndice, o efeito das notas (com 2 df) é significativo ao nível 0,005; o efeito do sexo (com 1 df) é significativo ao nível 0,001; mas a interação (com 2 df) não é significativa.

Extensão das ANOVAs multivariada e de medidas repetidas

Mesmo que não forneçamos exemplos aqui, o uso de dados ordenados e da estatística L pode ser estendido aos modelos de ANOVA multivariada e de medidas repetidas. Conceitualmente, as ideias são idênticas e podem-se seguir procedimentos similares aos usados aqui, inclusive quanto à ordenação dos dados, usando *software*-padrão de computador e alterando a estatística do teste para L em lugar de F. Se for preciso usar uma dessas técnicas, ver em Thomas, Nelson e Thomas (1999) as etapas exatas a serem seguidas e o modo de interpretação dos resultados.

Resumo

Neste capítulo, fornecemos testes estatísticos para dados que não correspondem às suposições dos dados paramétricos (Caps. 8 e 9). Incluímos testes do qui quadrado para dados de frequência e um conjunto de procedimentos para dados ordenados similares aos paramétricos. Se as distribuições não forem normais, os dados serão alterados para ordenados. Esses dados podem ser analisados por pacotes estatísticos SPSS e SAS. Um teste, a estatística L, é calculado e comparado à tabela do qui quadrado para avaliar a significância. Esses procedimentos podem ser aplicados a todos os modelos lineares paramétricos.

✓ Verifique sua compreensão

1. Calcule o qui quadrado para a seguinte tabela de contingência de preferências de atividade dos homens ($n = 110$) e mulheres ($n = 90$). Determine a significância do qui quadrado no nível 0,01, usando a Tabela 7 do Apêndice (p. 454). Ao calcular as frequências esperadas, arredonde os números.

Grupo	Raquetebol	Treinamento com pesos	Dança aeróbica
Homens	35	45	30
Mulheres	28	13	49

   a. Escreva uma breve interpretação dos resultados.
   b. Qual seria o valor crítico da significância no nível 0,05 se tivéssemos cinco filas e quatro colunas?

2. Critique a parte estatística de um estudo em que foi utilizado o qui quadrado na análise.

Capítulo 11

MEDIDAS DE VARIÁVEIS DE PESQUISA

A vida média de uma bola de beisebol da liga principal é de sete arremessos.

Um passo básico no método científico de solução de problemas consiste na coleta de dados; por isso, é necessário algum conhecimento sobre a teoria básica de medida. (Podemos destacar que, embora seja discutida aqui como ferramenta de pesquisa, a medida, por si só, é uma área de pesquisa.) Neste capítulo, evidenciamos os critérios fundamentais para julgar a qualidade das medidas usadas na coleta de dados de pesquisa: a validade e a fidedignidade. Explicamos diferentes tipos de validade e diferentes modos de estabelecer a validade e a fidedignidade. (A confiabilidade da pesquisa qualitativa é abordada no Cap. 19.) Concluímos com alguns temas relativos às medidas de movimento, de respostas escritas em instrumentos de papel e lápis, de comportamento afetivo e de conhecimento.

Validade

Ao reunir os dados que darão origem aos resultados, também nos preocupamos muito com a validade das medidas usadas. Vejamos um exemplo. Se o estudo busca comparar métodos de treinamento para produzir ganhos de força, o pesquisador deve obter escores capazes de gerar uma medida válida de força para avaliar os efeitos desses métodos. A **validade** da medida indica em que grau os escores do teste ou do instrumento medem o que se pretende medir. Portanto, ela se refere à solidez da interpretação dos escores de um teste, a consideração mais importante na medida.

O uso de determinadas medidas pode ter diferentes propósitos. Como consequência, há diferentes tipos de validade. Vamos considerar quatro tipos básicos: **lógica**, **de conteúdo**, **de critério** e **de construto**.

Apesar de termos listado a validade lógica como um tipo separado, a American Psychological Association e a American Educational Research Association consideram-na como um caso especial da validade de conteúdo.

Validade lógica

Às vezes, é chamada de **validade de** *face*, embora os especialistas da área de medição não gostem desse termo. É obrigatória quando a medida envolve obviamente o desempenho a ser medido. Em outras palavras, isso significa que o teste é válido por definição. Por exemplo: um teste de **equilíbrio estático**, que consiste em equilibrar-se sobre um pé, tem validade lógica. Se um teste de velocidade de movimento mede o tempo que o indivíduo leva para correr determinada distância, então temos de considerar que ele tem validade lógica. Algumas vezes, a validade lógica é usada em estudos de pesquisa, mas os pesquisadores preferem ter evidências mais objetivas da validade da medida.

Validade Mostra em que grau o teste ou o instrumento mede o que se pretende medir; pode ser categorizada como lógica, de conteúdo, de critério ou de construto.

Validade lógica Mostra em que grau a medida obviamente envolve o desempenho que está sendo medido; também conhecida como validade de *face*.

Validade de conteúdo Mostra em que grau o teste (usualmente em instituições de ensino) exemplifica adequadamente o que foi dado no curso.

Validade de critério Mostra em que grau os escores do teste relacionam-se com algum padrão ou critério reconhecido.

Validade de construto Mostra em que grau o teste mede um construto hipotético; geralmente estabelecido pela relação entre os resultados do teste e algum comportamento.

Validade de *face* Termo alternativo para validade lógica.

Equilíbrio estático Habilidade de manter uma posição estacionária.

Validade de conteúdo

A validade de conteúdo está amplamente relacionada com o aprendizado em instituições de ensino. Um teste tem validade de conteúdo quando mostra adequadamente o que foi dado no curso. Como acontece com a validade lógica, nenhuma evidência estatística pode ser fornecida para a de conteúdo. O idealizador do teste deve preparar uma tabela de especificações (às vezes chamada de esquema de teste) antes de executar o teste propriamente dito. Os tópicos e os objetivos do curso, assim como o grau de ênfase relativo de cada um, são relacionados a um número correspondente de questões em cada área.

Uma segunda forma de validade de conteúdo ocorre com instrumentos de atitude. Com frequência, o pesquisador precisa obter evidências de verificação independente de que os itens representam as categorias para as quais foram escritos. Quando é esse o caso, solicita-se que especialistas (em muitos casos, 20 ou mais) atribuam a cada declaração uma das categorias do instrumento. Essas categorizações são calculadas para todos os especialistas, e relata-se o percentual que concordou com a categorização original. Tipicamente, 80 a 85% de concordância indica que a declaração representa a categoria do conteúdo.

Validade de critério

Medidas usadas em estudos de pesquisa com frequência são validadas de acordo com algum critério. Os dois tipos principais de validade de critério são a concorrente e a preditiva.

Validade concorrente

> **Validade concorrente**
> Tipo de validade de critério em que um instrumento de medida é correlacionado com algum critério administrado concorrentemente ou quase ao mesmo tempo.

A **validade concorrente** envolve a correlação entre um instrumento e algum critério administrado mais ou menos ao mesmo tempo (ou seja, concorrentemente). Os escores de muitas medidas de desempenho físico são validados desse modo. Medidas de critério populares incluem aquelas validadas ou aceitas, como notas dadas por juízes e técnicas de laboratório. A validade concorrente também pode ser empregada quando o pesquisador deseja substituir um critério cuja medida é difícil por um teste mais breve e mais facilmente administrável.

O consumo máximo de oxigênio, por exemplo, é considerado a medida mais válida para determinar o condicionamento cardiorrespiratório. No entanto, sua medida exige laboratório, equipamentos caros e considerável tempo de testagem; além disso, pode-se testar apenas uma pessoa de cada vez. Vamos supor que o pesquisador Douglas Mala queira avaliar o nível de aptidão física dos examinados antes de submetê-los a tratamentos experimentais. Em vez de usar um teste tão elaborado quanto o do consumo máximo de oxigênio, Douglas considera vantajoso o uso de um teste de subida de escadas, elaborado por ele mesmo. Para comprovar a validade dessa medida, ele pode ministrar os dois testes de consumo de oxigênio e de subir escadas a um grupo de examinados (da mesma população que será usada no estudo) e correlacionar os resultados. Se for descoberta uma relação satisfatória, então Douglas poderá concluir pela validade do seu teste de subir escadas.

Testes escritos também podem ser validados desse modo. Vejamos um exemplo. Pode ser que o pesquisador queira usar um teste de ansiedade de 10 itens, que pode ser aplicado em pouco tempo, em substituição a um outro mais demorado. Notas dadas por juízes servem como medidas de critério para alguns testes (habilidades esportivas ou relatórios comportamentais às vezes são validados desse modo). No entanto, é necessário muito tempo e esforço para formar juízes competentes, ensiná-los a usar as escalas de classificação, testar o grau de concordância entre eles, agendar um número suficiente de sessões de avaliação, entre outras providências. Por isso, notas de juízes não podem ser usadas rotineiramente para avaliar desempenhos. Alguns testes de habilidades são mais econômicos. Além disso, em geral, eles fornecem aos estudantes informações sobre seus próprios resultados e progressos. No início, porém, os testes de habilidades podem ser validados por notas de juízes dadas a indivíduos que realizaram os testes. O coeficiente de validade é obtido pela correlação entre os resultados dos testes e as notas dos juízes.

No método de validade concorrente, a escolha do critério é fundamental. Tudo o que a correlação pode nos dizer é o grau de relação entre uma medida e o critério. Se o critério for inadequado, o coeficiente de validade concorrente não será de grande valor.

Validade preditiva

Quando o critério é algum comportamento posterior, tal como exames de admissão usados para prever sucessos futuros, a **validade preditiva** é o aspecto mais preocupante. Suponhamos que um instrutor de educação física deseje desenvolver um teste que possa ser aplicado no início das aulas de ginástica para prever o sucesso em turmas mais avançadas. Os estudantes seriam submetidos ao teste ainda no curso básico. No final do curso avançado, os resultados do teste seriam correlacionados com o critério de sucesso (notas, pontuações, etc.). Ao tentar prever determinado comportamento, o pesquisador deve tentar descobrir se há alguma "classificação de base" para esse comportamento. Alguém pode tentar, por exemplo, montar um teste para prever que estudantes do sexo feminino poderiam desenvolver bulimia no período universitário. Imaginemos que, na escola em questão, a taxa de incidência de bulimia na população feminina seja de 10%. Sabendo disso, 90% do tempo estaríamos corretos se prevíssemos não haver nenhuma bulímica na amostra. Quando a classificação de base é muito baixa ou muito alta, as medidas preditivas podem não ter quase nenhum valor prático, pois o aumento na previsibilidade será desprezível.

Os Capítulos 8 e 16 abordam aspectos da predição na pesquisa correlacional. A regressão múltipla é usada com frequência, pois vários preditores costumam ter coeficiente de validade maior do que a correlação entre qualquer outro teste e o critério. Um exemplo disso é a predição da porcentagem de gordura a partir das medidas de dobras cutâneas. O critério porcentagem de gordura pode ser medido pela técnica da pesagem de imersão (hidrostática). Então, são obtidas medidas de várias dobras cutâneas, e usa-se a regressão múltipla para determinar a melhor fórmula de predição. O pesquisador planeja usar as medidas de dobras cutâneas no futuro, caso a fórmula de predição demonstre coeficiente de validade aceitável.

Uma limitação desses estudos é que a validade tende a diminuir quando a fórmula de predição é usada com uma nova amostra. Essa tendência é chamada de retração. O senso comum sugere que a retração é mais provável quando a amostra do estudo original é pequena e, em particular, quando o número de preditores é grande. Na verdade, se o número de variáveis preditoras for igual a N, pode-se alcançar a predição perfeita. O problema é que as correlações são exclusivas da amostra e, quando se aplica a fórmula de predição a outra amostra (ainda que similar à primeira), a relação não se mantém. Como consequência, o coeficiente de validade diminui de modo substancial (ou seja, ocorre retração).

Uma técnica recomendada para ajudar a estimar a retração é a **validação cruzada**. Nela, os mesmos testes são aplicados a uma nova amostra, retirada da mesma população, para confirmar se a fórmula é acurada. Suponhamos, por exemplo, que o pesquisador administre a medida de critério e os testes preditores a uma amostra de 200 pessoas. Em seguida, ele emprega a regressão múltipla aos resultados de cem delas para desenvolver uma fórmula de predição. Na sequência, essa fórmula é aplicada aos outros cem indivíduos, para determinar o grau de precisão da predição do critério. Uma vez que o pesquisador dispõe das verdadeiras medidas desses sujeitos, a quantidade de retração pode ser determinada pela correlação (r de Pearson) entre os escores preditores e os escores reais. A comparação entre o R^2 da predição múltipla e o r^2 dos dois critérios, real e previsto, gera a estimativa da retração.

Tabelas de expectativa

Quando usamos uma fórmula para predição, com frequência surgem problemas de interpretação. A pergunta feita comumente é: qual deve ser a dimensão do coeficiente de validade preditivo para a obtenção de informações úteis? Nos Estados Unidos, por exemplo, a correlação entre o alcance de graus avançados e os escores no exame de conhecimentos chamado GRE (Graduate Record Examination) tende a ser bastante baixa ($r < 0,40$). Quando examinamos r^2 para determinar o significado, vemos que há apenas 16% ou menos de variância comum, o que é muito desencorajador. No entanto, quando olhamos a relação a partir de outra perspectiva, querendo saber, por exemplo, que percentual de estudantes com pontuação alta no GRE chegou ao PhD e que percentual com pontuação baixa concluiu a graduação, vemos que esse exame, na verdade, tem boa validade. Para fazer esse tipo de análise, podemos usar uma **tabela de expectativa**.

Validade preditiva
Mostra em que grau escores de variáveis preditoras antecipam, com precisão, escores de critério.

Validação cruzada
Técnica para avaliar a precisão de uma fórmula de predição. A fórmula é aplicada a uma amostra que não foi usada no seu desenvolvimento.

Tabela de expectativa
Quadro bidirecional que fornece a probabilidade de obtenção de algum escore de critério por parte de indivíduos com determinado escore de avaliação.

Essa tabela pode ser usada para prever a probabilidade de algum desempenho, seja ele acadêmico, profissional ou outro. As tabelas de expectativa são facilmente construídas e consistem em um quadro bidirecional, contendo a probabilidade de que uma pessoa com determinada avaliação atinja certo escore de critério. Vejamos um exemplo. Desenvolvemos um teste que supomos medir o espírito esportivo, o Inventário de Jolly Good Show. Agora queremos saber se o nosso relatório gera resultados compatíveis com as notas de espírito esportivo dadas por juízes a 60 estudantes observados na prática (em várias horas de situações competitivas diversificadas).

O primeiro passo consiste simplesmente em computar o número de estudantes que se encaixam em cada célula. Por exemplo, três estudantes apresentaram escore entre 50 e 59 no inventário. Na avaliação dos juízes, um deles teve nota média; o outro, boa; e o terceiro, excelente. A Tabela 11.1a mostra os resultados dessa etapa. Em seguida, convertemos as frequências das células em porcentagens do número total de estudantes de cada linha. Por exemplo, um dos três estudantes do grupo 50 a 59 teve nota média; portanto, a porcentagem é 1/3 = 33%. As porcentagens são mostradas na Tabela 11.1b. E isso é o bastante. Podemos ver, por exemplo, que, dos nove estudantes do grupo 40 a 49 do relatório, 22% tiveram classificação excelente no quesito espírito esportivo. Além disso, nenhum dos estudantes bem classificados no relatório teve nota abaixo da média na avaliação dos juízes; no entanto, nenhum dos estudantes mal classificados no relatório (0 a 9) teve nota superior a pobre na pontuação dos juízes. Nesse exemplo, usamos uma tabela de expectativa para fornecer evidência da validade concorrente do nosso relatório. Às vezes, as informações da tabela de expectativa podem ser usadas para prever o sucesso futuro, por exemplo, a média das notas na universidade a partir de um teste de aptidão no ensino médio. Como acontece em todas as situações que envolvem a validade de critério, são temas-chave a disponibilidade e a relevância do critério e a suscetibilidade a uma medida confiável.

TABELA 11.1
Tabela de expectativa para os escores do Inventário de Jolly Good Show para classificação de esportistas

11.1a Frequência de classificação para cada nível de escore do preditor

Escore do teste	Insuficiente	Pobre	Médio	Bom	Excelente	Totais
50-59			1	1	1	3
40-49		1	2	4	2	9
30-39		4	8	2		14
20-29	2	5	7	5		19
10-19	3	6	2			11
0-9	3	1				4
						60

11.1b Tabela de expectativa após converter frequências em porcentagens

Escore do teste	Insuficiente	Pobre	Médio	Bom	Excelente
50-59			33	33	33
40-49		11	22	44	22
30-39		29	57	14	
20-29	11	26	37	26	
10-19	27	55	18		
0-9	75	25			

Validade de construto

Muitas características humanas não são diretamente observáveis. Em vez disso, elas consistem em construtos hipotéticos, que carregam certo número de significados associados, relativos ao modo como um indivíduo com alto nível de determinadas características pode se comportar de maneira diferente de outra com baixo nível dessas mesmas características. Ansiedade, inteligência, senso esportivo, criatividade e atitude são alguns construtos hipotéticos. Uma vez que essas características não são diretamente observáveis, medi-las torna-se um problema. A validade de construto mostra em que grau os escores do teste medem um construto hipotético e, usualmente, é estabelecida pela relação entre os resultados do teste e determinado comportamento. Esperam-se certos comportamentos, por exemplo, de alguém com alto grau de espírito esportivo. Há expectativa de que esse tipo de indivíduo cumprimente o oponente por boas jogadas em uma partida de tênis. Para obter alguma indicação da validade desse construto, um elaborador de testes pode comparar o número de vezes que duas pessoas (uma com alta pontuação no teste de espírito esportivo e outra com pontuação mais baixa) cumprimentaram o oponente.

Em certas situações, usa-se o **método da diferença de grupos conhecidos** para estabelecer a validade de construto. Em um teste de potência anaeróbia, por exemplo, a validade de construto pode ser demonstrada pela comparação entre os escores de velocistas e saltadores, de um lado, e de fundistas, de outro, em um mesmo teste. Corridas de velocidade e saltos exigem maior potência anaeróbia do que as corridas de distância. Portanto, o avaliador pode determinar se há diferenças entre os testes desses dois tipos de esportistas. Se os primeiros apresentarem resultados muito melhores do que os segundos, essa descoberta fornecerá evidência de que o teste realmente mede a potência anaeróbia.

Ocasionalmente, usa-se um método experimental para demonstrar a validade de construto. Podemos supor, por exemplo, que um teste de aptidão cardiovascular terá validade de construto se refletir ganhos em aptidão após o cumprimento de um programa de condicionamento. De modo similar, o idealizador de um teste de habilidades motoras pode demonstrar a existência da validade de construto comprovando que o teste é capaz de distinguir grupos de crianças que receberam ou não instruções sobre essas habilidades.

Para estabelecer a validade de construto, também se pode usar a correlação. Às vezes, estruturas ou dimensões hipotéticas da característica testada são formuladas e verificadas a partir da análise fatorial. Além disso, o avaliador usa a correlação para examinar relações entre construtos, por exemplo, quando se supõe que alguém com alta pontuação no teste desenvolvido (p. ex., aptidão cardiovascular) também deveria sair-se bem em alguma classificação da aptidão física total. Em contrapartida, é de se esperar que indivíduos com baixa pontuação no teste cardiovascular tenham desempenho baixo no teste de aptidão.

Outro exemplo de uso de técnicas correlacionais para determinar a validade de construto é encontrado no desenvolvimento de um instrumento de atitude. No artigo de Silverman e Subramaniam (1999), encontra-se uma discussão sobre os procedimentos da pesquisa de atitude. A análise fatorial confirmatória é usada para verificar se os dados de um estudo-piloto correspondem ao modelo de construto proposto. Se não houver correspondência, serão feitos testes-piloto adicionais até que o modelo se enquadre nos padrões estabelecidos. Exemplos dessa técnica na medida de atitudes podem ser encontrados em educação física e em outras áreas (p. ex., Keating e Silverman, 2004; Kulinna e Silverman, 1999; Subramaniam e Silverman, 2000).

Na verdade, todas as outras formas de validade discutidas aqui são usadas para evidenciar a validade relacionada ao construto. De fato, em geral, é necessário usar evidências de todas as outras formas para oferecer uma base sólida à validade dos escores de determinado instrumento e ao uso de seus resultados.

> **Método da diferença de grupos conhecidos**
> Método usado para estabelecer a validade de construto, em que se comparam os escores do teste de grupos que diferem em certa característica ou habilidade.

Fidedignidade

Parte integral da validade é a fidedignidade, que se refere à consistência ou à repetibilidade de uma medida. O teste não pode ser considerado válido se não for fidedigno. Em outras palavras, se não for consistente, se repetições do mesmo teste não produzirem os mesmos resultados, o teste não será confiável. Obviamente, em um teste, os escores podem ser fidedignos mesmo que não sejam válidos, porém nunca poderão ser válidos se não forem fidedignos. Por exemplo, pesar-se várias vezes em

> ▶ Um teste válido é fidedigno: mostra os mesmos resultados em tentativas sucessivas.

Escore observado
Na teoria de testes clássica, é o escore obtido que engloba os escores verdadeiro e de erro.

Escore verdadeiro
Na teoria de testes clássica, é parte do escore observado, representada pelo escore verdadeiro do indivíduo, sem o erro de medida.

Escore de erro Na teoria de testes clássica, é a parte do escore observado atribuída a erro de medida.

uma balança quebrada fornece resultados fidedignos, mas inválidos. A fidedignidade do teste às vezes é discutida em termos dos **escores observado**, **verdadeiro** e **de erro**.

O escore obtido pelo indivíduo em um teste é o observado. A princípio, não sabemos se essa é uma avaliação verdadeira de sua habilidade ou desempenho. Pode ser que haja algum erro de medida relacionado às orientações do teste, à instrumentação, à pontuação ou ao estado emocional ou físico do sujeito. Portanto, teoricamente, o escore observado consiste no verdadeiro mais o de erro. Expresso em termos de variância, a variância do escore observado é formada pelas variâncias do verdadeiro e pelas do de erro. O objetivo do avaliador é remover o erro para chegar ao escore verdadeiro. O coeficiente de fidedignidade é a razão entre as variâncias do escore verdadeiro e do observado. Como nunca conseguimos saber a variância do escore verdadeiro, estima-se seu valor subtraindo-se a variância do escore de erro da variância do observado. Desse modo, o coeficiente de fidedignidade reflete em que grau a medição está livre da variância de erro.

Fontes de erro de medida

O erro de medida pode vir das quatro fontes a seguir: o participante, a testagem, a pontuação e a instrumentação. Quando relativo ao participante, inclui muitos fatores, como humor, motivação, fadiga, saúde, flutuações na memória e no desempenho, prática prévia, conhecimento específico e familiaridade com os itens do teste.

Erros oriundos da testagem são relacionados à clareza ou à integridade das orientações, a problemas na rigidez da obediência às instruções, à aplicação de orientações ou motivações suplementares, entre outros. Erros referentes à pontuação dependem de competência, experiência e dedicação dos avaliadores e também da própria natureza do cálculo. O grau de familiaridade do avaliador com o comportamento testado e os itens do teste podem afetar muito a precisão do escore. Descuido e desatenção em relação aos detalhes produzem erro de medida. Erros cuja fonte é a instrumentação incluem causas óbvias, como imprecisão do equipamento mecânico e eletrônico ou problemas de calibragem. Esse aspecto refere-se também à inadequação do teste para discriminar as habilidades e à dificuldade de cálculo da pontuação de alguns testes.

Expressão de fidedignidade pela correlação

O grau de fidedignidade é expresso por um coeficiente de correlação, que varia de 0,00 a 1,00. Quanto mais próximo de 1,00 estiver o coeficiente, menor será a variância de erro refletida por ele e maior será a avaliação do escore verdadeiro. A fidedignidade é estabelecida de vários modos, resumidos mais adiante neste capítulo. A técnica de correlação usada para calcular o coeficiente de fidedigni-

▶ É ESSENCIAL QUE OS PARTICIPANTES TENHAM HABILIDADE SUFICIENTE NO USO DO EQUIPAMENTO DE TESTE.

dade difere daquela usada para estabelecer a validade. O *r* de Pearson com frequência é chamado de **correlação interclasse**. Esse coeficiente é uma estatística bivariada, o que significa que ele é usado para correlacionar duas variáveis diferentes, como acontece quando determinamos a validade pela correlação entre as notas dadas por juízes e os escores de um teste de habilidade. No entanto, a correlação interclasse não é apropriada para estabelecer a fidedignidade, pois são correlacionados dois valores da mesma variável. Quando aplicamos um teste duas vezes, os escores do primeiro são correlacionados com os do segundo para determinar o grau de consistência. Nesse caso, os escores de ambos os testes referem-se à mesma variável e, portanto, não seria possível o uso da correlação interclasse. Em vez dela, é apropriada a técnica estatística chamada de **correlação intraclasse**. Esse método usa a ANOVA para obter o coeficiente de fidedignidade.

> **Correlação interclasse**
> Método mais comumente usado para calcular a correlação entre duas variáveis; também chamado de *r* de Pearson ou de coeficiente de correlação produto-momento de Pearson.
>
> **Correlação intraclasse**
> Técnica ANOVA usada para estimar a fidedignidade de uma medida.

Correlação interclasse

Na determinação da fidedignidade, o *r* de Pearson (correlação interclasse) tem três pontos fracos principais. O primeiro é que, como mencionado anteriormente, trata-se de uma estatística bivariada, enquanto a fidedignidade envolve medidas univariadas. Em segundo lugar, os cálculos do *r* de Pearson limitam-se a apenas dois escores, *X* e *Y*. Com frequência, no entanto, são realizadas mais de duas tentativas de teste, e o avaliador preocupa-se com a fidedignidade de múltiplas tentativas. Quando o teste especifica, por exemplo, três tentativas, o pesquisador tem de realizar mais três tentativas e usar a média ou o melhor escore de cada conjunto de testes para as correlações ou, então, correlacionar a primeira e a segunda, a primeira e a terceira e a segunda e a terceira. No primeiro caso, é necessário fazer tentativas extras somente para propósitos de avaliação da fidedignidade; no segundo, perde-se significado quando são mostradas várias correlações entre as tentativas. Por fim, a correlação interclasse não fornece um exame completo das diferentes fontes de variabilidade em múltiplas tentativas. Alterações em médias e em desvios-padrão de uma tentativa para outra, por exemplo, não podem ser avaliadas pelo método do *r* de Pearson, mas sim pela correlação intraclasse.

Correlação intraclasse

A correlação intraclasse fornece estimativas das variâncias sistemática e de erro. Podem ser examinadas, por exemplo, diferenças sistemáticas entre tentativas. Às vezes, as últimas diferem significativamente das primeiras, devido a algum fenômeno da aprendizagem ou do efeito da fadiga (ou de ambos). Quando o avaliador reconhece esse problema, é possível excluir os testes iniciais (ou finais) ou usar como escore o ponto em que os níveis de desempenho se estabilizam. Em outras palavras, pela ANOVA, o avaliador pode examinar verdadeiramente o desempenho no teste a cada tentativa e, depois, selecionar o programa de testagem mais fidedigno.

Os procedimentos de cálculo da correlação intraclasse (*R*) são os mesmos da ANOVA simples de medidas repetidas, abordada no Capítulo 9. Os componentes são os participantes, as tentativas e as somas residuais dos quadrados. Na Tabela 11.2, apresentamos um exemplo de resumo da ANOVA. Usamos esses dados para calcular o *R*.

O teste *F* das tentativas determina se há diferenças significativas entre as três tentativas. Consulte a Tabela 6, no Apêndice, e localize o ponto de interseção da coluna 2 *df* com a linha 8 *df*. O nos-

TABELA 11.2
Resumo da ANOVA para estimativa de fidedignidade (três tentativas)

Fonte	SQ	df	QM	F
Sujeitos	14,9	4	3,73	
Tentativas	7,6	2	3,80	5,94*
Resíduo	5,1	8	0,64	

*$p < 0{,}05$.
M (Tentativa 1) = 2,4; *M* (Tentativa 2) = 3,8; *M* (Tentativa 3) = 4,0.
SQ = soma dos quadrados; QM = quadrado da média.

so F (5,94) é maior do que o da tabela (4,46) no nível de probabilidade 0,05. Portanto, há diferenças significativas entre as tentativas. Nesse ponto, devemos mencionar que há divergência de opiniões sobre o que deve ser feito com essas diferenças (Baumgartner e Jackson, 1991; Johnson e Nelson, 1986; Safrit, 1976). Algumas autoridades em testes argumentam que o desempenho de um teste para o outro deve ser consistente e que qualquer variância entre eles deve ser atribuída simplesmente a um erro de medida. Se decidirmos fazer isso, a equação de R será:

$$R = (QM_S \, QM_E) / QM_S \tag{11.1}$$

em que QM_S é o quadrado das médias dos participantes (retirado da Tab. 11.2) e QM_E é o quadrado das médias dos quadrados do erro, calculada como se segue:

$$\begin{aligned} QM_E &= \frac{SQ \text{ para tentativas} + SQ \text{ para resíduos}}{df \text{ para tentativas} + df \text{ para resíduos}} \\ &= \frac{7,6 + 5,1}{2 + 8} \\ &= 1,27 \end{aligned} \tag{11.2}$$

Portanto, $R = (3,73 - 1,27) / 3,73 = 0,66$.

Outro modo de lidar com diferenças significativas entre as tentativas é descartar as tentativas notavelmente diferentes das outras (Baumgartner e Jackson, 1991). Depois, calculam-se uma segunda ANOVA, com base nas tentativas restantes, e um novo teste F. Se F não for significativo, R será calculado pela Equação 11.1, na qual a variância das tentativas é considerada erro de medida. Se F ainda for significativo, as tentativas adicionais serão descartadas, e outra ANOVA será realizada. O propósito desse método é encontrar uma escala de medida livre de diferenças entre as tentativas (ou seja, encontrar um F não significativo que gere o escore de critério mais amplo possível) e também mais fidedigna. Esse método é especialmente atraente quando existe alguma tendência aparente nas diferenças entre as tentativas. Isso acontece, por exemplo, quando um fenômeno de aprendizagem (ou uma liberação de inibições) fica evidente no aumento dos escores em tentativas ou testes subsequentes. Quando cinco tentativas de um teste de desempenho geram, por exemplo, escores médios de 15, 18, 23, 25 e 24, podemos descartar as duas primeiras tentativas, fazendo uma nova análise com base apenas nas três últimas. De modo similar, em alguns tipos de teste, o efeito da fadiga pode ser evidenciado pela diminuição dos escores nas tentativas finais.

Na Tabela 11.2, observe-se que a média da tentativa 1 é consideravelmente mais baixa do que as médias das tentativas 2 e 3. Em consequência, descartamos a primeira e calculamos outra ANOVA, com base apenas na segunda e na terceira (resultados mostrados na Tab. 11.3). Na tabela, o F para tentativas não é significativo e, por isso, calculamos primeiro o QM_E, combinando as somas dos quadrados das tentativas e do resíduo e dividindo o resultado pelos respectivos graus de liberdade: $QM_E = (0,1 + 3,4)/(1 + 4) = 0,7$. Em seguida, calculamos R, pela Equação 11.1:

$$R = (2,85 - 0,7)/2,85 = 0,75$$

Vemos então que R é consideravelmente mais alto quando descartamos a primeira tentativa.

TABELA 11.3
Resumo da ANOVA para estimativa de fidedignidade com a tentativa 1 descartada

Fonte	SQ	df	QM	F
Sujeitos	11,4	4	2,85	
Tentativas	0,1	1	0,10	0,11*
Resíduo	3,4	4	0,85	

*$p > 0,05$.

O terceiro método consiste simplesmente em ignorar a variância entre as tentativas como erro de medida. Nesse caso, a variância não é considerada como variância verdadeira, nem como variância de erro. Assim, R é notavelmente maior do que nos dois métodos anteriores, pois se remove toda a variância entre as tentativas. Ainda que algumas autoridades em medida defendam esse método, não o recomendamos, pois parece que ele não segue a teoria de que a variância do escore observado é igual à soma das variâncias do verdadeiro e do de erro. Acreditamos que é do interesse do pesquisador confirmar se há diferenças entre as tentativas. Por isso, se forem encontradas diferenças significativas, pode-se decidir se é melhor eliminar algumas tentativas (p. ex., aquelas influenciadas pelo nível de aprendizagem) ou simplesmente considerar essas diferenças como um erro de medida.

A **fidedignidade entre avaliadores** é determinada pelos mesmos procedimentos que acabamos de esboçar. Desse modo, analisa-se a objetividade dos juízes ou de diferentes avaliadores pelo R intraclasse e calcula-se a variância entre os juízes do mesmo modo como a variância entre as tentativas. É claro que podem ser usados delineamentos de ANOVA mais complexos, capazes de identificar todas as fontes de variância de uma tentativa para outra, de um dia para outro e de um juiz para outro. Baumgartner (1989) e Safrit (1976) discutem alguns modelos que podem ser usados para estabelecer a fidedignidade.

> **Fidedignidade entre avaliadores (entre classificadores)**
> Mostra em que grau avaliadores diferentes podem obter os mesmos escores a partir dos mesmos sujeitos; também chamada de objetividade.

Métodos de determinação da fidedignidade

É mais fácil determinar a fidedignidade do que a validade. Primeiro, vamos nos deter em três tipos de coeficientes de fidedignidade: estabilidade, formas alternadas e consistência interna.

Estabilidade

O coeficiente de **estabilidade** é determinado pelo método teste-reteste em dias diferentes. Esse método é usado com frequência em medidas de aptidão e de desempenho motor, mas, com menos frequência, em testes escritos. É um dos testes de consistência mais rigorosos, pois os erros associados à medida tendem a ser mais acentuados quando as duas aplicações do teste são feitas com intervalo de um dia ou mais.

No **método teste-reteste**, o teste é aplicado e repetido um dia (ou mais) depois. De certa forma, o intervalo pode ser controlado pelo grau de esgotamento provocado pelo teste e pelo número de dias necessário para descanso. Obviamente, o intervalo não pode ser tão longo a ponto de permitir a ocorrência de mudanças na habilidade, na maturação ou na aprendizagem entre uma aplicação e outra.

A correlação intraclasse deve ser usada para calcular o coeficiente de estabilidade dos escores em ambos os testes. Pelos procedimentos da ANOVA, o avaliador pode determinar a quantidade de variância relacionada à testagem em dias diferentes, a diferenças entre as tentativas, a diferenças entre os participantes e à variância de erro.

> **Estabilidade**
> Coeficiente de fidedignidade medido pelo método teste-reteste em dias diferentes.
>
> **Método teste-reteste**
> Método de determinação da estabilidade em que o teste é aplicado em um dia e repetido, exatamente da mesma forma, um dia (ou mais) depois.

Formas alternadas

O **método das formas alternadas**, usado para determinar a fidedignidade, envolve a construção de dois testes que, supostamente, amostram o mesmo material. Às vezes, ele é chamado de *método de forma paralela* ou *de equivalência*. Os dois testes são administrados aos mesmos sujeitos. Em geral, há certo lapso de tempo entre essas duas aplicações. Depois, os escores dos dois testes são correlacionados para se obter um coeficiente de fidedignidade. O método das formas alternadas é uma técnica amplamente usada em testes padronizados, como os que avaliam resultados e aptidões escolares. Ele é pouco usado em testes de desempenho físico, provavelmente porque é mais difícil construir dois conjuntos diferentes de bons itens de teste físico do que formular dois grupos de questões.

Alguns especialistas em testes sustentam que, teoricamente, o método das formas alternadas é o preferido para determinar a fidedignidade. Qualquer teste é apenas uma amostra de itens de teste de todo um universo de itens possíveis. Portanto, o grau de relação entre duas amostras semelhantes deve gerar a melhor estimativa de fidedignidade.

> **Método das formas alternadas** Método usado para determinar a fidedignidade, que envolve a construção de dois testes que, supostamente, amostram o mesmo material; também chamado de *método de forma paralela* ou *de método de equivalência*.

Consistência interna

Os coeficientes de fidedignidade podem ser obtidos por vários métodos, classificados como técnicas de **consistência interna**. Alguns métodos comuns são o teste-reteste no mesmo dia, o das metades, o de Kuder-Richardson de equivalência racional e a técnica do coeficiente alfa.

O **método teste-reteste no mesmo dia** é usado quase exclusivamente em testes de desempenho físico, pois efeitos práticos de lembrança tendem a produzir correlações espuriamente altas, quando essa técnica é aplicada em testes escritos. O teste-reteste no mesmo dia resulta em coeficiente de fidedignidade mais alto do que quando é feito em dias diferentes. De fato, esperamos maior consistência de desempenho no mesmo dia do que em dias diferentes. A correlação intraclasse é usada para analisar a consistência de tentativa para tentativa (interna).

O **método das metades** tem sido usado amplamente para testes escritos e, em alguns casos, para testes de desempenho que requerem várias tentativas. O teste é dividido em duas metades e, depois, as duas são correlacionadas. Poderíamos dividir o teste em primeira e segunda metades, mas, em geral, isso não é considerado satisfatório. Às vezes, a pessoa fica cansada no final do teste; outras vezes, a primeira parte inclui questões mais fáceis. Usualmente, as questões ímpares são comparadas com as pares. Ou seja, o número de questões ímpares respondidas de maneira correta é correlacionado com o número de questões pares respondidas da forma correta.

Uma vez que a correlação é feita entre as duas metades do teste, o coeficiente de fidedignidade representa apenas metade do teste total; ou seja, o comportamento é amostrado apenas semicompletamente. Por isso, usa-se um procedimento de progressão, a **fórmula de prognóstico de Spearman-Brown**, para estimar a fidedignidade do teste inteiro, que se baseia em duas vezes a amostra do comportamento (duas vezes o número de itens). A fórmula é:

$$\text{Coeficiente de fidedignidade corrigido} = \frac{2 \times \text{fidedignidade para 1/2 teste}}{1,00 + \text{fidedignidade para 1/2 teste}} \quad (11.3)$$

Se a correlação entre os itens pares e os ímpares for 0,85, o coeficiente de fidedignidade corrigido será

$$\frac{2 \times 0,85}{1,00 + 0,85} = \frac{1,70}{1,85} = 0,92$$

Outro método das metades é o de **Flanagan**, que analisa as variâncias das metades do teste em relação à variância total. Nesse caso, não está envolvida nenhuma correlação, nem nenhum procedimento de progressão de Spearman-Brown.

No **método de equivalência racional de Kuder-Richardson (KR)**, uma de duas fórmulas, conhecidas como KR-20 e KR-21, é usada para itens calculados dicotomicamente (p. ex., certo ou errado). Exige-se a aplicação de apenas um teste e não se calcula nenhuma correlação. O coeficiente resultante representa a média de todos os coeficientes de fidedignidade bipartidos possíveis.

Muito apreciado por vários especialistas em testes, o KR-20 envolve proporções de estudantes que responderam cada item de modo correto e incorreto em relação à variância total dos escores. O KR-21 é uma versão simplificada e menos precisa do KR-20.

A técnica do **coeficiente alfa** às vezes é chamada de *coeficiente alfa de Cronbach* (ver Cronbach, 1951). Trata-se de um coeficiente de fidedignidade generalizado e mais versátil do que outros métodos. Um aspecto particularmente desejável dessa técnica é que ela pode ser usada com itens que possuem vários valores de pontos, como testes de questões abertas e escalas de atitude que envolvem respostas do tipo "concordo inteiramente", "concordo", etc. O método envolve o cálculo de variâncias das partes do teste. Essas partes podem ser itens, metades, tentativas ou uma série de testes curtos. Quando os itens são dicotômicos (p. ex., certo ou errado), o coeficiente alfa resulta na mesma estimativa de fidedignidade do KR-20 (na verdade, o KR-20 é apenas um caso especial de coeficiente alfa). Quando as partes são metades do teste, os resultados igualam-se aos do método das metades de Flanagan; e quando elas são tentativas ou testes, os resultados são os mesmos da correlação intraclasse. Provavelmente, o coeficiente alfa é o método mais usado para estimar a fidedignidade de testes padronizados.

Consistência interna
A estimativa de fidedignidade que representa a consistência dos escores de um teste.

Método teste-reteste no mesmo dia Método de determinação da fidedignidade em que um teste é aplicado duas vezes aos mesmos sujeitos, no mesmo dia.

Método das metades
Método de testagem da fidedignidade em que o teste é dividido em dois. Em geral, os itens ímpares compõem uma metade, e os pares, a outra. Então, as duas metades são correlacionadas.

Fórmula de prognóstico de Spearman-Brown
Equação desenvolvida para estimar a fidedignidade do teste inteiro quando se usa o método das metades para testar a fidedignidade.

Método de Flanagan
Processo de estimativa da fidedignidade em que o teste é dividido em duas metades, sendo as variâncias de ambas analisadas em relação à variância total.

Método de equivalência racional de Kuder-Richardson (KR) Fórmulas desenvolvidas para estimar a fidedignidade do teste a partir da administração de um único teste.

Coeficiente alfa
Técnica usada para estimar a fidedignidade de testes de várias tentativas; também chamado de *coeficiente alfa de Cronbach*.

Fidedignidade (objetividade) entre avaliadores

A forma de fidedignidade relativa aos avaliadores é chamada de entre avaliadores (ou entre classificadores) ou, ainda, com maior frequência, **objetividade**. Essa faceta da fidedignidade mostra em que grau avaliadores diferentes podem alcançar os mesmos escores a partir dos mesmos participantes.

Em geral, a maioria dos professores e alunos prefere medidas objetivas a subjetivas, pois muito depende do grau de validade e de fidedignidade das medidas. As objetivas não são automaticamente melhores do que as subjetivas, mas geram escores quantitativos mais "visíveis", que podem ser manipulados estatisticamente com maior facilidade. Para a maioria das técnicas de pesquisas, medidas objetivas são essenciais.

O grau de objetividade (fidedignidade entre avaliadores) pode ser determinado quando se tem mais de um avaliador no processo de coleta de dados. Nesse caso, os escores são analisados com técnicas de correlação intraclasse para se obter um coeficiente de fidedignidade entre avaliadores. Em uma análise, é possível verificar certo número de escores de variância; por exemplo, a variância causada por avaliadores, por tentativas, dias, sujeitos e erro (ver discussão dos cálculos envolvidos em Safrit, 1976).

Algumas formas de pesquisa em atividade física envolvem a observação de determinados comportamentos em ambientes do mundo real nas aulas de educação física ou no momento da participação no esporte. Essa abordagem implica o uso ou o desenvolvimento de algum tipo de instrumento de codificação. Em geral, esse instrumento tem uma série de categorias em que os vários comportamentos motores podem ser codificados. Os comportamentos são observados por técnicas descritas no Capítulo 16, como registro de eventos, amostragem do tempo e registro da duração.

Nesses tipos de escalas, assim como acontece em qualquer medida, a validade e a fidedignidade são importantes. No entanto, em geral, é muito mais difícil obter consistência no registro das atividades de uma aula de educação física ou da prática de um esporte do que de medidas de erro em uma tarefa realizada no laboratório, como o deslocamento linear. Em consequência disso, os pesquisadores observacionais preocupam-se com a consistência do codificador. Em geral, os codificadores são treinados de acordo com certo nível de critério de fidedignidade, sendo esta verificada regularmente durante todo o projeto. Um modo comum de estimar a fidedignidade entre codificadores, usado com frequência no registro de eventos e na amostragem de tempo, é chamado de **concordância entre observadores (CEO)** e baseia-se na seguinte fórmula:

$$CEO = \frac{concordâncias}{(concordâncias + discordâncias)} \quad (11.4)$$

As concordâncias são comportamentos codificados em comum; as discordâncias são comportamentos codificados de forma diferente. Tipicamente, a CEO é registrada como o percentual de concordância.

Erro-padrão da medida

Em capítulos anteriores, tocamos várias vezes no tema do erro-padrão em relação aos intervalos de confiança, os testes t e F, e os níveis de significância da interpretação. No Capítulo 8, também abordamos o erro-padrão de predição na pesquisa correlacional. Trata-se de um conceito importante na interpretação dos resultados da medida. Às vezes, ficamos tão entusiasmados com a aura da coleta de dados científicos que acabamos esquecendo que sempre existe a possibilidade do erro da medida. O consumo máximo de oxigênio ($\dot{V}O_2$máx.), por exemplo, tem sido mencionado várias vezes neste livro como a mais válida medida da aptidão cardiorrespiratória. Com frequência, testes de campo são validados pela correlação com o $\dot{V}O_2$máx. No entanto, temos de ser cautelosos, não devemos considerá-lo como um teste perfeito e livre de erros. Todo teste gera apenas escores observados; podemos obter apenas estimativas do escore verdadeiro de um participante. É muito melhor supor que os escores de testes abrangem um intervalo que contém o escore verdadeiro. A equação do erro-padrão da medida ($S_{Y \cdot X}$) é:

$$S_{Y \cdot X} = dp\sqrt{1,00 - r} \quad (11.5)$$

> **Objetividade** Grau com o qual diferentes avaliadores podem alcançar os mesmos escores nos mesmos sujeitos; também conhecido como fidedignidade entre avaliadores.

> **Concordância entre observadores (CEO)** Modo comum de estimar a fidedignidade entre codificadores, por uma fórmula que divide o número de comportamentos codificados em comum pela soma entre os comportamentos codificados em comum e os codificados diferentemente.

▶ Apesar de um teste nunca resultar no escore verdadeiro da pessoa, os escores dos testes deveriam ser considerados como se estivessem na amplitude que contém o escore verdadeiro.

onde *dp* é o desvio-padrão dos escores e *r*, o coeficiente de fidedignidade do teste. Na medida do percentual de gordura corporal em mulheres adultas, pressupomos que o desvio-padrão seja de 5,6% e a correlação teste-resteste, de 0,83. Nesse caso, o erro-padrão da medida seria igual a:

$$S_{Y \cdot X} = 5{,}6\sqrt{1{,}00 - 0{,}83} = 2{,}3\%$$

A seguir, imaginemos que o percentual de gordura de uma mulher seja 22,4%. Podemos, então, usar o erro-padrão da medida para estimar o intervalo em que provavelmente se encontra o verdadeiro percentual de gordura.

Erros-padrão são supostamente distribuídos de modo normal e interpretados da mesma forma que os seus desvios-padrão. Cerca de dois terços (68,26%) de todos os escores de teste caem na faixa de mais ou menos um erro-padrão da medida dos respectivos escores verdadeiros. Em outras palavras, há cerca de 68% de chance de que o escore verdadeiro de uma pessoa seja encontrado no intervalo que abrange o escore obtido mais ou menos o erro-padrão da medida. Retornemos ao exemplo da mulher que tinha obtido o escore 22,4% de gordura. Há duas chances em três de que o seu percentual de gordura verdadeiro seja 22,4% ± 2,3% (erro-padrão da medida), ou seja, algo em torno de 20,1% e 24,7%.

Podemos ter maior segurança se multiplicarmos o erro-padrão da medida por 2, pois, em cerca de 95% (95,44%) dos casos, o escore verdadeiro pode ser encontrado no intervalo que envolve o escore observado mais ou menos duas vezes o erro-padrão da medida. Portanto, naquele exemplo, podemos ter 95% de certeza de que o verdadeiro percentual de gordura da mulher é de 22,4% ± 4,6% (± 2,3% × 2), ou seja, algo entre 17,8% e 27,0%.

A partir da fórmula, podemos ver que o erro-padrão da medida é regido pela variabilidade dos escores e pela fidedignidade do teste. Se o coeficiente de fidedignidade fosse mais alto, obviamente o erro da medida seria menor. No exemplo dado, se o coeficiente fosse 0,95, o erro-padrão da medida seria de apenas 1,3%. Com a mesma fidedignidade (0,83), mas com um desvio-padrão menor (p. ex., 4%), o erro-padrão da medida seria 1,6%.

Lembre-se da noção de erro-padrão da medida ao interpretar escores de testes. Como já indicamos, às vezes, as pessoas confiam cegamente em determinadas medições, em particular quando elas parecem científicas. No caso do percentual de gordura estimado a partir da espessura das dobras cutâneas, por exemplo, precisamos ter em mente que o erro está conectado não apenas à medida da dobra, mas também ao critério previsto para essa medida, ou seja, aos valores de densidade obtidos a partir da pesagem hidrostática e ao percentual de gordura determinado a partir deles. Temos observado, ainda, que algumas pessoas aceitam como verdade absoluta a quantidade de gordura medida a partir das dobras cutâneas. Em jornais, há reportagens sobre atletas que possuem apenas 1% de gordura, uma impossibilidade do ponto de vista fisiológico. A propósito, a partir de equações de regressão, é possível obter, inclusive, previsões de percentual de gordura negativo. Mas não entenda mal nossas considerações. Não condenamos as medidas de dobras cutâneas. Estamos tentando simplesmente enfatizar que todas as medidas são suscetíveis a erros e que o senso comum, conjugado ao conhecimento do conceito do erro-padrão da medida, podem nos ajudar a compreender e interpretar melhor os resultados das medidas. Revisaremos o tema do erro-padrão no Capítulo 15, em que abordaremos erros associados a entrevistas.

Uso de escores-padrão na comparação de desempenhos

Sem ponto de referência, comparações diretas de escores não são significativas. Um escore de 46 cm no salto vertical é tão bom quanto um escore de 25 apoios de frente sobre o solo? Como podemos comparar centímetros e repetições? Se sabemos que a média da classe no salto vertical é 40 cm e a dos apoios de frente sobre o solo é 20, podemos deduzir que desempenhos de 46 cm e 25 repetições são melhores do que a média, mas melhores em que grau? Um desempenho é melhor do que o outro?

Uma forma de comparar desempenhos consiste em converter cada escore em um escore-padrão, expresso em termos dos desvios-padrão em relação à média. Agora abordaremos como determinar escores-padrão a partir de escores z e de escalas T.

Escores z

O escore-padrão básico é o **escore** z. A escala z converte escores brutos em unidades do desvio-padrão, em que a média é zero e o desvio-padrão é 1,0. A equação é a seguinte:

$$z = (X - M)/dp \tag{11.6}$$

Suponhamos que a média e o desvio-padrão dos escores do salto vertical sejam 40 cm e 6 cm, respectivamente; e os da flexão na barra, 20 e 5. Portanto, o escore de 46 cm no salto é um z de + 1,00: z = (46 − 40)/6 = 6/6 = 1,00. E o escore de 25 na flexão também é um z de + 1,00: z = (25 − 20)/5 = 5/5 = 1,00.

Vê-se, então, que essa pessoa teve desempenho exatamente igual nos dois testes. Ambos os desempenhos ficaram 1 *dp* acima da média. De modo similar, os escores de estudantes diferentes no mesmo teste podem ser comparados por escores z. Um estudante que salta 37 cm tem escore z igual a 0,5; para outro que saltou 44 cm, o escore z é 0,67, e assim por diante. Todos os escores-padrão baseiam-se no escore z. No entanto, uma vez que os escores z são expressos em decimais positivos ou negativos, é mais difícil trabalhar com eles do que com outras escalas.

> **Escore z**
> Escore-padrão básico que converte escores brutos em unidades de desvio-padrão, em que a média é zero e o desvio-padrão é 1,0.

Escalas T

A **escala T** define a média em 50 e o desvio-padrão em 10. Desse modo, a fórmula é T = 50 + 10 z. Isso remove o decimal e torna todos os escores positivos. O escore 1 *dp* acima da média (z = 1,0) é um T igual a 60. O escore 1 *dp* abaixo da média (z = 1,0) é um T igual a 40. Uma vez que mais de 99% (99,73%) de todos os escores encontram-se no intervalo entre ± 3 *dp*, é raro haver um T abaixo de 20 (z = 3,0) ou acima de 80 (z = + 3,0). Na Tabela 11.4, apresentamos alguns testes padronizados que usam transformações diferentes das médias e dos desvios-padrão, utilizando a distribuição do escore z.

A decisão sobre que escore-padrão usar depende da natureza do estudo de pesquisa e da extensão da interpretação exigida pelos realizadores do teste. Em essência, portanto, é uma questão de escolha à luz do uso das medidas.

> **Escala T** Tipo de escore-padrão que define a média em 50 e o desvio-padrão em 10, para remover o decimal encontrado nos escores z, tornando todos os escores positivos.

Medida do movimento

Obviamente, a maior parte da pesquisa em atividade física envolve movimento. Há anos a medida da aptidão física tem fascinado fisiologistas do exercício e professores de educação física. Aceita-se amplamente o conceito de aptidão relacionado à saúde, representado por componentes de resistência

TABELA 11.4
Médias padronizadas e desvios-padrão de testes bem conhecidos

Escala	M	dp
Graduate Record Examination (GRE)	500	100$_z$
Stanford Binet IQ	100	16$_z$
College Entrance Examination	500	100$_z$
National Teachers Examination	500	100$_z$
Weschler IQ	100	15$_z$

cardiorrespiratória, força e resistência muscular, flexibilidade e composição corporal. Além disso, muitos estudos de pesquisa têm examinado outros parâmetros de aptidão, necessários principalmente para desempenhos que envolvem maior habilidade, como nos esportes e na dança. Esses componentes incluem potência, velocidade, tempo de reação, agilidade, equilíbrio, percepção cinestésica e coordenação. A pesquisa na área do comportamento motor geralmente lida com a aquisição e o controle de habilidades motoras. Alguns tipos de medidas abrangem testes de padrões básicos de movimento, habilidades esportivas e tarefas laboratoriais controladas (em geral, originais).

Na biomecânica, a pesquisa envolve medidas por cinemetria, transdutores de força e eletromiografia. Em pedagogia, são típicas as observações do comportamento em ambientes do mundo real (em aulas de educação física ou na prática do esporte). Observações gravadas em vídeo com frequência são usadas para possibilitar análises mais precisas.

A validade e a fidedignidade de todas as formas de medida de movimentos têm de ser defendidas pelos pesquisadores. Em alguns aspectos, medir movimentos é mais simples e direto do que medir comportamentos cognitivos ou afetivos. A quantidade de força que uma pessoa aplica a algum movimento, por exemplo, pode ser medida com precisão e de modo direto. A distância do salto pode ser medida com uma trena, sendo o resultado aceito por todos como um valor válido e fidedigno. Entretanto, comportamentos cognitivos e afetivos geralmente têm de ser inferidos a partir de marcações escritas. Apesar disso, a medida do movimento raramente é tão simples quanto medir a distância do salto. Em geral, ela é complexa e, com frequência, difícil de ser padronizada. Cada tipo de medida tem dificuldades metodológicas inerentes, que causam problemas de validade e de fidedignidade para o pesquisador. Não faremos aqui uma descrição mais detalhada da medida do movimento, pois a maior parte do material de referência é específica da área de especialização (p. ex., comportamento motor, exercício e bem-estar). Seu programa de graduação enfocará muitos desses temas.

Medida de respostas escritas

A medida de respostas escritas (e orais) é parte da metodologia de vários estudos de pesquisa em educação física e ciência do exercício. As questões de pesquisa costumam lidar com o comportamento afetivo, que inclui atitudes, interesses, estados emocionais, personalidade e características psicológicas.

Medida do comportamento afetivo

O comportamento afetivo inclui atitudes, personalidade, ansiedade, autoconceito, comportamento social e espírito esportivo. Muitas medidas gerais desses construtos têm sido usadas ao longo dos anos (p. ex., o *Questionário dos 16 Fatores de Personalidade*, de Cattell [PF], do inglês *Personality Factor*, e o *Inventário de Ansiedade Estado-traço*, de Spielberger). Nelson (1989) discute extensivamente a elaboração e os pontos fortes e fracos de testes afetivos e de escalas.

Inventários de atitudes

Foi desenvolvido um grande número de inventários de atitude. Sem dúvida, muitos idealizadores de testes veem ligação direta entre atitude e comportamento. Se uma pessoa tem atitude favorável a atividades físicas, por exemplo, ela vai participar dessas atividades. No entanto, raramente a pesquisa confirma essa ligação, embora ela pareça lógica.

Os pesquisadores tentam, em geral, encontrar um instrumento já validado e aceito como medida de atitude, em vez de construir um novo. Mas é problemático encontrar um teste publicado estreitamente relacionado ao tópico da pesquisa e com escores validados por uma amostra similar. Outro problema é que, com frequência, o pesquisador deseja determinar se um tratamento em particular trará alguma mudança de atitude. Uma das fontes de invalidação, abordada no Capítulo 18, são os efeitos reativos da testagem. O teste pré-tratamento desperta a sensibilidade do participante em relação às atitudes pesquisadas e, às vezes, essa sensibilização, e não o tratamento, é o que promove a mudança.

Outro problema (mencionado no Cap. 15), inerente ao *survey* de autorrelato é a sinceridade do indivíduo. Em geral, fica evidente o que significa determinada resposta a um item do relatório de atitude. Vejamos um exemplo. Perguntamos ao participante qual o seu grau de concordância ou discordância com a afirmação "Exercício regular é parte importante de minha vida diária". O indivíduo logo percebe que a resposta socialmente desejável é concordar com a afirmação, independentemente dos próprios sentimentos. Alguns entrevistados distorcem deliberadamente as respostas para passarem a imagem de "bons" (ou "maus"). Em testes, às vezes são usados itens preenchedores, que tornam o objetivo do instrumento menos visível. O elaborador do teste pode decidir, por exemplo, incluir vários itens não relacionados, como "ir à ópera é uma atividade social desejável", para disfarçar o fato de que o instrumento se destina a mediar a atitude em relação ao exercício. Isso é especialmente importante quando considerações sobre expectativas sociais podem tornar-se fatores influentes.

Quando o pesquisador busca um instrumento de atitude para o estudo, a validade e a fidedignidade têm de ser, é claro, considerações básicas. Infelizmente, escalas de atitude publicadas nem sempre são construídas a partir de fundamentos científicos, e pouca informação é fornecida sobre sua validade ou fidedignidade. A fidedignidade da metodologia pode ser estabelecida com facilidade. (Não queremos dizer, com isso, que as escalas de atitude sejam facilmente confiáveis.) De modo geral, a validade é um problema relacionado à falha em desenvolver um modelo teórico satisfatório para o construto de atitude.

Pesquisa de personalidade

Muitos estudos de pesquisa na área de educação física e esportes tentaram explorar a relação entre traços da personalidade e vários aspectos do desempenho atlético. O interesse por esse tópico pode ser atribuído a vários fatores, inclusive à grande importância dada pelo público em geral aos esportes. Obviamente, os atletas são pessoas "especiais" no que diz respeito às características físicas. Além disso, no entanto, está a hipótese de que os atletas têm certos traços de personalidade que os distinguem dos não atletas.

Uma das áreas de investigação inclui a identificação de traços de personalidade que podem ser especificamente característicos de atletas de determinados grupos de esportes. Por exemplo, a personalidade de pessoas que optam por esportes de contato vigoroso é diferente daquela de outros que preferem esportes sem contato? Ou seja, existe um tipo próprio do futebol americano e outro do boliche? Alguns traços de personalidade de atletas de elite são diferentes daqueles de atletas medianos? A participação em esportes competitivos pode modificar a estrutura da personalidade de um indivíduo? E, ainda, atletas de determinado esporte têm alguns traços especiais que, se conhecidos, poderiam indicar diferentes estratégias técnicas ou ser aplicados na avaliação e na predição de atletas capazes de criar "problemas" ao técnico ou incapazes de desenvolver certas qualidades associadas ao sucesso?

Pessoas que se interessam muito pelo esporte, como ex-técnicos e ex-jogadores, têm-se inclinado bastante ao estudo da personalidade e das atividades atléticas. No entanto, o interesse pelo esporte não compensa a falta de preparação e de experiência em avaliação psicológica. Infelizmente, em alguns casos, há uso inadequado de instrumentos medidores da personalidade. Recentemente, psicólogos esportivos reconheceram a importância de medidas específicas para avaliar vários comportamentos e percepções nessa área. Grande parte do entusiasmo por essa concepção está relacionada ao *Teste de ansiedade em competição esportiva (Sport Competition Anxiety Test)*, de Martens (1977).

Algumas medidas específicas do esporte referem-se a: solidariedade entre integrantes de um grupo (Carron, Widmeyer e Brawley, 1985), motivação intrínseca e extrínseca (Weiss, Bredemeier e Shewchuck, 1985), autoconfiança (Vealey, 1986) e orientação para o sucesso esportivo (Gill e Deeter, 1988). A base do raciocínio de defesa de métodos específicos do esporte está em que medidas gerais de sucesso, ansiedade, motivação, autoconceito, comportamento social e honestidade não têm grande validade para situações esportivas. Estudos recentes na área de desenvolvimento de testes indicam certo empenho dos psicólogos esportivos em desenvolver medidas de avaliação do comportamento afetivo multidimensionais e específicas do ambiente competitivo.

Escalas para medida do comportamento afetivo

Na medida do comportamento afetivo, usa-se uma variedade de escalas para quantificar as respostas. Duas das mais comumente usadas são a tipo Likert e a de diferencial semântico.

Escala tipo Likert

> **Escala tipo Likert**
> Tipo de questão fechada que exige que o participante responda escolhendo uma de várias respostas escalonadas; supõem-se que os intervalos entre os itens sejam iguais.

A **escala tipo Likert** é abordada no Capítulo 15, em conexão com técnicas de pesquisa de *survey*. Trata-se de uma escala de 5 ou 7 pontos, com pressupostos intervalos iguais entre os pontos. Essa escala, destinada a avaliar o grau de concordância ou discordância das afirmações, é muito usada em inventários de atitudes. Este é um exemplo de item da escala Likert:

Eu prefiro atividades recreativas sem grande movimentação física, como xadrez, jogo de cartas ou damas, a atividades como corrida, tênis ou basquetebol.

| Concordo inteiramente | Concordo | Não tenho opinião formada | Discordo | Discordo inteiramente |

A principal vantagem das respostas escalonadas, como as Likert, é que elas permitem maior amplitude de opções de expressão em comparação com outras, como "sempre" ou "nunca", "sim" ou "não". Os cinco, sete ou mais intervalos ajudam a aumentar a fidedignidade do instrumento. (Consulte informações mais abrangentes a respeito das escalas Likert, de diferencial semântico e outras, em Edwards, 1957; e Nunnaly, 1978.)

Escala de diferencial semântico

> **Escala de diferencial semântico** Escala usada para medir o comportamento afetivo, em que se pede que o participante julgue alguns conceitos, escolhendo 1 de 7 intervalos de adjetivos bipolares.

A **escala de diferencial semântico** emprega adjetivos bipolares em cada final de uma escala de sete pontos. Pede-se ao participante que julgue certos conceitos. A escala baseia-se na importância da linguagem para a expressão dos sentimentos do indivíduo. Veja a seguir o exemplo de um item da escala de diferencial semântico:

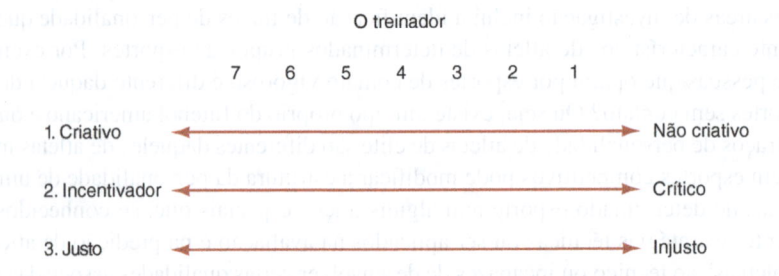

O treinador

7 6 5 4 3 2 1

1. Criativo ←————————————→ Não criativo
2. Incentivador ←————————————→ Crítico
3. Justo ←————————————→ Injusto

A escala de 1 a 7 entre adjetivos é classificada de modo que o 7 seja o julgamento mais positivo. Os estudos de análise fatorial identificam, de forma consistente, as mesmas três dimensões avaliadas pela técnica de diferencial semântico: avaliação (p. ex., justo-injusto), potência (vigoroso-fraco) e atividade (dinâmico-estático).

Escalas classificatórias

> **Escala classificatória**
> Medida do comportamento que envolve uma avaliação subjetiva baseada em uma lista de critérios.
>
> **Classificação do esforço percebido (CEP)** Escala de autoavaliação, desenvolvida por G. A. Borg (1962), para medir o esforço percebido pelo indivíduo durante o exercício.

As **escalas classificatórias** às vezes são usadas na pesquisa para avaliar o desempenho. Por exemplo, em um estudo que compara diferentes estratégias de ensino do mergulho, é preferível que a variável dependente (a habilidade de mergulhar) origine-se de notas de especialistas, pois o mergulho não se presta a testes de habilidade objetivos. Portanto, após a aplicação dos tratamentos experimentais, peritos em mergulho classificam todos os sujeitos de acordo com as suas habilidades no mergulho. Para fazer isso de modo sistemático e estruturado, os classificadores precisam contar com algum tipo de escala, a partir da qual devem avaliar os níveis de habilidade em diferentes partes ou fases do desempenho.

A **classificação do esforço percebido (CEP)**, de Borg (1962), escala de autoavaliação relativa aos esforços percebidos pelo indivíduo durante o exercício, tem sido amplamente usada na pesquisa.

O princípio básico dessa escala é a combinação e a integração dos muitos indicadores fisiológicos do esforço em um todo, ou *gestalt*, de sensações subjetivas do esforço físico. Essas sensações foram quantificadas por Borg em uma escala com números de 6 a 20, refletindo uma faixa de esforço entre "muito, muito leve" e "muito, muito intenso".

Tipos de escalas classificatórias

Há diferentes tipos de escalas classificatórias. Algumas usam classificações numéricas; outras, listas de itens; algumas possuem dicas verbais, associadas a classificações numéricas, ao passo que outras exigem escolhas forçadas, sem contar as que se valem de ordenações. Enquanto algumas escalas são simples, outras são complexas. No entanto, qualquer que seja o grau de complexidade, é imperativa a prática no uso da escala escolhida.

Quando se solicita a opinião de mais de um juiz sobre os desempenhos analisados, alguns padrões têm de ser definidos. É útil realizar sessões de treinamento com gravação de vídeos, em que se registram os desempenhos de indivíduos com níveis de habilidade diferentes, para estabelecer quadros padronizados de referência antes de julgar os desempenhos do estudo propriamente dito. A concordância entre os avaliadores e a fidedignidade já foi discutida neste capítulo.

Erros de classificação

Apesar dos esforços para tornar as classificações mais objetivas, existem problemas inerentes ao processo. Entre os erros reconhecidos em classificações, estão: leniência, tendência central, efeito de halo, proximidade, tendenciosidade do observador e expectativa do observador.

A **leniência** é a tendência do observador de ser generoso demais nas avaliações. Esse erro é menos provável na pesquisa do que na avaliação de colegas (p. ex., colaboradores). Treinar bem os avaliadores é o melhor meio de reduzir a lenidade.

Os **erros de tendência central** resultam da inclinação do avaliador a dar um número muito grande de notas no meio da escala, evitando os extremos. Várias razões são dadas como causa; ela se deve, em parte, a questões de ego ou *status*. Pode ser, por exemplo, que o juiz seja um especialista e, por isso, talvez inconscientemente, dê notas médias para bons desempenhos, a fim de sugerir que ele próprio está acostumado a ver desempenhos melhores. Algumas vezes, os erros de tendência central originam-se do desejo do observador de "deixar espaço" para melhores desempenhos subsequentes. Em grandes competições de ginástica, salto ornamental e patinação, costumam surgir reclamações de que os primeiros concorrentes receberam notas mais baixas do que as de concorrentes posteriores, com desempenho comparável. Outro erro de tendência central é a tendência a evitar a atribuição de valores muito baixos. Provavelmente, isso se deve à relutância do juiz em ser muito duro. Essa, sem dúvida, é uma forma de leniência.

O **efeito de halo** é a tendência, observada comumente entre avaliadores, a permitir que impressões anteriores ou o conhecimento prévio de algum dos indivíduos afetem todas as notas dadas ao seu desempenho. Vejamos um exemplo. Sabendo que um participante é excelente em uma ou mais atividades, o juiz dá notas excelentes a essa pessoa também em outras atividades. Talvez o efeito de halo não seja o termo mais apropriado, pois impressões negativas tendem a gerar classificações mais baixas nos desempenhos subsequentes.

Erros de proximidade com frequência são o resultado de escalas de classificação detalhadas demais, de insuficiente familiaridade com os critérios de avaliação ou de ambos. Eles se manifestam quando o avaliador tende a classificar como quase iguais comportamentos listados proximamente, ao contrário do que aconteceria se eles estivessem distantes na escala. Vejamos um exemplo. Em certa escala, as qualidades "ativo" e "amigável" estão relacionadas lado a lado. Nesse caso, erros de proximidade acontecem quando os avaliadores classificam determinados desempenhos nessas características de modo mais similar do que teriam feito se elas estivessem distantes uma da outra na listagem. No entanto, se o avaliador não tiver conhecimento adequado de todas as facetas do comportamento, talvez não seja capaz de distinguir entre comportamentos diferentes, que poderiam ser dispostos proximamente na escala. Desse modo, diferentes formas do comportamento são classificadas como se fossem iguais.

Erros de tendência do observador variam de acordo com as características e os preconceitos dos próprios juízes. Alguém que tem pouca consideração pela educação do movimento,

---

Leniência Tendência do observador a ser generoso demais nas avaliações.

Erros de tendência central Tendência do avaliador a dar um número muito grande de notas médias, evitando os extremos da escala.

Efeito de halo Ameaça à validade interna verificada quando o avaliador permite que impressões anteriores ou conhecimento prévio de determinado indivíduo influenciem todas as notas dadas ao seu desempenho.

Erro de proximidade Tendência do avaliador a considerar determinados comportamentos de modo similar quando eles estão listados proximamente na escala, ao contrário de quando estão separados por outros.

Erro de tendência do observador Tendência do avaliador a sofrer a influência de suas próprias características ou preconceitos.

por exemplo, pode apresentar tendência a dar notas baixas demais a estudantes desse programa. Distorções raciais, sexuais e filosóficas são fontes potenciais de erros de classificação. Os erros de tendência do observador são direcionais, pois produzem erros consistentemente muito altos ou muito baixos.

Erros de expectativa do observador podem operar de vários modos, originando-se, com frequência, de outras fontes de erro, como o efeito de halo e a tendência do observador. As expectativas do observador podem contaminar as classificações, pois quem espera determinados comportamentos tende a ver indícios deles e a interpretar observações na direção "esperada".

Pesquisas demonstram o poderoso fenômeno da expectativa em sala de aula, quando se diz aos professores que algumas crianças são aprendizes talentosos ou lentos. Os professores tendem a tratar os alunos de acordo com essas informações, sendo mais atenciosos e pacientes com os "talentosos" e menos com os "lentos".

No ambiente experimental, erros de expectativa do observador são prováveis quando o avaliador, por conhecer as hipóteses experimentais, sente-se inclinado a buscar esses resultados com mais insistência do que se não soubesse das hipóteses. A técnica experimental de duplo-cego, descrita no Capítulo 18, é útil para o controle de erros de expectativa. Nesse método, os observadores não ficam sabendo que indivíduos receberam determinados tratamentos. Eles também não devem saber que desempenhos dos participantes aconteceram no teste antes ou depois do tratamento.

Em resumo, erros de classificação estão sempre potencialmente presentes. O pesquisador tem de reconhecê-los e esforçar-se para eliminá-los ou reduzi-los. Um modo de minimizar esses erros consiste em definir o comportamento a ser classificado do modo mais objetivo possível. Em outras palavras, deve-se evitar que o observador faça muitos julgamentos de valor. Outra sugestão é ocultar dos observadores as hipóteses e as informações sobre os tratamentos a que cada participante foi submetido. A tendenciosidade e a expectativa podem ser reduzidas quando o observador não recebe informações sobre realizações, grau de inteligência, *status* social ou outros dados dos participantes. Para o pesquisador, a precaução mais importante é treinar os observadores de modo adequado, a fim de alcançar altos níveis de precisão e de fidedignidade entre eles.

> **Erro de expectativa do observador**
> Tendência do avaliador a ver indícios de determinados comportamentos esperados e a interpretar observações na direção esperada.

> ▶ Minimize o erro do avaliador definindo o comportamento em termos do mais específico, concreto e objetivo posssível.

Medida de conhecimento

Obviamente, a medida de conhecimento é parte fundamental dos aspectos educacionais da educação física, da ciência do exercício e da ciência do esporte. Além disso, a elaboração de testes de conhecimento é relevante também para propósitos de pesquisa. Os procedimentos de determinação da validade e da fidedignidade da maioria dos instrumentos de medida que utilizam respostas escritas em pesquisas são similares aos previamente abordados. No entanto, temos de determinar, ainda, se a dificuldade de cada item e o seu poder de discriminar níveis de habilidade estão funcionando da maneira desejada, ou seja, temos de providenciar a análise dos itens. (Ver uma abordagem mais completa da metodologia de medida de testes de conhecimento em Mood, 1989.)

O propósito da **análise de itens** é determinar quais deles são adequados e quais precisam ser reescritos ou descartados. Dois aspectos importantes dessa análise são a determinação da sua dificuldade e a delimitação do seu poder de discriminar entre diferentes níveis de realização.

> **Análise de itens**
> Processo de análise de testes de conhecimento no qual a adequação dos itens do teste e sua capacidade de discriminar são avaliadas.

Dificuldade dos itens

Em geral, a análise da **dificuldade dos itens** é feita com facilidade. Simplesmente dividimos o número de pessoas que responderam da forma correta ao item pelo número total de pessoas que responderam a esse mesmo item. Vejamos um exemplo. Oitenta pessoas responderam a um item, sendo que 60 deram a resposta correta. Isso significa que o índice de dificuldade do item é 0,75 (60/80). Quanto mais difícil o item, mais baixo é o seu índice de dificuldade. Por exemplo, se, de 80 participantes, apenas oito responderam determinado item corretamente, o índice de dificuldade seria 8/80 ou 0,10. A maioria das autoridades em testes recomenda a eliminação de questões cujos índices de dificuldade

> **Dificuldade dos itens**
> Análise da dificuldade de cada item de um teste de conhecimentos. Essa dificuldade é determinada dividindo-se o número de pessoas que responderam corretamente ao item pelo número total das que responderam a esse mesmo item.

fiquem abaixo de 0,10 ou acima de 0,90. As melhores questões são aquelas cujos índices encontram-se em torno de 0,50. Às vezes, pode ser que o idealizador do teste queira estabelecer um índice de dificuldade específico, por propósitos de avaliação. Para escolher, por exemplo, apenas os primeiros 30% de um grupo de candidatos, temos de usar questões com índices de dificuldade de 0,30. Questões a que todos respondem corretamente ou a que ninguém consegue responder não fornecem informação alguma sobre diferenças pessoais, em escalas de medida referenciadas por normas.

Discriminação do item

A **discriminação do item** (também conhecida como *índice de discriminação*), ou o grau em que os itens do teste distinguem pessoas que se saíram bem em todo o teste de outras cujo desempenho foi ruim, é uma consideração importante na análise de itens de testes referenciados por normas. Há vários modos de calcular o índice de discriminação. O mais simples consiste em dividir os testes completados em dois grupos, um de alta pontuação e outro de baixa, e usar, então, a seguinte equação:

Índice de discriminação = $(n_A - n_B)/n$ (11.7)

onde n_A é o número de pessoas com alta pontuação que responderam corretamente ao item; n_B é o número de pessoas com baixa pontuação que responderam corretamente ao item; e n é o número total de pessoas com alta e com baixa pontuação. Vejamos um exemplo. O grupo de alta pontuação é composto de 30 pessoas; o grupo de baixa, de 20. Do primeiro, 20 responderam corretamente ao item; do segundo, 10. Nesse caso, o índice de discriminação seria $(20 - 10)/30 = 10/30 = 0,33$.

Várias porcentagens de grupos com alta e com baixa pontuação, como os mais altos e os mais baixos 25, 30 ou 33%, são usadas na determinação dos índices de discriminação. O método de Flanagan adota os 27% mais altos e mais baixos. Calcula-se, então, a proporção de cada grupo que responde corretamente ao item. Em seguida, consulta-se uma tabela de coeficientes bisseriais normatizados para se obter o coeficiente de fidedignidade do item. Desse modo, a fidedignidade do item é a relação entre as respostas a cada item e o desempenho total no teste.

Se a proporção de pessoas que responderam ao item corretamente for quase a mesma nos dois grupos, de alta e de baixa pontuação, isso significa que o item não é discriminatório. A maioria dos criadores de testes esforça-se para obter um índice de discriminação igual ou superior a 0,20 para cada item. É evidente que um índice negativo seria inaceitável. Na verdade, quando isso acontece, é necessário examinar atentamente a questão para ver se algo em sua formulação está eliminando os participantes com alta pontuação.

> **Discriminação do item**
> Mostra em que grau o item do teste distingue pessoas que se saíram bem no teste inteiro de outras que se saíram mal; também chamada de *índice de discriminação*.

Teoria da resposta ao item

A maioria das informações relativas à análise da validade, da fidedignidade e dos itens apresentadas aqui pertence ao que se costuma chamar de **teoria do teste clássico** (TTC). Recentemente, ocorreram algumas mudanças radicais no estudo da medida de comportamentos cognitivos e afetivos. A novidade que tem recebido mais atenção nas literaturas relacionadas à educação e à psicologia é a **teoria da resposta ao item** (TRI).

Características da teoria da resposta ao item

Enquanto na TTC são feitas inferências sobre os itens e as habilidades dos estudantes a partir de informações sobre o escore *total* no teste, na TRI (teoria da resposta ao item), como o próprio nome refere, busca-se estimar uma habilidade do sujeito com base em suas respostas aos itens do teste. A TTC exige apenas algumas suposições sobre os escores observados e verdadeiros das pessoas submetidas ao teste. Estatísticas de grupo, relativas ao escore total de todo o grupo examinado em determinado teste, são usadas na elaboração de generalizações para testes e populações equivalentes. Pressupõe-se que a estimativa de erro seja a mesma para todos os indivíduos.

> **Teoria do teste clássico (TTC)**
> Teoria de medição cuja base está no conceito de que o escore observado é composto pelo escore verdadeiro mais o de erro.
>
> **Teoria da resposta ao item (TRI)** Teoria que enfoca as características do item do teste e a resposta do participante ao item como meio de determinação da habilidade do participante; também chamada de teoria do traço latente.

> A TRI não limita as medidas a um teste específico. Múltiplos testes que medem o mesmo traço podem ser utilizados.

Curva de característica de item (CCI) Curva de regressão não linear para um item de teste, que aumenta da esquerda para a direita, indicando aumento na probabilidade da resposta correta à medida que cresce a habilidade ou o traço latente.

Invariância do parâmetro Postulado da teoria da resposta ao item, segundo o qual a dificuldade do item permanece constante, independentemente de populações diferentes de examinados, e também segundo o qual as habilidades dos examinados não devem mudar quando se administra uma série diferente de itens de teste.

Banco de itens Itens de testes destinados à elaboração de testes com certas características, levando-se em consideração a precisão da estimativa da capacidade latente.

Testagem adaptativa Seleção dos itens de teste que melhor se adaptam ao nível de habilidade de cada indivíduo; também chamada de testagem ajustada.

A TRI baseia-se em suposições mais fortes do que a TTC. As duas principais são a unidimensionalidade e a independência local. Unidimensionalidade significa que uma única habilidade (ou traço) está sendo medida. Como essa habilidade não é mensurável diretamente, às vezes, a TRI é chamada de *teoria do traço latente*. Ver uma introdução à TRI e a algumas de suas aplicações em Spray (1989). Segundo ele, a verdadeira vantagem da TRI é que a medida da capacidade de um indivíduo a partir das respostas aos itens do teste não se limita a um teste em particular. Em vez disso, ela pode ser medida por qualquer conjunto de itens de teste considerados como boa medida daquele mesmo traço.

Na TTC, a dificuldade do item é medida como função do grupo todo. Na TRI, ela é fixada e pode ser avaliada em relação ao nível de habilidade do examinado. Portanto, a probabilidade de um examinado com determinado nível de habilidade dar a resposta correta ao item pode ser matematicamente descrita por uma **curva de característica de item** (CCI). A CCI é uma regressão não linear de qualquer item que aumente da esquerda para a direita, indicando crescimento da probabilidade da resposta correta à medida que cresce a habilidade ou o traço latente. A **invariância do parâmetro** indica que a dificuldade do item permanece constante, independentemente do grupo de examinados. O poder discriminante do item é indicado pelo declive da curva. A CCI pode ser usada para analisar a dificuldade, o poder discriminante do item e o assim chamado parâmetro de adivinhação.

Aplicação da teoria da resposta ao item

Limitações de espaço (e a falta de conhecimento dos autores) impedem a descrição e a discussão detalhada da TRI. O conceito não é simples e requer complexos programas de computador. São necessárias amostras grandes para calibragem de itens e estimativa de capacidades. Há muitos anos, o modelo da TRI tem sido objeto de intensa pesquisa nas áreas de educação e psicologia. Definitivamente, ele tem potencial aplicação na avaliação de problemas de educação física, ciências do exercício e ciências do esporte.

Spray (1989) descreveu várias formas de utilização da TRI: banco de itens, testagem adaptativa, testagem de domínio, avaliação de atitude e avaliação psicomotora. O **banco de itens** consiste em grandes conjuntos de itens que podem ser usados para elaborar testes com certas características, levando-se em consideração a precisão da estimativa da habilidade latente. A **testagem adaptativa**, às vezes chamada de testagem ajustada, refere-se à seleção dos itens que melhor se adaptam (não são difíceis nem fáceis demais) ao nível de habilidade de cada indivíduo. Essa função tem de ser feita em um computador, por meio de itens retirados de um banco. Alguns dos testes padronizados amplamente utilizados, como o Graduate/Record Examination (Exame de Registros da Graduação), usam a testagem adaptativa. A TRI funciona de forma semelhante aos jogos de computador que variam os níveis de desempenho à medida que o usuário se torna mais hábil.

Na medida referenciada ao critério, são elaborados testes que usam um escore de corte para mostrar a proporção de itens que devem ser respondidos corretamente para representar a mestria na matéria em questão. A teoria da resposta ao item pode ser usada para selecionar o número adequado de itens que gera a indicação mais precisa de mestria para cada examinado. Em outras palavras, indivíduos com diferentes níveis de habilidade exigem números de itens diferentes.

A teoria da resposta ao item possui considerável potencial de aplicação na avaliação de atitudes e de outros comportamentos afetivos. Foram propostos modelos da TRI que estimam a atitude ou o parâmetro do traço de cada respondente em uma escala de intervalos, seja qual for a natureza ordinal de escala. Um escore para cada nível do traço encontra-se disponível para cada categoria do item. Alterações na atitude ou em outros traços ao longo do tempo também podem ser avaliadas nos modelos da TRI. Por enquanto, poucos instrumentos de medição afetiva foram construídos com procedimentos desse tipo.

O uso potencial da TRI na avaliação psicomotora foi postulado (Spray, 1987), mas ainda não foi implementado em nenhuma medida. Testes de desempenho motor são diferentes de testes escritos em termos de números de itens e de tentativas. Além disso, algumas suposições (particularmente a independência local) da TRI não se acomodam facilmente à testagem psicomotora. Pesquisas preliminares sobre a aplicação da TRI ao desempenho motor foram conduzidas por Safrit, Cohen e Costa (1989). Sem dúvida, outras pesquisas serão feitas sobre a aplicação dos modelos da TRI em nosso campo.

Resumo

Neste capítulo, abordamos os conceitos de validade e de fidedignidade de medidas e como se aplicam à pesquisa. A validade de critério (que inclui tanto a validade concorrente quanto a preditiva) e a validade de construto são dois dos métodos mais populares de validação de medidas em estudos de pesquisa. Um problema identificado com frequência em relação a medidas preditivas é a especificidade da população ou da situação. Foi discutida, ainda, a importância do uso de tabelas de expectativa.

O tópico da fidedignidade do teste tem gerado centenas de estudos e inúmeras discussões entre pesquisadores e teóricos de testes. O motivo desse interesse é o seguinte: uma medida que gera resultados inconsistentes não pode ser válida. A teoria do teste clássico considera a fidedignidade em termos de escores observados, verdadeiros e de erro; o coeficiente de fidedignidade reflete em que grau a medida está livre da variância de erro. Apresentamos o princípio básico do uso do R intraclasse, em vez do r, para avaliar a fidedignidade e também os procedimentos computacionais do R intraclasse. Mencionamos vários métodos de estimar a fidedignidade, como a estabilidade, as formas alternadas e a consistência interna. É vital a compreensão do conceito de erro-padrão da medida. Qualquer escore de teste tem de ser visto apenas como estimativa do escore verdadeiro do indivíduo, que provavelmente se encontra em um intervalo de escores.

Escores-padrão permitem comparações diretas de escores em testes diferentes, que usam diferentes tipos de cálculo de escores. O escore-padrão básico é o z, que interpreta qualquer escore em termos de desvio-padrão em relação à média.

Estudos de pesquisa em atividade física com frequência usam instrumentos que envolvem respostas escritas para medir conhecimento ou atributos afetivos, como atitudes, interesses, estados emocionais e características psicológicas. Mais recentemente, passaram a ser desenvolvidas medidas afetivas específicas do esporte ou do exercício.

Respostas a itens dessas escalas em geral usam a escala tipo Likert (de 5 a 7 pontos, de "concordo plenamente" a "discordo inteiramente") e a de diferencial semântico (de sete pontos, ancorada, nos extremos, por adjetivos bipolares). Ao usar escalas como essas, os pesquisadores devem estar cientes de certos problemas específicos, como erros de classificação, leniência, tendência central, efeitos de halo, proximidade, tendenciosidade ou tendência do observador e expectativa do observador.

A testagem de conhecimentos exige técnicas de análise de itens para garantir respostas objetivas. A dificuldade e a discriminação de cada item têm de ser estabelecidas para determinar a qualidade do teste de conhecimento.

A teoria da resposta ao item (TRI), também chamada de teoria do traço latente, difere da teoria do teste clássico. Ela permite que a dificuldade do item seja fixada para que o nível de habilidade do participante possa ser determinado. A teoria da resposta ao item é útil no ajuste de testes para testagem adaptativa, testagem de domínio, avaliação psicomotora e avaliação de atitudes.

✓ Verifique sua compreensão

1. Descreva em poucas palavras dois modos de mostrar indícios da validade de construto para testes de desempenho motor (como o de arremesso), de potência e de habilidade manipulativa. Em seu exemplo, como a validade de critério seria mostrada?
2. Em revistas científicas, encontre um estudo que tenha usado um questionário (p. ex., um relatório de atitude). Descreva como o autor relatou a fidedignidade dos escores do instrumento. Que outra técnica poderia ter sido usada para determinar a fidedignidade?
3. Uma garota recebeu o escore 78 em um teste cuja fidedignidade é 0,85 e o desvio-padrão, 8. Interprete esse escore em termos da faixa em que o escore verdadeiro dela implicaria 95% de confiança.

PARTE III

TIPOS DE PESQUISA

Se você sempre fez isso assim, provavelmente está errado.
Charles Kettering

A pesquisa pode ser dividida em cinco categorias básicas: analítica, descritiva, experimental, qualitativa e criativa (esta última inclui a arte e a dança, e não é tratada neste livro). Além disso, os pesquisadores estão começando a planejar estudos por meio dessas categorias básicas, porque podem ser desenvolvidas melhores e mais completas descrições e explicações do comportamento humano.

O Capítulo 12 discute a pesquisa histórica, um tipo de pesquisa analítica que resolve questões usando eventos e conhecimentos passados. Nos últimos anos, ocorreram alterações substanciais no modo de relatar a pesquisa histórica, em especial no que diz respeito à integração dos eventos de interesse com eventos relacionados. Nesse capítulo, Nancy Struna fornece uma excelente visão geral dos métodos de pesquisa histórica. O capítulo usa o estilo de elaboração de notas das humanidades da University of Chicago, pois é o mais comumente usado em relatos de pesquisa histórica.

O Capítulo 13 descreve outro tipo de pesquisa analítica que pode ser aplicado à atividade física: métodos filosóficos. Scott Kretchmar faz um excelente trabalho de explicação e agrupamento dos métodos de pesquisa filosófica e usa vários exemplos para identificar seus pontos fortes e fracos.

Já o Capítulo 14 apresenta a síntese de pesquisas (especificamente a metanálise), outro tipo de pesquisa analítica que enfoca problemas da análise de literatura típica. A metanálise é a solução mais útil na análise de grandes volumes de literatura. Ainda que vários outros tipos de pesquisa sejam considerados analíticos, os três citados são os mais comuns e úteis ao estudo na área da atividade física.

Por sua vez, o Capítulo 15 aborda a pesquisa descritiva e enfoca as técnicas de entrevista. Em seguida, no Capítulo 16, apresentamos outras técnicas descritivas, como os estudos correlacionais, desenvolvimentistas, observacionais e de caso. Em geral, a pesquisa descritiva mostra relações entre pessoas, eventos e desempenhos do modo como existem hoje.

O Capítulo 17, escrito por Bárbara Ainsworth e Chuck Matthews, fornece métodos de um tipo de pesquisa descritiva relativamente novo em nosso campo: a epidemiologia do exercício. Com frequência, essa abordagem usa grandes bancos de dados, de várias fontes, sobre exercício e comportamentos saudáveis.

O Capítulo 18 introduz a pesquisa experimental, que lida com eventos futuros ou com o estabelecimento da relação de causa e efeito. Que variáveis independentes podem ser manipuladas para gerar, no futuro, mudanças em determinada variável dependente? Depois de refletir sobre a dificuldade de estabelecer a relação de causa e efeito, dividimos o capítulo de acordo com os aspectos fortes dos vários delineamentos: pré-experimental, experimental verdadeiro e quase experimental. Nosso propósito é apontar os delineamentos e os princípios mais adequados ao controle das várias fontes de invalidade que ameaçam a pesquisa experimental.

O Capítulo 19 apresenta técnicas de pesquisa qualitativa cada vez mais usadas em estudos da atividade física. As suposições básicas da pesquisa qualitativa diferem daquelas usadas em outros tipos de pesquisa, que aderem ao método científico tradicional. Essa diferença não significa que a pesquisa qualitativa não se constitua como ciência (ou seja, investigação sistemática); no entanto, as técnicas de aquisição e análise de conhecimento diferem das etapas típicas do método científico. Esse capítulo discute diferenças nos paradigmas quantitativo e qualitativo, nos procedimentos da pesquisa qualitativa, na interpretação de dados qualitativos e na elaboração de teorias.

Por fim, no Capítulo 20, apresentamos a abordagem do modelo misto à pesquisa. Essa abordagem combina uma das abordagens quantitativas (correlacional, *survey*, experimental) com o modelo qualitativo. A ideia é que tanto as abordagens quanto os tipos de dados representam o comportamento humano e que é difícil alcançar um entendimento completo do comportamento sem o uso dos dois métodos.

Se você é produtor ou consumidor de pesquisas na área da atividade física, tem de compreender sistematicamente as técnicas consagradas de solução de problemas. Os nove capítulos seguintes fornecem os fundamentos do planejamento de pesquisas. Muitos tipos de pesquisa relatados aqui estão estreitamente associados à análise estatística apropriada, que já foi apresentada. À medida que discutirmos os tipos de pesquisa, faremos referência à estatística apropriada. Use o conhecimento obtido na seção anterior para compreender essa aplicação. Você deve apreender, o quanto antes, a relação entre o tipo correto de delineamentos e a análise estatística apropriada.

Capítulo 12

PESQUISA HISTÓRICA EM ATIVIDADE FÍSICA

NANCY L. STRUNA
University of Maryland

Muitas vezes, parece realmente uma pena Noé e a sua turma não terem perdido a arca.

Mark Twain

História é o exame e a explicação sistemáticos das mudanças, ou da falta delas, ocorridas ao longo do tempo nas relações humanas. Em nossa área, o termo *relações humanas* significa praticamente tudo o que está relacionado ao movimento e ao corpo. De fato, a subárea comumente chamada pelos acadêmicos de história do esporte enfoca exames e explicações sistemáticos de uma série de sistemas, entre eles os esportes, a saúde, o corpo, a medicina esportiva, o exercício, a recreação e o lazer.

Ao buscar indícios e significados de mudanças ou de permanência de atitudes e comportamentos humanos em relação a esporte, saúde, lazer, os historiadores agem de modo semelhante, mas não igual, aos cientistas. Em primeiro lugar, fazem a maioria das pesquisas em laboratórios: bibliotecas, arquivos e organizações dedicadas à história. Em segundo, nesses laboratórios, trabalham para identificar e analisar padrões nos "indícios", equivalentes aos "dados" dos cientistas. Em terceiro, assim como os bons cientistas, os bons historiadores esperam elaborar generalizações significativas a partir de indícios ou dados históricos. Generalizações são declarações abrangentes e sintéticas que dão sentido histórico a uma série de indícios ou dados variados. Elas apresentam uma interpretação dos dados, informações de e sobre um conjunto de experiências ocorridas em determinado momento ou ao longo de um período de tempo. Em quarto lugar, muitos historiadores do esporte fazem uso de teorias, como discutiremos mais extensivamente na próxima seção deste capítulo. Alguns acadêmicos também testam teorias em relação aos indícios e usam estas como base para generalizações. Por fim, os historiadores do esporte, assim como os cientistas, estão habilitados a tratar de outras disciplinas acadêmicas, o que torna a história do esporte um campo cada vez mais interdisciplinar. Em departamentos específicos, a história do esporte encaixa-se confortavelmente em categorias acadêmicas mais amplas, como os estudos esportivos ou culturais.

Paradigmas de pesquisa

A boa história e a boa pesquisa compartilham outra característica: um **paradigma** ou um quadro geral significativo. Paradigma é o instrumento intelectual que inclui crenças e suposições do aca-

> **Paradigma**
> Conjunto de suposições sobre o mundo (passado e presente), definições de teoria e dados e possíveis questões que podem ser analisadas.

dêmico sobre o mundo, o passado e os indícios; conceitos ou definições da teoria e dos dados; e questões que devem ser respondidas. O paradigma opera em termos simples, como a moldura de uma pintura. Ele contém e delimita elementos e orientações particulares do pesquisador. E também separa crenças, suposições, teorias e visões de uma pessoa de outras possibilidades. O historiador que adere a um paradigma não levanta as mesmas questões colocadas por outro adepto de um paradigma (quadro geral, perspectiva ou escola de pensamento) diferente; no final, a "história" que ambos contam não é a mesma.[1]

Nos dias atuais, ao lermos a literatura de pesquisa, deparamos, sem dúvida, com uma série de paradigmas. Um quadro referencial inicial foi retirado da teoria da modernização e empregado de modo eficiente por Allen Guttmann, no clássico *From Ritual to Record: The Nature of Modern Sports*.[2] O paradigma da modernização, que também poderia ser chamado de teoria e tem um componente preditivo, defende que "aumentos progressivos na produtividade *per capita* colocam em movimento" várias mudanças comuns a um conjunto de instituições e atividades humanas.[3] Depois de definir as características do esporte moderno, Guttmann tratou de encontrar indícios dessas características em registros de meados do século XIX. Em seguida, para explicar como e por que essas formas particulares de esporte surgiram exatamente daquele modo no referido século, ele examinou processos e alterações nas cidades onde os esportes modernos apareceram e encontrou sinais de aumento na produtividade, como descrito pela estrutura (ou teoria) da modernização. No final, Guttmann argumentou que a existência de "condutores" econômicos específicos *naquele momento* (o aumento *per capita*) *e* a emergência dos esportes modernos não eram coincidência; os primeiros tinham sido responsáveis pelo surgimento dos últimos.

Em especial na última década, o paradigma da modernização deixou de ser tão popular e tão intelectualmente vigoroso como antes. Em parte, isso aconteceu porque os historiadores do esporte encontraram indícios de aspectos que a teoria ou a estrutura da modernização não consideravam ou explicavam. A especialização, por exemplo, uma das características dos esportes modernos, surgiu antes do que Guttmann imaginara, em meados do século XVIII.[4] Como consequência, os historiadores do esporte deixaram a estrutura da modernização em busca de outras.

Um segundo paradigma muito influente foi retirado das tradições históricas sociais e culturais da Europa. Mesmo não tendo um nome, ele pode ser compreendido como o paradigma do "agente humano", pois eleva as pessoas ao posto de construtores da própria história (em vez de simples observadores), em situação mais reativa (às condições), como proposto pela teoria da modernização. Nesse veio, um trabalho inicial vigoroso foi escrito por Elliott Gorn, *The Manly Art: Bare-Knuckle Prize Fighting in America*, no qual sugeriu que as formas tradicionais de prêmios de lutas *bare-knuckle* expressavam os valores e as relações dos homens da classe trabalhadora da cidade de Nova York e que esse esporte era um dos poucos espaços em que eles podiam atuar como agentes.[5] Na última década e meia, vários historiadores reformularam e enfocaram esse paradigma mais amplo, o que resultou na existência, atualmente, de vários paradigmas derivados, que enfatizam a ação humana e os processos sociais. Entre eles, estão a hegemonia cultural e o construcionismo social ou cultural, que devem muito aos estudos culturais nascidos na Grã-Bretanha.[6] Esses paradigmas são empregados pela maior parte do quadro acadêmico atual dedicado ao estudo de sexo e raça no esporte, experiências históricas de mulheres e de negros, hegemonia institucional e contextualização social e cultural do esporte e do lazer.[7]

Desde a década de 1990, outra estrutura desenvolvida na Europa tem penetrado nos departamentos acadêmicos de história do esporte nos Estados Unidos: o pós-modernismo. Poucos acadêmicos estadunidenses da área esportiva adotaram todos os princípios do pós-modernismo ou da sua fonte linguística, o pós-estruturalismo. Ambas as correntes foram desenvolvidas na segunda metade do século XX e atribuídas a vários acadêmicos, como Roland Barthes, Pierre Bourdieu, Jacques Derrida, Frederic Jameson e Michel Foucault. Correndo o risco de reduzir em excesso a definição, o pós-estruturalismo (com frequência considerado um método) e o pós-modernismo (uma estética) rejeitam o positivismo, a objetividade absoluta e as narrativas mestras (ou histórias e explicações únicas e universais), entre outras coisas. Eles enfatizam a importância da linguagem (pela qual os humanos representam pensamentos e ideias e, portanto, não só dão sentido às coisas, mas também criam coisas), a fragmentação e a imprevisibilidade da vida social e das formas culturais, o poder (conhecimento é poder) e as relações de poder (quem controla o conhecimento tem poder).[8]

Hoje, em grande parte da história do esporte (e dos estudos esportivos em geral), é clara a influência do paradigma do pós-estruturalismo/pós-modernismo. Poucos acadêmicos pressupõem que as narrativas mestras sejam adequadas ou possíveis; em vez disso, cada esporte e cada indivíduo teriam suas histórias particulares. *Discurso* e *desconstrução* são palavras comumente usadas em análises históricas, sendo que a primeira faz referência à linguagem e, com frequência, significa "conversação", enquanto a última serve de método de análise da linguagem. Existem inúmeras questões sobre poder e relações de poder retiradas de paradigmas materialistas.

Atualmente, poucos historiadores do esporte diriam "pertencer" a esse ou àquele paradigma. A maioria deles mistura elementos de várias estruturas, mas, na verdade, trabalha na definição de suposições e na localização de indícios e questões. E isso é um trabalho e tanto! Definir um paradigma integrado e logicamente consistente é tarefa árdua, e os estudantes que estão apenas começando a pensar em pesquisas históricas provavelmente não vão conseguir dar a suas pesquisas o suporte completo que gostariam de alcançar. A maioria dos historiadores admite de imediato que é preciso muito tempo para se montar uma estrutura teórica consistente e clara, e essa é apenas uma das razões que os fazem afirmar que só se tornaram bons historiadores na segunda metade de suas carreiras. Portanto, os paradigmas são introduzidos aqui, de um lado, para ajudar os estudantes a pensarem sobre as coisas que os historiadores pensam e, de outro, para ajudá-los a tomarem consciência não apenas de que essas crenças e suposições realmente contam na hora de fazer história, mas de que qualquer metodologia acadêmica (derivada de um paradigma) também é uma ideologia.

Linhas de investigação e tópicos

Para a maioria dos estudantes, o verdadeiro começo do "fazer história" envolve escolher um tópico, e o único limite possível para tópicos da pesquisa histórica contemporânea seria a própria imaginação! Provavelmente, o interesse do estudante será, e deve ser, o estímulo inicial. O que você quer fazer? O que você quer saber? Quais os seus interesses? Todos os estudantes deveriam se questionar a esse respeito.[9]

Nos Estados Unidos, historiadores do esporte e do lazer têm avançado bastante na exploração de uma série de tópicos, mas, na verdade, em outros, estão apenas começando. A história do beisebol, por exemplo, conta com literatura extensiva, mas muitas dimensões das experiências passadas desse esporte permanecem sub ou inexploradas. Esses tópicos incluem programas comunitários locais, experiências de mulheres e minorias, luta entre jogadores profissionais e proprietários de times, difusão internacional e adaptação do jogo. Outros esportes organizados, como o futebol americano profissional, o basquetebol e o hóquei, ainda aguardam estudos mais profundos, assim como acontece com muitos outros esportes a respeito dos quais poucas histórias foram escritas: o rodeio, os esportes aquáticos e de inverno e as modalidades mais recentes, como a patinação *in-line*. Ainda é necessário que sejam escritos volumes sobre esportes universitários para além da Ivy League, programas de recreação industrial, uma ampla faixa de empreendimentos de negócios esportivos e políticas esportivas tanto no setor público quanto no privado.

Também há necessidade de pesquisas sobre a história da saúde, do lazer e da recreação pública. Estamos ainda no início da construção de histórias sobre a medicina esportiva, o uso de drogas para aumentar o desempenho físico humano e os programas de saúde. Na verdade, pouco avançamos neste último tema em relação ao século XIX. Os acadêmicos têm começado também a se voltar (ou retornar) aos estudos históricos de experiências de lazer e a examinar experiências, dentro e fora das atividades esportivas, vividas e consideradas importantes por pessoas antes menosprezadas – mulheres, grupos étnicos europeus, afro-americanos, asiático-americanos, americanos nativos e hispânicos. Histórias sobre as relações entre a mídia e as organizações esportivas e entre órgãos governamentais e grupos esportivos, sobre o público esportivo, questões relativas ao gênero e ao gênero nos esportes, temas e programas relativos à saúde, entre outros, também estão à espera de estudantes interessados e bem preparados.

A história do esporte e da atividade física é também um empreendimento global, e tem se expandido em termos de temas e profundidade da compreensão a cada minuto, inclusive enquanto você lê este livro. Igualmente importante é o fato de que a expansão global têm tornado tópicos histórico-comparativos e de outros países mais significativos do que há uma década. Existem livros bastante bons sobre esportes e lazer na África, na América do Sul e na Ásia, mas ainda não são suficientes.[10] Essa mesma afirmação se aplica à Austrália e à Nova Zelândia, que têm se tornado um campo fértil para a história do esporte e do lazer. Contudo, à pesquisa histórica comparativa, que examina dois ou mais países, regiões ou pessoas simultaneamente, tem sido dada pouca atenção, em especial por parte dos historiadores dos Estados Unidos. Portanto, esse é um campo amplo e pouco explorado, perfeitamente adequado a estudantes curiosos e ambiciosos!

Fontes secundárias

▶ No contexto da pesquisa histórica, as fontes primárias são as evidências originais (normalmente de primeira mão) e as fontes secundárias são livros, artigos e mídia, que montam histórias de eventos.

Onde o estudante pode encontrar informações sobre tópicos já investigados ou sobre o que os historiadores acreditam que já sabemos a respeito de determinado tópico? Nas fontes secundárias (ou na literatura existente), que é o verdadeiro ponto de partida para o estudante, assim como o é para todos os pesquisadores. A literatura secundária inclui livros, artigos e outros meios (como filmes ou gravações de vídeo), que são as histórias, em oposição às fontes *primárias* ou de primeira mão, que são os indícios reais.

Hoje, os historiadores de esporte, lazer, cinesiologia, educação física e ciência do exercício dispõem de vasta oferta de literatura secundária de referência. Na verdade, temos várias literaturas. Em primeiro lugar, é claro, a literatura *direta*, formada por monografias, antologias, artigos de periódicos e filmes sobre a história do esporte, da saúde e assim por diante.[11] Há também um corpo cada vez maior de literatura *ancilar*, derivada de vários campos, como história, antropologia, sociologia e vários estudos "por área" (entre eles, os estudos norte-americanos, afro-americanos, asiático-americanos, nativo-americanos), estudos sobre mulheres, políticas públicas, ciência política, administração e outros. Às vezes, tópicos individuais exigem o exame de literaturas de medicina, direito e também de outras áreas.

Pode ser que o estudante não saiba dizer com precisão quais são as literaturas secundárias, a não ser depois de começar a "cavar" a leitura básica sobre o tópico. Em geral, as pessoas iniciam o estudo histórico dentro de uma área de interesse, algo ou alguém a respeito do qual elas querem saber mais – o *tópico* amorfo. Com certeza, o orientador vai sugerir alguns livros e artigos para leitura e compreensão, para que o aluno comece a se dar conta do que já se sabe sobre o assunto. Orientadores de graduação também incentivam os alunos a fazerem exatamente como eles: usar as buscas computadorizadas para investigar, de modo sistemático, vários bancos de literatura. Recentemente, os alunos buscavam a literatura secundária em vários catálogos de publicações, como o *America: History and Life, Education Index* ou o *Social Science Abstracts*. Agora, no entanto, eles digitam uma palavra ou expressão em *sites* de buscas ou outros bancos de dados *online*. Além disso, os estudantes podem se comunicar via correio eletrônico com historiadores na ativa para discutir tópicos que estão investigando ou fontes secundárias que considerem importantes.

O que se deve obter dessa literatura secundária? A resposta mais simples é *o máximo possível*. De certa forma, os alunos leem o máximo possível sobre o tópico, a fim de descobrir o que outros acadêmicos sabem ou não sobre o assunto. Entretanto, leem a literatura para compreender tanto a sociedade mais geral, que afetou o tema, quanto as estruturas e as teorias relacionadas às suas questões e interpretações. Por fim, os estudantes leem a literatura para descobrir fontes de indícios. Na pesquisa histórica, os indícios são discutidos no texto, mas sua identificação e sua localização real costumam aparecer em notas e apêndices. Em consequência, os historiadores geralmente estudam as notas com tanto afinco quanto aquele dedicado ao corpo do artigo ou do livro.

O sucesso ou fracasso dos estudantes da área de história depende do seu aprofundamento na literatura afim. É nela que se encontra a base para delinear a estrutura ou o paradigma orientador e limitador da pesquisa. Essa literatura vai levá-lo a outras fontes de dados e a modos de questionar os indícios. E, talvez mais importante, pelo menos quando se começa a investigar o passado, a literatura ajuda os estudantes a refinar o tópico amorfo original e a transformá-lo em uma questão pesquisável.

Questões

Toda pesquisa resume-se em responder questões, e, nesse aspecto, a história é exatamente como a ciência. Mas, na pesquisa histórica, um tema crítico pode estar na base do problema: a objetividade. Temos aí três partes. Uma envolve o que os historiadores realmente fazem: eles recapturam ou replicam o passado ou admitem que nada pode ser conhecido com certeza e, por isso, devem "contar uma história" sobre o passado? Não faz muito tempo, a maior parte dos historiadores posicionava-se em um dos lados desse debate.[12] Eram ou não objetivos. Os que *não* eram recebiam o nome de *subjetivistas* ou relativistas. Hoje, poucos veem a questão de modo tão estanque, pois surgiu uma nova possibilidade: o que fazemos é tentar dar sentido a algum fragmento do passado.

A segunda parte do tema da objetividade envolve nossa crença em relação aos indícios. Você acredita que há indícios verdadeiramente "reais" (que existem independentemente de nossa mente) sobre o passado, aos quais qualquer pessoa pode dar sentido? A essa pergunta, um pós-estruturalista doutrinário responderia que não (talvez, por isso, poucos de nós sejamos pós-estruturalistas). Em vez disso, parece que muitos historiadores acreditam que há indícios de pessoas reais que fizeram coisas reais, de instituições, de processos, etc., sobre os quais podemos obter alguma informação.

A terceira dimensão do tema da objetividade envolve o método usado na pesquisa. Quando começou a pesquisa, você já sabia a resposta à questão colocada (queria provar algo) e, portanto, ignorou o que não confirmava seu argumento? Em outras palavras, você estava tentando provar uma hipótese ou uma suposição? Ou você estava disposto a explorar todos os indícios, buscar indícios adicionais e antecipar tanto indícios quanto padrões inesperados? A maioria dos historiadores na ativa hoje provavelmente admitiria que são mais ou menos objetivos, ou *relativamente objetivos*, em todas essas três questões. Eles concordariam também que iniciar o trabalho com perguntas ajuda a operar com mais, e não menos, objetividade ou, em termos mais simples, como um detetive de mente aberta.

Como o estudante pode desenvolver uma *boa* questão inicial e que critérios podem ser aplicados para distinguir entre questões boas e ruins? Ao tema geral das questões, o historiador francês Henri-Irénée Marrou ofereceu uma orientação sábia: "Há um número ilimitado de questões diferentes para as quais os documentos podem fornecer respostas". No entanto, ele advertiu que a pergunta tem de ser formulada do modo "adequado".[13] E o questionamento *adequado* do passado começa com as fontes secundárias. Uma boa questão é, no mínimo, fundamentada na literatura e derivada dela. O *desconhecido* que ela enfoca é claro, assim como sua importância. Mas a boa questão é algo mais também: é respondível.

Vejamos um exemplo que nos transporta do tópico vago à boa questão (ou questões) inicial. Esse tópico é a associação atlética feminina no ensino médio em determinado estado, por exemplo, a Louisiana. No início, o aluno sabe apenas que a organização surgiu mais ou menos em 1925. O tópico, por si só, sugere as leituras básicas, pois, para cada uma de suas palavras, há uma literatura específica: histórias sociais da década de 1920 (e décadas subsequentes), de mulheres e gênero, de organizações esportivas, de escolas e educação e da Louisiana. A partir de tudo isso, o estudante não aprende nada sobre a organização atlética que é alvo do seu estudo, mas muito sobre temas relativos à competição entre meninas e mulheres, expectativas e papéis profissionais e sociais femininos, organizações formadas por mulheres e mudanças no currículo, população e contexto do ensino médio na Louisiana.

Agora pode acontecer a transformação lógica do tópico em questões. Quais eram as organizadoras e que objetivos tinham? Que atividades e tipos de formatos competitivos foram incorporados?

Quando foram introduzidos esportes diferentes ou adicionais? Quais eram as relações das competições esportivas com outros programas de educação física, saúde ou recreação? Qual era a estrutura da associação, e quais eram as relações entre a associação e outras estruturas governamentais da escola e da comunidade? Em que discursos da comunidade o esporte aparecia como significativo? Questões como essas são precursoras de outras *maiores*: como e por que a associação mudou ao longo do tempo? O que causou as mudanças? De que forma o planejamento e o verdadeiro funcionamento da associação afetaram as relações de poder entre supervisores e participantes? Como a associação afeta a vida geral do aluno e da escola, inclusive as relações de classe, gênero e raça? Que outras consequências teve a associação naquela época e ao longo do tempo, e qual foi o significado mais geral do esporte de e para mulheres em Louisiana?

Delineamento da pesquisa

▶ Delineamentos de pesquisa histórica são planos para responder as questões esboçadas. Eles são estruturalmente semelhantes aos delineamentos da pesquisa científica.

Depois de substituir o tópico vago por questões iniciais específicas, o estudante pode começar a elaborar o delineamento da pesquisa. Apesar de os historiadores em geral não utilizarem o termo, *delineamos* nossa pesquisa, ainda que careça da precisão formal presente em delineamentos experimentais. Tanto na pesquisa histórica como na científica, ele é exatamente a mesma coisa: o esboço sistemático e até hierárquico das perguntas e o planejamento de como elas serão respondidas. Precisamos saber que questões levantar e em que ordem, que indícios são necessários para respondê-las, quais se encontram realmente disponíveis e como eles serão tratados (tornar precisos os procedimentos qualitativos, quantitativos ou ambos).

Não faz muito tempo, os historiadores também usavam os termos *história descritiva* e *história analítica* ao se referirem ao delineamento da pesquisa. Na verdade, as primeiras edições deste livro faziam exatamente assim. Entretanto, os historiadores acabaram por perceber que nenhuma dessas categorias, nem aquelas que distinguem a história "narrativa" da "analítica", é de grande utilidade. Isso ocorre porque as diferenças entre elas são mais uma questão de grau do que de tipo. A história narrativa enfatiza a "história", mas, para escrevê-la, são necessárias a descrição e a explicação, assim como a síntese. A história analítica, por sua vez, tende a destacar a explicação de fenômeno ou prática. Além disso, as histórias analíticas costumam empregar todos os três processos intelectuais – descrição, análise e síntese – e podem enfocar um tema, em oposição à "história" completa.[14]

Trabalhando com evidências

Algo que não mudou recentemente no "fazer" história é a importância das evidências. Apenas a partir de evidências ou *dados*, em termos científicos, o historiador pode elaborar respostas às perguntas propostas. Além disso, a evidência identificada e usada pelos historiadores afeta questões cada vez mais específicas, e invariavelmente mais complicadas, levantadas ao longo da pesquisa. Localizada nas *fontes primárias* ou em relatos de primeira mão, a evidência histórica é um dos principais determinantes do processo de pesquisa.[15]

O que é evidência, ou dado, histórica? Em *Truth in History*, Oscar Handlin oferece uma definição simples e clara: são "todas as coisas feitas ou relembradas".[16] Cada "coisa" é uma peça do passado, e essas peças assumem formas diversas: artefatos como equipamentos e roupas, fotografias e, cada vez mais, filmes e material digital; narrativas orais e reminiscências; indícios numéricos, como tabelas de pontos, prêmios em dinheiro e resultados de censos; e textos e publicações, como cartas, leis, manuscritos e jornais. As evidências que o estudante vai usar dependem, é claro, das questões levantadas. As questões também determinam a escolha da forma e dos meios de tratamento das evidências qualitativas, quantitativas ou ambas.[17] No entanto, não podemos dizer que algo "depende" sem ter indícios (assim não se solucionam questões). Do mesmo modo que o fisiologista precisa de dados brutos sobre a frequência cardíaca para solucionar questões sobre a condição cardiovascular e o psicólogo necessita de registros da atividade do cérebro para estudar a dominância cerebral, o historiador tem de ter informações criadas e construídas por seus sujeitos no passado.

Localização de fontes primárias

Antes de começar realmente a trabalhar com as evidências, o estudante precisa identificar as fontes que as contêm. Para localizar fontes históricas – usualmente em vários tipos de laboratório, como arquivos, bibliotecas ou coleções particulares –, pode-se proceder de muitas maneiras. Se o estudante estiver investigando um esporte, um centro esportivo, um programa curricular ou qualquer outro projeto de um local específico, ele pode buscar diretamente catálogos ou índices mantidos por organizações históricas da região (município ou estado), arquivos de faculdades ou universidades, *hall* da fama, bibliotecas e arquivos de organizações. São cada vez mais comuns a digitalização e a disponibilização pela Internet ou em CDs de materiais mantidos por empresas e instituições. O estudante vai descobrir também que muitos jornais, censos e registros governamentais têm catálogos que ajudam a localizar informações potenciais, e há várias bibliografias por tópicos e catálogos de fontes publicados.

Em especial, para estudantes interessados na história recente, outras formas de evidências históricas são as fontes orais e visuais. Diferentemente de muitos de nós, alguns historiadores podem se dar ao luxo de trabalhar com pessoas ainda vivas e lúcidas ou então examinar movimentos e eventos filmados ou registrados em algum outro meio. Esses "sujeitos" contemporâneos são pessoas que passaram por experiências ou processos e podem fornecer relatos de primeira mão. Ainda que muitas das sugestões deste capítulo sobre como fazer história sejam aplicáveis a projetos orais e visuais, estes incluem temas específicos, dos quais não tratamos aqui. Os estudantes interessados devem procurar livros e artigos sobre métodos de pesquisa em história oral e visual, disponíveis na maioria das bibliotecas universitárias.

Crítica histórica

Depois de localizar algumas fontes primárias, ainda que a identificação de todas não tenha sido completada, passamos a elaborar a crítica dessas fontes. Esse processo avaliativo tem duas etapas. A primeira determina a forma do material. Nela, perguntamos se determinado documento ou artefato é realmente uma fonte de evidências sobre o passado. Chamada de **crítica externa**, essa fase de avaliação estabelece a *autenticidade* da fonte. Basta lembrarmos do Watergate* ou dos maus-tratos a prisioneiros iraquianos** para compreendermos por que o historiador tem de estabelecer uma fonte como testemunha autêntica do passado. Por muitas razões, as pessoas que produzem as evidências de uma época podem, e realmente o fazem, forjar documentos. No entanto, mais comum do que falsificações, são erros não intencionais resultantes da intervenção do tempo ou de outra pessoa no intervalo entre a ocorrência real do evento e o seu registro. Portanto, os historiadores têm de saber como determinar se uma evidência é ou não um registro confiável, mediante técnicas como a da datação com carbono-14 de todos os artefatos antigos ou a análise textual e estilística de documentos, ou então confiar a especialistas a tarefa de realizar esses testes. O importante, é claro, é que a evidência seja genuína![18]

> **Crítica externa**
> Estabelecimento da autenticidade da fonte.

O segundo tipo de teste aplicado por historiadores a registros de primeira mão é chamado de **crítica interna**. Esse exame lida com a natureza da fonte. Ele pergunta especificamente se um artefato ou documento agora considerado genuíno é *confiável*. A crítica interna, portanto, envolve questões de consistência e precisão; em qualquer nível, comparam-se aos esforços do cientista para estabelecer a validade.[19] Exatamente como o cientista, que têm de estabelecer a adequação e a precisão do teste, instrumento ou construto, o historiador tem de determinar tanto a credibilidade de uma observação ou alguma outra forma de registro quanto o contexto e a

> **Crítica interna**
> Estabelecimento da credibilidade da fonte.

---

* N. de T. Referência a escutas ilegais do governo dos Estados Unidos, reveladas pela prisão de cinco pessoas no edifício comercial Watergate, em Washington. O escândalo teria terminado sem maiores consequências se dois jornalistas do Washington Post não tivessem continuado as investigações até conseguirem uma fonte disposta a contar tudo sobre o envolvimento do então presidente Richard Nixon, obrigado a deixar o cargo em agosto de 1974.

** N. de T. Referência à divulgação de videoteipes e fotos que comprovaram atos de torturas, humilhações sexuais e outros abusos e violações dos direitos humanos cometidos por soldados do Exército dos Estados Unidos contra prisioneiros iraquianos.

perspectiva do registro. Historiadores que usam dados quantitativos e técnicas de amostragem aplicam, na verdade, as mesmas técnicas dos cientistas biofísicos para estabelecer a validade. Por sua vez, pesquisadores que se baseiam em fontes de dados históricos mais tradicionais, especialmente documentos literários, não podem alcançar a precisão matemática dos coeficientes de validade, mas levantam questões apropriadas de modo sistemático. Na realidade, há regras que o estudante deve aplicar ao processo de crítica interna do documento. Uma delas é a "regra do contexto", segundo a qual uma palavra tem de ser compreendida na relação com as que a antecedem e seguem e não de acordo com o uso contemporâneo feito pelo historiador. Ler sentenças e parágrafos exige as mesmas sequências e orientações sobre conotação. A segunda é a "regra da perspectiva", que incentiva o estudante a perguntar quem (ou que organização ou grupo) deixou o registro, qual era a relação da fonte com o evento ou grupo e, inclusive, como a fonte tinha coletado as informações. Por fim, há a "regra da omissão ou da edição livre", que afirma que as fontes históricas de qualquer tipo: registros oficiais, matérias jornalísticas, diários, acordos formais, entre outros, não são relatos de cenas completas. As minutas de um encontro da National Collegiate Athletic Association (NCAA), a fotografia de um *home run*, as anotações de um dia do diário de alguém como Albert Spalding (membro do *hall* da fama do beisebol americano) ou Senda Berenson (conhecida como "a mãe do basquetebol feminino") e, inclusive, dados de um censo ou mapa registram algumas coisas e deixam outras de fora. Quem escreve um diário pode omitir coisas que aconteceram ou palavras que foram ditas no dia; o registro de um encontro ou uma reportagem jornalística podem usar palavras diferentes das que foram ditas, deixar de lado partes inteiras ou, inclusive de propósito, reproduzir enganosamente conversas e ações.[20] Portanto, uma vez que as fontes podem deixar de mencionar algumas informações, seja isso intencional ou não, o historiador tem de usar mais de uma fonte para visualizar qualquer evento, programa ou pessoa no passado, exatamente como o biomecânico que usa três câmeras para visualizar um movimento de ângulos diferentes.

Leitura das evidências

Localizar e criticar as fontes históricas são tarefas importantes que todos os historiadores executam repetidas vezes. No entanto, as fontes históricas não são fins. Um jornal, por exemplo, é uma fonte de informação sobre o passado, assim como um registro de EMG é uma fonte de informações sobre contrações musculares. O padrão de disparo do EMG e também o texto ou foto do jornal exigem uma "leitura". Em resumo, o estudante tem de saber que informações o jornal ou qualquer outra fonte histórica têm.

Para isso, o estudante faz uma pergunta relativamente simples para cada informação: essa evidência é evidência de quê? Vejamos um exemplo prático – um currículo de educação física e saúde de, digamos, 1950. Em nossas áreas, a maioria dos estudantes está familiarizada com currículos; eles estabelecem metas, atividades e resultados de aprendizado. Mas sobre o que ou quem o currículo pode trazer informações? Ele é uma evidência do que aconteceu na sala de aula ou no ginásio esportivo? É evidência de todas as noções de educação física e saúde de quem o redigiu? É evidência do estado da educação física e da saúde no país? A resposta, obviamente, é "nenhuma das anteriores". Por ter sido escrito em termos comportamentais, o currículo de educação física e saúde não passa de uma evidência do conjunto de comportamentos esperados. Além disso, qualquer currículo é muito mais evidência dos comportamentos *esperados* pelos que o redigiram do que por aqueles para quem ele foi escrito.

Ao perguntar "essa evidência é evidência de quê?", os estudantes notarão que todas as fontes históricas fornecem evidências de abrangência limitada. Reportagens jornalísticas típicas sobre um jogo de bola, por exemplo, fornecem parte das observações do repórter, e não um quadro abrangente de tudo o que aconteceu na competição. O mesmo vale para diários e cartas. Livros de regras contêm informações sobre que comportamentos deveriam ou não ocorrer, mas não nos dizem que comportamentos realmente ocorriam. De modo similar, evidências numéricas podem fornecer informações apenas sobre determinadas coisas. O valor de um salário, por exemplo, nos diz apenas quantos dólares foram pagos a um jogador, e não qual era o valor do atleta; além disso, ao longo do tempo, é difícil comparar salários sem levar em consideração a inflação do período. O número de fãs em um evento revela quantas pessoas estavam presentes, mas não se o evento era popular ou importante em algum sentido mais amplo.[21]

> **O PESQUISADOR DA HISTÓRIA É TANTO UM CIENTISTA QUANTO UM DETETIVE NO EXAME DAS EVIDÊNCIAS.**

Na verdade, esse processo de determinar "de que é essa evidência" tem dois objetivos. O mais óbvio é saber as informações que *podemos* obter a partir de dada peça. Menos óbvio, mas não menos importante, é saber as informações que *não podemos* obter a partir de certa fonte. O estudante tem de enfrentar uma luta corpo a corpo com os dois lados da moeda para determinar se a evidência é *adequada e apropriada*. Se o estudante descobrir que ela atende a esses dois critérios, pode prosseguir respondendo às questões da pesquisa. Caso contrário, porém, estará diante de um grande problema e não poderá continuar. Essa situação teria ocorrido com o nosso currículo de educação física e saúde se esperássemos que ele fosse evidência de comportamentos na sala de aula. Ela poderia ocorrer também, e realmente ocorre, quando historiadores fazem perguntas sobre crenças, atitudes, valores, processos e condições. Muitas de nossas formas comuns de evidência, sejam elas textuais ou numéricas, fornecem dados muito mais sobre o que as pessoas fizeram ou disseram do que sobre em que elas acreditavam. Como consequência, a não ser que elabore suposições difíceis de estabelecer sobre as relações entre o que as pessoas viam ou diziam e em que elas acreditavam, o historiador descobrirá que a maioria das fontes históricas não fornece informações apropriadas sobre atitudes e crenças individuais ou da sociedade.

Diversas opções encontram-se disponíveis para a solução desse dilema da evidência errada (ou inadequada) para as questões de pesquisa levantadas pelos estudantes. Em primeiro lugar, os estudantes podem mudar as questões. Em segundo, podem manter as questões e buscar outras fontes apropriadas. Por fim, podem *traduzir* a evidência de uma coisa, em geral de um comportamento, em evidência de outra, como crenças ou outros conceitos. Esse processo de inferência exige a construção cuidadosa de *indicadores* e a testagem de relações entre a "coisa" que não se pode observar ou para a qual não se pode encontrar evidências diretas e a "coisa" que achamos que vai indicar ou demonstrar isso. É também um processo sobre o que mais os historiadores podem aprender com seus pares da ciência, que, com frequência, investigam o que não podem observar de forma direta. Os fisiologistas, por exemplo, examinam a aptidão cardiovascular, condição que não pode ser observada nem medida diretamente. Para isso, eles têm desenvolvido e validado um indicador inferido: o ar expirado. No estudo da agressão, os psicólogos procedem de modo similar. Eles não podem observar e medir a agressão diretamente, então observam e medem um indicador inferido: os atos violentos.

Relações e construtos inferidos são importantes para historiadores que buscam examinar conceitos, atitudes ou valores que não podem ser observados de modo direto. A classe social é um conceito desse tipo. E também é um complexo de comportamentos e atitudes para o qual nenhum tipo de evidência é direto. As fontes históricas, no entanto, realmente fornecem vários indicadores apropriados, os quais, em conjunto, ajudam a inferir evidências de classe: ocupação, renda, bens adquiridos e usados, filiação a organizações, etc. Indicadores e inferências também são essenciais ao estudo de crenças e valores, como no caso da pesquisa sobre crenças de sócios de clubes esportivos. O estudante pode suspeitar de que determinadas crenças sobre a saúde, o condicionamento ou, inclusive, a beleza são capazes de influenciar, ou talvez até de motivar, pessoas em sua decisão de associar-se a um clube. Mas essa hipótese não é diretamente testável, devido à natureza das evidências. Todos os registros do clube e, inclusive, dos associados – registros diários, contas, equipamentos usados e adquiridos, programas de exercício e até diários – podem ser lidos apenas como evidência do que os membros fizeram, e não como aquilo em que eles acreditavam. Mais uma vez, o estudante tem de inferir uma relação entre o observado e o não observável e, é claro, *testá-lo*.

Em parte por causa do papel crítico das inferências em relação à descrição e à explicação histórica, outras informações sobre a pessoa, o evento ou o processo tornam-se essenciais ao historiador. Com frequência, essas informações estarão em fontes que, de início, poderão parecer tangenciais às fontes principais do estudante. No exemplo anterior, da pesquisa sobre crenças de sócios de um clube esportivo, poderíamos supor que informações sobre o sócio – evidências da ocupação, outras atividades ou grupos de que ele participa, hábitos alimentares, história médica, vizinhança, etc. – seriam de particular importância. Tudo isso é importante, é claro. Apenas com esse amplo corpo de evidências, o estudante pode testar as inferências sobre as crenças produzidas a partir dos dados de comportamento do clube esportivo. Suponhamos que o estudante tenha projetado uma crença na aptidão como um dos fatores ou talvez até como um "motivo" para associar-se ao clube. Então ele terá de "testar" essa crença em outras situações comportamentais cujas evidências se encontram nessas outras informações. Se essas evidências não estiverem disponíveis ou, inclusive, se houver contra-evidências (p. ex., se o sujeito bebia muito, ingeria alimentos com alto teor de colesterol ou não ia ao médico regularmente), o estudante terá de buscar uma "nova" crença dentro do comportamento dos sócios do clube. De fato, essa evidência aparentemente tangencial não confirma a relação inferida entre o comportamento e a crença.[22]

Contexto

▶ Na pesquisa histórica, contexto significa as condições (p. ex., fatos, significados) nas quais a evidência existiu.

Evidências aparentemente tangenciais são importantes na pesquisa histórica também por outra razão. São parte do *contexto* em que o sujeito histórico viveu ou em que o processo histórico ocorreu e no qual as experiências e processos esportivos, recreativos ou de saúde precisam ser encaixados para serem compreendidos. O contexto refere-se ao "conjunto" de dados sobre uma pessoa, um evento ou um período. Em vez de material do *background*, em outras palavras, contexto significa a rede de fatos e significados em que dada peça de evidência histórica existiu. O termo é tão importante na pesquisa histórica que um acadêmico definiu o campo com o seguinte termo: história é a "disciplina do contexto".[23]

O contexto figura em muitas tarefas executadas pelo historiador. Os estudantes podem se lembrar da "regra do contexto", discutida na seção sobre a crítica interna. Podem, ainda, reconhecer alusões ao contexto nos parágrafos sobre indicadores e inferência. Mas é na leitura de evidências que a importância do contexto torna-se mais óbvia, como o exemplo a seguir pode revelar. A fonte aqui é um documento textual típico, a *American Turf Register and Sporting Magazine*, revista urbana publicada nas décadas de 1820 e 1830. A matéria "The Great Foot Race" ("A grande corrida a pé") (p. 247-249) relata a corrida realizada em uma pista de corrida de cavalos em Long Island, em 1835. Além do tipo e do local da corrida, havia informações sobre a distância percorrida (16 km) e o número de competidores (nove), descrições dos corredores (nome, idade, peso, ocupação, uniforme), a ordem em que correram, o prêmio em dinheiro (U$ 1.300) e o tempo por km feito pelo vencedor.[24]

A partir desses dados, podemos construir a descrição do evento. Nove homens, cujas idades variavam de 22 a 33 anos, de diferentes profissões manuais, competiram no percurso de 16 km, em uma antiga pista de corrida de cavalos, em uma sexta-feira de junho de 1835. O vencedor, Henry Stannard, concluiu o percurso no tempo determinado (pouco menos de uma hora) e ganhou o prêmio de 1.300 dólares, diante de uma multidão estimada em 16 a 20 mil pessoas. Com certeza, essa é toda a informação que se pode "ler" nesse relato.

A grande corrida a pé

O grande teste das capacidades humanas, correr 10 milhas (16 km) em menos de uma hora, por 1.000 dólares, aos quais foram acrescentados mais 300, aconteceu na sexta-feira, na pista de cavalos Union Course, em Long Island; e temos o prazer de informar que a façanha foi concluída doze segundos antes do limite de tempo pelo fazendeiro Henry Stannard, nascido e educado nos EUA e originário de Kilingworth, Connecticut. Dois outros finalizaram as 10 milhas – um prussiano, meio minuto acima, e um irlandês, 1min45s acima do tempo-limite.

Já às 9h, centenas de pessoas tinham cruzado o rio para assistir à corrida, e desse horário até perto das 14h, a estrada entre o Brooklyn e a pista apresentou uma fila contínua (e, em muitos pontos, dupla) de carros de todos os tipos, desde o humilde cabriolé até o esplêndido coche de quatro cavalos; e às 14h, calculou-se haver, no mínimo, 16 a 20.000 pessoas em volta da pista. O dia, embora bom, por ter muito vento atrasou a largada até 13h41min, quando os nove candidatos se posicionaram, vestidos em cores diversas, e começaram a correr ao som de um tambor.

A seguir estão os nomes e alguns dados dos competidores na ordem em que se apresentaram:

Henry Stannard, fazendeiro, 24 anos, natural de Killingworth, Connecticut. Altura: 1,82 m; peso: 74,7 kg. Vestia calças de seda preta, camisa branca, sem casaco, colete ou boné, cinto preto de couro e sapatilhas cor de carne.

Charles R. Wall, cervejeiro, 18 anos, natural do Brooklyn. Media 1,81 m; pesava 67,5 kg.

Henry Sutton, pintor de casas, 23 anos, natural de Rahway, New Jersey. Altura: 1,71 m; peso: 60,4 kg. Vestia camisa amarela e um boné, culotes amarelos, meias brancas sapatilhas vermelhas.

George W. Glauer, cordoeiro, 27 anos, natural de Elberfeldt, Prússia. Altura: 1,70 m; peso: 65,6 kg. Usava uma vestimenta elegante, de seda branca com faixa rosa, e boné da mesma cor, sapatilhas rosa e cinto vermelho.

Isaac S. Downes, cesteiro, 27 anos, natural de Brookhaven, condado de Suffolk. Altura: 1,67 m; peso: 67,9 kg. Vestia camisa branca, calças brancas, faixa azul, cinto azul; sem calçados nem meias.

John Mallard, fazendeiro, 33 anos, natural de Exeter, Otsego Co., New York. Altura: 1,73 m; peso: 58,8. Roupa de algodão azul, sem boné, calçados nem meias.

William Vermilyea, fabricante de calçados, 22 anos, natural de New York. Altura: 1,81 m; peso: 67,9. Roupa de algodão verde, com cinto preto; sem calçados nem meias.

Patrick Mahony, porteiro, 33 anos, natural do condado de Kenmar, Kerry, Irlanda. Altura: 1,68 m; peso: 58,8. Vestia camisa de gaze verde, culotes de algodão listrados de azul; cinto azul, meias brancas e sapatilhas pretas.

John M'Gargy, açougueiro, 26 anos, natural de Harlaem. Altura: 1,79 m; peso: 72,4 kg. Vestia camisa, calças de algodão listradas de rosa; sem calçados nem meias.

Havia um décimo candidato, negro, chamado Francis Smith, de 25 anos, natural de Manchester, Virgínia. O sr. Stevens desejava que esse homem corresse, mas, como não havia cumprido o regulamento, que exigia a inscrição até determinado dia, ele foi excluído da competição.

Todos os competidores largaram bem e mantiveram-se juntos na primeira milha (1.600 m), com exceção de Mahony, que liderou os outros por várias jardas, e Mallard, que ficou atrás após a primeira meia milha (800 m). No final da segunda milha (3.200 m), um deles desistiu; no final da quarta (6.400 m), mais dois abandonaram a corrida; na quinta (8.000 m), mais um homem caiu; no final da quinta milha, mais um quinto; durante a oitava milha (12.800), Downes, um dos mais rápidos e, decididamente, o mais bonito, machucou o pé e desistiu no final dessa milha, deixando apenas três competidores, que completaram o percurso.

A seguir, mostramos a ordem em que cada homem passou pela bancada dos juízes, no final de cada milha.

Milhas

	1ª	2ª	3ª	4ª	5ª	6ª	7ª	8ª	9ª	10ª
Stannard	3	4	3	3	3	2	2	1	1	1
Glauer		2	2	1	1	2	3	3	3	2
Mahony	1	1	5	5	5	4	4	4	3	3
Downes	5	3	2	2	1	1	1	2	Desistiu	
M'Gargy	6	7	7	7	4	Desistiu				
Wall	4	5	4	4	Desistiu					
Sutton	8	8	6	6	Desistiu					
Mallard	9	9	8	8	Caiu e desistiu					
Vermilyea	7	6	Desistiu							

(continua)

▶ **A grande corrida a pé** (*Continuação*)

A seguir, estão os tempos de Stannard, o vencedor, no final de cada milha. Mahony, o irlandês, completou a primeira milha em 5m24s.

No local, as apostas antes de depois da largada mantiveram-se bastante equilibradas, e grandes somas foram apostadas tanto contra quanto a favor do término no prazo estipulado. Sem dúvida, Downes, muito conhecido nas redondezas, era o favorito absoluto; ele completou 8 milhas em 48min30 s. Ele tinha sido bem-treinado por seu pai que, aos 39 anos de idade, completara 17 milhas (27,2 km) em 1h45min, tendo concluído as primeiras 12 milhas e meia (20 km) em 1h15min.

Mallard tinha fama de excelente corredor. Ele tinha concluído as 16 milhas em 1h49min, tendo parado no percurso para mudar os calçados. Ele não estava sóbrio na largada e caiu na quinta milha.

O alemão tinha feito o percurso de ida e volta de New York a Harlaem (12 milhas ou 25,6 km) em 70min. Os amigos confiavam na sua vitória. Ele apostou quase 300 dólares em que ganharia o prêmio. Glauer manteve-se dentro do limite de tempo até a sexta milha (9,6 km) e percorreu as 10 milhas em 1h27s. Atrasou-se 4 s na oitava milha. Parte do percurso ele correu com um lenço cobrindo a boca.

Mahony, o irlandês, não tinha feito qualquer tipo de treinamento. Ele desceu do carro na rua Water, entrou na pista e correu a primeira milha em menos de 5min30s. No final da sexta milha, ele já estava 1min15s atrás; no final da oitava, 2min; na nona, 3min. Mahony completou as dez milhas em 61min45s. M'Gargy estava fora de forma, mas completou as cinco primeiras milhas em 32min30s. No dia 25 do mês anterior, esse homem tinha corrido 8 milhas em 41min56s. Vermilyea estava muito magro e com a saúde debilitada; tinha viajado 61 km a pé, na terça-feira anterior, para chegar a tempo e, no dia seguinte, completou 8 milhas em 46 min. É um excelente corredor, mas desistiu no final da segunda milha por causa de dores laterais e tinha sido derrubado por um homem que cruzara a pista na primeira milha. Wall e Sutton correram extraordinariamente bem, mas abandonaram a corrida no final da quarta milha por falta de treinamento.

No nosso entendimento, Stannard, o vencedor, fez um mês de bom treinamento. Ele é um atleta jovem e vigoroso e, ao final da corrida, não parecia nem um pouco fatigado. Pela vitória, estava muito agradecido ao sr. Stevens, que cavalgou na cancha, ao lado dele, durante todo o percurso, estimulando-o e alertando-o sobre o excesso de esforço na parte inicial da corrida. No final da sexta milha, o sr. Stevens o fez parar e tomar um pouco de *brandy* e água, depois do que o seu pé foi parar na marca da milha exatamente nos 36 min previstos. Quando a trombeta soou, ele avançou com graciosidade e, satisfeito, exclamou "Cheguei na hora certa" e assim se manteve a cada milha. Depois do final da corrida, ele montou a cavalo e percorreu a pista em busca de Richard Jackson, com quem ficara o seu sobretudo. Ele foi chamado ao pódio, onde anunciaram a vitória (e o prêmio de 1.300 dólares) e convidaram-no para jantar no clube. Lá ele respondeu com um breve discurso, agradecendo ao sr. Stevens e aos cavalheiros do clube pela atenção dedicada aos corredores em geral durante a competição. Depois disso, o sr. King, presidente do Jockey Club, anunciou que o alemão e o irlandês, tendo completado as 10 milhas, mas não no prazo determinado, receberiam 200 dólares cada.

Ficamos felizes em declarar que nenhum dos homens pareceu sentir nenhum incômodo proveniente do esforço feito; tudo correu de modo notavelmente satisfatório, e, no dia inteiro, não se ouviu o menor rumor a respeito de incidentes. Após o final dessa corrida, foram realizados dois páreos, para todas as idades, com prêmio de 300 dólares, com os seguintes cavalos e resultados.

O primeiro páreo foi realizado em 3min47s; o segundo, em 3min50s.

	Minutos	Segundos
1ª milha	5	36
2ª milha	5	45
3ª milha	5	58
4ª milha	6	25
5ª milha	6	2
6ª milha	6	3
7ª milha	6	1
8ª milha	6	3
9ª milha	5	57
10ª milha	5	54
	59	44

	1º páreo	2º páreo
Tarquin	1	1
Post Boy	2	3
Columbia Taylor	3	Dist.
Rival	4	2
Ajax	5	Dist.
Sir Alfred	6	Não correu

> Durante a execução dessa competição, deram ao sr. King um bilhete, em que estava escrito que dois estadunidenses desejavam tentar a caminhada de 500 milhas sem comer nem beber, desde que fosse estabelecido um prêmio de 500 dólares.
> O dia estava extraordinariamente bom, mas houve ventos fortes na pista e, considerando a vasta quantia (em apostas, etc.) envolvida, o sr. Stevens ficou em dúvida sobre como agir e decidiu adiar a corrida. Mas a opinião e o desejo geral pareciam contrários ao adiamento, e ele se convenceu do contrário. O resultado foi dos mais felizes. A vitória foi esplêndida, embora quando faltavam poucos segundos para a largada tivessem sido feitas apostas, na base de cinco por três, de que a competição não seria realizada. Com certeza, caso não houvesse tanto vento, Stannard teria completado as 10 milhas em 57min.
>
> *American Turf Register and Sporting Magazine* 6 (June, 1835): 518-520.

O restante das informações da matéria encontra-se fragmentado e, em geral, na forma de julgamentos e sugestões do repórter. A primeira sentença, por exemplo, apresenta o evento como o "grande teste das capacidades humanas". Não podemos aceitar essa declaração por seu valor nominal; a frase pode ter sido apenas um recurso literário empregado pelo autor para despertar o interesse dos leitores. A matéria também menciona que um décimo corredor apareceu, mas não correu porque não tinha feito inscrição "até um certo dia". Essa "razão" pode ser verdadeira ou não; por exemplo, o corredor poderia ser negro e talvez ter sido excluído por motivos raciais. O repórter indica, ainda, que outro homem, John Cox Stevens, teve participação ativa na corrida; inclusive correu na pista com Stannard. Mas o papel exato desempenhado por ele permanece obscuro. Finalmente, não podemos ter certeza se o prêmio equivalia exatamente ao valor da vitória de Stannard ou se ele foi o único a "ganhar" dinheiro. O jornalista nota também que apostas, inclusive entre os corredores, faziam parte da cena.

Assim, além do "esqueleto" inicial e da descrição pouco esclarecedora desse evento, não podemos ir mais além a partir dessa peça. Consequentemente, muitas questões bastante simples ficarão sem resposta. O pedestrianismo era comum? O prêmio de 1.300 dólares era normal ou "muito"? Aquela era realmente uma "grande corrida"? Smith não pôde correr porque chegou atrasado ou devido a sua cor? Eram muitos os espectadores? Respostas a essas questões dependem da disposição do estudante para ler essa evidência em relação a ou em conjunto com outras. A primeira pergunta, por exemplo, exige dados de outras corridas na verdade, a contagem delas e a comparação numérica com outros esportes ou eventos públicos do mesmo período. A segunda questão só pode ser respondida pela comparação desse prêmio com outros do mesmo período e com a renda anual de trabalhadores de nível similar ao dos corredores. A questão do tamanho do público exige maior mudança na base de evidências, de qualitativa para quantitativa. Estatísticas descritivas de multidões, tanto no esporte quanto em outras áreas, são essenciais; estatísticas inferidas seriam mais informativas. As demais perguntas também exigem dados adicionais sobre outros esportes, eventos e práticas sociais da época.

O significado dessa prática de leitura das evidências em sua totalidade e contexto não deve ser subestimado. Separada da rede de fatos e significados em que dada peça de evidência sobre um esporte, uma prática de saúde ou um programa recreativo existiu originalmente, a evidência torna-se insípida e sem vida. Para descrever essa situação, consideremos uma bola. Ela existe apenas como um objeto redondo, a não ser que o estudante a coloque no contexto de um jogo, disputado por pessoas reais, que a chutam, lançam e arremessam. Tirada do contexto, ela se torna somente um pedaço de borracha, um monte de tecido ou até uma bexiga de animal. Considerando a própria vida, um graduando poderia colocar a questão até de modo mais dramático. Tirado do contexto da graduação, em determinado lugar e em certa época da vida, muito do que você faz (como ler este capítulo) não faria sentido para ninguém, talvez nem mesmo para você! Portanto, assim como você, se pretendem alcançar o objetivo de entender o passado, os historiadores têm de colocar os sujeitos de suas pesquisas no contexto.

Resumo

Agora temos alguns dos componentes para compor uma boa história. Da literatura secundária, retiramos as questões da pesquisa: significativas, *narrativas*, solucionáveis. Dispusemos as questões em ordem lógica e hierárquica e identificamos as evidências necessárias às respostas. Localizamos e criticamos as fontes e dedicamos horas à leitura e à inserção das evidências no contexto. De fato, um trabalho tanto de cientista quanto de detetive. Então terminamos?

De jeito nenhum! Os historiadores não terminam o seu trabalho enquanto não *dão sentido* aos fragmentos do passado investigados. A tarefa é uma questão de construção do caso, tema ou, talvez, mais exatamente, argumento. Depois de tudo que foi feito até agora – levantamento das questões, leitura e questionamento das evidências –, o historiador assume o aspecto de arquiteto e advogado de acusação.

A construção de uma história exige solucionar uma questão final: então, o que aconteceu aqui? Outro modo de perguntar isso é: então, o que tudo isso significa? Independentemente da forma da colocação, no entanto, essa pergunta precisa de uma resposta antes do início da redação do trabalho. Assim como o arquiteto não se atreve a construir uma casa antes de saber como ela será, o historiador não deve tomar a liberdade de escrever a história antes de conhecer seu conteúdo e seu significado.

Como se deve elaborar a resposta da grande questão: "então o que isso tudo significa"? Não acredito que haja uma resposta única ou simples a essa pergunta e nem alguma fórmula intelectual. A analogia com o advogado de acusação pode ser útil, no entanto. Como ele, o historiador tem o compromisso de montar um caso (ou interpretação). Esse objetivo, por sua vez, exige a disposição das evidências e a interpretação de vários fragmentos de evidências de modo lógico, o que leva ao clímax, ao "ponto". Quando falamos em dispor evidências, nós, historiadores, em geral queremos dizer discutir e analisar o material primário (inclusive em estudos descritivos), destacar e discutir os padrões de experiências que revelam fontes específicas. Também dispomos das evidências, e nossas interpretações de seus significados, em uma sequência que leva ao "final" da história. Nenhum advogado de acusação levaria um caso ao tribunal sem ter clareza da sequência de eventos e de que evidências produzir em cada momento. O mesmo acontece com a história ou o caso do historiador. Cada sentença e cada parágrafo tem um "encaixe" lógico na sequência de sentenças e parágrafos.

O que determina essa sequência? A mente do historiador, é claro, e a "grande" história ou o argumento que ele deseja oferecer, o que, por sua vez, é a resposta à questão ou às questões levantadas. E essa "história", por sua vez, nos leva à tarefa de fazer história. Quando ouço estudantes ou colegas reclamarem da dificuldade de escrever, em geral respondo com um breve e obscuro: "Bah!". Escrever não é difícil, o difícil é *pensar*. Com muita frequência, muitos de nós tentamos escrever antes de elaborar todo o pensamento necessário a bons historiadores. Esse pensamento tem de incluir a resposta à pergunta: "então, o que aconteceu aqui?". Em outras palavras, os estudantes precisam saber a linha, a interpretação ou o argumento da história antes de sentar-se para escrever. Eles devem, em outras palavras, decidir exatamente o que vão escrever e em que sequência apresentar as evidências e as conclusões, de modo a conduzir o leitor das partes à "grande" conclusão.

Sem dúvida, os modos de conduzir ao "fim da história" e de determinar a melhor sequência das evidências e dos subargumentos são tantos quantos o número de historiadores. No entanto, algumas sugestões podem ajudar. Há pessoas que trabalham bem com esboços de tópicos, em parte porque cada parte do esboço é, na verdade, o código de um pensamento mais extensivo que pode ser retido na memória. Para outros, no entanto, esse tipo de esboço não é suficiente para superar o "problema" da redação do texto. Palavras ou frases soltas, com frequência, são vagas; faltam as respostas completas às perguntas históricas exigidas. Estudantes da área de história que se encaixam nessa segunda categoria devem passar algum tempo elaborando sentenças ou, inclusive, parágrafos completos como resposta a perguntas específicas. Na prática, pode ser que eles considerem mais fácil escrever a história depois de já ter pensado (e escrito) bastante, podendo assim dizer: "É assim que a história termina" ou "Este é o ponto" ou, ainda, "É assim que vou desenvolver a história".

Escrever uma história é tema que merece tratamento mais extensivo do que o apresentado neste capítulo. Por ser uma habilidade como outra qualquer, que requer prática, poderia render vários volumes. Mas essa não é a atribuição deste livro, nem deste capítulo. Os estudantes podem consultar muitos outros livros e capítulos sobre a redação da história.[25] Não há, no entanto, uma literatura abrangente e específica sobre a pesquisa histórica na cinesiologia, nos estudos esportivos, na ciência do exercício e na educação física voltada para graduandos. Esperamos que este capítulo tenha fornecido essa orientação. Mas isso só o tempo e um bom historiador dirão.

Verifique sua compreensão

1. Localize e leia um estudo de pesquisa que emprega o método histórico.
    a. Identifique as fontes primárias.
    b. Analise os métodos de crítica (externa e interna) das fontes descritos no estudo.

Notas

[1] Uma discussão clássica de paradigmas aparece em Thomas Kuhn, *The Structure of Scientific Revolutions* (Chicago: University of Chicago Press, 1962). Sobre implicações do trabalho de Kuhn na história e nas ciências sociais, ver Barry Barnes, *T. S. Kuhn and Social Science* (New York: Columbia University Press, 1982); David Hollinger, "T. S. Kuhn's Theory of Science and Its Implications for History", *American Historical Review* 78 (abril de 1973): 370-93.

[2] Allen Guttmann, *From Ritual to Record: The Nature of Modern Sports* (New York: Columbia University Press, 1978).

[3] Joyce Appleby, "Modernization Theory and the Formation of Modern Social Theories in England and America", *Comparative Studies in Society and History* 20 (1978): 261.

[4] Nancy L. Struna, *People of Prowess: Sport, Leisure, and Labor in Early Anglo-America* (Urbana: University of Illionois Press, 1996), especialmente Cap. 6.

[5] Elliot Gorn, *The Manly Art: Bare-Knuckle Prize Fighting in America* (Ithaca, NY: Cornell University Press, 1986).

[6] Richard Johnson, "What is Cultural Studies Anyway?," Social Text (Winter 1986/87): 38-80; Stuart Hall, "Cultural Studies: Two Paradigms," Nicholas B. Dirks, Geoff Eley, and Sherry B. Ortner, eds., *Culture/Power/History: A Reader in Contemporary Social Theory* (Princeton, NJ: Princeton University Press, 1994), 520-38.

[7] Ver, por exemplo, Troy D. Paino, "Hoosiers in a Different Light: Forces of Change Versus the Power of Nostalgia," *Journal of Sport History* 28 (Spring 2001): 63-80; Patricia Vertinsky, "The Erotic Gaze, Violence and 'Booters with Hooters'," *Journal of Sport History* 29 (Fall 2002): 387-94; Michael Ezra, "Main Bout, Inc. Black Economic Power, and Professional Boxing: The Cancelled Muhammad Ali/Ernie Terrell Fight," *Journal of Sport History* 29 (Fall 2002): 413-38; Stephen W. Pope, *Patriotic Games: Sporting Traditions in the American Imagination 1876-1926* (Urbana: University of Illinois Press, 1997); Struna, *People of Prowess: Sport, Leisure, and Labor in Early Anglo-America* (Urbana: University of Illinois Press, 1996).

[8] Roland Barthes, *Elements of Semiology* (New York: Hill & Wang, 1964); Pierre Bourdieu, "The Forms of Capital," in John Richardson, ed., *Handbook of Research for the Sociology of Education* (New York: Greenwood Press, 1986), 241-58; Jacques Derrida, *Of Grammatology* (1967; Baltimore: Johns Hopkins University Press, 1974); Frederic Jameson, *Postmodernism, or, The cultural Logic of Late Capitalism* (Durham, NC: Duke University Press, 1991); Michel Foucault, *History of Sexuality*, Vol. 1: *An Introduction* (1979; New York: Vintage Books, 1990). Ver também Madan Sarup, *An Introductory Guide to Post-Structuralism & Postmodernism* (Athens: University of Georgia Press, 1993). Há alguns artigos clássicos (nenhum sobre esportes) em Keith Jenkins, ed., *The Postmodern History Reader* (London: Routledge, 1997).

[9] Um dos livros mais úteis sobre métodos de pesquisa, destinado a estudantes que trabalham nas humanas, área à qual é ligada a história do esporte, é o de Wayne C. Booth, Gregory G. Colomb, and Joseph M. Williams, *The Craft of Research* (Chicago: University of Chicago Press, 1995).

[10] Além de relacionar os livros, que são muitos, indico aos estudantes um artigo que considera publicações internacionais, assim como livros sobre a história do esporte nos Estados Unidos. Ver Nancy L. Struna, "Social History," in Eric Dunning and Donald Sabo, eds., *Handbook of Sport and Society* (Beverley Hills, CA: Sage Publications, 2000), 187-203.

[11] Resenhas da literatura sobre história do esporte, lazer e saúde podem ser úteis para estudantes e também para historiadores. Porém, parece que nenhuma foi realizada no final dos anos 1990. Entre as anteriores boas, estão Larry R. Gerlach, "Not Quite Ready for Prime Time: Baseball History, 1983-1993," *Journal of Sport History* 21 (Summer 1994): 103-37; Roberta J. Park, "A decade of the Body. Researching and Writing About the History of Health, Fitness, Exercise and Sport, 1983-1993," *Journal of Sport History* 21 (Spring 1994): 59-82; Steven A. Riess, "From Pitch to Putt: Sport and Class in Anglo-American Sport," *Journal of Sport History* 21 (Summer 1994): 138-84; Jeffry T. Sammons, "Race and Sport: A Critical Historical Examination," *Journal of Sport History* 21 (Winter 1994): 203-78; Patricia Vertinsky, "Gender Relations, Women's History and Sport History. A Decade of Changing Enquiry, 1983-1993," *Journal of Sport History* 21 (Spring 1994): 1-58; Stephen Hardy, "Sport in Urbanizing America. A Historical Review," *Journal of Urban History* 23 (September 1997): 675-708. Ver duas histórias relativamente recentes sobre as visões gerais na história do esporte em Struna, "Social History," com conteúdo internacional, em John Massengale and Richard Swanson, eds., *History of Exercise and Sport Science* (Champaign, IL: Human Kinetics, 1996), 143-80.

[12] Esse debate começou há um século, com a introdução da "história científica" pelo acadêmico alemão Leopold Von Ranke. Ele defendia que a história objetiva, história "escrita como realmente aconteceu", era tanto possível quanto necessária. Wilhelm Dilthey apresentou, com igual clareza, a posição contrária, o subjetivismo ou interpretativismo, cujo predicado está na visão de que "o mundo histórico seria um texto a ser decifrado". Mais tarde, os relativistas elevaram o nível do debate, estabelecendo um papel claro para o presente: o passado teria significados para o presente e poderia ser usado para solucionar problemas no presente. Esse tema objetivo *versus* subjetivo tem ligação com questões sobre a teoria na história e sobre a natureza do indício. Ver também John R. Hall, "Temporality, Social Action, and the Problem of Quantification in Historical Analysis", *Historical Methods* 17 (Fall 1984): 206-18; Joyce Appleby, Lynn Hunt, and Margaret Jacob, *Telling the Truth About History* (New York: W. W. Norton, 1994).

[13] Henri-Irénée Marrou, *The Meaning of History*, trans. Robert J. Olsen (Baltimore: Helicon, 1967), 76-7.

[14] Mais comumente, a descrição e a análise são apresentadas em manuais de metodologia como categorias da pesquisa histórica. Ver, por exemplo, Robert Shafer, *A Guide to Historical Method*, 3rd ed. (Homewood, IL: Dorsey Press, 1980). Na verdade, a história narrativa não significa o mesmo que descrição, mas alguns historiadores realmente usam esses termos quase como sinônimos. A narração refere-se a um modo do pensamento histórico, especificamente ao "recontar" algo do passado. Portanto, ela participa da criação da história descritiva. Ambos os modos de pensamento, o narrativo e o explanatório, também podem aparecer em histórias analíticas. Ver Robert F. Atkinson, *Knowledge and Explanation in History* (Ithaca, NY: Cornell University Press, 1978); Maurice Mandelbaum, *The Anatomy of Historical Knowledge* (Baltimore: John Hopkins University Press, 1977); Dale H. Porter, *The Emergence of the Past: A Theory of Historical Explanation* (Chicago: University of Chicago Press, 1981); Allan Megill, "Recounting the Past: 'Description,' Explanation, and Narrative in Historiography," *American Historical Review* 94 (June 1989): 627-53. Alguns historiadores também descrevem a história sintética, que se baseia principalmente em histórias existentes (fontes secundárias) para produzir generalizações de maior alcance. Ver Thomas Bender, "Wholes and Parts: The needs for Synthesis in American History," *Journal of American History* 73 (junho 1986): 120-36.

[15] E. P., *The Poverty of Theory and Other Essays* (NY: Monthly Review Press, 1978), 27-28. Nas próprias palavras de Thompson: "O historiador está autorizado [...] a fazer uma suposição provisória [...]: que o indício com o qual ele lida tem uma existência "real" determinante, independentemente da sua existência dentro das formas do pensamento, que esse indício é testemunha de um processo histórico real, e que esse processo (ou alguma compreensão aproximada dele) é o objeto do conhecimento histórico". No entanto, continua ele: "O indício histórico está lá [...] não para revelar o seu próprio significado, mas para ser questionado" (p. 28-29).

[16] Oscar Handlin, *Truth in History* (Cambridge: Harvard University Press, 1979), 120. Ver também Stephen R. Humphrey, "The Historian, His Documents, and Elementary Modes of Historical Thought", *History and Theory* 19 (1980): 1-20.

[17] Lentamente, mas com firmeza, indícios quantitativos e numéricos têm aberto caminho na pesquisa histórica das áreas de cinesiologia, ciência do exercício e educação física. Muito mais precisa ser usado, em particular nos casos em que os historiadores querem estabelecer condições, a extensão da mudança e categorias, como a classe social. A revista mais útil sobre técnicas quantitativas em história é a *Historical Methods for Historians: A Guide to Research, Data and Statistics* (Chapel Hill: University of North Carolina Press, 1991).

[18] Um caso clássico de documento de autenticidade questionável, de duradouro impacto sobre a história do esporte, foi o diagrama de um campo de beisebol, que se supôs ter sido feito por Abner Doubleday, quando ele ainda estava na escola, em 1839. Abner Graves, que afirmava ter sido colega de sala de Doubleday e testemunha do episódio da elaboração do diagrama, incluiu-o em uma carta à Comissão Mills, formada em 1907, para determinar a "origem" do beisebol. A comissão aceitou o diagrama e o testemunho de Graves como "prova" de que Doubleday tinha "inventado" o jogo (ver Shafer, *Historical Method*, 127-47; Handlin, *Truth in History*, 111-24). Há uma discussão incrível e bem-humorada sobre um documento suspeito e os problemas gerados por ele em John D. Milligan, "The Treatment of an Historical Source", *History and Theory* 18 (1979): 177-96.

[19] Shafer, *Historical Method*, 149-70; Handlin, *Truth in History*, 124-44.
[20] Shafer, *Historical Method*, 150-158.
[21] Handlin, *Truth in History*, 165-226.
[22] Adrian Wilson, "Inferring Attitudes From Behavior," *Historical Methods* 14 (Summer 1981): 143-44.
[23] E. P. Thompson, "Anthropology and the Discipline of Historical Context", *Midland History* 3 (Spring 1972): 41-55.
[24] "The Great Foot Race", *American Turf Register and Sporting Magazine* 6 (June 1835): 518-20.
[25] Henry W. Fowler and F. G. Fowler, *The King's English* (Oxford: Oxford University Press, 3rd ed., 2003); Savoie Lottinville, *The Rhetoric of History* (Norman: University Oklahoma Press, 1976).

Capítulo 13

Pesquisa Filosófica em Atividade Física

R. Scott Kretchmar
Pennsylvania State University

A razão da filosofia é começar com algo tão simples que parece não valer a pena declarar e finalizar com algo tão paradoxo que ninguém acreditará.

Bertrand Russell

A pesquisa filosófica é considerada, de certa forma, por alguns em nossa área, como uma contradição. Esse ponto de vista se deve ao surgimento da ciência empírica, às relações históricas entre a educação física e a profissão médica e à disseminação de dúvidas contemporâneas sobre a validade de procedimentos de reflexão com base na razão (Kretchmar, 1997; 2005). Alguns acreditam que a filosofia envolve um pouco mais do que compartilhar opiniões, ainda que usando sentenças muito longas e palavras incompreensíveis. Os filósofos, por sua vez, não chegam a um acordo sobre a utilidade de seus métodos e a validade de seus resultados. Além disso, com todos os avanços da ciência, somados às tradicionais tendências antifilosóficas de alguns profissionais de educação física, e apesar de certo grau de desordem no campo da filosofia, análises não empíricas e especulações esclarecidas não desapareceram completamente do horizonte da pesquisa. Pelo menos o reconhecimento da necessidade de compreensões filosóficas relacionadas à atividade do movimento pode ter crescido ao longo das duas últimas décadas (Fahlberg e Fahlberg, 1994; Glassford, 1987; *ICSSPE Bulletin*, n. 27, Fall, 1999; Kretchmar, 2005, 2007; Lawson, 1993; Sage, Dyreson e Kretchmar, 2005; Sheets-Johnstone, 1999).

As razões desse interesse maior estão ligadas aos propósitos da filosofia e ao crescente reconhecimento da relação complementar que pode existir entre a investigação filosófica e o estudo empírico. No entanto, o melhor modo de apreciar a natureza insubstituível da filosofia e a sua potencial importância na vida dos seres humanos é envolver-se com ela – experimentar o raciocínio filosófico e participar de um debate filosófico. Em consequência disso, este capítulo inclui o exame dos propósitos da pesquisa filosófica e chama a atenção para as semelhanças e diferenças entre a filosofia, a pesquisa qualitativa e a ciência. Essa discussão é seguida pelas descrições das quatro abordagens à pesquisa filosófica e por uma breve análise dos pontos fortes e fracos de cada método. Esse material preliminar foi idealizado de modo a preparar você para ler um artigo de Gardner (1989) e participar do debate sobre a ética no esporte contemporâneo, apresentado na seção "Verifique sua compreensão", no final deste capítulo.

Identificação dos objetivos da pesquisa filosófica

Um dos objetivos fundamentais da filosofia é examinar a realidade utilizando procedimentos reflexivos, e não as ferramentas empíricas da ciência. Desse modo, filósofos e cientistas não diferem tanto no que eles observam, mas em como eles estudam o objeto observado. Esses dois tipos de pesquisadores estão interessados, por exemplo, na compreensão do exercício. Por um lado, os cientistas empíricos tratam esse fenômeno olhando no microscópio coisas como o tecido muscular, coletando dados sobre a respiração ou a pressão sanguínea e empregando procedimentos estatísticos para determinar a força de possíveis relações causais. Por outro lado, os filósofos refletem sobre o exercício e usam coisas como ideias e ideais, significados, experiência de vida, valores, relações lógicas e razões na tentativa de lançar alguma luz sobre o fenômeno.

Essa abordagem distintiva permite aos filósofos responder a questões que as metodologias empíricas não conseguem endereçar. Vejamos um exemplo. Depois de ter os dados sobre o exercício reunidos e analisados por químicos, fisiologistas, sociólogos, psicólogos e historiadores, ainda permanecem questões sobre os significados e valores humanos associados a isso. Por que deveríamos nos exercitar? Para viver mais? Para viver melhor? Ambos? Se a resposta for ambos, o mais importante é a maior duração da vida, por si só, ou a existência de certa qualidade de vida? Com base em que critérios seria determinada a qualidade de vida? Seria liberdade, poder, bem-estar, novidade, amor, conhecimento, segurança, aventura? Algo mais?

A pesquisa filosófica é necessária não só porque as metodologias empíricas são ineficazes, mas porque elas são, por si só, insuficientes. Há muito a ciência tem esperado, por exemplo, descobrir os vários mecanismos que governam os processos naturais e o comportamento humano. Se for possível, eventos e comportamentos poderão ser previstos e alguns deles até mesmo controlados.

Tem havido progresso considerável nesse sentido. No campo do exercício, a melhor compreensão empírica de vários mecanismos fisiológicos, associada a informações mais sofisticadas sobre o exercício como agente de estresse fisiológico, tem ajudado a prever e a controlar os resultados de um estilo de vida ativo. Mas o exercício humano é um evento muito complexo, e essa previsão e esse controle mostram-se, na melhor das hipóteses, tênues. Isso é verdade, em especial quando a previsão envolve um ser humano completo e pensante no mundo natural, e não um sistema fisiológico isolado em uma unidade laboratorial controlada. Alguns diriam que essa falta de previsibilidade deve-se ao estado atual da ciência empírica e que é uma questão de tempo o alcance de um grau mais impressionante de controle. Contudo, muitos filósofos argumentam que a previsão completa, a rigor, não é possível, independentemente da sofisticação dos métodos dessa ciência (Kelso e Engstrom, 2006; Merleau-Ponty, 1964; Midgley, 1994; Ridley, 2003; Sheets-Johnstone, 1999; Wallace, 2000).

A previsibilidade e o controle do exercício são tênues porque ele é um evento elétrico-químico-bioquímico-cultural-sociológico significativo. De fato, as reações elétricas e químicas lineares ou caóticas nos ajudam a compreender o exercício, mas apenas até certo grau. E as regras bioquímicas lineares ou dinâmicas lançam luz sobre vários mecanismos do exercício, porém, mais uma vez, só até certo ponto. Inevitavelmente (porque são pessoas que se exercitam e não máquinas), há também o significado, a agudeza, o interesse, a esperança, a experiência de vida e a percepção idiossincrática no evento do exercício. Isso tudo desempenha seu papel no comportamento e não pode ser inteiramente avaliado pela observação elétrica, química ou bioquímica, nem por qualquer outra via meramente empírica. Não há como evitar isso. As técnicas reflexivas são necessárias para medir e analisar significados e valores quando eles são encontrados por pessoas reais e vivas.

Seja na análise da natureza de coisas concretas, como cadeiras e bolas de futebol, ou de coisas intangíveis, como a determinação de jogar limpo, os filósofos têm de considerar o próprio tema de modo reflexivo. Como consequência, seus dados, quando descritos, analisados logicamente ou trabalhados de outra forma, devem ser trazidos à consciência. Devem residir no que os comportamentalistas denominaram popularmente de "caixa preta". Essa caixa metafórica foi pintada de preto porque se achava que o pensamento era impenetrável.

Skinner recomendou ignorar o SNC (sistema nervoso central ou conceitual), porque ele nunca poderia ser compreendido o suficiente a ponto de ser útil. Muitos psicólogos contemporâneos admitem a importância da cognição, mas ainda tentam reduzir a experiência às teorias da física, da química, da fisiologia ou dos computadores (Dennett, 1991; Hamlyn, 1990). Ainda que ousem se aventurar no interior da caixa preta, com frequência eles se recusam a permitir que significados sejam simplesmente significados! Como fizeram muitos de seus predecessores empíricos, eles se recusam a levar a experiência de vida e as suas ideias a sério.

Entre esses pesquisadores, que levam a consciência a sério, estão os que utilizam metodologias qualitativas (ver Cap.19). No entanto, os pesquisadores qualitativos e os filósofos lidam com domínios subjetivos de modos bastante diversos. Tipicamente, os acadêmicos qualitativos valem-se de alguma forma da reunião sistemática de dados observação, entrevistas, conversas, interpretações de artefatos culturais. Mesmo que não se proíba os filósofos de usar essas informações, comumente, eles não reúnem dados desse modo e, em geral, nem têm motivo para fazer isso. Eles podem começar a pesquisa com uma ideia, um exemplar ou um problema teórico abstraído da experiência.

Apesar de tanto pesquisadores qualitativos quanto filósofos fazerem julgamentos, avaliações ou interpretações que não podem ser demonstradas, provadas, nem mesmo reduzidas em um nível satisfatório de probabilidade, o trabalho qualitativo destina-se a elaborar afirmações sobre o que um grupo real de pessoas, por exemplo, realmente pensou ou acreditou. Os filósofos estão menos interessados em fazer tais atribuições, especialmente ao afirmar que sabem o que passou pela cabeça de alguém em determinada época e local. Os filósofos da atividade física argumentam sobre o que pode ser pensado a respeito do exercício, o que deveria ser pensado a respeito do valor da saúde, o que faz sentido quando se compara o exercício e o esporte, que conteúdos poderiam estar em experiências estéticas de "fluxo" de pesagem, que motivos estão na base do comportamento bom e ético, relacionado a usar substâncias no esporte e o que a inteligência humana, em geral, é capaz de negociar.

A filosofia, no entanto, não deve ser considerada simplesmente uma alternativa ou um complemento à ciência. Cada vez mais, acadêmicos tanto do domínio da medição quanto da não medição estão descobrindo campos comuns, em que descobertas de todos os níveis de pesquisa – do micro ao macro, da física de partículas ao significado subjetivo – são necessárias para fornecer um quadro mais completo da natureza e do comportamento humano. Filósofos e eticistas, por exemplo, confiam cada vez mais na pesquisa relacionada a genética, biologia e evolução para explicar mais completamente a natureza do intelecto humano e as nossas ambíguas capacidades como criaturas morais (ver, p. ex., Midgley, 1994; Singer, 1995; e Wilson, 1993).

Entretanto, matemáticos, cientistas da computação e neurofisiologistas referem-se com mais regularidade ao significado quando tentam explicar como o cérebro está ligado e como as suas capacidades excedem, inclusive, as das "máquinas inteligentes" mais sofisticadas. Alguns estão inclinados a concluir que os significados e outras abstrações são realidades que devemos considerar como fator de nossa compreensão sobre como a "carne" (o cérebro) produz ideias não físicas (pensamentos) e, por sua vez, como o cérebro e os nossos genes são modificados por essas ideias (ver, p. ex., Kelso e Engstrom, 2006; Pinker, 1997, 2002; Prokhovnik, 1999; Ridley, 2003; e Wallace, 2000).

Pode-se concluir que o objetivo geral da filosofia é examinar a realidade por técnicas reflexivas, tipicamente na ausência de conjuntos de dados empíricos sistemáticos e, em geral, sem interesse em fazer afirmações sobre o que determinadas pessoas estavam realmente pensando, em que elas acreditavam ou sentiam em circunstâncias da vida real. Além disso, a pesquisa filosófica tanto complementa as descobertas da ciência quanto interage com elas. Agora os filósofos são convidados a integrar equipes interdisciplinares, que tentam elucidar os mistérios da existência humana presentes nos níveis subcelulares e do pensamento e em todos os pontos entre eles.

Essa caracterização muito geral da pesquisa filosófica tem de ser agora esmiuçada. Assim, seria útil identificar as três subdivisões ou ramos da investigação reflexiva e descrever o trabalho realizado por eles:

- Metafísica
- Axiologia
- Epistemologia

Na **metafísica**, os filósofos tentam analisar a *natureza das coisas*. O objetivo desse trabalho vai da gama de distinções simples (p. ex., separar o esporte da dança) às teses mais complexas e controversas (p. ex., descrever a natureza da excelência em eventos competitivos). Ela pode incluir também categorias claramente definidas, com limites bem determinados, ou, ao contrário, menos distintas... talvez em termos de lembranças de família com linhas de demarcação indistintas ou nebulosas.

O trabalho no segundo ramo da filosofia, chamado **axiologia**, enfoca o *valor das coisas* descobertas, aquisições ou estados de coisas, como aptidão, saúde, conhecimento e excelência (teorias de valor não moral); o comportamento humano, como a quebra de leis esportivas ou o respeito a elas (teorias sobre ética); e, finalmente, a arte e a beleza, como as qualidades de certas rotinas na ginástica (teorias sobre estética). O debate ao final deste capítulo atém-se ao segundo subdomínio da axiologia – a ética.

O terceiro ramo da filosofia, a **epistemologia**, trata da *aquisição do conhecimento* (como chegamos a conhecer coisas?) e da *compreensão do seu status* (quanto há de autoritário nele e por quais critérios podemos determinar suas credenciais?). A pesquisa é conduzida com base na lógica (p. ex., determinar a clareza e a força de qualquer relação aparentemente fixa entre a cooperação e a competição no esporte), na percepção dos sentidos (p. ex., descrever a importância da perspectiva do indivíduo na experiência de vida de um dançarino, digamos, como executor, em contraste com o espectador) e no *status* da própria razão (p. ex., decidir se podemos confiar em argumentos que parecem razoáveis para permitir ou proibir o uso de substâncias que aumentam o desempenho no esporte).

Essa breve discussão produziu várias razões para fazer pesquisa filosófica. O raciocínio geral aponta para o fato de que os filósofos observam a realidade com ferramentas diferentes daquelas usadas pelos cientistas empíricos. Na verdade, eles refletem, em vez de medir e contar. Por isso, veem o aspecto das coisas, das ações e dos comportamentos inacessíveis aos que trabalham com imagens e dados reais resultantes de medidas. Como pesquisadores que refletem sobre a realidade, e similarmente aos que usam métodos qualitativos, eles levam o significado ou a cognição, por si só, a sério e relutam em reduzir a experiência de vida a algum de seus antecedentes ou aspectos concomitantes elétricos, químicos e biológicos. No entanto, ao contrário desses pesquisadores qualitativos, em geral, os filósofos não coletam dados (nem registram observações) de modo sistemático e, em geral, não estão interessados em fazer afirmações sobre instâncias da atividade subjetiva. Pode ser que o crescente interesse pela filosofia, mencionado anteriormente, venha da crescente compreensão de que qualquer falha em considerar relevante o significado torna difícil, se não impossível, compreender inteiramente (sem falar em prever e controlar) o comportamento do indivíduo como um todo. Além disso, muitas noções modernas de funcionamento do cérebro (p. ex., Searle, 1980) e, inclusive, algumas que contam com a metáfora da computação mental (p. ex., Pinker, 1997) exigem referência ao significado e dependem da sua substancial realidade!

Três propósitos adicionais da pesquisa filosófica incluem a necessidade de compreender a natureza das coisas e as diferenças entre elas (metafísica); os mais elevados valores da vida, os modos apropriados de se comportar e as qualidades da arte e da beleza (axiologia, incluindo a ética e a estética); os caminhos dos seres humanos para conhecer as coisas e os fundamentos desse conhecimento (epistemologia), incluindo a lógica.

Agora você está pronto para avaliar as ferramentas ou os métodos necessários ao cumprimento desses propósitos. O espaço aqui não é suficiente para investigar toda a gama de técnicas empregadas pela filosofia, nem para repassar todos os pontos fortes e fracos dos diversos métodos. Na verdade, é muito mais importante usá-los do que apenas ler ou falar sobre eles. Consequentemente, essa discussão foi elaborada apenas como preparação para que, no final do capítulo, você possa realizar o exercício proposto com algum conhecimento prévio e algumas dicas.

Metafísica Ramo da filosofia que trata da natureza das coisas.

Axiologia Ramo da filosofia que trata do valor das coisas.

Epistemologia Ramo da filosofia que trata da aquisição do conhecimento e da compreensão do seu status.

Localização do problema a ser pesquisado

Problemas filosóficos não são difíceis de encontrar. Estão, literalmente, em toda parte. Não é possível acordarmos de manhã sem nos confrontarmos com potenciais temas filosóficos. O que vale a pena fazer hoje? O que é uma boa vida? Como devo trabalhar ou jogar? Por que devo ser ético em particular, quando outros dão um "jeitinho" e praticamente não correm o risco de serem pegos?

Se você é um ser humano consciente que respira e tem pelo menos um pouquinho de curiosidade, não precisará ir atrás de questões filosóficas! Elas o encontrarão! (Kretchmar, 2005).

No entanto, surgem dificuldades no momento de lidar com essas questões e problemas, porque, usualmente, problemas de assuntos filosóficos não envolvem coisas físicas, que podem ser manuseadas ou colocadas sob um microscópio; estes precisam ser manipulados de modo reflexivo. E, assim como não se pode ver muita coisa no microscópio ao mesmo tempo, não podemos refletir sobre coisas demais em um único momento, em particular se a coisa é vaga ou mal-definida.

Uma boa pesquisa filosófica, portanto, começa com definições, descrições, esclarecimentos e renúncias, principalmente quando o objeto de análise é grande ou vago demais. No artigo mencionado ao final do capítulo, você vai perceber que o autor começou exatamente desse modo. Gardner observa que substâncias que aumentam o desempenho deveriam ser proibidas por uma série de razões, mas ele quer examinar apenas uma delas em profundidade – o tema das vantagens desleais. Além disso, há muitos tipos diferentes de substâncias, e os seus efeitos variam de forma considerável. É preciso esclarecer isso também antes de alcançar progressos substanciais. Portanto, Gardner fornece definições e descrições e faz renúncias no início do artigo para esclarecer o tema central que ele vai investigar.

Esse processo pode ser feito de forma adequada ou não, e algumas pesquisas filosóficas são abandonadas antes mesmo de serem iniciadas. Se os esclarecimentos e as definições são muito agressivos, podemos deduzir que os pesquisadores estão se desviando da questão, ou seja, querem apresentar pressuposições demais e fornecem poucos argumentos para defender a própria posição. No entanto, se o esclarecimento preliminar do campo não tem a agressividade necessária, podemos desconsiderar a ocorrência de resultados-chave, pois os pesquisadores não devem ter levado em consideração circunstâncias atenuantes ou, pior, não devem ter definido com clareza sobre o que estão falando.

▶ A boa pesquisa filosófica estabelece definições, clarificações e renúncias no começo, o que clarifica as questões sob investigação.

Análise de um problema de pesquisa

Filósofos, de modo idêntico ao de pesquisadores de outros campos, nem sempre chegam a um consenso sobre as melhores técnicas de análise da realidade, e suas discordâncias podem ser muito sérias. Por isso, este capítulo introduz vários métodos, e você terá de escolher aqueles que lhe parecerem mais úteis.

Em termos mais amplos, os métodos filosóficos podem ser divididos em dois grupos: os ambiciosos e os de abrangência mais limitada. Essas duas posições refletem julgamentos conflitantes sobre os polos gêmeos de toda reflexão: (1) o pensamento ou a reflexão em si (o ato de pesquisar) e (2) aquilo sobre o que se pensa ou reflete (o objeto da pesquisa).

Filósofos ambiciosos ficam impressionados com os poderes de raciocínio dos seres humanos e acreditam que tendências comuns e perspectivas potencialmente limitantes do pensamento (p. ex., da história, da socialização, da linguagem, da religião e da percepção sensorial) podem ser controladas. Em outras palavras, os atos filosóficos podem ser, pelo menos em parte, objetivos e desapaixonados. De acordo com essa visão, a descrição lógica e confiável e, inclusive, a observação cuidadosa, podem levar a conclusões acuradas e de apelo universal. Alguns pesquisadores dessa escola de pensamento otimista (p. ex., Husserl, 1962) acreditam que o pensamento filosófico pode aproximar-se da precisão da ciência ou talvez até superá-la.

Entretanto, os pesquisadores pessimistas duvidam dos poderes da razão, veem o pensamento como contaminado e consideram a maioria das conclusões filosóficas tradicionais limitada, inútil ou até mesmo prejudicial. Alguns desses pesquisadores pensam que o trabalho filosófico são racionali-

▶ A AXIOLOGIA FOCA VALORES COMO POR QUE ALGUNS TIPOS DE EXERCÍCIO NÃO TÊM APELO PARA ALGUNS GRUPOS DE PESSOAS.

zações propositais ou não propositais sobre sistemas econômicos injustos, relações de gênero (sexo) desleais ou sistemas de valores politicamente escravistas. De acordo com essa visão, todo pensamento origina-se de perspectivas distorcidas por meio da linguagem, do gênero, da política e da história, não existindo método que possa eliminar de modo eficaz ou controlar essas tendências.

Julgamentos acentuadamente diferentes também têm sido feitos em relação à segunda metade da pesquisa reflexiva – o objeto sobre o qual se pensa ou reflete. As escolas filosóficas mais ambiciosas veem o mundo como composto de classes de itens distintas como, por exemplo, cadeiras, mesas, automóveis, jogos, lazer, dança, boa ética, má ética, etc. Cada uma dessas coisas tem uma natureza que a distingue das outras ao seu redor. Se for possível evitar as tendências no processo de reflexão, essas e outras categorias de objetos que povoam o mundo poderão ser descritas, com o tempo, de modo cada vez mais fiel e completo. Em outras palavras, os filósofos descobrem (mais do que criam), e o progresso filosófico genuíno é considerado possível.

Entretanto, os filósofos mais cautelosos desafiam as hipóteses sobre o puro enquadramento da realidade em classes separadas de itens. No mundo, de acordo com essa visão, os objetos são individuais; não há naturezas essenciais das coisas – nenhuma linha que possa ser traçada entre as categorias abstratas, como a "cadeiridade" e a "mesidade", jogos e lazer, ou o comportamento moral bom e a sua contraparte. Em vez disso, os seres humanos criam o seu mundo; eles traçam as linhas distintivas mais adequadas a si próprios e, depois, retraçam-nas quando ideias antigas não funcionam mais. O progresso filosófico faz pouco sentido para esses pesquisadores, embora ainda seja muito melhor compreender que as classes filosóficas são partes arbitrariamente definidas de uma realidade contínua em vez de inventar ficções confortáveis ou convenientes.

Onde você se coloca ao longo desse espectro de otimismo e pessimismo? Você acredita nos seus poderes de razão? Você pode dizer quando está operando a partir de uma tendência, por um lado, ou por lógica clara, por outro? Você acredita que seus clamores sobre a realidade correspondem a um mundo durável, ou não? Essas questões importantes afetarão a confiança que você deposita na pesquisa filosófica e a forma com a qual você aplica seus métodos enquanto pesquisa respostas.

Igualmente, filósofos agressivos e cuidadosos usam uma variedade de técnicas comuns – entre elas indução, dedução, descrição, especulação e raciocínio crítico. Em outras palavras, essas ferramentas podem ser usadas de forma forçada, com maiores ou menores expectativas. No entanto, os métodos de raciocínio indutivo e dedutivo e as estratégias empregadas por filósofos descritivos e especulativos são, em geral, representativas da escola mais ambiciosa da pesquisa filosófica. As técnicas críticas tendem a ser usadas por filósofos que desconfiam dessa ambição.

Raciocínio indutivo

O **raciocínio indutivo** é o pensamento que se move de um número limitado de observações específicas para conclusões gerais sobre uma coisa ou um tipo de coisa que foi observado. Ele conta com o discernimento inteligente para identificar elementos comuns ou similaridades em amostra específicas.

Se você estiver estudando a metafísica da natureza da competição, pode selecionar determinado número de eventos pertencentes a esse campo – digamos, competições de basquetebol, raquetebol, natação, ortografia e Trivial Pursuit*. Pelo raciocínio indutivo, a partir desses cinco exemplos específicos, você quer chegar a afirmações gerais sobre contestes afirmações que descrevam com precisão esses eventos, porém, mais importante, descreve todas as atividades (genuinamente competitivas) do passado, do presente e do futuro que não foram incluídas na amostra de cinco itens.

É possível você dizer algo sobre o número de partes ou lados envolvidos nas competições? Esses cinco exemplos sugerem que deve haver pelo menos dois lados para que se realize a competição. É somente uma anomalia desses exemplos ou é somente que algo que é logicamente exigido para qualquer competição acontecer?

É possível dizer algo sobre a natureza da atividade? Esses cinco exemplos sugerem que todos os participantes enfrentam testes ou problemas. Ou seja, o que eles fazem não é fácil. Parece também que as duas ou mais partes enfrentam o mesmo tipo de problema, por exemplo, lançar e receber bolas de basquetebol de acordo com certas regras, solucionar corretamente a questão do Trivial Pursuit, etc. São os problemas comuns e compartilhados exigidos para que as competições aconteçam?

É possível você dizer algo sobre os compromissos, se é que há algum, feitos pelos dois ou mais lados competidores? Os exemplos indicam que cada parte tenciona solucionar problemas definidos por regras em estilo superior ao(s) outro(s) time(s) ou jogador(es) envolvido(s). Os jogadores de basquetebol, por exemplo, pretendem fazer mais cestas do que os oponentes; os jogadores do Trivial Pursuit querem preencher o disco com as cunhas antes dos demais. Esse comprometimento é uma exigência ou é opcional?

Em resumo, o processo indutivo tem resultado em uma série de afirmações sobre a natureza da competição – que ela exige duas ou mais partes, que essas partes enfrentam problemas, que esses problemas são comuns a todos e que cada lado quer resolver o problema de melhor forma do que o(s) outro(s) time(s) ou jogador(es). Se essas afirmações forem válidas, então agora você sabe algo explícito sobre a competição em geral, talvez algo a respeito do qual estávamos errados antes ou de que tínhamos apenas uma percepção implícita ou sobre o que nem havíamos pensado.

O raciocínio indutivo tem aspectos positivos e negativos. Do lado positivo, esse método coloca algo concreto diante do filósofo. Não é um procedimento místico; usa dados que todo mundo pode ver ou sobre os quais todos podem refletir. Além disso, uma vez que os exemplos são limitados em número, o raciocínio indutivo é administrável. Ainda que o processo indutivo possa prosseguir indefinidamente (como poderia saber se você já terminou?), o exame de um número finito de itens em busca de aspectos ou elementos comuns não é tecnicamente difícil, mas pode alcançar diferentes graus de êxito.

O raciocínio indutivo é o método do senso comum. Na vida diária, parece que lidamos com classes de coisas de modo bastante natural e sem dificuldades (Pinker, 1999). Apesar de não haver duas instâncias exatamente iguais na competição, não temos dificuldade em identificar ou produzir condições para isso. Claramente, lidamos de modo fácil e regular com fatos como competições em um nível abstrato. Pelo exame indutivo de particularidades, podemos apreciar melhor essas generalizações ou abstrações, que, até então, estavam em segundo plano.

Por fim, essa técnica é útil na distinção do que é essencial para compor algum fenômeno e do que é acidental ou desnecessário. Suponhamos que temos um grupo de exemplo formado por quatro esportes em equipe e uma atividade individual. De início, enfocando apenas os esportes em equipe, podemos elaborar a hipótese de que a competição exige que grupos de jogadores se enfrentem. No entanto, quando passamos ao esporte individual, vemos que o fenômeno equipe *versus* equipe não pode ser um aspecto essencial da competição. Então podemos concluir que isso é uma opção ou pos-

> **Raciocínio indutivo**
> Raciocínio que se move de um número limitado de observações específicas para uma conclusão geral. Ver Figura 2.1, na página 49.

---

*N. de R.T. Jogo popular nos Estados Unidos, cujo objetivo é preencher com peças um suporte de plástico em formato de *pizza*.

sibilidade, e não uma exigência. Fizemos algum progresso na obtenção de características periféricas de nosso objeto de interesse a partir de características centrais.

O raciocínio indutivo não é infalível. Três falhas, em especial, podem ser mencionadas aqui. A primeira envolve o procedimento pelo qual a lista original de exemplos é selecionada. Se houver problemas com a lista (p. ex., se for incompleta ou incluir um ou mais exemplos incorretos do objeto em questão), ela poderá produzir conclusões incorretas. Como já vimos, se tivéssemos começado nossa análise com uma lista em que houvesse apenas esportes em equipe, teríamos concluído, de forma inadequada, que a competição exige grupos de pessoas que se enfrentam.

Além disso, a indução baseia-se em suposições. Em primeiro lugar, pressupomos que exemplos futuros não vão contradizer as generalizações feitas a partir dos exemplos passados. Também pressupomos alguma estabilidade no mundo. O exame de exemplos de competição sugere que testes válidos são um pré-requisito. É assim que o mundo funciona hoje. E acreditamos que é assim que vai funcionar amanhã. Se estivermos errados sobre isso, nossa conclusão a respeito das relações entre os testes válidos e a competição talvez esteja errada.

O terceiro problema envolve o processo de ver as abstrações de modo preciso e criativo. Essa é uma habilidade que pode manifestar-se com diferentes graus de agudeza e criatividade. Algumas das questões que levantei quando olhava os cinco exemplos de competição podem não ter ocorrido para você. Por que então eles me ocorreram? Eu não tenho certeza... independentemente de dizer que eu tenho praticado raciocínio por muito tempo. Exatamente como longas horas no piano resultam em melhor música, praticar do uso da indução tende a produzir melhores *insights*.

Raciocínio dedutivo

> **Raciocínio dedutivo**
> Raciocínio que se move de afirmativas gerais para uma conclusão particular. Ver Figura 2.2, na página 49.

O **raciocínio dedutivo** é uma técnica que acompanha o raciocínio indutivo, e muitos filósofos misturam ambos com espontaneidade e criatividade. A dedução exige movimento intelectual na direção oposta à da indução. Enquanto o raciocínio indutivo parte do trabalho com particulares para chegar a abstrações gerais, a dedução tem início com afirmações gerais para então alcançar o particular.

Essas afirmações gerais ou premissas são de dois tipos. O primeiro tipo inclui afirmações do fato e, com frequência, são formuladas: "Já que isso e aquilo são verdadeiros, então se segue que...". Mas as premissas também podem ser hipotéticas: "Se isso e aquilo forem verdadeiros, então se segue que...". Vejamos a linha dedutiva de raciocínio que usa premissas declaradas de modo hipotético, com base em nossos conceitos, gerados indutivamente, sobre a natureza da competição.

> Se a competição exigir dois ou mais times para realizar um teste, e
>
> se esses dois ou mais times tiverem de enfrentar o mesmo teste, e
>
> se esses dois ou mais times tiverem de se comprometer em passar pelo teste comum de modo superior, e
>
> se aceitar e enfrentar os testes e se comprometer com a busca de desempenhos superiores forem atos que possam ser realizados apenas por seres conscientes, e
>
> se montanhas não são seres conscientes, então
>
> segue-se que seres humanos (como seres conscientes) e montanhas (sem consciência) não podem competir uns contra os outros. Ou seja, as pessoas não podem derrotar montanhas, nem ser derrotadas por elas em competições.

Essa conclusão pode ser de algum interesse, porque alguns alpinistas bem-sucedidos têm feito afirmações do tipo: "Eu derrotei a montanha" ou "o Monte Everest venceu hoje". Para muitos de nós, afirmações como essa, que soam competitivas, fazem algum sentido. No entanto, se a linha anterior de raciocínio dedutivo for válida, passaremos a saber que essas afirmações vagas não podem se referir a vitórias em competições. Seu significado deve estar em outro lugar, talvez no sentido de passar por um teste muito rigoroso ou perigoso, cuja dificuldade deve-se, em parte, à montanha. Novamente, os procedimentos filosóficos reflexivos (dedutivos, nesse caso) permitem-lhe esclarecer coisas sobre as quais estavas errado, que você percebia apenas implicitamente ou a respeito das quais nunca tínhamos pensado.

Um aspecto importante da dedução é a promessa de obter certeza ou conhecimento certo. Algumas deduções seguem, necessariamente, as suas premissas. Nesse caso, desde que as premissas sejam razoáveis, as conclusões também têm de ser verdadeiras. Nosso exemplo sobre a impossibilidade de competir com montanhas pode chegar perto de fornecer esse tipo de conclusão forçado. Se nossas premissas sobre competição, seres conscientes e montanhas são válidas, não faz sentido falar literalmente em pessoas que competem contra montanhas e ganham ou perdem. Como mencionado, alguém pode falar de modo metafórico sobre uma competição contra uma montanha, e isso pode fazer algum sentido se estiver relacionado a luta, perigo, sucesso e fracasso. No entanto, mantém-se o fato de que afirmações literais sobre vencer montanhas não fazem o menor sentido.

Uma segunda vantagem da dedução é a capacidade de permitir especulações com base em premissas não provadas. Não precisamos esperar a confirmação de informações incertas. Podemos pressupor que elas são acuradas e continuar para ver o que vem a seguir. É claro que os pesquisadores que agem assim precisam ser claros a respeito do estado provisório de suas premissas. Se elas forem confirmadas por pesquisas posteriores, então as deduções serão mantidas. Se, eventualmente, as premissas se mostrarem inexatas, novas deduções terão de ser feitas. Você vai ver mais adiante, no final do capítulo, que a validade de certas premissas é crucial quando os argumentos de Gardner são enquadrados de forma dedutiva.

A dedução também apresenta algumas fraquezas. Em primeiro lugar, premissas que não recebem contestação são raras. Devido a esse único fato, a maior parte das conclusões dedutivas precisa ser mantida como provisória. Em segundo lugar, na dedução, podem ser cometidos erros inclusive quando as premissas são autorizadas a permanecer. Algumas pessoas, por exemplo, fazem afirmações éticas errôneas sobre a competição com base em deduções falhas. Pode se estabelecer um raciocínio como este:

> Se a competição exige que dois ou mais times enfrentem o mesmo teste com o objetivo de apresentar desempenho melhor do que o do(s) outro(s), e
>
> se a competição produz (salvo empates ocasionais) escores que simbolizam desempenhos melhores e piores, e
>
> se pelo menos um time tem de ser identificado com o desempenho pior (ou seja, tem de perder),
>
> então se segue que a competição prejudica um ou mais times e, pelo menos por essa razão, é moralmente indefensável.

Ainda que possa haver alguma vaga força persuasiva nessa linha de raciocínio, aqui as conclusões dedutivas não advêm das premissas. Falta algo essencial, e esse "algo" está relacionado a importantes suposições sobre perda, prejuízo e moralidade. Pelo menos duas premissas adicionais são necessárias – uma afirmação no sentido de que perder traz, necessariamente, prejuízos à pessoa e uma premissa sobre a magnitude ou qualidade de tal prejuízo é suficiente para merecer condenação moral.

Raciocínio descritivo

O **raciocínio descritivo** fornece uma forma simples e desarmada para conduzir uma pesquisa filosófica. Os filósofos que usam esse método descrevem a experiência vivida. Para terem certeza, eles manipulam a experiência habilmente, como será descrito em seguida, mas as técnicas descritivas baseiam-se na fidelidade das observações e descrições resultantes.

Os filósofos preferem conduzir suas pesquisas por caminhos menos sinuosos do que os fornecidos pelas lógicas indutiva e dedutiva. Eles não relacionam uma série de particularidades para então se questionar sobre o que todos eles têm em comum (indução), nem começam por um conjunto de disposições ou premissas para ver o que se segue (dedução). Eles apenas *descrevem*, de modo reflexivo, o que veem quando examinam um objeto.

No entanto, os processos de observar com cuidado e descrever com precisão exigem considerável habilidade e, mesmo assim, podem ser bem ou mal realizados. Em geral, os seres humanos são desatentos e tendem a ir direto às conclusões, deixam escapar detalhes, tomam determinadas coisas

Raciocínio descritivo
Raciocínio que descreve experiências vividas e se apoia em descrições de observações.

como certas e, com frequência, confundem as partes com o todo; portanto, fazer uma descrição acurada, criativa e cuidadosa não é muito fácil. Quando essa tarefa é bem feita, o resultado pode ser extremamente útil e esclarecedor.

Como você já viu em nossa análise apressada da competição, a familiaridade diária não é a mesma coisa que um entendimento claro. Antes dessa análise, você poderia indubitavelmente identificar a competição quando a encontrou, mas você pode ter estado perdido para descrevê-la além de um nível superficial.

Agora você sabe mais sobre que elementos devem estar presentes para que ela aconteça e que tipos de times podem entrar em uma competição. Porém, *insights* mais aprofundados podem estar disponíveis, e a filosofia descritiva poderia ser capaz de oferecê-los. Examinar tal possibilidade pode ser útil.

Com frequência, considera-se que a competição envolve desacordo, agressão, luta controlada e empenho para alcançar algo que apenas uma pessoa ou equipe pode ter, mas que duas ou mais partes desejam. Parece ser um exemplo clássico de uma atividade soma-zero. Tudo o que você tem é tirado de mim. Da mesma forma, quando eu ganho, você perde. Certamente, há muito de verdade nessas descrições, mas, se for um bom filósofo, você terá de observar mais de perto. A competição envolve cooperação? Se houver cooperação, a presença dela é acidental ou necessária? Ela existe, por exemplo, apenas em casos esportivos eticamente aceitáveis ou em todas as instâncias competitivas? A cooperação desempenha algum papel fundamental na permissão para que a competição ocorra? Em um jogo, por exemplo, dois ou mais lados acabam enfrentando o mesmo teste sem cooperar em algum sentido significativo e especificável?

Para iniciar suas reflexões descritivas, considere dois indivíduos que planejam ter uma competição. Você vê imediatamente que competição requer "alguma coisa" pela qual competir – uma atividade ou jogo, por exemplo. Seu pressentimento é que as duas partes competidoras devem concordar sobre uma atividade comum. Mas seu pressentimento está correto? Reflexivamente, você varia um cenário competitivo comum de se ver. Imagina uma parte participando, digamos, jogando boliche, enquanto a outra está jogando beisebol. Os resultados podem ser comparados? O atleta que está jogando boliche poderia competir contra o que está jogando beisebol? Após uma reflexão momentânea, você conjectura que isso não faz qualquer sentido. Se eles estão competindo, certamente não podem estar competindo um contra o outro. Para competirem juntos, esses dois indivíduos devem concordar sobre o boliche ou sobre o beisebol. Essa concordância, com certeza, é uma forma de cooperação, um trabalho conjunto para fazer algo (uma competição) que ambos querem que aconteça. Você está pronto para fazer, pelo menos, uma conclusão tentativa. Se não existe cooperação anterior em contestes esportivos, você conclui que pode não haver competição.

Como você sabe disso? Você refletiu sobre um exemplo de competição. Variou a situação para imaginar desta ou daquela forma. Sabe que uma variação (aquela com duas partes em diferentes atividades) não funcionou. Observou que a cooperação era necessária para haver competição. Descreveu o que viu e descreveu com precisão. Sua manipulação habilidosa do objeto de suas reflexões permitiu-lhe ver não somente compatibilidade e cooperação da competição, mas também uma forma em que eles exigiram um ao outro.

As metodologias descritivas depositam grande confiança na capacidade da razão para retratar a realidade de modo acurado. É importante reconhecer que essa confiança reside nos vários traços e habilidades da inteligência humana, dependendo do nível de descrição usado. Se a descrição destina-se a retratar uma experiência de vida real – com percepções, sentimentos, altos e baixos reais –, então deve haver uma forte confiança em boa memória, honestidade, atenção aos detalhes, relutância em embelezar os fatos, etc. Esse nível de descrição (similar ao usado em metodologias qualitativas), na verdade, faz afirmações sobre o que alguém realmente experimentou, e esses retratos podem variar entre o fato e a ficção.

Um segundo nível de trabalho descritivo, tal como o modelado anteriormente, não se interessa pela experiência subjetiva real, em si mesma, como o auge de uma experiência no basquetebol ocorrida na semana passada. Nesse nível, o foco da preocupação está na própria natureza das coisas. Esse nível de descrição confia na capacidade da razão de notar diferenças quando variar o assunto.

Nesse segundo tipo de metodologia descritiva, o perigo não está em falhas da memória, na desonestidade ou na tendência em exagerar eventos reais, mas sim em tendências internalizadas,

▶ Metodologias descritivas baseiam-se na capacidade de raciocínio para fidedignamente retratar a realidade; e, portanto, sua grande fragilidade é o efeito da tendência interna sobre como os participantes veem o mundo.

que contaminam a capacidade de a razão ver com clareza. A formação religiosa, por exemplo, pode afetar o modo como você observa o mundo. Talvez você não descreva atos competitivos de modo desapaixonado e objetivo. Essa limitação, é claro, pode afetar sua habilidade de ver sua confiança sobre cooperação.

Formas de raciocínio especulativo e crítico

A **especulação** pode ser pensada como extensão da filosofia descritiva. É o método filosófico que levanta possibilidades que não podem ser substanciadas ou, caso contrário, defendidas com força. O **raciocínio crítico** é efetivamente o outro lado da mesma moeda. É um método filosófico que desconstrói ou desmitifica a análise filosófica de muitos tipos, principalmente aquelas que são especulativas por natureza. Ela tenta descobrir as tendências que moldam as conclusões filosóficas. Algumas filosofias críticas respeitam todas as tentativas de descobrir a verdade como fútil ou, de outra forma, equivocada.

A filosofia especulativa tenta responder questões que não podem ser respondidas com lógica simples ou descrição clara. Nesse sentido, falta evidência para dar suporte a conclusões especulativas. Contudo, isso não significa que a especulação não exija argumentação. Mais uma vez, a especulação pode ser bem ou mal-feita, e, embora não possam ser provadas ou demonstradas, as conclusões especulativas podem variar em termos de grau de plausibilidade.

Ao observar a competição de modo reflexivo, você poderia argumentar, por exemplo, que a busca mútua por excelência (p. ex., Simon, 2004; Weiss, 1969) tem mais valor competitivo; excelência pode ser, em outras palavras, o recurso que transforma a competição de uma atividade certamente prejudicial ao outro, em termos humanos, em prática útil e enriquecedora. Ou você pode afirmar que esse valor mais elevado é a busca cooperativa de conhecimento (Fraleigh, 1984) ou a experiência de jogar compartilhada (Hyland, 1990). Entretanto, as melhores formas do esporte podem enfocar o jogo limpo (Loland, 2002) ou o desenvolvimento de virtudes, como a confiança e a honestidade (Clifford e Feezell, 1997; McNamee, 1988, 2008), ou a experiência da coragem em relação a formas de competição novas e, às vezes, incomuns (Roberts, 1998). Todos esses valores são plausíveis, você admite. Alguns deles até mesmo atraentes. Você deveria ter a esperança de que outros argumentos podem ser acrescentados no futuro para aumentar sua plausibilidade ou capacidade atrativa. Porém, nenhum valor pode ser mostrado, de forma conclusiva, como o mais elevado, embora algum deles possam merecer esse nível. Além disso, nenhuma quantidade de pesquisa futura provavelmente mudará essa situação. Essas afirmações axiológicas sobre o mais alto valor do esporte devem, portanto, ser identificadas como produtos da filosofia especulativa e, provavelmente, assim permanecerão.

A vantagem dessa filosofia é que ela evidencia abordagens subjetivas com significados que alteram de forma acentuada as vidas humanas. Ocorrem guerras, por exemplo, para lutar por um estilo de vida com base na superioridade visível de alguns valores sobre outros, digamos, a democracia sobre alguma forma de totalitarismo. Desse modo, dado o fato de que as pessoas moldam suas vidas em torno de valores, talvez também seja importante fazer pesquisas fundamentadas em argumentos intangíveis, mesmo que não possamos dispor de argumentos definitivos.

Aqui, os princípios da pesquisa seriam duplos. Em primeiro lugar, é melhor saber um pouco (ainda que de forma inconclusiva ou incompleta) do que não saber nada. E, em segundo lugar, é possível que alguém não seja capaz de provar uma afirmação, embora ainda assim esteja certo a respeito dela. Alguns especulam que há uma realidade espiritual de algum tipo, e eles fornecem indícios que, a seu ver, apontam nessa direção. Outros discordam e apresentam seus próprios argumentos na defesa de que nada é real, exceto a matéria e o vazio. Nenhum dos dois lados pode apresentar uma prova definitiva. Apesar disso, alguém está certo. Ou, talvez, de algum modo difícil de imaginar, ambos estão certos.

Também há desvantagens. Filosofias estreitas, egoístas, manipulativas e mesmo mesquinhas podem mascarar afirmações especulativas legítimas sobre a realidade. Muitos filósofos contemporâneos, como você viu e que serão lembrados na discussão a seguir, fizeram essa afirmação sobre a maioria das pesquisas anteriores. Intencionalmente ou não, algumas pessoas têm emitido opiniões

> **Especulação** Investiga temas, tais como valores, que são significativos para os seres humanos, mas não podem ser fortemente defendidos.
>
> **Raciocínio crítico** Uma atividade destinada a mostrar erros de raciocínio, alegações deficientes e crenças equivocadas.

infundadas e visões de mundo tendenciosas, autossatisfatórias e preservadoras do *status quo* em nome da filosofia. Inclusive argumentos destinados a mostrar a plausibilidade e a capacidade atrativa de certas afirmações podem apenas brincar com predisposições tendenciosas do público. Afirmações sobre a superioridade do esporte quando conceituado como a busca mútua de excelência podem parecer persuasivas em uma cultura capitalista, orientada para a aquisição, em que praticamente todo indivíduo é educado para ser "o máximo que puder". Em outra sociedade, esses argumentos a favor da excelência pareceriam estranhos ou fora de lugar.

O raciocínio crítico baseia-se em atitudes céticas em relação ao poder da razão (posição chamada "relativismo") e em dúvidas sobre a organização da realidade (visão frequentemente identificada como "nominalismo"). A ascensão da ciência empírica tem muito a ver com essas preocupações acerca dos atos filosóficos de pensar e refletir. Descobriu-se que os processos do pensar são afetados por agentes químicos, pelos genes, pela linguagem e pelas influências socializadoras da família, do estado e da religião, para citar apenas alguns fatores. O pensamento, bem como seus produtos filosóficos, foram vistos, portanto, como dependentes dessas potenciais influências e portadores delas. Em resumo, não se pensava mais que a razão proporcionava uma via independente, intercultural e atemporal para a verdade.

Relacionado com o fim da razão está o julgamento de que a realidade não se encontra tão bem organizada quanto os metafísicos afirmavam. Categorias abstratas, antes consideradas capazes de descrever a realidade, passaram a ser atacadas – inclusive categorias como "comportamento competitivo", "jogos", "lazer", "exercício" e "esporte". Elas foram redescritas como ficções convenientes ou úteis que não conseguiram representar nada do que estava realmente "lá fora", no mundo.

De acordo com essa breve introdução à filosofia crítica contemporânea e com os questionamentos sobre o poder da razão e a validade das categorias filosóficas, pode ser que você queira saber o que fazem os filósofos que pensam dessa maneira. Que agenda de pesquisa poderia haver para aqueles que pareciam ter eliminado as bases de todas as agendas filosóficas?

Na verdade, os filósofos críticos empreendem, no mínimo, duas importantes atividades de pesquisa. A crítica é uma atividade reveladora, destinada a mostrar os erros da filosofia tradicional. Como já observado, com frequência, ela é chamada de "desconstrução". A análise tenta revelar a futilidade de todo o sistema metafísico e ético construído e destaca em que ponto as afirmações falharam e as crenças foram mal-colocadas.

Com frequência, os desconstrucionistas usam textos para mostrar onde, por exemplo, foram feitas afirmações de valor infundado. Um método consiste em mostrar onde ocorreram mudanças injustificadas na linguagem e no significado – por exemplo, o movimento de afirmações "é" para recomendações "deve". Aqui está um exemplo de nosso campo:

Afirmação: O exercício *é* eficaz na promoção tanto de uma vida vigorosa quanto de uma existência mais longa.

Conclusão: As pessoas *devem* fazer exercícios.

A preocupação aqui é que os fatos (afirmações "é") sobre o vigor e a vida longa ainda deixam questões sem resposta sobre o desejo de buscar essas coisas (a conclusão "deve"). Faz sentido, por exemplo, garantir que o exercício promove uma vida mais longa, mas ainda resta perguntar se buscamos isso. Alguns indícios adicionais são necessários para garantir qualquer recomendação "deve". Para muitos desconstrucionistas, portanto, a recomendação para que se faça exercício é infundada.

Outro método consiste em examinar textos de possíveis tendências políticas, econômicas, históricas, de gênero, de raça, etc. (ver, p. ex., Fernandez-Balboa, 1997; e Kirk, 1992). Recomendações de estudo do exercício, da competição e do lazer, por exemplo, podem revelar provincialismo ou chauvinismo autossatisfatório. A estratégia tipicamente empregada é aquela que mostra a plausibilidade de interpretações alternativas de determinadas conclusões filosóficas tendenciosas que têm sido apresentadas, de modo errôneo, como objetivamente válidas. Às vezes, possíveis relações de causa e efeito estão implicadas entre forças socioeconômicas conceitualmente reforçadoras, de um lado, e "verdades" filosóficas prevalentes, de outro (ver, p. ex., Gruneau, 1983). Observar o esporte universitário de maior importância, por exemplo, foi descrito por alguns metafísicos como objetivamente valioso, talvez até tão edificante quanto visitar um museu de arte (Simon, 2004). Porém, essa noção pode não passar de uma racionalização de alguns imperativos econômicos relacionados ao lucro e ao controle.

Embora o trabalho filosófico crítico seja amplamente destrutivo por natureza, ainda assim pode ser valioso. Não há dúvidas de que é melhor suspeitar das grandes afirmações filosóficas e conhecer os seus pontos fracos do que apoiá-las cegamente. Apesar de, em geral, não substituir afirmações supostamente falhas por outras melhores, essa pesquisa sugere que é importante tomar consciência de que não conhecemos (e possivelmente não podemos conhecer) algumas coisas.

No entanto, há um lado construtivo nesse tipo de pesquisa. Alguns (p. ex., Rosen, 1989) têm chamado isso de *poesia*, porque não pode fazer uso (sem se contradizer) da argumentação razoável e do sistema construído que vigorosamente critica. É mais sugestivo do que explícito; é mais provisório do que seguro de si; aponta direções em geral superiores de vida, em vez de impô-las de forma sistemática.

Nietzsche (1967) sugeriu que a vida deve ser vivida sem que se recorra a bengalas de vários tipos (p. ex., uma crença religiosa cega ou visões de mundo bem-empacotadas), contando com um tipo de liberdade corajosa. Ainda que Nietzsche não tenha conduzido qualquer discussão extensiva sobre as relações entre o jogar e o que ele chamou de "desejo de poder", suas visões levam a comentários poéticos sobre as similaridades entre a vida e os jogos.

Poderíamos dizer que os obstáculos que enfrentamos em jogos e na vida são essencialmente arbitrários, e, quando ganhamos em algum desses domínios, não alcançamos nem conseguimos nada significativo. Entretanto, ainda podemos escolher jogar, competir e criar novas soluções *como se* o resultado tivesse alguma importância. Diante do absurdo, há um grau de nobreza nessa persistência.

Se essa analogia for significativa, então a poesia cumpriu seu papel. No entanto, já que se considera que a própria razão é suspeita e que a realidade não se encontra bem-empacotada em categorias, Nietzsche e outros filósofos, ao fazerem esse tipo de trabalho, não gostariam de manter muito da lógica implícita nessa analogia, nem gostariam de afirmar que os jogos são essencialmente diferentes de outras atividades. Isso é suficiente para se fazer uma sugestão poética e seguir adiante.

Um aspecto forte dessa metodologia gira em torno de seus propósitos – o ceticismo em relação à razão e a tentativa de evitar que as pessoas usem bengalas fictícias e outras crenças falsas. Para muitos, ela também é uma filosofia cientificamente aceitável, pois trata o pensamento como um processo natural no mundo e descreve os propósitos da vida sem recorrer a mitos, valores absolutos, mistérios, divindades ou significados especiais.

Uma dificuldade recorrente é a tendência da filosofia crítica e poética a praticar aquilo a que se opõe. Ela tem de usar a razão e, portanto, construir sistemas para mostrar que esta é irremediavelmente corrupta e que os sistemas não passam de construtos humanos falsos. Esse empreendimento paradoxal exige que os produtos dessa metodologia sejam sugestivos, e não definitivos; poéticos e não sistemáticos (Rosen, 1989). Essa abordagem envolve a difícil tarefa de andar restrito e, para muitos filósofos, essas rotinas de revelação irônica transformam a filosofia em algo menor do que ela poderia ser.

Resumo

De certa forma, fazer filosofia bem é como realizar uma ação motora com habilidade. Dentro dos amplos limites da ortodoxia, estratégias e estilos alternativos funcionam para pessoas diferentes. Ainda que as diferenças na metodologia filosófica descritas aqui não sejam triviais, é mais importante, no entanto, pensar filosoficamente de alguma maneira do que esperar pelo consenso de uma metodologia perfeita. Como consequência, é melhor desenvolver a habilidade de usar alguns desses recursos do que se martirizar longamente, tentando escolher algum e, assim, atrasando o início de qualquer um que seja.

Sugerimos que, depois de trabalhar na seção "Verifique sua compreensão", você leia o artigo de Gardner sobre substâncias que melhoram o desempenho e o argumento da vantagem desleal. Esse artigo é um exemplo de boa pesquisa filosófica, ainda que na área da ética. Com a tarefa de ler esse artigo e considerar as diferentes metodologias que podem ser aplicadas a ele, você terá a oportunidade de sentir a atração persuasiva dos argumentos filosóficos e poderá ser estimulado a gerar novos argumentos de próprio cunho.

Um bom local para esse tipo de experiência é o debate formal em sala de aula. Relacionamos uma breve bibliografia cronológica logo após o exercício, para ajudar os debatedores a traçar argumentos históricos sobre ética na questão da ingestão de substâncias que aumentam o desempenho.

Essa experiência em sala de aula vai permitir que você julgue, por si mesmo, a questão do uso de substâncias. Gardner não mostrou claramente que usar esteroides anabólicos dá ao atleta uma vantagem desleal sobre os oponentes ou o próprio jogo?

✓ Verifique sua compreensão

As atividades a seguir vão ensiná-lo a aprender a usar as ferramentas ou os métodos necessários ao alcance do objetivo da pesquisa filosófica.

Localização de um problema de pesquisa

Suponha que, certo dia, você ouve alguém dizer que o exercício é um mero trabalho penoso. Essa pessoa continua: "É impossível se divertir e fazer exercícios ao mesmo tempo". Isso desperta sua curiosidade. Um problema filosófico acabou de fisgá-lo, mas ele é amplo e de difícil manejo. Como colocar a questão de pesquisa? E, depois, como definir exercício e diversão, de modo que você saiba o que está pesquisando?

Raciocínio indutivo

Que outras generalidades ou abstrações você pode esboçar a partir dos cinco exemplos apresentados na página 261? O que você pode dizer sobre a natureza do problema enfrentado na competição? Isso exige habilidade motora? A relação entre a função da habilidade motora e a solução do problema do jogo é a mesma para todos esses exemplos de competição? Se você não gostasse dos cinco exemplos fornecidos, como faria para selecionar outros?

Raciocínio dedutivo

Que deduções adicionais você poderia delinear a partir do conjunto de premissas fornecido nesta seção? Com base nas três primeiras premissas, o que você poderia dizer sobre a competição em que uma equipe joga para ganhar e a outra está lá apenas para se exercitar? Ou de outra competição em que as duas equipes realizam o mesmo teste ao mesmo tempo (p. ex., boliche), mas um não vê o outro jogar (um joga na Califórnia, e outro, em Ohio)? Ou ainda uma terceira possibilidade, na qual duas equipes jogam entre si (p. ex., basquetebol), mas um lado recorre ao uso de lançamentos fora do regulamento?

Raciocínio descritivo

Você já teve alguma experiência máxima no esporte – um momento em que o seu desempenho foi qualitativamente singular, encantador e inesquecível? Você consegue se lembrar de algumas características desse evento e pode descrevê-las com clareza e precisão? Se não puder se lembrar de qualquer experiência própria, seria capaz de descrever (a princípio) características da experiência máxima de outra pessoa? Você saberia dizer o que as torna as experiências de movimento extraordinárias?

Raciocínio especulativo e crítico

Como você classificaria os três valores, excelência, conhecimento e jogo, em termos da sua significância para viver bem? Que outros valores da atividade competitiva você poderia acrescentar a essa lista e que argumentos podem ser avançados em sua defesa (ver, p. ex., Kretchmar, 2005)? Afirmações sobre o valor da competitividade para a sobrevivência são orientadas pelo gênero, em uma perspectiva apenas masculina, ou são racionalmente defensáveis para todos os seres humanos? E o que dizer sobre argumentos no sentido de que a vida, em si mesma, é inerentemente competitiva, e que o esporte, portanto, é necessário para efetivamente se preparar para isso.

Leitura e compreensão da pesquisa filosófica: a ética no uso de substâncias para aumentar o desempenho esportivo

(*Nota*: outra versão deste exercício aparece em Kretchmar, 2005.)

1. Leia o artigo de Roger Gardner "On Performance-Enhancing Substances and the Unfair Advantage Argument", *Journal of Philosophy of Sport*, 1989, XVI, 59-73. Também em Kretchmar, R. Scott (2005). *Practical Philosophy of Sport and Physical Activity* (2nd ed., p. 269-285). Champaign, IL: Human Kinetics; e em Morgan, William J., and Meier, Klaus V. (Eds.), *Philosophic Inquiry in Sport* (2nd ed., p. 222-231). Champaign, IL: Human Kinetics.
2. Observe a tese de Gardner. Ele afirma que nenhum argumento atraente foi desenvolvido em favor do banimento das substâncias que melhoram o desempenho, pelo menos não pela razão de consistirem em vantagem desleal. Portanto, sugere ele, as regras atuais podem proibir o uso dessas substâncias sem justificativa. Consequentemente, buscaremos argumentos que sustentem essa posição minoritária – argumentos no sentido de que as regras contra o uso de substâncias são arbitrárias, inconsistentes ou, por isso mesmo, injustificadas.
3. Localize o problema (na introdução e na seção intitulada "What is an unfair advantage?" ["O que é a vantagem desleal?"]). Gardner tem um tema amplo e de difícil manejo nas mãos – a ética do uso de substâncias no esporte. Já que o tema é complexo e multifacetado, ele tem de fazer um grande esforço para reduzir o problema até um tamanho manejável e para esclarecer o que exatamente ele vai afirmar. Para avaliar com clareza seu argumento sobre as vantagens desleais e as substâncias, temos de compreender suas determinações sobre o seguinte:

    O que são substâncias que melhoram o desempenho?
    O que acontece se a substância, na verdade, não melhora o desempenho? O que vamos pressupor a esse respeito?
    E os argumentos que sustentam a vantagem desleal e têm sido desenvolvidos para banir as substâncias, como dano, coerção e artificialidade? Eles serão avaliados ou não?
    As vantagens desleais não seriam bastante comuns no esporte? E não seriam também toleradas sem condenação moral? Se a resposta for positiva, o tema não poderia ser somente a vantagem desleal, mas sim como a vantagem é obtida.
    Se as vantagens desleais são obtidas de modos moralmente inaceitáveis, você não esperaria regras que proibissem esses meios? E isso não seria usado como justificativa para essas regras?

No final dessa seção, Gardner acredita ter esclarecido o caso e está pronto para prosseguir com os argumentos. Você não deve mais ser persuadido, por exemplo, pelo argumento de que usar esteroides anabólicos fornece vantagem desleal, simplesmente porque isso envolve quebrar uma regra que outros seguem. Gardner concorda que isso é desleal, mas, em seguida, ele nos faz lembrar que o tema mais amplo é o da justificação dessa regra. Por que a regra está aí, em primeiro lugar? Usar substâncias é um meio moralmente sujeito a objeções devido ao ganho de vantagem sobre o outro? *Essa* é a questão-chave!

4. Analise o problema (seção "An advantage over other athletes" ["Uma vantagem sobre os outros atletas"]). Gardner argumenta que não é persuasiva uma variedade de reclamações contra o uso de substâncias, porque elas oferecem um modo impróprio ou, de algum modo, antiesportivo de ganhar vantagem sobre o oponente. Ele pode mostrar isso pelo treinamento *indutivo* do pensamento em relação à afirmação de que as substâncias ilícitas proporcionam vantagem desleal porque não são *igualmente acessíveis a todos os competidores*.

> Amostra A: um atleta privilegiado pelo fato de ter tido pais saudáveis e o melhor técnico que o dinheiro pode conseguir.
> Amostra B: um atleta que tem o melhor desempenho, porque vive em país com bom suporte científico e tecnológico.
> Amostra C: um esquiador que tem desempenho excelente, porque nasceu na Noruega.

O que há de comum nesses casos? A resposta de Gardner: todos eles envolvem algum tipo de vantagem desleal, porque esses atletas têm *acesso desproporcional* a condições que melhoram o desempenho – isto é, acesso de que outros atletas não dispõem. No entanto, notamos também que essas vantagens são moralmente mais aceitáveis, mesmo que não sejam ideais. Permite-se que esses atletas participem da competição, ninguém os desclassificaria, nem os consideraria moralmente criticáveis por se beneficiarem de vantagens que estavam ao seu alcance.

A partir dessas e de outras particularidades, Gardner pode então abstrair a afirmação mais ampla relativa ao acesso desproporcional a substâncias como os esteroides anabólicos. Se o acesso desproporcional a fatores que melhoram o desempenho é comum e não criticável no esporte, por que deveríamos eleger o acesso desproporcional a esteroides anabólicos como um modo moralmente criticável de mostrar superioridade? Você concorda com Gardner que esse argumento do acesso desproporcional é inconclusivo?

Outro argumento, na seção intitulada "An advantage over other athletes", pode ser enquadrado em termos *descritivos*. Algumas pessoas a favor do banimento das substâncias argumentam que *vantagens geradas pelo uso de esteroides anabólicos não são merecidas*. Ganhos advindos de "engolir pílulas" não dependem de treinamento, nem de sacrifício, nem de esforço. O esporte deve recompensar os que trabalham duro e não aqueles que dispõem dos melhores farmacêuticos.

A contranálise descritiva de Gardner poderia ser mais ou menos assim: embora o esporte tenha muito a ver com a medição do mérito, o esforço não é o único meio de demonstrá-lo. Na verdade, esportes diferentes exigem níveis diferentes de esforço. O treinamento no beisebol não é igual ao do futebol americano, nem da corrida em distância. De modo similar, em um mesmo esporte, atletas diferentes, dependendo de suas disposições e dotes genéticos, podem obter êxito com esforço consideravelmente menor do que o de seus colegas. Mas, simplesmente por não ter de trabalhar tão duro como outros, eles não são candidatos à desclassificação.

Gardner quer que você concorde com as conclusões descritivas que ele apresenta. Altos níveis de gasto de esforço não são condições necessárias para atribuição de mérito ao atleta. Agora você concorda que argumentos para banir as substâncias que melhoram o desempenho por reduzirem o esforço (ou servirem de substituto para essa redução) não são conclusivos?

5. Analise o problema (seção "An advantage Over the Sport"). Nessa parte do artigo, Gardner considera afirmações de que *o uso de substâncias pode comprometer a integridade do esporte*, ou seja, abrir caminho para solucionar pro-

blemas esportivos por meios que terminam por arruinar a atividade. Um dos argumentos que ele usa pode ser enquadrado em termos *dedutivos*.

> Premissa 1: todas as novas tecnologias ou os métodos que facilitam a realização do teste esportivo deveriam ser proibidos.
> Premissa 2: o uso de tacos de golfe com ranhuras quadradas (*square-grooved*) torna o golfe fácil demais, enquanto o uso de esteroides não torna os testes esportivos tão fáceis.
> Conclusão: o uso de tacos de golfe com ranhuras quadradas deveria ser proibido; o uso de esteroides, não.

Mais uma vez, Gardner acredita ter fornecido argumentos persuasivos favoráveis a sua própria opinião. Se você discorda, então tem de encontrar pontos fracos nessas premissas, identificar premissas ausentes ou argumentar que a conclusão não se justifica.

Resumo

Usando argumentos indutivos, descritivos e dedutivos, Gardner acredita ter fornecido indícios que sustentam sua alegação de que os argumentos da vantagem desleal, usados para a proibição de substâncias no esporte, são inconclusivos. Se acha que os argumentos de Gardner são fracos ou que os indícios do lado oposto são mais fortes, você tem a obrigação de mostrar a superioridade da sua própria visão. Lembre-se: Gardner limitou a discussão a apenas uma faceta do tema. O uso de substâncias poderia ser justificadamente banido por outras razões (p. ex., danos ao próprio atleta ou coerção dos outros a usar substâncias perigosas), ainda que Gardner estivesse certo sobre a questão da vantagem desleal.

Aqueles que utilizam técnicas críticas e poéticas ou especulativas estariam entre os que desafiariam Gardner. *Filósofos críticos e poéticos* poderiam tentar desconstruir o edifício construído por Gardner. Como ele pode colocar tanta ênfase no que as pessoas comumente pensam ser uma vantagem aceitável como se isso fornecesse alguma ideia sobre o modo como o universo moral é construído? O fato é que, poderiam argumentar eles, hoje as pessoas não têm objeções a privilégios e avanços tecnológicos no esporte. Por quê? Simplesmente porque isso expressa seus gostos atuais. Amanhã isso pode mudar, e o argumento de Gardner irá por água abaixo.

Filósofos especulativos podem argumentar que há um ideal esportivo que nos faz trabalhar para eliminar vantagens desleais tanto quanto possível. Por que, poderiam perguntar, deveríamos tolerar vantagens de nascimento, condições de vida e dotes genéticos se eles pudessem ser controlados, pelo menos em certo grau? Por que não trabalhar para promover uma versão melhor do esporte, uma que nivele o campo de jogo mais do que é feito pela versão atual? Se o acesso a esteroides é desproporcional (digamos, apenas os ricos podem adquiri-los) ou se as reações biológicas aos esteroides são extremamente diversas (favorecendo alguns e não outros), então por que não retirar essas variáveis do jogo? Por que não trabalhar pelo ideal de tornar a competição genuinamente justa?

Referências selecionadas sobre a ética da melhoria do desempenho (ordem cronológica)

Brown, M. (1980). Drugs, ethics, and sport. *Journal of the Philosophy of Sport*, 7, 15-23.

Simon, R. (1985). Good competition and drug-enhanced performance. *Journal of the Philosophy of Sport*, *11*, 6-13.

Gardner, R. (1989). On performance-enhancing substances and the unfair advantage argument. *Journal of the Philosophy of Sport*, *16*, 59-73.

Schneider, A. (1993-1994). Why Olympic athletes should avoid the use and seek the elimination of performance-enhancing substances and practices from the Olympic Games. *Journal of the Philosophy of Sport*, *20-21*, 64-81.

Burke, M., & T. Roberts. (1997). Drugs in sport: An issue of morality or sentimentality? *Journal of Philosophy of Sport*, *24*, 99-113.

Kretchmar, S. (Fall, 1999). The ethics of performance-enhancing substances in sport. *Bulletin: International Council of Sport Science and Physical Education, 27*, 19-21.

Tamburrini, C. M. (2000). What's wrong with doping? In *Values in sport: Elitism, nationalism, and gender equality and the scientific manufacture of winners.* T. Tansjo and C. Tamburrini (Eds.). Spon Press, p. 206-218.

Holowchak, A. (2002). Ergogenic aids and the limits of human performance in sport: Ethical issues and aesthetic considerations. *Journal of the Philosophy of Sport, 29*, 75-86.

Simon, R. (2005). *Fair play: The ethics of sport* (2nd end., chapter 4). Boulder, CO: Westview.

Petersen, T. S., & Kristensen, J. K. (2009). Should athletes be allowed to use all kinds of performance-enhancing drugs? A critical note on Claudio M. Tamburrini. *Journal of Philosophy of Sport,* 36, 88-98.

Capítulo 14

Síntese de Pesquisa (Metanálise)

Em primeiro lugar, obtenha os fatos; depois, você pode distorcê-los o quanto quiser.

Mark Twain

A análise da literatura é parte de todos os tipos de pesquisa. O estudioso está sempre a par de eventos passados e de como eles influenciam a pesquisa atual. Algumas vezes, entretanto, a revisão da literatura constitui, por si só, um trabalho de pesquisa que envolve a análise, a avaliação e a integração da literatura publicada. Um termo utilizado para descrever isso é *síntese de pesquisa*. Conforme mencionado no Capítulo 1, muitas revistas consistem inteiramente em artigos de revisão de literatura, e quase todas as revistas de pesquisa publicam artigos de revisão ocasionalmente.

Os procedimentos abordados em detalhe no Capítulo 2 aplicam-se à síntese de pesquisa. A diferença é que o propósito aqui é o de utilizar a literatura para conclusões empíricas e teóricas, em vez de documentar a necessidade de um problema de pesquisa específico. Uma boa síntese de pesquisa resulta em diversas conclusões tangíveis e deve despertar interesse em direções futuras para pesquisa. Eventualmente, ela leva a uma revisão ou proposta de uma teoria. A questão é que uma síntese de pesquisa não é apenas um resumo da literatura a que se refere: é um tipo lógico de pesquisa, que resulta em conclusões válidas, avaliações de uma hipótese e revisão e proposta de teoria.

A abordagem para uma síntese de pesquisa é como qualquer outro tipo de pesquisa. O pesquisador deve especificar de forma clara os procedimentos a serem seguidos. Infelizmente, o artigo de revisão de literatura poucas vezes especifica os procedimentos que o autor utilizou. Assim, o fundamento para as muitas decisões tomadas sobre artigos individuais é, em geral, desconhecido para o leitor. Obviamente, isso torna a avaliação objetiva de uma revisão de literatura quase impossível. Algumas questões importantes, embora geralmente não respondidas, na revisão de literatura típica são estas:

- O quão completa foi a revisão de literatura? Ela incluiu busca informatizada e busca direta nos documentos? Na busca informatizada, que descritores foram utilizados? Que revistas foram pesquisadas? Teses e dissertações foram pesquisadas e incluídas?
- Sob que fundamento os estudos foram incluídos ou excluídos da revisão escrita? Teses e dissertações foram arbitrariamente excluídas? O autor tomou decisões sobre inclusão ou exclusão com base na validade interna percebida da pesquisa, no tamanho da amostra, no delineamento da pesquisa ou em uma análise estatística adequada?
- Como o autor chegou a determinada conclusão? Esta teve base na quantidade de estudos que sustentava ou refutava a conclusão (a chamada *contagem de votos*)? Esses estudos recebe-

▶ Uma síntese de pesquisa leva a conclusões válidas, a avaliações de hipóteses e, possivelmente, à proposta de teoria ou futuras orientações para pesquisa. É mais do que um resumo da literatura relacionada.

> ram pesos diferentes de acordo com o tamanho da amostra, a importância dos resultados, a qualidade da revista e a validade interna do estudo?

Muitas outras perguntas poderiam ser feitas sobre as decisões tomadas no artigo de revisão de literatura típico, porque a boa pesquisa envolve um método sistemático de solução de problemas. No entanto, na maioria das revisões de literatura, o método sistemático do autor permanece desconhecido para o leitor, impedindo, assim, a avaliação objetiva dessas decisões.

Nos últimos anos, várias tentativas foram feitas para solucionar os problemas associados às revisões de literatura. A mais notável dessas tentativas foi feita em um artigo de Glass (1976) e reforçada em um livro de Glass e colaboradores (1981), que propuseram uma técnica chamada **metanálise**. O objetivo principal deste capítulo é apresentar uma visão geral da metanálise e dos procedimentos desenvolvidos para utilização em metanálise (para uma abordagem mais geral da síntese de pesquisa, ver Cooper e Hedges, 1994).

> **Metanálise** Técnica de revisão de literatura que contém uma metodologia definitiva e quantifica os resultados de vários estudos para uma métrica-padrão que permita o uso de técnicas estatísticas como meio de análise.

Utilização da metanálise para sintetizar a pesquisa

Desde que Glass introduziu a metanálise em 1976, milhares de metanálises vêm sendo publicadas, especialmente nas ciências sociais, comportamentais e médicas. Em uma conferência ocorrida nos Estados Unidos, em 1986, promovida pelo National Institutes of Health Workshop on Methodological Issues in Overviews of Randomized Clinical Trials, os participantes dedicaram muita atenção à metanálise para a pesquisa médica e relacionada à saúde. *Handbook of research synthesis*, editado por Cooper e Hedges (1994), ainda é uma das fontes mais úteis para planejar e realizar revisões de metanálise.

Objetivo da metanálise

Como qualquer procedimento de pesquisa, a metanálise envolve a escolha de um problema importante a ser tratado. No entanto, ela abrange duas etapas que não existem no artigo de revisão de literatura típico: primeiro, uma metodologia definitiva é relatada em relação às decisões em uma análise de literatura; segundo, os resultados de vários estudos são quantificados para uma métrica-padrão chamada *tamanho do efeito* (TE), que permite a utilização de técnicas estatísticas como meio de análise. Eis os passos da metanálise:

1. Identificação de um problema.
2. Revisão da literatura por meios especificados.
3. Revisão de estudos identificados para determinar inclusão ou exclusão.
4. Leitura e avaliação cuidadosas para identificar e codificar características de estudo importantes.
5. Cálculo do TE.
6. Aplicação de técnicas estatísticas adequadas.
7. Relato de todos esses passos e dos resultados em um artigo de revisão.

Obviamente, um dos principais problemas em um artigo de revisão de literatura é o número de estudos que devem ser considerados. Até certo ponto, analisar todos esses estudos é como tentar dar sentido a todos os pontos de dados coletados em um grupo de participantes. Contudo, em um estudo, técnicas estatísticas são utilizadas a fim de reduzir os dados para torná-los compreensíveis. Os procedimentos de metanálise são similares. Os achados em estudos individuais são considerados os pontos de dados para utilização em uma análise estatística dos achados de muitos estudos.

Como, então, comparar achados com base em diferentes delineamentos, técnicas de coleta de dados, variáveis dependentes e análises estatísticas? Glass (1976) tratou dessa questão utilizando a estimativa tamanho do efeito (TE, ou o símbolo Δ). Observe que discutimos esse conceito geral nos Capítulos 7 e 9 como forma de julgar o significado de diferenças de grupo. O TE é determinado pela seguinte fórmula:

$$TE = (M_E - M_C)/dp_C \qquad (14.1)$$

onde M_E é a média do grupo experimental; M_C, a média do grupo-controle; e dp_C, o desvio-padrão do grupo-controle. Observe que essa fórmula coloca a diferença entre os grupos experimental e controle em unidades de desvio-padrão do grupo-controle. Por exemplo, se $M_E = 15$, $M_C = 12$, e $dp_C = 5$, então TE = (15 − 12)/5 = 0,60. O desempenho do grupo experimental excedeu o desempenho do grupo-controle em 0,60 de um desvio-padrão. Se isso fosse feito em vários estudos que tratassem de um problema comum, os achados desses estudos estariam em uma métrica comum, TE (Δ), que poderia ser comparada. A média e os desvios-padrão de TE podem ser calculados a partir de diversos estudos. Isso permite uma afirmação sobre o TE médio de determinado tipo de tratamento.

Suponha que queiramos saber se determinado tratamento afeta homens e mulheres de forma diferente. Ao revisarmos a literatura, encontramos 15 estudos em homens comparando os efeitos de tratamento e 12 estudos em mulheres. Calculamos um TE para cada um dos 27 estudos e a média (e o desvio-padrão) dos TEs para os homens ($n = 15$) e as mulheres ($n = 12$). Se os TEs fossem distribuídos normalmente, um teste t independente poderia ser então utilizado para verificar se o TE médio diferiu para os homens e as mulheres. Se os valores t fossem significativos, e o TE médio para as mulheres fosse maior, poderíamos concluir que o tratamento teve mais efeito nas mulheres do que nos homens. Cooper e Hedges (1994) fornecem detalhes importantes sobre os métodos de metanálise, incluindo estratégias de revisão de literatura, formas de calcular o TE a partir das estatísticas relatadas em vários estudos, sugestões de como e o que codificar com base em estudos e exemplos da utilização de metanálise.

Certamente, a metanálise não é a resposta para todos os problemas associados à síntese de pesquisa. Mas Glass estabeleceu uma forma objetiva de avaliar a literatura. Avanços (Hedges, 1981, 1982a, 1982b; Hedges e Olkin, 1980) no estudo das propriedades estatísticas de TE contribuíram consideravelmente para a utilização adequada da metanálise. O texto de Hedges e Olkin (1985) traz uma explicação completa dos procedimentos e análises estatísticas adequadas para a metanálise (também surgiram outros livros sobre metanálise defendendo procedimentos um pouco diferentes: p. ex., Hunter e Schmidt, 1990). Uma explanação de Thomas e French (1986) consiste em um panorama das técnicas de Hedges e colaboradores e inclui exemplos extraídos do estudo da atividade física. Alguns exemplos de metanálises que surgiram na literatura sobre atividade física são apresentados a seguir.

Exemplos de metanálise

Muitas metanálises foram publicadas desde 1976, incluindo várias sobre atividade física. Um breve panorama de alguns desses estudos revela o valor da metanálise.

Em uma metanálise sobre os efeitos do treinamento perceptomotor para a melhora do desempenho acadêmico, cognitivo ou perceptomotor, Kavale e Mattson (1983) relataram um evidente fracasso no treinamento perceptomotor nos 180 estudos incluídos. O maior TE que encontraram foi de 0,198 e estava associado com os 83 estudos classificados como de baixa validade interna. Na realidade, em estudos com alta validade interna, os participantes treinados saíram-se pior. Assim, o treinamento perceptomotor parece inútil para qualquer tipo de resultado (acadêmico, cognitivo ou perceptomotor), para qualquer tipo de participante (normal, com deficiência cognitiva educável, com retardo mental treinável, com aprendizagem lenta, com desvantagem cultural, com deficiência de aprendizagem, com deficiência de leitura ou com deficiência motora), em qualquer faixa etária (educação infantil, ensino fundamental ou ensino médio).

Sparling (1980) relatou uma metanálise de diferenças em TE entre homens e mulheres para consumo máximo de oxigênio ($\dot{V}O_2$ máx.). Um dos achados mais interessantes foi que, quando calculada a média do TE nos estudos e feitas as correções para as composições corporais diferenciadas de homens e mulheres, o TE diminuiu. Quando o $\dot{V}O_2$ máx. foi expresso em L/min, 66% da variância foi explicada sabendo-se o sexo do participante; quando expresso em mL/min·kg PC (peso corporal), a variância explicada foi reduzida para 49%; e quando expresso em mL/min·kg PLG (peso livre de gordura), a variância explicada foi reduzida para 35%. Portanto, a vantagem dos homens sobre as mulheres em $\dot{V}O_2$ máx. é reduzida quando corrigida para peso corporal e reduzida mais ainda quando corrigida para peso livre de gordura.

Em uma metanálise sobre os efeitos do exercício em lipídeos e lipoproteínas do sangue, Tran, Weltman, Glass e Mood (1983) relataram uma análise de 66 estudos sobre treinamentos envolvendo um total de 2.925 participantes. Eles encontraram relações significativas entre treinamento e alterações benéficas em lipídeos e lipoproteínas do sangue: "Níveis iniciais, idade, duração do treinamento, intensidade, $\dot{V}O_2$ máx., peso corporal e percentual de gordura demonstraram [...] interagir com exercício e lipídeos séricos e alterações em lipoproteínas" (p. 400).

Payne e Morrow (1993) relataram uma metanálise dos efeitos do exercício no $\dot{V}O_2$ máx. de crianças. Dos 28 estudos produzindo 70 TEs, eles compararam delineamentos transversais (crianças treinadas *versus* destreinadas) e antes e após treinamento. Os TEs foram grandes em estudos transversais (0,94 ± 1,00), mas pequenos em estudos sobre treinamentos (0,35 ± 0,82). Em estudos sobre treinamentos, a melhora média do $\dot{V}O_2$ máx. foi de apenas 2 mL·kg·min^{-1}. O TE para os estudos sobre treinamentos não foi influenciado por sexo, por protocolo de treinamento ou pela forma como o $\dot{V}O_2$ máx. dos participantes foi testado.

Feltz e Landers (1983) relataram uma metanálise dos efeitos da prática mental na aprendizagem e no desempenho da habilidade motora. A partir de 60 estudos, eles calcularam um TE médio de 0,48, menos que a metade de uma unidade de desvio-padrão. Concluíram que praticar mentalmente uma habilidade motora é ligeiramente melhor do que não praticar nenhuma.

Ao estudarem diferenças de sexo no desempenho motor na infância e na adolescência, Thomas e French (1985) relataram achados de 64 estudos com base em 31.444 participantes. Eles encontraram diferenças no desempenho motor relacionadas à idade em 12 das 20 tarefas motoras. Essas 12 tarefas seguiram quatro tipos gerais de curvas por idade. A Figura 14.1 mostra um tipo de curva típico em três tarefas (salto em distância, corrida de vaivém e força de preensão). As diferenças são moderadas (cerca de 0,5 a 0,75 unidade de desvio-padrão) antes da puberdade, mas depois aumentam drasticamente durante e após a puberdade (acima de 1,5 unidade de desvio-padrão). Eles concluíram que as diferenças antes da puberdade provavelmente foram induzidas por fatores ambientais (tratamento diferenciado por pais, professores, treinadores e colegas), mas que elas representavam uma interação da biologia e do ambiente começando na puberdade. Note a diferença entre as curvas nas Figuras 14.1 e 14.2. O TE para o desempenho do arremesso é 1,5 unidade de desvio-padrão nas idades de 3 a 4 e aumenta constantemente ao longo da infância e da adolescência, até que as diferenças sejam de 3,5 unidades de desvio-padrão aos 18 anos. Thomas e French sugeriram que as diferenças que eram marcantes tão cedo na vida poderiam ter alguma base na biologia e na influência de tratamentos culturais e expectativas para meninas e meninos.

Carron, Hausenblas e Mack (1996) relataram uma metanálise da influência social do exercício. Eles encontraram 87 estudos contendo 224 TEs, com base em 49.948 participantes. Os resultados indicaram que a influência social tem relação positiva, mas geralmente pequena a moderada (TEs na faixa de 0,2 a 0,5). No entanto, quatro variáveis apresentaram relação de moderada a grande (0,5 a 0,8): "o suporte familiar e as atitudes em relação ao exercício; o comportamento de coesão e adesão à tarefa; a importância de pessoas significativas e as atitudes em

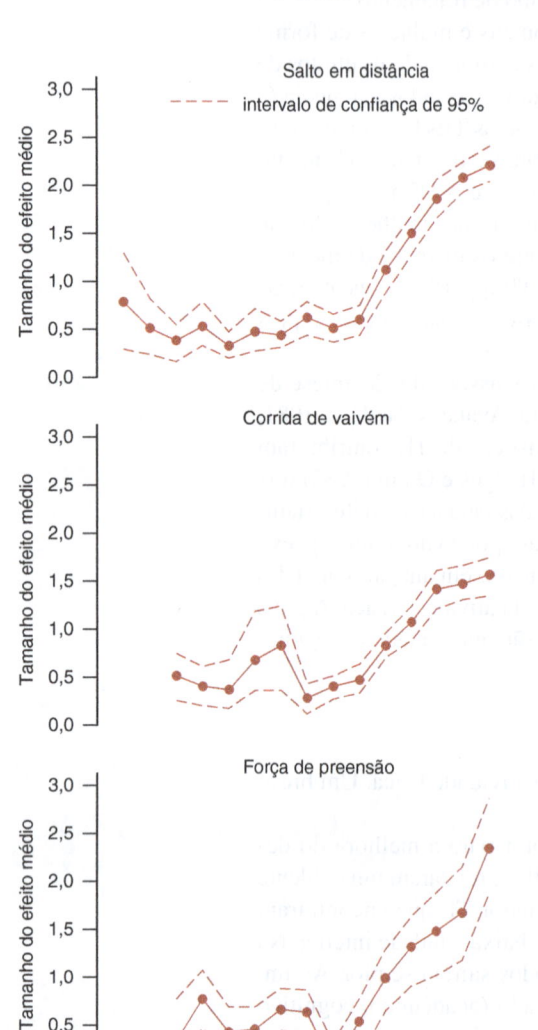

▶ **Figura 14.1** TE para três tarefas de desempenho motor. Observação: as linhas pontilhadas são intervalos de confiança.

Reimpressa de J. R. Thomas e K. E. French, 1985, "Gender differences across age in motor performance. A Meta-analysis", *Psychological Bulletin* 98(2): 260-282. Direitos autorais © da American Psychological Association. Reimpressa com permissão.

relação ao exercício; o suporte familiar e o comportamento de condescendência" (p. 1).

Utilizamos esses exemplos para ilustrar o valor da abordagem da metanálise. Na metanálise perceptomotora, a questão controversa do valor desse tipo de treinamento parece resolvida: nenhum benefício. Na metanálise de diferenças de sexo em $\dot{V}O_2$ máx., as grandes diferenças parecem dever-se principalmente a diferenças em composição corporal e não a quaisquer diferenças em mecanismos subjacentes. Além disso, o exercício parece ter efeito positivo no colesterol e em seus componentes. O treinamento físico parece beneficiar as crianças, mas os ganhos são relativamente pequenos pelos padrões de adultos. A prática mental é melhor do que nenhuma prática, mas não muito. Diferenças de sexo em desempenho motor antes da puberdade parecem induzidas principalmente pelo ambiente, mas o arremesso pode ser uma habilidade em que a biologia tenha uma função mais importante antes da puberdade. Por fim, a influência social foi positivamente relacionada ao exercício, mas os efeitos, em sua maioria, foram de pequenos a moderados.

A metanálise, quando aplicada do modo adequado e interpretada cuidadosamente, oferece um meio de reduzir uma grande quantidade de estudos a princípios básicos. Esses princípios podem tornar-se as bases para o desenvolvimento de programas, pesquisas futuras e testagem de teorias, bem como para várias aplicações, tais como prática e treinamento.

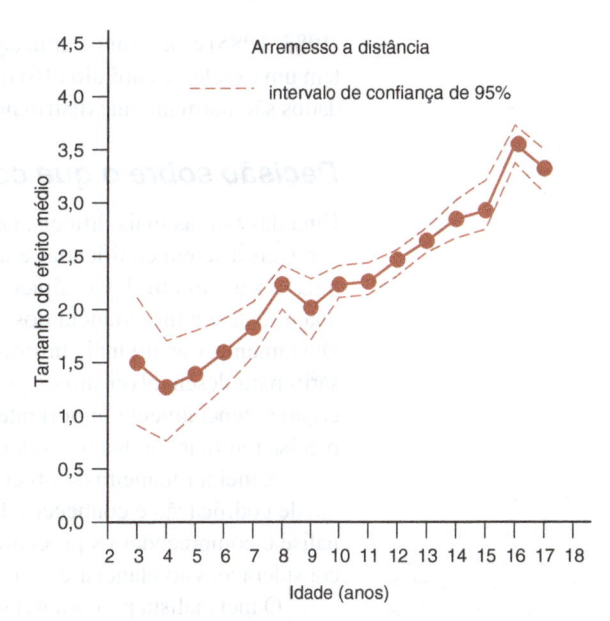

▶ **Figura 14.2** TE por idade e sexo para arremesso a distância. Observação: linhas pontilhadas são intervalos de confiança.

Reimpressa de J. R. Thomas e K. E. French, 1985, "Gender differences across age in motor performance. A Meta-analysis", Psychological Bulletin 98(2): 260-282. Direitos autorais © da American Psychological Association. Reimpressa com permissão.

▶ Uma metanálise interpretada e aplicada revelará os princípios subjacentes para um grande número de estudos.

Considerações metodológicas

Ainda que a metanálise tenha sido uma técnica bastante utilizada nos últimos 30 anos, no início havia grande controvérsia sobre sua validade (p. ex., Carlberg et al., 1984; Slavin, 1984a, 1984b). Entre as críticas mais severas à metanálise está a de que ela combina achados de estudos que representam diferentes escalas de medida, metodologias e delineamentos experimentais. Essa "mistura de maçãs e laranjas" foi composta pelos resultados das primeiras metanálises que utilizavam os métodos de Glass (1977), que tendiam a revelar pequenas diferenças em tamanhos dos efeitos (TEs), mesmo entre estudos em que a validade interna e o controle metodológico variavam claramente. Hedges (1981, 1982a, 1982b) e Hedges e Olkin (1983, 1985) expandiram o trabalho original de Glass (1977) e propuseram uma nova série de técnicas e testes estatísticos especificamente delineados para tratar das seguintes questões e críticas à metanálise:

- Como devem ser organizados o processo de decidir que variáveis codificar e a codificação sistemática?
- O que deve ser usado como desvio-padrão ao calcular um TE?
- Pelo fato de os TEs de amostra serem estimadores tendenciosos da população de TEs, como essa tendenciosidade pode ser corrigida?
- Os TEs devem ser ponderados por seus tamanhos de amostra?
- Todos os TEs em uma amostra são da mesma população de TEs? Eis a questão das "maçãs e laranjas": a amostra dos TEs é homogênea?
- Quais os testes estatísticos apropriados para analisar TEs?
- Se uma amostra de TEs inclui *outliers*, como eles podem ser identificados?

Nas próximas seções, tratamos de cada uma dessas questões, resumimos o fundamento teórico para os procedimentos estatísticos introduzidos por Hedges (1981, 1982a, 1982b) e Hedges e Olkin

(1983, 1985) e sugerimos aplicações dessas técnicas no estudo da atividade física. Rosenthal (1994) tem um excelente capítulo (16) que fornece todas as fórmulas para conduzir a metanálise quando os dados são normalmente distribuídos.

Decisão sobre o que codificar

Uma das tarefas mais difíceis, embora muito importante, ao realizar uma metanálise, é escolher as variáveis a serem codificadas e desenvolver um esquema de codificação. Stock (1994) proporciona uma discussão útil desse tópico. Em particular, a metanálise deve estabelecer o equilíbrio entre a quantidade e a importância dos itens a serem codificados e o tempo necessário para a codificação. Obviamente, quanto mais informações forem codificadas sobre um estudo, mais tempo será necessário para desenvolver um esquema de codificação e realizá-lo. Contudo, omitir itens para codificação potencialmente importantes também gera problemas maiores, na medida em que o estudioso precisa retornar a todos os estudos para buscar esses itens omitidos.

A melhor maneira de obter sucesso na seleção de itens para serem codificados e de um esquema de codificação é conhecer a literatura teórica e empírica sobre a qual se está realizando a metanálise e compreender os procedimentos de metanálise. Stock (1994) sugere essas duas importantes considerações ao planejar a codificação para uma metanálise.

▶ Estar familiarizado com a literatura relevante e proficiente com os procedimentos da metanálise auxilia a planejar a codificação.

O metanalista procura itens para codificar capazes de influenciar (ou que estejam relacionados com) os TEs a serem calculados. Por exemplo, quando Thomas e French (1985) calcularam TEs para diferenças de sexo em desempenho motor, pensavam que as idades das crianças estariam relacionadas a diferenças de sexo. De forma específica, eles formularam a hipótese de que as diferenças de sexo aumentariam à medida que as crianças crescessem. Após selecionados os itens importantes a serem codificados, o metanalista necessitará de um esquema de organização desses itens. Ao final deste capítulo, há um formulário de codificação desenvolvido por Sheri Parks, do Departament of Human Movement Studies da University of Queensland (Brisbane, Austrália), para a revisão de sua dissertação sobre habilidade esportiva. Agradecemos sua permissão para utilizar os materiais. O esquema de codificação de Parks empregou estas categorias (cada uma com diversas subpartes): informações descritivas sobre o artigo; tipo de esporte/área de habilidade; informações sobre a tarefa; tipo de medidas utilizadas para cada tarefa; e informações sobre os participantes.

Stock (1994) forneceu um exemplo generalizado de formulário de codificação. Uma questão importante aqui é saber como codificar variáveis, ou seja, como designar números a características a serem codificadas. Às vezes, informações específicas são mantidas; por exemplo, se a média de idade dos participantes de cada estudo é importante, ela pode ser introduzida como código. Em outros casos, as variáveis serão agrupadas em categorias para codificação; por exemplo, categorias de nível de habilidade poderiam ser codificadas como 1 = atletas de classe internacional; 2 = atletas de classe nacional; 3 = atletas universitários; 4 = atletas do ensino médio. Outras questões importantes são o treinamento de codificadores e o estabelecimento e a manutenção de fidedignidade intra e intercodificadores.

Escolha do desvio-padrão para o tamanho do efeito

Originalmente, Glass e colaboradores (1981) sugeriram o uso do desvio-padrão do grupo-controle como a medida mais apropriada de variabilidade de grupo. A partir de uma perspectiva intuitiva, a variabilidade do grupo-controle representa a variação "normal" em uma população não tratada. O desvio-padrão do grupo-controle também tem a vantagem de determinar TEs iguais para meios de tratamento iguais, quando um estudo contém dois ou mais grupos experimentais com variâncias heterogêneas. Assim, o desvio-padrão do grupo-controle serve como métrica-padrão comum a partir da qual diferenças de tratamento podem ser comparadas.

Na maioria dos casos, estimativas de variância de grupo são homogêneas. Hedges (1981) argumentou que uma estimativa combinada da variância possibilita uma estimativa mais precisa da variância da população. (A raiz quadrada da estimativa combinada da variância é a estimativa combinada do desvio-padrão.) Uma vantagem de combinar variâncias é o aumento nos graus de liberdade (df) associados à estimativa da variância. A estimativa combinada de Hedges (1981) sugerida é dada na Equação 14.2. Observe que a variância de cada grupo é ponderada pelo tamanho da amostra daquele grupo de forma similar ao procedimento utilizado em testes *t* com *ns* desiguais. A fórmula para a estimativa combinada do desvio-padrão (dp_P) é

$$dp_P = \sqrt{\frac{(N_E-1)s_E^2 + (N_C-1)s_C^2}{N_E + N_C - 2}}$$

(14.2)

onde N_E é o tamanho da amostra do grupo experimental (Grupo 1); N_C, o tamanho da amostra do grupo-controle (Grupo 2); s_E^2, a variância do grupo experimental (Grupo 1); e s_C^2, a variância do grupo-controle (Grupo 2).

Muitos estudos envolvem testes de efeitos entre ou dentre variáveis categóricas (p. ex., raça e sexo) em que não há condições de controle. As primeiras metanálises utilizavam uma média dos desvios-padrão dos grupos comparados (Glass e Smith, 1979; Hyde, 1981; Smith, 1980). Hedges e Olkin (1985) sugeriram o uso do desvio-padrão combinado ponderado (dp_P, Equação 14.2) como estimativa do desvio-padrão (para um exemplo utilizando diferenças de sexo em desempenho motor, ver Thomas e French, 1985).

Em alguns casos, a variância para os grupos é heterogênea. Glass e colaboradores (1981) mostraram que os TEs são tendenciosos quando as variâncias de grupo são desiguais. Como testes paramétricos têm como base a suposição de variâncias iguais, TEs calculados a partir de *t* e ANOVA podem ser tendenciosos se as variâncias de grupo forem desiguais.

Os pesquisadores devem avaliar se as variâncias heterogêneas são um fenômeno comum na área de pesquisa para metanálise. Encontramos variâncias desiguais ao compararmos o desempenho motor de crianças de diferentes faixas etárias (French e Thomas, 1987). Oferecemos estas sugestões: quando o TE compara um grupo experimental com um grupo-controle e as variâncias de grupo são desiguais, utilize o desvio-padrão do grupo-controle para calcular o TE em todos os estudos; se o TE compara dois grupos (tais como grupos diferentes por idade ou sexo) em que não há condições de controle claras, acreditamos que a estimativa combinada ponderada (Equação 14.2) sugerida por Hedges (1981) seja a melhor escolha.

Cálculo das dimensões do efeito para delineamentos intraparticipantes

Muitas vezes, um pesquisador deseja calcular um TE para um delineamento intraparticipantes (ou efeito de medidas repetidas), geralmente entre um pré-teste e um pós-teste para um efeito de tratamento (i.e., grupo experimental). A fórmula adequada para esse TE é utilizar o desvio-padrão pré-teste no denominador da Equação 14.1 (Looney, Feltz e Van Vleet, 1994). Esta representa a melhor fonte de variância não tratada em relação à qual padronizar diferenças entre as médias pré e pós-teste.

Utilização do tamanho do efeito como um estimador de efeitos de tratamento

Hedges (1981) forneceu um modelo teórico-estrutural para o uso do TE como estimador de efeitos de tratamento. O TE individual pode ser visto como uma estatística da amostra que estima a população de efeitos de tratamento possíveis dentro de dado experimento.

Hedges (1981) também demonstrou que os TEs são positivamente tendenciosos em pequenas amostras; no entanto, a tendenciosidade é de 20% ou menos quando o tamanho da amostra excede 20. Uma estimativa praticamente não tendenciosa do TE pode ser obtida multiplicando-se o TE pelo fator de correção dado na seguinte fórmula:

$$c = 1 - \frac{3}{4m - 9}$$

(14.3)

onde $m = N_E + N_C - 2$ quando uma estimativa combinada é utilizada como desvio-padrão; $m = N_1 + N_2 - 2$ se uma estimativa combinada é utilizada em um modelo categórico; ou $m = N_C - 1$ quando o desvio-padrão do grupo-controle (ou desvio-padrão pré-teste no caso de um TE intraparticipantes) é utilizado.

▶ Corrigir o TE antes de calcular a média a fim de auxiliar a evitar um resultado tendencioso e incorreto.

Cada TE deve ser corrigido antes de se calcular a média ou realizar uma análise mais profunda. Se os TEs não forem corrigidos antes do cálculo da média, a média, mesmo que de um grande número de TEs, continuará tendenciosa e simplesmente estimará um valor incorreto de modo mais preciso (Hedges, 1981). As primeiras metanálises em exercício e esporte (Feltz e Landers, 1983; Sparling, 1980) não corrigiam cada TE para evitar uma pequena tendenciosidade de amostra. Os TEs relatados nesses estudos são, muito provavelmente, pequenas superestimativas.

Ainda que a estimativa de TE individual possa ser corrigida para evitar tendenciosidade, a variabilidade associada à estimativa permanece uma função do tamanho da amostra. Hedges mostrou que a variância de um TE individual pode ser calculada diretamente pela seguinte equação:

$$\operatorname{var}(TE_i) = \frac{N_E + N_C}{N_E N_C} + \frac{TE_i^2}{2(N_E + N_C)} \tag{14.4}$$

onde N_E é o tamanho da amostra do grupo experimental (Grupo 1); N_C, o tamanho da amostra do grupo-controle (Grupo 2); e TE_i, a estimativa do TE. Observe que a variabilidade associada com a estatística da amostra, ou TE, é uma função do valor do TE e do tamanho da amostra. Um TE com base em uma amostra grande tem variância menor do que a de um TE baseado em uma amostra pequena. Assim, TEs apoiados em amostras grandes são estimativas melhores do parâmetro da população de efeitos de tratamento. Hedges (1981) e Hedges e Olkin (1985) sugerem que cada TE seja ponderado pela recíproca de sua variância, que é 1/variância (conforme estimado pela Equação 14.4). Assim, TEs mais precisos recebem maior peso em cada análise.

Teste de homogeneidade

A metanálise tem sido criticada por misturar maçãs e laranjas, ou seja, combinar estudos com várias escalas de medida, delineamentos e metodologias. Não havia um teste adequado para determinar se todos os TEs estavam estimando o mesmo efeito de tratamento da população até que Hedges (1982b) introduziu seu teste de homogeneidade. A estatística de homogeneidade, H, é especificamente delineada para testar a hipótese nula, H_0: $TE_1 = TE_2 = ... = TE_i$. Isso equivale a dizer que todos os TEs testados são provenientes da mesma população de TEs.

A estatística H é a soma ponderada dos desvios ao quadrado de TEs da média ponderada geral. A contribuição de cada TE para a média geral é ponderada pela recíproca de sua variância (Equação 14.4). Os TEs com variâncias menores recebem maior peso no cálculo da média geral. Sob a hipótese nula, H possui a distribuição de qui quadrado, com $N – 1$ df, onde N é igual ao número de TEs.

Quando a hipótese nula não é rejeitada, todos os TEs são similares e representam uma medida similar de eficácia de tratamento. Nesse caso, o pesquisador deve relatar que a estatística de homogeneidade indica que os TEs são homogêneos e utilizar o TE médio ponderado com intervalos de confiança para interpretação. Se a hipótese nula for rejeitada, os TEs não são homogêneos e não representam uma medida similar de eficácia de tratamento ou de agrupamento. Dois métodos foram propostos por Hedges (1982b) e Hedges e Olkin (1983) para examinar modelos explicativos de TEs. Vejamos esses modelos a seguir.

Análise de variância e regressão ponderada

O primeiro método a ajustar-se a um modelo explicativo é análogo à ANOVA, em que a soma dos quadrados para a estatística total divide-se em soma dos quadrados entre (ou dentre grupos de) TEs (H_E) e soma dos quadrados intragrupos de TEs (H_I). Cada soma dos quadrados pode ser testada como um qui quadrado com $k – 1$ df para H_E e $N – k – 1$ df para H_I (onde N é o número de TEs; e k, o número de grupos). Assim, pode-se realizar um teste para verificar diferenças entre ou dentre grupos (H_E) e outro para determinar se todos os TEs dentro de um grupo são homogêneos (H_I). Outras discussões sobre o modelo categórico são apresentadas em Hedges (1982b) e Hedges e Olkin (1985).

O segundo método proposto por Hedges e Olkin (1983) para ajustar um modelo explicativo para dados de TE é uma técnica de regressão ponderada. Optamos por apresentar uma discussão mais detalhada das técnicas de regressão por várias razões. Primeira, uma das metanálises discutidas anteriormente em exercício e esporte utilizou técnicas de regressão para analisar TE (Thomas e French, 1985). Segunda, é comum que uma variável contínua influencie o TE. Terceira, geralmente mais de uma característica de estudo influencia o TE, em especial quando há muitos TEs. Os procedimentos de regressão podem acomodar um número maior de variáveis na análise sem inflar o nível alfa do teste estatístico. Realizar muitos testes utilizando os procedimentos categóricos ou semelhantes à ANOVA resulta em inflação de alfa. Assim, o pesquisador precisa relatar a taxa de erro relacionada ao experimento ou ajustar o nível alfa utilizando a técnica de Bonferroni (ver Cap. 9). Quarta, variáveis categóricas podem facilmente ser codificadas de forma fictícia ou pelo efeito e introduzidas nos procedimentos de regressão. Por exemplo, artigos publicados *versus* não publicados podem ser codificados de forma fictícia (1 ou 0) e introduzidos na regressão. Portanto, não é necessário realizar uma análise separada para variáveis categóricas.

Cada TE é ponderado pela recíproca da sua variância na técnica de regressão ponderada. Muitos pacotes estatísticos clássicos (p. ex., SAS, SPSS, BIMED) têm uma opção para realizar regressão ponderada. Assim, os cálculos podem ser efetuados facilmente na maioria dos computadores.

O total da soma dos quadrados para a regressão é equivalente à estatística da homogeneidade, H. Ela se divide em soma dos quadrados para regressão e em soma dos quadrados para erro. A **soma dos quadrados** para regressão (H_R) permite um teste da variância relativa às variáveis preditoras. A H_R é testada como um qui quadrado com $df = p$, onde p equivale ao número de variáveis preditoras. A soma dos quadrados para erro (H_E) propicia um teste de especificações de modelos ou indica se os TEs são homogêneos quando a variância causada pelos preditores é removida. A H_E é testada como um qui quadrado com $df = N - p - 1$, onde N é igual ao número de TE; e p, ao número de variáveis preditoras. O teste de especificação de modelo avalia o desvio dos TEs do modelo de regressão. Um teste não significativo de especificação de modelo indica que os TEs não desviam substancialmente do modelo de regressão, enquanto um teste significativo para especificação de modelo mostra que um (ou mais) TE(s) desvia(m) acentuadamente do modelo de regressão. De maneira ideal, o pesquisador deseja que a H_R para regressão seja significativa e a H_E para especificação de modelo, não significativa.

Quando o teste para especificações de modelos é significativo, um (ou mais) TE(s) não segue(m) a regressão especificada. Em geral, os TEs que não seguem o mesmo padrão podem sugerir outras características a serem adicionadas ao modelo (p. ex., estudos publicados *versus* não publicados). Além disso, alguns TEs podem representar *outliers* (escores não representativos). Em qualquer caso, a utilização de técnicas de *outliers* é útil na identificação desses TEs.

Testes para identificar outliers

Hedges e Olkin (1985) esboçaram procedimentos para identificar *outliers* em modelos categóricos e de regressão. Utilizamos um exemplo a partir de um modelo de regressão (para mais informações sobre o modelo categórico, ver Hedges e Olkin, 1985, Cap. 7).

Os *outliers* em modelos de regressão podem ser identificados examinando-se os resíduos da equação de regressão. Os valores absolutos dos resíduos são padronizados em escores z subtraindo-se a média e dividindo-se o resultado pelo desvio-padrão. Os TEs com resíduos padronizados superiores a 2 são, muitas vezes, examinados como potenciais *outliers*, porque ficam fora de 95% da distribuição.

Segundo Hedges e Olkin (1985), cada TE dá sua contribuição para o modelo de regressão. Os *outliers* identificados por resíduos padronizados podem variar, dependendo dos TEs que estiverem no modelo naquele momento. Hedges e Olkin sugeriram computar múltiplas vezes os resíduos padronizados, cada vez com um TE diferente deletado do modelo. Por exemplo, se houvesse 10 TEs, os resíduos padronizados seriam computados 10 vezes, com um TE diferente deletado do modelo por vez. Entretanto, alguns de nossos trabalhos preliminares sugeriram que, se mais de 20 TEs são incluídos no modelo de regressão, a análise de todas as combinações possíveis para deletar TEs do modelo pode não ter grande valia. Simplesmente deve-se calcular os resíduos com todos os TEs no modelo, padronizar os resíduos e avaliar se os TEs com um escore z maior do que 2 podem ser *outliers*.

Soma dos quadrados
Medida de variabilidade de escores; soma dos desvios ao quadrado da média de escores.

► ALGUMAS VEZES É FÁCIL IDENTIFICAR *OUTLIERS*.

De forma alternativa, se os TEs não forem distribuídos normalmente (e como Hedges e Olkin, 1985, reportaram, esse é geralmente o caso), os procedimentos de ordenação descritos no Capítulo 10 (e desenvolvidos com mais detalhes por Thomas, Nelson e Thomas, 1999) são mais eficazes se os TEs forem alterados para ordenações antes da análise estatística.

Tendências de publicação

As revistas têm a tendência de aceitar artigos que relatam achados significativos. Assim, pode haver uma série de estudos sobre qualquer tema (incluindo um em que esteja sendo realizada uma metanálise) que não tenha sido submetida a ou publicada em revistas acadêmicas. Esse problema foi rotulado de efeito de "engavetamento".

Uma questão importante em uma metanálise é quantos desses estudos estão engavetados. O metanalista deve buscar todo estudo possível; porém, quantos estudos foram realizados mas não foram relatados? Hedges e Olkin (1985) sugeriram uma técnica para estimar quantos estudos não publicados sem qualquer efeito significativo na variável de interesse seriam necessários para reduzir o TE médio à não significância.

$$K_0 = [K(d_{\text{TE médio}} \; d_{\text{TE trivial}})]/d_{\text{TE trivial}} \tag{14.5}$$

onde K_0 é o número de estudos necessários para produzir um TE trivial; K, o número de estudos na metanálise; $d_{\text{TE médio}}$, a média de todos os TEs na metanálise; e $d_{\text{TE trivial}}$, a estimativa de um TE trivial.

Por exemplo, se houvesse 75 estudos na metanálise (K), o TE médio ($d_{\text{TE médio}}$) fosse 0,73 e um TE trivial ($d_{\text{TE trivial}}$) fosse estabelecido em 0,15, para estimar o número de estudos engavetados necessários para produzir um TE trivial (K_0), resolveríamos a Equação 14.5:

$$K_0 = [75(0{,}73 - 0{,}15)]/0{,}15 = 290$$

Dessa forma, seria necessário um grande número (290) de estudos não publicados sobre esse tema para reduzir o TE médio de 0,73 no estudo a um TE trivial de 0,15.

Outras considerações

Nem todas as informações necessárias para se calcular um TE estão disponíveis em um relatório de pesquisa. Rosenthal (1994) promove uma excelente discussão, trazendo fórmulas e exemplos de como estimar TEs a partir de outras estatísticas frequentemente referidas em estudos individuais. Há vezes, no entanto, em que apenas se afirma que dois grupos não diferem significativamente. O que o metanalista deve fazer? Desprezar o estudo é tender os resultados da metanálise a diferenças significativas. Thomas e French (1985) inseriram um TE *zero*, com a lógica de que a ausência de diferenças significativas revela que as diferenças não diferiram de zero de forma confiável. No entanto, Thomas e French (1985) obtiveram poucos TEs zero. Utilizar muitos TEs zero pode causar problemas na análise de homogeneidade, por fazer com que os estudos pareçam mais consistentes. Hedges (1984) sugeriu um fator de correção que ajusta esse problema. Seja qual for a solução escolhida, o metanalista deve lidar com essa questão e escolher uma solução lógica.

Apresentação de dados de tamanho do efeito

Representações gráficas são extremamente úteis na apresentação de dados de TE. De acordo com Light, Singer e Willett (1994), os gráficos possibilitam ao leitor observar características importantes de relações nos dados de TE. Em particular, representações gráficas de dados de TE são úteis para mostrar fontes de variação nos TEs exibindo o centro, a extensão e o formato dessa distribuição. Tais representações gráficas incluem gráficos de caule-e-folha, gráficos esquemáticos e gráficos de funil (TEs plotados *versus* tamanhos da amostra). Representações gráficas de dados de TE também são úteis para classificar TEs por características importantes do estudo, tais como intensidade, idade ou sexo. Essas representações também devem refletir a variabilidade de TEs para características selecionadas (p. ex., 95% de intervalos de confiança, ver o exemplo da Fig. 14.2).

Light, Singer e Willett (1994, p. 451-452) listaram cinco conceitos valiosos para representações gráficas de dados metanalíticos (naturalmente, esses conceitos também se aplicam a estudos que relatem dados originais):

1. *O espírito de bons gráficos pode ser capturado mesmo por uma tabela de tamanho dos efeitos brutos, contanto que sejam apresentados de maneira propositada* (p. ex., por magnitude ou características importantes do estudo).
2. *Representações gráficas devem ser utilizadas para enfatizar o grande panorama* (p. ex., esclarecer os principais pontos).
3. *Os gráficos são especialmente valiosos para comunicar achados de uma metanálise, quando cada resultado de estudo individual é acompanhado de um intervalo de confiança* (isso não só demonstra a variabilidade dos TEs de interesse como também se eles são ou não diferentes do valor nulo).
4. *As representações gráficas devem estimular os olhos a compararem diferentes partes das informações.*
5. *Gráficos de caule-e-folha e gráficos esquemáticos são especialmente eficientes para apresentar o grande panorama que emerge em uma síntese de pesquisa.*

Resumo

Uma síntese de pesquisa não é apenas um resumo de estudos organizado em algum tipo de sequência. Ela deve ser estruturada, analítica e crítica e levar a conclusões específicas. A metanálise é uma metodologia definitiva que quantifica resultados e possibilita que técnicas estatísticas sejam utilizadas como meio de análise.

A metanálise detalha explicitamente como a busca foi feita, as fontes, as escolhas feitas em relação à inclusão ou à exclusão, a codificação das características do estudo e os procedimentos analíticos adotados. A base de uma metanálise é o tamanho do efeito (TE), que transforma diferenças entre desempenhos de grupos experimentais e controle em uma métrica comum, expressa em unidades de desvio-padrão.

A técnica da metanálise tem sido muito utilizada nos últimos anos, incluindo o estudo da atividade física. Ela oferece um meio de reduzir grandes quantidades de estudos a princípios básicos. Aperfeiçoamentos na técnica continuam sendo feitos em relação à escolha do desvio-padrão a ser utilizado no cálculo de um TE, à ponderação das dimensões do efeito para evitar tendenciosidade de amostra, ao teste para detecção de *outliers* e aos procedimentos estatísticos que podem ser utilizados na análise.

✓ Verifique sua compreensão

Escolha um possível problema (p. ex., diferenças de sexo em velocidade de corrida, efeitos do treinamento de peso em homens e mulheres ou influência do treinamento a 60 *versus* a 80% do $\dot{V}O_2$máx.). Encontre cinco estudos que comparem as características que você escolheu (p. ex., homens e mulheres). Certifique-se de que cada estudo tenha as médias e os desvios-padrão para as variáveis de interesse. Calcule o TE para cada estudo e corrija-o para evitar tendenciosidade. Calcule o TE médio para os cinco estudos e seus desvios-padrão combinados. Interprete esse achado.

Formulário de codificação de amostra para uma metanálise de habilidade esportiva

Esta seção trata detalhadamente dos procedimentos utilizados para codificar as 92 características esboçadas para cada artigo na metanálise de Sheri Parks na área de *expertise* no esporte.

Passo 1 Escolha de artigos apropriados

Esta revisão tem interesse em toda e qualquer pesquisa que investigue habilidade no esporte utilizando alguma forma de comparação entre grupos (experiente-novato) e tratando-a por meio de uma abordagem de comportamento motor.

Cada artigo deve fornecer as médias e os desvios-padrão para cada uma das medidas de desempenho listadas, de forma que comparações com base nas dimensões do efeito possam ser calculadas e comparadas com artigos semelhantes. Em outras palavras, todos os artigos e pesquisas nessa revisão devem ter um formato de base de dados.

Passo 2 Fornecimento de informações descritivas sobre cada artigo

Coluna 1: Número do artigo

Cada artigo escolhido para inclusão na análise deve receber um código numérico exclusivo. Uma lista completa atualizada de artigos usados nessa análise deve ser mantida no Apêndice 1: Lista completa de artigos utilizados nesta análise.

Coluna 2: Ano de conclusão

Coluna 3: A pesquisa está (1) publicada ou (0) não?

Coluna 4: Informações da fonte

    A. Se publicada, é de

        (2) uma revista com corpo editorial?
        (1) uma revista sem corpo editorial?
        (0) anais de congresso?

    B. Se não publicada, é de

        (2) uma tese de doutorado?
        (1) uma dissertação de mestrado?
        (0) um manuscrito?

Coluna 5: Se publicada, onde foi publicada?
- (4) revista de ciência do esporte
- (3) revista de ciência do movimento
- (2) revista de psicologia
- (1) outra fonte
- (0) não se aplica

Coluna 6: Se publicada, nome da revista
Mantenha uma lista das revistas que foram codificadas (de 1 a 1.000), onde "0" denota a opção "Não se aplica", como no caso de trabalho não publicado. Essa lista deve ser mantida atualizada e incluída no Apêndice 2.

Coluna 7: Afiliação
Esta coluna inclui a codificação de onde a pesquisa específica foi realizada (i. e., universidade, laboratório, grupo particular de pesquisadores). Uma lista das afiliações deve ser codificada (de 1 a 1.000) e incluída no Apêndice 3.

Coluna 8: Validade interna classificada em uma escala como
- (2) forte
- (1) moderada
- (0) fraca

Este item é desenvolvido a partir da lista de checagem de seis pontos a seguir. Remeter ao Apêndice 4 para mais explicações da escala de classificação de validade interna utilizada nesta análise.

1. Este experimento incluiu um grupo-controle? S/N
2. O experimento utilizou técnicas de classificação aleatória para controlar as seguintes ameaças à validade interna?
    (2a) História e maturação – por colocação aleatória ou de emparelhamento de pares de participantes dentro de cada grupo-controle e experimental? S/N
    (2b) Efeitos da ordem e aprendizagem – por ordenação ou apresentação aleatória das tarefas? S/N
3. O experimento estabeleceu instrumentação adequada (ou fidedignidade/psicometria do teste)? S/N
4. A taxa de retenção ou desistência do participante foi limitada? S/N
5. Os participantes não estavam conscientes dos propósitos e das intenções desse experimento? S/N

Total de respostas "sim" 5-6 = forte
Total de respostas "sim" 2-4 = moderado
Total de respostas "sim" 0-1 = fraco

Passo 3 Fornecimento de informações sobre o tipo de esporte ou área de *expertise*

Coluna 9: Tipo de esporte (área de habilidade) estudado(a)
Mantenha uma lista dos esportes/atividades que foram codificados (de 1 a 1.000) no Apêndice 5.

Coluna 10: Classificação do esporte ou atividade
Em que célula do modelo de oito células de Higgin cada esporte/atividade foi encaixado?
Natureza do ambiente (aberto *versus* fechado) × estabilidade corporal × transporte corporal
   Remeter ao Apêndice 6 para maiores explicações da categorização da escala de esportes utilizada nessa análise.

Coluna 11: Trata-se de um (1) esporte de equipe ou um (0) esporte individual/de duplas?

Coluna 12: Tipo de habilidades motoras envolvidas no esporte ou atividade
- (2) habilidades motoras amplas
- (1) habilidades motoras finas
- (0) uma combinação de habilidades motoras amplas e finas

Passo 4 Fornecimento de informações sobre a(s) tarefa(s) desempenhada(s)

Coluna 13: Quantas tarefas estão envolvidas no estudo?
Este item envolve contar o número de tarefas experimentais identificadas. Muitos experimentos mantêm os mesmos participantes e os submetem a uma série de tarefas diferentes. Esse método é aceitável contanto que os mesmos participantes não sejam "reutilizados", por assim dizer, em fontes de pesquisa completamente diferentes, conforme declarado anteriormente em notas da Coluna 4.

▶ (*continua*)

> **Formulário de codificação de amostra para uma metanálise de habilidade esportiva** (*continuação*)

Coluna 14: Tipo de tarefa

Liste em itens todas as tarefas nos estudos e tente agrupar tarefas afins dentro de uma faixa numérica similar; por exemplo, todas as tarefas perceptivas são identificadas por números de 1 a 10, ou todas as tarefas de tomada de decisão devem ser identificadas por números de 15 a 25, e assim por diante. Uma lista dessas tarefas codificadas deve ser incluída no Apêndice 7.

Coluna 15: Níveis ou condições da medida independente para cada tarefa

A medida independente pode ser definida como a variável de interesse ou a parte do experimento que o pesquisador está manipulando (p. ex., blocos de prática, condição de oclusão, etc.). Também pode ser referida como a variável experimental ou de tratamento.

Coluna 16: Níveis ou condições da medida dependente para cada tarefa

A medida dependente pode ser definida como a medida de desempenho particular utilizada no experimento (i.e., tempo de reação, escores de erro, etc.). Também pode ser considerada o efeito da variável independente ou o produto do experimento.

Coluna 17: Direção do escore para a tarefa, onde:

    (1) o escore mais alto é melhor; o mais baixo é pior (i.e., escores de desempenho)
    (0) o escore mais baixo é melhor; o mais alto é pior (i.e., escores de erro)

Passo 5 Fornecimento de informações sobre o tipo de medidas utilizadas em cada tarefa

Coluna 18: Validade ecológica classificada em uma escala como

    (2) forte (total ≥ 7)
    (1) moderada (total 4-6)
    (0) fraca (total ≤ 3)

Este item se desenvolve a partir da seguinte lista de conferência de nove pontos. Consulte a coluna para mais explicações sobre a escala de classificação para validade ecológica utilizada nessa análise.

1. A *ação* envolvida na realização da tarefa... é aquela da situação esportiva real?

    (a) exatamente a mesma +3
    (b) um pouco semelhante +2
    (c) nada parecida +1
    (d) não se aplica 0

2. A *exposição perceptiva* oferecida na realização da tarefa... é aquela da situação esportiva real?

    (a) exatamente a mesma +3
    (b) um pouco semelhante +2
    (c) nada parecida +1
    (d) não se aplica 0

3. As *delimitações de tempo* envolvidas na realização da tarefa (p. ex., tempo de preparação, tempo de decisão, tempo de realização, etc.)... são aquelas da situação esportiva real?

    (a) exatamente as mesmas +3
    (b) um pouco semelhantes +2
    (c) nada parecidas +1
    (d) não se aplica 0

Coluna 19: Validade de medidas classificada em uma escala de

    (4) forte
    (3) moderada
    (2) fraca
    (1) não foi mencionada ou não pode ser interpretada com as informações fornecidas na fonte
    (0) Se a coluna 20 – Fidedignidade das medidas – for classificada como fraca ou não for mencionada no estudo (0), classifique a validade como 0 nesta coluna.

Coluna 20: Fidedignidade das medidas classificada em uma escala como
- (2) forte
- (1) moderada
- (0) fraca

Coluna 21: As estatísticas e os procedimentos e análises estatísticos foram utilizados adequadamente, conforme classificados nesta escala?
- (2) apropriados
- (1) correta ou adequadamente
- (0) inapropriadamente

Coluna 22: A avaliação/relatório é (1) de laboratório ou (0) de campo?

Coluna 23: A ação é (1) natural ou (0) planejada?

Coluna 24: A tarefa duplica as delimitações de tempo normais? (1) Sim ou (0) Não

Coluna 25: Se utilizada uma representação visual, ela é
- (2) estática
- (1) dinâmica
- (0) não se aplica

Coluna 26: Se utilizada uma representação visual, os estímulos são
- (2) específicos da tarefa
- (1) alfanuméricos
- (0) não se aplica

Coluna 27: Se utilizada uma representação visual, o quão bem ela simula a situação natural em todas as modalidades?
- (3) forte
- (2) moderado
- (1) fraco
- (0) não se aplica

Passo 6 Fornecimento de informações sobre o grupo experimental de participantes

Coluna 28: Código numérico do grupo, em que este pode ser:
- (6) competitivo em nível internacional ou olímpico
- (5) competitivo em nível nacional
- (4) competitivo em nível estadual ou regional
- (3) participante no esporte em nível recreativo, intramuros ou local
- (2) competitivo em outros esportes que não o de interesse
- (1) não atletas

Coluna 29: Qualidade de definição do grupo (especialista, elite, hábil, experiente, etc.)
- (2) bem definido
- (1) informações fornecidas são insuficientes
- (0) indefinido

Coluna 30: Classificação de confiança na seleção do desempenho
- (2) alta
- (1) média
- (0) baixa

Esta coluna tenta abordar as seguintes questões: esses grupos são os melhores nesse nível? Eles são apenas moderadamente competitivos nesse nível, ou eles perdem na primeira rodada de uma Olimpíada, por exemplo?

Coluna 31: Como esse nível foi determinado?
- (3) registro do desempenho anterior
- (2) determinação do treinador
- (1) outros critérios
- (0) não mencionado

▶ (*continua*)

▶ **Formulário de codificação de amostra para uma metanálise de habilidade esportiva** (*continuação*)

Coluna 32: Número total de participantes no grupo

Coluna 33: Sexo dos participantes
- (3) só homens
- (2) só mulheres
- (1) misto
- (0) não declarado

Coluna 34: Média de idade da amostra utilizada no grupo
- (5) ≥30
- (4) 20-29
- (3) 16-19
- (2) 13-15
- (1) ≤12
- (0) não declarada

Coluna 35: Número médio de anos de experiência com o esporte
- (5) >10
- (4) 7-10
- (3) 4-6
- (2) 2-3
- (1) <2
- (0) não declarado

Coluna 36: Status dos participantes
- (2) pago
- (1) não pago
- (0) não declarado

Coluna 37: Experiência anterior com a tarefa
- (2) familiar
- (1) nova ou recente
- (0) não declarada

Coluna 38: Escore de desempenho médio do grupo na tarefa

Coluna 39: Desvio-padrão do grupo na tarefa

Passo 7 Fornecimento de informações sobre o grupo-controle de participantes

Coluna 40: Código numérico dos grupos, em que estes podem ser:
- (6) competitivos em nível internacional ou olímpico
- (5) competitivos em nível nacional
- (6) competitivos em nível estadual/regional
- (3) participantes no esporte em nível recreativo intramuros/local
- (2) competitivos em outros esportes que não o de interesse
- (1) de não-atletas

Coluna 41: Qualidade de definição do grupo (especialista, elite, hábil, experiente, etc.)
- (2) bem definida
- (1) informações fornecidas são insuficientes
- (0) indefinida

Coluna 42: Classificação de confiança na seleção do desempenho
- (2) alta
- (1) média
- (0) baixa

Coluna 43: Como esse nível foi determinado?
- (3) registro do desempenho anterior
- (2) determinação do treinador
- (1) outros critérios
- (0) não mencionado

Coluna 44: Número total de participantes no grupo

Coluna 45: Sexo dos participantes
- (3) só homens
- (2) só mulheres
- (1) misto
- (0) não declarado

Coluna 46: Média de idade da amostra utilizada no grupo
- (5) ≥30
- (4) 20-29
- (3) 16-19
- (2) 13-15
- (1) ≤12
- (0) não declarada

Coluna 47: Número médio de anos de experiência com o esporte
- (5) >10
- (4) 7-10
- (3) 4-6
- (2) 2-3
- (1) <2
- (0) não declarado

Coluna 48: Status dos participantes
- (2) pagos
- (1) não pagos
- (0) não declarado

Coluna 49: Experiência anterior com a tarefa
- (2) familiar
- (1) nova ou recente
- (0) não declarada

Coluna 50: Escore de desempenho médio do grupo na tarefa

Coluna 51: Desvio-padrão do grupo na tarefa

Passo 8 Fornecimento de informações sobre o grupo intermediário de participantes

Coluna 52: Código numérico do grupo, em que este pode ser:
- (6) competitivo em nível internacional ou olímpico
- (5) competitivo em nível nacional
- (4) competitivo em nível estadual/regional
- (3) participante no esporte em nível recreativo, intramuros ou local
- (2) competitivo em outros esportes que não o de interesse
- (1) não atletas

Coluna 53: Qualidade de definição do grupo (especialista, elite, hábil, experiente, etc.)
- (2) bem definido
- (1) informações fornecidas são insuficientes
- (0) indefinido

Coluna 54: Classificação da confiança na seleção do desempenho
- (2) alta
- (1) média
- (0) baixa

▶ (*continua*)

> **Formulário de codificação de amostra para uma metanálise de habilidade esportiva** (*continuação*)

Coluna 55: Como esse nível foi determinado?
- (3) registro do desempenho anterior
- (2) determinação do treinador
- (1) outros critérios
- (0) não mencionado

Coluna 56: Número total de participantes no grupo

Coluna 57: Sexo dos participantes
- (3) só homens
- (2) só mulheres
- (1) misto
- (0) não declarado

Coluna 58: Média de idade da amostra utilizada no grupo
- (5) ≥30
- (4) 20-29
- (3) 16-19
- (2) 13-15
- (1) ≤12
- (0) não declarada

Coluna 59: Número médio de anos de experiência com o esporte
- (5) >10
- (4) 7-10
- (3) 4-6
- (2) 2-3
- (1) <2
- (0) não declarado

Coluna 60: Status dos participantes
- (2) pago
- (1) não pago
- (0) não declarado

Coluna 61: Experiência anterior com a tarefa
- (2) familiar
- (1) nova/recente
- (0) não declarada

Coluna 62: Escore de desempenho médio do grupo na tarefa

Coluna 63: Desvio-padrão do grupo na tarefa

Passo 9 Fornecimento de informações sobre qualquer outro grupo de participantes incluído no estudo

Coluna 64: Código numérico do grupo, em que este pode ser:
- (6) competitivo em nível internacional ou olímpico
- (5) competitivo em nível nacional
- (4) competitivo em nível estadual/regional
- (3) participante no esporte em nível recreativo, intramuros ou local
- (2) competitivo em outros esportes que não o de interesse
- (1) não atletas

Coluna 65: Qualidade de definição do grupo (especialista, elite, hábil, experiente, etc.)
- (2) bem definida
- (1) informações fornecidas são insuficientes
- (0) indefinida

Coluna 66: Classificação de confiança na seleção do desempenho
- (2) alta
- (1) média
- (0) baixa

Coluna 67: Como esse nível foi determinado?
- (3) registro do desempenho anterior
- (2) determinação do treinador
- (1) outros critérios
- (0) não mencionado

Coluna 68: Número total de participantes no grupo

Coluna 69: Sexo dos participantes
- (3) só homens
- (2) só mulheres
- (1) misto
- (0) não declarado

Coluna 70: Média de idade da amostra utilizada no grupo
- (5) ≥30
- (4) 20-29
- (3) 16-19
- (2) 13-15
- (1) ≤12
- (0) não declarada

Coluna 71: Número médio de anos de experiência com o esporte
- (5) >10
- (4) 7-10
- (3) 4-6
- (2) 2-3
- (1) <2
- (0) não declarado

Coluna 72: Status dos participantes
- (2) pago
- (1) não pago
- (0) não declarado

Coluna 73: Experiência anterior com a tarefa
- (2) familiar
- (1) nova ou recente
- (0) não declarada

Coluna 74: Escore de desempenho médio do grupo na tarefa

Coluna 75: Desvio-padrão do grupo na tarefa

Nosso agradecimento a Sheri Parks, do Departament of Human Movement Studies, University of Queensland, Brisbane, Austrália, pelo uso de seu folheto de codificação.

Capítulo 15

SURVEYS

A maioria dos *surveys* representa a opinião comum de pessoas que desconhecem o assunto.

A pesquisa descritiva é um estudo do *status*, sendo amplamente utilizada na educação e nas ciências comportamentais. Seu valor tem como base a premissa de que os problemas podem ser resolvidos e as práticas melhoradas por meio de descrição objetiva e completa. O método mais comum de pesquisa descritiva é o *survey*. Em geral, seus objetivos amplos. O pesquisador procura determinar as práticas (ou opiniões) presentes em uma população específica. O *survey* é utilizado na educação, na psicologia, na sociologia e na atividade física. O questionário, o método Delphi, a entrevista pessoal e o *survey* normativo são os principais tipos de *survey*.

Questionário

O **questionário** e a **entrevista** são essencialmente a mesma coisa, exceto pelo método de questionamento. Os questionários costumam ser respondidos por escrito, enquanto as entrevistas são conduzidas oralmente. Conforme será observado mais tarde neste capítulo e no Capítulo 19, as entrevistas para pesquisa qualitativa em geral são abertas e podem ter diferentes metas do *survey* baseado em entrevista. Os procedimentos para desenvolver os itens do questionário e da entrevista são semelhantes. Em consequência, muito da discussão a respeito dos passos na construção do questionário também concerne à entrevista. Da mesma maneira, parte desta orientação é a mesma tanto para artigo *survey* quanto para aquele conduzido eletronicamente na Internet. O método de enviar o *survey* pode depender da amostra – eletrônico, se os participantes estão geograficamente dispersos, e por papel, se for mais fácil ganhar acesso direto aos participantes pessoalmente.

Os pesquisadores utilizam o questionário para obter informações mediante a solicitação de que os participantes respondam às questões, em vez de observarem o seu comportamento. A limitação óbvia do questionário é que os resultados consistem apenas no que as pessoas dizem que fazem ou no que dizem acreditar ou gostar ou não gostar. No entanto, algumas informações podem ser obtidas apenas dessa maneira; então, o questionário deve ser planejado e preparado cuidadosamente para assegurar os resultados mais válidos. O processo de pesquisa de *survey* inclui oito passos, cada um deles abordados nesta seção, que focam em *surveys* baseados em papel e utilizam o serviço postal para envio e recebimento do *survey*. A seção a seguir aborda *surveys* de Internet.

Determinação dos objetivos

Parece muito óbvio mencionar este passo, mas inúmeros questionários são preparados sem objetivos claramente definidos. Na realidade, um mau planejamento pode explicar a pouca consideração que às vezes se tem pela pesquisa do tipo *survey*. O investigador deve ter a clara compreensão das informações que são necessárias já na fase de planejamento do estudo, não após os dados terem sido coletados.

Survey Técnica de pesquisa descritiva que procura determinar práticas ou opiniões presentes em uma população específica; pode tomar a forma de questionário, entrevista ou *survey* normativo.

Questionário *Survey* dos tipos papel e lápis ou eletrônicos, utilizado na pesquisa descritiva, em que as informações são obtidas pedindo-se aos participantes que respondam às questões, em vez de observar o seu comportamento.

Entrevista Técnica de *survey* semelhante ao questionário, exceto pelo fato de que os participantes são questionados e respondem oralmente, em vez de fazê-lo por escrito.

▶ Enquanto um questionário é limitado ao que os respondentes dizem que fazem, acreditam ou preferem, esta é a única técnica que pode obter certas informações.

O pesquisador deve decidir sobre os objetivos específicos do questionário: quais as informações desejadas? Como as respostas serão analisadas? Elas serão descritas meramente listando-se as porcentagens dos participantes que responderam de determinada maneira ou as respostas de um grupo serão comparadas com as de outro?

Um dos erros mais comuns na construção de um questionário é a não especificação das variáveis a serem analisadas. Em alguns casos, quando os investigadores não listam as variáveis, fazem perguntas que não se relacionam com os objetivos. Em outros, se esquecem de fazer perguntas pertinentes.

Delimitação da amostra

A maior parte dos pesquisadores que utiliza questionários tem em mente uma população específica para ser amostrada. Obviamente, os participantes selecionados devem ser aqueles que têm as respostas para as perguntas. Em outras palavras, o investigador deve saber quem pode suprir certas informações. Caso queira informações sobre decisões políticas, aqueles que respondem devem ser os envolvidos na tomada de tais decisões.

Às vezes, a fonte utilizada na seleção da amostra é inadequada. Por exemplo, algumas associações profissionais são compostas de professores dos ensinos médio e fundamental, administradores, professores universitários e outros profissionais associados. Portanto, os membros de uma associação desse tipo não são os ideais para um estudo direcionado somente para professores de escolas públicas. A menos que seja usado algum mecanismo de triagem referente ao local de trabalho, retornarão muitos questionários incompletos, devido à inaplicabilidade das questões.

A representatividade da amostra é uma consideração importante. A amostragem aleatória estratificada, conforme abordado no Capítulo 6, às vezes é utilizada. Em um questionário levantando as preferências recreacionais de um grupo de estudantes universitários, a amostra deveria refletir a proporção de estudantes em diferentes níveis nos cursos. Assim, se 35% dos estudantes são calouros, 30% são de segundo ano, 20% são de terceiro ano e 15% são formandos, então a amostra deve ser selecionada de acordo com essas porcentagens. Do mesmo modo, se um pesquisador está estudando ofertas de programas escolares e 60% das escolas do estado em questão têm menos de 200 estudantes matriculados, então 60% da amostra devem ser dessas escolas.

A seleção da amostra deve se basear nas variáveis especificadas para serem estudadas. Isso afeta a capacidade de generalização dos resultados. Se um investigador especifica que o estudo lida com apenas um sexo, um nível educacional ou uma instituição, então a população está bem delimitada e talvez seja fácil selecionar uma amostra representativa dessa população específica. No entanto, as generalizações que podem ser feitas a partir dos resultados também são restritas a essa população específica. Contudo, se o pesquisador está dirigindo o questionário a todos os indivíduos de uma população específica (p. ex., todos os diretores de atletismo ou todos os instrutores de aptidão física), então a capacidade de generalização é aumentada, mas os procedimentos de amostragem tornam-se mais difíceis. A representatividade da amostra é mais importante do que o seu tamanho.

Em algumas instâncias, os *surveys* abordam populações difíceis de obter amostras nos moldes obervados anteriormente. Por exemplo, identificar todos os possíveis participantes para um estudo nacional de professores de educação física pode ser impossível. Obter uma listagem de cada estado ou distrito escolar é impraticável, e cada um pode ter dados que são mais ou menos atuais. Após a identificação do tipo de participante, nesses tipos de estudo, o pesquisador trabalha para obter o maior e mais diverso tamanho de amostra possível. Esse procedimento ocorre de várias formas e é discutido mais a fundo na seção sobre *surveys* eletrônicos.

Erro de amostragem

Com frequência, você lê reportagens nos jornais sobre pesquisas nacionais de opinião pública a respeito de alguma questão nacional, se alguma figura pública deve renunciar ou se um réu recebeu julgamento justo. Muitas vezes, a reportagem inclui uma declaração sobre o tamanho da amostra e o erro de amostragem, tal como: "A pesquisa envolveu 1.022 norte-americanos, e os resultados estavam sujeitos a um erro de amostragem de 3,1 pontos percentuais para mais ou para menos". Alguma

▶ Na pesquisa de *survey*, representatividade é mais importante do que o tamanho da amostra.

vez você já se perguntou como os pesquisadores chegam a essa amplitude de erro? Discutimos erro-padrão em capítulos anteriores. O erro-padrão de amostragem pode ser expresso como

$$EP = \sqrt{\text{variância}/n} \qquad (15.1)$$

onde EP é o erro-padrão de amostragem; e n, o tamanho da amostra. Sabemos que a variância pode ser definida como a soma dos quadrados dos desvios em relação à média da amostra, dividida por n. Nesse caso, no entanto, a variância é calculada como uma função de proporções, isto é, a porcentagem é uma amostra que tem determinada característica ou dá determinada resposta. A variância de uma proporção é calculada como $p(1\ p)$, onde p é a proporção que tem uma característica ou responde de determinada forma e $1 - p$ é a proporção que não responde ou responde de forma diferente. Essas proporções poderiam ser de muitas coisas, tais como homens e mulheres, votantes e não votantes, fumantes e não fumantes, ou aqueles que creem de uma forma *versus* os que creem de forma diferente, como é comum em sondagens. Então, a Equação 15.2 pode ser escrita do seguinte modo:

$$EP = \sqrt{p(1-p)/n} \qquad (15.2)$$

Se não sabemos as proporções (ou as proporções esperadas), $p = 0{,}50$. Essa proporção resulta em maior erro. Voltemos ao nosso exemplo do *survey* de 1.022 norte-americanos com o erro de amostragem de 3,1%. Utilizando a Equação 15.2, temos:

$$EP = \sqrt{0{,}50(1-0{,}50)/1022} = 0{,}0156, \text{ ou } 1{,}6\%$$

Contudo, lembre-se de que EPs são interpretados como desvios-padrão, em que ± 1 EP inclui cerca de 68% da população; dito de outra forma, estamos apenas 68% confiantes de que nossa amostra é representativa. Por isso, a maioria das pesquisas de opinião pública utiliza um intervalo de confiança de 95%, que, sabemos, é ± 1,96 EP. Portanto, nossa equação final deve ser esta:

$$\begin{aligned} EP &= 1{,}96\sqrt{p(1-p)/n} \\ &= 1{,}96\sqrt{0{,}50(1-0{,}50)/1022} \\ &= 3{,}1\% \end{aligned} \qquad (15.3)$$

Tamanho da amostra

O tamanho da amostra necessário é uma consideração importante a partir de dois pontos de vista: (1) por representar adequadamente uma população e (2) por considerações práticas de tempo e custo. Certas fórmulas podem ser utilizadas para determinar a adequação do tamanho da amostra (Vockell, 1983, p. 111-118). Essas fórmulas envolvem os níveis de probabilidade e a quantidade de erro de amostragem considerada aceitável. É preciso atentar para as considerações práticas de tempo e custo já na fase de planejamento do estudo. Surpreendentemente, os estudantes muitas vezes ignoram essas considerações até serem forçados a pegar uma calculadora e tabular os custos de impressão, postagem inicial (que inclui envelopes selados, com nome e endereço do remetente para eventual devolução), reenvios, pontuação e análise de dados. Às vezes, os custos são tão altos que se faz necessário buscar uma agência de fomento ou um auxílio financeiro para subsidiar o estudo. Caso contrário o projeto deve ser restringido ou totalmente abandonado. O tempo também é importante em relação à disponibilidade dos participantes, a possíveis influências sazonais e a vários prazos finais. Sugerimos a leitura de Fink (2003) e Fowler (2009) para discussões sobre amostragem de *survey*, incluindo o cálculo do tamanho da amostra.

Construção do questionário

A noção de que elaborar um questionário é fácil não passa de falácia. As questões não são simplesmente "inventadas". Qualquer pessoa que prepara um questionário e pede que alguém o leia logo descobre que afinal essa não é uma tarefa tão fácil. As questões que eram claras e concisas para o escritor podem ser confusas e ambíguas para o respondente.

Uma das orientações mais valiosas para a elaboração das questões é perguntar-se continuamente que objetivo específico cada questão está medindo. Depois, pergunte como você irá analisar a resposta. Enquanto estiver elaborando as questões, uma boa ideia é preparar uma tabela em branco que inclua as categorias de respostas, comparações e outros desdobramentos da análise de dados, de forma que seja possível prontamente determinar com exatidão como cada item será manipulado e como ele contribuirá para os objetivos do estudo. Em seguida, você deve escolher o formato para as questões, das quais seguem alguns exemplos.

Questões abertas

Questão aberta
Categoria de questão em questionários e entrevistas que permite ao entrevistado considerável liberdade para expressar sentimentos e expandir ideias.

As **questões abertas**, tais como "O quanto você gosta do seu trabalho?" ou "De que aspectos do seu trabalho você gosta?" podem ser mais fáceis para o investigador elaborar. Tais questões permitem ao entrevistado considerável liberdade para expressar sentimentos e expandir ideias. No entanto, as muitas desvantagens das questões abertas geralmente as tornam menos desejáveis do que as **questões fechadas**. Por exemplo, a maior parte dos entrevistados não gosta de questões abertas. Aliás, a maior parte das pessoas não gosta de questionários, porque pensam que *surveys* tomam o seu tempo. Além disso, as questões abertas requerem mais tempo para serem respondidas do que as fechadas. Outra desvantagem é o controle limitado devido à natureza da resposta: o respondente com frequência divaga e desvia-se da questão. Além disso, tais respostas são difíceis de sintetizar e agrupar em categorias para interpretação. Ainda que os itens abertos possam gerar informações valiosas, estas são difíceis de analisar de outra maneira que não a descrição simples.

Às vezes, as questões abertas são utilizadas para elaborar questões fechadas. As avaliações de estudantes sobre um curso costumam ser desenvolvidas pedindo-se que eles listem todas as coisas de que gostam e de que não gostam no curso. A partir dessas listas, as questões fechadas são elaboradas mediante a categorização das respostas abertas.

Questão fechada
Categoria de questão encontrada em questionários e entrevistas a qual requer uma resposta específica e que com frequência toma a forma de classificações, itens em escala ou respostas categóricas.

Questões fechadas

As questões fechadas assumem várias formas. Algumas dessas questões mais utilizadas são as classificações, os itens em escala (algumas escalas de medida foram abordadas no Capítulo 11) e as respostas categóricas.

Uma **classificação** força o entrevistado a situar as respostas em uma ordem de classificação de acordo com algum critério. Como resultado, são feitos julgamentos de valor, e as classificações podem ser somadas e analisadas quantitativamente. Veja um exemplo de resposta por ordem de classificação:

Classificação
Tipo de questão fechada que força o entrevistado a situar as respostas em uma ordem de classificação de acordo com algum critério.

Classifique as seguintes atividades em relação a como você gosta de passar seu tempo livre. Numere-as de 1 a 5, sendo 1 a preferida e 5 a de que você menos gosta.

___ Leitura
___ Assistir à televisão
___ Artes e ofícios
___ Esportes vigorosos, tais como tênis e raquetebol
___ Atividade física moderada, como caminhada

Itens em escala
Tipo de questão fechada que requer que os participantes indiquem seu grau de concordância ou discordância com alguma afirmação ou a frequência relativa de algum comportamento.

Os **itens em escala** são um dos tipos mais comumente utilizados de questões fechadas. Pede-se aos participantes que indiquem seu grau de concordância com alguma afirmação ou citem a frequência relativa de algum comportamento, como no seguinte exemplo:

Indique a frequência com que você se envolve em reuniões e tarefas de comissões durante o ano acadêmico.

|---|---|---|---|
| Raramente | Algumas | Muitas vezes | Frequentemente |

A escala Likert é uma escala com 3 a 9 respostas em que se supõe que os intervalos entre as respostas sejam iguais:

Em um programa obrigatório de educação física, deve-se exigir que os alunos façam pelo menos uma aula de dança.

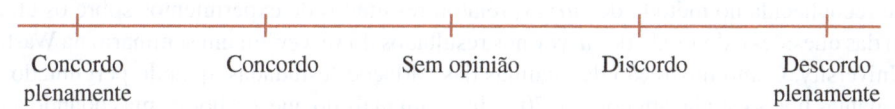

Concordo plenamente	Concordo	Sem opinião	Discordo	Descordo plenamente

A diferença entre "concordo plenamente" e "concordo" é considerada equivalente à diferença entre "discordo" e "discordo plenamente". Enunciados de resposta variados podem ser utilizados em respostas em escala, tais como "excelente", "bom", "razoável", "fraco" e "muito fraco"; "muito importante", "importante", "não muito importante" e "sem importância"; e assim por diante.

As **respostas categóricas** oferecem ao participante apenas duas escolhas. Em geral, as respostas são "sim" e "não" ou "concordo" e "discordo". Uma limitação óbvia das respostas categóricas é a falta de outras opções, como "às vezes" ou "sem opinião". Respostas categóricas não requerem tanto tempo para serem respondidas quanto as questões em escala, mas não fornecem tantas informações sobre o grau de concordância ou a frequência do comportamento especificado do participante.

> **Resposta categórica**
> Tipo de questão fechada que oferece ao participante apenas duas respostas, tais como "sim" ou "não".

Algumas vezes, as perguntas nos questionários estão relacionadas às respostas de outros itens. Por exemplo, uma questão poderia perguntar se a instituição do entrevistado oferece programa de doutorado. Se a resposta fosse "sim", então o participante seria direcionado a responder as questões subsequentes sobre o programa. Se ele respondesse "não", seria direcionado a parar ou a passar à próxima seção.

Gall, Gall e Borg (2006) elaboraram as seguintes regras para a formulação de itens de questionário:

- Os itens devem ser claramente enunciados, de forma que todos eles tenham o mesmo significado para todos os entrevistados. Evite palavras que não tenham significado preciso, tais como "normalmente", "maioria" e "geralmente".
- Use questões curtas em vez de longas, pois são mais fáceis de compreender.
- Não use itens que tenham duas ou mais ideias separadas na mesma questão, como neste exemplo, "Embora todos devessem aprender a nadar, passar em um teste de natação não deveria ser uma condição necessária para graduar-se na faculdade". Esse item realmente não pode ser respondido por uma pessoa que concorde com a primeira parte da sentença mas não com a última, ou vice-versa. Outro exemplo é "Seu departamento requer um exame de ingresso para estudantes de mestrado e doutorado?". Essa pergunta é confusa, porque o departamento pode ter um exame para estudantes de doutorado mas não para estudantes de mestrado, ou vice-versa. Se as opções de resposta fossem apenas "sim" ou "não", uma resposta "não" indicaria que não há exame para nenhum dos programas; e um "sim" significaria exames para ambos. O tema deveria ser dividido em duas questões.
- Evite usar itens negativos, tais como "A educação física não deve ser ensinada por treinadores". Os itens negativos são, muitas vezes, confusos, e a palavra negativa é às vezes negligenciada, fazendo com que o indivíduo responda exatamente o oposto do que pretendia.
- Evite linguagem técnica e jargão. Tente alcançar clareza e o mesmo significado para todos os participantes.
- Tenha o cuidado de não influenciar a resposta ou induzir o entrevistado a responder de determinada forma.

Às vezes, as questões são formuladas de tal modo que a pessoa saiba qual é a resposta "certa". Por exemplo, você saberia qual a resposta esperada se encontrasse esta questão: "Pelo fato de os professores trabalharem tanto, não deveriam receber salários mais altos?". O mesmo conselho aplica-se ao problema das questões ameaçadoras. Se o respondente percebe certos itens como ameaçadores, é provável que ele não devolva o questionário. Um questionário para professores sobre práticas de avaliação de alunos, por exemplo, pode ser visto como ameaçador, pois práticas de avaliação deficientes indicariam que o professor não está fazendo um bom trabalho. Assim, um professor que se sinta ameaçado pode não devolver o questionário ou dar as respostas que pareçam ser as "certas".

Resultados de experimentos em sondagens mostram que pequenas mudanças no enunciado, ou mesmo na ordenação das alternativas, podem causar diferenças nas respostas. Don Dillman, autoridade reconhecida no método de *survey*, relatou resultados de experimentos sobre os efeitos do formato das questões e do modo de *survey* nos resultados do *survey* em um seminário na Washington State University. Como ilustração de algumas das variações estudadas, quando perguntado a estudantes quantas horas estudavam por dia, 70% disseram mais do que 2,5 horas; mas quando a mesma pergunta foi feita de outra forma, apenas 23% indicaram mais do que 2,5 horas.

Aparência e delineamento

Por fim, a aparência e o formato do questionário como um todo podem ter influência significativa em sua taxa de retorno. Questionários que aparentam ser desorganizados e mal-preparados provavelmente serão "arquivados" na lixeira ou não serão clicados se acessados *online*. Lembre-se: muitas pessoas têm atitudes negativas em relação a questionários, então qualquer coisa que o pesquisador possa fazer para superar essa atitude negativa aumentará a probabilidade de o questionário ser respondido. Algumas sugestões são meramente estéticas, tais como o uso de papel colorido ou de um desenho artístico. Mesmo pequenas melhorias, como colocar linhas pontilhadas da questão até as opções de resposta ou agrupar os itens relacionados, podem trazer grandes benefícios.

O questionário deve fornecer o nome e o endereço do investigador. As instruções para responder às questões devem ser claras e completas, e exemplos devem ser fornecidos para quaisquer itens previstos como de difícil compreensão.

As primeiras questões devem ser fáceis de responder; o entrevistado provavelmente começará a responder às questões fáceis e estará mais disposto a completar o questionário após estar envolvido. Uma estratégia ineficiente é começar com questões que exijam considerável reflexão ou tempo para reunir as informações. Todo esforço deve ser feito para facilitar ao máximo as respostas às questões difíceis. Por exemplo, questões sobre número de matriculados, tamanho do corpo docente, número de assistentes de graduação, entre outras, podem, muitas vezes, solicitar respostas em faixas (p. ex., 1 a 10, 11 a 20, 21 a 30). De qualquer forma, primeiro, você provavelmente agrupará as respostas para fins de análise. Depois, o entrevistado pode responder a questões do tipo faixa sem ter de consultar os registros ou pelo menos completar as respostas com mais rapidez. Uma pergunta ainda mais básica para fazer a si mesmo é "Eu realmente necessito dessa informação?" ou "Isso faz parte dos meus objetivos?". Infelizmente, alguns investigadores apenas solicitam a primeira informação que vem a sua mente, sem considerar o tempo requerido para dar a resposta ou a relevância da informação.

Em geral, os questionários mais curtos têm taxas de resposta mais altas e mais validade do que os longos. A questão não é mais dados, mas dados melhores (Punch, 2003). Uma análise de 98 estudos de questionário realizada por Gall, Gall e Borg (2006) mostrou que, em média, cada página adicionada a um questionário reduziu o número de retornos em 0,5%. Pelo fato de muitas pessoas serem relutantes para completar questionários, a carta explicativa (que discutiremos posteriormente) e o tamanho e a aparência do questionário são essenciais. Um questionário extenso, que requeira muitas informações, será, muito provavelmente, posto de lado para mais tarde, isso se não for descartado de imediato.

Condução do estudo-piloto

Um estudo-piloto é recomendado para qualquer tipo de pesquisa, mas é imperativo para um *survey*. Na verdade, o elaborador de um questionário pode ser bem aconselhado a realizar dois estudos-piloto. A primeira experiência consiste em pedir que alguns colegas ou conhecidos leiam todo o questionário. Essas pessoas podem tecer críticas valiosas a respeito do formato, do conteúdo, da expressão e da importância dos itens do questionário e da viabilidade de adicionar ou deletar questões.

Após revisar o questionário de acordo com as críticas obtidas na primeira série de testes, são selecionados os entrevistados, que são uma parte da população pretendida, para o segundo estudo-piloto. O questionário é aplicado, e os resultados são submetidos à análise do item (abordada no

Cap. 11). Em alguns questionários, pode-se determinar correlações entre escores em cada item e no teste todo para verificar se os itens estão, de fato, medindo o que se pretende que eles meçam. As respostas são sempre examinadas para determinar se os itens estão claros e apropriados. Primeiro, as questões que são respondidas da mesma forma por todos os entrevistados precisam ser avaliadas: elas provavelmente carecem de discriminação. Respostas inesperadas podem indicar que as questões estão mal-formuladas. Alguma reformulação e outras mudanças também podem ser necessárias se os participantes, que podem ser sensíveis a algumas questões, não as responderem. Além disso, o estudo-piloto determina se as instruções são adequadas. Outra utilidade do estudo-piloto é determinar a extensão do *survey*. O pesquisador deve registrar quanto tempo o participante típico leva para completar o *survey*.

Deve-se sempre realizar uma experiência de análise dos resultados no estudo-piloto. O pesquisador pode verificar se é possível analisar os itens de forma significativa e, então, averiguar se algumas mudanças se justificam para facilitar a análise. Esse é um dos resultados mais lucrativos do estudo-piloto. É claro que, se os resultados do estudo-piloto exigirem alterações substanciais, recomenda-se a realização de outro para determinar se o questionário está pronto para a distribuição inicial.

Redação da carta explicativa

É inquestionável que o sucesso da distribuição inicial dependa em grande parte da eficácia da **carta explicativa** que acompanha o questionário. Se ela esclarecer os objetivos e a importância do *survey* de maneira sucinta e profissional (e se os objetivos forem dignos de estudo), o respondente provavelmente ficará interessado no problema e estará inclinado a cooperar.

> **Carta explicativa**
> A carta anexada a um *survey* explica os objetivos e a importância deste.

A carta explicativa eficaz também deve assegurar aos entrevistados que sua privacidade e seu anonimato serão mantidos. Além disso, ela deve fazer um apelo à cooperação dos entrevistados. Uma lisonja sutil em relação ao *status* profissional e à importância da resposta pode ser conveniente. No entanto, esse esforço deve ser feito com muito tato e apenas quando apropriado. Nessa situação, o nome e o endereço do indivíduo devem aparecer na carta explicativa. As cartas devem dar a impressão de que foram digitadas individualmente, mesmo quando utilizado um processador de textos. As pessoas serão insultadas se for sugerido que elas foram selecionadas por sua competência e opiniões valiosas, mas as cartas forem endereçadas a "Prezado morador".

Se o *survey* for apoiado por agências, associações ou instituições reconhecidas, especifique isso na carta explicativa. Se possível, utilize o papel timbrado da organização ou da instituição. Os entrevistados cooperam muito mais se alguma pessoa ou organização respeitada estiver apoiando o estudo. Além disso, mencione se existe apoio financeiro e por parte de quem. Identifique-se pelo nome e pela posição. Se o estudo for parte de sua tese ou dissertação, informe o nome do seu orientador. Às vezes, é vantajoso que o chefe do departamento ou o diretor da faculdade assine a carta. Para aumentar a taxa de resposta, contate as pessoas por *e-mail*, carta, cartão ou telefone, solicitando sua participação no *survey*. Se os propósitos do estudo valem a pena, geralmente é oportuno, nesse momento, oferecer ao entrevistado um resumo dos resultados. Antes de fazer essa oferta, leve em consideração o quanto de trabalho e dinheiro um resumo assim irá requerer. Se você se dispuser a oferecer um resumo, certifique-se de que cumprirá a promessa.

Muitas universidades exigem o consentimento informado para os que completam o *survey*. O tópico do *survey* e os procedimentos da universidade podem determinar o tipo de consentimento que é exigido (i.e., passivo ou ativo) e o método pelo qual os participantes fornecem o consentimento (p. ex., assinalando em um quadrado em um *survey* eletrônico ou enviando um consentimento informado em um envelope separado quando um tópico sensível está em questão). À medida que um estudo está sendo delineado e os documentos para a comissão examinadora estão sendo preparados, determine que tipo de consentimento é exigido e como tornar esse processo eficiente para os participantes.

Considerando que um questionário toma o tempo de uma pessoa, estratégias envolvendo prêmios e incentivos são às vezes utilizadas no intuito de entreter ou envolver o entrevistado. Alguns questionários incluem dinheiro (ainda que de baixo valor) como um sinal de apreço. Esse incentivo pode apelar para a integridade de uma pessoa e evocar cooperação. Então, novamente, você pode ter de aumentar custos. A desvantagem é que a inflação destrói os efeitos de tais recompensas. Vinte e cinco centavos podem ter funcionado anos atrás, enquanto, agora, um ou mais reais podem ser necessários para provocar a mesma "sensação de culpa" por não responder. Os resultados de pesquisa em relação à efetividade de incentivos monetários têm sido diversos. Denton e Tsai (1991) compararam diferentes valores de incentivos monetários e uma rifa para uma revista profissional e não encontraram benefícios significativos.

A carta explicativa deve solicitar que o questionário seja devolvido até certa data. (Essa informação também deve ser especificada no questionário.) Ao estabelecer a data para o retorno dos dados, considere fatores como compromissos, responsabilidades, férias dos entrevistados, e assim por diante. Seja razoável em relação ao tempo que você dará para a pessoa responder; mas não dê muito tempo ao entrevistado, em razão da tendência a deixá-lo de lado e, depois, esquecê-lo. Uma semana é tempo mais do que suficiente para a pessoa responder (além do tempo de postagem).

A aparência da carta explicativa é tão importante quanto a aparência do questionário. Erros gramaticais, palavras com erros de ortografia e espaçamento e formato inadequados criam no entrevistado a impressão de que o autor não dá muita importância a detalhes e que o estudo provavelmente será malfeito.

Os pesquisadores têm tentado várias abordagens sutis e discretas para estabelecer uma boa relação de comunicação com o entrevistado. Alguns tentam um apelo solene à monumental importância do *survey*; outros, o humor casual; e outros, uma abordagem afável. Obviamente, o sucesso de qualquer abordagem depende da habilidade do escritor e da receptividade do leitor. Qualquer dessas tentativas pode ter efeito contrário ao desejado.

Há muitos anos, um dos autores deste livro (Nelson) recebeu do chefe do seu departamento um memorando com uma carta como esta anexada:

> Prezado dr. _____:
>
> Costuma-se dizer que "Há dois tipos de informação: a que se conhece e a que se sabe onde encontrar". Fiz uma pergunta a três pessoas que o senhor conhece, os doutores Eeney, Meeney e Moe, e todos disseram: "Desculpe, eu não sei o nome dele". Mas eles me deram esta útil sugestão: escrever-lhe.
>
> Agora vamos à pergunta: Qual o nome da pessoa no seu departamento ou na sua escola que coordena o programa de pós-graduação em educação física?...
>
> Atenciosamente,
> Harry Homespun

O chefe do departamento respondeu à carta informando que Nelson era o coordenador do programa de pós-graduação; logo depois, chegou esta carta:

> Prezado Dr. Nelson:
>
> Seu bom trabalho na administração de um programa de pós-graduação é notório em nossa profissão. Ainda que existam muitos problemas complicados, todos querem melhorar os recursos para os estudos de pós-graduação. Mas como? Devido a sua abordagem acadêmica, meus colaboradores, os doutores Eeney, Meeney e Moe, sugeriram que eu lhe escrevesse. Costuma-se dizer que "Se você quer que algo importante seja feito, peça a uma pessoa ocupada". Meus colaboradores disseram que o senhor é mais ocupado do que um perdigueiro em grama alta. Eles também disseram que o senhor tem grande preocupação com a excelência... Se o senhor achar conveniente devolver a sua cópia preenchida no dia 1º de maio ou antes, poderia ajudar a reduzir o atraso cultural.
>
> Cordialmente,
> Harry Homespun

Omitimos, é claro, os principais trechos das cartas relativos ao que estava sendo estudado e ao que as instruções especificavam, mas esses trechos estavam, em geral, bem-elaborados.

Cerca de um ano depois, chegou outro questionário da mesma universidade, com essencialmente a mesma abordagem simples, incluindo a analogia do perdigueiro em grama alta. É seguro supor que esses dois estudantes de pós-graduação tiveram o mesmo curso de métodos de pesquisa na mesma instituição. Muito provavelmente, na discussão do método de *survey*, alguns exemplos de cartas de apresentação foram fornecidos com abordagens diferentes. Os professores Eeney, Meeney e Moe ficariam sem dúvida desconcertados se soubessem que os dois estudantes escreveram cartas quase idênticas.

Em geral, as cartas de apresentação continham as informações essenciais, e os tópicos valiam a pena. Os autores foram apenas muito desajeitados em suas tentativas de abordagem simples, e seus esforços para lisonjear o entrevistado em relação a sua "notória" competência careceram de sutileza.

A seguir, apresentamos um exemplo de carta explicativa por *e-mail* para um questionário que envolve um tópico potencialmente ameaçador. A carta explica ao entrevistado como o sigilo será assegurado. Também focaliza a importância do tópico e explica como funcionará o processo. Bourque e Fielder (2003) oferecem sugestões úteis em relação ao que deve ser incluído nas cartas de apresentação.

Exemplo de carta de apresentação por *e-mail*

Prezado _____:

Sou estudante de doutorado em educação física na Universidade da Geórgia, e estou realizando um estudo para minha dissertação, intitulado Teachers' Perceptions of School District Teacher Assessment Procedures. Como parte do estudo, compararei as atitudes de professores mais e menos experientes e (a) como veem o processo de avaliação do professor, (b) como a informação da avaliação é usada pelos supervisores e (c) como utilizam a informação da avaliação. Minha experiência como professor de educação física de escola pública sugere que esta informação é importante – uma grande parte do tempo é gasta avaliando professores, mas como o professor vê a avaliação é frequentemente ignorado. Espero que você concorde em participar deste estudo. Seu coordenador de educação física concordou com a participação do seu distrito e seu nome foi randomicamente selecionado de um grupo de professores de educação física que leciona no distrito. Sua participação exigirá aproximadamente 20 minutos para completar o *survey online*. Se você quiser participar, tudo o que precisa fazer é clicar no *link* a seguir que o levará para um *site* onde poderá começar. Antes de iniciar o *survey*, você será informado sobre os seus direitos e solicitado a dar seu consentimento para participar. No material introdutório está incluída uma descrição de como a informação que você der será completamente confidencial. Você ficará no anonimato e em momento algum suas repostas serão identificadas com o seu nome ou qualquer outra informação que possa identificá-lo. Além disso, os únicos dados que serão relatados são médias e outros escores resumidos. Você e seu coordenador de educação física receberão um resumo dos resultados. Nem você nem o distrito escolar serão identificados neste relatório, na dissertação ou em qualquer outro artigo que seja publicado, uma vez que a dissertação esteja concluída. Mais de 20 distritos escolares concordaram em participar e os dados serão agregados pelo tamanho do distrito escolar. Espero que você concorde em participar deste estudo. Ficarei feliz em responder qualquer dúvida que você tenha. Você pode responder este *e-mail* ou ligar para 212-555-5555.

Obrigado pelo seu tempo e por considerar esta solicitação. Sua ajuda me permitirá conduzir um forte estudo que proporcionará resultados valorosos para a nossa área.

Atenciosamente,

Ronald Smith
Estudante de Pós-graduação

Clique aqui para participar deste estudo.

Envio do questionário

O investigador precisa ter cuidado na escolha do melhor momento para a correspondência inicial. As considerações incluem feriados, férias e períodos mais agitados do ano para os entrevistados. Um envelope selado e com o nome e o endereço do remetente deve ser incluído. É quase um insulto esperar que os participantes não apenas respondam ao seu questionário como também forneçam o envelope e o selo para enviá-lo de volta para você.

Outros assuntos com respeito à postagem do questionário, tais como estabelecer a data de devolução, encontram-se nas seções anteriores. A postagem inicial representa um custo substancial para o remetente. Assegurar um patrocinador para subscrever ou pagar as despesas e utilizar serviços de postagem volumosa são considerações importantes.

Muitos *surveys* usam correio eletrônico e Internet como método de comunicação, e procedimentos similares podem ser utilizados. A informação específica é oferecida mais adiante neste capítulo.

Acompanhamento

Isto não deveria ser um grande choque, mas é improvável que você obtenha 100% de retorno na postagem inicial. Uma segunda carta é quase sempre necessária, e isso pode ser feito das mais diversas formas. Uma abordagem é esperar cerca de 10 dias após a postagem inicial e então enviar um cartão para todas as pessoas da amostra, enfatizando a importância de sua participação (e desculpando-se caso já tenham devolvido os questionários). Aproximadamente 10 dias após o cartão, outra carta com uma cópia do questionário e outro envelope selado e com remetente identificado devem ser enviados para aqueles que não responderam. O reenvio é obviamente caro, mas eficaz. Em muitos casos, o participante esqueceu de responder, e um simples lembrete motivará a devolução. Outros, que inicialmente não tinham a intenção de devolver o questionário, podem ser influenciados pelos esforços do pesquisador em reiterar a relevância do estudo e a importância da colaboração da pessoa.

A segunda carta deve ser diplomática. A pessoa não deve ser repreendida por não responder. A melhor abordagem é escrever como se ela tivesse respondido, não fosse por algum engano ou erro do investigador (veja a seguir um exemplo de segunda carta).

A não resposta é especialmente provável quando o questionário lida com alguma área sensível. Por exemplo, os *surveys* sobre a oferta de programas de cursos e as práticas de avaliação

Exemplo de segunda carta

Prezado _____:

Enviei-lhe um questionário relativo aos critérios para o planejamento do trabalho de aptidão física em aulas de educação física há poucas semanas e não o recebi de volta. Como o senhor pode perceber, é importante que obtenhamos as respostas do maior número possível de participantes, considerando que apenas alguns indivíduos seletos foram contatados. Nosso distrito escolar está planejando um estudo e uma atualização imediatos do seu programa de educação física com base nos resultados deste estudo, de modo que ele é de importância vital.

O questionário foi enviado durante o verão, quando o senhor pode ter se afastado do seu gabinete. Assim, estou anexando outra cópia, e seria de grande auxílio se pudesse dispor de 30 a 45 minutos para dar suas opiniões sobre as informações solicitadas.

Grato por sua cooperação.

Atenciosamente,

Especialista em Educação Física

San Diego Unified School District. Reimpresso com permissão de Ash Hayes.

dos alunos frequentemente não são devolvidos por escolas com programas inadequados e práticas de avaliação deficientes. Assim, as respostas obtidas serão possivelmente tendenciosas em favor de melhores programas e melhores professores. Seja qual for a natureza do *survey*, os resultados obtidos de uma pequena taxa de retorno (p. ex., 10 a 20%) não podem ter muita credibilidade. As pessoas que têm interesse particular no tema investigado são mais propensas a responder do que aquelas menos interessadas. Esses entrevistados são autosselecionados, e as respostas são quase invariavelmente tendenciosas no sentido de que estão diretamente relacionadas aos objetivos da pesquisa (Fowler, 2009). K. E. Green (1991) relatou que os indivíduos que responderam à postagem inicial tiveram atitudes mais favoráveis a respeito do assunto e mais positivas sobre si próprios do que os entrevistados relutantes.

▶ *Surveys* que resultam em uma taxa de retorno pequena têm menos credibilidade, porque os respondentes, mais provavelmente, são aqueles que estão interessados no tópico. Esse padrão quase sempre produzirá uma tendência diretamente relacionada aos objetivos da pesquisa.

Na realidade, na maior parte dos estudos em que mais de 20% dos questionários não são devolvidos, recomenda-se que seja levantada uma amostra dos não entrevistados. É claro que essa tarefa não é fácil e pode ser impossível se você estiver recrutando participantes por meio de organizações profissionais ou órgãos governamentais que não fornecerão informação de contato direto. Se as pessoas ignoraram o envio inicial e um ou dois reenvios, as chances de que venham a responder a outra solicitação não são boas, mas vale a pena tentar. A técnica preferida é selecionar aleatoriamente um número pequeno (p. ex., 5 a 10%) dos não entrevistados, utilizando a tabela de números aleatórios. Então o contato é feito por telefone ou por uma carta explicativa especial (talvez até via correspondência registrada). Após as respostas serem obtidas, são feitas as comparações entre as respostas dos não entrevistados e as respostas das pessoas que responderam inicialmente. Se as respostas forem similares, pode-se supor que os não entrevistados não são diferentes daqueles que responderam. Se houver diferenças, deve-se tentar obter uma maior porcentagem dos não entrevistados ou certificar-se de que essas diferenças sejam observadas e discutidas no relatório da pesquisa.

Para enviar uma segunda carta aos não entrevistados, é necessário saber quem não respondeu. Manter os registros daqueles que responderam e daqueles que não responderam parece ferir a garantia de anonimato; no entanto, essa não é uma tarefa difícil. Pode-se escrever um número de identificação no questionário ou no envelope de retorno; para tanto, é claro, é recomendado que você informe os entrevistados sobre o uso do número em sua carta explicativa. Você poderia oferecer uma explicação como esta:

> Suas respostas serão estritamente confidenciais. O questionário tem um número de identificação apenas para fins de postagem. Com esse sistema de numeração, posso assinalar seu nome na lista de postagem, quando seu questionário for devolvido. Seu nome nunca será colocado no questionário.

Outra abordagem que funciona bem é enviar um cartão-postal (com porte pago endereçado de volta ao remetente e selado) com o questionário. O cartão contém um número de identificação e serve para ser postado de volta, separadamente, na devolução do questionário. O cartão apenas indica que a pessoa está enviando o questionário; portanto, que o pesquisador não tem necessidade de enviar novos lembretes. Esse procedimento assegura o anonimato e ainda informa ao pesquisador que o entrevistado respondeu (Fowler, 2002).

Uma boa taxa de retorno é essencial. Frequentemente lemos relatórios de *surveys* em revistas e jornais em que algo em torno de 2.000 *surveys* foram postados e 600 foram devolvidos pelos participantes. O número de retornos parece respeitável, mas esses 600 respondentes representam apenas 30% de retorno. Eles não são uma amostra aleatória: eles se autosselecionam, e suas respostas podem ser muito diferentes daquelas dos 1.400 que não responderam por uma razão qualquer.

Análise dos resultados e preparação do relatório

Estes dois últimos passos são abordados no Capítulo 20, que trata dos resultados e das seções de discussão do relatório de pesquisa. A principal consideração aqui é que o método de análise deve ser escolhido na fase de planejamento do estudo. Muitos questionários são analisados apenas contando-se as respostas dos vários itens e relatando-se a porcentagem de participantes que responderam de uma forma e a porcentagem daqueles que responderam de outra. Em geral, não se pode obter muito em termos de interpretação significativa procedendo dessa maneira. Por exemplo, quando o pesquisador somente declara que 18% dos entrevistados concordaram fortemente com alguma declaração, 29% concordaram, 26% discordaram, 17% discordaram fortemente e 10% não opinaram, a reação do leitor pode ser "e daí?". Os questionários, bem como todos os *surveys*, devem ser delineados e analisados com o mesmo cuidado e critério científico empregados nos estudos experimentais.

Surveys eletrônicos

Conforme observado ao longo da seção anterior, a maior parte da informação relativa a *surveys* preparados e distribuídos em papel é aplicável a *surveys* eletrônicos. O cuidado na determinação dos objetivos, na construção e no delineamento dos questionários, ao escrever a carta de apresentação e ao se comunicar com os participantes é o mesmo. E, certamente, conduzir o estudo-piloto é igualmente importante. Contudo, o uso de *surveys* eletrônicos tem demandas diferentes, que são discutidas aqui.

Após ter finalizado os objetivos e estar no processo de escrever as perguntas, é preciso descobrir qual programa de computador de *survey* está disponível em seu *campus*. Existem programas de *survey* baseados na Internet instalados em computadores locais. No segundo tipo, o *survey* é colocado na Internet após ser construído. Esses programas são relativamente fáceis de usar. A maioria tem taxas associadas ao seu uso, mas provavelmente sua universidade tenha uma licença de *site* que lhe permite ter uma senha para *surveys* por Internet ou usar o computador do departamento sem custo. Se você tiver mais de uma chance sobre que programa utilizar, é conveniente falar com alguém especializado. A melhor escolha é o programa que é mais fácil de utilizar e que lhe permite construir o *survey*, postá-lo e obter resultados da maneira mais eficiente possível.

Após determinar que programa de *survey* utilizar, recomendamos muito fortemente participar de uma sessão de orientação no *campus* ou completar o tutorial *online*. Qualquer abordagem lhe alertará para as possibilidades que o programa oferece e irá auxiliá-lo a aprender como inserir questões, mudar a aparência e o *design* e preparar a análise de dados. Algumas poucas horas investidas nesta ação provavelmente economizarão muitas horas enquanto você desenvolve e realiza o teste-piloto do *survey*.

Após ter escrito as questões e tê-las submetido à revisão do orientador e de colegas, você pode construir o *survey online*. Se você se familiarizou com o programa, esse passo deve ser relativamente direto. A maioria dos *surveys* eletrônicos, como nos *surveys* por papel, começa com uma introdução da proposta e fornece orientações para completar o *survey* (p. ex., "Clique em 'página seguinte' após ter completado as questões" ou "Você não pode voltar e completar as questões se já enviou a página"). O consentimento para participar do estudo geralmente vem antes e deve ser completado conforme aprovado pelo comitê revisor institucional. É necessário cuidado para delinear um *survey* que tenha apelo visual e fácil de utilizar (Fink, 2009). A maioria dos programas de *survey* permite um arranjo infinito de cores e opções de *designs*. Escolha-os com cuidado, porque as pessoas podem reagir diferentemente a esquemas de cores e *layouts* semelhantes. Recentemente, foi solicitado que um de nós completasse um *survey online* que alternava entre um azul claro e um azul escuro com cada questão. Apesar do *design* ser atraente do ponto de vista artístico, quando se olhava para a tela, era quase impossível ler as questões em azul escuro, porque o texto estava escrito em preto. Todas as decisões sobre o *design* deveriam ser tomadas para aumentar o número de participantes que completam o *survey*.

Ao estruturar a carta de apresentação, use a informação da seção anterior. Essa carta direcionará os participantes para o *link* para completar o *survey*. Confirme e reconfirme que o *link* na carta por *e-mail* é a que o participante usará. Se o *link* não for o correto, os participantes podem se perder e não responder a uma segunda solicitação se perderam tempo tentando conectar a primeira vez.

O estudo-piloto deve ser conduzido da mesma forma que será o *survey* final. Uma boa abordagem é aquela que seus colegas e seu orientador respondam à solicitação por *e-mail* e completem o *survey* antes de usá-lo em um grande grupo. Esse passo lhe permite corrigir as questões de formatação e *design*, bem como ter certeza de que o *link* para o *survey* funciona e que o *survey* está acessível de várias localizações. Este passo, que geralmente pode ser realizado em poucos dias, possibilita identificar problemas que criariam estrago aos prazos do estudo se um segundo estudo-piloto maior tiver que ser realizado. Após o estudo-piloto inicial com colegas e um segundo piloto maior, as questões deveriam ser modificadas e o *design* e o *layout* do *survey* ajustados conforme necessário.

Se um procedimento de amostragem está sendo utilizado, confirme se os endereços eletrônicos dos participantes estão corretos antes de enviar-lhes qualquer coisa. Conforme observado, em muitos estudos, não é possível usar técnicas de amostragem; assim, as solicitações para participação são feitas em cooperação com grupos profissionais e agências do governo, e por solicitações em *web sites* mais visitados. Fazer arranjos para conseguir auxílio para as solicitações de participação e decidir como os acompanhamentos serão conduzidos deve ser iniciado bem cedo. Defina quem na organização será responsável por dar permissão e que enviará os *e-mails* de solicitação. Trabalhe com essa pessoa para tornar o processo eficiente e o mais prazeroso possível. O tamanho da amostra final será determinado por quem é solicitado a participar, e isso pode depender do quanto outros querem ajudá-lo.

Após todos os acompanhamentos terem sido enviados e você estiver pronto para começar a análise, baixe todo o arquivo de dados com todos os *surveys* completados. A maioria dos programas de *survey* tem uma variedade de opções de formatos e tipos de arquivos para salvar os dados. Conforme observado anteriormente, o piloto é um momento ideal para definir que formatos e tipos de arquivos melhorarão as análises subsequentes. Em geral, você não terá necessidade de reconfigurar alguma coisa para usar o SPSS ou outro tipo de programa estatístico – se planejar com antecedência.

Método Delphi

O **método Delphi de *survey*** utiliza questionários, mas de uma maneira diferente daquela do *survey* típico. A técnica Delphi utiliza uma série de questionários de tal forma que os entrevistados finalmente cheguem a um consenso sobre o assunto. É, em essência, um método de utilização de opinião especializada para auxiliar na tomada de decisões sobre práticas, necessidades e metas.

Os procedimentos incluem a seleção dos especialistas, ou seja, pessoas informadas que se pretende que respondam à série de questionários. Um conjunto de afirmações ou questões é preparado para consideração. Cada estágio na técnica Delphi é chamado de **turno**. O primeiro turno é, em sua maior parte, exploratório. Solicita-se que os entrevistados opinem sobre várias questões, metas, e assim por diante. Questões abertas podem ser incluídas para que os participantes possam expressar suas visões e opiniões.

O questionário é então revisado como resultado do primeiro turno e enviado aos entrevistados, pedindo-lhes que reconsiderem suas respostas à luz da análise feita por todos os entrevistados do primeiro questionário. Em turnos subsequentes, são fornecidos aos especialistas resumos dos primeiros resultados, pedindo-se a eles que revisem suas respostas se considerarem apropriado. O consenso acerca da questão é finalmente alcançado por meio da série de turnos de análise e julgamentos subsequentes. O anonimato é uma característica proeminente do método Delphi, e o consenso de especialistas reconhecidos no campo fornece um meio viável de confrontar questões importantes. Por exemplo, o método Delphi é utilizado, às vezes, para determinar o conteúdo curricular de programas, decidir sobre os objetivos mais importantes de um programa e chegar a um acordo sobre a melhor solução para um problema.

Método Delphi de *survey* Técnica de *survey* que utiliza uma série de questionários de tal forma que os entrevistados (geralmente especialistas) cheguem a um consenso sobre o assunto.

Turno Estágio do método Delphi de *survey* em que são solicitadas aos entrevistados suas opiniões e avaliações de várias questões, metas, e assim por diante.

Entrevista pessoal

Conforme já mencionado, os passos para a entrevista e o questionário são basicamente os mesmos. O foco nesta seção é apenas sobre as diferenças.

Preparação da entrevista

A diferença mais óbvia entre o questionário e a entrevista está na coleta de dados. Em relação a isso, a entrevista é mais válida, porque as respostas tendem a ser mais confiáveis. Além disso, a porcentagem de devoluções é muito maior.

Os participantes devem ser selecionados utilizando-se as mesmas técnicas de amostragem empregadas no questionário. Em geral, a entrevista utiliza amostras menores especialmente quando um aluno de pós-graduação está realizando o *survey*. A cooperação deve ser assegurada contatando-se os participantes selecionados para a entrevista. Se algum deles recusar-se a ser entrevistado, o pesquisador deve considerar a possibilidade de os resultados apresentarem distorções, como foi feito com os não entrevistados em um estudo com questionário.

Conduzir de forma eficaz uma entrevista exige uma boa preparação. Alunos de pós-graduação às vezes têm a impressão de que qualquer um pode fazê-lo. Os mesmos procedimentos utilizados para o questionário são seguidos na formulação dos itens, com os quais o entrevistador deve estar bem familiarizado. O pesquisador deve treinar cuidadosamente as técnicas de entrevista. Uma fonte de invalidade é que o entrevistador tende a se aperfeiçoar com a experiência; assim, os resultados de entrevistas iniciais podem diferir daqueles das entrevistas conduzidas posteriormente no estudo. Um estudo-piloto é extremamente importante. O entrevistador deve certificar-se de que o nível do vocabulário esteja apropriado e as questões sejam igualmente significativas, considerando a idade e a formação dos participantes. Deve, ainda, valer-se de um planejamento cuidadoso na organização das questões e dos recursos visuais para obter um fluxo confortável de apresentação e transição de uma questão para outra.

É necessário um treinamento para se fazer o contato inicial e apresentar a "carta explicativa" verbalmente por telefone. No encontro, o entrevistador deve estabelecer uma boa relação de comunicação e auxiliar a pessoa a se sentir à vontade. Se for utilizado um gravador, deve-se obter a permissão do entrevistado. Do contrário, o entrevistador deve ter um sistema eficiente de codificação das respostas, sem consumir tempo demais e sem parecer estar tomando um ditado. Também não deve incutir suas opiniões na conversação e certamente não deve discutir com o entrevistado. Ainda que a entrevista tenha muitas vantagens sobre o questionário em relação à flexibilidade do questionamento, introduz o risco de que o respondente se desvie das questões e fuja do assunto. O entrevistador deve, com discernimento, evitar que o entrevistado divague, e isso requer habilidade.

A chave para obter boas informações é fazer boas perguntas. Alguns *surveys* que se utilizam de entrevistas face a face são quantitativos, e as perguntas podem ser bastante semelhantes às de um questionário enviado pelo correio. Outros *surveys* lidam com dados qualitativos. Nesses estudos, a padronização é a menor preocupação e dá-se mais ênfase à descrição. Bons entrevistadores em *surveys* qualitativos não fazem perguntas do tipo sim ou não, nem múltiplas perguntas encobertas em uma única questão, nem tentam incutir seus próprios pontos de vista. Merriam (2001) definiu quatro principais categorias de questões: hipotética, advogado do diabo, posição ideal e interpretativa. Eis alguns exemplos de cada uma:

- **Hipotética:** "Vamos supor que este seja o meu primeiro dia como professor. Como seria este dia?"
- **Advogado do diabo:** "Algumas pessoas dizem que os cursos de formação pedagógica têm pouco valor para a experiência de lecionar. O que você lhes diria?"
- **Posição ideal:** "Como você pensa que deveria ser o programa ideal de formação de professores?"
- **Interpretativa:** "Você diria que a experiência de lecionar é diferente daquilo que você esperava?"

Talvez você reconheça essas abordagens de entrevistas que assistiu na televisão. A entrevista tem as seguintes vantagens sobre o questionário postado ou enviado por *e-mail*:

- A entrevista é mais adaptável. As perguntas podem ser reformuladas, e pode-se buscar esclarecimento por meio de questões subsequentes.

- A entrevista é mais versátil em relação à personalidade e à receptividade do entrevistado.
- O entrevistador pode observar como o entrevistado responde e, assim, discernir melhor a sensibilidade do assunto e a intensidade dos sentimentos do entrevistado. Essa característica pode contribuir de modo considerável para a validade dos resultados, porque a tendência de evitar temas sensíveis é uma das maiores ameaças à validade nos estudos com questionário.
- Como cada pessoa é contatada antes da entrevista, as entrevistas têm uma taxa maior de resposta. Além disso, as pessoas preferem falar a preencher um questionário. Uma certa dose de ego está envolvida, porque uma pessoa que é entrevistada sente-se mais bajulada do que uma que recebe uma lista de questões.
- Uma vantagem das entrevistas face a face é que recursos visuais, como cartões com palavras escritas, podem ser utilizados para simplificar perguntas longas e explicar as listas de respostas.

Uma variedade de recursos oferece informações para auxiliar a preparar as perguntas da entrevista e técnicas perfeitas para entrevistas qualitativas. Os livros de Patton (2002) e Merriam (2001) oferecem orientação geral. Orientações mais específicas são encontradas nos livros de Rubin e Rubin (2005) e Seidman (2006). As referências selecionadas e usadas serão determinadas pelas questões de pesquisa e pelo tipo de entrevista que melhor as responderão.

Um problema potencial nas entrevistas é a perda de dados. Quando as entrevistas são gravadas e apropriadamente copiadas para *backup*, esse problema pode ter menos consequências, porque o pesquisador terá uma transcrição e poderá voltar para a gravação se surgir alguma dúvida. Devido às restrições de sigilo, em alguns estudos, a gravação não será usada e os nomes dos entrevistados não podem ser colocados no instrumento de dados da entrevista. Como consequência, o pesquisador pode, mais tarde, ficar confuso em relação a que dados pertencem a quais entrevistados e o que cada um disse. O pesquisador deve utilizar vários identificadores para cada entrevista e praticar as anotações durante o estudo-piloto. Oishi (2003) oferece um excelente tutorial do que se pode e não se pode fazer ao planejar e conduzir a entrevista pessoal.

Condução de uma entrevista por telefone

A entrevista por telefone está se tornando mais comum e tem algumas vantagens sobre a entrevista face a face:

- A entrevista telefônica tem um custo menor do que o deslocamento para visitar os entrevistados. Bourque e Fielder (2003) relataram que as entrevistas telefônicas têm a metade do custo das entrevistas pessoais e cerca de o dobro do que custam os *surveys* por correspondência.
- Os pesquisadores podem conduzir as entrevistas por telefone em um tempo significativamente menor do que as entrevistas face a face.
- O entrevistador pode trabalhar a partir de uma localização central, o que facilita o monitoramento e o controle de qualidade das entrevistas e garante melhor oportunidade para utilizar técnicas de entrevistas com o auxílio de computadores (Gall, Gall e Borg 2006).
- Muitas pessoas são mais facilmente contatadas por telefone do que por visita.
- A entrevista telefônica permite ao pesquisador atingir uma ampla área geográfica, o que é uma limitação da entrevista pessoal. Essa vantagem também pode aumentar a validade da amostragem.
- Algumas evidências indicam que as pessoas respondem mais francamente ao telefone do que em entrevistas pessoais, nas quais a presença do entrevistador pode inibir algumas respostas.

A utilização de um computador em entrevistas telefônicas facilita a coleta e a análise dos dados. Por exemplo, um computador pode mostrar as perguntas que o entrevistador deve fazer, e então o entrevistador digita as respostas obtidas. Cada resposta aciona a questão subsequente, de modo que o entrevistador não tem que virar as páginas; além disso, é menos provável que ele faça perguntas inadequadas. As respostas são armazenadas para análise (reduzindo, assim, os erros de escore) e podem ser recuperadas para análise estatística.

> **O *TELEMARKETING* TEM AZEDADO ENORMEMENTE O PÚBLICO NAS ENTREVISTAS POR TELEFONE.**

▶ O horário do telefonema pode tornar os resultados tendenciosos. Telefonar antes das 17 h pode direcionar a amostra para donas de casa, desempregados e aposentados.

Survey **normativo**
Método de *survey* que envolve o estabelecimento de normas para capacidades, desempenhos, crenças e atitudes.

Entre as desvantagens dos *surveys* telefônicos está conseguir uma amostra representativa, o que se tornou cada vez mais difícil por causa dos telefones celulares, das secretárias eletrônicas, do identificador de chamadas e dos dispositivos de bloqueio de chamadas. O *telemarketing* tem aborrecido bastante o público com entrevistas telefônicas.

Uma carta prévia à ligação pode ser efetiva para garantir cooperação, aumentando, assim, a taxa de resposta. O inconveniente é que você precisa ter os nomes, endereços e números de telefone da população-alvo. Em alguns *surveys*, o pesquisador utiliza as chamadas de dígitos aleatórios para selecionar a amostra. Nesse método, uma tabela de números aleatórios pode ser utilizada para escolher os quatro números após a troca de três números. Tanto os números listados como os não listados podem ser obtidos por esse método.

Perde-se muito tempo refazendo ligações devido a chamadas não atendidas, secretárias eletrônicas, pessoas "indesejadas" que atendem ao telefone, sinais de ocupado e barreiras linguísticas. Em geral, o pesquisador deve contratar outras pessoas, em razão das muitas chamadas que deverão ser feitas. Uma importante fonte de tendenciosidade diz respeito ao horário em que são feitos os *surveys* telefônicos. Se realizados durante o dia, as pessoas que mais provavelmente estarão em casa são donas de casa, desempregados e aposentados. Assim, os entrevistadores devem, em geral, trabalhar depois das 17 h. Além disso, estima-se que um terço das pessoas contatadas não está em casa na ligação inicial, o que significa que novas ligações são necessárias (às vezes até 10 ou 12 chamadas!).

Um aspecto negativo comumente citado em *surveys* telefônicos é que a amostra é limitada a pessoas que tenham telefones, apesar de os telefones celulares estarem substituindo as linhas tradicionais por fio. Todavia, hoje uma vasta maioria de pessoas nos Estados Unidos tem telefones. Em 2000, 97,25% das casas tinham telefone (Bourque e Fielder, 2003). A porcentagem varia de Estado para Estado. Pessoas de baixa renda, particularmente nas cidades do interior e áreas rurais, têm menor probabilidade de ter acesso a telefones. Certamente, se a população-alvo é composta de entrevistados de baixa renda, o *survey* telefônico não é recomendado.

Bourque e Fielder (2003) fornecem uma descrição completa das vantagens e desvantagens relativas e da metodologia recomendada para *survey* telefônico.

Survey normativo

O ***survey*** **normativo** não é descrito na maioria dos livros didáticos de métodos de pesquisa. Como o próprio nome indica, esse método envolve o estabelecimento de normas para capacidades, desempenhos, crenças e atitudes. Uma abordagem transversal é utilizada: amostras de pessoas de diferentes idades, gêneros e outras classificações são selecionadas e medidas. Os passos no *survey* normativo costumam ser os mesmos do questionário; a diferença está na maneira como os dados são coletados. Em vez de fazer perguntas, o pesquisador seleciona os testes mais apropriados para medir os desempenhos ou as capacidades desejadas, tais como os componentes da aptidão física.

Em qualquer *survey* normativo, o teste deve ser administrado de maneira rigidamente padronizada. Os desvios na forma em que as medidas são obtidas originam resultados inexpressivos. O pesquisador coleta e analisa os dados dos *surveys* por algum método normativo, tal como percentis, escores T ou estaninos, e então constrói normas para as diferentes categorias de idade, sexo, e assim por diante.

A American Alliance for Health, Physical Education, Recreation and Dance (AAHPERD) patrocinou muitos *surveys* normativos. Provavelmente, o mais notável foi o Teste de Aptidão Física para Jovens (ver AAHPER, 1958), conduzido em resposta à agitação causada pelos resultados do teste Kraus-Weber (Kraus e Hirschland, 1954), que revelara que as crianças norte-americanas eram inferiores às crianças europeias em capacidade muscular mínima. O Teste de Aptidão Física para Jovens foi originalmente aplicado a 8.500 meninos e meninas em uma amostra de âmbito nacional. Uma testagem de acompanhamento foi realizada em 1965 e 1975.

No *survey* normativo de 1958 da AAHPER, um comitê determinou uma bateria de testes de aptidão motora de sete itens. O University of Michigan Survey Research Center selecionou uma amostra nacional representativa de meninos e meninas da 5ª série do ensino fundamental até o último ano do ensino médio e então solicitou a cooperação de cada escola. Eles prepararam orientações para aplicar os itens de teste e selecionaram e treinaram professores de educação física em várias partes dos Estados Unidos para administrar e supervisionar a testagem.

Além disso, a AAHPERD conduziu um projeto de testagem de habilidades desportivas, o qual estabeleceu normas para meninos e meninas de diferentes idades com habilidades em vários esportes. O Estudo Nacional de Aptidão Física de Crianças e Jovens (Fase I, 1985; Fase II, 1987) foi um *survey* normativo que estabeleceu normas para um teste de aptidão física relacionado à saúde.

Às vezes, são feitas comparações entre as normas de diferentes populações. Em outros estudos, o objetivo principal é simplesmente estabelecer normas. Os principais empecilhos de qualquer *survey* normativo ocorrem na seleção do teste e na padronização dos procedimentos de testagem. Com muitas baterias de testes, há um risco de generalização com base nos resultados do teste. Por exemplo, quando apenas um item de teste é utilizado para medir um componente particular (força, p. ex.), é possível que se façam generalizações incorretas.

A padronização de procedimentos de testagem é essencial para o estabelecimento de normas. Porém, quando um *survey* normativo envolve muitos avaliadores de diferentes partes do país, os problemas com padronização se tornam uma fonte potencial de erro de medida. As descrições de testes publicadas simplesmente não dão conta de tratar todos os aspectos da administração de testes e as formas de lidar com os diversos problemas de interpretação do protocolo de testes que surgem. O treinamento extensivo dos avaliadores é a resposta a esses problemas; entretanto, isso muitas vezes é impossível do ponto de vista logístico.

Resumo

A técnica de pesquisa descritiva mais comum é o *survey*, que inclui questionários e entrevistas. Ambos são, em grande parte, semelhantes, exceto pelo método de formular as questões. Os *surveys* podem ser conduzidos em papel ou pela Internet, e passos similares são necessários para se obter bons resultados para ambos os métodos. O questionário é uma ferramenta valiosa para obter informações sobre uma ampla área geográfica. Uma boa carta explicativa é importante para obter cooperação. Uma segunda ou terceira carta são muitas vezes necessárias para assegurar a resposta adequada. As entrevistas pessoais em geral produzem dados mais válidos, devido ao contato pessoal e à oportunidade de certificar-se de que os entrevistados compreenderam as questões. As entrevistas telefônicas estão se tornando cada vez mais populares. Elas têm a maioria das vantagens das entrevistas pessoais e flexibilidade de envolver mais participantes de uma área geográfica maior. A técnica Delphi de *survey* utiliza uma série de questionários, de tal forma que os entrevistados eventualmente chegam a um consenso sobre o tópico. É utilizada para obter a opinião de especialistas com a finalidade de tomar decisões a respeito de práticas, necessidades e metas. O *survey* normativo é delineado para obter normas para capacidades, desempenhos, crenças e atitudes. Os vários testes de aptidão física da AAHPERD desenvolvidos ao longo dos anos são exemplos de *surveys* normativos. Em todos os *surveys*, a amostragem representativa é extremamente importante.

✓ Verifique sua compreensão

1. Encontre uma tese ou dissertação que tenha utilizado um questionário para coletar dados. Resuma brevemente a metodologia, ou seja, os procedimentos utilizados na elaboração e na aplicação do questionário, na seleção dos participantes, no envio de cartas-lembretes, e assim por diante.
2. Faça uma crítica a um estudo que tenha utilizado entrevistas para coletar dados. Discuta os pontos fortes e fracos da sua descrição de métodos.

Capítulo 16

Outros Métodos de Pesquisa Descritiva

É melhor saber algumas das perguntas do que todas as respostas.
James Thurber

Diferentes formas do método de levantamento de pesquisa descritiva foram abordadas no Capítulo 15. Neste capítulo, tratamos de várias outras técnicas de pesquisa descritiva. Uma delas é a pesquisa desenvolvimental. Mediante estudos transversais e longitudinais, pesquisadores investigam a interação das variáveis crescimento e maturação, além de aprendizagem e desempenho. O estudo de caso, em que o pesquisador reúne uma grande quantidade de informações sobre um ou poucos participantes, é amplamente utilizado em várias áreas. Já a análise de cargo é uma técnica utilizada para descrever as condições de trabalho, as exigências e a preparação necessárias para determinado cargo. Mediante pesquisa observacional, o pesquisador obtém dados quantitativos e qualitativos sobre pessoas e situações observando seu comportamento. Alguns estudos de pesquisa empregam métodos discretos, em que o participante não é informado de que está sendo estudado. Os estudos correlacionais determinam e analisam relações entre variáveis e fazem predições.

Pesquisa desenvolvimental

A **pesquisa desenvolvimental** é o estudo das mudanças de comportamentos ao longo dos anos. Ainda que muito dessa pesquisa tenha sido centrado na infância e na adolescência, pesquisas sobre a terceira idade e mesmo sobre o tempo total da vida humana são cada vez mais comuns.

Pesquisa desenvolvimental
Estudo das mudanças no comportamentos ao longo dos anos.

Delineamentos longitudinal e transversal

A pesquisa desenvolvimental tem como foco comparações ao longo das idades. Por exemplo, os pesquisadores podem comparar as distâncias que crianças podem saltar aos 6, aos 8 e, depois, aos 10 anos; ou comparar adultos de 45, 55 e 65 anos sobre seus conhecimentos dos efeitos da obesidade na expectativa de vida. Ambos são exemplos desenvolvimentais. A principal distinção entre ambas as abordagens básicas nos estudos desenvolvimentais é se os pesquisadores seguem os mesmos participantes ao longo do tempo (delineamento longitudinal) ou selecionam diferentes indivíduos em cada faixa etária (delineamento transversal).

Estudo longitudinal
Pesquisa em que os mesmos participantes são estudados ao longo de um período de anos.

Os **estudos longitudinais** são convincentes, pois as mudanças no comportamento ao longo do período de interesse são observadas nas mesmas pessoas. Os delineamentos longitudinais, todavia, tomam tempo. Um estudo longitudinal do desempenho em saltos de crianças nas idades de 6, 8 e 10 anos obviamente requer cinco anos para ser concluído. Essa escolha de delineamento, provavelmente, não é inteligente para uma dissertação de mestrado. Os delineamentos longitudinais têm problemas adicionais, além do tempo requerido para concluí-los. Primeiro, durante os vários anos do estudo, é provável que algumas das crianças se mudem quando os pais trocam de emprego, ou sejam transferidas quando os distritos escolares são redivididos em zonas. Em estudos longitudinais com a terceira idade, alguns participantes podem falecer no decorrer do estudo. O problema é não saber se as características da amostra continuam as mesmas quando se perdem participantes. Por exemplo, quando as crianças deixam a amostra porque os pais mudam de emprego, a amostra passa a ser composta de crianças de níveis socioeconômicos mais baixos pelo fato de os pais mais afluentes terem se mudado? Além disso, se a obesidade está relacionada à longevidade, é provável que os idosos sejam menos obesos e, consequentemente, tenham mais conhecimento, pois os indivíduos mais obesos com menos conhecimento morreram? Assim, o conhecimento sobre a obesidade pode não mudar dos 45 aos 65 anos; em vez disso, a amostra pode mudar.

Outro problema com os delineamentos longitudinais é que os participantes ficam cada vez mais familiarizados com os itens do teste, e esses itens podem causar mudanças no comportamento. O inventário de conhecimentos sobre a obesidade pode estimulá-los a buscarem informações sobre ela, mudando, assim, seu nível de conhecimento, suas atitudes e seus comportamentos. Então, da próxima vez que preencherem o levantamento, terão adquirido mais conhecimento. Esse ganho de conhecimento, no entanto, é o resultado de terem sido expostos ao teste anterior, e poderia não ter ocorrido sem aquela exposição.

Estudo transversal
Pesquisa em que amostras de participantes de diferentes grupos etários são selecionadas para avaliar os efeitos da maturação.

Problema de coorte
Problema no delineamento transversal em saber se todos os grupos etários são realmente da mesma população.

Os **estudos transversais** geralmente consomem menos tempo para serem realizados. Eles testam vários grupos etários (p. ex., 6, 8 e 10 anos) no mesmo momento. Ainda que estes sejam mais eficientes em termos de tempo do que os estudos longitudinais, existe uma limitação chamada **problema de coorte**: todos os grupos etários são realmente da mesma população (grupo de coortes)? Perguntado de outra forma, as circunstâncias ambientais que afetam o desempenho em saltos de crianças de 6 anos são as mesmas hoje do que eram quando as de 10 anos tinham 6, ou os programas de educação física melhoraram durante esse período de quatro anos, de forma que as crianças de 6 anos receberam mais instrução e prática em saltos do que as de 10 anos receberam quando tinham 6? Se a última hipótese é verdadeira, então não estamos olhando para o desenvolvimento do desempenho em saltos, mas para alguma interação não interpretável entre o desenvolvimento "normal" e os efeitos da instrução. O problema de coorte existe em todos os estudos transversais.

Exemplos de estudo desenvolvimentais longitudinais são o de Halverson, Roberton e Langendorfer (1982), que estudaram a velocidade do arremesso sobre o ombro por crianças do início do ensino fundamental até o segundo ano do ensino médio; e o de Nelson, Thomas, Nelson e Abraham (1986), que investigaram seis diferenças no arremesso por crianças no jardim de infância até a terceira série. Thomas e colaboradores (1983) forneceram um exemplo de estudo desenvolvimental transversal no qual observaram o desenvolvimento da memória para a noção de distância em diferentes grupos etários. Eles compararam os efeitos de uma estratégia praticada para lembrar a distância em cada faixa etária, a fim de mostrar que o uso apropriado da estratégia reduz as diferenças de idade na recordação da distância. Cada um desses estudos tem defeitos específicos associados ao tipo de delineamento desenvolvimental. Tanto Halverson, Roberton e Langendorfer (1982) como Nelson e colaboradores (1986) perderam participantes durante os vários anos do estudo. No último estudo citado, as medidas foram tomadas de cem crianças no jardim de infância em uma única escola; e, três anos depois, somente 25 ainda estavam nessa escola. Em um recente estudo longitudinal sobre o desempenho de arremesso em crianças, Robertson e Konczak (2001) relataram que 73 crianças foram filmadas originalmente, mas somente 39 concluíram o estudo de sete anos. No entanto, o estudo transversal de Thomas e colaboradores (1983) não pôde estabelecer se as crianças mais jovens eram mais familiarizadas com estratégias de memória do que as mais velhas eram quando mais jovens.

Mesmo que ambos os delineamentos, longitudinal e transversal, tenham alguns problemas, eles são os únicos meios disponíveis para estudar o desenvolvimento. Assim, ambos são tipos de pesquisa necessários e importantes. Esses dois delineamentos são considerados como pesquisa descritiva.

Contudo, ambos podem ser abordados como pesquisa experimental (Cap. 18), isto é, uma variável independente pode ser manipulada dentro de um grupo etário. O estudo de Thomas e colaboradores (1983) manipulou o uso da estratégia de memória em cada um dos três grupos etários. Assim, a idade foi uma variável categórica, enquanto a estratégia foi uma variável independente verdadeira. Esse ponto é abordado aqui porque a pesquisa desenvolvimental não está incluída no Capítulo 18, que aborda a pesquisa experimental.

Problemas metodológicos da pesquisa desenvolvimental

Existem vários problemas metodológicos na pesquisa desenvolvimental, seja ela longitudinal ou transversal (para uma abordagem mais detalhada, ver Thomas, 1984).

Escores não representativos

Um dos problemas mais comuns é um escore não representativo. Esses escores, chamados *outliers*, mencionados em capítulos anteriores, ocorrem em toda pesquisa, mas são particularmente problemáticos nos extremos da pesquisa desenvolvimental (crianças e pessoas da terceira idade). Os *outliers* frequentemente resultam de menor capacidade de concentração, distração e falta de motivação para realizar a tarefa. A melhor forma de lidar com esses escores não representativos é:

1. planejar a situação de testagem dentro de um limite razoável de tempo que leve em consideração a capacidade de concentração dos participantes;
2. criar situações de testagem em que não possam ocorrer distrações; e
3. reconhecer um escore não representativo e testar novamente quando este ocorrer.

A última coisa que um pesquisador quer é utilizar escores não representativos. Portanto, *outliers* que não forem detectados na testagem devem ser encontrados quando se estudar a distribuição dos dados. Há várias formas de testar esses escores extremos e não representativos (p. ex., ver Barnett e Lewis, 1978). O pesquisador desenvolvimental deve esperar *outliers* e planejar como lidar com eles no conjunto de dados.

Semântica não evidente

Um segundo problema na pesquisa desenvolvimental envolve a semântica. A seleção das palavras para explicar uma tarefa a vários grupos etários de crianças é um desafio enorme. Se o pesquisador não for cuidadoso, as crianças mais velhas apresentarão melhor desempenho do que as mais jovens, fundamentalmente porque entendem com mais rapidez a ideia de como realizar o que é pedido. Ainda que a regra na boa pesquisa seja dar instruções idênticas a todos os participantes, é necessário contorná-la em estudos desenvolvimentais com crianças. O pesquisador deve explicar o teste de forma compreensível, além de obter evidência tangível de que pessoas de idades variadas conseguem entender o teste antes de ele ser realizado. Para assegurar-se de que eles entenderam o teste, o pesquisador pede que demonstrem a atividade em algum nível como critério de desempenho antes de coletar os dados.

Um bom exemplo do problema de semântica envolveu um grupo de crianças das séries iniciais do ensino fundamental que assistia a um curso de computação por meio de um programa de educação continuada de uma faculdade local. As crianças estavam indo bem até que o professor (um instrutor universitário de ciência da computação) começou a escrever as instruções no quadro. Então todos pararam de trabalhar. Por fim, uma das crianças sussurrou para o professor: "Alguns de nós não conseguem ler letra cursiva". Depois de o professor escrever as instruções em letra de forma, todas as crianças retornaram alegremente ao seu trabalho de computação (*Chronicle of Higher Education*, 1983).

Falta de fidedignidade

Um terceiro problema de pesquisa desenvolvimental é a falta de fidedignidade nos desempenhos de crianças mais jovens. Ao obter um escore de desempenho para uma criança, este deve ser fidedigno; isto é, se ela for testada novamente, o escore de desempenho deve ser mais ou menos o mesmo. Obter um desempenho fidedigno é, com frequência, um problema ao serem testadas crianças mais novas, por muitas das mesmas razões pelas quais ocorrem *outliers*. Naturalmente, certificar-se de que a criança entende a tarefa deve ser a primeira consideração; e manter a motivação, a segunda. É mais provável que uma tarefa feita de forma divertida e prazerosa produza desempenho consistente. Isso pode ser feito mediante o uso de personagens de desenhos animados, incentivo e recompensas (para algumas ideias de como personagens de desenhos animados podem ser utilizadas a fim de melhorar a motivação em muitas tarefas motoras amplas, ver Herkowitz, 1984). O pesquisador desenvolvimental deve manter frequentes verificações de fidedignidade durante sessões de testagem (para técnicas apropriadas, ver Cap. 11).

Problemas estatísticos

A questão final de pesquisa desenvolvimental a ser mencionada é um problema estatístico. Um meio comum de fazer comparações entre idades é a ANOVA (ver Cap. 9), a qual supõe que os grupos que estão sendo comparados têm variâncias iguais (distribuição de escores em torno da média). Contudo, os pesquisadores em geral violam essa suposição ao estabelecer comparações entre idades. Dependendo da natureza da tarefa, as crianças mais velhas podem ter variações consideravelmente maiores ou menores do que as crianças mais jovens. Um pesquisador desenvolvimental deve estar ciente dessa questão potencial e de algumas das soluções. Em particular, o estudo-piloto que utiliza as tarefas de interesse na pesquisa deve chegar a uma compreensão clara da natureza desse problema.

Proteção dos participantes

No Capítulo 5, discutimos a proteção dos participantes humanos em pesquisa. Essa proteção, é claro, também diz respeito às crianças. Os pais ou os responsáveis devem conceder permissão para a participação de menores na pesquisa. Os pesquisadores devem obter essa permissão da mesma forma que fazem com os participantes adultos, com a diferença de que eles dão a explicação e os formulários de consentimento para os pais ou responsáveis. Se os menores forem maduros o suficiente para entender a metodologia, você também deve obter seu consentimento. Isso significa explicar o propósito da pesquisa em termos que as crianças possam compreender. A maior parte das escolas públicas e privadas tem suas próprias exigências para aprovação de estudos de pesquisa.

A sequência normal dos eventos para a obtenção de permissão envolve:

- planejar a pesquisa;
- obter a aprovação do comitê da sua universidade para proteção de sujeitos humanos;
- localizar e obter a aprovação do sistema escolar, da escola envolvida e dos professores; e
- obter a aprovação dos pais e, quando apropriado, dos alunos.

Você pode ver que isso requer uma burocracia considerável. Assim, é essencial começar o processo bem antes do momento planejado para o início da coleta de dados.

Estudos desenvolvimentais *post hoc*

Outra abordagem aos estudos longitudinais é olhar para o tempo passado em vez de olhar para o tempo à frente. Às vezes, os dados foram coletados em um grupo de indivíduos ao longo dos anos e o pesquisador pode usá-los para avaliar o desenvolvimento. Por exemplo, Thomas e Thomas (1999) descobriram que dois atletas profissionais eram da mesma cidade de Iowa e que os mesmos professores de educação física foram seus professores desde o jardim até o sexto ano do ensino fundamental. Eles entrevistaram os dois professores sobre as características desses dois atletas profissionais quando estavam no ensino fundamental.

O estudo de Thomas e Thomas foi qualitativo; porém, é possível coletar dados quantitativos *post hoc*. Por exemplo, se você olhar no *web site* da PGA, de onde obtivemos alguns dos dados usados nos capítulos anteriores, pode encontrar dados de vários anos passados sobre golfistas profissionais. Usando esse tipo de dados, um pesquisador pode analisar mudanças qualitativas no desempenho individual ou de grupos de golfistas durante o período para o qual os dados estão disponíveis.

Estudo de caso

No **estudo de caso**, o pesquisador esforça-se por uma compreensão profunda de uma única situação ou fenômeno. Essa técnica é utilizada em muitos campos, incluindo antropologia, psicologia clínica, sociologia, medicina, ciências políticas, patologia da fala e várias áreas educacionais, tais como problemas disciplinares e dificuldades de leitura. Tem sido também amplamente utilizada nas ciências da saúde e, em certa medida, nas ciências do exercício e do esporte e na educação física.

> **Estudo de caso**
> Forma de pesquisa descritiva em que um único caso é estudado em profundidade para alcançar uma compreensão maior sobre casos semelhantes.

O estudo de caso é uma forma de pesquisa descritiva. Enquanto o método de levantamento obtém uma quantidade bastante limitada de informações sobre muitos participantes, o estudo de caso reúne grande quantidade de informações sobre um ou alguns poucos participantes. Ainda que o estudo consista no exame rigoroso e detalhado de um único caso, a suposição fundamental é a de que o caso é representativo de muitas situações semelhantes. Como consequência, por meio do estudo aprofundado de um único caso, alcança-se uma compreensão maior sobre casos similares. Isso não quer dizer, contudo, que o propósito dos estudos de caso seja generalizar. Ao contrário, não é justificável fazer inferências sobre uma população a partir de um estudo de caso. Entretanto, os achados de uma série de estudos de caso podem influenciar o raciocínio indutivo envolvido no desenvolvimento de uma teoria.

O estudo de caso não se restringe ao estudo de um indivíduo, mas pode ser utilizado em pesquisas que envolvam programas, instituições, organizações, estruturas políticas, comunidades e situações. Ele é realizado em pesquisas qualitativas para lidar com problemas críticos de prática e estender a base de conhecimento dos vários aspectos acerca de educação, educação física, ciências do exercício e ciências do esporte (a pesquisa qualitativa é abordada no Cap. 19).

Informações sobre a metodologia do estudo de caso são difíceis de encontrar. Conforme Merriam (1988) observou, o material sobre estratégias de pesquisa em estudos de caso pode ser encontrado em qualquer lugar e em nenhum lugar. O material metodológico sobre a pesquisa de estudo de caso está disperso em artigos de revistas, anais de congressos e relatórios de pesquisas dos muitos campos diferentes que utilizam essa forma de pesquisa. A frustração em tentar encontrar material sólido sobre a pesquisa de estudo de caso no ambiente educacional estimulou Merriam (1988) a escrever seu interessante e informativo texto *Case Study Research in Education*. Por sua vez, Yin (2003) apresentou uma discussão abrangente sobre delineamento e métodos de pesquisa de estudo de caso nas ciências sociais.

Tipos de estudos de caso

Em muitos sentidos, a pesquisa de estudo de caso é similar a outras formas de pesquisa. Ela envolve a identificação do problema, a coleta de dados e a análise e o relatório dos resultados. Como em outras técnicas de pesquisa, a abordagem e a análise dependem da natureza do problema de pesquisa. Os estudos de caso podem ser descritivos, interpretativos ou avaliativos.

Estudos descritivos

O estudo de caso descritivo apresenta a descrição detalhada dos fenômenos, mas não tenta testar ou construir modelos teóricos. Às vezes, estudos de caso são históricos por natureza; em outras, são realizados com o propósito de alcançar melhor compreensão da situação presente. Os estudos de caso descritivos frequentemente servem como passo inicial ou como base de dados para pesquisas comparativas e construções teóricas subsequentes (Merriam, 1988).

Estudos interpretativos

Estudos de caso interpretativos também empregam a descrição, mas o principal foco é interpretar os dados na tentativa de classificar e conceituar as informações e talvez teorizar acerca dos fenômenos.

Por exemplo, um pesquisador pode utilizar a abordagem do estudo de caso para obter melhor compreensão dos processos cognitivos envolvidos no esporte.

Estudos avaliativos

Estudos de caso avaliativos também envolvem descrição e interpretação, mas o objetivo principal é utilizar os dados para avaliar o mérito de alguma prática, um programa, um movimento ou um evento. A eficácia desse tipo de estudo de caso conta com a competência do pesquisador para utilizar as informações disponíveis para fazer julgamentos (Guba e Lincoln, 1981). A abordagem do estudo de caso permite aproximação mais profunda e holística ao problema do que aquele que é possível com os estudos de levantamentos.

Participantes do estudo de caso

A seleção de sujeitos em um estudo de caso depende, é claro, do problema que está sendo estudado. O indivíduo (ou caso) pode ser uma pessoa (p. ex., aluno, professor, treinador), um programa (p. ex., Liga de Beisebol Infantil), uma instituição (p. ex., uma escola com apenas uma sala), um projeto ou um conceito (p. ex., qualidade de vida). Na maioria dos estudos, a amostragem aleatória não é utilizada, porque o propósito de um estudo de caso não é estimar algum valor da população, mas selecionar casos com os quais se possa aprender o máximo. Chien (1981) utilizou o termo *amostragem proposital*. Goetz e LeCompte (1984) referiram-se a esse conceito como *amostragem baseada em critério*. O pesquisador estabelece os critérios necessários para serem incluídos no estudo e então encontra uma amostra que esteja de acordo com eles. Os critérios podem incluir idade, anos de experiência, evidência do nível de especialidade, situação e ambiente. O caso pode ser uma turma de alunos que satisfaça determinados critérios ou até mesmo um estado que esteja envolvido em um programa específico.

Características do estudo de caso

O estudo de caso envolve a coleta e a análise de muitas fontes de informações. Em determinados aspectos, o estudo de caso tem algumas das mesmas características encontradas na pesquisa histórica.

Ainda que consista no estudo intensivo de uma única unidade, o mérito fundamental do estudo de caso talvez seja que ele fornece compreensão clara e conhecimento geral para práticas aperfeiçoadas. A capacidade de generalização de um estudo de caso está basicamente relacionada ao que o leitor está tentando aprender a partir dele (Kennedy, 1979). O estudo de caso é provavelmente mais utilizado na tentativa de compreender por que algo deu errado.

Coleta e análise de dados

O estudo de caso é flexível em relação à quantidade e ao tipo de dados reunidos, e também aos procedimentos utilizados em sua coleta. Assim, os passos na metodologia não são precisos ou uniformes para todos os estudos de caso.

Os dados para os estudos de caso podem ser entrevistas, observações ou documentos. Não é raro um deles empregar os três tipos de dados. Um estudo de caso envolvendo uma criança, por exemplo, pode incluir entrevistas com a criança e com seus pais e professores. O pesquisador pode observar sistematicamente a criança em aula ou em algum outro ambiente. Os documentos podem incluir relatórios de exames médicos, escores de testes de desempenho físico, resultados de testes de alcance de nível desejado de desempenho, notas, inventários de interesses, testes de aptidão acadêmica, registros anedóticos do professor e autobiografias. Conforme observado anteriormente, alguns estudos de caso são essencialmente descritivos; outros focalizam a interpretação; outros, ainda, são avaliativos. Alguns estudos de caso propõem e testam hipóteses, enquanto outros tentam construir teorias por meio de processos indutivos.

De acordo com Yin (2003), a análise de dados é um dos aspectos menos desenvolvidos e mais difíceis na realização de estudos de caso. Yin sustenta que, muitas vezes, o pesquisador inicia um estudo sem a menor noção de como os dados serão analisados. A análise de dados em um estudo de caso é uma tarefa árdua, em razão da natureza dos dados e da quantidade maciça de informações a serem analisadas. De acordo com Merriam (1988), a análise continua e intensifica-se depois da coleta dos dados. Os dados devem ser classificados, categorizados e interpretados. Como em qualquer pesquisa, o valor fundamental de um estudo depende do discernimento, da sensibilidade e da integridade do pesquisador, que, nessa modalidade, é o instrumento principal na coleta e na análise dos dados. Esse atributo constitui tanto um ponto forte quanto fraco. É um ponto fraco se o pesquisador não utiliza as fontes de informação apropriadas. O pesquisador também pode ser responsável por simplificar demais a situação ou exagerar o estado real das coisas (Guba e Lincoln, 1981). Entretanto, um pesquisador competente pode utilizar o estudo de caso para promover um tratamento completo e holístico de um problema complexo.

Aplicação da pesquisa de estudo de caso em atividades físicas

Muitos estudos de caso em educação física foram dirigidos por H. Harrison Clarke, na University of Oregon (Clarke e Clarke, 1970). Os estudos tratavam de pessoas de baixos e altos níveis de aptidão física. A maioria dos estudos procurava descobrir os fatores que contribuem para a baixa aptidão ou a deficiência de força. Um excelente exemplo da abordagem e do acompanhamento efetivo do estudo de caso foi visto em um projeto de demonstração realizado por Frederick Rand Roger e Fred E. Palmer (Clarke, 1968). Eles estudaram a causa da baixa aptidão física em 20 estudantes do segundo ano do ensino médio com os menores escores em aptidão física. As informações utilizadas incluíram somatotipo, QI, erudição acadêmica, histórico médico e *status*. Um projeto de acompanhamento envolveu atenção individual e encontros de aulas especiais. Por meio de exercícios, melhora de hábitos saudáveis, encaminhamento médico e aconselhamento, os alunos mostraram consideráveis melhoras em aptidão física, erudição e comportamento. Dois exemplos de estudos de caso em educação física são os de Werner e Rink (1989), que descreveram os comportamentos de ensino de quatro professores; e de Thomas e Thomas (1999), que descreveram os padrões de prática de dois atletas adultos de alto nível durante o período em que cursavam o ensino fundamental.

Uma das principais vantagens da abordagem do estudo de caso é que ele pode ser proveitoso na formulação de novas ideias e hipóteses sobre áreas problemáticas, especialmente áreas para as quais não existe uma estrutura ou um modelo bem definidos. O pesquisador seleciona o método de estudo de caso em função da natureza das questões de pesquisa em pauta. O estudo de caso, quando utilizado de modo efetivo, desempenha um papel importante na contribuição para o conhecimento em nosso campo.

▶ Estudos de caso podem ajudar a formular novas ideias e hipóteses, especialmente para áreas que carecem de estruturas estabelecidas de corte claro.

Análise de cargo

Uma **análise de cargo** pode ser considerada um tipo de estudo de caso. Trata-se de uma técnica planejada para determinar a natureza de um emprego em particular e os tipos de treinamento, preparação, habilidades, condições de trabalho e atitudes necessários para o sucesso no cargo.

Os procedimentos na condução de uma análise de cargo variam. O objetivo é obter o máximo possível de informações relevantes sobre o cargo e seus requisitos. Um dos métodos é observar alguém que esteja na ocupação específica. Naturalmente, esse método toma tempo e, provavelmente, aborrece o indivíduo que ocupa o cargo. No entanto, esse procedimento é recomendado, pois o pesquisador pode adquirir uma espécie de experiência indireta no trabalho e obter uma compreensão clara e valiosa de toda a atmosfera associada à ocupação. Uma limitação para esse método é a falta de tempo suficiente para observar todas as facetas ocupacionais, particularmente as atribuições e responsabilidades sazonais.

Por sua vez, questionários e entrevistas são técnicas eficientes de análise de cargo. Eles permitem que as pessoas respondam a questões sobre os tipos de atribuições que desempenham, os tipos e o grau de preparação exigidos ou recomendados para executar suas tarefas, bem como as vantagens e as desvantagens que percebem em seus cargos.

Análise de cargo
Tipo de estudo de caso que determina a natureza de um cargo em particular e os tipos de treinamento, preparação, habilidades e atitudes necessários para o sucesso nele.

As técnicas de análise sistemática podem resultar em descrições quantitativas e altamente específicas do cargo. Por exemplo, a descrição do cargo para uma posição administrativa relatava: (1) um detalhamento em percentuais das principais responsabilidades; (2) o número de horas por dia passadas sentado, de pé e caminhando; (3) a demanda de esforço físico conforme o número de quilos levantados à altura da cintura e carregados sozinho, bem como a distância carregada; (4) as exigências sensoriais de visão, audição e fala; (5) as exigências de esforço mental; (6) o número de horas despendidas sob pressão de tempo e de horas despendidas trabalhando rapidamente; além da (7) porcentagem de tempo gasto em local fechado em uma mesa e no escritório. Outras exigências e condições incluíram o grau acadêmico mínimo exigido, a necessidade de trabalhar à noites em finais de semana, bem como a capacidade de utilizar um computador.

As limitações da análise de cargo como técnica de pesquisa incluem a falibilidade tanto da memória como dos autorrelatos dos participantes. Os participantes podem tender a acentuarem os aspectos positivos ou negativos do cargo, dependendo do tempo, das circunstâncias e do participante. Também existe o risco de que a abordagem seja muito mecânica, negligenciando, assim, alguns dos aspectos mais abstratos do cargo e de suas exigências.

Pesquisa observacional

A observação é utilizada em uma variedade de empreendimentos de pesquisa. Ela fornece um meio de coletar dados, sendo um método descritivo de pesquisar certos problemas. Nas técnicas de questionário e entrevista, o pesquisador conta com autorrelatos de como o participante se comporta ou em que acredita. Um ponto fraco dos autorrelatos é que as pessoas podem não ser sinceras em relação ao que de fato fazem ou sentem e dar respostas percebidas como socialmente desejáveis. Uma técnica de pesquisa descritiva alternativa para o pesquisador é observar o comportamento dos indivíduos e analisar de forma qualitativa ou quantitativa as observações. Alguns pesquisadores declaram que essa técnica produz dados mais precisos. Há, é claro, muitas limitações para a pesquisa observacional.

As considerações básicas em pesquisa observacional incluem os comportamentos que serão observados, quem será observado, em que as observações serão conduzidas e quantas observações serão feitas. Muitas outras considerações estão associadas a essas básicas. Dependendo do problema e do ambiente, cada investigação tem procedimentos únicos. Assim, apenas as considerações básicas podem ser discutidas em termos bem gerais.

Que comportamentos serão observados?

Decidir que comportamentos serão observados relaciona-se com a declaração do problema e as definições operacionais. Por exemplo, um estudo sobre a efetividade do professor deve ter claramente definidas as medidas de observação da efetividade do professor. Os comportamentos definidos devem ser observados, tal como o ponto até o qual o professor faz perguntas aos alunos. Alguns outros aspectos da efetividade do professor incluem dar atenção individual, demonstrar habilidades, vestir-se de modo apropriado para as atividades e começar a aula pontualmente. O pesquisador, ao determinar que comportamentos serão observados, também deve limitar o objetivo das observações para fazer com que o estudo seja manejável.

Quem será observado?

Como em qualquer estudo, a população da qual as amostras serão extraídas deve ser determinada. O estudo focalizará apenas os professores do ensino fundamental? Que séries? O estudo incluirá apenas especialistas em educação física, ou incluirá também professores de sala de aula que lecionam educação física? Outra questão diz respeito ao número de participantes que serão observados. O estudo incluirá observações de participantes, além de professores? Em outras palavras, o pesquisador deve descrever de forma precisa quem serão os participantes do estudo.

> O COMPORTAMENTO DO PARTICIPANTE PODE SER AFETADO PELA PRESENÇA DE UM OBSERVADOR.

Onde as observações serão realizadas?

Além das considerações básicas em relação ao tamanho da amostra e à área geográfica, também deve ser considerado o local onde serão realizadas as observações. O ambiente será artificial ou natural? Utilizar um ambiente artificial significa trazer o participante ao laboratório, sala ou outro local para as observações.

Um cenário não natural oferece algumas vantagens em termos de controle e de limitação de distrações. Por exemplo, um vidro espelhado é propício para a observação, porque remove a influência do observador sobre o comportamento do participante. O fato de o comportamento deste ser afetado pela presença de um observador também é demonstrado em situações de sala de aula. Quando o observador faz sua primeira visita, os alunos (e talvez o professor) ficam curiosos a respeito da sua presença; em consequência disso, podem comportar-se de forma diferente do que se comportariam se o observador não estivesse ali. O professor também pode atuar de maneira diferente, possivelmente por perceber o observador como uma ameaça ou estar ciente do propósito das observações. Em todo caso, o pesquisador não deve fazer observações na visita inicial. É melhor permitir que os participantes se acostumem aos poucos com a sua presença.

A observação do participante, sozinho ou em grupo, também está relacionada ao ambiente. Em um ambiente natural, tal como o pátio de recreio ou a sala de aula, a criança pode comportar-se mais normalmente, mas também é provável que haja mais influências externas no comportamento.

Quantas observações serão feitas?

Muitos fatores determinam quantas observações o pesquisador realizará. Em primeiro lugar, estão os comportamentos em questão definidos operacionalmente e a restrição de tempo do próprio estudo. Por exemplo, se você estiver estudando o grau de atividade ou a participação dos alunos em uma aula de educação física, deve considerar várias coisas. Na fase de planejamento do estudo, é preciso decidir o tipo de unidade de atividade e o número de unidades abrangidas no estudo. O número de observações para cada atividade depende do estágio particular de aprendizagem na unidade: na fase introdutória, no estágio da prática, no estágio do jogo, e assim por diante. Isso deve ser especificado nas definições operacionais, é claro, mas tanto a duração da unidade quanto a duração subsequente de cada estágio dentro de cada unidade desempenham papéis importantes na determinação de um número de observações que seja exequível.

Outro fator a ser considerado é o número de observadores. Se apenas uma pessoa estiver realizando as observações, o número de indivíduos que estão sendo observados ou o número de observações por pessoa (ou ambos) são restritos. É arriscado tentar generalizar um comportamento "típico" a partir da observação de poucos indivíduos em poucas ocasiões.

Alguns tipos de comportamento podem não se manifestar com frequência. O espírito esportivo, a agressão, a liderança e outros traços (conforme definidos operacionalmente) não são prontamente observáveis, em razão da falta de oportunidade para mostrar tais traços (entre outras coisas). A ocasião deve apresentar-se, e os elementos da situação devem materializar-se de forma que o participante tenha a oportunidade de reagir. Em consequência, o número de observações com certeza será muito limitado se a ocorrência for deixada ao acaso. No entanto, as situações que são planejadas para provocar determinado comportamento muitas vezes são malsucedidas, devido a sua artificialidade.

Não podemos dizer quantas observações são necessárias, mas podemos apenas prevenir contra a realização de poucas observações; assim, recomendamos a combinação das considerações de exequibilidade e mensuração. Essa questão é retomada na discussão sobre as observações de escores e avaliações.

Quando as observações serão feitas?

Você pode facilmente compreender que todas as considerações básicas em discussão estão relacionadas e sobrepõem-se umas às outras. A determinação de quando fazer as observações inclui decisões sobre a hora do dia, o dia da semana, a fase na experiência de aprendizagem, a estação do ano e outros fatores de tempo.

Em nosso exemplo anterior de observar o grau de atividade dos alunos em um curso de educação física, resultados diferentes seriam esperados se as observações fossem feitas no início da unidade, em vez de no fim. Permitir que os alunos se acostumem à situação, de forma que os procedimentos observacionais não interfiram na atividade normal, é outra consideração. Na observação de estudantes de licenciatura em estágio curricular, por exemplo, certamente seriam esperadas diferenças se alguns fossem observados no início de seu estágio e outros no final do semestre.

Os estudantes de pós-graduação encontram maiores problemas na pesquisa observacional em relação ao tempo. Eles consideram difícil empregar o tempo necessário para fazer um número suficiente de observações que forneça resultados confiáveis. Além disso, pós-graduandos em geral devem coletar os dados sozinhos, de forma que isso toma muito mais tempo do que se pudessem contar com outros observadores.

Como as observações serão pontuadas e avaliadas?

Os pesquisadores empregam diversas técnicas para registrar dados observacionais. O uso de computadores e outros métodos de registro de eventos auxiliados por computador diminuíram muitos dos problemas técnicos que atormentavam a pesquisa observacional no passado. Eis alguns dos procedimentos mais utilizados para registrar dados observacionais:

> **Método narrativo**
> Método de registro em que o pesquisador descreve as observações no momento em que elas ocorrem.

- narrativo ou registro contínuo;
- contagem ou cômputo da frequência;
- método do intervalo; e
- método da duração.

No **método narrativo**, ou de *registro contínuo*, o pesquisador registra, em uma série de sentenças, as ocorrências que ele observa no momento em que estas acontecem. Esse método de registro é mais lento e menos eficiente. O observador deve ser capaz de selecionar a informação mais importante para registrar, pois nem tudo que ocorre em dada situação é possível registrar. Provavelmente, o melhor uso dessa técnica seja no auxílio ao desenvolvimento de instrumentos de registro mais eficientes. O pesquisador utiliza, primeiro, o método contínuo e, depois, desenvolve categorias para futuro registro a partir da narrativa.

O **método de contagem**, ou de *cômputo da frequência*, envolve registrar cada ocorrência de determinado comportamento. O pesquisador deve definir claramente o comportamento e contar a frequência dentro de um intervalo determinado, tal como o número de ocorrências em 10 ou 30 minutos por sessão.

O **método do intervalo** é utilizado quando o pesquisador deseja registrar se o comportamento em questão ocorre em determinado intervalo. Esse método é útil quando é difícil contar as ocorrências individuais. Um dos principais sistemas padronizados para registro de intervalo é o Flanders' Interaction Analysis System (Flanders, 1970), em que o observador registra o comportamento do estudante de acordo com 10 classificações específicas de comportamento dentro de cada intervalo de tempo. O Academic Learning Time in Physical Education (ALT-PE) é um instrumento observacional desenvolvido por Siedentop e pós-graduandos da Ohio State University para uso em educação física (Siedentop, Birdwell e Metzler, 1979; Siedentop, Trousignant e Parker, 1982). O instrumento envolve uma amostragem de tempo na qual uma criança é observada por um período específico, durante o qual suas atividades são codificadas. A Cheffers' Adaptation of the Flanders' Interaction Analysis System (CAFIAS) foi desenvolvida por Cheffers (1973) para permitir a observação sistemática de aulas de educação física e situações de sala de aula. A CAFIAS fornece um dispositivo para codificar o comportamento por meio de um sistema de categoria dupla, de forma que qualquer comportamento pode ser categorizado como verbal, não verbal ou ambos. A CAFIAS permite a codificação da turma como um todo, quando a classe inteira está funcionando como uma unidade; de grupos menores, quando a classe está dividida; ou de cada aluno, quando os alunos estão trabalhando de forma individual ou independente, sem a influência do professor. Rink e Werner (1989) desenvolveram um instrumento de pontuação para a observação de professores, denominada Qualitative Measures of Teaching Performance Scale (QMTPS).

O **método da duração** envolve a cronometragem de um comportamento. O pesquisador utiliza um cronômetro ou outro dispositivo de regulação de tempo para registrar quanto tempo um indivíduo passa engajado em um comportamento específico. Muitos estudos têm utilizado esse método na observação do tempo do aluno em uma tarefa e fora dela. No exemplo anterior sobre o grau de atividade em uma aula de educação física, um pesquisador poderia simplesmente registrar a quantidade de tempo que um aluno despende em participação real ou a quantidade de tempo gasto permanecendo em uma fila ou esperando para executar uma tarefa. O pesquisador geralmente observa um aluno durante determinada unidade de tempo (p. ex., um período de aula), acionando e parando o cronômetro conforme o comportamento inicia e para, de forma que o tempo cumulativo empregado na tarefa (ou fora dela) seja registrado.

Método de contagem
Método de registro em pesquisa observacional, no qual o pesquisador registra cada ocorrência de um comportamento claramente definido dentro de um intervalo determinado; também chamado método de *cômputo da frequência*.

Método do intervalo
Método de registro em pesquisa observacional, utilizado quando é difícil contar ocorrências individuais, no qual o pesquisador registra se o comportamento em questão ocorre em determinado intervalo.

Método da duração
Método de registro em pesquisa observacional, no qual o observador usa um cronômetro ou outro dispositivo de regulação de tempo para registrar quanto tempo um indivíduo passa engajado em um comportamento específico.

Uso de videoteipe para observação

Um instrumento potencialmente valioso para a pesquisa observacional é o videoteipe. Sua maior vantagem é que o pesquisador não precisa se preocupar com registrar as observações quando o comportamento está ocorrendo. Além disso, permite que ele observe várias pessoas de uma só vez. Por exemplo, professores e alunos podem ser observados simultaneamente, o que é difícil em técnicas observacionais normais. Além disso, o pesquisador pode repetir uma imagem sempre que necessário, para avaliar um comportamento, e, ainda, guardar um registro permanente.

O uso de videoteipe tem algumas desvantagens: é caro; a filmagem requer um grau significativo de competência técnica para garantir uma boa iluminação e um bom posicionamento; e, às vezes, pode ser incômodo acompanhar a ação. A presença de uma câmera também pode alterar o comportamento a ponto de os participantes não se comportarem normalmente. Contudo, se as desvantagens puderem ser resolvidas, o registro em vídeo pode ser eficaz para a pesquisa observacional.

Pontos fracos da pesquisa observacional

Estes são alguns dos problemas e das limitações da pesquisa observacional:

- O principal perigo na pesquisa observacional está nas definições observacionais do estudo. Os comportamentos devem ser cuidadosamente definidos e observáveis. Em consequência, as ações podem ser tão restritas que não descrevem o comportamento crítico. Por exemplo, a eficiência do professor abrange muitos comportamentos, e observar apenas o número de vezes que o professor fez perguntas ou deu atenção individual pode ser uma amostra inadequada de eficiência.

- Usar de modo efetivo as formas de observação requer muita prática. O treinamento inadequado representa, assim, uma grande cilada nessa forma de pesquisa. Além disso, tentar observar coisas demais pode se difícil. Muitas vezes, a forma de observação é muito ambiciosa para uma só pessoa realizar.
- Determinados comportamentos não podem ser avaliados tão precisamente como algumas formas de observação exigem. Um erro comum é solicitar que o observador faça discriminações muito precisas, reduzindo, assim, a fidedignidade das classificações.
- A presença do observador normalmente afeta o comportamento dos participantes. Ele deve estar ciente dessa possibilidade e tentar atenuar a perturbação.
- Em geral, ter mais de um observador facilita bastante a pesquisa observacional. A não utilização de mais de um observador resulta em menos eficiência e objetividade.

Técnicas de pesquisa não intrusivas

Muitos métodos de coletar informações sobre pessoas estão disponíveis, além de questionários, estudos de caso e observação direta. Webb e colaboradores (1966) discutiram diferentes abordagens, que denominaram **medidas não intrusivas**. Um dos exemplos mencionados por eles é a taxa de substituição do ladrilho em volta de exposições em museus como uma medida da popularidade relativa destas. Outro é o fato de os pesquisadores avaliarem o grau de medo causado pela narração de histórias de fantasmas para crianças mediante a observação da redução do diâmetro do círculo de crianças sentadas. Também mediu-se o tédio pela quantidade de movimentos de inquietação em uma audiência. A taxa de retiradas de livros de ficção e não ficção de uma biblioteca tem sido estudada para determinar a influência da televisão nas comunidades. Os pesquisadores notaram que as crianças demonstram seu interesse pelo Natal pelo tamanho dos seus desenhos do Papai Noel e pelo grau de distorção nas figuras.

Em alguns dos métodos recém-mencionados, o pesquisador não está presente quando os dados estão sendo produzidos. Em outras situações, o pesquisador está presente, mas age de forma não reativa. *Em outras palavras, os indivíduos não estão cientes de que o pesquisador está coletando dados.* Por exemplo, um pesquisador na área da psicologia avaliou o grau de aceitação de novatos entre meninos delinquentes medindo a distância mantida entre um delinquente e um novo menino ao qual o observador apresentou o menino delinquente. Às vezes, o pesquisador intervém para apressar a ação ou forçar os dados, mas de maneira que não atraia atenção para o método. Ao estudar o efeito catártico da atividade na agressão, Ryan (1970) contou com um cúmplice que se comportou de maneira detestável e então mediu a quantidade de choque elétrico que os participantes aplicaram nesse cúmplice e em espectadores inocentes. Outros pesquisadores fizeram intervenções no sentido de levar os participantes a falharem ou a terem sucesso, de modo que as respostas referentes a vencer ou perder em situações competitivas pudessem ser observadas.

Levine (1990) descreveu um interessante estudo sobre o ritmo de vida utilizando medidas não intrusivas que envolveram pessoas em várias cidades e em vários países. Entre as medidas utilizadas, estavam (a) a velocidade de caminhada de pedestres escolhidos aleatoriamente ao longo de uma distância de 30,5 m; (b) a precisão de relógios de rua em uma área central; e (c) a velocidade com que os funcionários dos Correios atendiam a um pedido usual de selos.

Levine (1990) realizou um estudo semelhante sobre o ritmo das cidades dos Estados Unidos. Quatro medidas não intrusivas foram utilizadas: (a) velocidade de caminhada ao longo de 18 m; (b) tempo levado por bancários para atender a uma solicitação simples; (c) velocidade da fala de funcionários dos Correios para explicar as diferenças entre a correspondência regular, a registrada e a assegurada; e (d) a proporção de pessoas que usam relógios de pulso.

As medidas não intrusivas também incluem registros, como certidões de nascimento, registros políticos e judiciais, registros atuariais, revistas, jornais, arquivos e epitáfios. Um uso interessante de registros de cidade (Webb et al., 1966) foi a análise da pressão hidráulica da cidade como índice do

> **Medidas não intrusivas** Medidas de comportamento obtidas de indivíduos que não estão cientes de que o pesquisador está coletando dados.

interesse em assistir televisão. Imediatamente após um programa de televisão, a pressão hidráulica caía, pois as pessoas bebiam água e davam descarga nos banheiros. Mabley (1963) apresentou dados sobre a pressão hidráulica de Chicago no dia de um excitante jogo do Rose Bowl, mostrando uma queda drástica na pressão logo após o término do jogo.

A questão ética da invasão de privacidade surge em algumas formas de medidas não intrusivas. O consentimento informado tem colocado restrições consideráveis em certas práticas de pesquisa, tais como aquelas que envolvem logro e experimentos que objetivam induzir o aumento da ansiedade.

▶ Medidas não intrusivas podem levantar preocupações éticas com relação a privacidade e consentimento informado.

Pesquisa correlacional

A **pesquisa correlacional** é descritiva no sentido de que explora as relações que existem entre as variáveis. Às vezes, as predições são feitas com base nas relações, mas a correlação não pode determinar causa e efeito. A diferença básica entre a pesquisa experimental e a correlacional é que a última não faz com que algo aconteça. A pesquisa correlacional não envolve manipulação de variáveis nem administração de tratamentos experimentais. O delineamento básico da pesquisa correlacional é coletar dados sobre duas ou mais variáveis nas mesmas pessoas e determinar as relações entre as variáveis. Mas, é claro, o pesquisador deve ter uma base lógica sólida para explorar as relações.

Várias técnicas correlacionais foram abordadas no Capítulo 8, por meio de exemplos de situações que se prestam à pesquisa correlacional. Os dois principais objetivos de realizar um estudo correlacional são a análise das relações entre variáveis e a predição.

Pesquisa correlacional
Pesquisa que explora relações entre variáveis e que, às vezes, envolve a predição de uma variável-critério.

Passos na pesquisa correlacional

Os passos em um estudo correlacional são similares àqueles seguidos em outros métodos de pesquisa. O problema é primeiramente definido e delimitado. A seleção das variáveis a serem correlacionadas é de importância fundamental. Muitos estudos são falhos a esse respeito. Seja qual for o grau de sofisticação da análise estatística, a técnica pode tratar apenas das variáveis que são inseridas; como se costuma dizer, "entra lixo, sai lixo". A validade de um estudo que procura identificar componentes básicos ou fatores de aptidão depende da identificação das variáveis a serem analisadas. Um pesquisador que deseja discriminar entre os titulares e os reservas em um esporte depara com a tarefa essencial de discriminar que variáveis fisiológicas ou psicológicas são as determinantes importantes do sucesso. O pesquisador deve apoiar-se firmemente nas pesquisas antecedentes ao definir e delimitar o problema.

Os participantes são selecionados a partir da população pertinente, utilizando-se os procedimentos de amostragem recomendados. A magnitude e até mesmo a direção de um coeficiente de correlação podem variar muito, dependendo da amostra utilizada. Lembre-se de que as correlações mostram apenas o grau de relação entre as variáveis, não a causa dessa relação. Como consequência, devido a outros fatores contribuintes, um pesquisador poderia obter uma correlação de 0,90 entre duas variáveis em uma amostra de crianças, mas correlação de 0,10 entre as mesmas variáveis com adultos, ou vice-versa. O Capítulo 8 utilizou exemplos de quanto fatores como idade podem influenciar certas relações.

Outro aspecto de correlação é que o tamanho do coeficiente de correlação depende, em grande parte, da distribuição dos escores. Uma amostra que é claramente homogênea em certos traços raramente produzirá uma correlação alta entre as variáveis associadas a esses traços. Por exemplo, a correlação entre uma corrida de fundo e o consumo máximo de oxigênio com uma amostra de corredores de elite será quase invariavelmente baixa, pois os atletas são muito semelhantes; a variabilidade é insuficiente para permitir uma correlação alta, porque os escores sobre as duas medidas são uniformes demais. Se você incluir alguns corredores menos treinados na amostra, o tamanho do coeficiente de correlação aumentará acentuadamente.

Em estudos de predição, os participantes devem ser representativos da população para a qual o estudo é dirigido. Uma das grandes desvantagens dos estudos de predição é que as fórmulas de predição costumam ser específicas para a amostra, o que significa que a precisão de uma fórmula é maior (ou talvez apenas aceitável) quando é aplicada à amostra particular com base na qual foi desenvolvida. O Capítulo 11 discutiu esse fenômeno de redução, bem como a validação cruzada, que serve para contrabalançar a redução.

A coleta de dados requer a mesma atenção cuidadosa aos detalhes e a mesma padronização de todos os delineamentos de pesquisa. Uma variedade de métodos para coleta de dados pode ser utilizada, tais como testes de desempenho físico, medidas antropométricas, inventários por escrito, questionários e técnicas observacionais. Os escores, no entanto, devem ser quantificados para serem correlacionados.

A análise de dados pode ser realizada por meio de várias técnicas estatísticas. Às vezes, o pesquisador deseja utilizar correlação simples ou múltipla para estudar como as variáveis, tanto sozinhas quanto em uma composição linear de variáveis, são associadas a algum desempenho ou comportamento-critério. A análise fatorial é um método de redução de dados que ajuda a determinar se as relações entre diversas variáveis podem ser reduzidas a pequenas combinações de fatores ou componentes comuns. A análise estrutural é uma técnica utilizada para testar algum modelo teórico sobre relações causais entre três ou mais variáveis. (A correlação simples, a análise fatorial e a análise estrutural foram discutidas no Cap. 8.)

Estudos de predição geralmente empregam regressão múltipla, porque a precisão da predição de algum comportamento-critério é quase sempre melhorada pelo uso de mais de uma variável preditora. A análise discriminante é uma técnica utilizada para predizer os membros de um grupo; e a correlação canônica é um método para predizer uma combinação de diferentes variáveis de critério a partir de diferentes variáveis preditoras. (A regressão múltipla e a correlação canônica são discutidas no Capítulo 8; e a análise discriminante, no Cap. 9.)

Limitações da pesquisa correlacional

▶ Quanto mais fácil for o critério para definir operacionalmente, mais eficiente será a pesquisa correlacional.

As limitações da pesquisa correlacional incluem aquelas do planejamento e da análise. Já apontamos a importância da identificação de variáveis pertinentes e da seleção de testes apropriados para medir essas variáveis. A hipótese deveria se basear em pesquisas anteriores e considerações teóricas, em vez de apenas correlacionar um conjunto de medidas para ver o que acontece, o que não é uma maneira eficiente de abordar a pesquisa. A seleção de uma medida inadequada como um critério em um estudo de predição é um ponto fraco comum na pesquisa correlacional. Por exemplo, um critério de sucesso em algum objetivo é, muitas vezes, difícil de definir operacionalmente e pode ser mais difícil de medir com fidedignidade.

Resumo

A análise descritiva engloba muitas técnicas diferentes. Neste capítulo, descrevemos os procedimentos básicos e os pontos fortes e fracos de seis técnicas na categoria de pesquisa descritiva.

A pesquisa desenvolvimental busca estudar medidas de crescimento e mudanças no comportamento durante certo período de anos. Em um delineamento longitudinal, os mesmos participantes são acompanhados ao longo do tempo. Quando diferentes sujeitos de diferentes idades constituem a amostra, o delineamento é transversal. É de suma importância, na pesquisa desenvolvimental, saber se os sujeitos representam suas populações e seus desempenhos. Um estudo desenvolvimental pode envolver o tratamento experimental, no qual o pesquisador tenta determinar a interação de algum tratamento com a idade. Também pode ser feito de uma forma *post hoc*, na qual o pesquisador avalia dados que foram coletados ao longo de vários anos.

Em um estudo de caso, o pesquisador tenta reunir bastante informação sobre um ou alguns casos. Por meio de um estudo aprofundado de um único caso, alcança-se maior compreensão de casos similares. Estudos de caso podem ser descritivos, interpretativos ou avaliativos. Umas das principais vantagens da abordagem do estudo de caso é que ele pode levar à formulação de ideias e hipóteses sobre problemas.

A análise de cargo é um tipo de estudo de caso em que se reúne e se avalia uma vasta informação sobre condições de trabalho, atribuições e tipos de treinamento, preparação, habilidades e atitudes necessários para obter sucesso em determinado cargo.

A pesquisa observacional é uma técnica descritiva que envolve a análise qualitativa e quantitativa de comportamentos observados. Diferentemente do método de levantamento, que se vale de autorrelato sobre como uma pessoa se comporta, a pesquisa observacional procura estudar o que a pessoa realmente faz. O comportamento é codificado conforme o que ocorre e quando, com que frequência e há quanto tempo ocorre. Os instrumentos de observação padronizados tais como o ALT-PE e a CAFIAS são muito utilizados. Os pesquisadores frequentemente filmam seus participantes para registrar e armazenar as observações para análise posterior.

Alguns estudos são medidas não intrusivas, em que os participantes não estão cientes de que o pesquisador está coletando dados. Por exemplo, em vez de (ou além de) perguntar a uma pessoa o quanto ele fuma, o pesquisador deve contar as baganas de cigarro em um cinzeiro após certo período. Ainda que possam ser interessantes e inovadores, os métodos podem ser coibidos devido a considerações éticas como invasão de privacidade e logro.

A pesquisa correlacional examina relações entre variáveis. Às vezes, as relações são utilizadas para predição. Mesmo que as correlações sejam bastante usadas com pesquisa experimental, o estudo das relações é descritivo por não envolver a manipulação de variáveis. Uma grande cilada na pesquisa correlacional é supor que, por estarem correlacionadas, uma variável seja a causa de outra.

Verifique sua compreensão

1. Localize um estudo transversal e um estudo longitudinal na literatura e responda às seguintes perguntas sobre cada um deles:

    a. O estudo é descritivo ou experimental?
    b. Que faixas etárias são estudadas?
    c. Quais as variáveis independentes e as dependentes?
    d. Que estatísticas são utilizadas para fazer comparações entre idades?

2. Escreva um resumo de um estudo de caso encontrado na literatura. Indique o problema, as fontes de informação utilizadas e os achados.
3. Encontre um estudo observacional na literatura e escreva uma crítica ao artigo, concentrando-se na metodologia.
4. Escreva um breve resumo de um estudo de pesquisa correlacional.

Capítulo 17

PESQUISA EPIDEMIOLÓGICA EM ATIVIDADE FÍSICA

Barbara E. Ainsworth
Charles E. Matthews

Um dia, quando estiverem deitados em uma cama de hospital, morrendo de uma doença qualquer, os obcecados pela saúde vão se sentir estúpidos.

Redd Foxx

A emergência da doença cardíaca epidêmica, em meados do século XX, alimentou muitos estudos epidemiológicos observacionais de larga escala, que se destinavam a identificar seus fatores determinantes para que medidas preventivas pudessem ser tomadas, a fim de melhorar a saúde pública. Muitos estudos observacionais iniciaram entre o final da década de 1940 e o começo dos anos 1960. Vários deles mostraram-se particularmente importantes para o desenvolvimento do campo da epidemiologia do exercício físico, pois foram os primeiros a desenvolver métodos de medida da atividade física e realizar estudos sistemáticos da ligação entre esta e doenças que ameaçam a vida. Esses estudos, para citar apenas alguns (e pessoas importantes a eles associadas), incluíam Framingham Heart Study, London Busmen/British Civil Servants (Jeremy Morris), Tecumseh Health Study (Henry Montoye), College Alumni Study (Ralph Paffenbarger) e estudos anteriores realizados em Minnesota (Henry Taylor).

No início da década de 1980, os pesquisadores já tinham começado a acumular sólidos indícios de que baixos níveis de atividade física estavam associados ao aumento do risco de doença cardíaca e da mortalidade em geral. Uma vez que as doenças cardíacas eram e ainda são a principal causa de morte nos Estados Unidos e em países da União Europeia, a atividade física tornou-se uma importante questão da saúde pública. Desse modo, o Serviço de Saúde Pública dos Estados Unidos iniciou programas de fiscalização para quantificar os padrões de atividade física da população do país nos momentos de lazer em meados dos anos 1980. Esses programas demonstraram que mais de 60% dos adultos não se exercitavam com regularidade. Na década de 1990, os indícios epidemiológicos continuaram a se acumular, mostrando que baixos níveis de atividade física estavam associados ao aumento do risco de uma série de condições de alteração na saúde, inclusive mortalidade por causas múltiplas ou específicas, doenças cardiovasculares, osteoporose, algumas formas de câncer e problemas de qualidade de vida e saúde mental (U.S. Department of Health and Human Services, 1996). Nos dias atuais, iniciativas importantes têm sido feitas para compreender o melhor modo de alterar o comportamento da população, tanto no nível individual quanto comunitário.

Uma dessas iniciativas é o Health People 2010, plano desenvolvido pelo U.S. Department of Health and Human Services e atualizado a cada 10 anos. A meta para o Health People 2010 era alcançar os 467 objetivos de saúde em 28 áreas-alvo até o ano 2010. Utiliza-se um índice dos principais indicadores de saúde (similar ao conceito de principais indicadores econômicos) para monitorar o progresso feito em direção a esses objetivos (U.S. Department of Health and Human Services, 2000).

Os objetivos para adolescentes eram:

- aumento da proporção de adolescentes engajados em atividades físicas vigorosas, que promovam o condicionamento cardiorrespiratório, três ou mais vezes por semana, por 20 ou mais minutos de cada vez; e
- aumento da proporção de adolescentes engajados em atividades físicas moderadas por, pelo menos, 30 minutos, cinco ou mais vezes por semanas.

Os objetivos para os adultos eram:

- aumento da proporção de adultos engajados em atividades físicas moderadas, regulares e, preferencialmente, diárias por, pelo menos, 30 minutos por dia; e
- aumento da proporção de adultos engajados em atividades físicas vigorosas, que promovam o desenvolvimento e a manutenção do condicionamento cardiorrespiratório, três ou mais vezes por semana, por 20 ou mais minutos de cada vez.

Os objetivos de 2010 para atividades moderada e vigorosa, comparados aos níveis de 2003, são destacados na Figura 17.1. Para alcançá-los, os adolescentes precisaram aumentar a atividade regular vigorosa em 22% e a moderada em 10%. Em 2003, os adultos tinham excedido o objetivo da atividade moderada em 30%, mas precisaram aumentar a atividade vigorosa em 4%.

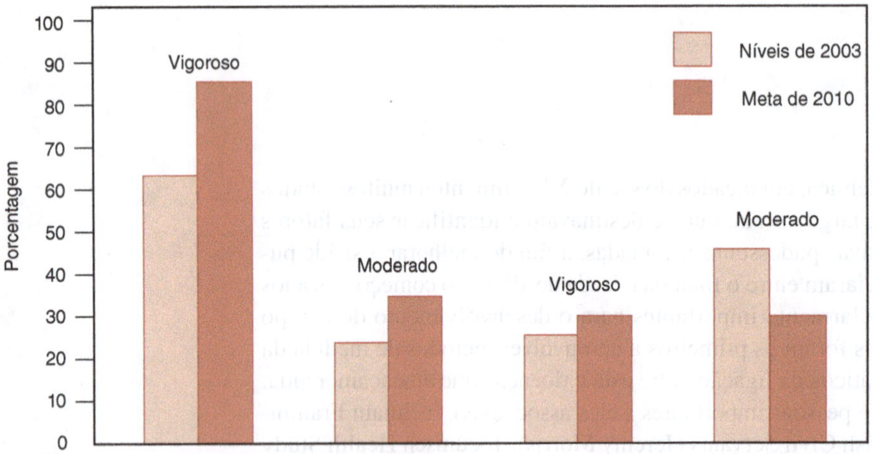

Esse pequeno relato da epidemiologia na atividade física reflete os principais objetivos da investigação epidemiológica que será descrita no restante deste capítulo. Métodos epidemiológicos são usados para fornecer o suporte principal às iniciativas públicas na área de saúde, inclusive para (1) quantificar a magnitude dos problemas de saúde, (2) identificar os fatores que causam doenças (ou seja, **fatores de risco**), (3) fornecer orientação quantitativa para a alocação de recursos na área de saúde pública; e (4) monitorar a eficácia das estratégias de prevenção, usando amplos programas de fiscalização (Caspersen, 1989). Neste capítulo, definimos a epidemiologia, descrevemos métodos de medição em estudos epidemiológicos em atividade física, apontamos os delineamentos de estudos epidemiológicos, consideramos ameaças à validade desses delineamentos e fornecemos noções sobre a leitura e a interpretação de estudos epidemiológicos.

▶ **Figura 17.1** Porcentagens de adolescentes e adultos que atingiram os objetivos de atividade física do Healthy People 2010 em 2003.

Fator de risco
Exposição considerada como determinante de certa condição de doença ou comportamento de saúde.

Pesquisa observacional *versus* experimental

A chave para entender os métodos epidemiológicos está na consideração da diferença entre as pesquisas observacional e experimental. Afirma-se que um epidemiologista está mais alegre quando as condições se esforçam para produzir circunstâncias parecidas com aquelas do verdadeiro experimento (Rothman, 1986).

A pesquisa observacional usa diferenças existentes entre fatores que podem causar doenças em uma população, como atividade física, hábitos alimentares ou o tabagismo. Parte da população escolhe ser fisicamente ativa, e o resto não. Os epidemiologistas usam essas diferenças, que ocorrem de forma natural entre a população, para "observar" e, assim, compreender seu efeito em **resultados** específicos relacionados a doenças.

A principal razão da importância adquirida pela pesquisa epidemiológica como disciplina é ela ser praticamente o único modo de obter um entendimento quantitativo dos riscos à saúde de muitos fatores de risco comportamentais. Essas circunstâncias vêm do fato de que seria antiético realizar pesquisas experimentais sobre comportamentos relacionados à saúde, como a inatividade física. Os pesquisadores não poderiam, por exemplo, randomizar para um grupo de pessoas um estilo de vida completamente sedentário ou ativo e, depois, esperar 5 a 10 anos para ver a porcentagem de mortes e de doenças cardíacas resultantes da inatividade física. Ainda que um estudo experimental como esse pudesse demonstrar, sem dúvida, que a inatividade física é um fator causador do desenvolvimento de doenças cardíacas, os problemas éticos envolvidos no experimento são óbvios.

▶ A pesquisa observacional considera como diferenças (p. ex., na atividade física, em dietas) afetam resultados de doenças.

Resultado Na análise, a variável dependente.

O que é epidemiologia?

Define-se epidemiologia como "o estudo da distribuição e dos determinantes da saúde relacionados a estados ou eventos em populações específicas, bem como a aplicação desse estudo ao controle de problemas de saúde" (Last, 1988, p. 141).

Distribuição

A distribuição de uma doença está relacionada com a *frequência* e os *padrões* da sua ocorrência em uma população.

Tipicamente, a frequência, ou quão comum é a ocorrência, da doença é medida pela prevalência, pela incidência ou pela taxa de mortalidade.

A prevalência refere-se ao número de pessoas de uma população que contraem a doença em determinado momento. Por exemplo, em 1996, a prevalência de doenças cardiovasculares nos Estados Unidos era estimada em 58.800 mil pessoas, ou cerca de 25% da população (American Heart Association, 1998).

A frequência em que ocorre uma doença também pode ser calculada como a taxa de novas doenças ou eventos de saúde, como a *incidência* ou as *taxas de mortalidade* (ou seja, novos casos ou novas mortes causadas por determinada doença em certo período). Vejamos um exemplo. Nos Estados Unidos, em 2001 (Centers for Disease Control and Prevention, 2004), a taxa de mortalidade por doenças cardiovasculares para homens era de 304 por 100 mil e para mulheres, 203 por 100 mil.

Componentes da pesquisa epidemiológica

Distribuição
- Frequência – prevalência, incidência, taxa de mortalidade
- Padrões – pessoa, local, hora

Determinantes
- Características definidas – associadas a mudanças em saúde

Aplicação
- Translação – conhecimento para praticar

A apresentação da frequência de ocorrência de uma doença em relação ao número de pessoas da população em foco permite comparar a prevalência, a incidência ou as taxas de mortalidade entre populações diferentes. Por exemplo, as taxas indicam claramente que a mortalidade por doença cardiovascular é 50% maior entre os homens, em relação às mulheres.

A avaliação dos *padrões* básicos da ocorrência da doença em dada população com frequência é útil para desenvolver hipóteses sobre os fatores de risco dessa enfermidade. Esses padrões referem-se a características relacionadas ao *indivíduo*, ao *lugar* e ao *tempo*. As características pessoais incluem fatores demográficos, como idade, sexo e condição socioeconômica. As características de lugar incluem diferenças geográficas, variação urbano-rural e, particularmente importante na história da epidemiologia na atividade física, os tipos de ocupações. Historicamente, diferenças em classificações ocupacionais permitiram aos pesquisadores fazer comparações brutas dos níveis de atividade física de acordo com a profissão, tendo sido usadas em alguns dos primeiros estudos epidemiológicos da relação entre a atividade física e as doenças cardíacas.

O tempo da ocorrência da doença refere-se aos padrões anual, sazonal ou diário. A quantificação das alterações temporais em taxas costuma levar a hipóteses que geram exames mais detalhados dos fatores que causaram a mudança. Um bom exemplo foi a observação de que a incidência de infecções respiratórias no trato superior (ou seja, resfriados comuns) em maratonistas aumentou no período de 14 dias posterior à participação na ultramaratona (56 km) (Peters, 1983). Dos 141 maratonistas estudados, 47 (33%) ficaram resfriados após a corrida, enquanto apenas 19 (15%) dos 124 que não participaram da maratona pegaram um resfriado durante o mesmo período. Assim, a incidência de resfriados entre os corredores foi mais de duas vezes maior; isso ocorreu aparentemente devido à **exposição** ao evento da maratona. Essa observação levou à pesquisa intensiva na área da imunologia do exercício e, no final, resultou em maior compreensão da relação entre o exercício e o sistema imunológico (Nieman, 1994).

Exposição Em estudos epidemiológicos, fatores (variáveis) testados em termos da sua relação com o resultado investigado.

Determinante Fator que muda a característica.

Determinantes

O **determinante** é "qualquer fator, seja ele um evento, uma característica ou outra entidade definível, que provoca mudanças em uma condição de saúde ou outras características definidas" (Last, 1988, p. 500). Na pesquisa em atividade física, os objetivos geralmente são testar a hipótese de que a atividade é ou não um determinante de certa manifestação de doença ou identificar o determinante de comportamentos na atividade física. Os determinantes da doença com frequência são chamados de "fatores de risco", pois aumentam as possibilidades de contrair a doença. Estudos epidemiológicos são usados na identificação de fatores de risco de doenças cardíacas, incluindo obesidade, pressão sanguínea elevada, alta taxa de colesterol LDL, baixos níveis de colesterol HDL, inatividade física, etc. A identificação e a fiscalização de determinantes específicos de certa doença permitem a elaboração de campanhas de saúde orientadas, que apresentam o novo conhecimento da área ao público.

Aplicação

A aplicação do conhecimento estabelecido sobre fatores causais relacionados a determinada doença é um dos principais objetivos da saúde pública. Portanto, assim que os epidemiologistas identificam a causa da doença, educadores da área de saúde interagem com as comunidades para torná-las mais saudáveis.

Outros termos envolvidos na aplicação da pesquisa em comunidades são *tradução* e *disseminação*. Estratégias de disseminação de saúde pública eficazes são aquelas que estimulam o envolvimento da comunidade por meio de vários métodos, como a motivação das pessoas para que mudem os seus comportamentos e a influência sobre a política pública. A isso costumam se referir como o modelo ecológico de promoção de saúde (McLeroy, Bibeau, Steckler e Glanz, 1988). Os disseminadores de saúde pública traduzem o conhecimento oriundo de estudos epidemiológicos, a fim de ajudar a aumentar a atividade física entre indivíduos, grupos sociais ou organizações comunitárias. Também são usadas estratégias para afetar o ambiente da comunidade (p. ex., criação de locais para caminhada) e encorajar os parlamentares a criar legislações ou fundos destinados a possibilitar a prática de atividades físicas no cotidiano das pessoas.

Definições de mensuração em atividade física

Uma vez que a atividade física pode ser descrita de muitas formas, são necessárias definições que aumentem a consistência da mensuração e reduzam a variabilidade entre os estudos. *Atividade física* é um termo global, definido como todo movimento produzido pela contração da musculatura esquelética e que aumenta, de forma expressiva, o gasto energético. Nesse contexto, a atividade física pode ocorrer no trabalho, em casa, durante períodos de lazer e recreação e no trajeto de um lugar para outro (Caspersen, 1989). A atividade física inclui todas as formas de movimento realizadas no local de trabalho ou de exercício, em casa ou em entidades de assistência à família, no transporte e em espaços de lazer. *Exercício* é o movimento corporal planejado, estruturado e repetitivo, feito para melhorar ou manter um ou mais dos componentes do condicionamento físico (Caspersen, 1989). *Condicionamento físico* é um conceito multidimensional, associado a um conjunto de atributos que os indivíduos têm ou alcançam, relacionados com a habilidade de executar a atividade física. Entre os tipos de condicionamento físico estão o cardiorrespiratório, o muscular, o metabólico, o motor e o de flexibilidade. *Lazer*, por sua vez, é um conceito que inclui os elementos da livre escolha, ausência de restrições, motivação intrínseca, diversão, relaxamento, envolvimento pessoal e oportunidade de autoexpressão (Henderson, Bialeschki, Shaw e Freysinger, 1996). Atividade física *volitiva* refere-se a atividades feitas com algum propósito, em instalações especialmente preparadas ou não. Atividade física *espontânea* refere-se a breves períodos de movimento, que resulta em gasto de energia oriundo de movimentos decorrentes de inquietação e gesticulação ou de breves períodos de movimentos não intencionais acumulados.

Em estudos epidemiológicos, em que se mede a atividade física, a frequência, a duração e a intensidade das atividades físicas volitivas executadas em determinado período do passado são estudadas em termos do seu impacto sobre a saúde.

- A *frequência* está relacionada ao número de vezes semanal ou anual de atividade física. Vejamos um exemplo. Em um relatório consensual dos Centers for Disease Control and Prevention (CDC) e do American College of Sports Medicine (ACSM), recomendava-se a realização de atividades físicas na maioria dos dias da semana, de preferência em todos, para reduzir alguns riscos de doenças crônicas e aumentar a qualidade de vida relacionada à saúde (Pate et al., 1995). De acordo com o ACSM, para aumentar o condicionamento cardiorrespiratório, a frequência mínima do exercício vigoroso deve ser de três dias por semana (ACSM, 1994).

- A *duração* está relacionada com o tempo gasto em uma atividade específica, como horas ou minutos por sessão. No Multiple Risk Factor Intervention Trial (MRFIT, Teste de Intervenção de Fator de Risco Múltiplo) de 12.138 homens com alto risco de doença cardiovascular, foram executadas análises para determinar a relação entre a atividade física e a mortalidade (Leon, 1987). Mediu-se a atividade física em minutos por dia, classificando-a em três períodos de tempo descritos como de curta (15 min./dia), média (47 min./dia) e longa (133 min./dia) duração. Os resultados mostraram menores taxas de mortalidade entre os homens que executaram, no tempo de lazer, atividades de média e longa duração, em comparação com o grupo da atividade de curta duração. Com base nesse e em outros estudos epidemiológicos revistos por Pate e colaboradores (1995), são recomendados pelo menos 30 minutos por dia de atividade para reduzir os riscos de mortalidade e morbidade prematura.

- A *intensidade* refere-se à dificuldade da atividade e, em geral, em questões epidemiológicas, é classificada como leve, moderada ou vigorosa. Ela pode ser expressa em termos *absolutos* ou *relativos*. A unidade de intensidade recomendada em termos absolutos é o equivalente metabólico (MET), definido como a razão entre a taxa metabólica da atividade e a taxa metabólica de repouso. Um MET corresponde a cerca de 3,5 mL. kg^{-1}. min^{-1} de consumo de oxigênio ou cerca de 1 kcal. kg^{-1}. h^{-1} de gasto energético para uma pessoa de 60 kg. Para dar consistência à atribuição de níveis de intensidade a atividades, foi desenvolvido o Compedium of Physical Activities, que fornece as intensidades do MET para mais de 500 atividades (Ainsworth et al., 2000). A expressão da intensidade da atividade física em termos relativos cuida do ajuste da dificuldade da atividade por causa das diferenças

> ### Recomendação de atividade física
>
> **Recomendações moderadas feitas pelo CDC-ACSM**
>
> Frequência = 5+ dias/semana
> Duração = 30+ min/dia
> Intensidade = 3 a 6 METs
>
> **Recomendação vigorosa feita pelo ACSM**
>
> Frequência = 3+ dias/semana
> Duração = 20 a 45 min/evento
> Intensidade = 60 a 90% da frequência cardíaca máxima

individuais. As medidas da intensidade relativa incluem o percentual de absorção máxima de oxigênio (% $\dot{V}O_2$máx.) ou da frequência cardíaca máxima (% da frequência cardíaca máxima) e a classificação do esforço percebido. Uma das dificuldades para o uso de intensidades relativas em estudos epidemiológicos é que a comparação dos níveis de intensidade de atividades semelhantes é desigual entre os estudos. Assim, é preferível expressar a intensidade em termos relativos quando se faz a medida da atividade para determinada pessoa, por exemplo, para prescrição de programas de exercícios em base individual.

- A *dosagem* refere-se à combinação da frequência com a intensidade e a duração da atividade física, sendo expressa em kcal/dia, MET-h/dia, minutos em um teste com exercício escalonado na esteira, etc. No Aerobic Center Longitudinal Study, Blair e colaboradores (1989) estudaram a associação entre o tempo decorrido até a exaustão em um teste com exercício escalonado na esteira e a mortalidade em geral. Eles mostraram forte relação de resposta de dosagem inversa entre os níveis do condicionamento cardiorrespiratório máximo (representado pelo nível máximo do MET) e a mortalidade em geral. Observou-se maior redução na mortalidade entre homens cujo nível de condicionamento era mais baixo ou próximo dele.

Avaliação da atividade física

A atividade física pode ser medida por uma série de métodos, que vão desde medir, de forma direta, a quantidade de calor produzida por um corpo durante a atividade, até pedir ao indivíduo para que classifique o grau de atividade em que esteve envolvido na última semana ou no último ano. De 1950 a 1980, os nomes das profissões eram usados para classificar padrões da atividade física em estudos epidemiológicos que envolviam a atividade física ocupacional. Contudo, em virtude das mudanças no perfil do mercado de trabalho, esses nomes já não refletem os requisitos físicos de cada profissão e, por isso, houve a eliminação do uso dos nomes das profissões para classificar o gasto energético ocupacional (Montoye, 1996).

Em estudos epidemiológicos, devido ao número excepcionalmente alto de pessoas envolvidas, questionários autoadministrados ou entrevistas curtas são usados com frequência para obter o gasto por atividade, no trabalho, no exercício, em casa, no transporte e no lazer. Os questionários são classificados como global, rememoração curta ou história quantitativa, de acordo com a extensão e a complexidade dos itens.

- Questionários *globais* consistem em instrumentos de 1 a 4 itens, nos quais é apresentada a classificação geral dos padrões de atividade habitual da pessoa. São mais acurados na classificação de pessoas de acordo com o nível de vigor-intensidade da atividade física. Por serem aplicadas em pouco tempo (menos de dois minutos), essas entrevistas são as preferidas em estudos epidemiológicos.

> **PODE HAVER UMA RELAÇÃO INVERSA ENTRE TIPOS DE ATIVIDADE FÍSICA E BENEFÍCIOS À SAÚDE.**

- *Rememorações curtas* geralmente têm de 5 a 15 itens e refletem os padrões da atividade física recente (na última semana ou mês). São eficazes em classificar indivíduos em categorias de atividade, como inativa, insuficientemente ativa ou regularmente ativa, com base no nível mínimo de atividade apontado em orientações e recomendações relativas à saúde. Questionários curtos podem ser completados em 5 a 15 minutos e são recomendados para a fiscalização de atividades e estudos epidemiológicos descritivos, elaborados com o objetivo de avaliar a prevalência de adultos e de crianças que têm acesso a recomendações sobre atividade física e saúde.
- *Histórias quantitativas* são instrumentos detalhados, com 15 a 60 itens, que refletem intensidade, frequência e duração dos padrões de atividade em várias categorias, como no trabalho, no serviço doméstico, nos esportes, no condicionamento, no transporte, em instituições de apoio à família e no lazer. Esse tipo de entrevista foi usado por Leon e colaboradores (1987) em um estudo com MRFIT. Os questionários de história quantitativa permitem aos pesquisadores obter informações detalhadas sobre o gasto energético e os padrões da atividade física em um período que pode variar do último mês ao último ano. No entanto, pela extensão e pela complexidade dos itens, o preenchimento desses questionários pode levar de 15 a 30 minutos, sendo, em geral, acompanhado pelo entrevistador. As histórias quantitativas são adequadas para estudos destinados a examinar temas de resposta a dosagens, em populações heterogêneas cujos padrões de atividade física têm ampla variação.

Desde a sua introdução como medida objetiva da atividade física em ambientes naturais, no início dos anos 1980, os monitores de atividade presos à cintura (acelerômetros e pedômetros) tornaram-se itens básicos no repertório da mensuração. Eles têm sido extensivamente usados na validação de investigações com base em autorrelatos, na medida do resultado da atividade física em estudos de intervenção e na pesquisa destinada a identificar correlatos psicossociais e ambientais de comportamentos na atividade física. A grande vantagem das medidas objetivas da atividade física é a superação de limitações inerentes aos métodos de autorrelato, que dependem, necessariamente, de informações fornecidas pelos participantes. Quando se usa um monitor de atividade, não há erros de relato nem erros introduzidos pelos entrevistadores, e tanto a coleta em tempo real como a redução automatizada dos dados fornecem uma rica descrição dos perfis da atividade de pessoas e populações. Dominados a logística da produção e o armazenamento das informações do monitor, esse instrumento oferece um método relativamente simples e eficiente de medida, adequado a pequenos estudos clínicos e a estudos epidemiológicos de tamanho médio (p. ex., com menos de 5.000 participantes).

O actígrafo (*actigraph*) MTI (antes conhecido como CSA) é um pequeno acelerômetro operado por bateria e com um sensor de movimento, comumente atrelado à cintura. Ele fornece o registro computadorizado da intensidade e da duração do movimento da marcha, apresentado na forma de contagens dos movimentos por até 28 dias. O acelerômetro MTI foi usado na U. S. National Health and Nutrition Examination Survey IV, realizada entre 1998 e 2002, para complementar questionários sobre atividade física, em uma subamostra de participantes. Na Figura 17.2, apresentamos dados da contagem de cada minuto da atividade registrada por um monitor MTI em dois dias de monitoramento de uma mulher de meia-idade, participante de um estudo de intervenção em atividade física. Os níveis de atividade superiores a 1.950 unidades/min. refletem uma caminhada de intensidade propositadamente moderada, na faixa de 4,8 a 6,4 km/h. O painel A mostra um dia relativamente sedentário, com poucos picos prolongados de caminhada. O resumo dos dados desse dia indicam que se acumularam apenas seis minutos de caminhada e apenas 3.691 passos. Em contraste, o painel B representa um dia mais ativo, em que houve um pico de caminhada (22 minutos) ao meio-dia e, depois, vários episódios adicionais mais curtos, acumulando, no final, 46 minutos de caminhada e 8.699 passos ao longo do dia. Informações objetivas como essas podem ser usadas para identificar mudanças no padrão das atividades em resposta a uma intervenção ou para descrever diferenças nos perfis de atividade de diferentes populações, usando o mesmo padrão objetivo. Encontra-se disponível comercialmente uma série de outros monitores de atividade do tipo acelerômetro (p. ex., Tritrac, Biotrainer, Mini-mitter), comparáveis ao MTI.

Em estudos epidemiológicos, pedômetros também têm sido usados para medir a quantidade de passos acumulada em ambientes sem restrição de movimentos. Entre os pedômetros mais baratos (de preço inferior a US$ 50), o Yamax Digiwalker (modelo DW-500) demonstra a mais elevada precisão em testes de campo controlados de caminhada (com 2% de passos contados) e de corrida lenta (com 3 a 5% de passos contados). Pedômetros são usados extensivamente em programas de intervenção e promoção de saúde, para fornecer *feedback* aos participantes em relação aos níveis de atividade, em testes comunitários para medir o efeito de intervenções destinadas a incentivar o hábito de caminhar e para caracterizar integrantes de comunidades de acordo com o seu comportamento em relação à caminhada. Vejamos um exemplo. Para quantificar os níveis de caminhada de moradores de uma pequena comunidade sulina, Tudor-Locke e colaboradores (2004) enviaram pedômetros, pelo correio, a 209 adultos de residências selecionadas aleatoriamente, que concordaram em usá-los por sete dias consecutivos e em anotar, em um diário, os passos acumulados a cada dia. A média da contagem foi 5.932 ± 3.664 passos por dia. O total de passos/dia dos homens (7.192 ± 3.596) foi

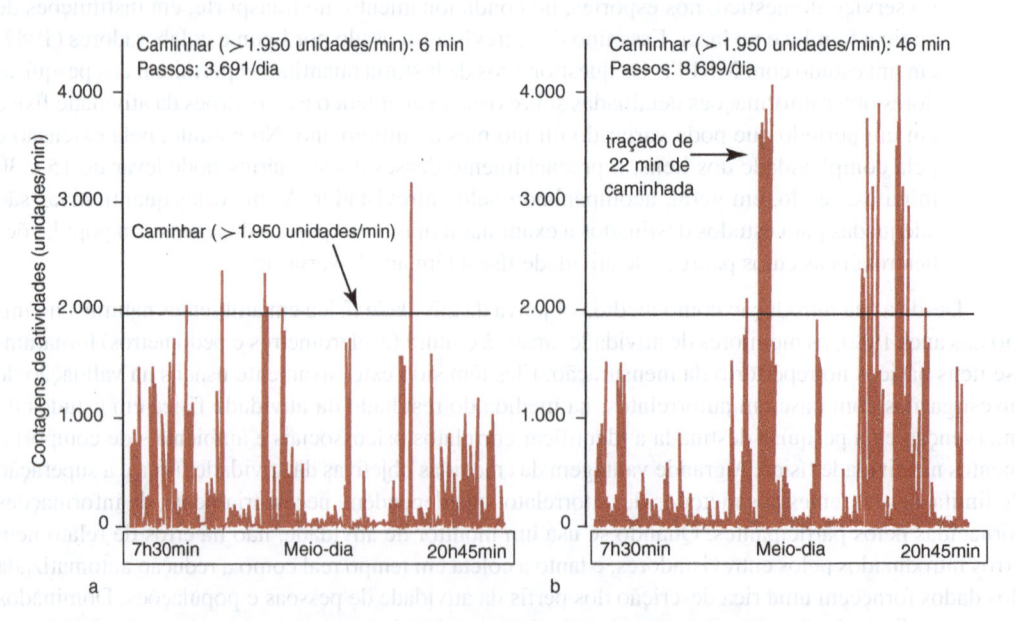

▶ **Figura 17.2**   Traçados do actígrafo MTI e interpretação: (a) dia sedentário (b) dia ativo.

maior do que o das mulheres (5.210 ± 3.518); o de brancos (6.628 ± 3.375) maior do que o de não brancos (4.792 ± 3.874); e inversamente relacionado ao índice de massa corporal (peso normal = 7.029 ± 2.857; acima do peso = 5.813 ± 3.441; obeso = 4.618 ± 3.359).

Para saber mais sobre os aspectos tecnológicos e a validade dos diferentes pedômetros e acelerômetros, ver Welk (2002) para estudos de revisão.

Delineamentos de estudos epidemiológicos

Hipóteses iniciais são desenvolvidas e testadas, *grosso modo*, por estudos descritivos simples, em que são usados delineamentos transversos e ecológicos. Posteriormente, delineamentos mais refinados podem ser usados para testar, de forma cuidadosa, hipóteses específicas em estudos analíticos. Esses estudos utilizam delineamentos de controle de caso e de **coorte** e, com frequência, a mortalidade ou a incidência de doenças são as variáveis dependentes para as investigações. Esses dois delineamentos, carros-chefe da pesquisa epidemiológica, têm sido usados nos últimos 50 anos, e um sólido corpo de evidências foi reunido para sustentar esses dois métodos básicos.

Depois que estudos epidemiológicos analíticos demonstraram, consistentemente, uma ligação exposição-doença, em conjunção com evidências de laboratório comprobatórias, é possível dar início a estudos experimentais para testar, em um delineamento experimental rigoroso, a validade de descobertas observacionais. O delineamento escolhido para estudos epidemiológicos experimentais é o teste controlado aleatório. Os resultados podem ser a mortalidade, a incidência de doenças ou um ponto final intermediário, como os níveis de colesterol no sangue ou a pressão arterial. No caso da pesquisa de intervenção em atividade física, a variável de resultado dependente poderia ser o nível de atividade física do indivíduo ou da comunidade.

Coorte Grupo específico de indivíduos acompanhados durante certo período.

Epidemiologia descritiva

A epidemiologia é definida como a relação das características básicas, tais como idade, sexo, raça, profissão, classe social ou localização geográfica para vários estados de doenças (Last, 1988). O principal objetivo dos estudos descritivos é quantificar a magnitude de problemas de saúde específicos, identificar subgrupos de população que possam ter taxas mais elevadas de incidência de doenças e desenvolver hipóteses sobre fatores específicos com potencial para ser determinantes da doença. Uma vez que utilizam fontes de informação de pronta disponibilidade ou de fácil obtenção, os estudos descritivos não são caros, quanto ao custo da aquisição de dados, nem demorados em termos do tempo necessário para completar a investigação.

▶ Estudos descritivos são úteis na identificação da magnitude de um problema de saúde e de subgrupos de populações afetados adversamente e para descobrir fatores de risco ou determinantes.

Delineamentos transversais (cross-sectional)

É provável que o delineamento transversal seja o tipo de estudo que investiga a relação entre a atividade física e o estado de saúde realizado com mais frequência. Em geral, em vez de um ponto final de doença como resultado principal (ou variável dependente), usam-se fatores de risco conhecidos dessa doença como pontos finais intermediários. Uma grande parte do trabalho inicial de exame do efeito da atividade física sobre os fatores de risco de doenças cardiovasculares (p. ex., colesterol ou pressão arterial) inclui delineamentos transversais. Os pesquisadores simplesmente formam dois grupos de pessoas altamente ativas (em geral, atletas) e outras de controle sedentárias e depois medem os fatores de risco cardiovascular relevantes. Um teste simples das diferenças entre os grupos forma a análise. Por medirem, quase sempre, as variáveis do resultado em um único ponto temporal, esses estudos são de realização relativamente simples e fácil.

Um exemplo de estudo cruzado mostra o efeito da atividade física sobre o metabolismo do estrógeno em mulheres no período pós-menopausa. A variável dependente é o escore da razão entre dois metabólitos do estrógeno, 2-hidroxiestrona: 16a-hidroxiestrona (2/16). Desenvolveu-se a hipótese de que mulheres com razões 2/16 baixas teriam maior risco de câncer de mama do que mulheres com razões altas. A atividade física foi medida por um questionário autoadministrado, em que a dosagem de atividade física no período de lazer (AFPL) era calculada pelas horas-MET por dia. Os resulta-

Figura 17.3 Índice de massa corporal (IMC) *versus* proporção de 2/16 de estrógeno em mulheres pós-menopausa ativas e sedentárias.

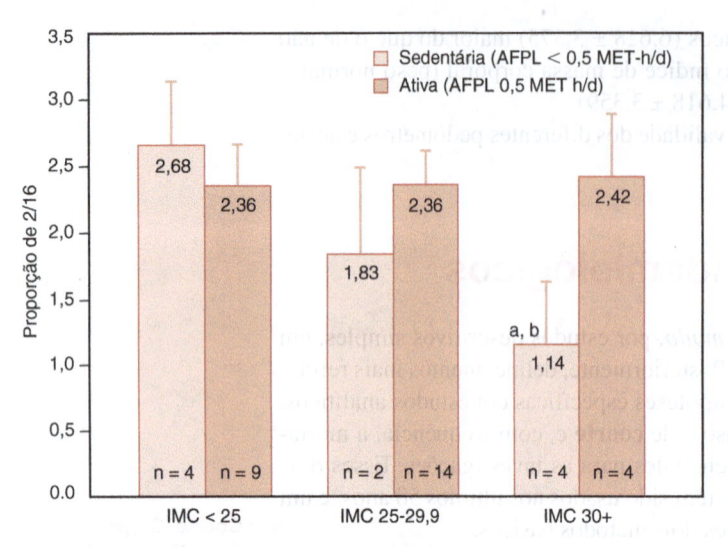

a p = 0,03 baixa atividade, IMC < 25 vs. IMC 30+
b p = 0,07 IMC 30+, atividade baixa vs. alta

dos mostraram interação entre a atividade física e a adiposidade (medida pelo índice de massa corporal IMC, em kg/m^2), como mostrado na Figura 17.3. Mulheres fisicamente ativas tinham razões 2/16 mais altas em cada uma das três categorias do IMC, que variavam de baixa a alta. Em contraste, mulheres inativas tinham níveis 2/16 mais baixos, uma vez que o IMC era maior. Os pesquisadores concluíram que a redução nas razões 2/16 entre as mulheres inativas com altos níveis de IMC pode indicar maior risco de câncer de mama.

Uma vantagem dos estudos transversais é que as diferenças fisiológicas dos indivíduos (e não dos grupos) podem ser comparadas e, com planejamento, os investigadores podem controlar fatores de risco que, em tese, confundiriam a relação de interesse. Fatores causadores de confusão são controlados pelo uso de métodos estatísticos quando o tamanho do estudo é adequado, ou então pela correspondência dos dois grupos comparados em relação a um fator importante. Vejamos um exemplo. Para controlar o efeito da gordura corporal sobre a relação entre o colesterol sanguíneo e a atividade física, podemos recrutar indivíduos altamente ativos e outros sedentários com níveis similares de gordura corporal (p. ex., ± 2%). Nesse caso, as comparações entre os dois grupos seriam independentes dos efeitos da gordura corporal.

A maior limitação do delineamento do estudo transversal é que o resultado e a exposição são medidos no mesmo ponto temporal. Portanto, é impossível saber se a exposição à atividade física foi realmente responsável pelos efeitos observados. Ou seja, esses delineamentos não permitem tirar conclusões definitivas sobre a relação de causa e efeito, pois não se conhece a "sequência temporal" (*timing*) da relação entre o resultado e a exposição.

Uma limitação final desprezada com frequência de estudos transversais é que a falta de associação em um estudo transversal pode não significar a inexistência de relação longitudinal entre os dois fatores examinados. Por exemplo, pelo método cruzado, pode haver pouca ou nenhuma relação entre a ingestão de gordura na dieta e os níveis de colesterol no sangue. Em estudos longitudinais, no entanto, há uma clara relação positiva entre a ingestão de gordura e os níveis de colesterol (Jacobs, Anderson e Blackburn, 1979).

Delineamentos ecológicos

Os estudos ecológicos usam fontes de dados existentes tanto sobre a exposição quanto sobre os resultados de doenças para comparar e contrastar taxas de incidência de doenças, de acordo com as características específicas de uma população inteira. Tipicamente, as fontes de dados incluem informações de censos, registros estatísticos vitais (de países, estados e municípios), registros de emprego e números nacionais relacionados à saúde, como o consumo de alimentos.

Morris e colaboradores (1953), por exemplo, relataram estudos em que se usaram classificações profissionais como medida substitutiva dos níveis de atividade física. A mais famosa comparação talvez seja aquela entre cobradores e motoristas de ônibus de dois andares. Os cobradores, que tinham de subir e descer as escadas o dia inteiro, todos os dias, foram comparados com os motoristas, que ficavam sentados à direção também o dia inteiro, todos os dias. Os motoristas apresentavam, de forma consistente, taxas de mortalidade por doenças cardíacas duas vezes maiores do que os cobradores. Também foi incluído nesse estudo seminal um estudo ecológico da mortalidade por doenças cardíacas e da atividade física profissional. Os investigadores tabularam as taxas dessa mortalidade por idade e nível da atividade profissional de ingleses e galeses, usando estatísticas de saúde pública preexistentes, dos anos de 1930 a 1932. A retabulação e a classificação desses dados por tipos de profissão, em categorias de atividade pesada, intermediária e leve, forneceram uma noção cientificamente grosseira, mas definitivamente válida do efeito da atividade física sobre a mortalidade por doenças cardíacas.

A Figura 17.4 mostra a relação graduada inversa entre a atividade física profissional e a mortalidade por doenças cardíacas em cada faixa etária. Ou seja, os homens envolvidos em atividades profissionais pesadas tiveram as menores taxas de mortalidade; os envolvidos em atividades profissionais leves, as maiores taxas, independentemente da idade. Na categoria intermediária, as taxas de morte também ficaram no meio-termo. Observou-se também um claro aumento na mortalidade por doenças cardíacas à medida que aumentava a idade.

Assim como outras coisas simples e baratas, os estudos ecológicos têm limitações que devem ser consideradas. Em primeiro lugar, o nível da análise é um grupo populacional, e não um indivíduo. Portanto, não há como estabelecer a ligação entre os níveis da atividade física individual e um resultado de doença cardíaca específico. Em segundo lugar, os estudos ecológicos são muito limitados quanto à habilidade de controlar os efeitos de outros fatores que podem obscurecer a relação examinada.

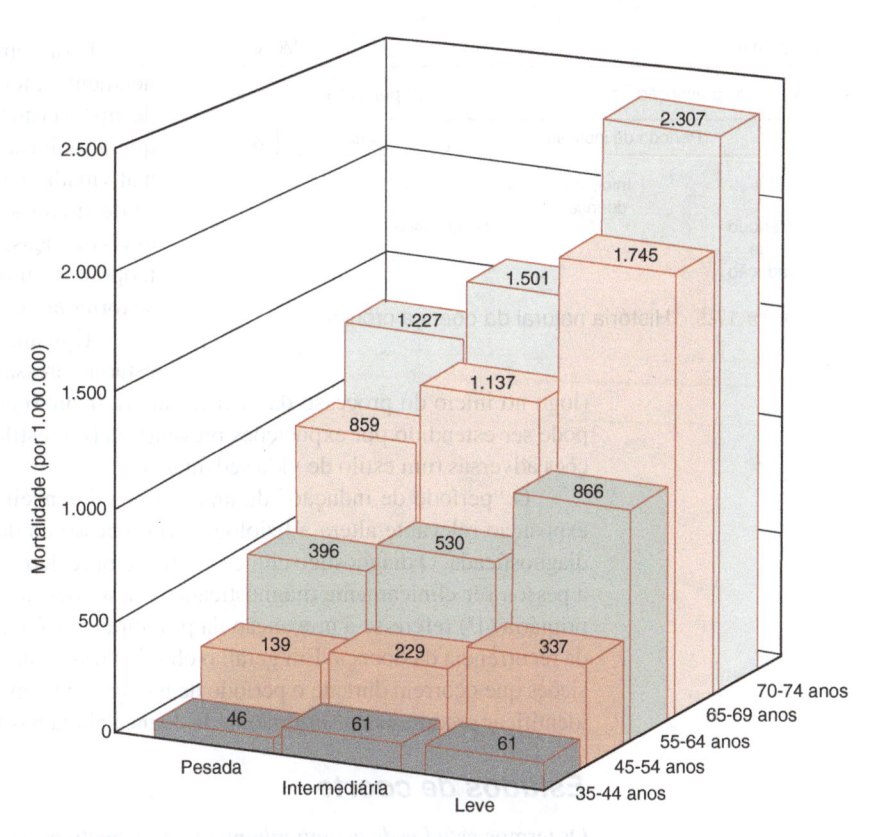

▶ **Figura 17.4** Mortalidade de doença cardíaca em categorias de atividade ocupacional pesada, intermediária e leve por grupo de idade entre homens: Inglaterra e Wales, 1930-1932.

Reimpressa com permissão de *The Lancet*, 1953, Vol. 262, No.6796, p. 111-1120. Com permissão de Elsevier.

Ainda que possam levar a estimativas úteis e válidas de uma relação exposição-doença, como observado no exemplo anterior, as análises ecológicas também são famosas por produzir resultados espúrios. Como exemplo, podemos citar os primeiros estudos ecológicos, realizados na década de 1970, de exame da relação entre a ingestão de gordura na dieta e a mortalidade por câncer de mama, que revelaram fortes relações lineares entre a exposição e esse tipo de câncer. As mulheres de países onde se ingeria mais gordura apresentavam taxas de mortalidade por câncer de mama mais elevadas. Desde aquela época, no entanto, um grande corpo de pesquisa, usando delineamentos de estudo metodologicamente superiores, não foi capaz de confirmar a forte relação entre a ingestão de gordura e o câncer de mama observada nos estudos ecológicos iniciais (Willett, 1990). Desse modo, os estudos ecológicos devem ser considerados apenas como uma primeira linha de investigação, destinada a desenvolver hipóteses testáveis.

Em resumo, estudos descritivos são úteis para desenvolver e testar, de modo mais amplo, hipóteses iniciais sobre as relações exposição-doença. Resultados mais definitivos, no entanto, cientificamente razoáveis, só podem vir de delineamentos de estudos analíticos ou experimentais.

Delineamentos analíticos

Os delineamentos analíticos, estudos de controle de caso e de coorte, são destinados a testar hipóteses específicas, relacionadas a ligações causais entre várias exposições, a mortalidade e resultados de incidência, usando puramente métodos de observação.

Delineamentos analíticos Testa hipóteses específicas sobre ligações causais entre exposições e mortalidade e incidência de resultados; usa somente pesquisa observacional.

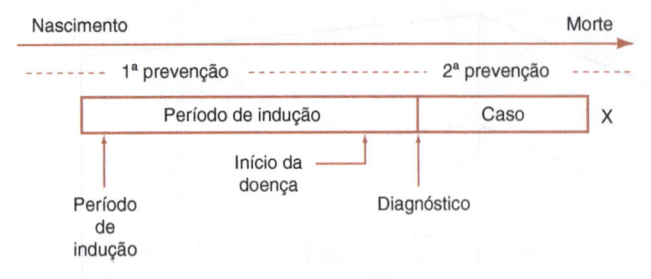

▶ **Figura 17.5** História natural da doença crônica.

Para compreender mais completamente esses delineamentos, temos de considerar um modelo simplificado de história natural da doença (ver Fig. 17.5). Uma vez que a maioria dos estudos epidemiológicos que avaliam a atividade física como a exposição de interesse principal se destinam a doenças crônicas, esse modelo aplica-se a essas doenças. Doenças crônicas, como as cardíacas, a osteoporose ou o câncer, podem levar de 10 a 40 anos para se tornarem um problema clinicamente diagnosticável.

Tipicamente, os epidemiologistas da atividade física estão interessados em como a exposição à atividade física (logo no início do processo da doença) altera o curso do seu histórico natural. O curso da doença pode ser estendido por exposições preventivas (um estilo de vida ativo) ou precipitado por exposições adversas (um estilo de vida sedentário).

O "período de indução" de uma doença é conceituado como aquele entre o ponto em que a exposição relevante altera a fisiologia do processo da doença e o ponto em que ela é clinicamente diagnosticada. O diagnóstico clínico ocorre sempre depois do verdadeiro surgimento da doença. Após a pessoa ser clinicamente diagnosticada com a doença, torna-se um "caso" incidente. A prevenção primária (1ª) refere-se à prevenção da primeira ocorrência da doença; a secundária (2ª), à prevenção da recorrência da doença. Em geral, o objetivo dos estudos analíticos é quantificar o efeito das exposições que ocorrem durante o período de indução, com eventual risco da doença. Ou seja, o objetivo é identificar preditores do surgimento da doença ainda nas fases iniciais do seu histórico natural.

Estudos de coorte

Delineamento de estudos de coorte
Examina uma grande população sem doenças por um período de vários.

Os termos *estudos de acompanhamento*, *prospectivos* e *longitudinais* têm sido usados para descrever o **delineamento do estudo de coorte**. Nesse delineamento, uma grande população livre da doença é definida e são obtidas avaliações de exposições relevantes. Dados de linha básica são usados para categorizar a coorte em diferentes níveis de exposição (ou seja, baixo, médio e alto). Depois dessa avaliação de linha básica, começa o período de acompanhamento. Uma vez que doenças crônicas, como o câncer de colo ou de mama, são um tanto raras, o período de acompanhamento pode durar de dois a mais de 20 anos. No final desse período, tabula-se o número de pessoas da coorte que morreram durante o acompanhamento e foram diagnosticadas com a doença de interesse.

A análise dos estudos de coorte é relativamente simples. Uma vez que estamos interessados no grau de diferença entre os níveis de exposição da linha básica quanto à predição da ocorrência da doença, a análise básica consiste apenas em calcular as taxas da doença para diferentes níveis de exposição. Por exemplo, as taxas de mortalidade entre pessoas que dizem fazer exercício regularmente seriam comparadas às taxas de outras que não se exercitam. Em análises mais refinadas, podem ser calculadas taxas de mortalidade para 3 a 5 níveis de atividade física, e podem ser feitas comparações entre o nível de atividade baixo e cada nível de atividade mais alto.

As taxas de incidência da doença em estudos de coorte, em geral, são expressas em relação a "pessoa-anos" do acompanhamento. Na Figura 17.8, por exemplo, cinco indivíduos foram observadas do tempo 0 ao 5 (por seis anos completos). A contribuição pessoa-ano de um indivíduo para a coorte começa quando ele entra no acompanhamento (no tempo 0 para as três primeiras pessoas; no 1 para a quarta; e no 2 para a quinta). O acompanhamento de cada uma delas termina quando o indivíduo apresenta um evento (X) e seu acompanhamento é interrompido ou termina. No exemplo da Figura 17.6, a contribuição pessoa-ano de cada indivíduo à coorte está entre parênteses, e a medida-resumo da taxa de incidência é 2 eventos (X)/22 pessoa-anos de observação.

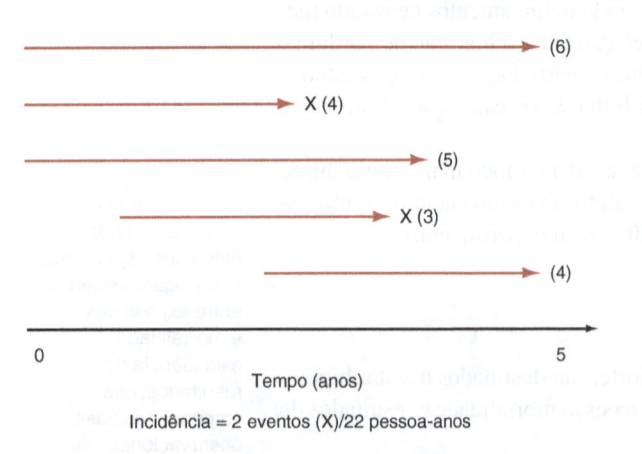

▶ **Figura 17.6** Exemplo de pessoa-anos.

Em estudos de coorte, as medidas do resumo da relação exposição-doença são, em geral, expressas em termos absolutos ou relativos. Diferenças em taxas de doença entre grupos de exposição expressas em base absoluta são obtidas por subtração simples das taxas. Com mais frequência, as estimativas da relação exposição-doença são expressas como **risco relativo**. Os riscos relativos são calculados como a razão entre a categoria referente e os diferentes níveis de exposição. O valor nulo, ou sem efeito, do risco relativo é 1,0. Valores abaixo disso indicam risco reduzido, enquanto valores acima de 1,0 indicam maior risco.

Risco relativo Medida de associação da relação exposição--doença, tipicamente empregada em estudos de coorte.

Um estudo de coorte de referência na literatura epidemiológica em atividade física é o College Alumni Health Study. Ralph S. Paffenbarger Jr. e colaboradores iniciaram esse estudo com o cadastramento de 16.936 homens graduados em Harvard e com idade entre 35 e 74 anos em 1962 e 1966. Na linha de base, os participantes completaram questionários enviados pelo correio, que incluíam perguntas sobre as atividades físicas diárias. A partir de questões simples sobre caminhada, subida e descida de escadas e exercícios, os participantes foram categorizados em seis níveis de gasto energético por atividade física (ou seja, < 500; 500 a 999; 1.000 a 1.999; 2.000 a 2.999; 3.000 a 3.999; e ≥ 4.000 kcal/semana). Em uma avaliação de acompanhamento após 6 a 10 anos (1972), foi determinado que 572 homens tinham sofrido um primeiro ataque cardíaco (Paffenbarger, Wing e Hyde, 1978). As taxas de ataques cardíacos fatais, não fatais e de ambos foram comparadas em cada uma das categorias de exposição à atividade física da linha de base. Esses dados (apresentados na Fig. 17.7) indicam com clareza que as taxas de cada categoria eram inversamente proporcionais aos níveis do índice da atividade física, até cerca de 2.000 kcal/semana, em que as taxas de ataque cardíaco atingiam um platô (ou aumentavam ligeiramente).

Comparações estratificadas desses dados por faixa etária, hábito de fumar, nível da pressão arterial e adiposidade revelaram que esses fatores, potencialmente causadores de confusão, não contavam para essa relação entre a atividade física e os primeiros ataques cardíacos. Portanto, os resultados sugeriam fortemente que o efeito da atividade física sobre o risco de ataque cardíaco não dependia de muitos fatores importantes, que tinham potencial para confundir essa relação. A estimativa do resumo, de 1,64, foi obtida pela divisão das taxas de ataques cardíacos dos homens menos ativos (< 2.000 kcal/semana, 57,9 ataques por 10.000 pessoa-anos) pelas taxas dos homens altamente ativos (≥ 2.000 kcal/semana, 35,3 ataques por 10.000 pessoa-anos). Ou seja, os homens menos ativos tinham 1,64 mais risco de sofrer um ataque cardíaco em comparação com os altamente ativos (Paffenbarger et al., 1978).

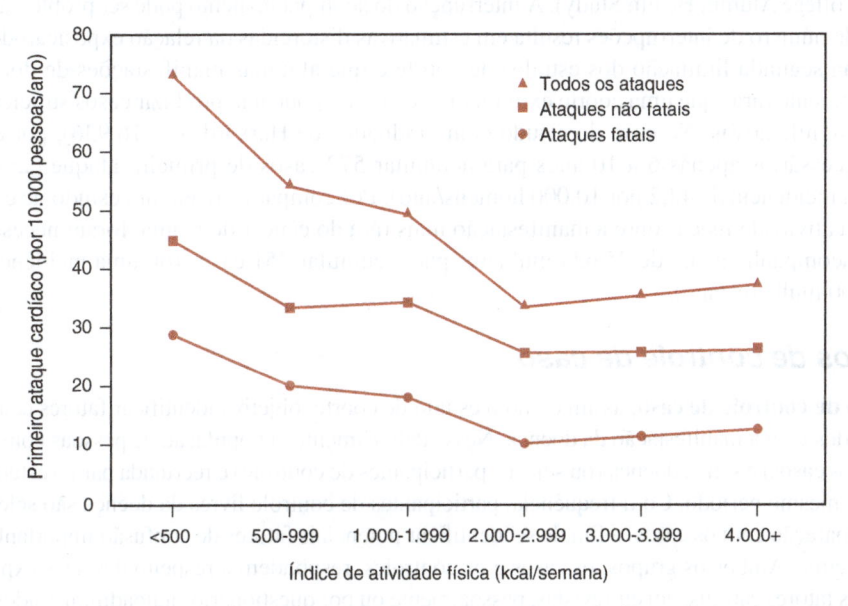

▶ **Figura 17.7** Proporção de ataques cardíacos *versus* atividade física de homens ex-alunos de Harvard.

De R. S. Paffenbarger, Jr., A. L. Wing e R. T. Hyde, 1978, "Physical activity as an index of heart attack risk in college alumni", American Journal of Epidemiology 180(3): 161-175. Adaptada com permissão de Oxford University Press.

Importantes contribuições desse estudo de coorte incluem a descoberta de que os esportes universitários, na verdade, desempenham pequeno papel no oferecimento de proteção cardiovascular na vida futura (Paggenbarger, Hyde, Wing e Stenimetz, 1984). Isso quer dizer que, para reduzir ao máximo os riscos cardiovasculares, os indivíduos precisam estar ativos do começo da idade adulta (na universidade) até a meia-idade. Por fim, esse estudo de coorte demonstrou que iniciar uma atividade física moderadamente vigorosa na meia-idade pode estender o período de vida (Paffenbarger et al., 1993).

Vantagens do estudo de coorte

Os estudos de coorte têm três vantagens principais:

1. A sequência temporal entre a exposição e a manifestação é claramente definida. Avaliações da exposição são obtidas antes do surgimento da doença; portanto, o momento da exposição no histórico natural da doença encontra-se na sequência correta. Esse aspecto é o principal ponto forte dos estudos de coorte.
2. Esses estudos são bons para exposições raras. Se quiser, por exemplo, estudar os efeitos de uma exposição rara, como a corrida, você deve recrutar especificamente uma coorte de corredores, para garantir o número adequado de pessoas das categorias de baixa, média e alta milhagem. Se, para um estudo desse tipo, você recrutasse uma amostra aleatória da população adulta dos Estados Unidos, apenas 10 a 12% da população selecionada teria a exposição relevante (U.S. Department of Health and Human Services, 1996).
3. Os estudos de coorte são bons para a compreensão dos efeitos múltiplos de uma única exposição. No caso daquele estudo com graduados em Harvard, por exemplo, foram examinados efeitos da atividade física sobre um número variado de problemas de saúde, como cânceres de pulmão, colo, próstata e pâncreas, assim como o risco do primeiro caso de ataque cardíaco, acidente vascular cerebral, hipertensão, depressão, suicídio, doença de Parkinson e mortalidade cardiovascular e por qualquer causa.

Desvantagens dos estudos de coorte

Os estudos de coorte são de realização difícil e cara, devido aos desafios inerentes à manutenção do acompanhamento de grande número de indivíduos por longos períodos de tempo (cerca de 40 anos, no caso do College Alumni Health Study). A interrupção do acompanhamento pode ser problemática, pois um grande número de interrupções resulta em estimativas distorcidas da relação exposição-doença.

Uma segunda limitação dos estudos de coorte é que algumas manifestações de doenças são suficientemente raras que uma coorte extremamente grande pode não produzir casos suficientes para análises significativas. No caso do estudo com graduados de Harvard ($n = 16.936$), por exemplo, foram necessários apenas 6 a 10 anos para acumular 572 casos de primeiro ataque cardíaco (ou seja, uma incidência de 42,2 por 10.000 homens/ano). Por comparação, em um estudo de coorte dos efeitos da atividade física sobre a manifestação mais rara do câncer de mama, foram necessários 14 anos de acompanhamento de 25.624 mulheres para acumular 351 casos (ou uma incidência de 9,8 por 10.000 mulheres/ano).

Estudos de controle de caso

Estudos de controle de caso Identifica fatores relacionados à causalidade para resultados de doença em populações com e sem doenças.

O **estudo de controle de caso**, assim como o estudo de coorte, objetiva identificar fatores causalmente relacionados com a manifestação da doença. Nesse delineamento, a população de pessoas com a doença (ou seja, os casos) e sem a doença (ou seja, os participantes de controle) é recrutada para o estudo ao longo de um mesmo período. Com frequência, participantes de controle livres da doença são selecionados para comparação com os casos, a fim de se identificar potenciais fatores de confusão importantes, como idade ou etnia. Ambos os grupos, os casos e os controles, respondem a respeito das suas exposições a potenciais fatores causais, em entrevistas, pessoalmente ou por questionários autoadministrados. Portanto, em estudos de controle de caso, o objetivo da avaliação dessa retrospectiva da exposição é identificar fatores que influenciaram o histórico natural da doença durante o período de indução (p. ex., antes do surgimento do câncer). A análise dos dados do controle de caso contrasta o histórico da exposição dos casos com o dos controles e expressa essa relação em uma **razão de probabilidade** (**RP**). Essa razão é interpretada como estimativa do risco relativo, que teria sido calculado no grupo de estudo se um estudo de coorte tivesse sido feito. Como o risco relativo, o valor nulo da razão de desigualdade é 1,0. Valores inferiores a 1,0, em geral, indicam risco aumentado; superiores, risco reduzido.

> **Razão de probabilidade** Medida da associação da relação exposição--doença tipicamente empregada em estudos de controle de caso.

Esse tipo de delineamento epidemiológico é muito importante no estudo da relação entre a atividade física e doenças relativamente raras, como o câncer. O de mama, por exemplo, é o mais frequente em diagnóstico entre mulheres nos Estados Unidos, sendo responsável por 175 mil casos em 1999 ou cerca de 30% de todos as neoplasias diagnosticadas em mulheres (Ries et al., 1999). Está claro que esse é um grande problema de saúde pública, embora a incidência relativamente baixa dessa doença implique maiores dificuldades quando a investigação é feita por um delineamento de coorte.

Vejamos um exemplo interessante de estudo de controle de caso que examina a relação entre a atividade física e o câncer de mama, publicado por Leslie Bernstein e colaboradores (Bernstein et al., 1994). O objetivo da investigação era examinar o efeito da exposição à atividade física, acumulada da adolescência à idade adulta, sobre o risco de câncer de mama em mulheres com menos de 40 anos de idade. Os investigadores inscreveram 545 casos da doença de mama e 545 controles. Todas as participantes eram jovens (< 40 anos) residentes em Los Angeles, recrutadas entre 1983 e 1989. Fazia-se a correspondência das mulheres do grupo-controle de acordo com a idade, o grupo étnico, o número de gestações e a proximidade da residência. No recrutamento, cada mulher era entrevistada sobre a participação em exercícios durante toda a vida e o número de fatores de risco adicionais de câncer de mama. Na entrevista, elas relatavam todas as atividades de exercício de que haviam participado regularmente, durante a vida, a duração dessa participação (em anos) e a duração média do exercício (horas por semana). A partir desses dados, elas foram classificadas em cinco níveis de exposição ao exercício durante a toda a vida. As mulheres menos ativas não relataram exercícios regulares (0 hora por semana). As ativas foram incluídas em quatro categorias, com base em pontos de corte de quartil dos controles que relataram algum exercício (> 0 hora por semana).

A Tabela 17.1 foi adaptada a partir do artigo de Bernstein e apresenta razões de desigualdade univariada (não ajustada) e multivariada (ajustada) para essa associação. As mulheres que faziam exercícios apresentavam menor risco de ter câncer de mama em relação às que não tinham feito exercícios, pois o valor das razões de desigualdade fica abaixo de 1,0. O efeito benéfico do exercício foi bastante evidente para a maioria das mulheres ativas (≥ 3,8 horas por semana) As mulheres que se exercitaram ≥ 3,8 horas por semana apresentaram 50% de risco reduzido de câncer de mama em comparação com as que não se exercitaram (0 horas por semana) em análises univariadas, e 58% de risco reduzido após o controle de importantes fatores de confundimento.

As descobertas feitas nessa investigação encorajaram uma série de estudos adicionais sobre o efeito da atividade física sobre o risco de câncer de mama, usando tanto delineamentos de controle de caso quanto de coorte (Friedenreich et al., 1998). Dois relatórios recentes, usando o delineamento de estudo de coorte (Rockhill et al., 1999; Thune et al., 1997), confirmaram as descobertas apresen-

TABELA 17.1

Razões de probabilidade para câncer de mama associados ao exercício

Exercício por toda a vida[a]	n casos/n controles	RP univariada (nível de confiança de 95%)	RP multivariada (nível de confiança de 95%)[b]
Nenhum	195/154	1,0	1,0
0,1–0,7	103/90	0,92 (0,65–1,32)	0,95 (0,64–1,41)
0,8–1,6	84/102	0,66 (0,46–0,95)	0,65 (0,45–0,96)
1,7–3,7	103/100	0,82 (0,58–1,17)	0,80 (0,54–1,17)
≥3,8	61/99	0,50 (0,34–0,73)	0,42 (0,27–0,64)

[a] Horas por semana, da menarca até aproximadamente 12 meses antes de entrar no estudo.
[b] Ajustado para a idade na menarca, idade na primeira gravidez a termo, número de vezes grávida, meses de amamentação, história familiar de câncer de mama, índice de massa corporal na data de referência e uso de anticoncepcional.

Reimpressa de L. Bernstein et al., 1994, "Physical exercise and reduced risk of brest câncer in young women", Journal of the National Cancer Institute 86(18): 1371-1372.

tadas por Bernstein e colaboradores. Ou seja, altos níveis de atividade física, acumulados durante o período de vida da mulher, parecem reduzir o risco de câncer de mama.

Vantagens dos estudos de controle de caso

O delineamento de controle de caso, com frequência, é a primeira linha da investigação analítica, pois pode fornecer estimativas válidas das relações exposição-doença em um tempo mais curto e com menores custos monetários do que a de coorte. Os delineamentos de controle de caso:

1. são particularmente eficientes na investigação de doenças raras, pois eliminam a necessidade de populações extremamente grandes ou de longos períodos de acompanhamento para acumular um número adequado de casos para análise;
2. possibilitam hipóteses que testam exposições múltiplas para uma única manifestação da doença; e
3. podem ser usados para aquisição de informações mais detalhadas sobre a exposição, pois é possível usar mais recursos para reunir essas informações, como consequência da menor escala da maioria dos estudos de controle de caso.

Desvantagens dos estudos de controle de caso

As principais desvantagens dos estudos de controle de caso são que as informações sobre a exposição são obtidas após o diagnóstico da doença e que recrutar o grupo-controle apropriado pode ser desafiador. As informações sobre a exposição e as razões de desigualdade resultantes podem ser adversamente afetadas por potenciais problemas em cada uma dessas áreas. Em primeiro lugar, pessoas que acabaram de receber o diagnóstico de doença grave que pode consistir em ameaça à vida talvez relembrem as próprias exposições de modo diferente daquele empregado pelos participantes de controle, e isso somente por causa do diagnóstico recente. Distorções desse tipo são chamadas de **distorções de rememoração**. Em um estudo de controle de caso que examina, por exemplo, a relação atividade física-doença cardíaca, pode ser que os participantes com a doença (casos) relatem ter sido menos ativos do que realmente foram, uma vez que é de conhecimento geral a informação de que o exercício serve de proteção contra doenças cardíacas. Isso aumenta a diferença aparente entre os níveis de atividade física dos participantes de controle que relataram a própria exposição sem distorções de rememoração. Nesse exemplo, a distorção de rememoração desvirtua as razões de desigualdades em relação ao valor nulo de 1,0 e sugerem uma relação mais forte do que a realmente existente.

Em segundo lugar, para que o contraste entre o histórico de exposição de casos e controles forneça razões de desigualdade válidas, os sujeitos de controle precisam ser representativos da população da qual foram obtidos os casos. Essa exigência significa que o grupo-controle não tem de ser generalizável para a população como um todo, mas apenas para a população que produziu a série de casos. Se os históricos de exposição dos sujeitos de controle do estudo apresentarem importantes diferenças em relação à distribuição da exposição irreconhecível da coorte de que surgiram os casos, então as **distorções de seleção** podem gerar razões de desigualdade que não são estimativas válidas da verdadeira relação exposição-doença.

Nos últimos 50 anos, os métodos de controle de caso foram desenvolvidos e extensivamente refinados, resultando em um delineamento que pode fornecer informações inestimáveis sobre manifestações importantes da exposição-doença, de um modo eficiente. No entanto, uma descrição completa de muitas facetas desse delineamento de estudo encontra-se muito além do alcance deste capítulo. Leitores interessados no assunto devem consultar os textos de epidemiologia na lista de sugestão de leituras; assim terão explicações mais completas sobre esses métodos.

Ameaça à validade em delineamentos de estudo analítico

Em estudos analíticos, as principais ameaças à obtenção de uma compreensão válida da relação exposição-doença são distorções metodológicas e fatores que podem causar confusão. Os métodos epidemiológicos, quando implementados de modo apropriado, limitam os efeitos das distorções e dos fatores de confusão. Na pesquisa epidemiológica, as **tendências** referem-se tipicamente a desvios sistemáticos de estimativas de risco (ou seja, razões de desigualdade ou de risco relativo) em relação

---

Distorção de rememoração Erros sistemáticos introduzidos por diferenças na precisão da rememoração de grupos que serão comparados (p. ex., casos e controles).

Distorção de seleção Erros sistemáticos introduzidos por diferenças nas características dos participantes que integram ou não o estudo.

Tendência Desvio sistemático de um valor calculado (estimado) em relação ao valor verdadeiro.

ao valor "verdadeiro". Distorções de rememoração e de seleção foram abordadas previamente na seção dos estudos de controle de caso. Outras distorções importantes que merecem ser consideradas são as do observador e as que resultam de erro de classificação da exposição. A distorção do observador pode ser introduzida em estudos que utilizam entrevistadores para a coleta de informações sobre a exposição, mas não esconde do entrevistador dados sobre o estado da doença do participante. O resultado dessa situação pode ser a distorção sistemática, introduzida quando o entrevistador coleta os dados sobre a exposição de modo diferente para casos e controles.

As distorções resultantes de erros de classificação dos níveis de exposição da atividade física surgem, muitas vezes, de erros de medida introduzidos no momento de medir as exposições. Uma vez que as atividades físicas costumam ser medidas de modo bastante grosseiro ou avaliadas em apenas um ponto da vida do indivíduo, a medida da exposição pode não refletir de forma adequada a verdadeira exposição do indivíduo à atividade física durante o período de indução da doença de interesse. Desse modo, talvez a relação exata entre a exposição e o resultado do estudo não seja claramente descrita pelos dados coletados. Se esse erro de classificação de exposição estiver distribuído aleatoriamente na população estudada, o resultado será a atenuação das medidas de efeito. Ou seja, um efeito real sobre a manifestação da doença exercido pela exposição poderia ser mostrado como menos acentuado do que realmente é ou até como inexistente. De modo geral, esse tipo é chamado de "distorção tendente ao nulo" (ou seja, a nenhum efeito).

Em estudos epidemiológicos, o **fator de confusão** refere-se a um fator adicional que obscurece a relação observável entre a exposição e a manifestação. Fatores de confusão têm de ser associados tanto com a exposição quanto com a manifestação e são identificáveis por seu efeito sobre a medida da associação. Isso significa que alterações nas razões de desigualdade ou nas estimativas do risco relativo entre análise não ajustadas e ajustadas sugerem a presença de fatores de confusão. Esses fatores podem ser controlados por métodos estatísticos ou estratificação. Se o fator de confusão na relação entre a atividade física e os níveis de colesterol no sangue for, por exemplo, o hábito de fumar, será possível controlar o seu efeito causador de confusão pelo exame da relação em fumantes e não fumantes separadamente.

Fator de confusão
Fator que obscurece a verdadeira relação entre a exposição e a manifestação de interesse.

Delineamentos experimentais com testes randomizados

A atividade física regular aumenta o condicionamento cardiorrespiratório, promove perda de peso e, quando realizada em intervalos regulares, reduz os riscos de ataque cardíaco, câncer de colo e mortalidade prematura (U.S. Department of Health and Human Services, 1996). Os delineamentos experimentais permitem aos pesquisadores identificar os efeitos de uma intervenção específica sobre uma manifestação de saúde em um grupo de pessoas (grupo experimental), enquanto, de modo simultâneo, é realizado o monitoramento de alterações dessa mesma manifestação entre pessoas que não estão recebendo a intervenção (grupo-controle ou de comparação). Os testes randomizados cuja ênfase recai sobre mudanças na saúde individual são chamados de **clínicos**. Uma vez que é ilegal negar o tratamento quando se sabe que ele é benéfico, os testes randomizados da atividade física frequentemente fornecem alguma atividade física ao grupo de comparação que não tem o mesmo efeito biológico do tratamento de intervenção oferecido ao outro grupo ou que compara diferentes tipos de tratamento.

Testes clínicos
Focador em mudar a saúde no nível individual.

Um exemplo de teste randomizado com intervenção de atividade física é o Project Active, destinado a comparar os efeitos de uma intervenção pessoal na atividade física cotidiana com outra tradicional, estruturada a partir de exercícios. Inicialmente, os sujeitos eram 235 adultos aparentemente saudáveis, distribuídos de forma aleatória em um dos dois grupos de intervenção cotidiana ou estruturada. A hipótese foi de que não haveria diferença na atividade física nem no condicionamento cardiorrespiratório entre os dois grupos no final do tratamento. Ambos os grupos foram instruídos por métodos com programações diferentes, mas fisiologicamente equivalentes, para aumentar os níveis da atividade física diária (Kohl et al., 1998). Os resultados mostraram aumentos na atividade física e no condicionamento cardiorrespiratório no final da intervenção extensiva de seis meses; mas as mudanças não foram idênticas nos dois estilos de intervenção (Dunn et al., 1998).

Os testes randomizados cuja ênfase recai sobre mudanças de comportamento na comunidades são conhecidos como **comunitários**. O princípio das intervenções no nível da comunidade são: (1) ao ter como objetivo todos os indivíduos da comunidade, pode-se prevenir mais casos da doença do que quando o alvo são apenas as pessoas de alto risco; (2) modificações ambientais são de mais

Testes comunitários
Focados na mudança de comportamento em comunidades.

fácil concretização do que as de comportamento voluntário em larga escala; (3) comportamentos relacionados ao risco sofrem influência social; (4) intervenções comunitárias atingem os indivíduos em seu *habitat* natural; e (5) intervenções comunitárias podem ter logística mais simples e menos dispendiosa do que as de base pessoal.

Em tentativas comunitárias, populações inteiras são randomizadas para receber tratamentos múltiplos na forma de campanhas de mídia, programas com base em escolas, intervenções em pontos de aquisição de bens (p. ex., cartazes em mercearias com indicações das marcas de alimentos que possuem menos gordura saturada) e atividades relacionadas. As comunidades de comparação não recebem a intervenção, mas servem para mostrar o efeito de mudanças que ocorrem de forma natural em comportamentos comunitários ao longo do tempo. A coleta e a análise dos dados inclui o monitoramento durante todo o tempo de implementação da intervenção e os efeitos da intervenção sobre os comportamentos da comunidade (avaliação do processo), alterações individuais de comportamento e manifestações de saúde (avaliação individual) e mudanças ambientais influenciadas pela intervenção (avaliação do indicador no nível comunitário). A análise dos dados deve considerar a variação no comportamento comunitário e também individual. A vantagem dos testes comunitários é que eles permitem aos pesquisadores observar as mudanças de comportamento da população por causa das intervenções. No entanto, esse benefício é atenuado pela dificuldade de modificar comportamentos individuais e pela quantidade de tempo que possa ser necessária (às vezes, muitos anos) para que as mudanças nos comportamentos da comunidade sejam visíveis.

Para testes comunitários, o delineamento mais simples envolve intervenção e uma comunidade de controle. Como exemplos, podemos citar o North Karelia Project, na Finlândia (Puska, Salonen e Nissinen, 1983), o Pawtucket Heart Health Project (Carleton et al., 1995) e o Heart to Heart Project, na Carolina do Sul (Goodman, Wheeler e Lee, 1995). Todos eles foram projetados para reduzir os riscos de doenças cardiovasculares. Infelizmente, uma vez que esses delineamentos tinham apenas uma intervenção e uma comunidade de controle, os investigadores não puderam comparar a variação dos comportamentos observados no nível comunitário. Por isso, não foi possível saber se as mudanças observadas eram por causa da intervenção ou de mudanças na comunidade, que ocorreram naturalmente sem a intervenção. Testes comunitários subsequentes, com intervenções na atividade física, incluíram intervenções múltiplas e cidades de controle. O Stanford Five-City Project (Winkleby et al., 1996), por exemplo, envolveu duas intervenções e duas comunidades de controle; o Minnesota Heart Health Study (Jacobs et al., 1986) foi caracterizado por três intervenções e três comunidades de controle, localizadas em pontos geograficamente distantes, no norte da Califórnia do Norte e em Minnesota, respectivamente.

No Stanford Five-City Project, as atividades de intervenção destinadas a reduzir os fatores de risco de doenças cardiovasculares foram atribuídas a duas comunidades, de 1979 a 1985. As intervenções de atividade física tinham como objetivo aumentar a atividade moderada e vigorosa nas comunidades. Nas intervenções, foram usadas mídia eletrônica e impressa, atividades individuais e comunitárias e programas escolares. Os resultados mostraram mudanças modestas (mas estatisticamente significativas) na atividade física das comunidades de intervenção. Os homens tendiam a participar das atividades vigorosas e as mulheres relatavam gastar mais tempo em atividades de intensidade moderada. Mudanças similares não foram observadas nas comunidades de controle.

Leitura e interpretação de um estudo epidemiológico em atividade física

Uma vez que estudos epidemiológicos podem envolver uma variedade de delineamentos e grande número de participantes, é uma boa ideia seguir alguma orientação no momento de ler ou interpretar o texto referente à pesquisa. O nosso exemplo será um artigo escrito em 2000 por I. M. Lee e R. S. Paffenbarger Jr., intitulado "Associations of Light, Moderate, and Vigorous Intensity Physical Activity With Longevity: The Harvard Alumni Health Study (*American Journal of Epidemiology*, 151, 293-299).

Introdução

A introdução deve fornecer uma visão geral do princípio que norteia o estudo, destacando a principal pesquisa que revelou associações (ou falta de associações) entre a exposição e os resultados e explicar por que essa é uma questão de saúde que vale a pena estudar. O princípio também deve tratar do mecanismo biológico da associação entre a atividade física e a manifestação de saúde. As questões de pesquisa devem refletir descobertas e problemas surgidos a partir de estudos anteriores e declarar o propósito do estudo.

> *Exemplo*: Os autores reconheceram a crescente aceitação de que um estilo de vida saudável inclui atividade física regular. No entanto, eles observaram descobertas inconsistentes sobre a intensidade adequada da atividade física necessária à redução da mortalidade prematura. O propósito deste artigo é apresentar associações entre os surtos de atividade de intensidade leve, moderada e vigorosa e a mortalidade entre homens inscritos no Harvard Alumni Health Study.

Materiais e métodos

Esta seção inclui informações sobre o delineamento, a população, as variáveis e os métodos analíticos do estudo.

O delineamento do estudo deve ser adequado para responder às questões da pesquisa. Para descrever eventos em uma população (estudos descritivos), é apropriado o ecológico ou o transversal. Para identificar associações causais que reflitam mudanças no estado de saúde ao longo do tempo, contudo, os delineamentos de estudos de coorte prospectivos ou de estudos experimentais são necessários. Estudos de controle de caso são úteis para examinar as relações entre a exposição e as manifestações em amostras pequenas e fornecem apenas indícios limitados da existência de uma relação temporal entre a exposição e a manifestação.

A *população do estudo* deve ser adequada para responder às questões de pesquisa do estudo. Os autores devem descrever o tamanho da *amostra*, incluindo o número de participantes inscritos e que completaram as tarefas atribuídas e quantos constaram na análise dos dados. Eles também devem fornecer uma explicação para as diferenças no tamanho da amostra no começo e no final do estudo. Essa informação é um tema importante para evitar estudos distorcidos. Os métodos usados para recrutar os participantes e a inclusão ou exclusão de critérios têm de ser listados.

Características da população do estudo incluem idade, sexo, raça, renda e educação dos participantes, além de outros fatores relacionados com as questões da pesquisa. A população do estudo é representativa do grupo usado para generalização?

As *variáveis do estudo* são descritas em termos de exposição (atividade física), manifestação (p. ex., mortalidade) e potenciais fatores de confusão. Os autores devem identificar como a exposição foi medida e marcada e se há dados disponíveis que tratam da validade e da fidedignidade das medidas. A *manifestação* deve ser identificada por uma definição de caso (p. ex., códigos da décima edição da CID) e pela descrição de como os dados foram obtidos – registros hospitalares, certidões de óbito, exames físicos ou autorrelatos. Manifestações da doença têm uma definição de caso que os autores usam para orientar os pesquisadores na classificação do seu estado. *Potenciais fatores de confusão* devem ser identificados nos métodos de coleta de dados de cada variável descrita. Os autores devem descrever também as medidas de controle de qualidade usadas para garantir a precisão do processo de coleta de dados.

Os métodos usados para a *análise dos dados* devem refletir as questões de pesquisa e as hipóteses testadas no estudo.

> *Exemplo*: *População do estudo*. Os participantes foram descritos como homens, matriculados na Harvard University de 1916 a 1950. Os critérios de inclusão envolveram o retorno de um questionário enviado em 1977 ($n = 17.835$). Os critérios de exclusão foram a presença de doença cardiovascular, câncer ou doença pulmonar obstrutiva crônica diagnosticada por

um médico ($n = 3.706$) ou a não identificação de informações sobre potenciais variáveis covariantes no questionário ($n = 644$). A amostra usada na análise foi de 13.485 homens, com idade média de 57,5 ± 8,9 anos.

Exemplo: *Exposição*. A atividade física foi medida por um questionário enviado pelo correio, que solicitava aos participantes a rememoração de quantas escadas subiram ou desceram, por quantos quarteirões caminharam e de que atividades recreativas e esportes participaram na semana anterior. Um índice de atividade física (IAF, do inglês *physical activity index*) foi expresso como compósito dessas atividades em quilojoules por semana. O *survey* tem fidedignidade de um mês de $r = 0,72$, e a correlação com registros da atividade física é de $r = 0,65$. Os níveis do MET associados com os níveis de intensidade foram os seguintes: leve = < 4 METs; moderado = 4 a 5,5 METs; vigoroso = > 6 METs.

Exemplo: *Manifestação*. A identificação das mortes dos participantes foi obtida a partir do National Death Index. As causas das mortes foram determinadas com base nas certidões de óbito.

Exemplo: *Potenciais fatores de confusão*. As variáveis de confusão foram obtidas a partir de informações autorrelatadas, registradas no questionário sobre saúde enviado pelo correio. As variáveis incluíram idade, IMC, hábito de fumar, consumo de álcool e morte parental precoce (< 65 anos).

Exemplo: *Análise dos dados*. A associação entre o gasto de energia total em quilojoules por semana (kJ/semana) e a mortalidade foi examinada por modelos de danos proporcionais.

Resultados

O texto deve apresentar uma visão geral dos resultados e remeter o leitor a tabelas e figuras de exposição dos dados. Essas tabelas e figuras devem ser autoexplicativas, com identificação, em nota de rodapé, das variáveis de confusão controladas na análise. Comparações estatísticas devem apresentar valores p ou intervalos de confiança em torno das estimativas do parâmetros (p. ex., razão de desigualdade, risco relativo) e as respostas à dosagem, mostrando as comparações dos dados entre os vários níveis.

Exemplo: *resultados*. Um total de 2.539 homens morreram entre 1977 e 1992. Comparados com homens que gastaram < 4.200 kJ/semana, os que despenderam mais energia em atividade física regular reduziram seu risco de mortalidade em 20 a 27%. Tendências de associações entre o tipo e a intensidade da atividade e a mortalidade foram significativas com $p < 0,05$ para distância da caminhada, número de escadas que os sujeitos subiram ou desceram e atividade moderada e vigorosa (ver Fig. 17.8). A atividade leve não foi associada a diminuições na taxa de mortalidade.

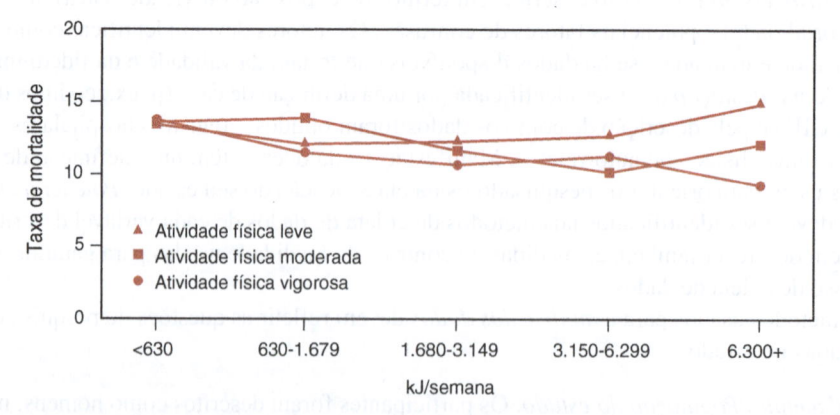

▶ **Figura 17.8** Taxas de mortalidade ajustadas por idade.

De I. M. Lee e R. S. Paffenbarger, Jr., 2000, "Associations of light, moderate, and vigorous intensity physical activity with longevity – The Harvard alumini health study", *American Journal of Epidemiology* 151: 293-299. Usada com permissão de Oxford University Press.

Discussões e conclusões

Na discussão, os autores devem destacar as principais descobertas do estudo, comparar e contrastar os resultados com os de estudos similares e relacionar as descobertas com dados que apontam a magnitude do problema. Fontes de distorções que poderiam ter influenciado os resultados do estudo devem ser discutidas na forma de introdução, que determina se as associações e hipóteses testadas confirmam a associação causal entre a exposição à atividade física e a manifestação de saúde.

Exemplo: Os autores concluem que maior gasto energético está associado a aumento da longevidade. A participação em atividades moderadas mostrara uma tendência a menores taxas de mortalidade, e a participação em atividades vigorosas, uma forte associação com menores taxas de mortalidade. A participação em atividades leves não apresentou relação com as taxas de mortalidade. Mecanismos biológicos de associação são confirmados por outros estudos, que mostram menor pressão arterial, menores níveis de insulina, maior colesterol HDL e melhora na função cardíaca e nos fatores hemostáticos na presença de atividade física regular, moderada e vigorosa. Os pontos fortes do estudo incluem a avaliação detalhada da atividade física e um longo período de acompanhamento. Entre as limitações estão a possibilidade de distorção de rememoração, por ter sido usado um questionário autoadministrado sobre a atividade física, e a incapacidade em considerar doenças que não foram medidas nesse questionário. O impacto desse estudo na saúde pública mostrou os benefícios dos exercícios de intensidades moderada e vigorosa na redução dos riscos de mortalidade entre homens.

Resumo

Este capítulo forneceu uma visão geral dos métodos de pesquisa usados no estudo da epidemiologia em atividade física. Os estudos epidemiológicos destinam-se a identificar a distribuição e as determinantes da atividade física e de estados de saúde relacionados em grupos populacionais e a aplicar os resultados da pesquisa para reduzir a carga de doenças em comunidades.

✓ Verifique sua compreensão

1. Descreva as diferenças entre a pesquisa observacional e a experimental.
2. Descreva brevemente os pontos fortes e fracos dos delineamentos de estudo descritivo, analítico e experimental no exame das relações entre a atividade física e a saúde.
3. Compare e contraste delineamentos de estudo de coorte e de controle de caso.
4. Escreva a resenha de um estudo de pesquisa em atividade física publicado em um desses periódicos: *American Journal of Epidemiology*, *Journal of Clinical Epidemiology*, *International Journal of Epidemiology* ou *Epidemiology*.
5. Compare e contraste os modos pelos quais os epidemiologistas estudam a distribuição, as determinantes e as aplicações de temas de saúde.

Capítulo 18

PESQUISA EXPERIMENTAL E QUASE EXPERIMENTAL

Eu vi o futuro, ele é muito parecido com o presente, porém muito mais longo.

Dan Quisenberry (ex-jogador da liga principal de beisebol dos Estados Unidos)

A pesquisa experimental tenta estabelecer relações de causa e efeito. Isto é, a variável independente é manipulada para que seja avaliado o seu efeito sobre a variável dependente. Porém, o processo de estabelecer causa e efeito é difícil. Para isso, três critérios tem de ser estabelecidos:

1. *A causa tem de preceder o efeito no tempo.* Por exemplo, em uma corrida, o tiro de largada precede o início do movimento do corredor; não é o início do movimento que causa o disparo.
2. *A causa e o efeito têm de estar correlacionados.* Conforme afirmamos, o simples fato de estarem relacionados não significa que um causa o outro; contudo, eles só podem existir se houver alguma correlação entre as duas variáveis.
3. *A correlação entre causa e efeito não pode ser explicada por outra variável.* Lembre-se de que, em um exemplo anterior, a relação entre o desempenho acadêmico da criança no ensino fundamental e o número do calçado era explicada por uma terceira variável, a idade.

Podemos pensar em causa e efeito em termos de condições necessárias e suficientes (Krathwhol, 1993). Por exemplo, se a condição é necessária e suficiente para produzir o efeito, então ela é a causa. Porém, há situações alternativas (ver quadro na p. 351).

- Necessária, mas não suficiente: alguma condição relacionada provavelmente produz o efeito.
- Suficiente, mas não necessária: alguma condição alternativa provavelmente é a causa.
- Nem necessária, nem suficiente: alguma condição contribuinte provavelmente é a causa.

Lembre-se, também, de que estatística não estabelece causa e efeito. As técnicas estatísticas podem apenas rejeitar a hipótese nula (estabelecer que grupos são significativamente diferentes) e identificar a porcentagem de variação da variável dependente considerada pela variável independente ou pelo tamanho do efeito. Nenhum desses procedimentos estabelece causa e efeito (eles são necessários, mas não suficientes). Causa e efeito são estabelecidos apenas pela aplicação do pensamento lógico a experimentos cujo delineamento foi bem escolhido. Esse processo

> Estabelecer causa e efeito requer pensamento lógico aplicado a experimentos bem delineados.

lógico determina não haver outra explicação razoável para as mudanças na variável dependente, exceto a manipulação da variável independente. A aplicação dessa lógica torna-se possível pelo seguinte:

- seleção de uma boa estrutura teórica;
- uso de participantes apropriados;
- aplicação de um delineamento experimental apropriado;
- seleção e controle apropriados da variável independente (tratamento);
- seleção e medida apropriadas da variável dependente;
- uso do modelo estatístico e da análise corretos;
- interpretação correta dos resultados.

Neste capítulo, abordamos os delineamentos experimentais, mostrando como é possível reconhecer e controlar fontes de invalidação e ameaças à validade tanto interna quanto externa. Explicamos, ainda, vários tipos de delineamentos experimentais. Antes de prosseguir neste capítulo, reveja os seguintes itens (introduzidos nos Caps. 1 e 3), usados ao longo desta abordagem:

- variável independente;
- variável dependente;
- variável categórica;
- variável de controle;
- variável extrínseca.

Fontes de invalidação

Todos os tipos de delineamentos que abordamos aqui têm os pontos fortes e os fracos, que ameaçam a validade da pesquisa. A importância da validade foi muito bem determinada por Campbell e Stanley (1963, p. 5):

> Fundamental... é a distinção entre validade interna e externa. A interna é o mínimo básico, sem o qual o experimento, seja ele qual for, não pode ser interpretado: os tratamentos experimentais realmente fizeram diferença nesse caso experimental específico? A validade externa levanta a questão da capacidade de generalização: a que populações, ambientes ou variáveis de tratamento esse efeito pode ser generalizado?

Em experimentos, tanto a validade interna quanto a externa são importantes. Entretanto, com frequência, elas se encontram em divergência no planejamento e no delineamento da pesquisa. Obter validade interna envolve controlar todas as variáveis, de modo a eliminar todas as hipóteses concorrentes que possam servir de explicação para os resultados observados. Mas, ao controlar e restringir o ambiente de pesquisa para ganhar validade interna, coloca-se a generalização (validade externa) das descobertas em risco. Estudos com forte validade interna podem gerar incerteza na resposta à seguinte pergunta: a que, quem ou onde as descobertas podem ser generalizadas? Isso acontece porque, em ambientes ecologicamente válidos (percebidos pelos participantes do modo pretendido pelos pesquisadores), nem tudo fica controlado e opera igual ao que foi feito no contexto laboratorial controlado. Portanto, o pesquisador tem de decidir se o mais importante é ter certeza de que a manipulação da variável independente causou as mudanças observadas na variável dependente ou ser capaz de generalizar os resultados a outras populações, ambientes, etc.. Não podemos oferecer uma resposta definitiva a essa questão, que tem sido debatida, com frequência, em encontros e na literatura científica (ver, p. ex., Martens, 1979, 1987; Siedentop, 1980; Thomas, 1980; Thomas, French e Humphries, 1986).

Esperar que todos os experimentos, individualmente, atendam às considerações do delineamento de pesquisa não é razoável. Uma abordagem mais realista consiste em identificar os objetivos específicos e as limitações do esforço de pesquisa. Que tema é mais importante, a validade interna ou a externa? Após decidir isso, o pesquisador pode planejar a pesquisa, enfatizando um dos tipos

> **Exemplos de causa e efeito no golfe**
>
> 1. Não importa se a sua última tacada foi ruim, a próxima será pior. Essa regra só expira depois do décimo oitavo buraco.
> 2. No golfe, seu melhor *round* será sempre seguido, de imediato, pelo pior de todos os tempos. (Provavelmente, o aumento é proporcional ao número de pessoas para quem você contou sobre o melhor.)
> 3. As bolas de golfe novas são hidromagnéticas. (O efeito magnético aumenta de acordo com o preço da bola.)
> 4. Quanto maior o *handicap* do jogador de golfe, mais ele se considera qualificado como instrutor.
> 5. Todo buraco de par três alimenta o desejo secreto de humilhar os jogadores de golfe. (Quanto menor o buraco, maior é esse desejo.)
> 6. Carrinhos de golfe elétricos sempre apresentam defeito no ponto mais distante da sede do clube.
> 7. A pessoa para quem você mais detesta perder será sempre aquela que ganha de você.
> 8. Os três últimos buracos de um *round* ajustarão automaticamente sua pontuação ao que ela realmente devia ser.
> 9. Quando bate em árvores, a bola de golfe nunca volta ao jogo. (Se alguma voltar, o responsável pelo campo vai tratar de remover a árvore responsável já no próximo *round*.)
> 10. Todos os juramentos feitos em um campo de golfe valem apenas até o pôr-do-sol.

de validade e mantendo o outro na medida do possível. Outro recurso é o planejamento de uma série de experimentos em que o primeiro tem forte validade interna, ainda que em prejuízo da externa. Se esse primeiro experimento confirmar que as mudanças na medida dependente são resultado da manipulação da variável independente, os subsequentes poderão ser desenvolvidos com maior validade externa, ainda que em prejuízo da interna. Essa abordagem permite avaliar o tratamento em condições mais parecidas com as do mundo real. (Rever a abordagem afim, sobre as pesquisas básica e aplicada, no Cap. 1 e em Christina, 1989.)

Ameaças à validade interna

Campbell e Stanley (1963) identificaram oito ameaças à validade interna do experimento, e Rosenthal (1966) acrescentou uma nona:

- **História:** eventos que ocorrem durante o experimento, mas não são parte do tratamento.
- **Maturação:** processos internos aos sujeitos, que operam como resultado da passagem do tempo (p. ex., envelhecimento, fadiga, fome).
- **Testagem:** efeitos de um teste sobre administrações subsequentes desse mesmo teste.
- **Instrumentação:** mudanças na calibragem dos instrumentos, inclusive falta de concordância intra e interobservadores.
- **Regressão estatística:** o fato de que grupos selecionados com base em escores extremos não são tão extremos na testagem subsequente.
- **Distorção na seleção:** escolha de grupos de comparação de modo não aleatório.
- **Mortalidade experimental:** perda de participantes dos grupos de comparação por razões não aleatórias.
- **Interação seleção-maturação:** a passagem do tempo afeta um grupo, mas não o outro, em delineamentos com grupos não equivalentes.
- **Expectativa:** antecipação por parte dos pesquisadores ou testadores de que determinados participantes terão melhor desempenho.

Se essas ameaças não forem controladas, será difícil atribuir a mudança na variável dependente à manipulação da variável independente.

História

A ameaça à validade interna causada pela história significa que algum evento não intencional ocorreu durante o período de tratamento. Em um estudo de avaliação dos efeitos de um semestre de educação física sobre a aptidão física de alunos de quinta série, por exemplo, o fato de que 60% deles tenham participado de um programa recreativo de futebol constitui ameaça à validade interna causada pela história. Provavelmente, o programa de futebol produz benefícios ao condicionamento físico difíceis de serem separados dos benefícios do programa de educação física.

Maturação

A maturação como ameaça à validade interna é associada, com maior frequência, ao envelhecimento. Essa ameaça costuma surgir em delineamentos em que um grupo é testado em diversas ocasiões, por longo período. Em geral, professores de educação física encontram esse tipo de fonte de invalidação quando submetem os alunos a um teste de aptidão física no início e no final do curso. Quase sempre, o desempenho das crianças é melhor no final. Então o professor tende a afirmar que o programa de educação física foi a causa. Infelizmente, a maturação é uma hipótese concorrente plausível para o aumento observado; ou seja, as crianças ficaram maiores e mais fortes e é provável que, por isso, correm mais rápido, pulam mais alto e arremessam mais longe.

Testagem

Uma ameaça originada pela testagem é o efeito que a realização de um teste pode ter sobre a repetição desse mesmo teste. Se, por exemplo, um grupo de atletas for submetido a um teste de múltipla escolha para avaliar conhecimentos a respeito de esteroides hoje e, de novo, daqui a dois dias, eles vão se sair melhor no segundo, embora não se registre a intervenção de nenhum tratamento. A primeira participação no teste ajuda o participante na segunda vez. O mesmo efeito está presente em testes de desempenho físico, em particular quando não se permite que os participantes pratiquem algumas vezes. Se uma turma de jogadores de tênis iniciantes tentar acertar 20 rebatidas de *forehand* em bolas lançadas diretamente para eles por uma máquina hoje e, de novo, daqui a três dias, é normal que eles apresentem melhor desempenho no segundo teste. Eles aprendem alguma coisa no primeiro teste.

Instrumentação

A instrumentação é um problema enfrentado em muitas ocasiões na pesquisa em ciência do exercício. Suponhamos que o pesquisador esteja usando um dispositivo com pressão de mola para medir a força. A não ser que a mola seja calibrada com regularidade, sua tensão diminuirá com o uso. Portanto, a mesma quantidade de força aplicada produzirá leituras de força maiores, comparadas com as anteriores. Problemas de instrumentação também ocorrem em pesquisa com observadores. A não ser que eles sejam treinados e regularmente fiscalizados, as avaliações de um mesmo observador podem variar, de modo sistemático, ao longo do tempo ou de um participante para o outro (um fenômeno chamado de inclinação do observador) ou então é possível que observadores diferentes não classifiquem o mesmo desempenho do mesmo modo.

Regressão estatística

A regressão estatística ocorre quando os grupos não são formados aleatoriamente, mas selecionados com base em um escore extremo de alguma medida. Por exemplo, se alguém classifica o comportamento de um grupo de crianças em um parque, em uma atividade escalonada (muito ativa a muito inativa), e forma dois grupos, um de crianças muito ativas e outro de muito inativas –, é provável a ocorrência da regressão estatística na próxima vez em que as crianças forem observadas no parque. As anteriormente muito ativas serão menos ativas (embora ainda ativas) e as muito inativas serão mais ativas. Em outras palavras, ambos os grupos vão regredir (mover-se a partir dos extremos) em direção à média geral. Esse fenômeno reflete apenas o fato de que o escore do participante tende a variar em torno da média do seu próprio desempenho (escore verdadeiro estimado). Escores extremos podem refletir somente a observação do lado mais alto (ou baixo) de seu desempenho típico. O desempenho seguinte, em geral, não é extremo. Portanto, quando as médias dos escores de grupos extremos são comparadas em vezes seguidas, o grupo de pontuação mais elevada parece pior, enquanto o de pontuação mais baixa parece melhor. A regressão estatística é um problema particular de estudos que tentam comparar grupos extremos, selecionados com base em alguma característica (p. ex., comparar participantes muito ansiosos e não muito ansiosos; muito condicionados fisicamente e menos condicionados; muito habilidosos e não habilidosos).

Distorção na seleção

As distorções na seleção ocorrem quando os grupos são formados a partir de outra base que não a atribuição aleatória. Assim, quando há administração de tratamentos e os grupos são diferentes desde o início, encontra-se sempre presente a hipótese concorrente de que quaisquer diferenças encontradas devem-se às distorções da seleção inicial e não aos tratamentos. Mostrar que os grupos não eram diferentes, em termos da variável dependente, no início do estudo, não supera essa deficiência. Qualquer outro número de outras variáveis não mensuradas em que os grupos diferem poderia explicar o efeito do tratamento. W. R. Borg e Gall (1989) levantaram questões importantes, que se aplicam à distorção na seleção (ou amostragem):

O estudo usou voluntários? O uso de voluntários é comum em estudos de pesquisa em atividade física. Entretanto, com frequência, eles não são representativos de outros indivíduos, a não ser de outros voluntários. Eles podem ser muito diferentes de não voluntários quanto à motivação no ambiente e na tarefa experimental.

Os participantes são extremamente não representativos da população? Muitas vezes, somos incapazes de selecionar aleatoriamente participantes para nossos estudos, mas é muito útil pelo menos acreditarmos (e podermos demonstrar) que eles representam algum grupo maior de nossa cultura.

Lembre-se da discussão sobre a amostragem, no Capítulo 6, em particular o conceito de amostra "boa o suficiente".

Mortalidade experimental

A mortalidade experimental refere-se à perda de participantes. Inclusive quando os grupos são formados aleatoriamente, essa ameaça à validade interna pode ocorrer. É possível que os participantes permaneçam no grupo experimental de um programa de condicionamento porque estão se divertindo, enquanto os participantes do grupo-controle acabam por se aborrecer, perder o interesse e, finalmente, abandonar o estudo. Também é possível ocorrer o contrário. Às vezes, os participantes deixam o grupo experimental porque o tratamento é muito difícil ou consome muito tempo.

Interação seleção-maturação

A interação seleção-maturação ocorre apenas em tipos específicos de delineamentos. Nesses tipos, um grupo é selecionado devido a algumas características específicas e o outro, pela ausência delas. Podemos citar, como exemplo, um estudo das diferenças entre crianças de 6 anos de idade em escolas de dois municípios; em uma delas, os estudantes formam o grupo experimental, submetido a um programa de condicionamento; na outra, está o grupo-controle. Se os municípios tiverem políticas de admissão diferenciadas, de modo que as crianças do grupo experimental sejam cinco meses mais velhas, isso trará dificuldades para determinar o que produziu as alterações observadas – o programa de condicionamento apenas ou a combinação deste com o avanço da idade dos participantes.

> **PARTICIPANTES DO GRUPO-CONTROLE PODEM FICAR ENTEDIADOS E PERDER O INTERESSE.**

Expectativa

Expectativa Ameaça à validade interna, em que o pesquisador antecipa a ocorrência de certos comportamentos ou resultados.

Tem sido identificada uma ameaça adicional à validade interna não mencionada por Campbell e Stanley (1963). Trata-se da **expectativa** (Rosenthal, 1966), que se refere à antecipação, por parte do pesquisador, do melhor desempenho de alguns participantes. Esse efeito, embora quase sempre inconsciente por parte do pesquisador, ocorre quando os participantes ou as condições experimentais são claramente rotulados. Por exemplo, os pesquisadores podem classificar melhor participantes habilidosos do que não habilidosos em relação ao tratamento. Esse efeito também é evidente em estudos de observação, nos quais os observadores pontuam melhor os desempenhos após o tratamento, em vez de antes deste, pois já esperavam alguma mudança. Se os grupos experimental e de controle forem identificados, é possível que os observadores classifiquem melhor o primeiro, em detrimento do segundo, inclusive antes de o tratamento ocorrer. O efeito da expectativa também pode influenciar os participantes. Em um estudo sobre o esporte juvenil, por exemplo, pode ser que o próprio técnico provoque piores desempenhos dos substitutos (comparados com os titulares), pois eles percebem que são tratados de modo diferente (p. ex., o técnico demonstra menor preocupação com os testes de práticas incorretas dos substitutos).

▶ Existem nove ameaças à validade interna que podem solapar a afirmação da existência de uma relação causal entre duas variáveis.

Qualquer uma dessas nove ameaças à validade interna reduz as chances do pesquisador de afirmar que a manipulação da variável independente produziu as alterações na variável dependente. Mais adiante, neste capítulo, discutiremos os vários delineamentos experimentais e como eles controlam (ou não) as ameaças à validade interna.

Ameaças à validade externa

Campbell e Stanley (1963) identificaram quatro ameaças à validade externa ou possibilidade de generalização dos resultados a outros participantes, ambientes e medidas, tais como:

- **Efeitos reativos ou interativos da testagem:** o teste pré-tratamento pode fazer com que o participante fique mais consciente do tratamento iminente ou mais sensível a ele. Como resultado, o tratamento não é tão eficaz sem o pré-teste.
- **Interação entre a distorção na seleção e o tratamento experimental:** quando um grupo é selecionado com base em alguma característica, é possível que o tratamento funcione apenas para grupos que tenham essa característica.

- **Efeitos reativos dos arranjos experimentais:** tratamentos eficazes em situações muito restritas (p. ex., em laboratórios) podem não ser eficazes em ambientes menos restritos (mais semelhantes ao mundo real).
- **Interferência de tratamentos múltiplos:** quando os participantes recebem mais de um tratamento, os efeitos de tratamentos anteriores podem influenciar os subsequentes.

Efeitos reativos ou interativos da testagem

Os efeitos reativos ou interativos da testagem podem ser um problema em qualquer delineamento que tenha um teste pré-tratamento. Suponhamos que o programa de condicionamento seja o tratamento experimental. Se, inicialmente, for administrado um teste de condicionamento físico à amostra e o seu nível de condicionamento for considerado baixo, pode ser que os participantes do grupo experimental fiquem especialmente motivados a seguir à risca o programa prescrito. No entanto, para uma população não testada, talvez o programa não seja tão eficaz, porque os participantes não teriam consciência do baixo nível do próprio condicionamento físico.

Interação entre a distorção na seleção e o tratamento experimental

A interação entre a distorção na seleção e o tratamento experimental pode impossibilitar a generalização dos resultados a participantes sem aquelas características específicas da amostra (distorção). Um programa de educação a respeito de drogas, por exemplo, pode ser eficaz na mudança das atitudes de calouros universitários em relação ao seu uso. Contudo, esse mesmo programa provavelmente perderia em eficácia se fosse aplicado a estudantes do terceiro ano de medicina, pois estes estariam muito mais familiarizados com as drogas e seus usos apropriados.

Efeitos reativos dos arranjos experimentais

Os efeitos reativos dos arranjos experimentais referem-se ao fato de que o tratamento experimental não pode ser generalizado a situações do mundo real. Eles são um problema persistente em pesquisas de laboratório (p. ex., na fisiologia do exercício, na biomecânica e no comportamento motor). Será que, nesse tipo de pesquisa, está sendo investigado um efeito, um processo ou um resultado laboratorial específico, que não possa ser generalizado para outros ambientes? Antes fizemos referência a isso como um problema da validade ecológica. Em um estudo que empregue, por exemplo, a cinematografia de alta velocidade, a habilidade a ser filmada tem de ser executada em determinado lugar, e as articulações devem estar marcadas para análise posterior. Será que essa habilidade é executada desse modo também durante a participação no esporte?

Um tipo específico de comportamento reativo, chamado de **efeito Hawthorne** (Brown, 1954), refere-se ao fato de que os desempenhos dos participantes mudam quando se presta atenção a eles. Esse efeito pode ser uma ameaça às validades interna e externa, porque provavelmente produzirá melhores efeitos do tratamento e reduzirá a possibilidade de generalização dos resultados.

Efeito Hawthorne A performance dos participantes muda quando é prestada atenção neles, o que provavelmente reduz a capacidade para se generalizar os resultados.

Interferência de tratamentos múltiplos

Muitas vezes, a interferência de tratamentos múltiplos é um problema quando os mesmos participantes são expostos a mais de um nível do tratamento. Suponhamos que os participantes vão aprender duas formas de mover-se para a posição de cortada no voleibol dando um passo à frente ou um passo cruzado. Queremos saber que passo coloca os jogadores em boa posição para a cortada mais rápida. Se os jogadores aprenderem os dois tipos de passos, a aprendizagem de um pode interferir na do outro (ou melhorá-la). Portanto, as chances de generalizar as descobertas podem ser confundidas pelo uso de tratamentos múltiplos. Um delineamento melhor seria ter dois grupos separados, e cada um deles aprenderia uma das técnicas.

A possibilidade de generalizar as descobertas de uma pesquisa para outros participantes ou situações é uma questão de amostragem aleatória (ou, pelo menos, de amostragem "boa o suficiente"), mais do que de qualquer outra coisa. Será que os participantes, os tratamentos, os testes e as situações representam populações maiores? Ainda que poucos dos delineamentos experimentais abordados a seguir controlem determinadas ameaças à validade externa, em geral o pesquisador as controla pelo modo como seleciona a amostra, os tratamentos, as situações e os testes.

Controle de ameaças à validade interna

Ameaças à validade interna e à externa são controladas de modos diferentes pela aplicação de técnicas específicas. Nesta seção, descrevemos abordagens úteis para solução de ameaças à validade interna no delineamento de experimentos. Muitas dessas ameaças são controladas quando o pesquisador faz com que os participantes dos grupos experimental e de controle sejam o mais semelhante possível. Com maior frequência, esse objetivo é atingido pela atribuição aleatória dos participantes nos grupos.

Randomização

Como mencionado no Capítulo 6, a randomização permite a suposição de que os grupos não diferem no início do experimento. Esse processo de randomização controla a história até o momento do experimento; ou seja, o pesquisador pode pressupor que os eventos passados estão igualmente distribuídos entre os grupos. Essa abordagem não controla os efeitos da história durante o experimento se os participantes dos grupos experimental e de controle forem tratados em tempos e locais diferentes. O pesquisador tem de tentar evitar que o evento (além do tratamento) ocorra em um grupo e não nos demais.

A randomização também controla a maturação, pois a passagem do tempo é equivalente em todos os grupos. A regressão estatística, as distorções na seleção e a interação seleção-maturação são controladas, porque ocorrem apenas quando os grupos não são formados aleatoriamente.

Outros modos, que não a atribuição aleatória de participantes aos grupos, são, às vezes, usados para controlar ameaças à validade interna. A técnica do par combinado associa duplas de participantes iguais quanto a alguma característica e, depois, atribui cada um deles a um grupo diferente de modo aleatório. Pode ser que o pesquisador queira fazer a correspondência de acordo com essa característica e, depois, formar os grupos experimental e de controle de modo randômico.

Pode-se usar também a técnica do grupo combinado. Esse método envolve a atribuição não aleatória dos participantes aos grupos experimental e de controle, de modo que a média dos grupos seja equivalente em alguma variável. Em geral, esse procedimento é considerado inaceitável, porque os grupos podem não ser equivalentes em outras variáveis não mensuradas, capazes de afetar o resultado da pesquisa.

Em delineamentos intrassujeitos, os participantes são usados como seus próprios controles. Isso significa que cada participante recebe tanto o tratamento experimental quanto o de controle. Nesse tipo de delineamento, a ordem dos tratamentos deve ser equilibrada; ou seja, metade dos participantes deve receber primeiro o tratamento experimental, depois o de controle, enquanto a outra metade recebe primeiro o de controle, depois o experimental. Se houver três níveis de variável independente (1 = controle; 2 = tratamento experimental A, 3 = tratamento experimental B), os participantes devem ser atribuídos aleatoriamente a cada uma das seis ordens possíveis (1-2-3; 1-3-2; 2-1-3; 2-3-1; 3-1-2; 3-2-1). Se o número de níveis de tratamento administrados aos mesmos participantes for maior do que três ou quatro, os experimentadores devem atribuir uma ordem aleatória de tratamentos a cada um deles, em vez de tratamentos contrabalançados.

Placebos e arranjos cegos e duplos-cegos

Outras formas de controlar ameaças à validade interna incluem placebos e arranjos cegos e duplos-cegos. O **placebo** é usado para avaliar se o efeito observado é produzido pelo tratamento ou por

---

Placebo Método de controle de ameaça à validade interna, em que o grupo-controle recebe um tratamento falso, enquanto o grupo experimental recebe o tratamento verdadeiro.

algum fator psicológico. Com frequência, há uma condição de controle, em que os participantes recebem a mesma atenção do pesquisador e mantêm a mesma interação com ele, mas o tratamento administrado não tem relação com o desempenho na variável dependente.

O estudo em que os participantes não sabem se estão recebendo o tratamento experimental ou de controle é chamado de **arranjo cego** (ou seja, o participante fica "cego" em reação ao tratamento). No **arranjo duplo-cego**, nem o participante nem o aplicador sabem que tratamento está sendo administrado. Também há registros do arranjo triplo-cego (Day, 1983): os participantes não sabem o que estão recebendo, os aplicadores não sabem o que estão administrando e os pesquisadores não sabem o que estão fazendo. Esperamos que essa técnica tripla encontre uso limitado em nosso campo.

Todas essas técnicas (exceto o arranjo triplo-cego) são úteis no controle do efeito Hawthorne, da expectativa e dos efeitos de halo, assim como do que chamamos de **efeito Avis** (uma versão recente do efeito John Henry) ou o fato de que os participantes do grupo-controle podem fazer maior esforço simplesmente porque estão nesse grupo.

Um bom exemplo dessas técnicas de controle dos efeitos psicológicos é o teste do uso de esteroides para aumentar a força dos atletas. Vários estudos foram feitos para avaliar os efeitos desses compostos. Para combater o fato de que os atletas podem ficar mais fortes apenas por pensarem que é isso o que acontece quando se usam esteroides, inclui-se um placebo (uma pílula aparentemente igual ao esteroide). Em um estudo cego, os atletas não sabem se receberam placebo ou esteroide. Em um estudo duplo-cego, o atleta, a pessoa que entrega os esteroides ou os placebos e os pesquisadores não sabem que grupo realmente recebeu esses compostos. Infelizmente, esses procedimentos não funcionam bem nesse tipo específico de estudo, pois tomar grandes quantidades de esteroides faz com que a urina cheire mal. Assim, os atletas logo descobrem se estão recebendo esteroide ou placebo.

Arranjo cego Método de controle de ameaça à validade interna, em que o sujeito não sabe se está recebendo o tratamento experimental ou o de controle.

Arranjo duplo-cego Método de controle de ameaça à validade interna, em que nem o sujeito nem o experimentador sabem que tratamento está sendo administrado.

Efeito Avis Ameaça à validade interna em que os sujeitos do grupo-controle esforçam-se mais justamente porque estão nesse grupo.

Ameaças não controladas à validade interna

Três ameaças à validade interna permanecem não controladas pelo processo de randomização.

Efeitos reativos ou interativos

Os efeitos reativos ou interativos da testagem podem ser controlados apenas pela eliminação do teste pré-tratamento. No entanto, esses efeitos podem ser avaliados por dois dos delineamentos discutidos mais adiante neste capítulo: o de grupos randomizados com teste pré e pós-tratamento e o delineamento de quatro grupos de Solomon.

Instrumentação

Os problemas de instrumentação não podem ser controlados ou avaliados por nenhum delineamento. Apenas o pesquisador pode controlar essa ameaça à validade interna. No Capítulo 11, detalhamos essas técnicas de controle da ameaça da instrumentação ao desenvolvimento de testes válidos e fidedignos. De especial importância é o teste da fidedignidade. A resposta tem de ser consistente, não importa se ela foi obtida a partir de um dispositivo de laboratório (p. ex., um analisador de oxigênio), teste de desempenho motor (salto em distância), escala de classificação de atitude (impressões sobre o uso de drogas), observador (codificação da porcentagem de tempo de atividade de uma criança), teste de conhecimento (estratégias do basquetebol) ou pesquisa (instalações esportivas disponíveis). Em geral, controlar essa ameaça envolve a avaliação da fidedignidade do teste ao longo de situações, entre e intra-aplicadores e observadores e intraparticipantes. A validade do instrumento (ele mede o que se pretende que ele meça?) também tem de ser estabelecida para o controle dos problemas da instrumentação. O processo total de estabelecimento da instrumentação adequada para a pesquisa é chamado de psicometria.

Um ponto final sobre a instrumentação envolve o efeito de halo. Conforme abordamos no Capítulo 11, esse efeito ocorre em classificações do mesmo indivíduo em várias habilidades. Os classificadores que observam o desempenho hábil em uma tarefa ficam inclinados a avaliar melhor o participante em tarefas subsequentes, independentemente do nível de habilidade apresentado. Um efeito da ordem pode também ocorrer na observação.

Árbitros de ginástica e natação costumam dar notas mais baixas para os primeiros desempenhos, a fim de deixar espaço na classificação para desempenhos melhores. Como já sabem disso, os técnicos dessas modalidades sempre deixam os melhores atletas para o final, na ordem de apresentação no evento.

Mortalidade experimental

A mortalidade experimental não é controlada por nenhum tipo de delineamento experimental. O pesquisador pode controlar essa ameaça apenas quando garante a permanência dos participantes nos grupos (de todos, se possível). Muitos problemas da retenção de participantes podem ser tratados antes da pesquisa; o pesquisador deve explicar cuidadosamente e enfatizar aos participantes a necessidade de participar do projeto até o fim. (Durante o próprio experimento, pedir, implorar e chorar às vezes funciona.)

Controle de ameaças à validade externa

Em geral, a validade externa é controlada pela seleção de participantes, tratamentos, situações experimentais e testes que representem uma população mais ampla. É óbvio que a seleção aleatória (ou a amostragem "boa o suficiente") é a chave do controle de muitas das ameaças à validade externa. Lembre-se de que outros elementos que não os participantes podem ser aleatoriamente selecionados. Os níveis de tratamento, por exemplo, podem ser aleatoriamente selecionados entre os níveis possíveis; as situações, entre as possíveis; a variável dependente (teste), do grupo de variáveis dependentes potenciais.

Como observado previamente, a possibilidade de generalizar a situação é chamada de validade ecológica. Ainda que os resultados de um tratamento particular possam ser generalizados a um grupo maior, em caso de amostra significativa, pode ser que essa generalização seja aplicável apenas à situação específica do experimento. Se este for realizado sob condições laboratoriais controladas, talvez as descobertas se apliquem apenas a essas condições. Muitas vezes, o experimentador espera poder generalizar as descobertas a ambientes instrucionais, industriais, esportivos ou de exercícios do mundo real. A possibilidade de generalizar os resultados, desse modo, depende muito de como os participantes compreendem o estudo, e isso influencia o modo como eles respondem às características do teste. Aqui a questão de interesse é: o estudo é dotado de características de ambientes do mundo real suficientes para que eles respondam como se estivessem no mundo real? A validade ecológica está presente? Essa pergunta não é fácil de responder, e, por isso, vários acadêmicos defendem que mais pesquisas em educação física, ciência do exercício e ciência do esporte sejam conduzidas em ambientes de campo (p. ex., Costill, 1985; Martens, 1987; Thomas, French e Humphries, 1986).

Os efeitos reativos ou interativos da testagem podem ser avaliados pelo delineamento de quatro grupos de Solomon. A interação entre as distorções na seleção e o tratamento experimental é controlada pela seleção aleatória dos sujeitos. Os efeitos reativos dos arranjos experimentais podem ser controlados apenas pelo pesquisador (mais uma vez, o tema da validade ecológica). A interferência de tratamentos múltiplos pode ser parcialmente controlada pelo equilíbrio ou pela ordenação aleatória dos tratamentos entre os participantes. Contudo, o pesquisador só pode controlar outra interferência dos tratamentos pelo conhecimento do próprio tratamento, e não do tipo de delineamento experimental.

Tipos de delineamentos

Esta seção (grande parte dela retirada de Campbell e Stanley, 1963) divide-se em três categorias de delineamentos: pré-experimentais, experimentais verdadeiros e quase experimentais. Usamos a seguinte notação:

- Cada linha indica um grupo de participantes.
- "R" significa designação aleatória ou randômica de participantes aos grupos.
- "O" significa observação ou teste.

- "T" significa que um tratamento é aplicado; o espaço em branco no lugar em que, na linha anterior, aparecia um T, significa que o grupo é de controle.
- Uma linha pontilhada entre os grupos significa que eles são usados intactos e não foram designados aleatoriamente.
- Os subscritos indicam ou a ordem das observações e dos tratamentos (quando aparecem na mesma linha) ou observações de outros grupos ou tratamentos (quando mostrados em linhas diferentes). Por exemplo, quando os termos T_1 e T_2 aparecem em linhas diferentes, referem-se a tratamentos diferentes; quando aparecem na mesma linha, indicam que o tratamento é administrado ao mesmo grupo mais de uma vez.

Delineamentos pré-experimentais

Os três delineamentos abordados nesta seção são chamados de **pré-experimentais**, pois controlam poucas fontes de invalidação. Nenhum deles tem atribuição aleatória de participantes aos grupos.

Delineamento pré-experimental
Um dos três tipos de delineamento de pesquisa; controla poucas fontes de invalidação e não tem atribuição aleatória de participantes aos grupos. Inclui três tipos: de tentativa única, delineamento pré-teste/pós-teste de um grupo e comparação de grupo estático.

Estudo de tentativa única

No delineamento de tentativa única, o grupo de participantes recebe o tratamento, seguido de um teste para avaliá-lo:

$$T \quad O$$

Esse delineamento é falho em todos os testes de boa pesquisa. Tudo o que pode ser dito é que, em algum ponto do tempo, esse grupo de participantes teve certo nível de desempenho. O nível do desempenho (O) não pode ser atribuído ao tratamento (T) de modo algum.

Delineamento com testes pré e pós-tratamento de um grupo

O delineamento com testes pré e pós-tratamento de um grupo, embora muito fraco, é melhor do que o de tentativa única. Pelo menos, podemos observar se ocorreu alguma mudança no desempenho:

$$O_1 \quad T \quad O_2$$

Se O_2 for melhor do que O_1, é possível dizer que os sujeitos melhoraram. Vejamos um exemplo. Bill Bíceps, instrutor qualificado, realizou um teste de exercícios em uma academia. Os participantes treinaram três dias na semana, 40 minutos por dia, a 70% do $\dot{V}O_2$máx. estimado, durante 12 semanas. Depois do período de treinamento, eles refizeram o teste de exercício e melhoraram significativamente os próprios escores. Será que o Sr. Bíceps pode concluir que o programa de exercícios causou as mudanças que ele observou no desempenho do teste de exercício? Infelizmente, esse delineamento não nos permite dizer por que os participantes melhoraram. É possível que a melhoria tenha acontecido por causa do tratamento, mas também por causa da história. Algum outro evento, além do tratamento (T), pode ter ocorrido entre o teste antes do tratamento (O_1) e depois (O_2); pode ser que os sujeitos tenham se exercitado em casa, nos outros dias. A maturação é uma hipótese concorrente. Talvez os sujeitos tenham melhorado (ou piorado) somente por causa da passagem do tempo. A testagem é uma hipótese concorrente; o aumento em O_2 pode ser resultado apenas da experiência adquirida com o teste O_1. Se o grupo testado foi selecionado por alguma razão específica, então pode ter ocorrido qualquer uma das ameaças que envolvem a distorção na seleção. Com mais frequência, esse delineamento é analisado pelo teste t dependente para verificar se ocorreu alguma mudança significativa entre O_1 e O_2.

Comparação de grupo estático

O delineamento de comparação de grupo estático compara dois grupos, um recebe o tratamento e o outro não.

$$\begin{array}{cc} T & O_1 \\ \hdashline & O_2 \end{array}$$

TABELA 18.1

Delineamentos pré-experimentais e seus controles das ameaças à validade

Ameaça da validade	Estudo de ocorrência única	Pré-teste e pós-teste de um grupo	Grupo estático
Interna			
História	–	–	+
Maturação	–	–	?
Teste		–	+
Instrumentação		–	
Regressão estatística	?	+	
Seleção	–	+	–
Mortalidade experimental	–	–	–
Seleção × maturação			–
Expectativa	?	?	?
Externa			
Teste × tratamento		–	
Tendências de seleção × tratamento	–	–	–
Arranjos experimentais		?	
Tratamentos múltiplos			

Observação: + = força; – = fraqueza; em branco = não relevante; ? = questionável.
Direitos autorais, 1970, da American Educational Research Association. Adaptada com permissão da editora.

Entretanto, não sabemos se os grupos não eram equivalentes quando o estudo começou, como indicado pela linha pontilhada entre os grupos. Isso significa que eles foram selecionados intactos e não formados aleatoriamente. Assim, somos incapazes de determinar se alguma diferença entre O_1 e O_2 deve-se a T ou apenas às diferenças iniciais entre os grupos. Esse delineamento está sujeito à invalidação por causa da distorção na seleção e da interação seleção-maturação. O teste *t* para grupos independentes é usado a fim de avaliar se O_1 e O_2 diferem significativamente. Mas, inclusive se eles de fato diferirem, a diferença não pode ser atribuída a T.

Os três delineamentos pré-experimentais não são métodos válidos para responder a questões de pesquisa (ver Tab.18.1). Eles não representam experimentos, pois a mudança na variável dependente não pode ser atribuída à manipulação da variável dependente. Você não vai encontrá-los em periódicos científicos, e esperamos que você não encontre (nem produza) teses e dissertações a partir deles. Esses delineamentos representam muito esforço perdido, pois pouco ou nada pode ser concluído com base em seus resultados. Se submeter estudos em que usou esses delineamentos a periódicos científicos, provavelmente você receberá cartas de recusa similares à do personagem Snoopy (da tirinha de jornal *Peanuts*): "Caro pesquisador, obrigado pelo envio do seu artigo à nossa revista. Para economizar tempo, escrevemos duas cartas de recusa uma referente a este artigo e outra para o próximo que você mandar".

Delineamentos experimentais verdadeiros

Delineamento experimental verdadeiro Qualquer delineamento usado em pesquisas experimentais em que os grupos são formados randomicamente e há controle da maioria das fontes de invalidação.

Os delineamentos discutidos nesta seção são chamados de **experimentais verdadeiros**, porque incluem grupos formados randomicamente, o que permite pressupor a sua equivalência no início da pesquisa. Esse procedimento controla a história passada (mas não a presente), a maturação (que deve ocorrer igualmente nos grupos), a testagem e todas as fontes de invalidação com base em grupos não equivalentes (regressão estatística, distorções de seleção e interação seleção-maturação). Entretanto, apenas o pesquisador pode garantir que nada acontecerá a um grupo (além do tratamento) e não ao outro (história presente), que os escores da medida independente não variam em resultado de problemas de instrumentação e que a perda de sujeitos não é diferente entre os grupos (mortalidade experimental).

Delineamento de grupos randomizados

Observe que o delineamento de grupos randomizados lembra a comparação de grupo estático, exceto pelo fato de que os grupos são formados aleatoriamente:

$$R \quad T \quad O_1$$
$$R \quad \quad O_2$$

Quando o pesquisador controla as ameaças à validade interna não controladas pela randomização (tarefa nada fácil), tem uma base teórica razoável para o estudo e cumpre a regra necessária e suficiente, esse delineamento permite a conclusão de que diferenças significativas entre O_1 e O_2 devem-se a T. O teste t independente é usado para analisar a diferença entre O_1 e O_2. Como mostrado anteriormente, esse delineamento representa dois níveis de uma variável independente. Ele pode ser expandido para qualquer número de níveis de uma variável independente:

$$R \quad T_1 \quad O_1$$
$$R \quad T_2 \quad O_2$$
$$R \quad \quad O_3$$

Aqui, há três níveis da variável independente: um é o controle, e T_1 e T_2 representam dois níveis de tratamento. Esse delineamento pode ser analisado pela ANOVA simples, que contrasta a variável dependente como medida nos três grupos (O_1, O_2, O_3). Por exemplo, T_1 treina a 70% do $\dot{V}O_2$máx.; T_2, a 40%, e o grupo-controle não treina. As variáveis O_1, O_2 e O_3 são as medidas do condicionamento cardiorrespiratório (12 minutos de corrida) de cada grupo, obtidas no final do treinamento.

Esse delineamento também pode ser expandido para um fatorial; ou seja, mais de uma variável independente (VI) poderia ser considerada. O Exemplo 18.1 mostra como isso funciona.

A variável independente 1 (VI_1) tem três níveis (A_1, A_2, A_3); a variável independente 2 (VI_2), dois níveis (B_1, B_2). Isso resulta em seis células ($A_1B_1, A_1B_2, A_2B_1, A_2B_2, A_3B_1, A_3B_2$), às quais os sujeitos são aleatoriamente designados. No final dos tratamentos, cada célula é testada em termos da variável dependente (O_1 a O_6). Esse delineamento é analisado por uma ANOVA fatorial 3 × 2, que testa os efeitos de VI_1 (F_A), VI_2 (F_B) e a interação (F_{AB}).

Exemplo 18.1

		VI_2	
		B_1	B_2
	A_1	A_1B_1	A_1B_2
VI_1	A_2	A_2B_1	A_2B_2
	A_3	A_3B_1	A_3B_2
	R	A_1B_1	O_1
	R	A_1B_2	O_2
	R	A_2B_1	O_3
	R	A_2B_2	O_4
	R	A_3B_1	O_5
	R	A_3B_2	O_6

Observação: analisado em uma ANOVA fatorial 3 × 2. F_A = efeito principal de A; F_B = efeito principal de B; F_{AB} = interação de A e B.

Esse delineamento também pode ser expandido para incluir ainda mais variáveis independentes e reter todos os controles da validade interna previamente abordados. Às vezes, ele é usado com uma variável independente categórica. Veja de novo o Exemplo 18.1 e suponha que VI_2 (B_1, B_2) representa dois níveis de idade. Claramente, os níveis de B não poderiam ser formados de modo aleatório. O delineamento aparece do seguinte modo:

$$
\begin{array}{cccc}
 & R & A_1 & O_1 \\
B_1 & R & A_2 & O_2 \\
 & R & A_3 & O_3 \\
\\
 & R & A_1 & O_4 \\
B_2 & R & A_2 & A_5 \\
 & R & A_3 & O_6 \\
\end{array}
$$

Os níveis de A são formados aleatoriamente em B, mas os níveis de B não podem ser formados aleatoriamente. Isso quer dizer que esse delineamento não pode mais ser considerado como inteiramente experimental verdadeiro, mas ele é bastante usado no estudo da atividade física. Ele é analisado em uma ANOVA 3 × 2, porém a interpretação dos resultados tem de ser feita de modo mais conservador.

Qualquer uma das versões do delineamento de grupos randomizados também pode ter mais de uma variável dependente. Ainda que o delineamento essencial permaneça o mesmo, a análise estatística torna-se multivariada. Onde há dois ou mais níveis de uma variável independente e estão presentes diversas variáveis dependentes, a análise discriminante é a estatística multivariada apropriada. Em versões fatoriais desse delineamento (duas ou mais variáveis independentes), se forem usadas múltiplas variáveis dependentes, a MANOVA será a análise tipicamente apropriada, embora preocupações práticas (p. ex., o número de sujeitos) ou questões teóricas possam ditar análises estatísticas alternativas.

Delineamento de grupos randomizados com testes pré e pós-tratamento

No delineamento de grupos randomizados com testes pré e pós-tratamento, os grupos são formados aleatoriamente, mas ambos são submetidos a um teste pré-tratamento e também a um pós-tratamento:

$$
\begin{array}{cccc}
R & O_1 & T_1 & O_2 \\
R & O_3 & & O_4 \\
\end{array}
$$

O principal propósito desse tipo de delineamento é determinar a quantidade de alteração produzida pelo tratamento, ou seja, o grupo experimental mudou mais do que o de controle? Esse delineamento ameaça a validade interna pela testagem, mas essa ameaça é controlada, pois a comparação entre O_3 com O_4 no grupo-controle e também a comparação entre O_1 e O_2 no grupo experimental incluem o efeito da testagem. Portanto, embora não se possa avaliar o efeito da testagem nesse delineamento, ele permanece controlado.

Esse modelo é usado com frequência no estudo da atividade física, mas a análise é complexa. Há pelo menos três modos comuns de fazer sua análise estatística. Em primeiro lugar, pode ser usada uma ANOVA fatorial de medidas repetidas. Um fator (entre sujeitos) é o tratamento nenhum tratamento; o segundo fator, o teste pré-tratamento *versus* o teste pós (intraparticipantes ou de medidas repetidas). No entanto, o interesse desse delineamento está na interação: a taxa de mudança dos grupos é diferente do teste pré para o pós? Se você escolher uma ANOVA de medidas repetidas para esse delineamento (em nossa opinião, a melhor opção), preste atenção na abordagem sobre questões da univariada e da multivariada em medidas repetidas, no Capítulo 9. Em segundo lugar, pode-se optar pela ANCOVA simples, usando o teste pré-tratamento para cada grupo (O_1 e O_3) para ajustar o teste pós (O_2 e O_4). Lembre-se de que alguns problemas são associados ao uso do pré-teste como uma covariada (ver discussão da ANCOVA, no Cap. 9). Por fim, o experimentador pode subtrair o valor do pré-teste de cada participante do valor do pós-teste (o resultado é chamado de **escore de diferença ou de ganho**) e executar a ANOVA simples (ou, com apenas dois grupos, um teste *t* inde-

Escore de diferença ou de ganho Escore que representa a diferença (mudança) do pré-teste para o pós-teste.

pendente), usando o escore da diferença de cada participante como variável dependente. Cada uma dessas técnicas tem pontos fortes e fracos, mas você verá que todas são encontradas na literatura.

Nesse delineamento, a questão importante é: um dos grupos muda mais do que o outro? Embora essa questão seja chamada, com frequência, de análise de escores de diferença, um nome mais apropriado seria avaliação da mudança. Claramente, em um estudo de aprendizagem, espera-se que a mudança seja um ganho. Mas, em estudos de fisiologia do exercício, a mudança pode ser a diminuição do desempenho causada pela fadiga. Independentemente disso, a questão é a mesma. Como essa mudança pode ser avaliada de modo adequado?

A resposta mais fácil é obter um escore de diferença ao subtrair o pré do pós-teste. Apesar de ser intuitivamente atraente, esse método ainda tem alguns problemas graves. Em primeiro lugar, os escores de diferença tendem a não ser confiáveis. Em segundo, o nível dos valores iniciais se aplica: os participantes que começam com desempenho baixo podem melhorar com mais facilidade do que os que começam com escores altos. Portanto, o escore inicial é correlacionado de forma negativa com o escore de diferença. Como se poderia avaliar a sua melhoria no desempenho no tênis se o escore inicial (p. ex., cinco rebatidas bem-sucedidas em 10) fosse alto em comparação com o do seu amigo (p. ex., uma rebatida bem-sucedida em 10)? Se você melhorasse para 7 em 10, no teste final, e o seu amigo, para 5 em 10 (igual ao seu nível inicial), ele teria melhorado duas vezes mais do que você (um ganho de 4 *versus* 2 rebatidas bem-sucedidas). Ainda assim, seu desempenho permaneceria bastante melhor e seria mais difícil melhorá-lo. Por essas razões, o uso de escores de diferença raramente é um bom método para medir mudanças.

As questões envolvidas na mensuração apropriada de mudanças são complexas, e não podemos tratá-las aqui. Muito tem sido escrito sobre esse tópico. Sugerimos que você leia Schmidt e Lee (1999, Cap. 10) sobre esse problema nas áreas de desempenho e aprendizado motor, ou um pequeno livro clássico a respeito desse assunto, Harris (1963).

Esse delineamento também pode ser expandido para formas mais complexas. Primeiro, podem ser usadas mais de duas medidas repetidas (pré e pós-testes). Essa circusntância é comum em áreas da fisiologia do exercício, do comportamento motor e da psicologia do exercício. Em um experimento de comportamento motor, dois grupos de participantes formados aleatoriamente devem ser medidos 30 ou mais vezes à proporção que aprendem a tarefa. Os dois grupos podem diferir em termos de informações recebidas. O delineamento deve usar como análise estatística a ANOVA 2 (grupos) × 30 (tentativas ou testes), com medidas repetidas do segundo fator (tentativas ou testes). Lembre-se de que, no Capítulo 9, observamos que é difícil atender às suposições da ANOVA de medidas repetidas quando estas são muitas. Portanto, em delineamentos como esse, os testes podem ser agrupados (ou seja, faz-se a média de vários testes, reduzindo o número de medidas repetidas) em três blocos de 10 testes ou em cinco blocos de seis testes.

Às vezes, o delineamento é expandido de outros modos. Poderíamos, por exemplo, tomar aquele do Exemplo 18.1 (fatorial 3 × 2) e acrescentar um terceiro fator de um pré-teste e de um pós-tratamento. Isso resultaria em fatorial de modo três, com medidas repetidas no terceiro fator. Todas as versões desse delineamento estão sujeitas à primeira ameaça à validade externa: efeitos reativos ou interativos da testagem. O teste pré-tratamento pode tornar o participante mais sensível ao próprio tratamento e, desse modo, reduzir a possibilidade de generalização das descobertas para uma população não testada no início.

Delineamento de quatro grupos de Solomon

O delineamento de quatro grupos de Solomon é o único experimental verdadeiro que avalia especificamente uma das ameaças à validade externa: efeitos reativos ou interativos da testagem. Ele é descrito assim:

R O_1 T O_2

R O_3 O_4

R   T O_5

R O_6

Isso combina o delineamento de grupos randomizados e o de grupos randomizados com pré-testes e pós-teste. O propósito é determinar, explicitamente, se o pré-teste resulta em aumento da sensibilidade dos participantes em relação ao tratamento. Esse delineamento permite replicar o efeito do tratamento ($O_2 > O_4$? e $O_5 > O_6$?), avaliar a quantidade de mudança em função do tratamento ($O_2 - O_1 > O_4 - O_3$?), analisar o efeito da testagem ($O_4 > O_6$?) e determinar se o pré-teste interage com o tratamento ($O_2 > O_5$?). Portanto, esse delineamento experimental é bastante poderoso. Infelizmente, ele também é ineficiente, porque exige duas vezes mais participantes. Como consequência, seu uso é limitado, em especial entre estudantes de graduação que estão fazendo suas teses e dissertações. Além disso, não há um bom modo de analisar esse delineamento estatisticamente. A melhor alternativa (aquela que não usa todos os dados) é a ANOVA 2 × 2, determinada assim:

	Sem T	T
Pré-teste	O_4	O_2
Pós-teste	O_6	O_5

Desse modo, VI_1 tem dois níveis (testado e não testado antes do tratamento) e VI_2 tem dois níveis (com e sem tratamento). Na ANOVA, a razão F de VI_1 estabelece os efeitos da testagem antes do tratamento, F de VI_2 estabelece os efeitos do tratamento e F da interação avalia a ameaça à validade externa no pré-teste com tratamento. A Tabela 18.2 resume o controle das ameaças à validade nos três delineamentos experimentais verdadeiros.

Delineamentos quase experimentais

Nem todas as pesquisas em que uma variável independente é manipulada se encaixam perfeitamente em um dos delineamentos experimentais verdadeiros. Quando os pesquisadores tentam aumentar

TABELA 18.2

Delineamentos experimentais verdadeiros e seus controles das ameaças à validade

Ameaça à validade	Grupos randomizados	Pré-teste e pós-teste de grupos randomizados	Quatro grupos de Solomon
Interna			
História	+	+	+
Maturação	+	+	+
Teste		+	+
Instrumentação			
Regressão estatística	+	+	+
Seleção	+	+	+
Mortalidade experimental	+	+	+
Seleção × maturação	+	+	+
Expectativa	?	?	?
Externa			
Teste × tratamento	+	–	+
Tendências de seleção × tratamento	?	?	?
Arranjos experimentais	?	?	?
Tratamentos múltiplos			

Observação: + = força; – = fraqueza; em branco = não relevante; ? = questionável.
Dados de Campbell e Stanley (1963).

a validade externa e ecológica, o controle cuidadoso e completo dos delineamentos verdadeiros torna-se cada vez mais difícil, quando não impossível. O propósito dos **quase experimentais** é adequar o delineamento a ambientes mais parecidos com o real, e ainda assim controlar o maior número possível de ameaças à validade interna. O uso desse tipo de delineamento em cinesiologia, educação física, ciência do exercício, ciência do esporte e outras áreas (p. ex., educação, psicologia e sociologia) tem aumentado de forma considerável nos últimos anos. As autoridades em termos de texto sobre delineamento quase experimentais são Shadish, Cook e Campbell (2002).

Na pesquisa quase experimental, o uso da aleatorização para controlar as ameaças à validade interna é difícil. Faz sentido o fato de não ser possível usar a atribuição aleatória em muitos ambientes. Se um pesquisador da área de pedagogia, por exemplo, quisesse investigar o efeito de um currículo, a intervenção não poderia atribuir crianças às turmas de modo aleatório, pois as escolas tomam essas decisões com base em outros critérios, que envolvem valor educacional; nenhuma escola municipal permitiria a realização de um estudo caso isso implicasse alterar as turmas de alunos. Designar turmas aleatoriamente em uma escola para diferentes tratamentos seria também ineficaz, porque é provável que os professores conversem entre si (e, inclusive, troquem ideias a respeito do currículo que julgam eficaz) e reduzam a força da intervenção do tratamento. De modo similar, se o pesquisador estivesse estudando o efeito de um programa de exercício sobre os idosos em uma comunidade, a atribuição aleatória não funciona, uma vez que as pessoas selecionadas se inscrevem nas turmas de acordo com vários fatores em suas vidas (p. ex., conveniência, familiaridade, facilidade de transporte) e não para ajudar o pesquisador. Pedir às pessoas que se desloquem para outro lugar ou que assistam às aulas em outro horário provavelmente reduziria o número de indivíduos dispostos a participar e aumentaria o enfraquecimento da participação (em outras palavras, aumentaria a mortalidade experimental).

> **Delineamento quase experimental**
> Delineamento de pesquisa em que o experimentador busca maior correspondência com ambientes do mundo real, ao mesmo tempo em que controla o maior número possível de ameaças à validade interna.

Delineamento reverso

O delineamento reverso tem sido cada vez mais usado em escolas e em outros ambientes naturais, sendo descrito desse modo:

$$O_1 \quad O_2 \quad T_1 \quad O_3 \quad O_4 \quad T_2 \quad O_5 \quad O_6$$

Aqui (assim como no de séries de tempo), o propósito é determinar uma medição básica (O_1 e O_2), avaliar o tratamento (mudança entre O_2 e O_3), analisar o período sem estes (O_3 e O_4), reavaliá-lo (O_4 e O_5) e apreciar o retorno à condição sem tratamento (O_5 a O_6). Às vezes, esse delineamento é chamado de A-B-A-B-A (outras vezes, simplesmente A-B), em que A é a condição básica e B é a de tratamento.

Na Figura 18.1, linhas como A, B e C sugerem que o tratamento é eficaz, enquanto linhas como D, E e F não confirmam sua eficácia. Análises estatísticas de delineamentos reversos precisam ser também testes de regressão das inclinações e das intersecções das linhas entre as várias observações.

Delineamento de grupo-controle não equivalente

Com frequência, o delineamento de grupo-controle não equivalente é usado em ambientes do mundo real, em que os grupos não podem ser formados aleatoriamente. A descrição é:

$$\begin{array}{ccc} O_1 & T & O_2 \\ \hdashline O_3 & & O_4 \end{array}$$

Você pode reconhecê-lo como um delineamento com pré-teste e pós-teste, sem randomização. Muitas vezes, os pesquisadores comparam O_1 e O_3 e declaram os grupos equivalentes, quando a comparação não é significativa. Infelizmente, apenas o fato de os grupos não apresentarem diferenças no pré-teste não significa que eles sejam diferentes em qualquer uma das características que não foram medidas e que poderiam afetar o resultado da pesquisa. Se os grupos diferem quando O_1 e O_3 são comparados, em geral a ANCOVA é empregada para ajustar O_2 e O_4 em termos das diferenças iniciais. De modo alternativo, uma ANOVA *two-way* intra (comparação entre os testes pré/pós medida repetida) e entre (comparação entre o grupo de tratamento e o de controle) poderia ser usada para

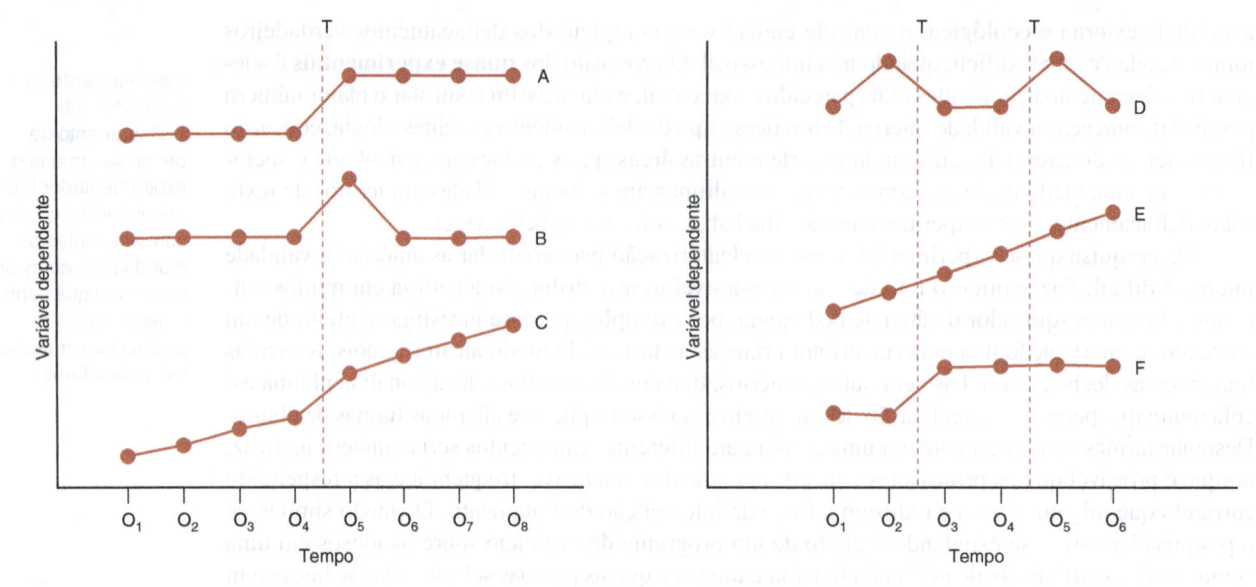

▶ **Figura 18.1** Exemplos de alterações ao longo do tempo em delineamentos reversos.

De Campbell e Stanley (1963).

analisar se os grupos mudaram do pré-teste para o teste posterior e se a mudança foi diferente para os sujeitos dos grupos de tratamento e de controle.

Delineamento ex post facto

Em seu caso mais simples, o delineamento *ex post facto* é uma comparação de grupo estático no qual o tratamento não está sob controle do experimentador. Vejamos um exemplo. É comum comparamos as características de atletas e de não atletas, indivíduos em boa forma e outros em má forma, praticantes femininas e masculinos, praticantes experientes e iniciantes. De fato, estamos buscando variáveis que discriminam esses grupos. Usualmente, nosso interesse reside na seguinte questão: essas variáveis influenciam o modo como esses grupos tornam-se diferentes? É claro que esse delineamento não pode responder a essa pergunta, mas é provável que ele forneça ideias interessantes e características para manipulação em outros delineamentos experimentais. Ele também é chamado, com frequência, de comparativo causal.

Os delineamentos quase experimentais previamente mencionados têm sido registrados muitas vezes em estudos de pesquisa sobre atividade física. Vários delineamentos adicionais de considerável potencial são menos aplicados em nosso campo. Esperamos que a apresentação desses dois delineamentos promissores desperte o interesse dos pesquisadores e resulte em seu maior uso.

Delineamento de réplica trocada

O delineamento de réplica trocada (Shadish, Cook e Campbell, 2002) pode ser experimental verdadeiro ou quase experimental, dependendo de os níveis serem grupos aleatórios ou intactos.

Níveis (grupos aleatórios ou intactos)	Tentativas				
	1	2	3	4	5
1	O_1T	O_2	O_3	O_4	O_5
2	O_6	O_7T	O_8	O_9	O_{10}
3	O_{11}	O_{12}	$O_{13}T$	O_{14}	O_{15}
4	O_{16}	O_{17}	O_{18}	$O_{19}T$	O_{20}

Quando os participantes são atribuídos aleatoriamente aos níveis 1 a 4, o delineamento é um experimento verdadeiro. Contudo, quando os níveis 1 a 4 são grupos intactos diferentes (p. ex., jogadores de tênis da universidade e do ensino médio; dois níveis de idade de integrantes da liga esportiva juvenil), o delineamento é quase experimental. Qualquer número de níveis acima de dois pode ser usado, mas a quantidade de tentativas (testes) tem de ser um número maior do que o de níveis.

Esse delineamento tem dois pontos fortes: o tratamento é replicado várias vezes e é possível avaliar os efeitos do tratamento a longo prazo. Não há análise estatística padronizada para esse delineamento, mas várias ANOVAS com medidas repetidas podem ser usadas. O delineamento também pode ser analisado pela adequação de linhas de regressão a cada nível e pela testagem das mudanças das inclinações e das intersecções.

Há muitas possibilidades de uso desse delineamento em nosso campo, embora isso poucas vezes aconteça. Ele pode ser muito útil em pesquisas sobre equipes esportivas, em que diferentes equipes ou jogadores são atribuídos a vários níveis.

A Tabela 18.3 resume as ameaças à validade em delineamentos quase experimentais abordados até agora.

Delineamento de séries de tempo

O delineamento de séries de tempo tem apenas um grupo, mas tenta mostrar que a alteração ocorrida quando o tratamento é administrado difere daquela ocorrida quando não há tratamento. Ele pode ser descrito do seguinte modo:

$$O_1 \quad O_2 \quad O_3 \quad O_4 \quad T \quad O_5 \quad O_6 \quad O_7 \quad O_8$$

TABELA 18.3

Delineamentos quase experimentais e seus controles das ameaças à validade

Ameaça à validade	Séries de tempo	Controle não-equivalente	Reverso	Ex-post facto	Ligada a replicação
Interna					
História	–	–	–	?	?
Maturação	+	+	+	?	+
Teste	+	+	+		+
Instrumentação					
Regressão estatística	+	+		+	+
Seleção	+	+	+	–	?
Mortalidade experimental	+	+	+		?
Seleção × maturação	+	–	+	–	?
Expectativa	?	?	?	?	?
Externa					
Teste × tratamento	–	–	?	–	?
Tendências de seleção × tratamento	?	?	?	?	?
Arranjos experimentais		?	?	?	+
Tratamentos múltiplos			?		+

Observação: + = força; – = fraqueza; em branco = não relevante; ? = questionável.
Dados de Campbell e Stanley (1963).

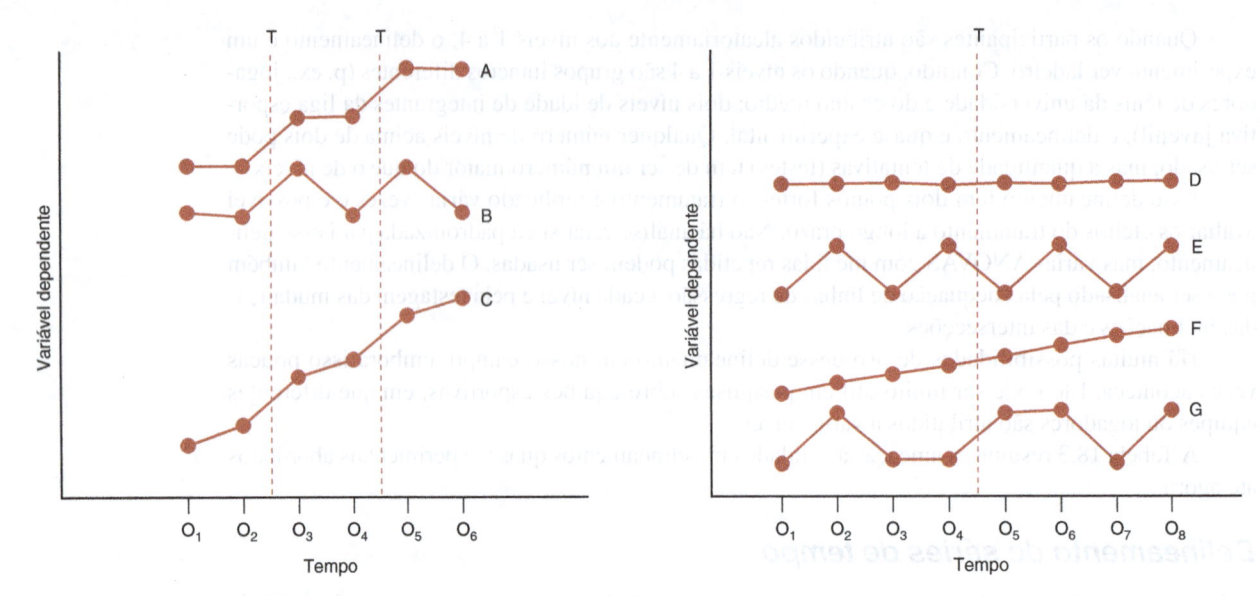

Figura 18.2 Exemplos de mudanças de séries de tempo.
Dados de Campbell e Stanley (1963).

A base para se afirmar que o tratamento causa o efeito está em que uma taxa constante de alteração pode ser estabelecida de O_1 a O_4 e de O_5 a O_8, mas ela varia entre O_4 e O_5 quando T é administrado. Na Figura 18.2, por exemplo, as linhas A, B e C sugerem que o tratamento (T) resulta em visível mudança entre as observações, enquanto as linhas D, E, F e G indicam que o tratamento não tem efeito confiável algum.

As análises estatísticas típicas previamente discutidas não servem muito bem a delineamentos de séries de tempo. A ANOVA de medições repetidas, por exemplo, com acompanhamentos apropriados aplicados à linha C, na Figura 18.2, poderia indicar que todas as observações (O_1 a O_8) diferem bastante, embora seja visível uma alteração na taxa de aumento entre O_4 e O_5. Não apresentaremos os detalhes, mas as técnicas de regressão podem ser usadas para testar tanto as inclinações quanto as intersecções em delineamentos de séries de tempo.

Esse tipo de delineamento surge para controlar uma série de ameaças à validade interna. A maturação, por exemplo, é constante entre as observações. Os efeitos da testagem também podem ser avaliados, embora possa ser difícil separá-los da maturação. As distorções na seleção também parecem controladas, pois os mesmos participantes são usados em cada observação. É claro que a história, a instrumentação e a mortalidade estão controladas apenas no nível em que o pesquisador os controla. Veja um exemplo bem-humorado de delineamento de séries de tempo a seguir.

Lembrete sobre o uso de grupos intactos em delineamentos quase experimentais: como destacamos no Capítulo 6, na seção sobre amostragem, o uso de grupos intactos e, particularmente, a determinação do momento ideal para a submissão do grupo ao tratamento influenciam a análise e o número de grupos necessário ao estudo. Esse tema tem sido discutido longamente em outras obras (Silverman, 2004; Silverman e Solmon, 1998), e não vamos repetir toda a discussão aqui. Entretanto, nos sentimos obrigados a declarar que, quando os grupos recebem tratamento como um grupo, a unidade apropriada normalmente é o *grupo*. Essa circunstância exige, portanto, que certo número de grupos tenha poder suficiente para analisar os dados. No planejamento desses delineamentos quase experimentais, é preciso considerar essa questão logo no início, para não ter que lidar com o tema após a coleta de todos os dados.

Delineamento de participante único

O delineamento de participante único é exatamente o que o nome diz – o pesquisador investiga o impacto de uma intervenção sobre um único participante. Às vezes, ele é chamado de $N = 1$, pois, com frequência, tem apenas um participante. Nessa família de delineamento, há muitos integrantes, e poderíamos incluí-los como um tipo quase experimental, uma vez que o pesquisador, quando o

7 ± 2: Miller deve ter sido professor assistente

Resumo O número mágico de Miller para a amplitude de memória (7 ± 2) é trazido à tona humoristicamente, devido a sua incapacidade de prever o desempenho diário de adolescentes, graduandos e professores titulares. São fornecidas explicações para os déficits do desempenho de memória desses subgrupos durante o desenvolvimento do período de vida.

O artigo clássico de Miller (1956), que identifica a amplitude de memória como 7 ± 2 itens, deve ter omitido a utilização de professores titulares como participantes, pelo menos, com base em um *n de* 1, ou seja, eu. Com frequência, ouço falar de psicólogos acusados de entrarem para a psicologia para estudar seus próprios problemas. Talvez essa seja uma explicação mais válida do que trazer o trabalho de Miller à tona. Há anos, meus alunos de graduação têm dito que eu estudo a memória em relação ao movimento porque (a) tenho pouca ou nenhuma memória e (b) perco a orientação espacial, inclusive ao dar a volta no quarteirão. No entanto, prefiro pensar que os resultados de Miller aplicam-se somente a uma subamostra da população – crianças de 6 a 10 anos de idade, estudantes universitários e professores assistentes novatos. Essas crianças nunca esquecem o que você prometeu fazer (ou as coisas que você disse que poderia fazer...). Porém, assim que elas atingem os 10 anos, a amplitude de sua memória cai para menos de uma unidade de informação.

Os adolescentes não conseguem lembrar-se de arrumar a cama quando saem dela. Evidentemente, nunca acontece nada com eles na escola, embora eu prefira pensar que eles apenas não conseguem se lembrar de nada do que aconteceu. Quando esses adolescentes com pouca capacidade de memória vão para a universidade, uma transição impressionante acontece. Entre o primeiro e o último ano, a capacidade de memória desses jovens adultos aumenta para, no mínimo 7 ± 2 unidades de informação. Definido sem muita precisão, isso significa que *eles sabem tudo*; no entanto, seus pais nada sabem.

Depois de trabalhar alguns anos e voltar à faculdade para a pós-graduação, a facilidade de memória fica um tanto reduzida. A capacidade de memória dos pós-graduandos é de 3 ± 1 unidades de informação: (a) sabem que são pós-graduandos; (b) lembram-se de receber o cheque da bolsa; (c) lembram-se de comparecer aos seminários. O ± 1 refere-se ao fato de que, ocasionalmente, eles se lembram de fazer as leituras do seminários (+1), mas, às vezes, esquecem de frequentar as aulas (1).

Assim que os pós-graduandos recebem o título de doutor, o número mágico de Miller (7 ± 2) volta a ser um bom preditor da memória – professores assistentes novatos sabem tudo. Porém, o movimento ascendente na hierarquia acadêmica reduz, gradualmente, a capacidade de memória até chegar à média dos professores titulares (e dos pais), 2 ± 1 unidades de informação. O professor titular consegue lembrar-se (a) de que é um professor titular e de que (b) recebe o pagamento regularmente. O ± 1 refere-se ao fato de que ele, de vez em quando, se lembra de que tem estudantes de pós-graduação (+1), mas, às vezes, esquece de receber o pagamento regular (1).

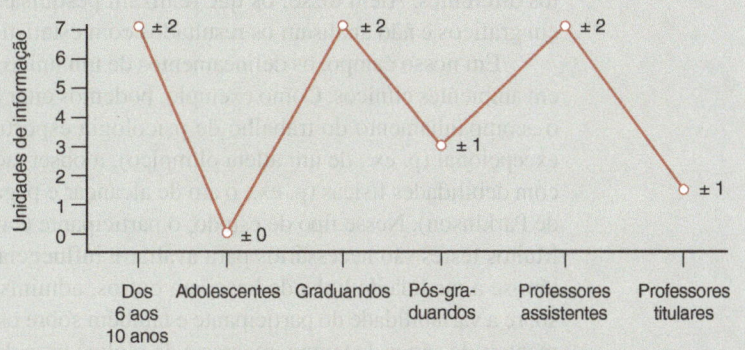

▶ **Figura 1** Número máximo de unidades de informação na memória ao longo da vida.

Com base na falha desse modelo em atender às suposições da teoria das etapas (ou seja, nunca se retorna à etapa anterior), temos de supor que essa transição irregular pelas etapas da memória (ver Fig. 1) é induzida pelo ambiente.

Mas como o ambiente pode causar essas amplas variações no desempenho da memória? Em primeiro lugar, acredito que temos de partir do pressuposto de que Miller está certo a respeito do máximo estrutural desse desempenho, pois os déficits não se confinam a um único ponto ao longo da vida (ou seja, adolescentes, pós-graduandos, professores titulares). Então a questão de interesse é: *o que causa uma depressão tão séria no desempenho da memória de adolescentes, pós-graduandos e professores titulares?* Dado o meu extenso estudo nessa área, assim como a minha experiência pessoal em todas as etapas, posso deduzir uma resposta.

No caso dos adolescentes, a queda a quase zero de memória, sem variações, é resultado da interação entre refrigerantes, salgadinhos e sanduíches gordurosos e outros meninos e meninas (qualquer que seja o sexo em que o adolescente em questão esteja interessado). Essa interação não é simples e tem um efeito indireto, ou seja, causa espinhas e necessidade de aparelhos nos dentes, sendo ambos capazes de perturbar e distrair ao mesmo tempo. Tudo isso, combinado com as ordens de mamãe, "Lave o rosto" e "Escove os dentes", mantém a capacidade de memória dos adolescentes inteiramente ocupada.

▶ *(continua)*

> **7 ± 2: Miller deve ter sido professor assistente** *(continuação)*

O déficit que ocorre em pós-graduandos é fácil de explicar. Três fatores estão envolvidos. Em primeiro lugar, espera-se que o pós-graduando trabalhe em tempo integral (como pesquisador ou como monitor de ensino) por um terço ou menos do salário normal, circunstância essa muito desconcertante e perturbadora. Em segundo lugar, espera-se que o pós-graduando estude e faça a pesquisa dia e noite. O orientador pressupõe que os alunos de pós-graduação não precisam dormir. Por fim, o orientador está sempre pressionando os pós-graduandos a ler determinado artigo, coletar certos dados, escrever tal ensaio e trabalhar na dissertação ou tese. Em conjunto, esses itens reduzem a capacidade de memória.

Mas o que faz com que a memória do professor titular, que parece ter tudo a seu favor, apresente um desempenho tão ruim? Professores titulares têm bons (segundo alguns) salários, carros que correm, casas com móveis de verdade, estabilidade, alunos de pós-graduação para fazer o trabalho por eles e tempo para jogar golfe e tênis. O que então poderia explicar esse déficit no desempenho da memória? A resposta a essa pergunta é a mais fácil de todas:

PÓS-GRADUANDOS E ADOLESCENTES!

Referência

Miller, G. (1956). The magical number seven, plus or minus two: Some limits on our capacity for processing information. *Psychological Review*, 63, 81-97.

Adaptado, com permissão, de 1987, "7 ± 2: Miller must have been an assistant professor", NASPSPA Newsletter, 12(1): 10-11.

utiliza, está buscando o efeito de um tratamento sem usar a aleatoriedade. Não fizemos isso aqui, porque colocar o foco sobre os efeitos individuais, e não sobre os de grupos, torna esses delineamentos diferentes. Além disso, os que realizam pesquisas de um único participante buscam alterações em gráficos e não analisam os resultados com estatísticas.

Em nosso campo, os delineamentos de um único participante, na maioria das vezes, são usados em ambientes clínicos. Como exemplo, podemos citar a observação de instruções de educação física, o acompanhamento do trabalho de psicologia esportiva com atletas, o estudo de um desempenho excepcional (p. ex., de um atleta olímpico), a observação do funcionamento motor de um indivíduo com debilidades físicas (p. ex., o ato de alcançar e pegar algo realizado por um paciente com doença de Parkinson). Nesse tipo de estudo, o participante é avaliado repetidas vezes na mesma tarefa-alvo. Muitos testes são necessários para avaliar a influência do tratamento. Durante alguns períodos, obtém-se a medida de linha de base; em outros, administra-se um tratamento. O foco, em geral, recai sobre a variabilidade do participante e também sobre os valores médios. Delineamentos quase experimentais de séries de tempo, reverso e de réplica trocada podem funcionar como de grupo ou de sujeito único. Quando aplicados a participantes únicos, esses delineamentos costumam ser chamados de A-B ou A-B-A-B, em que A refere-se à condição de linha de base (sem tratamento) e B, à situação em que é administrado um tratamento. Às vezes, submete-se o mesmo participante a mais de um tratamento. Como em pesquisas com um grupo de participantes, é importante contrabalançar a ordem do tratamento para separar os efeitos de cada um. Possíveis questões de pesquisa incluem as seguintes:

- O tratamento produz o mesmo efeito todas as vezes?
- Os efeitos do tratamento são cumulativos ou o participante retorna à linha de base após cada período de tratamento?
- A resposta do participante ao tratamento torna-se menos variável ao longo de períodos de tratamentos múltiplos?
- A magnitude da resposta do participante é menos sensível a várias aplicações do tratamento?
- A variação da intensidade, da frequência e da duração do tratamento produz variação de respostas?

Na Figura 18.3, apresentamos um gráfico do delineamento A-B-A-B tradicional. Observe que os períodos A são medidas da linha de base e os B, das situações em que houve intervenção. O segundo A é o reverso, no qual o tratamento foi removido.

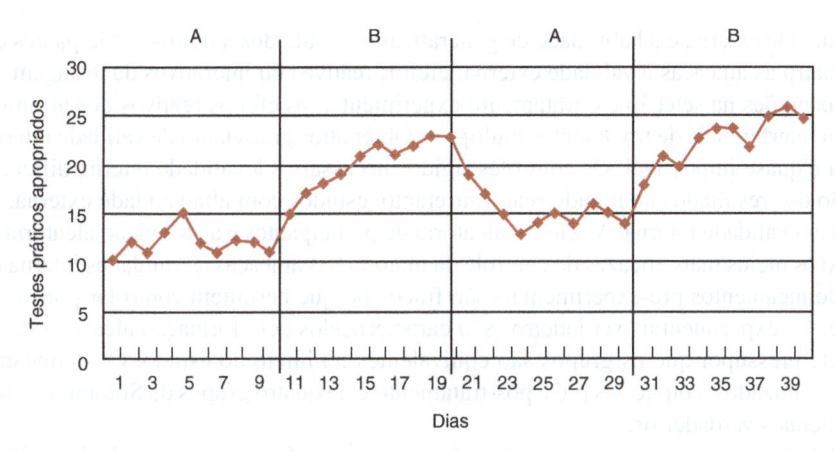

▶ **Figura 18.3** Delineamentos de participante único A-B-A-B.

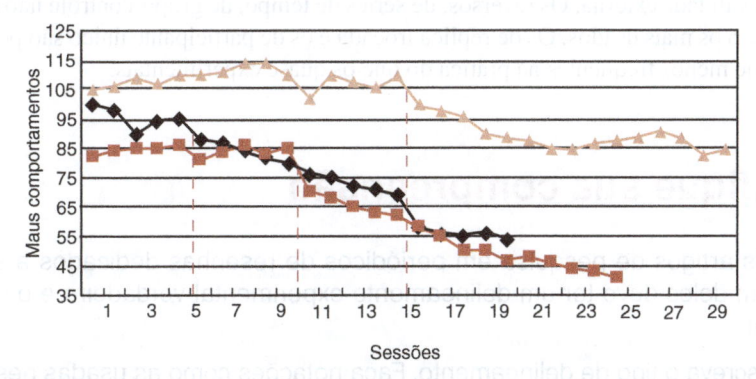

▶ **Figura 18.4** Extensão de um delineamento de participante único a três participantes, ao longo de diferentes períodos.

Os delineamentos de participante único típicos descritos nesta seção têm um único participante. Pode haver outros com mais de um participante submetido à mesma intervenção. Nesses estudos, os vários participantes começam a intervenção em momentos diferentes, estendendo a medida de linha de base por participantes sucessivos. Vejamos um exemplo. O participante de número 1 submete-se a medidas de linha de base por cinco dias; o número 2, por 10 dias; e o 3, por 15 dias. Essa abordagem permite examinar a intervenção em diferentes pontos temporais. Há muitas permutações de delineamentos de linha de base múltipla, e os reversos também podem ser acrescentados a esse grupo. Na Figura 18.4, apresentamos o gráfico de um exemplo.

Existem também outros delineamentos quase experimentais, porém os abordados aqui são os mais comuns. É claro que os quase experimentais praticamente nunca controlam a validade interna, assim como acontece com os experimentais verdadeiros, mas eles permitem conduzir investigações quando não é possível usar experimentos verdadeiros ou quando um delineamento verdadeiro reduziria de modo significativo a validade externa.

Resumo

Na pesquisa experimental, uma ou mais variáveis independentes (o tratamento) são manipuladas para se avaliar os efeitos sobre uma ou mais variáveis dependentes (a resposta medida). Em estudos de pesquisa, são preocupação tanto a validade interna quanto a externa. A interna exige o controle de fatores de modo que os resultados possam ser atribuídos ao tratamento. As ameaças à validade interna incluem história, maturação, testagem, instrumentação, regressão estatística, distorções na seleção, mortalidade experimental, interação seleção-maturação e expectativa.

A validade externa é a habilidade de generalizar os resultados a outros participantes e ambientes. São quatro as ameaças à validade externa: efeitos reativos ou interativos da testagem, interação entre as distorções na seleção e o tratamento experimental, os efeitos reativos dos arranjos experimentais e a interferência de tratamentos múltiplos. Obter altos graus tanto de validade interna quanto de externa é quase impossível. Os controles rígidos necessários à validade interna dificultam a generalização dos resultados ao mundo real. Entretanto, estudos com alta validade externa, em geral, são fracos em validade interna. A seleção aleatória de participantes e a atribuição aleatória aos tratamentos são os meios mais eficazes de controle da maioria das ameaças às validades interna e externa.

Os delineamentos pré-experimentais são fracos porque permitem controlar poucas fontes de invalidade. Os experimentais verdadeiros são caracterizados pela formação aleatória de grupos, o que permite pressupor que os grupos são equivalentes no início do estudo. Os delineamentos de grupos randomizados, com testes pré e pós-tratamento e de quatro grupos de Solomon são exemplos de experimentais verdadeiros.

Os delineamentos quase experimentais são usados, com frequência, quando é difícil ou impossível a utilização dos experimentais verdadeiros ou quando o experimental verdadeiro limita significativamente a validade externa. Os reversos, de séries de tempo, de grupo-controle não equivalente e *ex post facto* são os mais usados. Os de réplica trocada e os de participante único são potencialmente úteis, ainda que menos frequentes na prática do que os quase experimentais.

✓ Verifique sua compreensão

Localize dois artigos de pesquisa em periódicos de resenhas dedicados a sua área de interesse. Um deles deve ter um delineamento experimental verdadeiro e o outro, quase experimental.

1. Descreva o tipo de delineamento. Faça notações como as usadas neste capítulo.
2. Quantas são as variáveis independentes? Quantos níveis de cada uma? Quais?
3. Quantas são as variáveis dependentes? Quais?
4. Que tipo de análise estatística foi usado? Explique como ela se ajusta ao delineamento?
5. Identifique as ameaças à validade interna controladas e não controladas. Explique cada uma delas.
6. Identifique as ameaças à validade externa controladas e não controladas. Explique cada uma delas.

Capítulo 19

PESQUISA QUALITATIVA

A experiência permite que você reconheça um erro ao repeti-lo.
Franklin P. Jones

Apesar de a pesquisa qualitativa na educação física, na ciência do exercício e na ciência do esporte ter sido uma vez considerada relativamente nova, agora é comum nessas áreas. Nos Estados Unidos, os pesquisadores da área da educação começaram a adaptar o delineamento da pesquisa etnográfica a ambientes educacionais na década de 1970 (Goetz e LeCompte, 1984); a partir dos anos 1980, teve início a realização regular de uma grande quantidade de pesquisas qualitativas em educação física e ciência do esporte. Em 1989, Locke foi convidado a escrever um ensaio e tutorial sobre a pesquisa qualitativa, posteriormente publicado na *Research Quarterly for Exercise and Sport*.

Os métodos da pesquisa qualitativa têm sido empregados em antropologia, psicologia e sociologia há muitos anos. Essa forma geral de pesquisa tem recebido vários nomes, entre eles pesquisa etnográfica, naturalista, interpretativa, fundamentada, fenomenológica, subjetiva e de observação dos participantes. Mesmo que as abordagens sejam sempre um pouco diferentes, todas "guardam forte semelhança familiar umas com as outras" (Erickson, 1986, p. 119).

Aqueles que não estão familiarizados com a expressão *pesquisa qualitativa* podem se beneficiar revisando anotações de cursos ou fichamentos de leituras sobre antropologia. Praticamente todos já ouviram falar de estudos etnográficos clássicos (ainda que não com esse nome), como a famosa pesquisa cultural realizada por Margaret Mead, quando ela morou em Samoa. Por muito tempo, Mead entrevistou samoanos a respeito de sua sociedade, tradições e crenças. Essa pesquisa é um exemplo de pesquisa qualitativa. Mas você não precisa morar em um lugar remoto e exótico para isso. A pesquisa qualitativa a que nos referimos neste capítulo é realizada principalmente em ambientes do cotidiano, como escolas, ginásios, instalações esportivas, academias e hospitais.

Alguém poderia argumentar que o termo *pesquisa qualitativa* mostra-se muito restritivo, uma vez que parece denotar a ausência de qualquer coisa quantitativa; no entanto, certamente não é esse o caso. Todavia, esse parece ser o termo mais usado em nosso campo. Como referimos no próximo capítulo, métodos mistos de pesquisa – o uso de métodos qualitativos e quantitativos – são realizados em muitos campos. Nossa abordagem sobre a pesquisa qualitativa enfatiza o método interpretativo em oposição à chamada descrição rica e densa, que caracterizou as pesquisas iniciais em antropologia, psicologia e sociologia. Essa última abordagem, envolvendo um relato longo e detalhado da entidade ou evento, foi abraçada por Franz Boas, considerado o pai da antropologia cultural. Ao rejeitar a especulação de gabinete, que tipificou o trabalho no final do século XIX, Boas insistiu que o pesquisador não apenas coletasse seus próprios dados, mas também que os relatasse, inserindo a menor quantidade possível de comentários ou interpretações (citado em Kirk e Miller, 1986).

Não pretendemos apresentar uma revisão completa da pesquisa qualitativa, porque não temos o espaço para fazê-la. Além disso, precisaríamos relatar a considerável discordância entre os pesquisadores qualitativos sobre as próprias metodologias e pressuposições teóricas. Uma revisão abrangente seria um grande empreendimento; assim, ao longo deste capítulo, serão sugeridos locais onde encontrar mais informações. Para começar, você pode obter uma sólida apreciação da abrangência da pesquisa qualitativa, várias abordagens de coleta e análise de dados e das sutilezas de cada abordagem no material compacto oferecido por Locke, Silverman e Spirduso (2010) ou um conteúdo mais abrangente, oferecido por Creswell (1998). Textos de fácil leitura e fonte única sobre a realização de pesquisas qualitativas incluem Bogdan e Biklen (2007), Creswell (2009b), Marshall e Rossman (1999), Morse e Richards (2002) e Patton (2002). Também há o que aprender na leitura de estudos qualitativos, como o de McCaughtry e Rovegno (2003), da área de educação física.

Procedimentos na pesquisa qualitativa

Existem muitas variações no modo como a pesquisa qualitativa é realizada. Por conta disso, os procedimentos esboçados nesta seção devem ser vistos apenas como uma tentativa de orientar quem não está familiarizado com eles. Assim como acontece em todos os tipos de pesquisa, será útil ao iniciante ler livros cujo foco é dirigido especificamente para o planejamento da pesquisa (p. ex., Locke, Spirduso e Silverman, 2007) ou para os métodos qualitativos, como os listados no parágrafo anterior, sendo importantes, também, os estudos de pesquisa qualitativa completados recentemente que usaram métodos particulares.

Definição do problema

Aqui, não dedicamos muito tempo à definição do problema, pois já falamos sobre essa etapa, e ela não difere consideravelmente de um método de pesquisa para outro. Queremos, no entanto, enfatizar que os vários métodos possíveis podem ser usados em qualquer problema de pesquisa. Métodos variados podem gerar informações diferentes sobre o mesmo problema. Portanto, quando o pesquisador decide usar a pesquisa qualitativa, em oposição a outro delineamento, a escolha deve se basear no que ele quer saber a respeito do problema.

Formulação de questões e o quadro referencial teórico

Ao destacar algumas diferenças entre as pesquisas quantitativa e qualitativa, declaramos que essa última em geral constrói hipóteses e teorias de modo indutivo, ou seja, como resultado de observações. A pesquisa quantitativa com frequência inicia com hipóteses que serão testadas subsequentemente. Portanto, a maioria dos estudos qualitativos não tem hipóteses na parte da introdução. Houve tempo em que era comum, entre os que faziam pesquisa qualitativa, não apresentar hipóteses nem questões, mas, nos últimos anos, tem se tornado mais comum o estabelecimento de *questões* que serão o foco do estudo. Essas questões não são tão específicas quanto as hipóteses da pesquisa quantitativa. No entanto, fornecem a direção do foco da pesquisa. A pergunta "Qual a perspectiva das crianças em um programa esportivo competitivo juvenil?", por exemplo, dá o foco do estudo e fornece grande quantidade de informações sobre o direcionamento da pesquisa. Em geral, os tipos de estudos qualitativos tratados neste capítulo iniciam-se com questões orientadoras. Embora o pesquisador possa ser capaz de mudar a direção e as questões de acordo com o andamento do trabalho, é menos provável que abandone totalmente as questões originais.

Pesquisadores, qualitativos ou não, desenvolvem um argumento que diz por que é importante fazer o estudo escolhido. Ele é incluído na introdução do artigo de pesquisa ou, em teses e dissertações, integra seções sobre o princípio e a relevância do estudo. Um modo de fazer isso é fornecer um quadro referencial teórico – a teoria que orienta a pesquisa. O quadro referencial teórico "enquadra" o estudo e é utilizado do começo ao fim, no desenvolvimento das questões, no método do delineamento e na análise dos dados. Se, por um lado, muitos estudos qualitativos usam um quadro referencial teórico, por outro, é possível fornecer o princípio do estudo pelo uso de outras pesquisas publicadas, a fim de mostrar como a pesquisa em questão preenche lacunas de conhecimento (Locke, Spirduso e Silverman, 2007: Shulman, 2003). Em qualquer caso, na maior parte das pesquisas qualitativas, as questões formuladas estão situadas em pesquisas anteriores e na teoria; além disso, baseiam-se na expansão do que já sabemos em determinada área.

Coleta dos dados

Vários componentes estão envolvidos na coleta de dados da pesquisa qualitativa, assim como acontece na quantitativa. O treinamento e o estudo-piloto ainda são necessários, assim como a seleção apropriada de participantes. Além disso, é preciso entrar no ambiente de campo e ser o mais discreto possível na coleta de dados.

Treinamento e estudo-piloto

Na pesquisa qualitativa, o investigador é o instrumento da coleta e da análise dos dados. Portanto, é imperativo que ele seja preparado de modo correto. Certamente, são úteis o trabalho de curso, os relatórios do trabalho de campo e a interação com o orientador; porém, no final, o único modo de adquirir competência é pela experiência de "colocar a mão na massa". Você deve ganhar essa experiência com um orientador com formação e prática em pesquisa qualitativa. Em muitas universidades, pode-se iniciar esse processo em uma disciplina na qual os estudantes aprendem a fazer e realizam a pesquisa qualitativa sob a direção de um pesquisador qualitativo experiente.

Como sempre, o estudo-piloto é essencial, e recomenda-se experiência de campo em local similar ao do estudo proposto. A experiência no ambiente de campo (p. ex., como instrutor, treinador ou jogador) é útil em muitos aspectos. No entanto, Locke (1989, p. 7) fez uma boa observação: a familiaridade tende a gerar "uma inundação quase irresistível de julgamentos pessoais" que, se não forem reconhecidos e controlados, transformam-se em ameaça significativa à integridade dos dados em estudos qualitativos.

Seleção dos participantes

Basicamente, a seleção dos participantes de um estudo qualitativo é a mesma descrita no estudo de caso do Capítulo 16. Os estudos de pesquisa qualitativa não tentam fazer inferências a partir dos próprios participantes para populações um pouco maiores. Em vez disso, eles são selecionados porque têm determinadas características. É claro que surgem preocupações pragmáticas sobre sua localização e sua disponibilidade, pois, praticamente em todos os casos, há outros vários locais e indivíduos com características similares.

Não se usa a amostragem por probabilidade simplesmente, porque não há como estimar a probabilidade de cada indivíduo de ser selecionado e não há garantia de que certa pessoa tenha alguma chance de ser incluída (Chien, 1981). Em vez disso, na pesquisa qualitativa, a seleção dos participantes é proposital, o que, em essência, significa que escolhemos a amostra a partir da qual podemos aprender mais. Pode ser que o pesquisador busque pessoas com certo nível de especialização ou experiência. Há vários modos de orientar a seleção de participantes (ver outras alternativas, p. ex., em Marshall e Rossman, 1999). Em essência, a seleção de participantes na pesquisa qualitativa envolve as seguintes considerações: onde, quando, quem e o que observar (Burgess, 1982).

▶ Uma amostra escolhida propositalmente é aquela a partir da qual se pode aprender mais.

Acesso ao ambiente

O pesquisador tem de ter acesso ao ambiente de campo para realizar o estudo qualitativo. Além disso, ele deve ser capaz de observar e entrevistar os participantes no tempo e no local apropriados. Esses detalhes corriqueiros podem parecer um pouco banais, mas nada é mais importante do que o acesso ao local. Em qualquer tipo de pesquisa, você tem de ter acesso aos dados, sejam eles de fonte material, de pesquisa histórica ou humana, de estudos experimentais ou de entrevista. Contudo, o

> **OS PARTICIPANTES DEVEM SENTIR QUE VOCÊ É SINCERO E QUE ELES PODEM ACREDITAR EM VOCÊ.**

problema pode ser de maior amplitude na pesquisa qualitativa do que na maioria dos outros métodos. O pesquisador quantitativo simplesmente "empresta" participantes por um breve período para fazer algumas medidas, ou toma o tempo de uma turma para administrar um questionário. Na pesquisa qualitativa, às vazes, o investigador fica no local por semanas ou meses. Esse forasteiro ouve, observa, codifica e grava, assim como se apropria do tempo do professor (ou treinador ou outra pessoa) e dos estudantes (ou atletas, etc.) para fazer entrevistas e observações.

Estamos esgotando esse tópico de forma intencional, porque ele é muito importante. Obviamente, diplomacia, personalidade e capacidade de persuasão são necessárias para ganhar acesso ao local. Algumas pessoas não conseguem fazer isso. Inclusive, quando o acesso é conquistado, alguns estudos falham porque o investigador "pressiona as pessoas de maneira incorreta", e elas não ficam motivadas a cooperar de todo. A negociação para ganhar acesso aos participantes em seu ambiente natural é importante e complexa. Ela começa no primeiro contato por telefone ou carta, estende-se pela coleta de dados e prolonga-se até que o pesquisador deixe o local (Rossman e Rallis, 2003).

Antes de discutir alguns aspectos da coleta de dados, devemos elaborar um pouco mais o tópico da cooperação com os participantes. A atmosfera cordial é tudo. A menos que os participantes acreditem que podem confiar em você, não vão fornecer as informações que você busca. É claro que é preciso obter o consentimento formal, mediante esclarecimentos; além disso, as estipulações incluídas no conceito geral desse consentimento devem ser observadas.

A pesquisa qualitativa envolve uma série de considerações éticas, devido ao intenso contato pessoal com os participantes. Portanto, estes precisam saber que serão tomadas as devidas providências para proteger o direito à privacidade e garantir o anonimato. Se, por alguma razão, for impossível manter a informação confidencial, isso precisa ficar claro. O pesquisador tem de refletir bastante sobre essas questões antes de coletar os dados, explicar o propósito e o significado do estudo de modo eficiente e transmitir-lhes a importância da cooperação em linguagem compreensível. Um dos maiores obstáculos na busca do comportamento natural e franco por parte dos participantes é a suspeita de que eles serão avaliados pelo pesquisador. O investigador tem de ser muito convincente a esse respeito. Os estudos mais bem-sucedidos são aqueles em que os participantes se sentem como parte do projeto. Em outras palavras, deve ser estabelecida uma relação de colaboração.

Métodos de coleta de dados

Na pesquisa qualitativa, as fontes de coleta de dados mais comuns são entrevistas, observações e revisão de documentos (Creswell, 2009b; Locke, Silverman e Spirduso, 2010; Marshall e Rossman, 1999). Planeja-se a metodologia e realiza-se o estudo-piloto antes do estudo. Creswell (2003) classifica os procedimentos de coleta de dados em quatro categorias: observações, entrevistas, documentos e materiais audiovisuais. Ele fornece uma tabela concisa de quatro métodos, com opções, vantagens e limitações de cada tipo.

Observamos previamente que o pesquisador, em casos típicos, tem alguma espécie de quadro referencial teórico (talvez subpropósitos), que determina e orienta a natureza da coleta de dados. Uma fase da pesquisa, por exemplo, pode esclarecer a maneira como praticantes de esporte especializados e não especializados percebem os vários aspectos de um jogo. Essa fase pode envolver solicitar ao atleta que descreva suas percepções em relação ao que acontece em um cenário específico. A segunda fase enfocaria os processos mentais interativos e as decisões dos dois grupos de atletas enquanto jogam. Os dados dessa fase podem ser obtidos a partir da filmagem dos participantes em ação e, depois, de entrevistas com eles enquanto assistem aos próprios desempenhos em um videoteipe. Outro aspecto do estudo pode ser direcionado para a estrutura de conhecimentos dos sujeitos, determinada por um instrumento elaborado pelo pesquisador.

Não se deve esperar rapidez na coleta de dados qualitativos. Ela envolve períodos de tempo longos. Coletar bons dados leva tempo (Locke, Silverman e Spirduso, 2010); entrevistas rápidas ou observações breves têm pouca probabilidade de ajudar na compreensão dos temas. Quando fizer pesquisa qualitativa, você terá de planejar passar bastante tempo no ambiente para coletar dados bons e compreender as nuanças do que está ocorrendo.

Entrevistas

Sem dúvida, em estudos qualitativos, a entrevista é a fonte de dados mais comum. O formato pessoa a pessoa é o mais prevalente; porém, em algumas ocasiões, entrevistas em grupos e grupos-foco são utilizadas. O estilo das entrevistas varia de altamente estruturado, em que as perguntas são determinadas antes da entrevista propriamente dita, até o aberto, no formato de conversa. Na pesquisa qualitativa, o formato altamente estruturado é usado principalmente para reunir informações sociodemográficas. No entanto, na maioria das vezes, as entrevistas são mais abertas e menos estruturadas (Merriam, 2001). Com frequência, o entrevistador faz as mesmas perguntas a todos os participantes, mas a sua ordem, as palavras exatas e o tipo de questões de acompanhamento podem variar de maneira considerável.

Para ser um bom entrevistador, é preciso ter habilidade e experiência. Enfatizamos anteriormente que o pesquisador deve estabelecer, em primeiro lugar, uma atmosfera cordial com os participantes. Quando não confiam no pesquisador, eles não revelam nem descrevem seus verdadeiros sentimentos, pensamentos e intenções. A atmosfera inteiramente cordial é estabelecida ao longo do tempo, à medida que as pessoas se conhecem e passam a confiar umas nas outras. Uma importante habilidade ao entrevistar é ser capaz de fazer perguntas, de tal forma que o entrevistado acredite que possa falar à vontade para responder com franqueza.

Kirk e Miller (1986) descreveram sua pesquisa de campo no Peru, onde tentaram descobrir o quanto as pessoas urbanas de classe média mais baixa sabiam sobre a coca, fonte orgânica da cocaína. No Peru, a coca é legal e amplamente disponível. Nas primeiras tentativas de fazer com que as pessoas falassem sobre a coca, eles receberam as mesmas respostas culturalmente aprovadas de todos os entrevistados. Apenas depois que eles alteraram o estilo das perguntas, escolhendo questões menos melindrosas (p. ex., "Como você descobriu que não gostava de coca?"), os peruanos abriram-se e revelaram os seus conhecimentos sobre a coca (e, às vezes, o uso pessoal que faziam dela). Kirk e Miller destacaram a importância de fazer as perguntas certas e de usar abordagens variadas. Na verdade, esse é um argumento básico para a validade da pesquisa qualitativa.

A habilidade de entrevistar depende de prática. Entre os modos de desenvolver essa habilidade estão gravar o próprio desempenho na condução de uma entrevista, observar entrevistadores experientes, treinar a interpretação de papéis e criticar os colegas. É muito importante que o entrevistador não pareça crítico. Isso pode ser difícil quando as visões do entrevistador são muito diferentes daquelas do entrevistado. O pesquisador deve ficar alerta a mensagens tanto verbais quanto não verbais e tem de ser flexível para reformular as perguntas e perseguir determinadas linhas de questionamento. Ele tem de usar palavras que sejam claras e compreensíveis para o entrevistado e ser capaz de formular perguntas de modo que o entrevistado compreenda o que está sendo perguntado. Acima de tudo, o entrevistador tem de ser um bom ouvinte.

A utilização do gravador digital, sem dúvida, é o método mais comum de registro de dados de entrevista, pois tem a óbvia vantagem de preservar a parte verbal da entrevista intacta para análise posterior. Ainda que alguns entrevistados fiquem nervosos ao falar enquanto são gravados, essa dificuldade costuma desaparecer logo. O principal problema da gravação é o mau funcionamento do equipamento. Esse problema é humilhante e frustrante quando acontece durante a entrevista, mas se torna devastador quando ocorre mais tarde, no momento da reprodução da fita para análise da entrevista. Certamente, você deve sempre ter baterias novas e testar o gravador antes da entrevista, para ver se tudo está em perfeito funcionamento. Também parar e reproduzir um pouco da entrevista, para ver se a pessoa está falando em um tom alto e claro o suficiente e se os dados estão sendo registrados. Alguns entrevistados (em especial crianças) adoram ouvir a própria voz; por isso, reproduzir a gravação diante deles também pode servir de motivação. Lembre-se, no entanto, de que as máquinas estão sujeitas a defeitos em qualquer momento.

A gravação de vídeo pode ser o melhor método, uma vez que preserva não apenas o que a pessoa disse, mas também o comportamento não verbal. A desvantagem de usar vídeo é que ele pode parecer estranho e inadequado. Portanto, ele não é usado com frequência. Em algumas ocasiões, tomar notas durante a entrevista é outro método comum. Às vezes, esse recurso é usado junto com o gravador, principalmente quando o entrevistador deseja observar certos pontos enfatizados ou fazer anotações adicionais. Tomar notas sem gravar impede que o entrevistador seja capaz de registrar tudo o que foi dito. Isso mantém o entrevistador ocupado, interferindo no fluxo de seus pensamentos e observações enquanto o entrevistado está falando. Em entrevistas altamente estruturadas e quando se usa algum tipo de instrumento formal, o entrevistador consegue tomar notas com mais facilidade quando faz uma lista de itens e escreve respostas curtas.

A técnica menos preferida é tentar se lembrar do que foi dito na entrevista e fazer anotações logo depois dela. As desvantagens são muitas; esse método raramente é usado.

Grupos de foco

Outro tipo de técnica de pesquisa qualitativa emprega entrevistas sobre um tópico específico, com um pequeno grupo de pessoas, chamado de **grupo de foco**. Essa técnica pode ser eficiente, pois o pesquisador consegue reunir informações sobre vários indivíduos em uma única sessão. Em geral, o grupo é homogêneo, como um grupo de estudantes, uma equipe atlética ou uma turma de professores.

Em seu livro *Focus Groups as Qualitative Research*, de 1996, Morgan discutiu as aplicações dos grupos de foco na pesquisa qualitativa em ciência social. Patton (2002) argumentou que as entrevistas com grupos de foco poderiam fornecer controles de qualidade, pois os participantes tendem a fazer confirmações e a manter o equilíbrio de acordo com o outro, o que pode servir para conter visões falsas ou extremas. Em geral, entrevistas de grupos de foco são agradáveis para os participantes, os quais têm menos medo de serem avaliados pelo entrevistador, por causa da situação de grupo.

Grupo de foco
Pequeno grupo de indivíduos entrevistado a respeito de um tópico específico, como método de pesquisa qualitativa.

Os membros do grupo são motivados a ouvir o que os outros têm a dizer, o que possibilita estimular a reformulação das próprias opiniões.

Na entrevista com grupo de foco, o pesquisador não tenta persuadir o grupo a alcançar o consenso. Isso continua sendo uma entrevista. Pode ser difícil tomar notas, mas um gravador de áudio ou vídeo pode resolver o problema. Algumas dinâmicas do trabalho em grupo, como a luta pelo poder e a relutância em expor publicamente as próprias opiniões, são as limitações desse método. O número de perguntas respondidas em cada sessão é limitado. Obviamente, o grupo de foco deve ser usado em combinação com outras técnicas de coleta de dados.

Observação

A observação, na pesquisa qualitativa, geralmente envolve gastar uma quantidade prolongada de tempo na situação. Notas de campo são tomadas ao longo das observações e são focadas no que é visto. Muitos pesquisadores também tomam notas para auxiliar na determinação do que os eventos observados podem significar e oferecer auxílio para responder às perguntas de pesquisa durante a análise subsequente dos dados (Bogdan e Biklen, 2207; Pitney e Parker, 2009). Apesar de alguns pesquisadores usarem câmeras para gravar o que está ocorrendo no sítio da pesquisa, esse método é incomum, e a maioria dos pesquisadores usa notas de campo para registrar o que ocorreu na situação.

Uma das principais desvantagens dos métodos de observação é a intrusão. Um intruso, com bloco de papel e lápis ou uma câmera, tenta registrar o comportamento natural das pessoas. Aqui, a palavra-chave é *intruso*. A tarefa do pesquisador qualitativo consiste em garantir que os participantes se acostumem com a sua presença (e, se necessário, com a do equipamento). O pesquisador pode, por exemplo, visitar o ambiente algumas vezes antes do início da coleta de dados.

Em ambientes artificiais, os pesquisadores podem usar vidros espelhados e salas de observação. Em cenários naturais, as limitações geradas pela presença do observador nunca podem ser ignoradas. Locke (1989) referiu os estudos de campo mais naturais são ainda relatórios do que se passou na presença do visitante. Aqui a questão importante é: qual a importância e qual a limitação dessa condição? Locke sugere formas de suprimir a reatividade – o visitante fica no ambiente durante tempo suficiente para não ser mais considerado uma novidade ou se esforça para parecer menos intruso em todos os aspectos, desde o modo de vestir até o local em que se posiciona na sala.

Outros métodos de coleta de dados

Entre as muitas fontes de dados estão os autorrelatos de conhecimento e atitude elaborados pelo pesquisador. O investigador tem de desenvolver também os cenários, na forma de descrições de situações ou quadros reais, que podem ser montados para observação dos participantes. Então, os participantes fazem a própria interpretação do que está acontecendo no cenário. Suas respostas fornecem suas percepções, interpretações e consciência da situação total e da interação dos atores no ambiente.

Outros dispositivos de registro incluem *notebooks*, relatos de campo narrativos e diários, nos quais o pesquisador registra reações, preocupações e especulações. Os materiais impressos, como planos de estudo, escalações de times, relatórios de avaliação, notas dos participantes e fotografias do ambiente e das situações são exemplos de dados documentais utilizados na pesquisa qualitativa.

Análise dos dados

A análise dos dados da pesquisa qualitativa é bastante diferente daquela da quantitativa tradicional. Em primeiro lugar, na qualitativa, a análise é feita durante e após a coleta de dados. Durante a coleta, o pesquisador classifica e organiza os dados, faz especulações e desenvolve hipóteses temporárias, que vão orientá-lo a buscar outras fontes e tipos de dados. Muitas vezes, a pesquisa qualitativa é feita

▶ Fases subsequentes da pesquisa qualitativa são moldadas por descobertas feitas nas fases anteriores.

de modo semelhante ao da pesquisa de experimentos múltiplos, em que as descobertas feitas durante o estudo definem a forma de cada fase sucessiva desse mesmo estudo. Desse modo, a coleta e a análise de dados simultâneas permitem ao pesquisador trabalhar de maneira mais eficaz. A análise, portanto, torna-se mais intensiva após a coleta dos dados (Merriam, 2001). Outra diferença entre a análise de dados quantitativa e qualitativa é que os dados qualitativos costumam ser apresentados por palavras, descrições e imagens, enquanto os quantitativos geralmente se apresentam na forma de números.

No estudo qualitativo, a análise dos dados pode tomar diferentes formas, de acordo com a natureza da investigação e os propósitos definidos. Em consequência disso, não é possível aprofundar a discussão sobre a análise sem relacioná-la a um estudo específico. Por isso, resumimos as fases gerais da análise, sintetizadas a partir de descrições encontradas em vários textos de pesquisa qualitativas. As fases gerais incluem a classificação e a análise durante a coleta, a análise e a categorização e a interpretação e a construção da teoria.

Classificação, análise e categorização dos dados

A coleta e a análise simultâneas dos dados é um aspecto importante da pesquisa qualitativa. Essa abordagem permite que algumas questões sejam mais bem enfocadas e que a coleta de dados seja direcionada com maior eficiência. Ainda que os pesquisadores tenham questões específicas em mente quando iniciam a coleta dos dados, é provável que mudem o seu foco à medida que os dados são revelados.

O pesquisador precisa manter um contato próximo com os dados. É um erro esperar até que os dados sejam coletados para depois fazer a análise. Têm de ser tomadas decisões sobre a abrangência e o rumo do estudo; caso contrário, o pesquisador pode acabar reunindo dados fora de foco, repetitivos e esmagadores em termos de volume a ser processado (Merriam, 2001). Além disso, pode haver lacunas quando o entrevistador não percebe que indícios necessários não foram coletados.

Em geral, os pesquisadores escrevem muitos comentários para estimular o pensamento crítico sobre o que estão observando. Ao tomar notas, eles não devem ser simples máquinas humanas de registro. Devem tentar exprimir novas ideias e considerar como certos dados relacionam-se com os amplos e substantivos temas teóricos e metodológicos (Bogdan e Biklen, 2007). Contudo, Goetz e LeCompte (1984) alertam os pesquisadores para que revisem periodicamente a proposta de pesquisa, a fim de garantir que a investigação não se afaste demais das questões originais que terão de ser tratadas no relatório final.

A análise é o processo de dar sentido aos dados. Goetz e LeCompte (1984) recomendaram que os pesquisadores leiam novamente os dados antes da análise para garantir a integralidade e confirmar as categorias analíticas gerais. Isso é o começo das etapas de organização, abstração, integração e sintetização que, no final, permitem aos pesquisadores relatar o que viram e ouviram. Eles podem elaborar um esboço de busca de padrões que possam ser transformados em categorias. Preste atenção no modo como você analisa os dados; caso contrário, suas conclusões podem acabar como os itens de folhetos distribuídos em igrejas, referidos no quadro.

O pesquisador qualitativo enfrenta a formidável tarefa de classificar os dados para a análise de conteúdo. Obviamente, há muitos tipos de categorias possíveis para cada conjunto de dados; tudo depende do problema que está sendo estudado. Pode ser que o estudo tenha o objetivo de, por exemplo, categorizar observações de uma aula de educação física em termos do estilo de administração do professor; ou que outro conjunto de categorias queira relatar a interação social entre os estudantes; que um terceiro trate das diferenças de comportamento ou do tratamento de acordo com o sexo; ou que outro se ocupe de comportamentos instrucionais verbais e não verbais. A complexidade das categorias pode variar de unidades relativamente simples de tipos de comportamento a tipologias conceituais ou teorias (Merriam, 2001).

Os pesquisadores usam técnicas diferentes para classificar os dados. Fichas e arquivos têm sido muito usados há anos. Agora se encontram disponíveis *softwares* de computador destinados a armazenar e classificar dados. A maioria das universidades em que há pesquisadores qualitativos em atividade mantém, nos centros de informática, um ou dois dos *softwares* qualitativos mais populares.

> **Citações de boletins de igrejas**
>
> 1. Bertha Arroto, missionária africana, fará uma palestra hoje, no Calvário Metodista. Venha ouvir Bertha Arroto direto da África.
> 2. A reunião do Vigilantes do Peso será às sete horas, na Primeira Igreja Presbiteriana. Por favor, entre pela grande porta dupla, na lateral do prédio.
> 3. Senhoras, lembrem-se do bazar de caridade. Essa é a chance de ficar livre de tudo aquilo que de nada serve e só ocupa lugar em sua casa. Não esqueçam os maridos.
> 4. A senhorita Charlene Mason cantou "Eu não vou mais seguir este caminho", dando óbvio prazer à congregação.
> 5. O reitor apresentará sua mensagem de despedida, depois da qual o coro cantará o hino "Isso nos traz alegria".
> 6. Para aqueles que têm filhos e não sabem, há um berçário no andar térreo.
> 7. Na próxima quinta, faremos testes para o coral. Eles precisam de toda ajuda possível.
> 8. Bárbara continua no hospital e precisa de doadores de sangue para mais transfusões. Ela também está sofrendo de insônia e solicita fitas de sermões do pastor Jack.
> 9. Irving Benson e Jessie Carter casaram-se na igreja, no dia 24 de outubro. Assim termina uma amizade que teve início na época da escola.
> 10. No culto da tarde de hoje, o tópico do sermão será "O que é o inferno?". Chegue mais cedo para ouvir o ensaio do nosso coral.
> 11. Coloque sua doação no envelope, junto com o falecido que você quer lembrar.
> 12. Os alunos da oitava série vão apresentar *Hamlet*, de Shakespeare, no porão da igreja, sexta-feira, às sete da noite. Os irmãos e as irmãs estão convidados a assistir a essa tragédia.
> 13. As irmãs estão retirando todo tipo de roupa. Elas podem ser vistas no porão, nas tardes de sexta-feira.
> 14. O pastor vai ficar agradecido aos irmãos que puderem trazer seus ovos para as panquecas do café da manhã do próximo domingo.
> 15. O Grupo de Estímulo à Autoestima vai se reunir na quinta, às sete da noite. Entrem pela porta dos fundos.

Além disso, muitas delas oferecem cursos (com ou sem créditos) sobre o uso desses *softwares*. Se você estiver pensando em fazer um estudo qualitativo, esses cursos oferecem uma excelente oportunidade para conhecer as características dos programas e avaliar sua utilidade. É obvio que, se tiver a oportunidade de frequentar um curso em que você colete dados-piloto e depois usar o *software*, você pode aumentar sua eficiência.

A categorização de dados é um aspecto-chave da verdadeira pesquisa qualitativa. Em vez de optar pela simples descrição, o pesquisador pode usar dados descritivos como exemplo de conceitos que serão desenvolvidos. Os dados precisam ser estudados e classificados de modo que o pesquisador possa recuperar e analisar as informações por categorias como parte do processo indutivo.

Interpretação dos dados

Após organizar e classificar os dados, o pesquisador tenta reuni-los para formar um quadro holístico do fenômeno. Na pesquisa qualitativa, uma meta conhecida é produzir uma reconstrução vívida do que aconteceu no trabalho de campo. Isso pode ser alcançado pela **narrativa analítica**. Essa meta pode consistir em uma narrativa descritiva, organizada cronologicamente ou por tópicos. No entanto, em nosso conceito de pesquisa qualitativa, defendemos a posição expressa por Goetz e LeCompte (1984) de que os pesquisadores que apenas descrevem não fazem justiça aos seus dados. Conforme observou Peshkin (1993), "A descrição pura e direta é uma quimera; relatos que seguem esse padrão são estéreis e entediantes" (p. 24). Goetz e LeCompte (1984) afirmaram que, ao deixar as conclusões por conta dos leitores, o pesquisador corre o risco de ser mal-interpretado e, talvez, de ver seus dados banalizados por leitores incapazes de fazer conexões implícitas. Mais adiante, eles

> **Narrativa analítica**
> Descrição curta e interpretativa de um evento ou situação, usada na pesquisa qualitativa.

sugeriram que o pesquisador que não consegue encontrar implicações além dos dados, na verdade, nunca chegou a colocar o estudo em primeiro lugar.

A narrativa analítica é a base da pesquisa qualitativa. Os pesquisadores (em especial, os iniciantes) muitas vezes relutam em realizar a ação temerária de atribuir significado aos dados. Erickson (1986) sugeriu que, para estimular a análise logo no começo, os pesquisadores devem se forçar a escrever uma **vinheta narrativa** que retrate a validade da asserção. No processo de tomar decisões sobre o evento a ser relatado e os termos descritivos a serem usados, o pesquisador torna-se mais explicitamente consciente das perspectivas que emergem dos dados. Essa consciência estimula e facilita a reflexão crítica subsequente.

A vinheta narrativa é um dos componentes fundamentais da pesquisa qualitativa. Em oposição às seções de análise típicas dos estudos de pesquisa quantitativa (quase tão interessantes quanto olhar uma pintura secar), a vinheta captura a atenção do leitor, ajudando o pesquisador a esclarecer o ponto principal do trabalho. A vinheta dá ao leitor a sensação de "estar lá". Uma descrição da situação bem escrita pode gerar uma significação holística definitivamente vantajosa, no sentido de fornecer indícios para as várias asserções do pesquisador. Ao caracterizar a pesquisa qualitativa, Locke (1989) declarou que o pesquisador pode descrever a cena da educação física de modo tão vívido a ponto de "se sentir o cheiro dos armários e de se ouvir a batida dos pés na corrida" (p. 4). Griffin e Templin (1989, p. 399) forneceram o seguinte exemplo de vinheta:

> Na escola Big City Middle, o segundo período da aula de educação física é um jogo de futebol. Para delimitar o gol, o professor coloca duas pilhas de camisetas de cada lado do grande campo ao ar livre. Não há linhas de campo. Quatro garotos correm de um lado para o outro atrás da bola. Vários outros estudantes assistem de pé, em silêncio, nas devidas posições, até que a bola chegue perto deles. Então eles tentam movimentar-se na direção da bola para lançá-la longe. No extremo do campo, três garotas conversam, reunidas em um pequeno círculo. Elas se assustam quando a bola atinge o grupo, e dois garotos gritam, pedindo que elas saiam do caminho. Elas saem e se reagrupam um pouco mais adiante, enquanto os garotos vão para o outro lado do campo. Dois jogadores, que ainda não tinham tocado na bola durante a aula, envolvem-se em uma jogada disputada perto do gol. O professor vai para o meio do campo com o apito na boca. Depois que escolheu os times, no início da aula, ele não tinha mais falado, tinha apenas apitado duas vezes para marcar faltas. Os alunos continuam jogando perto dele como se o professor não estivesse ali. Toca o sinal, e todos os estudantes tiram o colete ali mesmo e começam a voltar para o prédio da escola. A seguir, o professor apita o final do jogo e começa a andar pelo campo para recolher os coletes.
>
> Depois da aula, enquanto voltamos para as salas, o professor diz: "Esses meninos são uns selvagens. Quando conseguimos fazer com que descarreguem um pouco de energia, eles não causam muitos problemas na sala. Esse grupo, em especial, que não conta com muitos inteligentes (o professor bate na própria testa), não entende muito de estratégia". (Ele vê um garoto e uma garota da turma conversando perto da porta do vestiário feminino.) Ele grita: "Johnson, desapareça daí, vá direto para o chuveiro e pare de incomodar as meninas". Ele sorri para mim. "Você tem que ficar atento o tempo todo". Depois olha para cima e suspira: "Duas [turmas] já foram, agora faltam três".

Alertamos, no entanto, que Locke e outros acadêmicos não defendem a opinião de que a riqueza de detalhes, por si só, valida a vinheta narrativa. Siedentop (1989) advertiu que, para que os dados sejam considerados confiáveis, eles não devem ter como base as habilidades narrativas do pesquisador. De acordo com Erickson (1986), um relato válido não é uma simples descrição, mas uma análise: "A história, embora seja o relato acurado de uma série de eventos, pode não retratar o significado das ações a partir das perspectivas dos atores no evento... É a combinação entre riqueza e perspectiva narrativa que torna o relato válido" (p. 150). A vinheta não tem valor por si só. O pesquisador deve fazer conexões interpretativas entre ela e outras formas de descrição, como citações diretas e materiais quantitativos.

Vinheta narrativa
Componente de um relatório de pesquisa de qualidade. Fornece descrições detalhadas de um evento, incluindo o que as pessoas dizem, fazem, pensam e sentem naquele ambiente.

As citações diretas, feitas a partir das notas e gravações das entrevistas com os participantes, são outra forma de vinheta, que enriquece a análise e fornece documentação para fundamentar as opiniões do pesquisador. Citações diretas de indivíduos diferentes podem demonstrar concordância (ou discordância) em relação ao fenômeno. Citações diretas de uma mesma pessoa em situações diferentes fornecem indícios de que alguns eventos são típicos ou demonstram o padrão ou a tendência das percepções ao longo do tempo.

K. R. Nelson (1988), por exemplo, ao ilustrar diferenças nos processos de raciocínio de alunos de professores experientes e de iniciantes, usou citações para documentar a asserção de que alunos de professores iniciantes tendem a pensar mais sobre procedimentos e organização do que sobre conteúdo:

> Entrevistador: O que você estava pensando nesse momento da aula?
>
> Estudante: Eu não sabia o que fazer. Eu pensei que íamos correr em volta do ginásio.
>
> Estudante: Eu pensei que todos íamos ficar no mesmo grupo (p. 58).

Em contraste, os pensamentos dos alunos de professores experientes, durante a aula, eram mais relacionados ao conteúdo da aula:

> Entrevistador: O que você estava pensando nesse momento da aula?
>
> Estudante: Ele estava mostrando como isso (a frequência cardíaca) ia mudar depois do exercício aeróbio.
>
> Estudante: Eu estava pensando sobre... bem, eu estava confirmando se tinha somado certo para obter o escore e coisas assim (p. 59).

Os pesquisadores qualitativos devem comunicar sua perspectiva com clareza ao leitor. A função da narrativa é apresentar o ponto de vista interpretativo do pesquisador de modo claro e significativo.

Construção da teoria

Aqui, o uso dos termos *teoria* ou *teorização* não deve alarmar excessivamente os pós-graduandos, nem desencorajá-los a fazer pesquisas qualitativas. Não estamos falando em desenvolver um modelo do porte da teoria da relatividade. A **teorização**, de acordo com Goetz e LeCompte (1984), é um processo cognitivo de descoberta de categorias abstratas e das relações entre elas. A **teoria** é a explicação de algum aspecto da prática, que permite ao pesquisador extrair inferências sobre eventos futuros. Esse processo é uma ferramenta fundamental para desenvolver ou confirmar explicações. Você processa as informações, compara as descobertas com a experiência passada e os conjuntos de valores e, depois, toma decisões. As decisões podem não ser corretas, por isso, às vezes, é necessário revisar a teoria ou o modelo.

A análise dos dados depende da teorização. As tarefas da teorização são "perceber; comparar, contrastar, agregar e classificar; estabelecer ligações e relações; especular" (Goetz e LeCompte, 1984, p. 167). A percepção envolve considerar todas as fontes de dados e todos os aspectos do fenômeno que está sendo estudado. É claro que isso acontece tanto durante quanto após a coleta de dados. O processo de percepção que determina quais fatores específicos serão analisados orienta a coleta de dados.

As tarefas de comparar, contrastar, agregar e classificar são funções primárias na pesquisa qualitativa. O pesquisador decide as unidades que são similares ou não e o que é importante sobre essas diferenças e similaridades. A descrição analítica não pode ocorrer enquanto o pesquisador não construir as categorias de propriedades semelhantes e dessemelhantes e realizar a análise sistemática do conteúdo dos dados. Estabelecer ligações e relações consiste em um tipo de trabalho de detetive, que os pesquisadores qualitativos fazem durante o período de teorização. O pesquisador usa os dois métodos – indutivo e dedutivo – para estabelecer relações, "enquanto desenvolve uma teoria ou hipótese fundamentada nos dados" (Goetz e LeCompte, 1984, p. 172).

Teorização Processo cognitivo de descoberta de categorias abstratas e das relações entre elas.

Teoria Explicação de algum aspecto da prática que permite ao pesquisador extrair inferências sobre acontecimentos futuros.

Teoria fundamentada
Teoria com base em dados, desenvolvida a partir deles.

A teoria com base em dados e desenvolvida a partir deles é chamada de **fundamentada** (Glaser e Strauss, 1976). Na pesquisa aplicada, teorias fundamentadas são consideradas as melhores para explicar fenômenos observados, compreender relações e extrair inferências sobre atividades futuras.

Confiabilidade na pesquisa qualitativa

Os pesquisadores qualitativos não tentam fornecer indícios numéricos de que os dados são confiáveis e válidos. Na verdade, os termos *fidedignidade* e *validade* raramente são usados na pesquisa qualitativa. No entanto, isso não significa que eles não se preocupam em obter bons dados e em tirar conclusões nas quais os leitores possam confiar. Esses dois temas são extremamente importantes e, sem eles, a qualidade da pesquisa pode ficar sob suspeita. Exatamente como no caso dos dados quantitativos, quem relata dados qualitativos dá valor à qualidade desses dados e às conclusões derivadas de sua análise.

Confiabilidade
Qualidade alcançada em um estudo quando os dados coletados são geralmente aplicáveis, consistentes e neutros.

Uma grande variedade de termos é usada para descrever a qualidade na pesquisa qualitativa. Os termos têm mudado e continuam a evoluir. Lincoln e Guba (1985) usaram o termo **confiabilidade** para descrever a qualidade geral dos resultados do estudos, e este tem sido o termo mais corrente. Rossman e Rallis (2003) desmembraram a confiabilidade em duas questões: o estudo foi conduzido (1) com competência? (2) com ética?

Realização de um estudo qualitativo ético

Para começar, vamos discutir o tema da ética. Com frequência, a ética desempenha papel proeminente no julgamento da pesquisa qualitativa. Podemos pensar nisso de vários modos, mas, no final, o assunto resume-se a duas áreas principais. Em primeiro lugar, tratar de forma ética os participantes do estudo (Locke et al., 2007) é importante na pesquisa qualitativa. Pesquisadores qualitativos costumam passar muito tempo com os participantes e devem tratá-los com dignidade – desde o momento em que estes se inscrevem para participar do estudo até o relato dos dados. Se prometerem anonimato, deverão cumprir a promessa. Essa ideia não sugere que os envolvidos em pesquisas quantitativas não devam tratar os participantes eticamente. No entanto, na pesquisa qualitativa, as relações e o tipo de dados são diferentes e, quase sempre, exigem comprometimento mais sustentado com a ética. Em segundo lugar, como afirmaram Rossman e Rallis (2003, p. 63), o pesquisador deve "contribuir de alguma forma para gerar compreensões e ações que possam melhorar as circunstâncias sociais". Como esses e outros autores (p. ex., Creswell, 1998; Patton, 2002) destacaram, grupos de leitores ou mesmo leitores individuais de um relatório de pesquisa podem ter critérios diferentes para determinar se as questões levantadas e o modo como foram respondidas contribuem para nossa base de conhecimentos e nos ajudam a melhorar o que ocorre no ambiente estudado. Assim como acontece em outros campos de estudo, quando abordam questões sem importância ou triviais, independentemente do método usado, os pesquisadores não contribuem muito.

Realização de um estudo qualitativo competente

Essa discussão nos remete ao seguinte tema: o que constitui um estudo realizado de modo competente? De novo, podemos pensar esse assunto de vários modos. Lincoln e Guba (1985) descreveram quatro conceitos que podem ser usados na pesquisa qualitativa para refletir sobre a qualidade. O primeiro deles é a **credibilidade**. Uma vez que o contexto, os participantes e os ambientes são importantes para a interpretação dos resultados da pesquisa qualitativa, o modo como o pesquisador compreende tudo isso e a descrição apresentada no artigo são essenciais para o julgamento das outras partes do estudo. Se não estiver claro quem são os participantes e onde o estudo foi realizado, os leitores terão dificuldade em avaliar as conclusões.

Credibilidade
Qualidade alcançada quando os participantes e o ambiente do estudo são acurados.

Capacidade de transferência
Na pesquisa qualitativa, consiste na possibilidade de transferir os resultados para outros ambientes.

A **capacidade de transferência**, segundo importante conceito na avaliação da qualidade, questiona se os resultados seriam úteis a pessoas em outros ambientes ou na realização de pesquisas em ambientes similares. Talvez você esteja pensando que esse conceito é como a capacidade de generalização. Por um lado, realmente é; mas, por outro, não. Todos os pesquisadores querem que sua pesquisa ajude os outros, mas, assim como acontece com a maioria das pesquisas quantitativas em nossa área, a maioria das pesquisas qualitativas não se beneficia da seleção aleatória a partir de uma população grande. A capacidade de transferência é uma questão de argumento e percepção. O pesquisador pode apresentar razões que justificam a aplicação de determinado estudo a outros ambientes (p. ex., muitas escolas funcionam de modo idêntico ou os participantes de uma turma que pratica exercícios são similares a outros, encontrados em muitas comunidades), mas, no final, é o leitor ou o usuário da pesquisa que vai determinar se o estudo é aplicável ao seu ambiente de trabalho ou pesquisa futura. E, com frequência, esse também é o caso da pesquisa quantitativa – a diferença é que os pesquisadores qualitativos já começam o trabalho com esse conceito avançado.

O próximo conceito é o de **grau de dependência**. Em muitos estudos qualitativos, os pesquisadores alteram o fenômeno que está sendo estudado ou os métodos usados de acordo com a coleta de dados prévia. Vejamos um exemplo relativamente direto. O pesquisador pode usar uma entrevista estruturada para fazer perguntas, mas alterando o modo das questões de acompanhamento de acordo com a resposta anterior. Um segundo grupo de entrevistas pode servir de base para as respostas dadas durante o primeiro. Se o pesquisador fizer perguntas de maneira fechada, sem ajustes, a qualidade dos dados ficará prejudicada. Nesse exemplo, possivelmente, o pesquisador não poderia planejar todas as contingências possíveis. O modo como se lida com as mudanças determina o grau de dependência dos dados.

Por fim, a **capacidade de confirmação** lida com o tema da inclinação do pesquisador e, como abordamos anteriormente, nesta seção, usa métodos diferentes daqueles da maioria das pesquisas quantitativas, nas quais não é calculada a estatística da fidedignidade. Outras abordagens são usadas e relatadas de modo que os leitores possam confiar nos resultados do estudo.

Grau de dependência
Trata da qualidade dos dados em um estudo qualitativo, incluindo a habilidade do pesquisador em lidar com as mudanças.

Capacidade de confirmação
Característica da pesquisa qualitativa que questiona se outros indivíduos podem confiar nos resultados.

Fornecimento de evidências de confiabilidade

Os pesquisadores fornecem indícios da confiabilidade do estudo de uma série de maneiras, de acordo com as categorias precedentes. Retomaremos as técnicas comuns que pesquisadores qualitativos usam para reunir bons dados e tirar conclusões objetivas. Essas técnicas são usadas durante a coleta e também durante a análise dos dados. Como observado, com frequência, ocorre análise durante a coleta de dados, de modo que separar essas tarefas em categorias temporais é difícil. Nem todos os pesquisadores usam todas as técnicas em cada estudo, mas é muito comum a utilização de múltiplos métodos para aumentar a confiabilidade dos dados e das conclusões. As seguintes técnicas são geralmente usadas:

- *Engajamento prolongado.* O pesquisador tem de despender tempo suficiente para obter bons dados. A coleta de dados qualitativos exige que o pesquisador gaste tempo suficiente em uma situação para desenvolver profunda compreensão, e não alcançar apenas conclusões superficiais.
- *Acompanhamento de auditoria.* Na pesquisa qualitativa, o método e o foco mudam durante o estudo. O acompanhamento de auditoria descreve as mudanças ocorridas e o modo como elas afetam o estudo. Em geral, essas mudanças são relatadas na seção do método, em que o pesquisador explica como elas melhoraram o estudo.
- *Descrição rica e densa.* Como observado anteriormente, descrever o ambiente e o contexto é importante para a credibilidade. No relatório, é necessária a descrição completa para que os leitores possam compreender o estudo e também avaliar se o ambiente e os resultados podem ser transferidos para o ambiente da pesquisa futura que eles vão empreender.
- *Esclarecimento das inclinações do pesquisador.* Todos os pesquisadores entram em seus estudos com inclinações próprias. Administrá-las é particularmente importante na pesquisa qualitativa, em que o investigador é o instrumento da coleta de dados. É essencial mostrar que ele reconheceu as próprias inclinações e soube lidar com elas. Em um movimento que acreditamos aumentar a qualidade da pesquisa, muitos pesquisadores qualitativos tratam disso diretamente na seção do método, "esclarecendo" o assunto, apresentando as próprias inclinações e explicando como trabalharam para controlá-las.
- *Triangulação.* Essa técnica costuma ser usada na análise de dados qualitativos. Ela requer o uso de três (daí o prefixo tri) fontes independentes de dados para sustentar a conclusão. Os

pesquisadores podem, por exemplo, usar dados das entrevistas com estudantes e com professores e também da observação para fundamentar o resultado. Observe que isso não significa simplesmente fazer a contagem dos votos (p. ex., três pessoas disseram isso na entrevista), mas usar tipos de dados independentes para sustentar a conclusão.

- *Verificação de caso negativo.* Essa técnica é usada quando o pesquisador observa circunstâncias em que o que ele esperava não aconteceu. Em uma turma que pratica exercícios, por exemplo, ele observa que, à medida que o tempo passa, muitos participantes parecem satisfeitos e integram as aulas à própria vida. Isso acontece com todos? Para os que não passam por isso, o fenômeno não é tão penetrante? O pesquisador observou os dados seletivamente para tirar a conclusão? Ou algo diferente aconteceu com alguns participantes? A verificação do caso negativo ajuda a lidar com as inclinações e permite ao pesquisador levar adiante a investigação do fenômeno.
- *Verificação dos integrantes.* A verificação dos integrantes ocorre quando o pesquisador volta aos participantes para compartilhar as conclusões e ver se eles concordam com elas. Às vezes, ocorre uma etapa intermediária, quando o pesquisador pede aos participantes que revisem a transcrição da entrevista, esclareçam declarações e acrescentem algo que possa estar faltando. Por si só, isso não é uma verdadeira verificação dos integrantes. Mostrar-lhes as conclusões vai muito além e fornece a confirmação da análise. Em alguns casos, em que eles acreditam que o pesquisador pode ter entendido algo errado, as conclusões podem ser modificadas para refletir as visões dos participantes. Em outros casos, o pesquisador, por acreditar que inclinações do participante (p. ex., quando o relatório não reflete positivamente um indivíduo) influenciaram a avaliação, inclui uma análise da avaliação dessa pessoa no relatório.
- *Relato dos colegas.* Assim como acontece em muito do que fazemos, um novo olhar pode trazer novas luzes a um conjunto de dados e às nossas conclusões. Quando um colega faz um relato, isso significa que outra pessoa está examinando os dados e as conclusões e serve de advogado do diabo, questionando o pesquisador para ver se as descobertas ainda se mantêm. Com frequência, a pessoa que faz isso tem conhecimento do fenômeno investigado e experiência com métodos e análise de dados qualitativos. Essa etapa pode desenvolver melhor as conclusões e o modo como elas são apresentadas no relatório de pesquisa.

Redação do relatório

Não há formato padronizado (ou "correto") para o relatório da pesquisa qualitativa, assim como não há formatos que devam ser rigorosamente seguidos em qualquer outro tipo de pesquisa. Aqui, apenas mencionamos os principais componentes do relatório da pesquisa qualitativa e da sua inserção no relatório. O departamento ou a faculdade onde você estuda provavelmente sugere uma ordem definida para esses componentes.

Os componentes do estudo qualitativo são similares aos dos relatórios de outras pesquisas convencionais. A primeira parte introduz o problema e fornece o histórico e a literatura relacionada. A descrição do método é parte integrante do relatório. Ainda que, em um artigo de periódico científico, essa seção não seja tão extensa com é em uma tese, geralmente ela é mais extensa do que em outras formas de pesquisa. As razões são óbvias, como já explicamos. A metodologia está integralmente relacionada à análise e também é importante em termos de integridade e credibilidade.

A seção de resultados e de discussão constitui a maior parte do relatório. Se houver diagramas, tabelas e figuras, eles estarão nessa seção, integrados à narrativa. O que mais contribui para o volume dessa parte é a descrição contida no estudo qualitativo. Como já afirmamos, vinhetas narrativas e citações diretas são básicas para esse tipo de pesquisa. O estudo qualitativo é um esforço no sentido de fornecer detalhes suficientes para mostrar ao leitor que as conclusões do autor fazem sentido (Creswell, 2009b). O autor enfrenta o delicado problema de encontrar o equilíbrio entre ricos materiais descritivos e a análise e a interpretação. Alguns incluem descrição demais para ilustrar os pontos principais, outros usam muito pouco. Pesquisadores têm sugerido que 60 a 70% do rela-

> **Fatos engraçados que aconteceram durante a coleta dos dados qualitativos**
>
> 1. Em duas ocasiões, a pesquisadora dirigiu-se ao ginásio (carregando a câmera, o monitor de TV, o gravador e o bloco de anotações) e encontrou a porta trancada. Ela teve então de fazer todo o caminho de volta até o prédio principal – uma das vezes debaixo de chuva.
> 2. Ao chegar à escola para coletar dados, a pesquisadora descobriu que não haveria aulas porque:
>   a. era dia do festival de pastéis;
>   b. o professor estava doente (duas vezes); e
>   c. era dia de ensaio musical.
> 3. A entrevista com o professor foi interrompida pelo diretor devido a uma disputa entre o pai de um aluno e um bazar de caridade. A entrevista foi adiada.
> 4. O gravador de áudio não funcionou durante a entrevista.
> 5. O gravador de áudio não funcionou na hora da transcrição. Foi preciso refazer as entrevistas.
> 6. A sessão de gravação do grupo teve de ser remarcada, pois a situação fugiu do controle quando um estudante do terceiro ano arrotou ao microfone.
> 7. Teve de comprar seu gravador próprio, porque o do departamento não estava funcionando.
> 8. O seu gravador novo e caro quebrou. O conserto levou duas semanas.
> 9. Era necessário usar o monitor de TV da escola, mas não havia cabos adequados. As entrevistas foram remarcadas.
> 10. Durante a gravação de uma segunda cópia dos arquivos de áudio, o gravador e as gravações originais foram roubados. A polícia pegou o ladrão no flagra e recuperou os dados, mas a pesquisadora entrou em coma.

tório sejam constituídos de material descritivo e 30 a 40% sejam destinados ao quadro conceitual (Merriam, 1988). Definitivamente, algum equilíbrio é necessário, e essa tarefa exige capacidade de julgamento para decidir que evidências devem ser incluídas para ilustrar as ideias.

Duvidamos que estudantes de pós-graduação ainda tenham a falsa impressão de que fazer pesquisa qualitativa seja uma técnica rápida e fácil. Para enfatizar esse ponto, chamamos a sua atenção para o quadro em que listamos algumas experiências e atribulações enfrentadas por uma pós-graduanda durante a tentativa de coletar dados.

Observações finais

Podemos destacar que, definitivamente, a pesquisa qualitativa não está confinada à área da pedagogia. É fácil ficar com essa impressão devido ao volume sempre crescente da literatura de pesquisas qualitativas em periódicos e livros educacionais. A pesquisa qualitativa tem grande potencial de aplicação ao estudo de aspectos sociológicos do esporte. Bain (1989) observou que dois dos primeiros estudos qualitativos publicados na *Research Quarterly for Exercise and Sport* tratavam desse tópico. Sage (1989) citou vários estudos qualitativos sobre esportes, dedicados ao beisebol da Little League, ao fisiculturismo, ao futebol, ao surfe e ao treinamento.

Em um artigo provocador sobre a ciência do comportamento humano, Martens (1987) questionou as suposições básicas da ciência ortodoxa. Martens, que há muito critica a abordagem experimental convencional utilizada na psicologia do esporte como o único modo de realizar pesquisas, apresentou um argumento convincente e fez um apelo a favor de paradigmas qualitativos e da ênfase no conhecimento experiencial.

Teoria crítica
Pesquisa qualitativa com base em julgamentos de valor.

Este capítulo enfocou a pesquisa qualitativa interpretativa. Bain (1989) discutiu outra abordagem, chamada de **teoria crítica**. A principal diferença entre elas está nos objetivos da pesquisa (Locke, Silverman e Spirduso, 2010). A pesquisa interpretativa encontra-se amplamente livre de julgamentos de valores, enquanto a teoria crítica baseia-se nesses julgamentos. Em outras palavras, na teoria crítica, o objetivo é dar aos participantes da pesquisa a percepção necessária para fazer escolhas que melhorem ou desenvolvam suas vidas. Bain (1989) também declarou que a pesquisa crítica, de modo geral, baseia-se no feminismo, no neomarxismo ou na pedagogia da autonomia de Paulo Freire. Cada uma dessas perspectivas teóricas muda o *status quo* e busca maior igualdade.

A página 389 apresenta uma escala que pode ser usada para avaliar a qualidade de estudos de pesquisa qualitativa. Desenvolvida originalmente por Linda Bain, ela foi apresentada, em 1992, na convenção nacional da American Alliance for Health, Physical Education, Recreation and Dance. Nós a modificamos para esta edição. Além disso, Locke, Silverman e Spirduso (2010) ofereceram informação detalhada para criticar tanto a pesquisa qualitativa quanto a quantitativa.

Resumo

Os métodos da pesquisa qualitativa incluem observações de campo, estudos de caso, etnografia e relatórios narrativos. O pesquisador reúne dados em um ambiente natural, como ginásio, sala de aula, academia ou clube esportivo.

A pesquisa qualitativa não tem as hipóteses preconcebidas que caracterizam a quantitativa. O raciocínio indutivo é enfatizado, de forma que o pesquisador busca desenvolver hipóteses a partir de observações. O foco está na "essência" dos fenômenos. O pesquisador deve exibir sensibilidade e boa percepção ao coletar e analisar os dados.

Enfatizamos a importância de ter acesso aos dados no ambiente de campo. Estabelecer uma atmosfera cordial e ganhar a confiança dos participantes é fundamental. Os métodos mais comuns de coleta de dados são as entrevistas e as observações. Os dados podem ser analisados durante e após a coleta. O pesquisador tem de classificar e organizar os dados e desenvolver hipóteses provisórias, que levarão a outras fontes e tipos de dados.

A análise de dados envolve organização, abstração, integração e síntese. A narrativa analítica é a base da pesquisa qualitativa. A vinheta narrativa dá ao leitor a sensação de estar presente na observação; ela confere um sentido holístico à situação. Não é incomum a inclusão de análises quantitativas em estudos qualitativos.

Com frequência, o pesquisador qualitativo tenta construir uma teoria pelo processo indutivo, a fim de explicar as relações entre categorias de dados. A teoria que surge a partir de dados é chamada de teoria fundamentada. No relatório escrito, o pesquisador qualitativo tem de alcançar o equilíbrio entre uma descrição rica, a análise e a interpretação.

A confiabilidade é usada para determinar se o estudo é competente. Temas éticos são importantes na determinação da confiabilidade, assim como temas relacionados ao modo de realização do estudo (ou seja, credibilidade, capacidade de transferência, segurança e capacidade de confirmação). Muitas técnicas são usadas durante a coleta e a análise dos dados para aumentar a qualidade dos dados e das conclusões. Entre elas estão o engajamento prolongado, a manutenção de um acompanhamento de auditoria, o fornecimento de uma descrição rica e densa, o esclarecimento das inclinações do pesquisador, a triangulação, a verificação do caso negativo, a verificação dos integrantes e o relato dos colegas. Em um único estudo, não é possível usar todas elas, mas o uso da maioria ou de muitas delas é comum para aumentar a crença dos leitores nas conclusões e a capacidade de transferência para outros ambientes.

A pesquisa qualitativa é uma abordagem viável para a solução de problemas em nosso campo. Isso é aplicável à pedagogia em educação física, à ciência do exercício e à ciência do esporte. Respostas à pergunta "O que está acontecendo aqui?" podem ser obtidas de forma mais eficaz em ambientes naturais, pela observação sistemática e pela metodologia interacional da pesquisa qualitativa.

Avaliação da qualidade da pesquisa qualitativa

Linda L. Bain
California State University, Northridge
AAHPERD, Indianapolis

Definição do problema

— Propósito claramente declarado
— Foco em um tema significativo
— Busca da compreensão do significado das experiências para os participantes
— Fornecimento de uma visão holística do local

Coleta dos dados

— Pesquisador com treinamento nos métodos usados
— Estudo-piloto feito em ambiente similar, com métodos similares
— Princípio racional estabelecido para a seleção da amostra
— Pesquisador capaz de manter relações confiáveis e de colaboração com os participantes
— Métodos de coleta de dados não invasivos, quando apropriado
— Procedimentos de coleta de dados com descrição completa dos eventos
— Envolvimento prolongado no campo

Análise dos dados

— Análise feita durante e após a coleta de dados
— Triangulação das fontes dos dados e busca de convergência
— Busca de casos negativos
— Fornecimento de interpretação e teoria e também da descrição de eventos
— Fornecimento de oportunidades aos participantes para corroborar as interpretações (verificação dos integrantes)
— Arranjos para que colegas avaliem os procedimentos e a interpretação

Preparação do relatório

— Descrição completa do ambiente
— Descrição completa dos procedimentos
— Inclusão da descrição dos valores, das suposições e das inclinações do pesquisador e de como cada um desses fatores foi tratado
— Uso de vinhetas e citações para sustentar as conclusões e a interpretação

Avaliação geral

— Validade interna: em que proporção você confia na qualidade da descrição e da interpretação dos eventos no local específico da pesquisa?
— Validade externa: como você avalia a possibilidade de aplicar os resultados desse estudo a um ambiente diferente, com o qual você esteja familiarizado?

Reimpresso, com permissão, de L. L. Bain, 1992, *Evaluating the quality of qualitative research*, p. 350.

✓ Verifique sua compreensão

1. Localize um estudo qualitativo e escreva um resumo de aproximadamente 300 palavras sobre os métodos usados na coleta e na análise dos dados (observações, entrevistas, triangulação, verificação dos integrantes, etc.), bem como na apresentação dos resultados (vinhetas narrativas, citações, tabelas, etc.).
2. Localize um estudo qualitativo e faça um resumo de aproximadamente 300 palavras que descreva por que o estudo foi realizado e que bases teóricas deram suporte ao estudo. Observe se os resultados respondem às questões e se somam para a compreensão teórica que os autores apresentaram na introdução.

Capítulo 20

MÉTODOS MISTOS DE PESQUISA

Enquanto diziam entre eles que isto não poderia ser feito, já estava feito.

Helen Keller

Os métodos mistos de pesquisa são relativamente novos em educação física. Por muito tempo, os acadêmicos em muitas áreas de pesquisa acreditavam que combinar métodos quantitativos e qualitativos em um único estudo ou programa de pesquisa era impraticável. Pesquisadores quantitativos e qualitativos brigavam sobre a superioridade de seus métodos (Denzin, 2008; Gelo, Braakmann e Benetka, 2008; Hatch, 2006; Reichardt e Rallis, 1994; Shavelson e Towne, 2002). Gage (1989) caracterizou esses debates como a "guerra de paradigmas" e sugeriu que eles não fariam a pesquisa progredir. Outros, contudo, continuaram a sugerir que um método era superior ao outro.

A citação de Helen Keller captura o que aconteceu durante esse debate. Os pesquisadores começaram combinando métodos e formulando questões que não poderiam ser respondidas usando somente pesquisa qualitativa ou quantitativa. Foram publicados livros que discutiam pesquisa de métodos mistos (ver, p. ex., Green e Caracelli, 1997, para um dos primeiros). Então os pesquisadores descobriram que o uso de métodos mistos ajudava a responder a questões sobre tópicos similares. Por exemplo, um dos autores realizou pesquisa sobre a atitude de estudantes em educação física, utilizando primeiramente métodos quantitativos. Quando trabalhava com estudantes de pós-graduação, ficou claro que os dados quantitativos permitem certos tipos de questões (p. ex., entender a estrutura subjacente da atitude e obter escores de atitude para diferentes subgrupos de estudantes). Também ficou aparente que outros métodos eram necessários para responder a questões sobre que experiências influenciaram as atitudes dos estudantes. Tal descoberta resultou em uma série de estudos inter-relacionados (Subramaniam e Silverman, 2000, 2002, 2007), que usaram ambos os métodos quantitativo e qualitativo para abordar questões sobre atitude de estudante. Conforme discutimos anteriormente, diferentes questões exigem diferentes métodos – mesmo quando as questões estão intimamente relacionadas.

Teddlie e Tashakkori (2009) observaram que a pesquisa de métodos mistos é amplamente um empreendimento pragmático. As pessoas fazem pesquisa de métodos mistos porque eles podem ajudar a responder a questões e a fazer avançar seus programas de pesquisa. Isso não é para sugerir, contudo, que misturar métodos é fácil, porque os pesquisadores devem, com frequência, trabalhar com outros que têm *expertise* em uma outra abordagem metodológica ou começam do nada e aprendem novas habilidades de pesquisa. Como em qualquer empreendimento de pesquisa, você deve se tornar habilidoso no método de forma que possa planejar o estudo, coletar os dados, analisar os resultados e se comunicar com outros sobre a pesquisa (Plano-Clark, Huddleston-Casas, Churchill, Green e Garrett, 2008).

Além de aprender outros métodos de pesquisa, você deve se informar mais sobre a combinação de métodos quando se engaja em métodos mistos de pesquisa. Este capítulo oferece uma visão geral desse processo e lhe permite começar a planejar um estudo com método misto. Outras fontes podem auxiliar no planejamento e na condução da pesquisa com métodos mistos. Tanto Flick (2009) quanto Robson (2002) oferecem introduções boas e pragmáticas ao tópico de combinação de métodos. Teddlie e Tashakkori (2009), Creswell e Plano-Clark (2007) e Thomas (2003) oferecem mais detalhes em livros fáceis de ler. Se for necessário mais informações, os livros editados por Tashakkori e Teddlie (2003) oferecem uma discussão aprofundada de pesquisa com métodos mistos.

Combinação de métodos qualitativos e quantitativos

Não existe uma forma de se fazer pesquisa de métodos mistos. Conforme observamos anteriormente, pesquisa de métodos mistos é pragmática, e as perguntas influenciam o método selecionado. Um estudo pode ser essencialmente quantitativo com uma parte que é qualitativa. Contudo, pode ser essencialmente qualitativo com um componente quantitativo. Também é possível ser algo intermediário (ver Morse, 2003, para um exemplo de muitas proporções de pesquisa qualitativa e quantitativa em um mesmo estudo). A Figura 20.1 apresenta um contínuo de pesquisa de métodos mistos. O equilíbrio entre componentes quantitativos e qualitativos dependerá do estudo e de como serão os métodos específicos usados em cada parte da pesquisa.

Um estudo de métodos mistos pode coletar medidas quantitativas e dados de entrevista qualitativa com base em um aspecto dos dados quantitativos. Uma intervenção experimental pode ser combinada com um estudo qualitativo que avalie a percepção dos participantes da intervenção. Entrevistas e grupos focais podem ser suplementados por dados descritivos. As combinações dos delineamentos de métodos mistos são infinitas. Qualquer combinação de questões que sugira métodos mistos pode ser acomodada, desde que o pesquisador ou o grupo de pesquisadores tenha a habilidade para conduzir todas as partes do estudo.

Apesar de muitos delineamentos de métodos mistos serem possíveis (p. ex., Creswell, 2009a, ou Leech e Onwuegbuzie, 2009, para a discussão de outras formas de descrever delineamentos), a maneira como um estudo é conduzido geralmente é caracterizada em uma das duas formas (Creswell, 2009b; Tashakkori e Teddlie, 1998; Teddlie e Tashakkori, 2009). O primeiro tipo, e também mais comum de delineamento de métodos mistos, usa um arranjo escalonado de componentes qualitativos e quantitativos. Nesse caso, chamado de **métodos mistos sequenciais**, uma parte do estudo vem primeiro, seguida pela outra parte. Qualquer parte, quantitativa ou qualitativa, pode vir primeiro. Em geral, os resultados da primeira parte do estudo influenciam o que acontece na segunda parte. Por exemplo, um pesquisador pode coletar escores de testes de aptidão de crianças para oferecer uma descrição do nível de aptidão em algum grupo. Com base nos escores de IMC acima de 30, os participantes seriam recrutados para entrevistas semiestruturadas que focam a percepção de como seus níveis de aptidão e sua composição corporal afetaram as interações com seus pares.

Quando os componentes quantitativos e qualitativos ocorrem ao mesmo tempo ou são independentes, o delineamento costuma ser chamado de **método misto** de pesquisa **paralelo**, ou *concorrente*. No começo do estudo, ambas as abordagens metodológicas são usadas, e os resultados de uma parte não determinam os participantes ou os métodos para a segunda. Por exemplo, um grupo de pesquisa pode estar examinando a influência da atividade física na dieta de vários indicadores de saúde, tais como pressão arterial, frequência cardíaca, aptidão e lipídeos no sangue, com participantes engajados em atividade física de várias intensidades e programas de dieta que variam de fácil de implementar até aqueles que exigem grandes mudanças no comportamento alimentar. Os pesquisadores querem saber não apenas a eficiência das várias combinações de intervenção, mas também as percepções daqueles que têm ou não sucesso na manutenção da dieta e em intervenções na atividade física para as quais foram designados. A porção qualitativa do estudo usaria observação e entrevistas

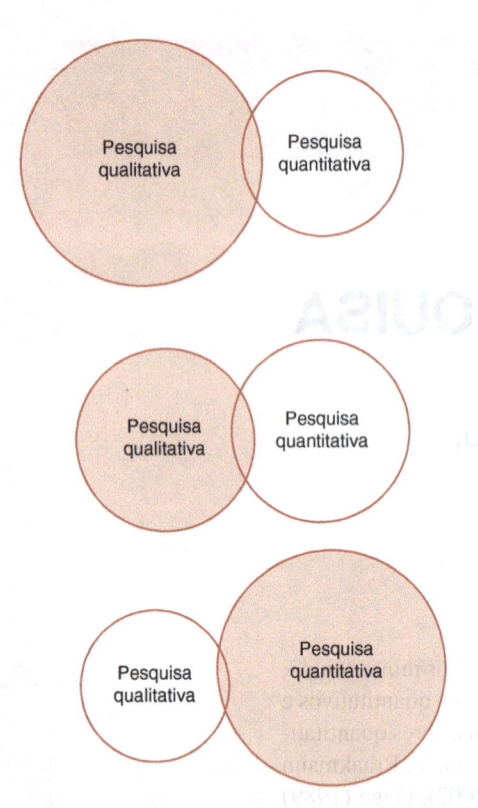

▶ **Figura 20.1** O contínuo de pesquisa de métodos mistos de altamente qualitativa para altamente quantitativa.

Métodos mistos sequenciais Estudo no qual o componente quantitativo ou qualitativo vai primeiro e então é seguido pelo outro componente.

Métodos mistos paralelos Estudo no qual os componentes quantitativo e qualitativo ocorrem ao mesmo tempo ou de modo independente.

para responder a essa questão. Os resultados podem indicar que uma combinação de dieta e atividade física foi mais eficiente na melhoria dos indicadores de saúde, mas que um outro programa foi quase tão eficiente e foi percebido pelos participantes como mais agradável.

Delineamento de pesquisa de métodos mistos

Tudo que observamos nos capítulos anteriores se aplica ao planejamento da pesquisa de métodos mistos. Os métodos são adaptados para o estudo, e o pesquisador deve planejar o estudo de forma que todas as partes dos métodos sejam fortes e diretamente endereçem as perguntas ou hipóteses.

Como todas as pesquisas, um estudo de métodos mistos não oferece atalho para dados bons. Um principiante que usa pesquisa de métodos mistos geralmente delineia um estudo no qual uma parte é bem delineada e a outra não. Essa situação ocorre porque o pesquisador adiciona um componente com o qual não está familiarizado. O treinamento do pesquisador e os estudos-piloto são necessários para completar a qualidade do estudo. Ou, como ocorre frequentemente, um grupo de pesquisadores trabalha junto para planejar e conduzir um estudo, e cada pessoa, com base em seus pontos fortes, delineia e coleta dados para cada parte do estudo. Quando a pesquisa é cooperativa, todos os membros do grupo devem trabalhar juntos, para que todas as partes do estudo final sejam interligadas.

Questões específicas na pesquisa de métodos mistos

Apesar de as partes do estudo de métodos mistos serem combinadas para formar uma totalidade, um pesquisador ou um grupo de pesquisa deve considerar vários aspectos – do planejamento do estudo, passando pela análise dos dados, até a redação do artigo. Algumas dessas decisões são tomadas de forma intuitiva. Outras exigem previsões e cooperação entre o grupo de pesquisadores. As seguintes questões devem ser endereçadas em um estudo de métodos mistos.

- *Perguntas e hipóteses.* Se surgirem questões quantitativas e qualitativas complementares, é importante desenvolver cada componente e ter certeza de que uma forte base lógica dê suporte a cada parte do estudo. Não é suficiente aderir a um componente metodológico porque é simples ou porque o pesquisador é forte naquela abordagem metodológica. Todas as partes do estudo devem ser inter-relacionadas e somar à literatura.
- *Seleção do delineamento.* Após a finalização das perguntas e da hipótese, um delineamento deve ser desenvolvido. Este deve ser baseado nas demandas específicas do estudo, e os pesquisadores devem se pragmáticos no estabelecimento das porções qualitativas e quantitativas. Uma parte é maior do que a outra? A coleta de dados ocorrerá sequencialmente ou em paralelo?
- *Amostragem.* Em muitos estudos de métodos mistos, as amostras de uma parte do estudo são baseadas em outra parte. O estudo pode usar uma grande amostra e uma subamostra. O componente quantitativo pode ter uma amostra maior com base em uma seleção randômica ou em uma amostra conveniente de voluntários, e a porção qualitativa pode então selecionar daqueles participantes para obter uma amostra proposital, para responder a questões qualitativas. Em contrapartida, uma amostra qualitativa proposital pode ser suplementada por outra amostra, para obter dados descritivos para responder às questões quantitativas. Sejam as amostras as mesmas ou diferentes, o pesquisador deve planejar de forma que os participantes sejam adequados a cada parte do estudo.
- *Coleta de dados.* Todas as partes da coleta de dados devem ser planejadas e testadas por um estudo-piloto. Se os dados forem coletados ao mesmo tempo, o grupo de pesquisadores deve estar pronto para começar ao mesmo tempo. As interações com os participantes para a coleta de dados devem ser bem pensadas, de forma que o tempo do participante seja usado de modo adequado e que ele não seja interrompido por múltiplas solicitações que pareçam perda de tempo.

> **NÃO SE PREOCUPE, MÉTODOS MISTOS NÃO SÃO TÃO ASSUSTADORES QUANTO PARECEM.**

- *Obtenção de bons dados.* Conforme os dados são coletados e analisados, deve-se prestar atenção se existe evidência de fidedignidade e validade ou confiabilidade e credibilidade. As decisões devem ser baseadas nas tradições e nas demandas para cada tipo de dado que está sendo coletado. Esse passo requer que os pesquisadores individualizem a coleta e a análise dos dados, de maneira que cada parte se baseie em bons dados. Toda a atenção a essas questões que estudos separados demandariam são exigidas em um estudo de métodos mistos.
- *Apresentação do estudo.* Muitas opções estão disponíveis para apresentar o estudo. Em um estudo sequencial, a introdução e a discussão costumam ser combinadas, e a metodologia e os resultados são separados com base na ordem das partes. Em um estudo paralelo, a metodologia ou os resultados podem ser separados ou entremeados para se adequarem à apresentação. Em geral, em um estudo paralelo, existe mais integração ao longo da seção de discussão (Creswell, 2009b). Em alguns estudos sequenciais em que ambos os componentes, qualitativos e quantitativos, são estudos principais, podem ser publicados artigos sobre cada parte. Se um estudo amplo é apresentado em dois artigos, o pesquisador deve destacar essa informação em ambos os artigos e informar aos editores quando submetê-los para publicação (American Psychological Association, 2009).

Exemplos de pesquisa de métodos mistos

Um número crescente de artigos de pesquisa de métodos mistos está surgindo em campos relacionados à atividade física. Na medida em que os pesquisadores perceberem o valor da combinação de métodos, provavelmente, serão realizadas mais pesquisas utilizando essa abordagem. Oferecemos dois exemplos que são típicos de tipos de métodos e delineamentos usados em pesquisa de métodos mistos. Você se beneficiará lendo cada um dos artigos enquanto pensa sobre o material deste capítulo.

Thøgerson-Ntoumani e Fox (2005) completaram um estudo sequencial de métodos mistos que enfocava topologias do bem-estar de empregados em trabalhadores de empresas. Eles aplicaram um questionário quantitativo pela Internet ($N = 312$) e usaram análise de *cluster* hierárquica para desenvolver *clusters* para atividade física e bem-estar. Eles usaram uma variedade de técnicas estatísticas para produzir evidências de que os dados proporcionaram um modelo válido para esses participantes. Acompanharam com entrevistas semiestruturadas os participantes ($n = 10$) que representavam os *clusters* que foram desenvolvidos na fase quantitativa. Esse estudo sequencial relatou a informação de maneira que ficou claro que dados foram coletados e em que ordem. Além disso, eles forneceram informações (p. ex., confiabilidade) que mostram que eles prestaram atenção para obter bons dados. Os resultados são apresentados com os dados quantitativos primeiro, seguidos pelos dados qualitativos, e a discussão combina as duas partes do estudo no exame dos resultados para cada *cluster*.

Harvey, Reid, Bloom, Staples, Grizenko, Mbekou, Ter-Stepanian e Joober (2009) apresentaram um exemplo de um estudo de métodos mistos paralelo, ou concomitante, no qual a porção qualitativa foi maior do que o componente quantitativo do estudo. Uma amostra proposital de 12 meninos, seis com e seis sem transtorno do déficit de atenção/hiperátividade (TDAH), foi testada em habilidades motoras e entrevistada, usando perguntas em entrevistas estruturadas e semiestruturadas para explorar o conhecimento e as preferências em relação à atividade física. Os testes e as entrevistas aconteceram simultaneamente. Foram feitas comparações entre grupos nas avaliações de habilidades e por meio de análise temática das entrevistas. Os resultados são apresentados primeiro para a avaliação das habilidades e depois para os resultados qualitativos. Os resultados de ambos os tipos de pesquisa estão integrados na discussão, mas, como seria de se esperar, quando a parte qualitativa do estudo é muito maior, ela foca mais os resultados qualitativos. Os autores proporcionaram uma boa visão geral dos passos que seguiram para obter dados bons e foram sinceros sobre como um estudo-piloto influenciou o método final.

Resumo

Os métodos mistos de pesquisa são um recurso pragmático de endereçar questões que podem ser mais bem respondidas pela combinação das abordagens quantitativa e qualitativa. Em geral, esses métodos são usados de modo sequencial ou simultâneo, mas, como Creswell (2009a) observa, a forma como os delineamentos de métodos mistos são descritos é variada e, provavelmente, muda ao longo do tempo. Os pesquisadores que fazem pesquisa de métodos mistos precisam ser habilidosos em ambas as abordagens, de forma que dois ou mais pesquisadores geralmente colaboram para realizar as várias partes do estudo.

✓ Verifique sua compreensão

1. Localize um estudo de métodos mistos e escreva um resumo de aproximadamente 300 palavras sobre os métodos utilizados para obter e analisar os dados e apresentar os resultados. Inclua informações sobre quais métodos são qualitativos e quais são quantitativos. Identifique a ênfase relativa nos métodos quantitativos e qualitativos e se o delineamento é sequencial ou paralelo.
2. Localize um estudo de métodos mistos e escreva um resumo sobre como os pesquisadores obtiveram bons dados. Enfoque as questões de fidedignidade, validade, confiabilidade e credibilidade. Observe as diferenças para os vários dados e discuta se seria útil mais informações.

PARTE IV

REDAÇÃO DO RELATÓRIO DE PESQUISA

Não conseguimos solucionar todas as nossas dúvidas. De certo modo, estamos tão confusos quanto você. No entanto, conseguimos levantar questões, de modo que estamos confusos, porém em um nível mais elevado.

Click e Clack, no Car Talk* da NPR

A Parte I abordou o projeto e o propósito da pesquisa e a estrutura das suas várias partes. As Partes II e III forneceram os detalhes necessários à compreensão e à realização da pesquisa, inclusive informações sobre estatísticas, medição e tipos de pesquisa. Esta parte completa o processo de pesquisa, trazendo instruções sobre a preparação do relatório. Se achar necessário, consulte o Capítulo 2, no qual discutimos algumas regras e recomendações para escrever a revisão da literatura, porque essa é uma parte importante do relatório de pesquisa.

O Capítulo 21 examina todas as partes do projeto de pesquisa que já abordamos. Além disso, apresentamos algumas de nossas ideias sobre a natureza da qualificação, destinada à discussão do projeto. Até agora, tentamos explicar como compreender outras pesquisas e como planejar a sua própria. Aqui, vamos ajudá--lo a organizar e a escrever os resultados e as seções de discussão (ou capítulos) da pesquisa realizada. Também explicamos como preparar tabelas, figuras e ilustrações e onde inseri-las no relatório de pesquisa.

Por fim, no Capítulo 22, sugerimos modos de uso dos estilos tradicional e de periódicos para organizar e escrever dissertações e teses. Apresentamos também uma breve seção sobre a redação de artigos para periódicos científicos e fazemos uma breve discussão sobre a preparação e a apresentação oral e em painéis.

---

* N. de R. T. Programa humorístico da National Public Radio (NPR), nos Estados Unidos. Os apresentadores Tom e Ray Magliozzi, mais conhecidos como Click e Clack, nomes forjados a partir do som "clique e claque" de automóveis velhos, dão dicas sobre carros.

Capítulo 21

A Conclusão do Processo de Pesquisa

O maior mentiroso do mundo é o "Eles dizem".
Douglas Malloch

A conclusão do processo de pesquisa envolve redigir o projeto e obter sua aprovação, assim como realizar a pesquisa e registrar tudo na tese, nas seções do resultado e da discussão. A seguir, fornecemos orientações para ajudá-lo a completar esse processo. Após a leitura, você poderá buscar mais detalhes em Locke, Spirduso e Silverman (2007).

Projeto de pesquisa

O projeto de pesquisa contém a definição, o objetivo e o significado do problema e a metodologia que será usada para solucioná-lo. Quando se opta pelo formato de periódico (defendido neste livro e revisto em detalhes no Cap. 22) para a elaboração da dissertação ou tese, o projeto consiste nas seções de introdução e de métodos, tabelas adequadas, figuras e apêndices (p. ex., planilhas de escores, cartas de apresentação, questionários, modelo dos formulários de consentimento informado e dados do estudo-piloto). Em uma dissertação ou tese de quatro partes (introdução, método, resultados e discussão), o projeto consiste nas duas primeiras seções. Em estudos no formato de cinco seções, nos quais a introdução e a revisão da literatura são separadas em duas seções ou capítulos, o projeto abrange as três primeiras.

Um dos objetivos deste livro é preparar os estudantes para o desenvolvimento de um projeto de pesquisa. Já abordamos o conteúdo do projeto. Os Capítulos 2, 3 e 4 referem-se, especificamente, ao corpo dele. Outros capítulos tratam de várias facetas do planejamento do estudo: hipóteses, medidas, delineamentos e análises estatísticas. Aqui, tentamos reunir tudo no projeto completo. Além disso, discutimos a qualificação e as ações da banca. Por fim, tocamos em considerações básicas sobre projetos destinados a agências de fomento e destacamos como eles diferem do projeto original da dissertação ou tese.

Desenvolvimento de uma boa introdução

A tarefa mais importante do estudante é convencer um grupo de pessoas (a banca, o conselho editorial, os responsáveis pela aprovação de projetos em agências de fomento) de que o problema é importante e vale uma investigação. A primeira seção do projeto deve fazer isso e também despertar o interesse do leitor. A revisão da literatura proporciona informações básicas e critica pesquisas feitas anteriormente sobre o mesmo tópico, apontando pontos fracos, conflitos e áreas que exigem outros estudos. A declaração concisa do problema informa o leitor sobre o exato propósito, ou seja, o que o pesquisador pretende fazer.

As hipóteses ou questões são elaboradas com base em pesquisas prévias e, às vezes, em algum modelo teórico.

A primeira parte da introdução apresenta os construtos que definem o estudo e brevemente determina as relações entre eles. Em geral, essa seção, com poucas páginas, vai do mais amplo ao mais sucinto, e, quando o leitor chega ao problema ou à declaração do objetivo, torna-se claro que variáveis estão sendo estudadas. Por exemplo, em um estudo sobre atitude do estudante na educação física, a introdução poderia primeiro apontar como a educação física tem consequências valiosas de saúde. Os parágrafos subsequentes poderiam discutir como a educação física proporciona e promove a atividade física, como as atitudes da educação física na escola fundamental podem influenciar atitudes futuras e como as atitudes mudam com o tempo. Os construtos de educação física, atitude e crianças do ensino fundamental são definidos, e suas relações são descritas antes de a discussão passar para outras seções da introdução.

Em muitas universidades, a introdução inclui uma seção sobre o significado e fundamento lógico do estudo. Esse é o lugar para argumentar que o estudo contribuirá para a área. Essa seção poderá tratar de razões teóricas e práticas para o estudo. Muitos estudantes consideram relativamente fácil argumentar as razões práticas, mas ser capaz de escrever como o estudo contribui para a teoria será crucial para determinar se o artigo do estudo pode ser publicado. Argumentar sobre as contribuições requer ir além de dizer que "não existe muita literatura sobre este tópico". O pesquisador deve especificamente declarar como o estudo se encaixará e como estenderá a literatura e a teoria corrente.

Ao longo da proposta, o pesquisador deverá oferecer definições operacionais para informar o leitor de exatamente como está usando certos termos (ver o quadro abaixo para uma definição operacional de críquete). Alguns departamentos têm a tradição de ter uma seção de definições operacionais, mas isso tem se tornado mais comum para definir termos operacionais, conforme estes são utilizados. Essa abordagem é semelhante à forma como os artigos de pesquisa são escritos e auxilia o leitor, definindo o termo quando ele for encontrado. Limitações e possíveis deficiências do estudo são também reconhecidas pelo pesquisador e, em geral, são o resultado das delimitações que o investigador impõe. Essa discussão poderá ser completada na introdução, em uma seção à parte. Uma abordagem mais eficiente costuma ser incluir uma frase, reconhecendo limitações e possíveis deficiências, quando amostras e técnicas são discutidas na seção de métodos.

O Capítulo 2 deste livro referiu-se à revisão da literatura e incluiu uma discussão sobre os processos de raciocínio indutivo e dedutivo, usados no desenvolvimento do problema e na formulação

---

Definição operacional do críquete como nos foi explicado por um amigo australiano

Há dois lados: um no *infield*, outro no *outfield*.
Cada um dos homens que está no *in* sai e, quando está no *out*, entra, e o próximo vem para o *in* até que fique *out*.
Quando todos ficam do lado *out*, o lado *out* entra, e o que estava *in* sai e tenta pegar os que estão indo para o *in*.
Às vezes, você pega um cara que ainda está no *in*, e não no *out*.
Quando os dois times, inclusive o que não estava no *out*, já estiverem no *in* e no *out*, o jogo termina!

de hipóteses. O Capítulo 3 envolveu outras partes geralmente necessárias à seção ou ao capítulo introdutório do projeto.

São incontáveis as horas envolvidas no preparo da primeira seção (introdução) do projeto, em especial na busca da literatura e na formulação da significância ou da fundamentação lógica do problema. O estudante depende muito de um orientador e de estudos já concluídos, de onde possa extrair exemplos de formato e descrição. Antes de continuar, no entanto, precisamos mencionar que os verbos do projeto devem estar no tempo futuro. Você pode declarar que muitos sujeitos serão selecionados e que determinadas procedimentos serão usados. Certamente, estudos-piloto que foram finalizados devem ser no tempo verbal passado. Teoricamente, poderíamos supor que, dispondo de um projeto bem planejado e bem escrito, depois, seria preciso apenas mudar os verbos para o tempo passado, e estariam prontas as duas primeiras seções ou primeiros capítulos da dissertação ou tese. Na prática, entretanto, provavelmente serão feitas várias revisões desde o momento do projeto até a versão final. Reiteramos que a importância do estudo e a sua contribuição para a profissão são o principal foco da primeira seção do projeto – essa é a base da sua aprovação ou rejeição.

Descrição do método

A seção do método do projeto é a que gera a maior parte das questões levantadas pela banca de qualificação. Nessa seção ou capítulo, o estudante descreve com clareza como os dados serão coletados, a fim de solucionar o problema apresentado na primeira seção. O autor do projeto deve especificar os participantes: quem serão, como serão escolhidos, quantos estão previstos, se existem características especiais importantes, como os seus direitos e privacidade serão protegidos e como o consentimento informado será obtido. Estarão incluídos também os métodos de obtenção das medidas e documentadas a sua validade e fidedignidade. Em seguida, descrevem-se os procedimentos. Se for um *survey*, por exemplo, o estudante abordará as etapas do desenvolvimento do instrumento e da carta de apresentação, o envio dos questionários e o acompanhamento. Se o estudo for experimental, os tratamentos (ou programas experimentais) serão descritos explicitamente, em conjunto com os procedimentos de controle que serão realizados. Por fim, o estudante explica o delineamento experimental e planeja a análise estatística dos dados.

Já enfatizamos a importância da realização de estudos-piloto antes de reunir os dados. Quando feito, o estudo-piloto tem de ser descrito, e os seus resultados, registrados. Em geral, os membros da banca preocupam-se muito com as seguintes questões: os tratamentos podem produzir mudanças significativas? As medidas são acuradas e discriminam os participantes de modo confiável? O investigador será capaz de executar as medidas e aplicar os tratamentos de modo satisfatório? O estudo-piloto deve fornecer respostas a todas essas perguntas.

Se o estudo proposto é qualitativo, então é importante informar o método e adequar sua apresentação ao estudo em questão. É semelhante ao que é sugerido no parágrafo anterior. Por exemplo, a maioria das seções dos projetos de métodos qualitativos (p. ex., desenvolvimento, estudos-piloto e revisões para questões de entrevista semiestruturada) inclui análise de dados, e formas como honestidade e credibilidade (ou fidedignidade e validade) são abordadas na coleta e análise de dados. Apresentamos orientações para preparar o projeto qualitativo mais adiante neste capítulo.

No Capítulo 4, recomendamos que o estudante use a literatura para determinar a metodologia. Algumas questões podem ser defendidas por resultados de estudos anteriores; entre elas, se as condições de determinado tratamento são suficientemente longas, intensas e frequentes para produzir as mudanças previstas.

Processo do projeto

Reiteramos o conteúdo do projeto: a introdução (inclusive a revisão da literatura) e os métodos que serão usados. O objetivo proposto, em conjunto com informações básicas, hipóteses ou questões plausíveis, definições operacionais e delimitações, determina se vale a pena fazer o estudo. Em consequência disso, a primeira seção (ou capítulo) serve de instrumento para despertar o interesse pelo problema e estabelecer o princípio e a relevância do estudo. A aprovação ou não do projeto pela banca depende principalmente da capacidade de persuasão expressa nessa parte.

Na verdade, a decisão básica sobre o mérito do tópico já deve ter sido tomada antes da qualificação. O estudante deve consultar o orientador e alguns (se não todos) os professores da banca, a fim de obter um consenso sobre a validade do estudo antes de marcar a qualificação. Se você não conseguir convencer a maioria da banca de que o estudo proposto é válido, então não convoque uma reunião formal da banca. Recomendamos fortemente trabalhar próximo do seu orientador e marcar a reunião da banca somente quando estiver certo de que o projeto está pronto e que a reunião resultará em uma conclusão bem-sucedida. Você terá problemas caso o projeto seja devolvido com comentários como os referidos abaixo.

▶ Para evitar problemas, o estudante deveria convencer a maioria da banca do valor do estudo antes de solicitar a reunião de submissão do trabalho.

O que esperar da banca de qualificação

Vamos lançar mão da digressão para discutir a composição da banca de qualificação. A estrutura da banca e o número de professores na sua composição variam de acordo com a instituição. Provavelmente, é seguro afirmar que a maioria das bancas de dissertações consiste em, pelo menos, três integrantes; as de teses, cinco. O orientador e o co-orientador incluem-se nesse grupo, nas instituições em que há essas categorias; no entanto, com frequência, o mestrando não precisa de um co-orientador. Outros membros da banca devem ser escolhidos de acordo com o grau de conhecimento do assunto e com a experiência em outros aspectos da pesquisa, como o delineamento e a análise estatística. Às vezes, a instituição ou o departamento especifica se os integrantes da banca devem

---

Avaliação de dissertação/tese provisória

Prezado _____,

Saudações! Lamento que minha agenda lotada não me permita avaliar detalhadamente sua dissertação/tese. No entanto, marquei aqui os comentários apropriados, que se aplicam ao seu projeto.

— Se não for bem-sucedido na primeira tentativa, tente de novo várias vezes.

— Não venda os seus manuais de métodos de pesquisa (Thomas, Nelson e Silverman, é claro); você vai precisar deles quando for repetir o curso.

— Não era preciso escrever o projeto em língua estrangeira (birmanês ou algo assim).

— Não consegui passar da terceira página; não é preciso comer o bolo inteiro para concluir que ele está ruim.

— Ouvi dizer que estão contratando funcionários para a lanchonete da faculdade.

— Gostaria de solicitar sua permissão para usar seu projeto como exemplo nas aulas de métodos de pesquisa do próximo semestre.

— Você já pagou a matrícula e as mensalidades? Se não...

— Procure minha secretária e marque um horário comigo. Talvez seja bom tomar um calmante antes.

— Eu participo de bancas de dissertações e teses há mais de 15 anos e, com toda franqueza, tenho visto muito disso.

ser do departamento ou de fora dele. Nos Estados Unidos, geralmente, não se estipula um número máximo de integrantes.

Recomendamos de modo enfático que, antes da qualificação, o aluno, com ajuda e assistência do orientador, busque aprovação em termos gerais e apoio para o problema proposto junto a, pelo menos, dois dos três integrantes da banca de mestrado (ou três dos cinco da de doutorado). Esse apoio, evidentemente, é provisório; a aprovação final dependerá de possíveis refinamentos e da adequação da metodologia. Boa comunicação com os membros da banca pode ajudá-lo a tratar de um certo problema – ou convencer os membros da banca de que este não é um problema – antes da reunião, e não quando a questão pode retardar o início da coleta de dados.

Não espere a qualificação para então fazer o planejamento do estudo. Esse planejamento deve ser completado com antecedência. Alguns programas de pós-graduação realizam reuniões pré-projeto para promover debates e alcançar um acordo informal sobre a eficácia do tópico proposto. Esse tipo de reunião é útil para angariar o apoio da banca antes que o pesquisador gaste tempo e esforço em uma tarefa infrutífera. O aluno prepara e distribui um esboço do propósito e dos procedimentos básicos antes da reunião. Antes disso, ele tem de dedicar tempo suficiente à consulta ao orientador (e, provavelmente, a pelo menos um dos integrantes da banca) e à pesquisa da literatura de modo adequado, a fim de estar preparado para apresentar um caso cujo estudo seja razoável. A reunião pré-projeto não é uma simples "conversa de compadres", na qual o estudante pesca ideias básicas. Contudo, a informalidade da ocasião realmente permite uma boa troca de ideias e de sugestões.

Como preparar o projeto formal

O projeto formal deve ser preparado com cuidado. Tipicamente, o projeto e suas partes passarão por várias rodadas de editoração, revisão pelo orientador e revisões antes de estar pronto para a reunião com a banca de qualificação do projeto. Se ele contiver erros de gramática, ortografia ou formatação, os professores da banca poderão concluir que ao estudante faltam interesse, motivação ou competência para fazer a pesquisa proposta. Dada a disponibilidade de computadores e processadores de texto, não há razão para se apresentar um projeto mal preparado. Além disso, as rotinas de correção ortográfica devem ser sempre usadas. Lembre-se, entretanto, de que esses corretores não são capazes de identificar o uso incorreto de uma palavra digitada corretamente, como ilustrado neste poema de Jerrold H. Zar.

> Eu tenho um corretor ortográfico
> Ele veio com meu PC
> Com ele eu cor rijo o testo
> Dez faço os erros que come ti.

Quando seu projeto estiver pronto, imprima-o em uma impressora de boa qualidade, usando um bom papel. Confira o estado das cópias para garantir que tudo esteja correto e todas as páginas incluídas (verifique cada página – as máquinas copiadoras costumam falhar).

Os professores da banca não vão ignorar os erros, partindo do pressuposto de que serão corrigidos mais tarde. Esse procedimento poderia levar o estudante a concluir que também seriam aceitos descuidos na coleta de dados ou na redação final da dissertação ou tese. As cópias do projeto devem ser enviadas aos professores da banca com bastante antecedência. O departamento ou a universidade costuma especificar quantos dias antes da reunião deve ser feito o envio do projeto.

O que acontece na qualificação

Em uma qualificação típica, pede-se ao estudante que resuma o princípio básico, a significância e a metodologia do estudo (bons recursos audiovisuais enriquecem essa apresentação).

▶ A BANCA DE QUALIFICAÇÃO PODE SER INTIMIDADORA.

O restante da sessão consiste em perguntas, feitas pelos professores (possíveis perguntas na p. 405). Praticar a apresentação e responder a perguntas na frente de seu orientador e de outros estudantes de pós-graduação melhorará a apresentação e pode alertá-lo para áreas que você precisa estar mais bem preparado para responder quando a reunião ocorrer. Se o tópico é aceitável, as questões referem-se principalmente aos métodos e à competência do estudante para realizar o estudo. O aluno deve demonstrar confiança e habilidade na apresentação do projeto. Um erro comum consiste em mostrar-se humilde e flexível demais, aceitando todas as sugestões, inclusive as que mudam radicalmente o estudo. O orientador deve ajudar a rechaçar sugestões "úteis", mas o aluno também tem de defender seus objetivos e metodologia. Quando realiza o planejamento adequado, o aluno (com a assistência do orientador) consegue reconhecer as sugestões úteis e afastar as que parecem não ajudar em nada.

▶ Evite mágoas e dores de cabeça adicionando tempo à duração esperada de cada fase para projeções cuidadosas e realistas.

No projeto da dissertação ou tese, pode-se exigir ou não o cronograma de procedimentos previstos. Ainda que não seja exigido de modo formal, o cronograma temporal, definitivamente, é algo de que o estudante deve tratar. No planejamento da dissertação ou tese, um erro comum consiste em subestimar a duração das fases do estudo. Os pós-graduandos tendem a pressupor, como Poliana, que todos os envolvidos (participantes, assistentes, professores da banca, digitadores e funcionários da universidade) vão abandonar tudo que estiverem fazendo para cuidar do estudo. Além disso, os estudantes pensam que todas as fases da pesquisa vão passar sem nenhum problema. Infelizmente, as coisas não funcionam dessa maneira. A simples logística de cada aspecto do estudo costuma ser mais complicada e gastar mais tempo do que o previsto. Muitos dissabores serão evitados se o estudante projetar, com cuidado e de modo realista, o tempo que será gasto nas várias etapas do processo de pesquisa (e ainda acrescentar algum tempo extra).

Uma vez aprovado o projeto, a maior parte das instituições passa a tratá-lo como um contrato, e os professores esperam que o estudo seja feito do modo especificado. Além disso, o estudante pode pressupor que, se for realizado, analisado como previsto e bem escrito, o projeto será aprovado. Se, no decorrer do estudo, mudanças imprevistas forem exigidas, o orientador deve aprová-las. As alterações substanciais têm de ser revisadas por alguns ou por todos os membros da banca.

Perguntas feitas pelos professores da banca e as respectivas respostas dos pós-graduandos

Banca: Essa miastenia grave afeta de algum modo sua memória?
Estudante: Sim.
Banca: De que modo ela afeta sua memória?
Estudante: Eu esqueço coisas.
Banca: Você pode nos dar um exemplo de algo que esqueceu?

Banca: Em seu estudo qualitativo, você pode descrever um dos participantes?
Estudante: Ele tinha 1,80m de altura, tinha barba e treinava regularmente corrida de longa distância.
Banca: Era um homem ou uma mulher?
Estudante:?
Banca: Você estava presente quando tiraram essa sua foto com o aparato?
Estudante:?

Banca: A que distância estavam os participantes no momento da colisão?
Estudante:?

Banca: Você disse que as escadas que os participantes subiram desciam até o porão?
Estudante: Sim.
Banca: E essas escadas? Elas também subiam?

Banca: Quantos participantes havia na pesquisa?
Estudante: Quarenta.
Banca: Homens ou mulheres?
Estudante: Todos eram mulheres.
Banca: Havia algum homem?

Banca: Os participantes estavam qualificados a fornecer uma amostra de urina?
Estudante:?
Banca: Depois que você sacrificou o camundongo, ele ainda estava vivo?
Estudante: Não.
Banca: Você verificou os batimentos cardíacos?
Estudante: Não.
Banca: Portanto, é possível que ele estivesse vivo?
Estudante: Não.
Banca: Como você pode ter certeza?
Estudante: O cérebro dele estava dentro de um tubo, sobre a minha mesa.
Banca: Mas, ainda assim, o camundongo poderia estar vivo?
Estudante: Provavelmente... vivo e trabalhando como professor universitário, por aí.

Preparação e apresentação de projetos de pesquisa qualitativa

O conteúdo, os procedimentos e as expectativas do projeto discutidos até aqui referem-se mais amplamente a dissertações e teses quantitativas. Mesmo havendo muitas similaridades no tipo de informação apresentada em projetos de pesquisa quantitativa e qualitativa, algumas diferenças evidentes devem ser mencionadas.

A preparação do projeto é muito mais fácil quando todos os professores da banca estão familiarizados com a pesquisa qualitativa. Hoje, muitos professores de universidades têm um entendimento básico da pesquisa qualitativa e das diferenças metodológicas entre pesquisa qualitativa e quantitativa. Se os membros que foram propostos para a banca não estão familiarizados com a pesquisa qualitativa, surgirão problemas. O estudante cuja intenção é realizar um estudo qualitativo deve ler obrigatoriamente *Proposals That Work*, de Locke, Spirduso e Silverman (2007), ou *Designing Qualitative Research*, de Marshall e Rossman (2006).

Um dos problemas enfrentados pelo pesquisador qualitativo refere-se a possíveis mudanças de foco e de métodos no decorrer do estudo. Anteriormente, comparamos o projeto a um contrato cujas especificações os integrantes da banca esperam que o estudante siga durante a realização do estudo. No entanto, ao contrário da pesquisa quantitativa, a qualitativa costuma sofrer mudanças de foco no que diz respeito a questões, fontes dos dados, metodologia e análise dos dados. Esse aspecto da pesquisa qualitativa demanda um "contrato aberto" (Locke et al., 2007), e os métodos para tratar as modificações devem ser incluídos no projeto.

Outra diferença entre o projeto quantitativo e o qualitativo pode ser encontrada na revisão da literatura. Em algumas casos raros em pesquisas qualitativas, estudos estreitamente relacionados podem ser omitidos de modo proposital durante o planejamento, porque o pesquisador não quer ser influenciado por visões e percepções de outros. Uma terceira diferença é a necessidade de que os pesquisadores qualitativos tratem dos seus próprios valores, suas inclinações e suas percepções, a fim de que possam compreender de forma mais clara o contexto do ambiente da pesquisa. Essa discussão costuma ser incluída como um parágrafo na seção de método em que a coleta e a análise de dados estão sendo tratadas.

Todos os professores da banca, familiarizados ou não com a pesquisa qualitativa, estão interessados nas questões do método: onde acontecerá o estudo? Quais serão os participantes? Como o pesquisador terá acesso ao local? Que fontes de dados serão usadas? O pesquisador tem as habilidades de pesquisa necessárias? Que estudo-piloto foi feito? Como serão tratadas as questões éticas? Que estratégias serão empregadas na coleta, na classificação, na categorização e na análise dos dados?

Agora, dependendo do estudo, já podem estar aparentes as diferenças de formato e de natureza do processo dos projetos quantitativo e qualitativo. Essas diferenças têm de ser reconhecidas e aceitas. Do mesmo modo que acontece em qualquer tipo de pesquisa, o orientador desempenha um papel vital na preparação do estudante (e, em alguns casos, dos professores da banca), dando apoio e ajudando a resolver os problemas mais intrincados. Acima de tudo, o estudante, com a assistência do orientador, deve ser capaz de garantir à banca que o estudo será realizado de modo competente e acadêmico.

Redação de projetos para agências de fomento

Todas as fontes de financiamento, sejam de agências governamentais ou de fundações privadas, exigem projetos de pesquisa para que se possa decidir quais serão custeados e quanto custarão. Quase sempre, as agências de fomento publicam orientações aos candidatos para a preparação dos projetos.

Um projeto bem escrito é tudo. Poucas vezes o pesquisador tem a chance de explicar ou de defender o propósito ou os procedimentos. Portanto, a decisão é tomada inteiramente com base no projeto escrito. Seu formato é similar ao do projeto da dissertação ou tese. Contudo, alguns tipos de informação adicionais são necessários, assim como algumas modificações de procedimentos.

O pesquisador deve seguir as orientações das agências de fomento. Estas toleram pouco (ou nenhum) desvio das suas orientações. Todas as partes dos formulários têm de ser preenchidas e os prazos devem ser rigorosamente respeitados. Em geral, um mês ou mais antes do preenchimento do projeto, exige-se uma declaração sobre a intenção de submetê-lo.

O que os projetos para agências de fomento incluem

- resumo do projeto proposto;
- declaração do problema e da sua relevância de acordo com as prioridades especificadas pela agência;
- metodologia a ser seguida;
- cronograma
- orçamento; e
- *curriculum vitae* dos pesquisadores.

Com frequência, exige-se uma breve revisão da literatura para demonstrar familiaridade com pesquisas anteriores. Às vezes, a agência de fomento impõe algumas restrições de delineamento e métodos. Por exemplo, uma agência poderá proibir o uso de grupos-controle, quando se elabora a hipótese de que o tratamento é eficaz. Em outras palavras, pode ser que ela não queira que se negue tratamento a alguém. Essa limitação pode causar problemas para o pesquisador no momento de avaliar cientificamente os resultados do projeto.

Uma vez que cada agência tem estipulações referentes aos tipos de programas que podem ou não ser financiados, é exigido um orçamento detalhado, assim como a justificativa de cada item desse orçamento. Em geral, espera-se a entrega de um cronograma para que os avaliadores possam ver como o projeto será conduzido e quando as várias fases serão completadas. Esse cronograma fornece aos avaliadores informações sobre a profundidade e o objetivo do estudo, a justificação para a duração da bolsa solicitada, as contribuições de todo o pessoal e o provável prazo dos relatórios sobre o andamento da pesquisa.

A competência do pesquisador tem de ser documentada. Cada pesquisador deve anexar seu currículo e, em geral, uma declaração descrevendo a preparação, a experiência e as realizações do pós-graduando. Às vezes, encoraja-se a apresentação de cartas de recomendação. Elas são incluídas no apêndice. Muitas agências agora exigem que o projeto seja submetido eletronicamente. Essa determinação requer dupla checagem de que todas as partes estão preparadas de acordo com a solicitação para projetos, porque, após o projeto ser enviado, a página do financiador determinará, por exemplo, se todas as partes foram enviadas e se a contagem de palavras excede o número permitido. Um painel de revisores avalia o projeto de acordo com determinados critérios relativos à contribuição para o conhecimento, à relevância, à importância e à racionalidade do delineamento e da metodologia.

A preparação do projeto para a agência de fomento deve ser exata e leva tempo. São necessários diversos tipos de informação; o pesquisador precisa de tempo para reunir as informações e para redigir o texto do modo prescrito pelas normas. Aconselha-se aos candidatos que comecem a preparar o projeto assim que as orientações estiverem disponíveis.

Por fim, é prudente entrar em contato com a agência antes de preparar e submeter o projeto. Raramente são liberados recursos para projetos submetidos sem contato prévio. Averiguar os interesses e as necessidades da agência economiza tempo para o pesquisador. É aconselhável marcar uma visita ou conversar por telefone com o encarregado do setor de pesquisas. Analisar pesquisas previamente financiadas pela agência ou buscar orientação junto a pesquisadores que já receberam bolsa da instituição pode ser útil.

Submissão de projetos internos

Muitas faculdades e universidades (em particular, grandes universidades dedicadas a pesquisas) oferecem financiamento interno para pesquisas de pós-graduação, embora os recursos, na maioria das vezes, não sejam muito consideráveis. As bolsas típicas exigem um projeto de 2 a 5 páginas, com aprovação do orientador e do chefe do departamento. Em geral, o conteúdo inclui o resumo, o orçamento e uma breve narrativa sobre a metodologia proposta e a importância da pesquisa. Os anúncios sobre as bolsas disponíveis costumam ser afixados nos murais universitários. Para procurar informações sobre fontes de financiamento interno, um bom lugar é a secretaria da pós-graduação ou a sala do vice-presidente de pesquisa.

Finalização da tese ou dissertação

Depois da qualificação, os dados devem ser coletados para avaliar as hipóteses propostas. É claro que você segue, com cuidado, os métodos especificados no projeto e consulta seu orientador caso apareçam problemas ou sejam necessárias mudanças. Depois da coleta dos dados, é completada a análise combinada e os resultados são discutidos com o orientador (e, se possível, com alguns integrantes da banca, principalmente se algum deles for especialista em estatística). Assim, você está pronto para redigir os resultados e a discussão, completando, desse modo, a pesquisa.

Resultados e discussão

As seções finais da dissertação ou tese são os resultados e a discussão. Os resultados são o que você descobriu; a discussão explica o que os resultados significam. Em dissertações e teses, essas duas últimas seções, em geral, estão separadas embora às vezes apareçam combinadas (em particular em artigos de múltiplos experimentos). Aqui, abordamos essas seções como partes separadas do relatório de pesquisa.

Como escrever a seção dos resultados

▶ A seção dos resultados é a mais importante, porque apresenta os achados do estudo.

A seção dos resultados é a mais importante do relatório de pesquisa. A introdução e a revisão da literatura indicam por que você realizou a pesquisa; a seção de método explica como fez isso; e os resultados apresentam a sua contribuição para o conhecimento, ou seja, o que foi descoberto. Os resultados devem ser concisos e organizados de modo eficiente, com inclusão de tabelas e figuras apropriadas.

A seção dos resultados pode ser organizada de várias maneiras. A melhor talvez consista em tratar cada uma das hipóteses testadas; em outras ocasiões, os resultados podem ser organizados em torno de variáveis independentes ou dependentes de interesse. Em algumas ocasiões, pode ser que você queira mostrar, em primeiro lugar, que determinado padrão e os efeitos esperados foram replicados antes de passar à discussão das descobertas. Em estudos sobre desenvolvimento de tarefas de desempenho motor, por exemplo, crianças mais velhas costumam apresentar desempenho melhor do que as mais novas. Talvez você queira relatar a replicação desse efeito antes de discutir outros resultados. Ao observar efeitos do treinamento sobre muitas variáveis dependentes em primeiro lugar, a intenção pode ser estabelecer que uma variável dependente-padrão, conhecida por responder ao treinamento, realmente respondeu como esperado. Por exemplo, antes de observar os efeitos do treinamento cardiovascular como potencial redutor do estresse cognitivo, é preciso mostrar que ocorreu uma mudança na resposta cardiovascular em virtude do treinamento.

Alguns itens devem ser sempre relatados nos resultados. Devem ser incluídos os meios e os desvios-padrão de todas as variáveis sob condições importantes. Esses são dados descritivos básicos, que permitem a outros pesquisadores avaliar suas descobertas. Os principais dados descritivos devem ser apresentados em uma única tabela, se possível. Às vezes, apenas os meios e os desvios-padrão de descobertas importantes são incluídos nos resultados. No entanto, todos os meios e desvios-padrão restantes devem constar no Apêndice.

A seção de resultados também deve apresentar tabelas e gráficos que mostrem as respectivas descobertas. Os gráficos são bastante úteis no caso de dados de porcentagem, interações ou resumos de descobertas relacionadas. Quando utilizar figuras que representam efeitos de grupos, sempre apresente uma estimativa de variabilidade com os dados médios – desvios-padrão ou intervalos de confiança são adequados. Nos resultados, devem aparecer apenas tabelas e figuras importantes; as demais são incluídas no Apêndice, quando o forem.

Informações estatísticas devem ser resumidas no próprio texto, quando possível. Estatísticas de ANOVAs e MANOVAs devem ser resumidas sempre no texto; as tabelas completas devem ser relegadas ao apêndice. No entanto, não se esqueça de incluir as informações estatísticas apropriadas no texto. Por exemplo, ao dar a razão F, relate os graus de liberdade, a probabilidade e uma estimativa do tamanho do efeito: $F(1, 36) = 6,23$; $p < 0,02$; TE = 0,65. Acima de tudo, as estatísticas relatadas devem ser significativas. Day (1983, p. 35) registrou um caso clássico, em que se lia "33 1/3% do camundongo usado neste experimento foram curados pelo medicamento do teste; 33 1/3% da população do teste não foi afetada pelo medicamento e permaneceu em condição moribunda; o terceiro camundongo escapou".

Às vezes, as tabelas são o melhor meio de apresentar essa informação. Se algum dia for escrito o artigo científico perfeito, será possível ler na seção dos resultados: "Os resultados são mostrados na Tabela 1" (Day, 1983, p. 36). Mas essa sugestão não significa que a seção de resultados deva consistir, em sua maior parte, de tabelas e gráficos. Ter de esquadrinhar oito tabelas e gráficos colocados entre duas páginas de texto é desconcertante. Pior ainda é ter de ler 50 páginas para chegar ao Apêndice, em que estão a tabela ou o gráfico correspondentes. Leia o que você escreveu. Todos os fatos importantes estão lá? Você incluiu mais informação do que aquela que o leitor pode absorver? São algumas das informações periféricas as questões ou hipóteses que orientam o estudo? Se a resposta para qualquer uma dessas questões for sim, a seção de resultados deve ser revisada.

Não seja redundante nem repetitivo. Um erro comum consiste em incluir tabelas ou gráficos na seção dos resultados e, depois, repeti-los no texto ou repetir dados da tabela na figura. Descrever tabelas e figuras de uma forma geral ou apontar fatos particularmente importantes é adequado, mas não repetir cada descoberta. Além disso, não confunda tabela com gráfico, nem vice-versa. Como relatado por Day (1983), alguns autores ficam tão preocupados em reduzir a verborragia que perdem o rastro dos termos antecedentes, em particular no uso de pronomes:

> "A perna esquerda apresentou dormência algumas vezes, e a atleta teve de dar um fim nela... No segundo dia, a perna estava melhor e, no terceiro, ela desapareceu por completo". Presumivelmente, o antecedente desses dois "ela" é a dormência, mas estou convencido de que a palavra mais correta, em ambos os casos, é demência (p. 36).

Relato de dados estatísticos

Um dilema consistente entre pesquisadores, estatísticos e editores de periódicos científicos refere-se ao relato apropriado de informações estatísticas em artigos de pesquisa. Nos últimos anos, algum progresso foi alcançado no que diz respeito a dois temas em particular – incluir sempre alguma estimativa do tamanho e do significado da descoberta, juntamente com a sua fidedignidade e relevância. Duas organizações importantes no nosso campo – a American Physiological Society (2004) e a American Psychological Association (APA, 2009) – publicaram orientações relativas a esses temas.

A seguir, apresentamos um resumo das orientações gerais dessas duas fontes:

- Informações sobre o modo de determinação do tamanho da amostra são sempre importantes. Indique as informações (p. ex., tamanhos do efeito) usadas na análise do poder para estimar

o tamanho da amostra. Quando o estudo é analisado, intervalos de confiança são mais bem usados para descrever as descobertas.
- Relate sempre todas as complicações ocorridas na pesquisa, inclusive a perda de dados, os atritos e a ausência de respostas; inclua também como esses problemas foram tratados na análise dos dados. "Antes de computar qualquer estatística, dê uma olhada nos dados" (*American Psychologist*, p. 599). Sempre examine seus dados (isso não significa mudá-los) para confirmar que a medida faz sentido.
- Selecione análises minimamente suficientes – métodos complicados de análise quantitativa podem ser adequados aos dados e levar a conclusões úteis, mas muitos delineamentos combinam bem com técnicas básicas e mais simples. Quando isso acontece, esses últimos devem ser os escolhidos. Seu trabalho não é impressionar o leitor, mostrando conhecimento e experiência estatística, mas analisar a pesquisa de modo apropriado e apresentá-la de maneira que alguém razoavelmente informado possa compreendê-la.
- Relate os valores reais de p; os intervalos de confiança serão ainda melhores. Registre sempre uma estimativa da magnitude do efeito. Se as unidades de medida (p. ex., o consumo máximo de oxigênio) tiverem real significado, então será útil incluir informações sobre elas de modo não padronizado, como a diferença das médias. Em outros casos, o relato padronizado, como o tamanho do efeito ou o r^2, é proveitoso. Além disso, inserir essas descobertas em um contexto prático e teórico acrescenta muito ao relatório.
- Controle comparações múltiplas por técnicas, como a de Bonferroni.
- A variabilidade deve ser relatada sempre pelo desvio-padrão. O erro-padrão caracteriza a incerteza associada à população, sendo mais útil na determinação de intervalos de confiança.
- Relate os dados no nível (p. ex., número de casas decimais) mais adequado para a relevância científica.

Relato de dados qualitativos

A maioria das nossas sugestões gerais para preparar a seção de resultados vale para relatar dados qualitativos. Em um estudo qualitativo, o estudante relatará os resultados da análise dos dados como temas ou conclusões. Cada um desses temas ou subtemas deve se relatado com dados – de entrevistas, observações ou coleta de material. O estudante deve apresentar dados para argumentar que os resultados se originam de fontes múltiplas e são claramente suportados. Por exemplo, se o estudante disse que triangulação entre as entrevistas dos estudantes, entrevistas dos professores e observações foi usada durante a análise dos dados, todos os três tipos de dados devem ser incluídos. Escrever uma seção de resultados qualitativos pode exigir múltiplas revisões, de forma que os resultados pareçam plausíveis e claros para a banca.

O que incluir na seção da discussão

Ainda que os resultados sejam a parte mais importante do relatório de pesquisa, redigir a discussão é a mais difícil. Não há truques nem indicações precisas para organizar a discussão, mas várias regras definem o que incluir:

- Discuta os seus resultados – não o que você queria que eles fossem, mas o que realmente são.
- Relacione os resultados à introdução, à literatura prévia e às hipóteses.
- Explique como os resultados enquadram-se na teoria.
- Interprete os resultados.
- Recomende ou sugira aplicações dos resultados.
- Resuma e declare as conclusões, apontando os indícios apropriados.

Sua discussão deve destacar em que pontos os dados confirmam ou não as hipóteses e as descobertas importantes. Mas não confunda significância com significado durante a discussão. Na verdade, cuide, em especial, de apontar onde estes não coincidem. Em particular, a discussão deve sublinhar relações factuais entre variáveis e situações, levando, portanto, à apresentação da significância da pesquisa. É claro que esse é um momento essencial no que diz respeito à confusão entre causa e efeito e correlação. Por exemplo, não diga que uma característica teve um efeito ou uma influência sobre uma variável quando, de fato, você queria dizer que elas estavam relacionadas entre si.

A discussão deve terminar com uma observação positiva, possivelmente uma declaração que sintetize a descoberta mais importante e o seu significado. Nunca termine a discussão com uma variação do velho pilar dos pós-graduandos: "mais pesquisas são necessárias". Quem poderia pensar de outro modo?

A discussão também deve destacar problemas metodológicos ocorridos na pesquisa. Mas é inaceitável usar desculpas metodológicas para explicar os resultados. Se você não encontrou os resultados previstos e, para explicar isso, aponta uma falha metodológica, conclui-se que não houve estudo-piloto suficiente.

Às vezes, os pós-graduandos querem que seus resultados pareçam maravilhosos e solucionem todos os problemas do mundo. Por isso, nas discussões, eles fazem declarações que vão muito além do que indicam os dados. O orientador e a banca provavelmente sabem muito sobre o tópico e não vão se deixar enganar por essas declarações. Eles podem ver os dados e ler os resultados. Eles sabem o que foi descoberto e as declarações que podem ser feitas a partir daí. Na discussão, uma estratégia muito melhor consiste em esclarecer as questões de modo eficaz, sem tentar transformar os pontos principais em ideias grandiosas, destinadas a resolver os principais problemas da humanidade. Escreva de forma que a sua limitada contribuição ao conhecimento seja destacada. Se você fizer declarações mais amplas, os leitores bem informados tenderão a desvalorizar suas descobertas legítimas. A discussão não deve soar como a tirinha de Calvin e Aroldo (de Bill Watterson), em que Calvin diz: "Antes eu detestava fazer o dever de casa, mas agora adoro. Entendi que o propósito de escrever é valorizar ideias fracas, obscurecer raciocínios pobres e inibir a clareza".

Outro ponto sobre a redação da discussão consiste em escrever de modo que alguém razoavelmente informado e inteligente possa compreender o que você descobriu. Não substitua o seu vo-

Redação da discussão

Declaração do problema: Por que a galinha atravessou a estrada?
Método: Uma galinha observada por vários indivíduos.
Resultados: Foi dito que a galinha atravessou a estrada.
Discussão: A seguir, estão as explicações dadas para o fato de a galinha ter atravessado a estrada.

Dr. Seuss – A galinha atravessou a estrada? Atravessou a estrada, a pintada? Sim, foi isso que fez a danada. Mas ninguém explicou mais nada.

Sigmund Freud – Estar tão preocupado com o fato de a galinha ter atravessado a estrada revela a sua insegurança sexual subjacente.

Bill Gates – Acabei de observar eGalinha 7, que, com certeza, não só vai atravessar estradas, mas também botar ovos, arquivar documentos importantes e fazer acertos contábeis. O Internet Explorer é parte integrante do eGalinha 7.

Barack Obama – A galinha cruzou a estrada porque era hora para uma MUDANÇA. A galinha queria MUDANÇA.

George W. Bush – Não nos preocupemos com o porquê de a galinha ter cruzado a estrada. A galinha está do nosso lado da estrada ou não? A galinha é a nosso favor ou contra? Não existe meio termo aqui.

Bill Clinton – Eu não atravessei a estrada junto com aquela galinha. Qual a sua definição de galinha?

Dick Cheney – Onde está minha arma?

Pat Buchanan – A galinha fez isso para roubar o emprego de um estadunidense decente, que trabalha duro.

Capitão Kirk – Ela atravessou a rua, audaciosamente, para ir onde galinha alguma jamais esteve.

Coronel Sanders – Eu perdi uma?

Pós-graduando – Frita ou assada?

> **Em outras palavras**
>
> 1. Para servir de exemplo, outras autoridades sugeriram ser melhor deixar os cães sonolentos na posição recumbente.
> 2. Postulou-se que um alto grau de curiosidade mostra-se letal para os felinos.
> 3. Um grande corpo de indícios experimentais indica claramente que os menores integrantes do gênero *Rattus* tendem a engajar-se em atividades recreativas quando o felino se encontra distante do local.
> 4. Desde tempos imemoráveis, sabe-se que a ingestão de uma "maçã" (ou seja, o fruto da árvore do gênero *Malus*, que costuma apresentar forma redonda e cor vermelha, amarela ou verde) em dose diária, com certeza manterá o usuário do serviço de saúde longe do seu ambiente local.
> 5. Inclusive com o mais sofisticado protocolo experimental, é extremamente improvável que você consiga instilar em um cão muito idoso a capacidade de executar novos feitos de prestidigitação.
> 6. Um conglomerado sedimentar em movimento descendente, em um declive, não ganha qualquer material musgoso adicional.
> 7. Os dados experimentais resultantes indicam que não há utilidade alguma em espancar um equino falecido.

cabulário normal por outro empolado, com palavras longas e sentenças complexas. O seu texto não deve parecer com os exemplos do quadro "Em outras palavras". Ao traduzir o que escrevemos nesse quadro, provavelmente você vai chegar a algumas frases bem conhecidas.

Em geral, a discussão pode ser orientada pelas seguintes questões, retiradas do *Publication Manual of the American Psychological Association* (APA, 2009):

- Qual a minha contribuição aqui?
- Como meu estudo ajudou a resolver o problema original?
- Que conclusões e implicações teóricas posso extrair de meu estudo?

As respostas a essas questões são o cerne da sua contribuição, e os leitores têm direito a respostas claras e diretas. Se, depois de ler a sua discussão, o leitor perguntar "E daí?", isso significa que você não fez um bom relatório da pesquisa.

Como lidar com múltiplos experimentos em um único relatório

Os pós-graduandos têm realizado mais pesquisas que envolvem experimentos múltiplos. Esses experimentos podem levantar diversas questões relacionadas a um problema específico ou questões fundamentadas nas anteriores, sendo que os resultados da primeira levam às perguntas da segunda. Essa tendência é positiva, mas, às vezes, gera problemas no formato tradicional (estrutura de capítulos) da dissertação ou tese. O Capítulo 21 aborda os formatos tradicional e de periódico, usados na organização desses textos.

No formato de periódico, os experimentos múltiplos envolvem uma introdução geral e a revisão da literatura. Quando a metodologia é comum a todos os experimentos, então é incluída uma seção de método geral. Ela é seguida da apresentação de cada experimento, com uma breve introdução própria e a citação de alguns estudos críticos, métodos (específicos desse experimento), resultados e discussão (às vezes, os resultados e a discussão podem vir combinados). O relatório termina com uma discussão geral das séries de experimentos e das respectivas descobertas.

Na estrutura tradicional, os experimentos múltiplos são mais bem tratados em capítulos separados ou em seções principais dentro do capítulo dos resultados. O primeiro capítulo inclui a introdução, a estrutura teórica, a revisão da literatura, a declaração geral do problema de pesquisa e definições e delimitações relacionadas. Os capítulos subsequentes descrevem cada experimento. Cada um deles inclui uma breve introdução, a discussão do problema específico e das hipóteses e as seções do método, dos resultados e da discussão. O capítulo final é uma discussão geral, em que os experimentos são reunidos em um todo. Ele contém aspectos da abordagem previamente apresentada.

Como usar tabelas e figuras

A preparação de tabelas e figuras é uma tarefa difícil. Howard Wainer (1992) escreveu um dos melhores artigos sobre esse tópico. Começamos por uma citação usada por ele.

> Elaborar gráficos, como dirigir um carro e fazer amor, é uma das atividades que quase todos os educadores pensam poder ser feita sem instrução alguma. É claro que os resultados, geralmente, são abomináveis. (Paráfrase, com minhas desculpas [a Wainer], de Margerison, 1965, p. 53.)

Wainer sugeriu que tabelas e figuras devem permitir ao leitor responder perguntas de três níveis:

- Básicas: extração de dados
- Intermediárias: tendências em partes dos dados
- Avançadas: questões gerais, que envolvem a estrutura profunda dos dados (observação de tendências e comparação de grupos)

Esses níveis podem ser lembrados como um efeito regular:

1. Variáveis por elas mesmas (dados)
2. Uma variável em relação à outra
3. Comparações e relações gerais entre os dados

Preparação de tabelas

Obter informações de uma tabela é como extrair luz solar de um pepino, para parafrasear Farquhar e Farquhar (1891).

Lembre-se de que as tabelas destinam-se à comunicação com o leitor, e não ao armazenamento de dados. A primeira pergunta é: você precisa de uma tabela? Na resolução de uma resposta, duas características são importantes: fica mais fácil entender o material em uma tabela? A tabela interfere na leitura dos resultados? Após concluir que precisa de uma tabela (nem todos os números exigem tabelas), você deve seguir estas regras básicas:

- Características semelhantes devem ficar alinhadas verticalmente na tabela.
- Os títulos da tabela devem ser claros.
- O leitor deve ser capaz de compreender a tabela sem consultar o texto.

Exemplos de tabelas boas e ruins

Um exemplo de tabela inútil é a Tabela 21.1; os dados poderiam ser mais facilmente apresentados em um texto. Essa tabela pode ser tratada por uma única sentença: "O grupo experimental (M = 17,3; dp = 4,7) mostrou-se significativamente melhor do que o grupo-controle (M = 12,1; dp = 3,9), $t(28) = 3,31$; $p < 0,05$". A Tabela 21.2 também é desnecessária. Das 10 comparações entre as médias dos grupos, apenas uma é significativa. Seus valores são equivalentes aos testes t. Essa tabela também pode ser apresentada em uma única sentença: "Usou-se o teste de Scheffé para fazer comparações entre as médias dos grupos etários, e a única diferença significativa foi entre o grupo mais jovem (7 anos de idade) e o mais velho (15 anos de idade), $t = 8,63$; $p < 0,05$".

O exemplo de tabela útil (Tab. 21.3) pegamos emprestado de Safrit e Wood (1983). Como você pode ver, características semelhantes aparecem verticalmente. Além disso, seria necessário muito texto para apresentar esses mesmos resultados, enquanto, nessa tabela, é fácil compreendê-los.

Aprimoramento de tabelas

Um tópico importante consiste em como aprimorar as tabelas, a fim de torná-las mais úteis, informativas e fáceis de interpretar. Wainer (1992) oferece três boas regras para o desenvolvimento de tabelas.

- As colunas e linhas devem ser organizadas de modo sensato. Os elementos da coluna, por exemplo, com frequência são dispostos em ordem alfabética, de acordo com o respectivo título (p. ex., nomes, lugares). Essa abordagem poucas vezes é útil. Organize as colunas naturalmente, de modo cronológico (p. ex., do passado para o futuro) ou pelo tamanho (p. ex., coloque primeiro o maior ou o menor valor da média ou da frequência).
- Quando os valores tiverem várias casas decimais, faça o arredondamento. Dois dígitos são praticamente o máximo que as pessoas conseguem entender, podem ser medidos com precisão e despertam a atenção. O que significa, por exemplo, um valor de VO_2máx. com quatro casas decimais? Não o entendemos, não podemos medi-lo com precisão e ninguém se importa com ele. Algumas vezes, tentativas de obter extrema precisão tornam-se uma piada, fazem lembrar o relatório em que a família estadunidense média tinha 2,4 filhos. (Pensávamos que crianças viessem apenas em unidades inteiras!) A criança inteira é a menor (mais discreta) unidade de medição disponível.
- Use resumos de linhas e colunas e preste atenção a eles. Os dados do resumo, com frequência fornecidos na última linha ou coluna, são importantes porque os seus valores (somas, médias ou medianas) fornecem uma comparação padronizada (ou habitualidade). Em geral, é útil destacar esses valores de algum modo (p. ex., em negrito).

TABELA 21.1 TABELA INÚTIL 1
Médias, desvios-padrão e teste *t* para distância percorrida realizando roda lateral com olhos vendados

Grupos	N	M	dp	t
Experimental	15	17,3	4,7	3,31*
Controle	15	12,1	3,9	

*$p < 0,05$.

TABELA 21.2 TABELA INÚTIL 2
Teste de Scheffé para diferença entre níveis de idade na capacidade de abanar suas orelhas

Idade	7	9	11	13	15
7	–	1,20	1,08	1,79	8,63*
9		–	1,32	1,42	1,57
11			–	1,58	1,01
13				–	0,61
15					–

*$p < 0,05$.

TABELA 21.3 EXEMPLO DE UMA TABELA ÚTIL
Característica dos participantes

	Urbano	Suburbano	Rural	Todos os participantes
Sexo				
Masculino	280 (55,8%)	219 (50,7%)	101 (47,2%)	600 (52,3%)
Feminino	222 (44,2%)	213 (49,3%)	113 (52,8%)	548 (47,7%)
Idade				
10	36 (7,2%)	14 (4,0%)	6 (2,8%)	59 (5,1%)
11	103 (20,5%)	96 (22,2%)	42 (19,6%)	241 (21,0%)
12	183 (36,5%)	127 (29,4%)	69 (32,2%)	379 (33,0%)
13	162 (32,3%)	158 (36,6%)	82 (38,3%)	402 (35,0%)
14	18 (3,6%)	34 (7,9%)	15 (7,0%)	67 (5,8%)
IMC				
Abaixo de 20	57 (11,4%)	32 (7,4%)	8 (3,7%)	97 (8,4%)
20,0-25,0	193 (38,4%)	162 (37,5%)	117 (54,7%)	472 (41,1%)
25,1-30,0	207 (41,2%)	171 (39,6%)	61 (28,5%)	439 (38,2%)
Acima de 30,1	45 (9,0%)	67 (15,5%)	28 (13,1%)	149 (12,2%)
Autodeclaração de fisicamente ativo				
Sim	209 (41,6%)	178 (41,2%)	109 (50,9%)	496 (43,2%)
Não	293 (58,4%)	254 (58,8%)	105 (49,1%)	652 (56,8%)

N Total = 1.148.

Vamos tentar aprimorar uma tabela real. Em nossa aula de métodos de pesquisa, com frequência, damos aos estudantes a atribuição de localizar uma tabela na *Research Quarterly for Exercise and Sport* e aprimorá-la, aplicando as sugestões de Wainer. Os pós-graduandos não hesitam na hora de localizar e aprimorar tabelas elaboradas por algum integrante do nosso corpo docente. (Professores: não é somente o nosso trabalho que pode ser melhorado. Ofereça aos seus alunos uma tabela ou gráfico publicado. Com certeza, eles vão melhorá-lo também.) Um bom exemplo, retirado de um artigo de Thomas, Salazar e Landers (1991), incluído na *Research Quarterly of Exercise and Sport*, foi fornecido por James D. George, quando ele era doutorando da Arizona State University (nossos agradecimentos a James por ter autorizado o uso desse trabalho). O exemplo, na página 416, mostra os dados como foram apresentados por Thomas, Salazar e Landers (1991). O outro, na 417, é o resultado do reajuste feito por George. É fácil observar e compreender os aprimoramentos na apresentação dos dados. Em primeiro lugar, as colunas foram reordenadas de acordo com a "Info TE" – e todas as respostas "sim" são seguidas pelas dos "não" (teria sido igualmente bom remover as respostas "não" e listar o nome dos autores no pé da tabela). Em seguida, foi feita a reordenação do menor valor para o maior na coluna seguinte, a N (tamanho da amostra). Finalmente, o título "TE primário" foi completado com um texto adicional ("Os efeitos mais importantes do estudo") para esclarecer o significado daquelas três colunas.

Como essas mudanças relacionam-se aos três níveis das questões propostos por Wainer? A tabela revisada torna claro o tamanho da amostra e as informações sobre o TE (nível básico) de cada estudo (mas isso também foi feito na tabela original). Nos níveis intermediário e avançado (tendências, relações e estrutura geral), no entanto, a tabela revisada mostra considerável melhoria. É mais fácil, por exemplo, observar que o tamanho da amostra e o TE não estão relacionados; ou seja, nenhum estudo, nem de amostras grandes, nem de pequenas, tem maior probabilidade de produzir efeitos de tratamento maiores ou menores (como estimado por TE).

Uma boa tabela melhorada – a tabela original

TABELA 2

Dados sobre artigo no Volume 59, 1988

Primeiro autor	Informação TE	N^c	TE principal* (Os efeitos mais importantes do estudo)		
Doody	não				
Kamen[b]	sim	9	0,64	0,72	0,14
Alexander	sim	26-48	0,33	0,73*	0,39
Era	sim	5-6	0,50*	0,10	1,42*
Kokhonen	sim	9-12	−1,97*	−2,64*	−1,78*
Farrell	sim	45-368	0,77*	−0,51*	0,37*
Heinert	não				
Kamen	não[a]	10	1,14	0,81	0,90
Ober	não				
Simard	sim	7	−1,59*	0,52	−2,71*
Berger	não				
Stewart	não				
Abernethy	não				
Etnyre	não				
Nelson[b]	sim	13	0,73	1,76	0,85
Wesson	não				
Housh	sim	20	−0,53*	−2,11*	0,25*
Hutcheson	sim	34	−0,06	0,63*	−0,30*

*Comparação de Ms que formam TE foi significativa, p < .05.
[a]Nenhum efeito principal significativo.
[b]O efeito principal é significante, mas nenhuma informação é oferecida em relação à significância da comparação *post hoc*.
[c]Por grupo de comparação.

Com frequência, outro exemplo de uso impensado dos números é o relato de valores estatísticos. Apenas porque os computadores produzem estatísticas (p. ex., F, r) e probabilidades (p) com cinco ou mais casas decimais, não significa que os números devem ser registrados nesse nível. Duas ou (no máximo) três casas são adequadas. Mas a aplicação dessas orientações pode resultar em probabilidades bastante estranhas: $t(22) = 14,73$; $p < 0,000$. Agora $p < 0,000$ significa que não há chance de erro; isso não pode ocorrer, se a chance de erro é zero, não pode ser uma probabilidade. O que aconteceu é que a probabilidade exata era algo como $p < 0,00023$, e o pesquisador fez o arredondamento para $p < 0,000$. Você não pode fazer isso. Como indicamos, acreditamos que seja mais apropriado relatar a probabilidade exata (p. ex., $p = 0,025$) e dizer se ela excedeu o alfa estabelecido para o experimento (p. ex., $p = 0,05$). Entretanto, o último dígito da probabilidade sempre tem de ser 1 ou mais. O exemplo anterior, $p < 0,00023$, quando expresso em três casas decimais, deve ser $p < 0,001$.

Às vezes, outros números também são usados de modo impensado. Na revisão de um periódico científico, um de nós encontrou um estudo em que crianças tinham sido submetidas a 12 semanas de tratamento. O autor registrou a idade média e o desvio-padrão delas antes e depois desse tratamento. Não causou surpresa o fato de as crianças terem envelhecido 12 semanas. O autor também calculou um

Uma boa tabela melhorada – a melhor forma

TABELA 2
Dados sobre artigo no Volume 59, 1988

Primeiro autor	Informação TE	N^c		TE principal* (Os efeitos mais importantes do estudo)	
Era	sim	5-6	0,10	0,50*	1,42*
Simard	sim	7	−2,71*	−1,59*	0,52
Kamen^a	sim	9	0,14	0,64	0,72
Kamen	sim^b	10	0,81	0,90	1,14
Kokhonen	sim	9-12	−2,64*	−1,97*	−1,78*
Nelson^b	sim	13	0,73	0,85	1,76
Housh	sim	20	−2,11	−0,53*	0,25*
Hutcheson	sim	34	−0,30*	−0,06	0,63*
Alexander	sim	26-48	0,33	0,39	0,73*
Farrell	sim	45-368	−0,51*	0,37*	0,77*
Abernethy	não				
Berger	não				
Doody	não				
Etnyre	não				
Heinert	não				
Ober	não				
Stewart	não				
Wesson	não				

^{a}Por grupo de comparação.
^{b}Comparação de Ms que forma TE.
^{c}O efeito principal é significante, mas nenhuma informação é oferecida com relação à significância da comparação *post hoc*.
*TE foi significante, p < .05.

teste *t* entre as médias pré e pós-tratamento para a idade, que, é claro, foi significativo. Ou seja, o fato de as crianças terem envelhecido 12 semanas no período de 12 semanas era uma descoberta confiável.

Preparação de figuras e ilustrações

Muitas das sugestões destinadas à construção de tabelas aplicam-se também a figura e ilustrações. Em geral, a figura é uma outra forma de apresentar a tabela. Antes de usar qualquer recurso desses, faça a seguinte pergunta: o leitor vai precisar dos números ou uma figura de resultados será mais útil? A pergunta mais importante é: você precisa de algum deles? Os dados podem ser apresentados de modo mais conciso e fácil no texto? Figuras e tabelas não acrescentam validade científica ao seu relatório de pesquisa. Na verdade, eles podem até confundir os resultados. Day (1983, p. 56) sugeriu um meio razoável de decidir sobre o uso de uma tabela ou figura: "Se os dados mostram tendências pronunciadas, formando uma figura interessante, use o gráfico. Se os números apenas ficam ali, sem nenhuma tendência excitante evidente, a tabela deve bastar".

▶ A tabela ou figura deve ser usada somente se os dados não são apresentados de forma melhor no texto.

Na preparação de figuras, várias outras considerações são importantes. A seleção do tipo de figura é algo um tanto arbitrário, mas algumas distinções tornam a escolha de um tipo mais apropriada do que a de outro (ver a Tab. 21.4). Para avaliar se é adequado o uso da figura, confirme se esta:

- não duplica o texto;
- contém informações importantes;
- não possui distrações visuais;
- é fácil de ler e entender;
- é consistente com as outras figuras do texto; e
- contém um modo de avaliar a variabilidade dos dados (p. ex., barras de desvio-padrão ou intervalos de confiança).

As figuras são úteis para apresentar interações e pontos de dados que mudam ao longo do tempo (ou em testes múltiplos). A variável dependente é colocada no eixo y; a variável independente ou categórica, no x. Se houver mais de uma variável independente, como decidir qual colocar no eixo x? Já solucionamos parcialmente essa questão. Se for usar a variável de tempo ou de testes múltiplos, coloque-a no eixo x. Vejamos um exemplo. No estudo, descobriu-se uma interação entre a variável dependente, por faixa etária (7, 9, 11, 13 e 15 anos), e o tratamento (experimental *versus* controle). Cinco faixas etárias são, em geral, usadas no eixo x. Observe que isso é uma regra; circunstâncias específicas podem determinar o contrário. Um bom exemplo de uso de figura para apresentar uma interação é mostrado na Figura 21.1. Observe que tanto a idade quanto o tempo são variáveis independentes; assim, o tempo é colocado no eixo x.

TABELA 21.4
Gráficos e diagramas

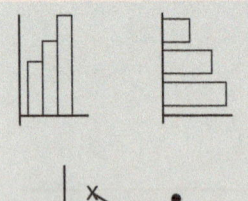

Gráfico de barras e de colunas – Barras (horizontais) são melhores para comparar quantidade; organize pelo tamanho, da menor para a maior; da maior para a menor. Colunas (verticais) são boas para comparações ao longo do tempo, em especial quando as tendências são evidentes. Sombreamentos servem para distinguir ou arranjar barras e colunas.

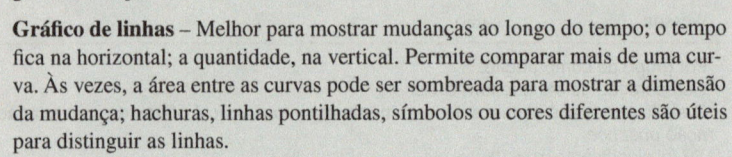

Gráfico de linhas – Melhor para mostrar mudanças ao longo do tempo; o tempo fica na horizontal; a quantidade, na vertical. Permite comparar mais de uma curva. Às vezes, a área entre as curvas pode ser sombreada para mostrar a dimensão da mudança; hachuras, linhas pontilhadas, símbolos ou cores diferentes são úteis para distinguir as linhas.

Gráfico de pontos – Mostra padrões de escores individuais; cada ponto representa um escore tanto no eixo horizontal quanto no vertical. Pontos ou símbolos diferentes servem para distinguir grupos.

Diagrama de fluxo – Mostra relações em processo; com frequência, é utilizado para demonstrar etapas no processo em que há mais de uma opção (p. ex.: se sim, acontece isso; se não, aquilo).

Diagrama de *pizza* – O círculo completo da pizza equivale a 100%; máximo de cinco ou seis segmentos. Excelente para mostrar proporções de segmentos. Ordene os segmentos do maior para o menor, começando no ponto das doze horas; destaque os segmentos com sombreamento, deixando o menor segmento mais escuro.

Esquemático – Relações entre variáveis ou conceitos (p. ex., sobreposição de duas variáveis correlacionadas).

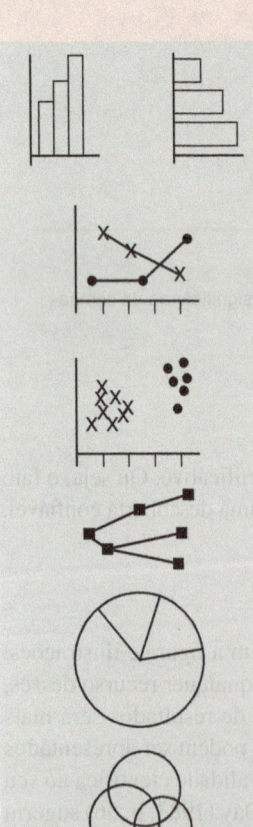

Desenvolvida por: J. V White, 1984, Using charts and graphs: 1000 ideas for visual presentation (New Providence, NJ: RR Browker Co.)

A Figura 21.2 é um bom exemplo de figura inútil. Os resultados podem ser resumidos em duas sentenças: "Durante a aquisição, todos os três grupos reduziram a frequência dos erros, mas não diferiram significativamente entre si. Na retenção, o grupo experimental 2 reduziu mais o seu número de erros, enquanto o experimental 1 e os controles permaneceram no mesmo nível". Quando resultados de grupos diferentes seguem um padrão similar, frequentemente, a figura fica confusa. Caso pareça confusa porque as barras do desvio-padrão ou os intervalos de confiança se sobrepõem, tente colocar as barras de um grupo um pouco mais para cima e as do grupo mais próximo, um pouco mais para baixo.

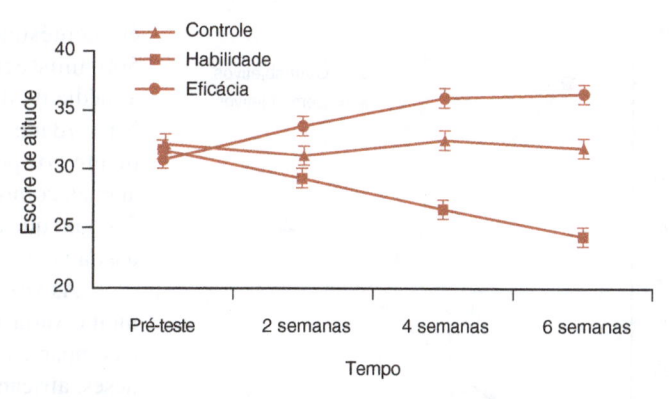

▶ **Figura 21.1** Uso apropriado de uma figura para mostrar uma interação.

As figuras devem incluir barras de medida de erro que representem a variabilidade de cada ponto de dados médios mostrados. Essas barras podem ser desvios-padrão de cada valor médio (p. ex., Fig. 21.1) ou 95% de intervalos de confiança (IC) para cada valor médio. Uma vantagem de usar o IC de 95% é que, quando não se sobrepõem ao eixo x no mesmo ponto, as médias são significativamente diferentes. Essa circunstância permite a interpretação eficaz de interações significativas que aparecem como uma figura. Erros-padrão não devem ser usados como representação de variabilidade, pois representam a variabilidade das médias da amostra em relação à média da população real, e não a variabilidade de uma amostra individual. O uso mais apropriado do erro-padrão consiste em calcular o IC de 95%.

Uma consideração final é a construção do eixo y. Em geral, use entre 8 e 12 intervalos que abrangem a faixa de valores. Evite perder espaço, não estenda o y para além da faixa de valores. Mais uma vez, pondere se você realmente precisa de uma figura. Às vezes, dissertações e teses incluem exemplos como o da Figura 21.3. Ao olhar essa figura, de imediato, vemos uma interação forte e significativa entre o conhecimento dos resultados (CR) e a determinação do objetivo. Agora observe o eixo y, em que é mostrada a variável dependente. Note que os escores são dados

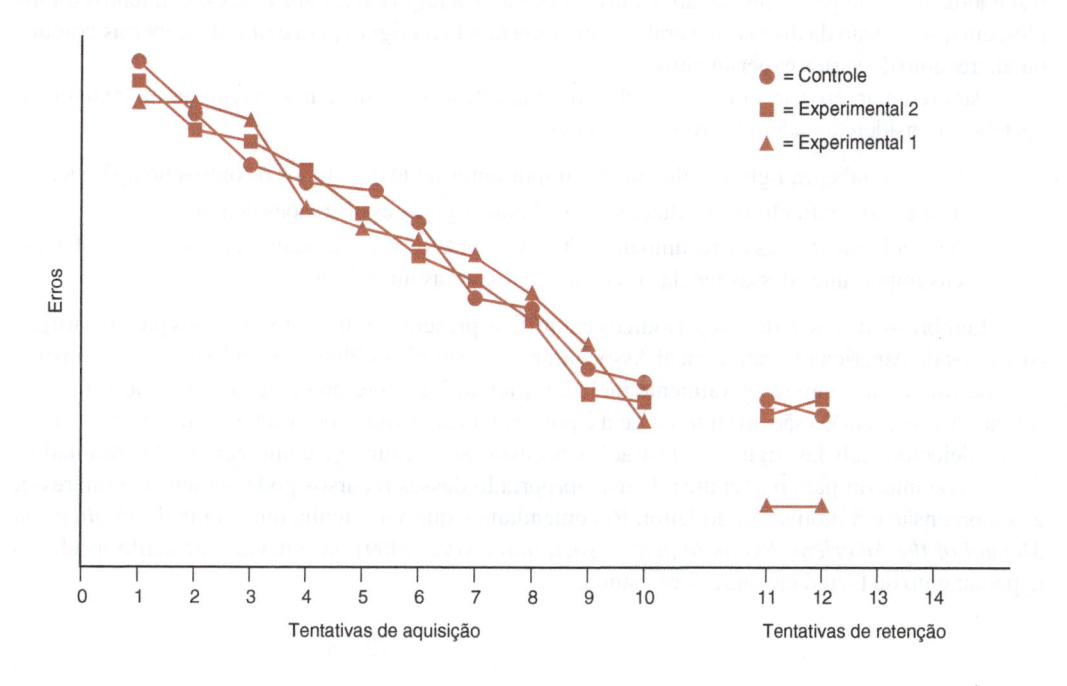

▶ **Figura 21.2** Exemplo de figura inútil.

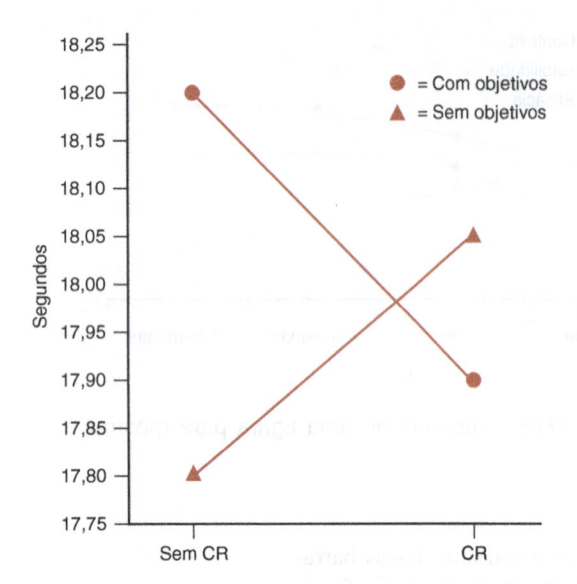

▶ **Figura 21.3** Uma interação insignificante, mas que parece significativa pela escala da variável dependente.

em centésimos de segundo. Existe uma diferença de menos de 500 milissegundos entre os quatro grupos em uma tarefa em que a média do desempenho é de aproximadamente 18 s (18.000 µs). Na verdade, essa interação não é significativa e responde claramente por pouca variação. O resultado deveria ter sido relatado apenas como insignificante, sem nenhuma figura. O pesquisador fez com que a interação parecesse importante, por causa da escala usada no eixo y.

Às vezes, são usadas figuras múltiplas, que relatam dados de muitas variáveis independentes. Vejamos um exemplo. Será relatada a comparação da velocidade de corrida de meninos e meninas chineses, africanos e estadunidenses em cinco grupos etários. Em uma única figura, todos esses dados ficariam confusos, por isso deve-se optar por várias figuras (uma para cada continente de origem, idade ou sexo). O eixo y de cada um deve ter os mesmo pontos 8 a 12 para a velocidade da corrida. Caso contrário, será difícil fazer comparações visuais dos dados.

Nos dias atuais, com a tecnologia e os *softwares* de computadores, produzir figuras a partir de dados leva alguns segundos. Tente formatos diferentes para ver qual parece melhor e exibe os dados de modo mais eficiente. Coloque os dados em um gráfico de barras; em seguida, em outro de linhas, e compare a exibição dos dados. Seja criativo; você pode melhorar muito a apresentação dos resultados ao escolher tabelas e gráficos eficientes.

Ilustrações (fotos e desenhos) também são usadas em relatórios de pesquisa. Com maior frequência, as ilustrações são de arranjos experimentais e equipamentos. Elas são desnecessárias quando o equipamento tem um desenho-padrão; nesse caso, basta uma descrição breve. Qualquer arranjo incomum ou equipamento novo exige descrição e inclusão de uma foto ou desenho. Se for importante incluir as especificações e as relações na própria ilustração e não no texto, prefira o desenho, pois nele é mais fácil incluir os títulos.

Lembre-se de que tabelas, figuras e ilustrações, em geral, são apropriadas para o capítulo dos resultados, mas não para a discussão. Uma exceção a essa regra é o relatório de experimentos múltiplos, em que a seção da discussão geral contém uma tabela ou figura para exibir descobertas comuns ou um resumo de vários experimentos.

Para retomar: ao determinar se tabelas, figuras e ilustrações devem ser incluídas no texto ou no apêndice, considere as seguintes recomendações:

- Coloque tabelas, figuras e ilustrações importantes no texto e todos os outros no apêndice.
- Tente não confundir os resultados com tabelas, figuras e ilustrações demais.
- Não coloque tabelas de resumo de ANOVAs e MANOVAs nos resultados; insira as estatísticas importantes dessas tabelas no texto e coloque-as no apêndice.

Lembre-se de que todos os periódicos científicos prescrevem formatos e estilos para os artigos (p. ex., os da American Psychological Association e da American Physiological Society). As instruções destinadas aos autores geralmente incluem orientações sobre preparação de tabelas e figuras. Muitas dessas decisões são arbitrárias. Leia e preste atenção no que você escreveu, depois use o bom senso. Selecione tabelas, figuras e ilustrações necessárias à leitura e à compreensão dos resultados. Todo o restante vai para o apêndice. O uso apropriado desses recursos pode aumentar o interesse, a compreensão e a motivação do leitor. Recomendamos que você tenha uma cópia do *Publication Manual of the American Psychological Association* (APA, 2009) ou o manual de estilo usado no departamento da faculdade onde você estuda.

Resumo

O projeto de pesquisa descreve a definição, o objetivo e a relevância de um problema e a metodologia que será usada para estudá-lo. Ele é essencialmente um plano do estudo. A introdução fornece os fundamentos e a literatura sobre o problema, a declaração do problema, as hipóteses, as definições, as suposições e as limitações, além da relevância do estudo. A seção do método descreve os participantes, a instrumentação, os procedimentos, o delineamento e a análise.

Essas duas seções são apresentadas pelo estudante à banca de qualificação como plano de investigação. A banca determina a validade do estudo, sugere alterações necessárias e, no final, tem de concordar com a realização do estudo. O projeto precisa ser preparado com cuidado, contando com um estudo-piloto apropriado, para que a banca fique convencida de que o estudante será capaz de concluir o plano de pesquisa.

Projetos destinados a agências de fomento são similares a esses, mas tipicamente têm extensão e formato diferentes. Aconselha-se o estudante a entrar em contato com agências externas e com bolsistas mais experientes antes de preparar e submeter projetos. Muitas faculdades e universidades oferecem programas de bolsas, às quais o pós-graduando pode concorrer com o objetivo de ter recursos para se manter durante a elaboração da dissertação ou tese.

As seções dos resultados e da discussão são escritas depois da coleta e da análise dos dados. Os resultados dizem o que você descobriu; a discussão explica o que significam os resultados. Os resultados são a parte mais importante da pesquisa. Eles representam as descobertas singulares de seu estudo e a sua contribuição para a ampliação dos conhecimentos. A discussão ancora as descobertas à revisão da literatura, à teoria e a descobertas empíricas de outros estudos. As descobertas têm de ser interpretadas na discussão. No formato de artigo de periódico, os resultados e a discussão são seções incluídas no corpo do texto (leia mais no Cap. 22). No formato tradicional, os resultados correspondem ao Capítulo 3; a discussão, ao 4. Em estudos de experimentos múltiplos, no entanto, cada experimento pode ser mais bem relatado em uma seção (ou capítulo) separada(o), com a sua própria introdução, método, resultados e discussão. Uma seção (ou capítulo) de discussão geral dos múltiplos experimentos geralmente se segue.

Na discussão, devem-se usar tabelas para resumir e apresentar dados quando elas forem mais eficientes do que o texto em si. Figuras e ilustrações também são usadas nos resultados, com maior frequência para demonstrar descobertas mais dramáticas. É importante ter cuidado na construção de tabelas e figuras para que as informações fiquem claras para o leitor.

✓ Verifique sua compreensão

1. Aprenda as etapas da redação do projeto da dissertação ou tese em sua faculdade. Faça uma relação delas, em ordem cronológica (p. ex., escolher um orientador e uma banca de qualificação, preparar o projeto e obter a aprovação). Explique cada etapa desse processo.
2. Selecione um relatório interessante em um periódico científico da sua área. Leia o artigo inteiro, mas se concentre nos resultados e na discussão. Responda às seguintes perguntas, fazendo um breve relato.

    a. Resultados:
    Como a seção de resultados foi organizada?
    Compare a ordem das descobertas relatadas com a introdução, a revisão da literatura e a declaração do problema. Você encontrou alguma relação?
    De que outra forma os resultados poderiam ser organizados? Um esquema diferente teria sido melhor ou pior? Por quê?

b. Tabelas, figuras e ilustrações:
   Há alguma? Quantas de cada?
   Por que elas foram usadas? Os dados poderiam ser relatados mais facilmente no texto corrido? Em relação às tabelas usadas, figuras também seriam uma boa opção? E o contrário? Essa outra opção seria melhor? Por quê?
   Você consegue reestruturar uma das tabelas ou das figuras para melhorá-la?
c. Discussão:
   Como a discussão foi organizada?
   Todos os resultados foram discutidos?
   A discussão é acurada em termos de resultados? Descobertas prévias e teoria refletem-se na discussão?
   Todas as conclusões e evidências de sustentação são apresentadas com clareza?
   Os autores apresentam alguma desculpa metodológica?

Capítulo 22

FORMAS DE RELATAR A PESQUISA

Ele consegue comprimir o máximo de palavras na menor ideia melhor do que qualquer homem que já conheci.

Abraham Lincoln

Nosso autor favorito, Day (1983), fornece uma introdução apropriada a este capítulo sobre formas de relatar a pesquisa, na seguinte citação:

> A pesquisa científica não está completa até que os resultados tenham sido publicados. Então, um artigo científico é uma parte essencial do processo de pesquisa. Então, a redação de um artigo preciso e compreensível é tão importante quanto a própria pesquisa. Então, as palavras no artigo deveriam ser pesadas tão cuidadosamente quanto os reagentes no laboratório. Então, os cientistas devem saber como usar as palavras. Então, a educação de um cientista não está completa até que a capacidade de publicar tenha sido estabelecida (p. 158).

No Capítulo 21, tratamos do projeto de pesquisa: como escrever a introdução, a revisão da literatura, o enunciado do problema e a metodologia da dissertação ou tese. Depois, explicamos como organizar e escrever as seções dos resultados e da discussão. Coordenar de modo eficaz todas essas informações na dissertação ou tese é o tópico central deste capítulo. Apresentamos tanto o estilo organizacional de periódico, que defendemos (Thomas, Nelson e Magill, 1986), quanto o estilo tradicional de capítulos. Além disso, incluímos informações sobre a redação de artigos para periódicos científicos, preparação de resumos e apresentação de comunicações (inclusive no formato de pôsteres).

Orientações básicas de redação

A regra de Day (1983, p. 125) é: "Escreva uma tese que agrade o seu orientador se conseguir descobrir de que ele gosta". Compreendida essa regra básica, oferecemos algumas orientações. Mas, em caso de dúvida ou conflito, retome a primeira.

- Colete todos os documentos que esboçam a política do departamento, da faculdade e da universidade para dissertações e teses. Em seguida, leia realmente todos eles, porque alguém, em algum momento do processo, finalmente vai confirmar se você seguiu o que estava escrito.
- Revise as teses e dissertações de outros pós-graduandos cujos trabalhos são respeitados na respectiva instituição. Identifique elementos comuns a todos eles e siga esse padrão.

- Reserve duas vezes mais tempo do que você julga necessário. A Lei de Murphy, "Se algo puder dar errado, dará", e o seu corolário especial, "Quando muitas coisas puderem dar errado, dará errado aquela que vai causar o maior estrago".

A dissertação e a tese têm basicamente as mesmas partes encontradas em qualquer artigo científico: introdução, revisão da literatura e seções de método, resultados e discussão. No formato tradicional, cada uma dessas partes torna-se um capítulo. Às vezes, a introdução e a revisão da literatura são capítulos separados, que somam cinco, e não quatro. Esse formato pode variar em artigos históricos, filosóficos, qualitativos (Caps. 12, 13 ou 19) e de múltiplos experimentos (Cap. 21) ou quando o orientador acha que deve ser diferente.

Algumas palavras sobre os agradecimentos

Agradecimentos
Seção do artigo acadêmico que dá crédito a indivíduos importantes para o desenvolvimento do trabalho.

A seção de **agradecimentos** raramente é mencionada em artigos e livros sobre preparação de dissertações e teses. Você deve agradecer às pessoas sem as quais a pesquisa não teria sido possível. Os agradecimentos preparados por alguns pós-graduandos tomam rumos esquisitos. Lemos um em que a pós-graduanda agradecia ao ex-marido. Se ele não fosse uma pessoa de tão difícil convivência, ela nunca teria voltado para a universidade, nem teria feito o trabalho de pós-graduação. Ela encontrou uma área tremendamente interessante, e sua vida mudou de forma significativa. Essa foi a única declaração positiva que encontramos até hoje a respeito de ex-cônjuge. Seguem alguns outros agradecimentos engraçados:

- A meus pais, marido e filhos, que me deram inspiração e apoio integral, mas ainda assim eu consegui completar a tese.
- Ao meu orientador, Dr. I. M. Publicado, que coordenou o trabalho e fez uma contribuição ocasional.
- Ao professor B. A. Esnobe, que quer que todos saibam que ele não teve nada a ver com esta tese.
- Finalmente, gostaríamos de agradecer ao revisor, I. D. Perfeito, sem cuja ajuda; aquele documento são teria plausível.

Falando mais seriamente, você pode agradecer às pessoas certas, mas faça uma pequena lista e não seja meloso demais. Como acontece em outras áreas, use um português correto. Nos agradecimentos, os pós-graduandos costumam usar "gostaria" quando querem dizer "quero", como em "Gostaria de agradecer a I. B. A. Antipático". Isso significa que eles teriam lhe agradecido caso a contribuição dele não tivesse sido tão ruim? O pós-graduando realmente quer lhe agradecer. Mas seria mais apropriado dizer isso diretamente: "Agradeço a I. B. A. Antipático".

Formato da tese ou dissertação: tradicional *versus* de periódico

Devotamos considerável espaço aqui ao formato de periódico para a redação da dissertação ou tese. Esse material é a reprodução parcial de um artigo que nós escrevemos junto com um colega (Thomas, Nelson e Magill, 1986). Agradecemos a contribuição do dr. Richard Magill, da New York University, e prezamos a autorização da *Quest* (publicada pela Human Kinetics) para adaptar o artigo a este livro.

Nos Estados Unidos, a pós-graduação, em especial o doutorado, foi organizada de acordo com o modelo alemão. O espírito das universidades da Alemanha de busca de conhecimento e ênfase concomitante à pesquisa produtiva foi transplantado em grande medida para os Estados Unidos (Rudy, 1962). Ainda que, ao longo dos anos, os pré-requisitos para obter o grau de doutor tenham sofrido algumas mudanças, os objetivos e as expectativas básicos permanecem inalterados em sua essência. Na maioria dos casos, o título de doutor é conferido em reconhecimento à formação acadêmica do estudante e aos resultados da sua pesquisa em um campo específico, acompanhados de alguma contribuição original em termos de ideias e conhecimentos significativos (Boyer, 1973). Algumas universidades têm agora alternativas para a dissertação tradicional, na qual a produção de nova pesquisa é a meta para aqueles que estão perseguindo o doutorado para a prática profissional (p. ex., um estudo de avaliação com sugestões para aumentar a prática baseada na pesquisa). Esses tipos de dissertações são adequados para aqueles que não farão pesquisa após receberem o grau. Nossas sugestões aqui, contudo, estão focadas nas dissertações em que o relatório de pesquisa é o foco.

Dito de modo mais simples, a pesquisa é a base do programa de doutorado; a tese, o aspecto mais distintivo do diploma de doutor. Foi relatado que a tese ocupa, em média, 39% do tempo dedicado à obtenção do grau de doutor nos campos de Bioquímica, Engenharia Elétrica, Psicologia, Física, Sociologia e Zoologia (Porter et al., 1982).

Um caso para o formato de periódico

O principal propósito da dissertação e da tese é contribuir com conhecimento de mérito científico (American Psychological Association, 2009; Berelson, 1960; Porter e Wolfe, 1975; Robinson e Dracup, 2008). Um propósito tipicamente citado em boletins universitários é fornecer indícios de competência no planejamento, na realização e no relato da pesquisa. Em termos de objetivos do programa, o estudo é uma valiosa experiência de aprendizado, sendo as dissertações e teses exercícios funcionais de execução das etapas do método científico de solução de problemas. Inclusive os "ABDs" (*all-but-dones* ou pessoas que completam todo o trabalho da tese, com exceção da redação final) reconhecem a contribuição das teses para o método científico e a ciência (Jacks et al., 1983).

A importância de disseminar os resultados da pesquisa como parte do processo de pesquisa encontra-se bem estabelecida. Segue-se que um dos propósitos da dissertação ou tese é servir de veículo para a divulgação dos resultados da investigação independente realizada pelo pós-graduando. Portanto, torna-se parte do processo de disseminação. A. L. Porter e colaboradores (1982) relataram que as teses realmente contribuem substancialmente para a base do conhecimento e que as teses publicadas pelos autores são citadas com maior frequência do que seus artigos.

Apesar da potencial contribuição da dissertação ou tese para o respectivo campo de estudo, permanece o fato de que não mais de um terço a metade das teses (e um número ainda menor de dissertações), dependendo do campo de estudo, torna-se disponível aos profissionais por meio de publicações (Anwar, 2004; Lee e Kamler, 2008; McPhie, 1960; Porter et al., 1982; Silverman e Manson, 2003). Várias razões podem explicar o porquê de nunca se publicar uma dissertação ou tese. Uma delas, apesar da ênfase dada pelas instituições à pesquisa, é que muitos estudantes não consideram a pesquisa um objetivo importante, especialmente aqueles que entram em um programa de pós-graduação focados na prática profissional. A. L. Porter e colaboradores (1982) relataram que 24% dos estudantes de doutorado pesquisados expressaram essa ideia. Arlin (1977) chegou a afirmar que a maioria dos educadores, depois de completar a dissertação de mestrado ou a tese de doutorado, nunca mais publica outra pesquisa. Além disso, nos empregos, varia muito o grau de importância dado à conclusão da pós-graduação. Outro argumento é que nem todas as dissertações e teses têm valor suficiente para publicação.

Compreensivelmente, é também fator que contribui para a baixa porcentagem de publicações o estilo e o formato tradicionais, usados com frequência no trabalho final. Com certeza, o recém-pós--graduado, altamente motivado, vai dedicar tempo e esforço à reescrita da dissertação no formato de periódico, mas os menos motivados talvez não o façam. Por que as dissertações e teses devem ser escritas em um formato que exige outra redação antes da publicação se a divulgação do estudo de pesquisa é parte vital do processo (Day, 1983)?

Sustentamos que esse formato tradicional é arcaico. No momento de defender a tese, alguns doutorandos (em especial quem trabalha com orientadores produtivos) já somam várias publicações citadas. Por que se exige que essas pessoas, depois de terem mostrado o mérito científico de trabalhos anteriores, devem passar pelo ritual de escrever uma dissertação que envolve capítulos separados, explicitando todos os detalhes do processo da pesquisa? Parece-nos mais lógico que o corpo da tese seja preparado no formato e no estilo apropriados à submissão a um periódico, que é o modelo aceitável para comunicação de resultados de pesquisa e de trabalhos acadêmicos em muitas das artes, ciências e profissões. A seguir sugerimos a reestruturação do formato de dissertações e teses, de modo a alcançar esse propósito e explicamos o conteúdo das várias partes.

Limitações do estilo de redação em capítulos

Em geral, dissertações e teses convencionais contêm quatro ou cinco capítulos. Tradicionalmente, os capítulos destinam-se a refletir o método científico de solução de problemas: desenvolvimento do problema e formulação de hipóteses, coleta de dados, análise e interpretação dos resultados. Essas etapas formam a introdução (que, algumas vezes, contém a revisão da literatura; outras vezes, a revisão é um capítulo à parte) e os capítulos do método, dos resultados e da discussão.

A dissertação ou tese tem várias páginas introdutórias, de acordo com as prescrições da instituição, que, de forma usual, consistem em página do título, agradecimentos, resumo, sumário e listas de gráficos e tabelas. No final do estudo, ficam as referências bibliográficas e um ou mais apêndices, contendo itens como os formulários de consentimento dos participantes, materiais tabulares não apresentados no texto, descrições mais detalhadas do procedimento, instruções aos participantes e dados brutos. Um breve esboço biográfico (*curriculum vitae*) costuma ser a última entrada da dissertação ou tese convencional.

O formato de capítulos, obviamente, está mergulhado na tradição acadêmica. Em defesa dessa tradição, a disciplina exigida para conclusão das etapas envolvidas no método científico é vista, em geral, como uma experiência acadêmica benéfica. Além disso, para o mestrando, a dissertação normalmente é o primeiro esforço de pesquisa, e pode haver mérito em tratar de modo formal as etapas como a definição operacional de termos, a delimitação do estudo, a declaração das suposições básicas e a justificação da importância do estudo.

Uma limitação mais grave do estilo de capítulos relaciona-se à disseminação dos resultados do estudo, ou seja, a publicação dos manuscritos em um periódico científico. Muitas vezes, é necessário considerável reescrita para publicar a dissertação ou tese, pois os formatos exigidos pelos periódicos diferem do tradicional, empregado na redação final dos trabalhos de pós-graduação. Com certeza, as informações para o artigo são fornecidas na dissertação ou tese, mas se torna importante uma grande quantidade de cortes, reorganização e consolidação para mudar o estilo do estudo.

Comumente, o estudante quer publicar o produto de esforços esmerados, prolongados por vários meses (ou anos). Mas, em termos de expediência, o formato em capítulos é, decididamente, contraproducente. A reescrita necessária pode ser ainda mais difícil quando o pós-graduado consegue logo um novo trabalho, que demanda considerável tempo e energia. A não ser que ele esteja motivado, a transformação da tese convencional em artigo de periódico será adiada, às vezes por tempo indeterminado. Porter e colaboradores (1982) afirmam que os novos doutores que não publicam no prazo de dois anos após a defesa dificilmente o fazem mais tarde.

A publicação da dissertação de mestrado é ainda mais improvável. Uma razão é que o mestrando, em geral, não considera a hipótese de publicar, a não ser que o orientador faça essa sugestão. Além disso, pode ser que o estudante de mestrado não esteja tão bem preparado para publicar quanto o de doutorado. Portanto, o fardo da publicação sobra para o orientador, que, compreensivelmente, não costuma estar disposto a gastar tempo adicional na supervisão (ou realização) da reescrita. Assim, a maioria das dissertações não é submetida à publicação. Por ironia, o estilo em capítulos, consagrado pelo tempo e pela academia, impede a concretização de uma parte do processo de pesquisa: a disseminação dos resultados.

A estrutura do formato de periódico

Para desenvolver um modelo melhor de dissertações e teses, as limitações do formato em capítulos têm de ser superadas, ao mesmo tempo em que se mantém o conteúdo do relatório de pesquisa completo. O formato que sugerimos tem três partes principais. O material preliminar inclui itens como a página do título, o sumário, os agradecimentos e o resumo. O corpo é o manuscrito completo, preparado no formato de periódico. Incluem-se as partes-padrão do relatório de pesquisa, como introdução, método, resultados, discussão, referências, figuras e tabelas. Os apêndices, com frequência, são formados de uma revisão mais completa da literatura, detalhes adicionais sobre o método e resultados adicionais não incluídos no corpo da dissertação ou tese. Mas o formato de periódico, como o descrevemos aqui, é mais apropriado para relatar a maioria das formas de pesquisa quantitativa – *surveys*, estudos desenvolvimentais e correlacionais, metanálise e pesquisa experimental. O formato exige alguns ajustes para relatar pesquisa analítica, estudos filosóficos e históricos, estudos qualitativos e métodos mistos.

Sendo assim, são estas as partes da dissertação ou tese para estudos quantitativos redigida no formato de periódico:

1.0 Materiais preliminares
  1.1 Página do título
  1.2 Agradecimentos
  1.3 Resumo
  1.4 Sumário
  1.5 Lista de tabelas
  1.6 Lista de figuras

2.0 Corpo da dissertação ou tese
  2.1 Introdução
  2.2 Método
  2.3 Resultados
  2.4 Discussão
  2.5 Referências
  2.6 Tabelas
  2.7 Gráficos

3.0 Apêndices
  3.1 Revisão completa da literatura
  3.2 Metodologia adicional
  3.3 Resultados adicionais
  3.4 Outros materiais adicionais

4.0 **Curriculum vitae** *em uma página*

Como esse formato pode superar as limitações do estilo em capítulos? Tanto mestrandos quanto doutorandos desenvolvem um manuscrito (corpo da dissertação ou tese) já pronto para a submissão a um periódico científico. Falta apenas acrescentar a página do título e o resumo, e o artigo pode ser enviado a uma revista científica da área.

Para doutorandos, a vantagem desse formato fica evidente. Uma vez que os recém-doutores que não publicam até dois anos após a defesa tendem a nunca publicar, o formato mais funcional incentiva a publicação. Em especial, se considerarmos que as teses costumam conter contribuições importantes ao conhecimento, a avaliação e a subsequente publicação desse conhecimento em periódicos renomados é uma etapa importante a ser completada. Ainda que a publicação de dissertações de mestrado seja menos provável do que a de teses, qualquer formato que incentive a publicação de trabalhos bem feitos é desejável.

Gostaríamos de levantar mais um ponto antes de tratar da estrutura do formato de periódico: é provável que a sua faculdade exija que a redação da dissertação ou tese siga algum manual de estilo (ou, pelo menos, o estilo de um periódico). Os três manuais mais comuns nos Estados Unidos são: *Publication Manual of the American Psychological Association* (APA, 2009), *American Physiological Society* (Curran-Everett e Benos, 2004) e *The Chicago Manual of Style* (University of Chicago Press, 1993). O formato apresentado aqui se adapta bem a qualquer um desses manuais. Em geral, o regulamento das universidades não especifica o estilo, mas, com frequência, os departamentos acadêmicos adotam um ou dois deles como padrão. Se o formato de periódico for o escolhido, pode ser que o departamento permita mais de um estilo. Muitas revistas científicas da área de fisiologia do exercício e de estudos de biomecânica, por exemplo, usam o manual *American Physiological Society*. Periódicos dedicados a comportamento motor, psicologia do esporte e sociologia e preparação profissional costumam usar o da APA. Os que publicam artigos sobre história e filosofia do esporte adotam, com maior frequência, *The Chicago Manual of Style*. Os estudantes de pós-graduação se beneficiam por ter a flexibilidade de escolher o estilo recomendado pelo periódico científico ao qual o artigo será submetido.

Materiais preliminares

A instituição costuma exigir a inclusão da maioria das informações dos materiais preliminares, as quais costumam ser colocadas no início da tese ou dissertação. Com frequência, a natureza exata desse material é especificada pelo departamento de pós-graduação da instituição; por isso, trate de obter as informações necessárias. Em geral, incluem-se a página do título, o formulário de aprovação da banca de qualificação, os agradecimentos, a dedicatória, o resumo, o sumário, a lista de tabelas e a lista de figuras. Muitas instituições exigem que o resumo siga o padrão do *Dissertation Abstracts International*, que determina o máximo de 350 palavras publicado no ProQuest. Recomendamos uma extensão um pouco diferente. Os periódicos (e os manuais de estilo mencionados) costumam exigir resumos de 100 a 150 palavras. Portanto, se o autor da dissertação ou tese seguir essa última recomendação, automaticamente estará dentro das duas normas.

Corpo da dissertação ou tese

Esta seção deve ser um relatório completo da pesquisa, escrito no estilo apropriado para o periódico ao qual será submetido (ou no estilo determinado pelo departamento em que o trabalho foi feito). Incluem-se a introdução e a revisão da literatura, o método, os resultados, a discussão, as referências bibliográficas, as tabelas e as figuras. O autor deve manter o tamanho do texto dentro dos limites do periódico ou da instituição. As revistas científicas, em geral, estipulam 20 a 30 páginas para relatórios de um único experimento. A maior parte delas permite mais páginas em caso de experimentos múltiplos ou artigos extraordinariamente complexos. O estudante e o orientador têm de ser rigorosos na manutenção do tamanho exigido. De acordo com nossa experiência, manter a extensão aceitável do artigo é o objetivo mais difícil de ser alcançado quando se usa esse formato. Se a dissertação tiver várias partes e for publicada em mais de um artigo, você deverá incluir dois ou mais relatórios nessa seção.

O autor da dissertação ou tese deve consultar várias fontes ao preparar o corpo do artigo. Uma fonte é o próprio periódico ao qual será feita a submissão. Orientações a autores e instruções relativas ao manual de estilo apropriado costumam ser publicadas nas revistas (p. ex., ver alguns números da *Research Quarterly for Exercise and Sport*). O autor deve ler uma série de artigos similares no periódico escolhido para ver como temas específicos são tratados (tabelas, figuras, citações incomuns, experimentos múltiplos). Além disso, ele tem de seguir cuidadosamente o manual de estilo selecionado.

É claro que o objetivo derradeiro dessa parte da dissertação ou tese é possibilitar a submissão do artigo à revista o mais rapidamente possível. Melhorar o formato e a redação do texto não ajuda em nada uma pesquisa de má qualidade. Contudo, pesquisas de elevada qualidade podem se ocultar por trás de um formato mal escolhido, que dificulta a reescrita, de um relato pobre, que omite informações importantes, e de um texto pobre ou entediante, que torna a leitura enfadonha. "Portanto, o cientista não tem apenas que 'fazer' ciência; ele tem que 'escrever' ciência. Embora a boa redação não garanta a publicação da má ciência, a má redação pode levar, e com frequência leva, ao adiamento ou ao impedimento da publicação da boa ciência." (Day, 1983, p. x). Não se reconhece, em nenhum sentido, a realização da pesquisa antes que ela seja compartilhada com a comunidade acadêmica e avaliada por ela. Além disso, nenhuma lei diz que a dissertação ou a tese tem de ser escrita de modo a fazer com que o leitor tenha dificuldade de ficar acordado.

Apêndices

No formato convencional, os apêndices servem principalmente como depósito de informações acessórias. De certa forma, essa noção ainda caracteriza o que deve ser colocado nos apêndices quando se usa o formato de periódico, mas alguns aspectos adicionais dão a eles um valor singular. Em geral, o número e o conteúdo dos apêndices são determinados por um acordo coletivo entre o estudante, o orientador e o comitê de supervisão. No formato de periódico, sugerimos quatro tipos de apêndices. Outros podem ser incluídos, mas consideramos esses quatro como essenciais.

Cada apêndice deve começar pela descrição do que está ali incluído e de como aquelas informações relacionam-se com o corpo da dissertação ou tese. Essa descrição permite ao leitor a melhor utilização dessas informações.

Revisão de literatura mais completa

Um apêndice importante e útil é a revisão da literatura. A introdução no corpo da dissertação ou tese inclui a discussão da pesquisa relacionada, mas apresenta apenas uma quantidade mínima de informações para estabelecer a base apropriada do(s) estudo(s) subsequente(s). Um dos propósitos da dissertação ou tese é permitir que o estudante tenha a oportunidade de demonstrar conhecimento sobre a literatura de pesquisa relacionada ao tópico. No corpo do formato de periódico, estão disponíveis limitadas possibilidades para essa demonstração, porque os periódicos adotam introduções concisas. Uma revisão abrangente da literatura deve ser incluída como primeiro apêndice para fornecer um mecanismo apropriado de demonstração do conhecimento do estudante sobre a literatura relevante. Recomendamos que essa revisão também seja escrita no estilo de periódico.

Pelo menos mais dois propósitos são atendidos quando incluímos a revisão da literatura no apêndice. Em primeiro lugar, isso torna a informação disponível aos integrantes da banca, entre os quais pode haver alguém pouco familiarizado com a literatura relacionada à dissertação ou tese. Em segundo lugar, se desenvolvida de modo adequado, a revisão da literatura pode ser publicada diretamente em um periódico.

A revisão contida em apêndices pode tomar várias formas, entre as quais a mais popular parece ser a narrativa abrangente, que sintetiza e avalia as pesquisas. Essa revisão estabelece ligações entre vários estudos e uma base firme para a construção da pesquisa. Ela também revela como a pesquisa representada pela dissertação ou tese estende o corpo de conhecimentos existentes relacionados ao tópico de pesquisa do estudante.

Uma segunda forma da revisão da literatura é a metanálise: a revisão da literatura quantitativa, que sintetiza pesquisas prévias pela análise de resultados de muitos estudos, usando métodos estatísticos específicos (Cap. 14). Um exemplo de metanálise relacionada ao estudo da atividade física pode ser visto em um artigo de Thomas e French (1985).

Informações adicionais sobre o método

Um segundo apêndice importante apresenta informações metodológicas adicionais, não incluídas no corpo da dissertação ou tese. Os periódicos encorajam os autores a fornecer informações metodológicas breves, porém suficientes para descrever detalhes essenciais, relacionados aos participantes, ao aparato e aos procedimentos usados na pesquisa. A desvantagem dos artigos de periódicos é que as informações suficientes para permitir que outra pessoa replique o estudo, com frequência, não são fornecidas. Quando a dissertação ou tese é escrita nesse formato, as informações adicionais úteis formam um apêndice. Entre as informações adequadas a essa seção estão características mais detalhadas dos participantes; informações mais abrangentes sobre o delineamento experimental; descrições mais completas (talvez até fotografias) dos testes, do aparato de testagem ou do protocolo de entrevista; cópias de testes, inventários ou questionários; e instruções específicas dadas aos participantes.

Informações adicionais sobre os resultados

O terceiro apêndice deve incluir informações não essenciais para a seção dos resultados. Editores de periódicos geralmente desejam apenas declarações resumidas sobre a análise e um número mínimo de figuras e tabelas. Portanto, considerável material relativo aos resultados pode ser colocado no apêndice, assim como todas as médias e os desvios-padrão não incluídos na seção dos resultados, tabelas ANOVA, tabelas de correlação múltipla, informações sobre validade e fidedignidade e tabelas e figuras adicionais.

Essas informações servem a vários propósitos. Em primeiro lugar, fornecem à banca e ao orientador indícios de que você descreveu os dados com precisão e de que realizou a análise de modo adequado. Em segundo lugar, os professores da banca têm a oportunidade de avaliar a análise estatística e as interpretações apresentadas no corpo da dissertação ou tese. Em terceiro, outros pesquisadores têm acesso a dados mais detalhados e informações estatísticas que podem ser desejadas. Pode ser que o pesquisador queira, por exemplo, incluir essa dissertação ou tese em uma metanálise. Uma vez que os resultados adicionais apresentados no apêndice podem ter muitos usos futuros, nunca é demais a importância dada a eles em relação ao conjunto da dissertação ou tese.

Materiais adicionais

Um quarto apêndice inclui informações cuja inclusão no corpo da dissertação ou tese ou em outros apêndices não é apropriada, como o formulário de aprovação do projeto pela banca de qualificação, os formulários de consentimento assinados pelos participantes, os papéis de registro dos dados da amostra e, talvez, os dados brutos de cada um deles. Além disso, descrições detalhadas de todos os trabalhos-piloto feitos antes do estudo podem ser incluídas nesse apêndice ou em outro separado.

No formato de periódico, os apêndices da dissertação ou tese fornecem um mecanismo de inclusão de informações não contidas no artigo, mas que podem ser significativas para o estudante, a banca ou outros pesquisadores. Eles fornecem também um meio de elaboração de algumas informações incluídas no corpo da dissertação ou tese. Além disso, a revisão abrangente da literatura dá ao estudante a chance de fazer mais uma publicação. Em consequência, os apêndices tornam-se componentes significativos no conjunto da produção acadêmica.

Curriculum vitae *de uma página*

Muitas faculdades e universidades exigem que a última página da dissertação ou tese seja um *curriculum vitae* escrito em uma página. Pode ser a versão profissional do currículo, incluindo itens como formação escolar e acadêmica e experiência profissional.

Exemplos de dissertações e teses no formato de periódico

Várias teses (p. ex., Boorman, 1990; Tinberg, 1993) e dissertações (p. ex., French, 1985; Lee, 1982; McPherson, 1987; Scrabis-Fletcher, 2007; Yan, 1996) são escritas como artigos de revistas científicas. Elas fornecem exemplos excelentes do formato discutido aqui.

Informações contidas em dissertações e teses não publicadas permanecem no domínio exclusivo de alguns indivíduos. Estabelecemos anteriormente que uma parte essencial do processo de pesquisa é a disseminação do conhecimento. Defendemos a ideia de que o estilo e o formato não devem consistir em impedimentos à publicação. O formato de periódico proposto atende aos objetivos tradicionais da dissertação ou tese e ainda facilita a divulgação do conhecimento.

Dicas úteis para a redação de artigos científicos

Recomendamos enfaticamente a terceira edição de um trabalho a que nos referimos com frequência: *How to Write and Publish a Scientific Paper* (Day e Gastel, 2006). Em nossa opinião, esse livro é o melhor recurso do pesquisador para preparar um artigo que será submetido a uma revista científica. O livro é pequeno, informativo, engraçado e agradável de ler. Mesmo que a pequena seção apresentada aqui não possa substituir o tratamento mais completo proposto por Day, oferecemos algumas sugestões.

Em primeiro lugar, escolha o periódico ao qual o artigo será submetido. Leia com cuidado as orientações de submissão (procure um volume recente, porque elas mudam ao longo do tempo) e siga os procedimentos recomendados. Em geral, as orientações explicam o estilo de publicação do periódico; os procedimentos para preparar tabelas, figuras e ilustrações; o processo para submeter artigos (e o número de cópias); a extensão aceitável do texto; e, às vezes, o prazo estimado para a avaliação. Quase todos os periódicos exigem que os manuscritos submetidos não sejam enviados a outras revistas simultaneamente. Fazer isso é antiético (ver Cap. 5).

Os periódicos adotam um procedimento padronizado para os artigos submetidos. A maioria usa a submissão eletrônica. Um de nós (Thomas) foi editor-geral da *Research Quarterly for Exercise and Sport* por seis anos (1983-1989) e outro (Silverman) por três anos (2002-2005). Aqui está o que acontece com um manuscrito entre o momento da submissão ao editor e o retorno ao autor (o tempo médio desse processo, no caso do periódico citado, é de 75 a 90 dias).

1. O editor verifica se o artigo encaixa-se no âmbito do periódico, se a extensão e o estilo são apropriados. Quando alguma dessas três características não é adequada, o artigo pode ser devolvido ao autor.
2. O editor examina o artigo para determinar se todos os materiais apropriados foram incluídos (p. ex.: resumo, tabelas e figuras).
3. O editor lê o resumo e as palavras-chave e avalia a lista de referências bibliográficas para identificar potenciais revisores.
4. Dependendo do tamanho do periódico, pode haver editores por seção (a *Research Quarterly for Exercise and Sport* tem 10 seções, entre elas biomecânica, pedagogia, fisiologia e psicologia) ou um comitê editorial. O editor envia o artigo ao setor apropriado ou a um editor assistente específico.
5. O editor (às vezes, depois de consultar a seção ou os editores assistentes) designa os revisores (geralmente dois ou três).
6. Os revisores e o editor da seção (ou assistente) recebem um *e-mail* informado-os de que o artigo está postado eletronicamente em uma página na *internet* particular. Eles têm uma data específica na qual devem completar a revisão.
7. Os revisores enviam as revisões para o *site* do periódico para o editor da seção (ou editor associado), que avalia o artigo e as revisões e escreve uma recomendação ao editor.
8. O editor lê o artigo, as revisões e as avaliações e escreve ao autor sobre a situação do artigo. Em geral, o editor esboça as principais razões da decisão.

Periódicos menores e mais restritos podem não ter seções editoriais nem editores assistentes; por isso, as revisões vão diretamente para o editor. Comumente, as decisões sobre publicação são enquadradas em uma de três categorias gerais (alguns periódicos adotam subcategorias adicionais):

- Aceitável (às vezes, com variados graus de revisão);
- Inaceitável (às vezes, chamado de rejeitado sem preconceito). Significa que o editor vai admitir uma nova avaliação caso o artigo seja revisado;
- Rejeitado. Em geral, significa que o periódico não vai mais aceitar a submissão do artigo.

Os critérios de revisão são bastante comuns, similares aos apresentados no Capítulo 2, na revisão da literatura publicada. As proporções entre artigos publicados e rejeitados variam de acordo com a qualidade do periódico e com a área de estudo e, com frequência, encontram-se disponíveis na própria publicação. A *Research Quarterly for Exercise and Sport* aceita cerca de 20% dos artigos submetidos.

Ao submeter o seu primeiro artigo, aconselhe-se com um autor mais experiente, como o seu orientador ou outro membro do corpo docente. Com frequência, os artigos são rejeitados porque não fornecem alguma informação importante. Autores mais traquejados identificam isso de imediato.

Editores e revisores de periódicos não têm tempo de ensinar você a fazer bons relatos científicos. Nem todo mundo morre de amores por editores de revistas. Há registro de um brincalhão que afirmou: "Os editores tem apenas uma boa característica – quando eles conseguem entender um artigo científico, qualquer um consegue!". Um outro disse: "Na minha opinião, os editores são uma forma de vida baixa – inferior aos vírus e apenas um pouco superior aos reitores das universidades" (Day, 1983, p. 80). Ensinar a fazer bons relatos é responsabilidade do seu orientador, de cursos sobre métodos de pesquisa e de livros como este; mas adquirir essa habilidade é responsabilidade sua.

Revisão de artigos de pesquisa

Não desanime se o seu artigo for rejeitado. Todos os pesquisadores passaram por isso. Avalie com cuidado as revisões e determine se o artigo pode ser salvo. Se puder, reescreva-o, levando em consideração as críticas dos revisores e do editor, e submeta-o a outro periódico. Não envie o artigo para outra revista sem antes avaliar as revisões e fazer as alterações apropriadas. Com frequência, jornais diferentes usam os mesmos revisores, que não ficam nada satisfeitos em ver que você não aceitou os conselhos dados. Se sua pesquisa e seu artigo não tiverem salvação, aprenda com seus próprios erros.

Revisores e editores nem sempre concordam na avaliação de um artigo. Essa situação é frustrante, porque, às vezes, eles dizem coisa conflitantes. Saiba que os editores selecionam determinados revisores por várias razões. No caso de um estudo de psicologia do esporte, que desenvolve um questionário, por exemplo, talvez o editor decida que são necessários um ou mais revisores de conteúdo e um revisor estatístico para avaliar o trabalho. Não se espera que esses dois tipos de revisores discutam os mesmos temas. Têm sido feitos estudos sobre o sistema de revisão efetuada por colegas. Morrow e colaboradores (1992), por exemplo, relataram que a *Research Quarterly for Exercise and Sport* apresenta um índice médio de concordância entre os revisores de 0,37, com base em 363 manuscritos de 1987 a 1991. Eles descobriram que, em outros periódicos comportamentais, esse índice variava de um patamar bem alto – 0,70 (*American Psychologist*) - a outro bem mais baixo – de 0,17 a 0,40 (um grupo de revistas médicas). É discutível se devemos esperar concordância entre os revisores. Há uma boa visão geral do processo de revisão feita por colegas em *Behavioral and Brain Sciences, 14*(1), 1991. Nosso conselho a você, pós-graduando, é que busque a ajuda de seu orientador e de outros integrantes do corpo docente para fazer a revisão de um artigo submetido e devolvido com comentários.

Se você tiver sorte suficiente para ser convidado a submeter as correções, deveria começar lendo os comentários dos revisores e do editor. Em geral, esses comentários parecerão inicialmente demais; portanto, é uma boa ideia ler os comentários com muita atenção e então deixá-los de lado por alguns dias, mas não por muito tempo. Esse intervalo permite que seu ego se recupere das críticas e que, daí em frente, sejam preparadas as correções. Recomendamos os seguintes passos para preparar uma revisão:

1. Releia os comentários dos revisores e editores. Tome notas conforme você está fazendo isso, de modo que possa preparar a revisão e fornecer uma argumentação lógica para as mudanças que fez. Em alguns casos, as mudanças solicitadas (p. ex., dados adicionais dos participantes com os quais você não tem mais contato) podem ser impossíveis, e você pode decidir revisar o artigo para outro periódico. Essa escolha é recomendada se o editor deixa claro que alguma coisa que é exigida não pode ser incorporada na revisão.

2. Coloque todos os comentários dos revisores em uma tabela com três colunas: (a) número do comentário (ou página original se a revisão foi organizada dessa forma); (b) o comentário do revisor ou editor; e (c) como você abordou o comentário. Tenha uma seção para cada editor e revisor e use a tabela para deixar claro qual comentário é qual (i.e., use espaço ou linhas de forma que esteja claro para você – e para aqueles que o leem com as revisões submetidas).

3. Leia cada comentário novamente e determine se qualquer um dos temas está cruzando comentários e revisores. Em caso positivo, determine se importantes mudanças darão conta de todos esses comentários. Por exemplo, os revisores pode ter comentado que não entenderam como os resultados se aplicam a outras situações e que você não ofereceu informação suficiente sobre os participantes. O fornecimento de informações adicionais sobre os participantes e o contexto da situação pode satisfazer a todos esses comentários.
4. Olhe os comentários individuais e determine que mudanças são adequadas para o manuscrito revisado. Você não precisa fazer todas as mudanças, mas deveria comentar a maioria delas em uma revisão – particularmente aquelas que (a) são diretas, (b) melhoram o manuscrito e (c) são identificadas pelos revisores e editores como importantes. Nossa sugestão é de que faça tantos comentários quanto puder se as revisões não mudam o foco do artigo e adicione questões que possam ser problemáticas em uma revisão subsequente. Você não pode dar conta de cada comentário, mas deveria ter uma razão de pesquisa ou teórica para não fazer isso.
5. Conforme está fazendo as correções, grave como está resolvendo cada comentário na terceira coluna da tabela que preparou no passo 2. Seja específico e ofereça detalhe (p. ex., revisamos a seção sobre participantes e adicionamos mais informação demográfica, bem como adicionamos uma descrição da situação de estudo. Por favor, veja a página XX, linhas 10-25). Se as sugestões são gramaticais, você pode indicar somente aquela em que a mudança foi feita. Se não fez uma mudança, ofereça uma razão lógica do motivo para não fazê-lo. (i. e., você pensou em fazer a mudança, mas, se a fizesse, não seria adequada pelas seguintes razões, ou fez outras mudanças que eliminaram a necessidade de fazer a primeira mudança). Esse tipo de explicação pode exigir uma resposta um pouco mais longa do que aquela exigida para as mudanças que você fez. Se você não oferecer uma razão lógica, quando as correções são retornadas para os revisores e editores, eles pensarão que você não dedicou tempo para considerar suas sugestões e provavelmente se sentirão menos positivos sobre seu trabalho.
6. Após ter realizado todas as mudanças, incluindo atualização das referências, revise o artigo para assegurar que está gramaticalmente correto e que a leitura flui com facilidade. Se agora o manuscrito excede o número de páginas estabelecido pela revista, considere formas de reduzi-lo aos limites aceitáveis. Inclua informação pertinente nas respostas dos comentários.
7. Adicione qualquer comentário geral ao arquivo com a tabela de comentários e revisões para informar as principais mudanças. Leia novamente a tabela de comentários e suas respostas para se assegurar de que os números de páginas e linhas estão corretos, que está tudo claro e bem escrito e que seus comentários não soam negativos. Ser combativo com os revisores e editores não ajudará o seu caso de que a sua revisão é uma melhoria e deveria agora ser aceita. Pode ser útil que outras pessoas leiam a tabela de comentários para assegurar que o tom e a escrita estão adequados.
8. Submeta a revisão no prazo estipulado na carta do editor.

Às vezes, pode ser que você receba uma avaliação injusta. Se isso acontecer, escreva ao editor, aponte as distorções e peça a reavaliação por outro revisor. Em geral, os editores são abertos a esse tipo de correspondência quando ela é feita de modo profissional. Iniciar com uma frase como "Veja só o que você e esses revisores estúpidos disseram" pode não levar a nada (ver um exemplo bem humorado na página 434). Reconheça que as probabilidades de sucesso da apelação ao editor diminuem quando dois ou mais revisores concordaram em críticas importantes. Os editores não podem ser especialistas em tudo, por isso têm de confiar nos revisores. Se você descobrir que está recorrendo a essa tática com muita frequência, há grandes chances de que o problema esteja no seu trabalho. Você não vai querer terminar como o Snoopy, da tirinha *Peanuts* (de Charles Schulz), que recebeu esta nota de um periódico ao qual ele tinha submetido um manuscrito: "Prezado colaborador, devolvemos aqui o seu manuscrito. Ele não atende às nossas necessidades presentes. P. S. Observamos que você enviou a sua história como mensagem especial. Correspondências insignificantes devem ser postadas como simples".

Como consideração final desta parte, temos observado a baixa frequência de leitura da maioria dos artigos científicos (obviamente, nenhum dos nossos cai nessa categoria). Alguns autores têm especulado que apenas duas de cada quatro pessoas leem artigos médios completamente.

A carta que todos gostaríamos de escrever

Prezado Senhor, Senhora ou Outro:

Encontra-se anexa a última versão do MS#85-02-22-RRRR, ou seja, a revisão re-re-re-revisada do nosso artigo. Enfie-a goela abaixo. Reescrevemos o manuscrito inteiro, do começo ao fim. Mudamos inclusive a #@*! do título! Agora, esperamos já ter sofrido o bastante para satisfazer até mesmo você e seus sanguinários revisores.

Decidimos pular a descrição usual, ponto por ponto, de cada mudança feita em resposta às críticas. Afinal, está bastante claro que seus revisores estão menos interessados nos detalhes do procedimento científico do que em solucionar os próprios problemas e dar vazão a frustrações pessoais pela busca de algum tipo de prazer demente no exercício sádico e arbitrário do poder tirânico sobre autores infelizes, como nós mesmos, que acabam por cair em suas garras. Compreendemos sinceramente que, diante dos psicopatas misantropos que compõem seu conselho editorial, você precisa manter o fluxo do envio de artigos, pois, se eles não tivessem manuscritos para revisar, provavelmente assaltariam velhinhos indefesos ou matariam filhotinhos de foca a cacetadas.

Não foi possível fazer nada a respeito de alguns dos comentários dos revisores. Se, por exemplo, vários de meus ancestrais recentes originaram-se de fato de outras espécies (como sugeriu o revisor C), já é muito tarde para mudar isso. Outras das sugestões, no entanto, foram implementadas, e o artigo foi melhorado e beneficiado. Além disso, vocês sugeriram que cortássemos cinco páginas do manuscrito, o que fizemos com muita eficácia – alteramos as margens e imprimimos o artigo em uma outra fonte, com um tipo menor. Realmente vocês tinham razão, o artigo ficou muito melhor assim.

Um problema desconcertante foi lidar com as sugestões 13 a 28 do revisor B. Como você deve estar lembrado (isto é, caso se dê o trabalho de ler as revisões antes de escrever a resposta definitiva), o revisor listou 16 trabalhos que ele citaria neste artigo. Esses trabalhos incluíam vários tópicos diferentes, sendo que nenhum deles tinha relevância evidente para nosso artigo. A propósito, havia entre eles um ensaio sobre a Guerra Hispano-americana, publicado em uma revista literária universitária. O único traço comum era que todos os 16 tinham sido escritos pelo mesmo autor, presumivelmente alguém que o revisor B admira muito e pensa que deveria ser mais amplamente citado. Para resolver essa questão, modificamos a Introdução e acrescentamos, depois da Revisão da literatura relevante, uma subseção intitulada "Revisão da literatura irrelevante", em que discutimos esses artigos e também tratamos estupidamente algumas das sugestões mais asnáticas das outras avaliações. Esperamos que você fique satisfeito com essa revisão e, finalmente, reconheça que esse trabalho merece ser publicado. Caso contrário, constataremos que você é um monstro inescrupuloso e depravado, sem nenhum traço de decência humana. Você deveria estar em uma jaula. Contudo, se decidir aceitar o artigo, teremos muito prazer em agradecê-lo pela paciência e sabedoria durante todo o processo e em expressar nosso reconhecimento em relação a sua grande sensibilidade acadêmica. Para recompensá-lo, ficaríamos felizes em revisar alguns manuscritos para você; por favor, envie-nos o próximo manuscrito submetido à revista por algum desses revisores.

Supondo que você vai aceitar este artigo, gostaríamos também de acrescentar uma nota de rodapé de agradecimento a sua ajuda na questão deste manuscrito e de destacar que gostávamos muito mais do artigo como fora escrito originalmente, mas que, apontando uma arma para nossas cabeças, você nos forçou a retalhar, rearranjar, reformular, restringir, expandir, encurtar e, em geral, converter um suculento artigo em meros vegetais à chinesa. Sem seu estímulo, não teríamos feito nada disso.

Atenciosamente,
Tentando publicar, mas perecendo em qualquer caso.

Adaptado da Canadian Society for Psychomotor Learning and Sport Psychology, 1991, "A letter we've all wanted to write", *Bulletin of Canadian Society for Psychomotor Learning and Sport Psychology*. Autor desconhecido.

Redação de resumos

Escrevendo para uma revista, usando o capítulo ou o formato de periódico para preparar a dissertação ou tese ou preparando um artigo para uma conferência, você precisa incluir um resumo.

Resumos destinados a diferentes propósitos exigem orientações um pouco diversas, mas quase todos têm restrições de extensão e forma.

Resumos de dissertações e teses

O resumo de sua dissertação ou tese provavelmente está sujeito a várias restrições específicas, inclusive as de extensão, formato, estilo e posição. Em primeiro lugar, consulte as normas da universidade ou faculdade; depois, siga-as com cuidado. Para dissertações, em geral, o regulamento das instituições de ensino superior dos Estados Unidos inclui o formato de submissão do *Dissertation Abstracts International*. As especificações exatas do título, da extensão e das margens são fornecidas em folhetos disponíveis nas secretarias das faculdades. Ao escrever o resumo, leve em consideração o leitor. Buscas eletrônicas localizarão por título e palavras-chave. (A importância desses itens foi discutida nos Caps. 2 e 3.) Escreva o resumo de modo que qualquer pessoa, depois de lê-lo, possa decidir se é importante ler a dissertação ou a tese inteira. Identifique claramente o quadro referencial teórico, o problema, os participantes, as medidas e as descobertas. Não gaste todo o espaço para escrever sobre análises estatísticas sofisticadas ou problemas metodológicos menores. Limite ao máximo o jargão. Pessoas de áreas relacionadas costumam ler o resumo para ver se o trabalho está relacionado com o delas. Recentemente, um de nós topou com a seguinte sentença em um resumo de dissertação. Por causa do jargão (e, diriam alguns, de nosso pobre vocabulário), não conseguimos interpretar a sentença.

> Amalgamar os *inputs* dos tomadores de decisão é um novo e único modelo de decisão que pode ser classificado como um parâmetro multifásico, encadeado progressiva e regressivamente, modelo de atributo de duas dimensões de Ideal Deslocado de objetivos estratégicos de nível de negócios e as estratégias de nível funcional que compreendem aqueles objetivos.

Resumos para artigos publicados

O resumo de um artigo publicado é muito mais curto do que o da tese – em geral, entre 100 e 150 palavras. A consideração importante é ir direto ao ponto: qual foi o problema? E quais foram os participantes? Como foi realizada a pesquisa? O que você descobriu? A declaração mais inútil encontrada nesses artigos é "Os resultados foram discutidos". Alguém poderia esperar que os resultados não tivessem sido discutidos?

Resumos de conferências

Resumos para conferências são um pouco diferentes. Em geral, permite-se um pouco mais de espaço (de 400 a 2.000 palavras, dependendo da conferência), porque os avaliadores têm de ser convencidos a aceitar a apresentação do artigo. Nesses resumos, você deve seguir estes procedimentos:

1. Escreva uma introdução breve para estabelecer o enunciado do problema.
2. Enuncie o problema.
3. Descreva brevemente a metodologia, incluindo
    a. participantes;
    b. instrumentação;
    c. procedimentos; e
    d. delineamento e análise.
4. Resuma os resultados.
5. Explique por que os resultados são importantes.

> **Redação do resumo**
>
> *Use o seguinte estilo para todos os resumos.*
>
> I. M. Titular e U. R. Promovido, da Faculdade Forquilha Sulina de Golpes Duros, Dallas, TX 00001. Como uma pesquisa sobre habilidades motoras pode aumentar seu mérito
> Pesquisas recentes sugerem que o aumento do mérito está diretamente relacionado ao número de artigos apresentados e publicados pelo corpo docente e inversamente relacionado à qualidade da pesquisa...
> ... O efeito a longo prazo é o aumento do número de periódicos, conferências e professores titulares.

Se as diretrizes de submissão pedem outros formatos ou informações, você deve seguir essas orientações. Se houver limitação de palavras, use a função contador de palavras do programa de computador (*word processor*) para ter certeza de que não excederá o limite – porque a maioria das páginas da *web* das conferências permitirá somente o número de palavras anunciadas e não aceitará o resumo desde então.

No quadro acima, há um exemplo bem-humorado de resumo, desenvolvido por um dos autores (J. R. Thomas, 1989).

Os resultados e a sua importância são parte fundamental do resumo de conferência. Se você redigi-lo de modo não descritivo, pode ser que o revisor conclua que você não completou o estudo. Em geral, isso leva a rejeição. Os planejadores da conferência não podem excluir outra pesquisa completa para aceitar a sua, que talvez não seja finalizada.

Por fim, a maioria das conferências exige que o artigo seja apresentado antes da publicação. Assim, se você tem um artigo em revisão em algum periódico, submetê-lo a uma conferência que acontecerá em 8 a 12 meses pode ser problemático. Além disso, muitas conferências exigem que o artigo não tenha sido previamente apresentado. Esteja ciente disso e siga as regras. A violação dessas diretrizes não irá melhorar seu estado profissional, e outros pesquisadores rapidamente ficarão sabendo disso.

Apresentações orais e em pôsteres

Aceito seu artigo para a conferência, você depara com a tarefa de apresentá-lo. A apresentação é conduzida oralmente ou em uma seção de pôsteres.

Como fazer apresentações orais

Apresentação oral
Método de apresentar um artigo, em que o autor fala diante de um grupo de colegas, em uma conferência, seguindo este formato: introdução, enunciação do problema, método, resultados, discussão e perguntas.

Em geral, **apresentações orais** causam pânico entre pós-graduandos e professores recém-admitidos. O único modo de superar essa dificuldade é apresentar vários artigos. Mas você pode aliviar a apreensão. Comumente, o tempo destinado a relatos de pesquisa orais é de 10 a 20 minutos, dependendo da conferência. Você será notificado do limite de tempo quando seu artigo for aceito. Uma vez que você terá de respeitar esse limite e que não há possibilidade de apresentar um relatório completo dentro desse prazo, o que você deve fazer? Sugerimos a apresentação de aspectos essenciais do relatório, usando as seguintes divisões, em uma apresentação de 15 minutos. Recursos visuais, como *slides*, *softwares* de apresentação e projetores, podem ser úteis.

- Introdução que cita alguns estudos importantes: 3 minutos
- Enunciação do problema: 1 minuto
- Método: 3 minutos

- Resultados (apresentação de tabelas e figuras; em geral, é preferível o uso de gráficos, pois é mais difícil ler tabelas): 3 minutos
- Discussão (pontos principais): 2 minutos
- Perguntas e discussões: 3 minutos
- Total: 15 minutos

Os erros mais frequentes em apresentações orais consistem em acelerar demais a parte do método e em não se esmerar na dos resultados (ver o quadro sobre declarações infelizes). O uso apropriado de recursos visuais é a chave da apresentação eficaz, em particular na parte dos resultados. Coloque uma sentença curta sobre o problema no *slide* e projete-o à medida que explica. Um *slide* dos arranjos experimentais reduz a maior parte da verborreia do método. Use sempre *slides* para ilustrar os resultados. Ilustrações dos resultados (em especial gráficos e figuras) são mais eficazes do que tabelas ou a simples apresentação oral. Apresente gráficos e figuras simples e concisos. Tabelas e gráficos preparados para o artigo escrito raramente são eficazes quando convertidos em apresentações visuais. Tipicamente, eles contêm informações demais e não são abrangentes o suficiente. Use um apontador para indicar partes significativas. Por fim, lembre-se das nossas Quatro Leis da Apresentação Oral (página 438). Ensaiar a apresentação é a única solução para esses e muitos outros problemas. Nas universidades em que trabalhamos, reunimos os pós-graduandos e professores que vão apresentar artigos em conferências iminentes e realizamos sessões de ensaio práticas. Cada um apresenta seu artigo, com contagem do tempo. Em seguida, o público faz perguntas e oferece sugestões para melhorar as apresentações e os recursos visuais. Essas sessões práticas elevam a qualidade das apresentações e aumentam a segurança dos pós-graduandos.

▶ SABER QUE VOCÊ FOI SELECIONADO PARA FAZER UMA APRESENTAÇÃO ORAL EM UMA CONVENÇÃO NACIONAL É MUITO RECOMPENSADOR.

▶ Prepare tabelas e figuras diferentes para uma apresentação visual. Versões de artigo geralmente contêm informação demais e são muito pequenas.

Em sua apresentação, não use essas citações de comentaristas esportivos da Grã-Bretanha

"Moses Kiptanul – o queniano de 19 anos que fez 20 há algumas semanas."

"Temos agora a mesma situação que tínhamos no início da corrida, apenas exatamente o oposto."

"Ele nunca fez qualquer cirurgia de joelho grave em nenhuma outra parte do corpo."

"Ela não é o Ben Johnson – mas quem é?"

"Devo muito a meus pais, em especial a meu pai e minha mãe."

"O gramado do Port Elizabeth é mais circular do que oval. Ele é longo e quadrado."

"A pista de corrida é tão plana quanto uma bola de bilhar."

"Preste atenção no tempo – ele indica a rapidez com que eles estão correndo."

"Ele está polegadas distante de ser um milímetro perfeito."

"Se a história se repete, penso que podemos esperar a mesma coisa de novo."

> **As Quatro Leis da Apresentação, de Thomas, Nelson e Silverman**
>
> 1. Sempre acontece algum problema com o projetor. Mais especificamente:
>   a. a não ser que você faça um teste com antecedência, na hora ele não funciona;
>   b. o fio elétrico ou o do *mouse* (ou ambos) é muito curto;
>   c. se o projetor funcionou perfeitamente bem nas três apresentações anteriores, a lâmpada explode na sua vez.
> 2. A tela é muito pequena para a sala.
> 3. Seu artigo fica em último lugar na programação da conferência. Isso quer dizer que apenas o moderador, você e o apresentador anterior estarão presentes, sendo que este último vai sair da sala assim que terminar o trabalho dele. Ou, ao contrário, seu artigo é agendado para as sete horas da manhã, quando você ainda está de ressaca, e todos os outros, na cama.
> 4. Em sua primeira apresentação, o acadêmico de maior prestígio em sua área aparece por lá e faz uma pergunta. E você comete um erro ao citá-lo.

Como aproveitar ao máximo a apresentação em pôsteres

A sessão de pôsteres é outro modo de apresentar um artigo de conferência. Ela acontece em uma sala grande, onde os apresentadores colocam resumos da sua pesquisa nas paredes ou em murais. A sessão tem duração específica; nesse período, os apresentadores ficam de pé ao lado dos trabalhos, enquanto os interessados passam, leem os materiais e discutem os itens de interesse.

Preferimos esse formato em vez de apresentações orais. O público pode dar uma olhada nos artigos em que estão interessados e, então, discutir com os autores de modo mais detalhado. No prazo de 75 minutos, 15 a 40 apresentações em pôsteres podem ficar disponíveis em uma sala grande, enquanto apenas cinco apresentações orais de 15 minutos podem ocorrer nesse mesmo período. Além disso, em uma sessão de apresentação oral, a audiência fica sentada durante a apresentação de vários artigos. A audiência pode perder o interesse ou perturbar o ambiente entrando e saindo o tempo todo.

A sessão de pôsteres permite que o próprio público determine quanto tempo gastar na observação de cada material. Com frequência, ouvimos apresentações orais em que gostaríamos de ter mais informações. Ou poderíamos desejar que uma tabela ou figura tivesse ficado por mais tempo. Essas preocupações *não são um problema na sessão de pôsteres*. Os participantes ficam mais inclinados a fazer perguntar ou a comentar pontos de vista quando têm tempo suficiente para considerar o material. Com frequência, isso leva a conversas mais longas e profundas, que beneficiam tanto o apresentador quanto o espectador.

Um bom delineamento maximiza todos os possíveis benefícios da sessão de pôsteres. Pode-se arrumar o pôster de modo a destacar pontos importantes e eliminar informações desnecessárias. Os pôsteres são afixados em paredes ou em estandes montados. Em geral, a conferência avisa quanto espaço será destinado a seu pôster; o mais comum é o 1,20 m x 1,80 m. O pôster deve ser organizado em cinco ou seis quadros que representam as partes da apresentação – resumo, introdução e enunciado do problema, métodos, resultados (inclusive figuras e tabelas), discussão e referências. Colocar seções com os respectivos títulos ajuda os leitores a seguir o pôster e deixa algum espaço em branco agradável à vista. (Ainda que você imprima o pôster em uma folha grande, essas sugestões se aplicam.) Na Figura 22.1, podemos ver um modo lógico de arranjo dos quadros, usando o fluxo vertical de informações (pode-se usar o horizontal também, mas o vertical é o preferido). Em geral, uma abordagem eficiente é colocar tabelas e figuras no centro do pôster e arranjar os quadros em torno deles. As tabelas e figuras representam o que você descobriu e devem ser o aspecto central do pôster.

Os pôsteres possuem texto, mas esse texto deve ter aspectos específicos para aumentar a facilidade de leitura e compreensão:

- Sentenças curtas, de estrutura simples
- Texto da ideia principal sem informações adicionais
- Palavras comuns, com pouco jargão
- Pouca abstração
- Listas de tópicos com marcadores.

Use elementos de delineamento que melhorem os pôsteres e a sua compreensão:

- Escolha uma fonte regular e clara (p. ex., Helvética e Times).
- Para o texto, use um tamanho de fonte de, no mínimo, 20 pontos; para os tópicos, 28 a 32; para os títulos, 64.
- A maioria dos indícios atuais sugere que usar caixa alta e baixa é mais legível.
- Tópicos principais em cada pôster, com tópicos das seções no interior do pôster, orientam o olhar durante a leitura.
- Nas seções, use o alinhamento esquerdo e deixe o lado direito livre em vez estilo justificado.
- Se houver dúvida entre o uso de uma figura ou de uma tabela, use a figura; se tiver de usar uma tabela, inclua o mínimo possível de informações, escreva números grandes e faça destaques (p. ex., sombreamento, cores) para levar o leitor às informações mais importantes; *raramente a tabela ou a figura preparada para publicação é aceitável em um pôster (ainda que seja ampliada)*.
- Seja sábio ao usar as cores – elas ajudam quando destacam pontos, unificam seções e guiam o olhar do leitor; na dúvida, use menos cores.

Se quiser ter um pôster excepcional, que atrai leitores interessados, siga essas sugestões, prepare o material com bastante antecedência e, em seguida, peça que amigos e professores da faculdade deem uma olhada, façam sugestões e comentários.

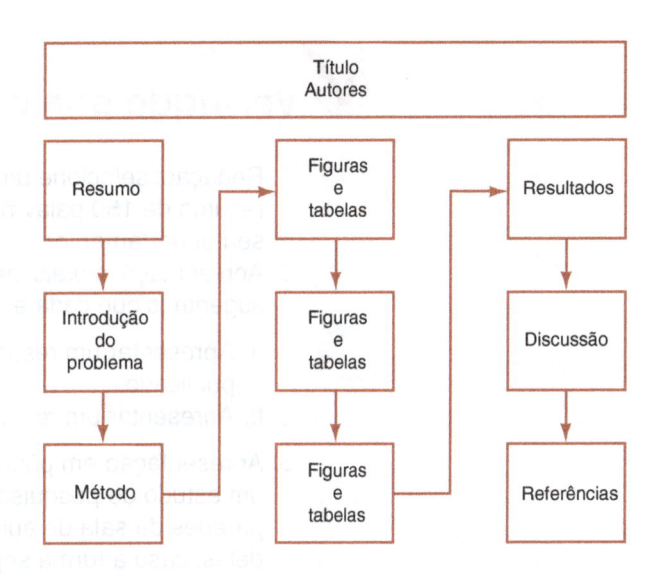

▶ **Figura 22.1** Pôster de fluxo vertical.

Resumo

O formato de periódico para dissertações e teses tem a vantagem de já ser adequado à publicação em revistas científicas, um dos principais modos de disseminação do trabalho acadêmico. Ainda assim, ele retém as características essenciais do relato completo, tão valioso na dissertação ou tese. Esse formato compreende materiais preliminares (p. ex., a página do título, o resumo), o corpo (p. ex., introdução, métodos, resultados, discussão) e um conjunto de apêndices (p. ex., ampla revisão da literatura, resultados adicionais). O objetivo desse estilo de relato é promover a rápida publicação de pesquisas de qualidade.

Com frequência, os resumos são usados como forma de submeter artigos a encontros acadêmicos, para que seja avaliada a possibilidade de apresentação. Em geral, a extensão e o formato do resumo seguem as prescrições do grupo de professores aos quais o texto será submetido. Depois da aprovação, o formato pode ser oral ou em pôsteres. As apresentações orais costumam durar 10 a 20 minutos; as apresentações em pôsteres geralmente são limitadas de acordo com o espaço de exposição específico.

✓ Verifique sua compreensão

1. Redação: selecione um estudo em uma revista científica e escreva para ele um resumo de 150 palavras no estilo da APA (ou em algum outro estilo usado em seu departamento).
2. Apresentações orais: para enfatizar a importância dos limites de tempo, sugerimos que cada estudante faça as seguintes apresentações em sala de aula:
    a. Apresentar um resumo de dois minutos, referente a um estudo de pesquisa publicado.
    b. Apresentar um resumo de cinco minutos, referente a algum outro estudo.
3. Apresentação em pôsteres: prepare uma apresentação desse tipo referente a um estudo de pesquisa de uma revista científica. Distribua os pôsteres pelas paredes da sala de aula. Critique os pôsteres dos outros estudantes (ou parte deles, caso a turma seja grande).

APÊNDICE

Tabelas estatísticas

Tabela 1   Tabela de números aleatórios
Tabela 2   A curva normal padrão
Tabela 3   Valores críticos de coeficientes de correlação
Tabela 4   Transformação de r para Z_r
Tabela 5   Valores críticos de t
Tabela 6   Valores críticos de F
Tabela 7   Valores críticos do qui quadrado

Tabela 1 Tabela de números aleatórios

22 17 68 65 84	68 95 23 92 35	87 02 22 57 51	61 09 43 95 06	58 24 82 03 47
19 36 27 59 46	13 79 93 37 55	39 77 32 77 09	85 52 05 30 62	47 83 51 62 74
16 77 23 02 77	09 61 87 25 21	28 06 24 25 93	16 71 13 59 78	23 05 47 47 25
78 43 76 71 61	20 44 90 32 64	97 67 63 99 61	46 38 03 93 22	69 81 21 99 21
03 28 28 26 08	73 37 32 04 05	69 30 16 09 05	88 69 58 29 99	35 07 44 75 47
93 22 53 64 39	07 10 63 76 35	87 03 04 79 88	08 13 13 85 51	55 34 57 72 69
78 76 58 54 74	92 38 70 96 92	52 06 79 79 45	82 63 18 27 44	69 66 92 19 09
23 68 35 26 00	99 53 93 61 28	52 70 05 48 34	56 65 05 61 86	90 92 10 70 80
15 39 25 70 99	93 86 52 77 65	15 33 59 05 28	22 87 26 07 47	86 96 98 29 06
58 71 96 30 24	18 46 23 34 27	85 13 99 24 44	49 18 09 79 49	74 16 32 23 02
57 35 27 33 72	24 53 63 94 09	41 10 76 47 91	44 04 95 49 66	39 60 04 59 81
48 50 86 54 48	22 06 34 72 52	82 21 15 65 20	33 29 94 71 11	15 91 29 12 03
61 96 48 95 03	07 16 39 33 66	98 56 10 56 79	77 21 30 27 12	90 49 22 23 62
36 93 89 41 26	29 70 83 63 51	99 74 20 52 36	87 09 41 15 09	98 60 16 03 03
18 87 00 42 31	57 90 12 02 07	23 47 37 17 31	54 08 01 88 63	39 41 88 92 10
88 56 53 27 59	33 35 72 67 47	77 34 55 45 70	08 18 27 38 90	16 95 86 70 75
09 72 95 84 29	49 41 31 06 70	42 38 06 45 18	64 84 73 31 65	52 53 37 97 15
12 96 88 17 31	65 19 69 02 83	60 75 86 90 68	24 64 19 35 51	56 61 87 39 12
85 94 57 24 16	92 09 84 38 76	22 00 27 69 85	29 81 94 78 70	21 94 47 90 12
38 64 43 59 98	98 77 87 68 07	91 51 67 62 44	40 98 05 93 78	23 32 65 41 18
53 44 09 42 72	00 41 86 79 79	68 47 22 00 20	35 55 31 51 51	00 83 63 22 55
40 76 66 26 84	57 99 99 90 37	36 63 32 08 58	37 40 13 68 97	87 64 81 07 83
02 17 79 18 05	12 59 52 57 02	22 07 90 47 03	28 14 11 30 79	20 69 22 40 98
95 17 82 06 53	31 51 10 96 46	92 06 88 07 77	56 11 50 81 69	40 23 72 51 39
35 76 22 42 92	96 11 83 44 80	34 68 35 48 77	33 42 40 90 60	73 96 53 97 86
26 29 13 56 41	85 47 04 66 08	34 72 57 59 13	82 43 80 46 15	38 26 61 70 04
77 80 20 75 82	72 82 32 99 90	63 95 73 76 63	89 73 44 99 05	48 67 26 43 18
46 40 66 44 52	91 36 74 43 53	30 82 13 54 00	78 45 63 98 35	55 03 36 67 68
37 56 08 18 09	77 53 84 46 47	31 91 18 95 58	24 16 74 11 53	44 10 13 85 57
61 65 61 68 66	37 27 47 39 19	84 83 70 07 48	53 21 40 06 71	95 06 79 88 54
93 43 69 64 07	34 18 04 52 35	56 27 09 24 86	61 85 53 83 45	19 90 70 99 00
21 96 60 12 99	11 20 99 45 18	48 13 93 55 34	18 37 79 49 90	65 97 38 20 46
95 20 47 97 97	27 37 83 28 71	00 06 41 41 74	45 89 09 39 84	51 67 11 52 49
97 86 21 78 73	10 65 81 92 59	58 76 17 14 97	04 76 62 16 17	17 95 70 45 80
69 92 06 34 13	59 71 74 17 32	27 55 10 24 19	23 71 82 13 74	63 52 52 01 41
04 31 17 21 56	33 73 99 19 87	26 72 39 27 67	53 77 57 68 93	60 61 97 22 61
61 06 98 03 91	87 14 77 43 96	43 00 65 98 50	45 60 33 01 07	98 99 46 50 47
85 93 85 86 88	72 87 08 62 40	16 06 10 89 20	23 21 34 74 97	76 38 03 29 63
21 74 32 47 45	73 96 07 94 52	09 65 90 77 47	25 76 16 19 33	53 05 70 53 30
15 69 53 82 80	79 96 23 53 10	65 39 07 16 29	45 33 02 43 70	02 87 40 41 45
02 89 08 04 49	20 21 14 68 86	87 63 93 95 17	11 29 01 95 80	35 14 97 35 33
87 18 15 89 79	85 43 01 72 73	08 61 74 51 69	89 74 39 82 15	94 51 33 41 67
98 83 71 94 22	59 97 50 99 52	08 52 85 08 40	87 80 61 65 31	91 51 80 32 44
10 08 58 21 66	72 68 49 29 31	89 85 84 46 06	59 73 19 85 23	65 09 29 75 63
47 90 56 10 08	88 02 84 27 83	42 29 72 23 19	66 56 45 65 79	20 71 53 20 25
22 85 61 68 90	49 64 92 85 44	16 40 12 89 88	50 14 49 81 06	01 82 77 45 12
67 80 43 79 33	12 83 11 41 16	25 58 19 68 70	77 02 54 00 52	53 43 37 15 26
27 62 50 96 72	79 44 61 40 15	14 53 40 65 39	27 31 58 50 28	11 39 03 34 25
33 78 80 87 15	38 30 06 38 21	14 47 47 07 26	54 96 87 53 32	40 36 40 96 76
13 13 92 66 99	47 24 49 57 74	32 25 43 62 17	10 97 11 69 84	99 63 22 32 98

10 27 53 96 23	71 50 54 36 23	54 31 04 82 98	04 14 12 15 09	26 78 25 47 47
28 41 50 61 88	64 85 27 20 18	83 36 36 05 56	39 71 65 09 62	94 76 62 11 89
34 21 42 57 02	59 19 18 97 48	80 30 03 30 98	05 24 67 70 07	84 97 50 87 46
61 81 77 23 23	82 82 11 54 08	53 28 70 58 96	44 07 39 55 43	42 34 43 39 28
61 15 18 13 54	16 86 20 26 88	90 74 80 55 09	14 53 90 51 17	52 01 63 01 59
91 76 21 64 64	44 91 13 32 97	75 31 62 66 54	84 80 32 75 77	56 08 25 70 29
00 97 79 08 06	37 30 28 59 85	53 56 68 53 40	01 74 39 59 73	30 19 99 85 48
36 46 18 34 94	75 20 80 27 77	78 91 69 16 00	08 43 18 73 68	67 69 61 34 25
88 98 99 60 50	65 95 79 42 94	93 62 40 89 96	43 56 47 71 66	46 76 29 67 02
04 37 59 87 21	05 02 03 24 17	47 97 81 56 51	92 34 86 01 82	55 51 33 12 91
63 62 06 34 41	94 21 78 55 09	72 76 45 16 94	29 95 81 83 83	79 88 01 97 30
78 47 23 53 90	34 41 92 45 71	09 23 70 70 07	12 38 92 79 43	14 85 11 47 23
87 68 62 15 43	53 14 36 59 25	54 47 33 70 15	59 24 48 40 35	50 03 42 99 36
47 60 92 10 77	88 59 53 11 52	66 25 69 07 04	48 68 64 71 06	61 65 70 22 12
56 88 87 59 41	65 28 04 67 53	95 79 88 37 31	50 41 06 94 76	81 83 17 16 33
02 57 45 86 67	73 43 07 34 48	44 26 87 93 29	77 09 61 67 84	06 69 44 77 75
31 54 14 13 17	48 62 11 90 60	68 12 93 64 28	46 24 79 16 76	14 60 25 51 01
28 50 16 43 36	28 97 85 58 99	67 22 52 76 23	24 70 36 54 54	59 28 61 71 96
63 29 62 66 50	02 63 45 52 38	67 63 47 54 75	83 24 78 43 20	92 63 13 47 48
45 65 58 26 51	76 96 59 38 72	86 57 45 71 46	44 67 76 14 55	44 88 01 62 12
39 65 36 63 70	77 45 85 50 51	74 13 39 35 22	30 53 36 02 95	49 34 88 73 61
73 71 98 16 04	29 18 94 51 23	76 51 94 84 86	79 93 96 38 63	08 58 25 58 94
72 20 56 20 11	72 65 71 08 86	79 57 95 13 91	97 48 72 66 48	09 71 17 24 89
75 17 26 99 76	89 37 20 70 01	77 31 61 95 46	26 97 05 73 51	53 33 18 72 87
37 48 60 82 29	81 30 15 39 14	48 38 75 93 29	06 87 37 78 48	45 56 00 84 47
68 08 02 80 72	83 71 46 30 49	89 17 95 88 29	02 39 56 03 46	97 74 06 56 17
14 23 98 61 67	70 52 85 01 50	01 84 02 78 43	10 62 98 19 41	18 83 99 47 99
49 08 96 21 44	25 27 99 41 28	07 41 08 34 66	19 42 74 39 91	41 96 53 78 72
78 37 06 08 43	63 61 62 42 29	39 68 95 10 96	09 24 23 00 62	56 12 80 73 16
37 21 34 17 68	68 96 83 23 56	32 84 60 15 31	44 73 67 34 77	91 15 79 74 58
14 29 09 34 04	87 83 07 55 07	76 58 30 83 64	87 29 25 58 84	86 50 60 00 25
58 43 28 06 36	49 52 83 51 14	47 56 91 29 34	05 87 31 06 95	12 45 57 09 09
10 43 67 29 70	80 62 80 03 42	10 80 21 38 84	90 56 35 03 09	43 12 74 49 14
44 38 88 39 54	86 97 37 44 22	00 95 01 31 76	17 16 29 56 63	38 78 94 49 81
90 69 59 19 51	85 39 52 85 13	07 28 37 07 61	11 16 36 27 03	78 86 72 04 95
41 47 10 25 62	97 05 31 03 61	20 26 36 31 62	68 69 86 95 44	84 95 48 46 45
91 94 14 63 19	75 89 11 47 11	31 56 34 19 09	79 57 92 36 59	14 93 87 81 40
80 06 54 18 66	09 18 94 06 19	98 40 07 17 81	22 45 44 84 11	24 62 20 42 31
67 72 77 63 48	84 08 31 55 58	24 33 45 77 58	80 45 67 93 82	75 70 16 08 24
59 40 24 13 27	79 26 88 86 30	01 31 60 10 39	53 58 47 70 93	85 81 56 39 38
05 90 35 89 95	01 61 16 96 94	50 78 13 69 36	37 68 53 37 31	71 26 35 03 71
44 43 80 69 98	46 68 05 14 82	90 78 50 05 62	77 79 13 57 44	59 60 10 39 66
61 81 31 96 82	00 57 25 60 59	46 72 60 18 77	55 66 12 62 11	08 99 55 64 57
42 88 07 10 05	24 98 65 63 21	47 21 61 88 32	27 80 30 21 60	10 92 35 36 12
77 94 30 05 39	28 10 99 00 27	12 73 73 99 12	49 99 57 94 82	96 88 57 17 91
78 83 19 76 16	94 11 68 84 26	23 54 20 86 85	23 86 66 99 07	36 37 34 92 09
87 76 59 61 81	43 63 64 61 61	65 76 36 95 90	18 48 27 45 68	27 23 65 30 72
91 43 05 96 47	55 78 99 95 24	37 55 85 78 78	01 48 41 19 10	35 19 54 07 73
84 97 77 72 73	09 62 06 65 72	87 12 49 03 60	41 15 20 76 27	50 47 02 29 16
87 41 60 76 83	44 88 96 07 80	85 05 83 38 96	73 70 66 81 90	30 56 10 48 59

Adaptada, com permissão, de R.A. Fisher and F. Yates, 1995. *Statistical tables for biological agricultural and medical research* (Essex, United Kingdom: Pearson Education), 137,

Tabela 2 A curva normal padrão

z	Caudal π além	Caudal π restante	Bicaudal π além	Bicaudal π restante	z	Caudal π além	Caudal π restante	Bicaudal π além	Bicaudal π restante
0,00	0,5000	0,5000	1,0000	0,0000	0,45	0,3264	0,6736	0,6527	0,3473
0,01	0,4960	0,5040	0,9920	0,0080	0,46	0,3228	0,6772	0,6455	0,3545
0,02	0,4920	0,5080	0,9840	0,0160	0,47	0,3192	0,6808	0,6384	0,3616
0,03	0,4880	0,5120	0,9761	0,0239	0,48	0,3156	0,6844	0,6312	0,3688
0,04	0,4840	0,5160	0,9681	0,0319	0,49	0,3121	0,6879	0,6241	0,3759
0,05	0,4801	0,5199	0,9601	0,0399	0,50	0,3085	0,6915	0,6171	0,3829
0,06	0,4761	0,5239	0,9522	0,0478	0,51	0,3050	0,6950	0,6101	0,3899
0,07	0,4721	0,5279	0,9442	0,0558	0,52	0,3015	0,6985	0,6031	0,3969
0,08	0,4681	0,5319	0,9362	0,0638	0,53	0,2981	0,7019	0,5961	0,4039
0,09	0,4641	0,5359	0,9283	0,0717	0,54	0,2946	0,7054	0,5892	0,4108
0,10	0,4602	0,5398	0,9203	0,0797	0,55	0,2912	0,7088	0,5823	0,4177
0,11	0,4562	0,5438	0,9124	0,0876	0,56	0,2877	0,7123	0,5755	0,4245
0,12	0,4522	0,4378	0,9045	0,0955	0,57	0,2843	0,7157	0,5687	0,4313
0,13	0,4483	0,5517	0,8966	0,1034	0,58	0,2810	0,7190	0,5619	0,4381
0,14	0,4443	0,5557	0,8887	0,1113	0,59	0,2776	0,7224	0,5552	0,4448
0,15	0,4404	0,5596	0,8808	0,1192	0,60	0,2743	0,7257	0,5485	0,4515
0,16	0,4364	0,5636	0,8729	0,1271	0,61	0,2709	0,7291	0,5419	0,4581
0,17	0,4325	0,5675	0,8650	0,1350	0,62	0,2676	0,7324	0,5353	0,4647
0,18	0,4286	0,5714	0,8571	0,1429	0,63	0,2643	0,7357	0,5276	0,4713
0,19	0,4247	0,5753	0,8493	0,1507	0,64	0,2611	0,7389	0,5222	0,4778
0,20	0,4207	0,5793	0,8415	0,1585	0,65	0,2578	0,7422	0,5157	0,4843
0,21	0,4168	0,5832	0,8337	0,1663	0,66	0,2546	0,7454	0,5093	0,4907
0,22	0,4129	0,5871	0,8259	0,1741	0,67	0,2514	0,7486	0,5029	0,4971
0,23	0,4090	0,5910	0,8181	0,1819	0,6745	0,25	0,75	0,50	0,50
0,24	0,4052	0,5948	0,8103	0,1897	0,68	0,2483	0,7517	0,4965	0,5035
0,25	0,4013	0,5987	0,8026	0,1974	0,69	0,2451	0,7549	0,4902	0,5098
0,26	0,3974	0,6026	0,7949	0,2051	0,70	0,2420	0,7580	0,4839	0,5161
0,27	0,3936	0,6064	0,7872	0,2128	0,71	0,2389	0,7611	0,4777	0,5223
0,28	0,3897	0,6103	0,7795	0,2205	0,72	0,2358	0,7642	0,4715	0,5285
0,29	0,3859	0,6141	0,7718	0,2282	0,73	0,2327	0,7673	0,4654	0,5346
0,30	0,3821	0,6179	0,7642	0,2358	0,74	0,2296	0,7704	0,4593	0,5407
0,31	0,3783	0,6217	0,7566	0,2434	0,75	0,2266	0,7734	0,4533	0,5467
0,32	0,3745	0,6255	0,7490	0,2510	0,76	0,2236	0,7764	0,4473	0,5527
0,33	0,3707	0,6293	0,7414	0,2586	0,77	0,2206	0,7794	0,4413	0,5587
0,34	0,3669	0,6331	0,7339	0,2661	0,78	0,2177	0,7823	0,4354	0,5646
0,35	0,3632	0,6368	0,7263	0,2737	0,79	0,2148	0,7852	0,4295	0,5705
0,36	0,3594	0,6406	0,7188	0,2812	0,80	0,2119	0,7881	0,4237	0,5763
0,37	0,3557	0,6443	0,7114	0,2886	0,81	0,2090	0,7910	0,4179	0,5821
0,38	0,3520	0,6480	0,7039	0,2961	0,82	0,2061	0,7939	0,4122	0,5878
0,39	0,3483	0,6517	0,6965	0,3035	0,83	0,2033	0,7967	0,4065	0,5935
0,40	0,3446	0,6554	0,6892	0,3108	0,84	0,2005	0,7995	0,4009	0,5991
0,41	0,3409	0,6591	0,6818	0,3182	0,8416	0,20	0,80	0,40	0,60
0,42	0,3372	0,6628	0,6745	0,3255	0,85	0,1997	0,8023	0,3953	0,6047
0,43	0,3336	0,6664	0,6672	0,3328	0,86	0,1949	0,8051	0,3898	0,6102
0,44	0,3300	0,6700	0,6599	0,3401	0,87	0,1922	0,8078	0,3843	0,6157

	Caudal		Bicaudal			Caudal		Bicaudal	
z	π além	π restante	π além	π restante	z	π além	π restante	π além	π restante
0,88	0,1894	0,8106	0,3789	0,6211	1,32	0,0934	0,9066	0,1868	0,8132
0,89	0,1867	0,8133	0,3735	0,6265	1,33	0,0918	0,9082	0,1835	0,8165
0,90	0,1841	0,8159	0,3681	0,6319	1,34	0,0901	0,9099	0,1802	0,8198
0,91	0,1814	0,8186	0,3628	0,6372	1,35	0,0885	0,9115	0,1770	0,8230
0,92	0,1788	0,8212	0,3576	0,6424	1,36	0,0869	0,9131	0,1738	0,8262
0,93	0,1762	0,8238	0,3524	0,6476	1,37	0,0853	0,9147	0,1707	0,8293
0,94	0,1736	0,8264	0,3472	0,6528	1,38	0,0838	0,9162	0,1676	0,8324
0,95	0,1711	0,8289	0,3421	0,6579	1,39	0,0823	0,9177	0,1645	0,8355
0,96	0,1685	0,8315	0,3371	0,6629	1,40	0,0808	0,9192	0,1615	0,8385
0,97	0,1660	0,8340	0,3320	0,6680	1,41	0,0793	0,9207	0,1585	0,8415
0,98	0,1635	0,8365	0,3271	0,6729	1,42	0,0778	0,9222	0,1556	0,8444
0,99	0,1611	0,8389	0,3222	0,6778	1,43	0,0764	0,9236	0,1527	0,8473
1,00	0,1587	0,8413	0,3173	0,6827	1,44	0,0749	0,9251	0,1499	0,8501
1,01	0,1562	0,8438	0,3125	0,6875	1,45	0,0735	0,9265	0,1471	0,8529
1,02	0,1539	0,8461	0,3077	0,6923	1,46	0,0721	0,9279	0,1443	0,8567
1,03	0,1515	0,8485	0,3030	0,6970	1,47	0,0708	0,9292	0,1416	0,8584
1,04	0,1492	0,8508	0,2983	0,7017	1,48	0,0694	0,9306	0,1389	0,8611
1,05	0,1469	0,8531	0,2937	0,7063	1,49	0,0681	0,9319	0,1362	0,8638
1,06	0,1446	0,8554	0,2891	0,7109	1,50	0,0668	0,9332	0,1336	0,8664
1,07	0,1423	0,8577	0,2846	0,7154	1,51	0,0655	0,9345	0,1310	0,8690
1,08	0,1401	0,8599	0,2801	0,7199	1,52	0,0643	0,9357	0,1285	0,8715
1,09	0,1379	0,8621	0,2757	0,7243	1,53	0,0630	0,9370	0,1260	0,8740
1,10	0,1357	0,8643	0,2713	0,7287	1,54	0,0618	0,9382	0,1236	0,8764
1,11	0,1335	0,8665	0,2670	0,7330	1,55	0,0606	0,9394	0,1211	0,8789
1,12	0,1314	0,8686	0,2627	0,7373	1,56	0,0594	0,9406	0,1188	0,8812
1,13	0,1292	0,8708	0,2585	0,7415	1,57	0,0582	0,9418	0,1164	0,8836
1,14	0,1271	0,8729	0,2543	0,7457	1,58	0,0571	0,9429	0,1141	0,8859
1,15	0,1251	0,8749	0,2501	0,7499	1,59	0,0559	0,9441	0,1118	0,8882
1,16	0,1230	0,8770	0,2460	0,7540	1,60	0,0548	0,9452	0,1096	0,8904
1,17	0,1210	0,8790	0,2420	0,7580	1,61	0,0537	0,9463	0,1074	0,8926
1,18	0,1190	0,8810	0,2380	0,7620	1,62	0,0526	0,9474	0,1052	0,8948
1,19	0,1170	0,8830	0,2340	0,7660	1,63	0,0516	0,9484	0,1031	0,8969
1,20	0,1151	0,8849	0,2301	0,7699	1,64	0,0505	0,9495	0,1010	0,8990
1,21	0,1131	0,8869	0,2263	0,7737	1,645	0,05	0,95	0,10	0,90
1,22	0,1112	0,8888	0,2225	0,7775	1,65	0,0495	0,9505	0,0989	0,9011
1,23	0,1093	0,8907	0,2187	0,7813	1,66	0,0485	0,9515	0,0969	0,9031
1,24	0,1075	0,8925	0,2150	0,7890	1,67	0,0475	0,9525	0,0949	0,9051
1,25	0,1056	0,8944	0,2113	0,7887	1,68	0,0465	0,9535	0,0930	0,9070
1,26	0,1038	0,8962	0,2077	0,7923	1,69	0,0455	0,9545	0,0910	0,9090
1,27	0,1020	0,8980	0,2041	0,7959	1,70	0,0446	0,9554	0,0891	0,9109
1,28	0,1003	0,8997	0,2005	0,7995	1,71	0,0436	0,9564	0,0873	0,9127
1,282	0,10	0,90	0,20	0,80	1,72	0,0427	0,9573	0,0854	0,9146
1,29	0,0985	0,9015	0,1971	0,8029	1,73	0,0418	0,9582	0,0836	0,9164
1,30	0,0968	0,9032	0,1936	0,8064	1,74	0,0409	0,9591	0,0819	0,9181
1,31	0,0951	0,9049	0,1902	0,8098	1,75	0,0401	0,9599	0,0801	0,9199

▶ *(continua)*

▶ Tabela 2 (*continuação*)

	Caudal		Bicaudal			Caudal		Bicaudal	
z	π além	π restante	π além	π restante	z	π além	π restante	π além	π restante
1,76	0,0392	0,9608	0,0784	0,9216	2,20	0,0139	0,9861	0,0278	0,9722
1,77	0,0384	0,9616	0,0767	0,9233	2,21	0,0136	0,9864	0,0271	0,9729
1,78	0,0375	0,9625	0,0751	0,9249	2,22	0,0132	0,9868	0,0264	0,9736
1,79	0,0367	0,9633	0,0734	0,9266	2,23	0,0129	0,9871	0,0257	0,9743
1,80	0,0359	0,9641	0,0719	0,9281	2,24	0,0125	0,9875	0,0251	0,9749
1,81	0,0352	0,9649	0,0703	0,9297	2,25	0,0122	0,9878	0,0244	0,9756
1,82	0,0344	0,9656	0,0688	0,9312	2,26	0,0119	0,9881	0,0238	0,9762
1,83	0,0336	0,9664	0,0672	0,9328	2,27	0,0116	0,9884	0,0232	0,9768
1,84	0,0329	0,9671	0,0658	0,9342	2,28	0,0113	0,9887	0,0226	0,9774
1,85	0,0322	0,9678	0,0643	0,9357	2,29	0,0110	0,9890	0,0220	0,9780
1,86	0,0314	0,9686	0,0629	0,9371	2,30	0,0107	0,9893	0,0214	0,9786
1,87	0,0307	0,9693	0,0615	0,9385	2,31	0,0104	0,9896	0,0209	0,9791
1,88	0,0301	0,9699	0,0601	0,9399	2,32	0,0102	0,9898	0,0203	0,9797
1,89	0,0294	0,9706	0,0588	0,9412	2,326	0,01	0,99	0,02	0,98
1,90	0,0287	0,9713	0,0574	0,9426	2,33	0,0099	0,9901	0,0198	0,9802
1,91	0,0281	0,9719	0,0561	0,9439	2,34	0,0096	0,9904	0,0193	0,9807
1,92	0,0274	0,9726	0,0549	0,9451	2,35	0,0094	0,9906	0,0188	0,9812
1,93	0,0268	0,9732	0,0536	0,9464	2,36	0,0091	0,9909	0,0183	0,9817
1,94	0,0262	0,9738	0,0524	0,9476	2,37	0,0089	0,991	0,0178	0,9822
1,95	0,0256	0,9744	0,0512	0,9488	2,38	0,0087	0,9913	0,0173	0,9827
1,960	0,025	0,975	0,05	0,9500	2,39	0,0084	0,9916	0,0168	0,9832
1,97	0,0244	0,9756	0,0488	0,9512	2,40	0,0082	0,9918	0,0164	0,9836
1,98	0,0239	0,9761	0,0477	0,9523	2,41	0,0080	0,9920	0,0160	0,9840
1,99	0,0233	0,9767	0,0466	0,9534	2,42	0,0078	0,9922	0,0155	0,9845
2,00	0,0228	0,9772	0,0455	0,9545	2,43	0,0075	0,9925	0,0151	0,9849
2,01	0,0222	0,9778	0,0444	0,9556	2,44	0,0073	0,9927	0,0147	0,9853
2,02	0,0217	0,9783	0,0434	0,9566	2,45	0,0071	0,9929	0,0143	0,9857
2,03	0,0212	0,9788	0,0424	0,9576	2,46	0,0069	0,9931	0,0139	0,9861
2,04	0,0207	0,9793	0,0414	0,9586	2,47	0,0068	0,9932	0,0135	0,9865
2,05	0,0202	0,9798	0,0404	0,9596	2,48	0,0066	0,9934	0,0131	0,9869
2,054	0,02	0,98	0,04	0,9600	2,49	0,0064	0,9936	0,0128	0,9872
2,06	0,0197	0,9803	0,0394	0,9606	2,50	0,0062	0,9938	0,0124	0,9876
2,07	0,0192	0,9808	0,0385	0,9615	2,51	0,0060	0,9940	0,0121	0,9879
2,08	0,0188	0,9812	0,0375	0,9625	2,52	0,0059	0,9941	0,0117	0,9883
2,09	0,0183	0,9817	0,0366	0,9634	2,53	0,0057	0,9943	0,0114	0,9886
2,10	0,0179	0,9821	0,0357	0,9643	2,54	0,0055	0,9945	0,0111	0,9889
2,11	0,0174	0,9826	0,0349	0,9651	2,55	0,0054	0,9946	0,0108	0,9892
2,12	0,0170	0,9830	0,0340	0,9660	2,56	0,0052	0,9948	0,0105	0,9895
2,13	0,0166	0,9834	0,0332	0,9668	2,57	0,0051	0,9949	0,0102	0,9898
2,14	0,0162	0,9838	0,0324	0,9676	2,576	0,005	0,995	0,01	0,99
2,15	0,0158	0,9842	0,0316	0,9684	2,58	0,0049	0,9951	0,0099	0,9901
2,16	0,0154	0,9846	0,0308	0,9692	2,59	0,0048	0,9952	0,0096	0,9904
2,17	0,0150	0,9850	0,0300	0,9700	2,60	0,0047	0,9953	0,0093	0,9907
2,18	0,0146	0,9854	0,0293	0,9707	2,61	0,0045	0,9955	0,0091	0,9909
2,19	0,0143	0,9857	0,0285	0,9715	2,62	0,0044	0,9956	0,0088	0,9912

	Caudal		Bicaudal			Caudal		Bicaudal	
z	π além	π restante	π além	π restante	z	π além	π restante	π além	π restante
2,63	0,0043	0,9957	0,0085	0,9915	3,25	0,0006	0,9994	0,0012	0,9986
2,64	0,0041	0,9959	0,0083	0,9917	3,291	0,0005	0,9995	0,001	00,999,
2,65	0,0040	0,9960	0,0080	0,9920	3,30	0,0005	0,9995	0,0010	0,9990
2,70	0,0035	0,9965	0,0069	0,9931	3,35	0,0004	0,9996	0,0008	0,9992
2,75	0,0030	0,9970	0,0060	0,9940	3,40	0,0003	0,9997	0,0007	0,9993
2,80	0,0026	0,9974	0,0051	0,9949	3,45	0,0003	0,9997	0,0006	0,9994
2,85	0,0022	0,9978	0,0044	0,9956	3,50	0,0002	0,9998	0,0005	0,9995
2,90	0,0019	0,9981	0,0037	0,9963	3,55	0,0002	0,9998	0,0004	0,9996
2,95	0,0016	0,9984	0,0032	0,9968	3,60	0,0002	0,9998	0,0003	0,9997
3,00	0,0013	0,9987	0,0027	0,9973	3,65	0,0001	0,9999	0,0003	0,9997
3,05	0,0011	0,9989	0,0023	0,9977	3,719	0,0001	0,9999	0,0002	0,9998
3,090	0,001	0,999	0,002	0,9980	3,80	0,0001	0,9999	0,0001	0,9999
3,10	0,0010	0,9990	0,0019	0,9981	3,891	0,00005	0,99995	0,0001	0,9999
3,15	0,0008	0,9992	0,0016	0,9984	4,000	0,00003	0,99997	0,00006	0,99994
3,20	0,0007	0,9993	0,0014	0,9988	4,265	0,00001	0,99999	0,00002	0,99998

De *Biometrika Tables for Statisticians*, Vol. 1, 3rd ed., de E.S. Pearson e H.O. Hartley, 1966, London: Cambridge University Press. Adaptada com permissão de Biometrika Trustees.

Tabela 3 Valores críticos de coeficientes de correlação

	Nível de significância para teste caudal						Nível de significância para teste caudal				
	0,05	0,025	0,01	0,005	0,0005		0,05	0,025	0,01	0,005	0,0005
	Nível de significância para teste bicaudal						Nível de significância para teste bicaudal				
$df = N-2$	0,10	0,05	0,02	0,01	0,001	$df = N-2$	0,10	0,05	0,02	0,01	0,001
1	0,9877	0,9969	0,9995	0,9999	1,000	17	0,3887	0,4555	0,5285	0,5751	0,6932
2	0,9000	0,9500	0,9800	0,9900	0,9990	18	0,3783	0,4438	0,5155	0,5614	0,6787
3	0,8054	0,8783	0,9343	0,9587	0,9912	19	0,3687	0,4329	0,5034	0,5487	0,6652
4	0,7293	0,8114	0,8822	0,9172	0,9741	20	0,3598	0,4227	0,4921	0,5368	0,6524
5	0,6694	0,7545	0,8329	0,8745	0,9507	25	0,3233	0,3809	0,4451	0,4869	0,5974
6	0,6215	0,7067	0,7887	0,8343	0,9249	30	0,2960	0,3494	0,4093	0,4487	0,5541
7	0,5822	0,6664	0,7498	0,7977	0,8982	35	0,2746	0,3246	0,3810	0,4182	0,5189
8	0,5494	0,6319	0,7155	0,7646	0,8721	40	0,2573	0,3044	0,3578	0,3932	0,4896
9	0,5214	0,6021	0,6851	0,7348	0,8471	45	0,2428	0,2875	0,3384	0,3721	0,4648
10	0,4973	0,5760	0,6581	0,7079	0,8233	50	0,2306	0,2732	0,3218	0,3541	0,4433
11	0,4762	0,5529	0,6339	0,6835	0,8010	60	0,2108	0,2500	0,2948	0,3248	0,4078
12	0,4575	0,5324	0,6120	0,6614	0,7800	70	0,1954	0,2319	0,2737	0,3017	0,3799
13	0,4409	0,5139	0,5923	0,6411	0,7603	80	0,1829	0,2172	0,2565	0,2830	0,3568
14	0,4259	0,4973	0,5742	0,6226	0,7420	90	0,1726	0,2050	0,2422	0,2673	0,3375
15	0,4124	0,4821	0,5577	0,6055	0,7246	100	0,1638	0,1946	0,2301	0,2540	0,3211
16	0,4000	0,4683	0,5425	0,5897	0,7084						

Adaptada, com permissão, R.A. Fisher and F. Yates, 1995, Statistical tables for biological, agricultural, and medical research (Essex, United Kingdom: WPearson Education), 63.

Tabela 4 Transformação de r para Z_r

r	z_r	r	z_r	r	z_r	r	z_r	r	z_r
0,000	0,000	0,200	0,203	0,400	0,424	0,600	0,693	0,800	1,099
0,005	0,005	0,205	0,208	0,405	0,430	0,605	0,701	0,805	1,113
0,010	0,010	0,210	0,213	0,410	0,436	0,610	0,709	0,810	1,127
0,015	0,015	0,215	0,218	0,415	0,442	0,615	0,717	0,815	1,142
0,020	0,020	0,220	0,224	0,420	0,448	0,620	0,725	0,820	1,157
0,025	0,025	0,225	0,229	0,425	0,454	0,625	0,733	0,825	1,172
0,030	0,030	0,230	0,234	0,430	0,460	0,630	0,741	0,830	1,188
0,035	0,035	0,235	0,239	0,435	0,466	0,635	0,750	0,835	1,204
0,040	0,040	0,240	0,245	0,440	0,472	0,640	0,758	0,840	1,221
0,045	0,045	0,245	0,250	0,445	0,478	0,645	0,767	0,845	1,238
0,050	0,050	0,250	0,255	0,450	0,485	0,650	0,775	0,850	1,256
0,055	0,055	0,255	0,261	0,455	0,491	0,655	0,784	0,855	1,274
0,060	0,060	0,260	0,266	0,460	0,497	0,660	0,793	0,860	1,293
0,065	0,065	0,265	0,271	0,465	0,504	0,665	0,802	0,865	1,313
0,070	0,070	0,270	0,277	0,470	0,510	0,670	0,811	0,870	1,333
0,075	0,075	0,275	0,282	0,475	0,517	0,675	0,820	0,875	1,354
0,080	0,080	0,280	0,288	0,480	0,523	0,680	0,829	0,880	1,376
0,085	0,085	0,285	0,293	0,485	0,530	0,685	0,838	0,885	1,398
0,090	0,090	0,290	0,299	0,490	0,536	0,690	0,848	0,890	1,422
0,095	0,095	0,295	0,304	0,495	0,543	0,695	0,858	0,895	1,447
0,100	0,100	0,300	0,310	0,500	0,549	0,700	0,867	0,900	1,472
0,105	0,105	0,305	0,315	0,505	0,556	0,705	0,877	0,905	1,499
0,110	0,110	0,310	0,321	0,510	0,563	0,710	0,887	0,910	1,528
0,115	0,116	0,315	0,326	0,515	0,570	0,715	0,897	0,915	1,557
0,120	0,121	0,320	0,332	0,520	0,576	0,720	0,908	0,920	1,589
0,125	0,126	0,425	0,337	0,525	0,583	0,725	0,918	0,925	1,623
0,130	0,131	0,330	0,343	0,530	0,590	0,730	0,929	0,930	1,658
0,135	0,136	0,335	0,348	0,535	0,597	0,735	0,940	0,935	1,697
0,140	0,141	0,340	0,354	0,540	0,604	0,740	0,950	0,940	1,738
0,145	0,146	0,345	0,360	0,545	0,611	0,745	0,962	0,945	1,783
0,150	0,151	0,350	0,365	0,550	0,618	0,750	0,973	0,950	1,832
0,155	0,156	0,355	0,371	0,555	0,626	0,755	0,984	0,955	1,886
0,160	0,161	0,360	0,377	0,560	0,633	0,760	0,996	0,960	1,946
0,165	0,167	0,365	0,383	0,565	0,640	0,765	1,008	0,965	2,014
0,170	0,172	0,370	0,388	0,570	0,648	0,770	1,020	0,970	2,092
0,175	0,177	0,375	0,394	0,575	0,655	0,775	1,033	0,975	2,185
0,180	0,182	0,380	0,400	0,580	0,662	0,780	1,045	0,980	2,298
0,185	0,187	0,385	0,406	0,585	0,670	0,785	1,058	0,985	2,443
0,190	0,192	0,390	0,412	0,590	0,678	0,790	1,071	0,990	2,647
0,195	0,198	0,395	0,418	0,595	0,685	0,795	1,085	0,995	2,994

Reimpressa, com permissão, de A.L. Edwards, 1967, *Statistical methods,* 2d ed, (New York: Holt, Reinhart, and Winston, Inc,), 427.

Tabela 5 Valores críticos de *t*

	Nível de significância para teste caudal					
	0,10	0,05	0,025	0,01	0,005	0,0005
	Nível de significância para teste bicaudal					
df	0,20	0,10	0,05	0,02	0,01	0,001
1	3,078	6,314	12,706	31,821	63,657	636,619
2	1,886	2,920	4,303	6,965	9,925	31,598
3	1,638	2,353	3,182	4,541	5,841	12,941
4	1,533	2,132	2,776	3,747	4,604	8,610
5	1,476	2,015	2,571	3,365	4,032	6,859
6	1,440	1,943	2,447	3,143	3,707	5,959
7	1,415	1,895	2,365	2,998	3,499	5,405
8	1,397	1,860	2,306	2,896	3,355	5,041
9	1,383	1,833	2,262	2,821	3,250	4,781
10	1,372	1,812	2,228	2,764	3,169	4,587
11	1,363	1,796	2,201	2,718	3,106	4,437
12	1,356	1,782	2,179	2,681	3,055	4,318
13	1,350	1,771	2,160	2,650	3,012	4,221
14	1,345	1,761	2,145	2,624	2,977	4,140
15	1,341	1,753	2,131	2,602	2,947	4,073
16	1,337	1,746	2,120	2,583	2,921	4,015
17	1,333	1,740	2,110	2,567	2,898	3,965
18	1,330	1,734	2,101	2,552	2,878	3,922
19	1,328	1,729	2,093	2,539	2,861	3,883
20	1,325	1,725	2,086	2,528	2,845	3,850
21	1,323	1,721	2,080	2,518	2,831	3,819
22	1,321	1,717	2,074	2,508	2,819	3,792
23	1,319	1,714	2,069	2,500	2,807	3,767
24	1,318	1,711	2,064	2,492	2,797	3,745
25	1,316	1,708	2,060	2,485	2,787	3,725
26	1,315	1,706	2,056	2,479	2,779	3,707
27	1,314	1,703	2,052	2,473	2,771	3,690
28	1,313	1,701	2,048	2,467	2,763	3,674
29	1,311	1,699	2,045	2,462	2,756	3,659
30	1,310	1,697	2,042	2,457	2,750	3,646
40	1,303	1,684	2,021	2,423	2,704	3,551
60	1,296	1,671	2,000	2,390	2,660	3,460
120	1,289	1,658	1,980	2,358	2,617	3,373
∞	1,282	1,645	1,960	2,326	2,576	3,291

Adaptada, com permissão, de R.A. Fisher and F. Yates, 1995, *Statistical tables for biological agricultural and medical research* (Essex, United Kingdom: Pearson Education), 46.

Tabela 6 Valores críticos de F

n graus de liberdade (para numerador de F)

Graus de liberdade para denominador de F

n_2	1	2	3	4	5	6	7	8	9	10	11	12	14	16	20	24	30	40	50	75	100	200	500	∞
1	161	200	216	225	230	234	237	239	241	242	243	244	245	246	248	249	250	251	252	253	253	254	254	254
	4.052	4.999	5.403	5.625	5.764	5.859	5.928	5.981	6.022	6.056	6.082	6.106	6.142	6.169	6.208	6.234	6.258	6.286	6.302	6.323	6.334	6.352	6.361	6.366
2	18,51	19,00	19,16	19,25	19,30	19,33	19,36	19,37	19,38	19,39	19,40	19,41	19,42	19,43	19,44	19,45	19,46	19,47	19,47	19,48	19,49	19,49	19,50	19,50
	98,49	99,00	99,17	99,25	99,30	99,33	99,34	99,36	99,38	99,40	99,41	99,42	99,43	99,44	99,45	99,46	99,47	99,48	99,48	99,49	99,49	99,49	99,50	99,50
3	10,13	9,55	9,28	9,12	9,01	8,94	8,88	8,84	8,81	8,78	8,76	8,74	8,71	8,69	8,66	8,64	8,62	8,60	8,58	8,57	8,56	8,54	8,54	8,53
	34,12	30,82	29,46	28,71	28,24	27,91	27,67	27,49	27,34	27,23	27,13	27,05	26,92	26,83	26,69	26,60	26,50	26,41	26,35	26,27	26,23	26,18	26,14	26,12
4	7,71	6,94	6,49	6,39	6,26	6,16	6,09	6,04	6,00	5,96	5,93	5,91	5,87	5,84	5,80	5,77	5,74	5,71	5,70	5,68	5,66	5,65	5,64	5,63
	21,20	18,00	16,69	15,98	15,52	15,21	14,98	14,80	14,66	14,54	14,45	14,37	14,24	14,15	14,02	13,93	13,83	13,74	13,69	13,61	13,57	13,52	13,48	13,46
5	6,61	5,79	5,41	5,19	5,05	4,95	4,88	4,82	4,78	4,74	4,70	4,68	4,64	4,60	4,56	4,53	4,50	4,46	4,44	4,42	4,40	4,38	4,37	4,36
	16,26	13,27	12,06	11,39	10,97	10,67	10,45	10,27	10,15	10,05	9,96	9,89	9,77	9,68	9,55	9,47	9,38	9,29	9,24	9,17	9,13	9,07	9,04	9,02
6	5,99	5,14	4,76	4,53	4,39	4,28	4,21	4,15	4,10	4,06	4,03	4,00	3,96	3,92	3,87	3,84	3,81	3,77	3,75	3,72	3,71	3,69	3,68	3,67
	13,74	10,92	9,78	9,15	8,75	8,47	8,26	8,10	7,98	7,87	7,79	7,72	7,60	7,52	7,39	7,31	7,23	7,14	7,09	7,02	6,99	6,94	6,90	6,88
7	5,59	4,74	4,35	4,12	3,97	3,87	3,79	3,73	3,68	3,63	3,60	3,57	3,52	3,49	3,44	3,41	3,38	3,34	3,32	3,29	3,28	3,25	3,24	3,23
	2,25	9,55	8,45	7,85	7,46	7,19	7,00	6,84	6,71	6,62	6,54	6,47	6,35	6,27	6,15	6,07	5,98	5,90	5,85	5,78	5,75	5,70	5,67	5,65
8	5,32	4,46	4,07	3,84	3,69	3,58	3,50	3,44	3,39	3,34	3,31	3,28	3,23	3,20	3,15	3,12	3,08	3,05	3,03	3,00	2,98	2,96	2,94	2,93
	11,26	8,65	7,59	7,01	6,63	6,37	6,19	6,03	5,91	5,82	5,74	5,67	5,56	5,48	5,36	5,28	5,20	5,11	5,06	5,00	4,96	4,91	4,88	4,86
9	5,12	4,26	3,86	3,63	3,48	3,37	3,29	3,23	3,18	3,13	3,10	3,07	3,02	2,98	2,93	2,90	2,86	2,82	2,80	2,77	2,76	2,73	2,72	2,71
	10,56	8,02	6,99	6,42	6,06	5,80	5,62	5,47	5,35	5,26	5,18	5,11	5,00	4,92	4,80	4,73	4,64	4,56	4,51	4,45	4,41	4,36	4,33	4,31
10	4,96	4,10	3,71	3,48	3,33	3,22	3,14	3,07	3,02	2,97	2,94	2,91	2,86	2,82	2,77	2,74	2,70	2,67	2,64	2,61	2,59	2,56	2,55	2,54
	10,04	7,56	6,55	5,99	5,64	5,39	5,21	5,06	4,95	4,85	4,78	4,71	4,60	4,52	4,41	4,33	4,25	4,17	4,12	4,05	4,01	3,96	3,93	3,91
11	4,84	3,98	3,59	3,36	3,20	3,09	3,01	2,95	2,90	2,86	2,82	2,79	2,74	2,70	2,65	2,61	2,57	2,53	2,50	2,47	2,45	2,42	2,41	2,40
	9,65	7,20	6,22	5,67	5,32	5,07	4,88	4,74	4,63	4,54	4,46	4,40	4,29	4,21	4,10	4,02	3,94	3,86	3,80	3,74	3,70	3,66	3,62	3,60
12	4,75	3,88	3,49	3,26	3,11	3,00	2,92	2,85	2,80	2,76	2,72	2,69	2,64	2,60	2,54	2,50	2,46	2,42	2,40	2,36	2,35	2,32	2,31	2,30
	9,33	6,93	5,95	5,41	5,06	4,82	4,65	4,50	4,39	4,30	4,22	4,16	4,05	3,98	3,86	3,78	3,70	3,61	3,56	3,49	3,46	3,41	3,38	3,36
13	4,67	3,80	3,41	3,18	3,02	2,92	2,84	2,77	2,72	2,67	2,63	2,60	2,55	2,51	2,46	2,42	2,38	2,34	2,32	2,28	2,26	2,24	2,22	2,21
	9,07	6,70	5,74	5,20	4,86	4,62	4,44	4,30	4,19	4,10	4,02	3,96	3,85	3,78	3,67	3,59	3,51	3,42	3,37	3,30	3,27	3,21	3,18	3,16
14	4,60	3,74	3,34	3,11	2,96	2,85	2,77	2,70	2,65	2,60	2,56	2,53	2,48	2,44	2,39	2,35	2,31	2,27	2,24	2,21	2,19	2,16	2,14	2,13
	8,86	6,51	5,56	5,03	4,69	4,46	4,28	4,14	4,03	3,94	3,86	3,80	3,70	3,62	3,51	3,43	3,34	3,26	3,21	3,14	3,11	3,06	3,02	3,00
15	4,54	3,68	3,29	3,06	2,90	2,79	2,70	2,64	2,59	2,55	2,51	2,48	2,43	2,39	2,33	2,29	2,25	2,21	2,18	2,15	2,12	2,10	2,08	2,07
	8,68	6,36	5,42	4,89	4,56	4,32	4,14	4,00	3,89	3,80	3,73	3,67	3,56	3,48	3,36	3,29	3,20	3,12	3,07	3,00	2,97	2,92	2,89	2,87
16	4,49	3,63	3,24	3,01	2,85	2,74	2,66	2,59	2,54	2,49	2,45	2,42	2,37	2,33	2,28	2,24	2,20	2,16	2,13	2,09	2,07	2,04	2,02	2,01
	8,53	6,23	5,29	4,77	4,44	4,20	4,03	3,89	3,78	3,69	3,61	3,55	3,45	3,37	3,25	3,18	3,10	3,01	2,96	2,89	2,86	2,80	2,77	2,75
17	4,45	3,59	3,20	2,96	2,81	2,70	2,62	2,55	2,50	2,45	2,41	2,38	2,33	2,29	2,23	2,19	2,15	2,11	2,08	2,04	2,02	1,99	1,97	1,96
	8,40	6,11	5,18	4,67	4,34	4,10	3,93	3,79	3,68	3,59	3,52	3,45	3,35	3,27	3,16	3,08	3,00	2,92	2,86	2,79	2,76	2,70	2,67	2,65
18	4,41	3,55	3,16	2,93	2,77	2,66	2,58	2,51	2,46	2,41	2,37	2,34	2,29	2,25	2,19	2,15	2,11	2,07	2,04	2,00	1,98	1,95	1,93	1,92
	8,28	6,01	5,09	4,58	4,25	4,01	3,85	3,71	3,60	3,51	3,44	3,37	3,27	3,19	3,07	3,00	2,91	2,83	2,78	2,71	2,68	2,62	2,59	2,57

▲ (continua)

Tabela 6 (continuação)

n graus de liberdade (por número de *F*)

n_2	1	2	3	4	5	6	7	8	9	10	11	12	14	16	20	24	30	40	50	75	100	200	500	∞
19	4,38	3,52	3,13	2,90	2,74	2,63	2,55	2,48	2,43	2,38	2,34	2,31	2,26	2,21	2,15	2,11	2,07	2,02	2,00	1,96	1,94	1,91	1,90	1,88
	8,18	5,93	5,01	4,50	4,17	3,94	3,77	3,63	3,52	3,43	3,36	3,30	3,19	3,12	3,00	2,92	2,84	2,76	2,70	2,63	2,60	2,54	2,51	2,49
20	4,35	3,49	3,10	2,87	2,71	2,60	2,52	2,45	2,40	2,35	2,31	2,28	2,23	2,18	2,12	2,08	2,04	1,99	1,96	1,92	1,90	1,87	1,85	1,84
	8,10	5,85	4,94	4,43	4,10	3,87	3,71	3,56	3,45	3,37	3,30	3,23	3,13	3,05	2,94	2,86	2,77	2,69	2,63	2,56	2,53	2,47	2,44	2,42
21	4,32	3,47	3,07	2,84	2,68	2,57	2,49	2,42	2,37	2,32	2,28	2,25	2,20	2,15	2,09	2,05	2,00	1,96	1,93	1,89	1,87	1,84	1,82	1,81
	8,02	5,78	4,87	4,37	4,04	3,81	3,65	3,51	3,40	3,31	3,24	3,17	3,07	2,99	2,88	2,80	2,72	2,63	2,58	2,51	2,47	2,42	2,38	2,36
22	4,30	3,44	3,05	2,82	2,66	2,55	2,47	2,40	2,35	2,30	2,26	2,23	2,18	2,13	2,07	2,03	1,98	1,93	1,91	1,87	1,84	1,81	1,80	1,78
	7,94	5,72	4,82	4,31	3,99	3,76	3,59	3,45	3,35	3,26	3,18	3,12	3,02	2,94	2,83	2,75	2,67	2,58	2,53	2,46	2,42	2,37	2,33	2,31
23	4,28	3,42	3,03	2,80	2,64	2,53	2,45	2,38	2,32	2,28	2,24	2,20	2,14	2,10	2,04	2,00	1,96	1,91	1,88	1,84	1,82	1,79	1,77	1,76
	7,88	5,66	4,76	4,26	3,94	3,71	3,54	3,41	3,30	3,21	3,14	3,07	2,97	2,89	2,78	2,70	2,62	2,53	2,48	2,41	2,37	2,32	2,28	2,26
24	4,26	3,40	3,01	2,78	2,62	2,51	2,43	2,36	2,30	2,26	2,22	2,18	2,13	2,09	2,02	1,98	1,94	1,89	1,86	1,82	1,80	1,76	1,74	1,73
	7,82	5,61	4,72	4,22	3,90	3,67	3,50	3,36	3,25	3,17	3,09	3,03	2,93	2,85	2,74	2,66	2,58	2,49	2,44	2,36	2,33	2,27	2,23	2,21
25	4,24	3,38	2,99	2,76	2,60	2,49	2,41	2,34	2,28	2,24	2,20	2,16	2,11	2,06	2,00	1,96	1,92	1,87	1,84	1,80	1,77	1,74	1,72	1,71
	7,77	5,57	4,68	4,18	3,86	3,63	3,46	3,32	3,21	3,13	3,05	2,99	2,89	2,81	2,70	2,62	2,54	2,45	2,40	2,32	2,29	2,23	2,19	2,17
26	4,22	3,37	2,98	2,74	2,59	2,47	2,39	2,32	2,27	2,22	2,18	2,15	2,10	2,05	1,99	1,95	1,90	1,85	1,82	1,78	1,76	1,72	1,70	1,69
	7,72	5,53	4,64	4,14	3,82	3,59	3,42	3,29	3,17	3,09	3,02	2,96	2,86	2,77	2,66	2,58	2,50	2,41	2,36	2,28	2,25	2,19	2,15	2,13
27	4,21	3,35	2,96	2,73	2,57	2,46	2,37	2,30	2,25	2,20	2,16	2,13	2,08	2,03	1,97	1,93	1,88	1,84	1,80	1,76	1,74	1,71	1,68	1,67
	7,68	5,49	4,60	4,11	3,79	3,56	3,39	3,26	3,14	3,06	2,98	2,93	2,83	2,74	2,63	2,55	2,47	2,38	2,33	2,25	2,21	2,16	2,12	2,10
28	4,20	3,34	2,95	2,71	2,56	2,44	2,36	2,29	2,24	2,19	2,15	2,12	2,06	2,02	1,96	1,91	1,87	1,81	1,78	1,75	1,72	1,69	1,67	1,65
	7,64	5,45	4,57	4,07	3,76	3,53	3,36	3,23	3,11	3,03	2,95	2,90	2,80	2,71	2,60	2,52	2,44	2,35	2,30	2,22	2,18	2,13	2,09	2,06
29	4,18	3,33	2,93	2,70	2,54	2,43	2,35	2,28	2,22	2,18	2,14	2,10	2,05	2,00	1,94	1,90	1,85	1,80	1,77	1,73	1,71	1,68	1,65	1,64
	7,60	5,42	4,54	4,04	3,73	3,50	3,33	3,20	3,08	3,00	2,92	2,87	2,77	2,68	2,57	2,49	2,41	2,32	2,27	2,19	2,15	2,10	2,06	2,03
30	4,17	3,32	2,92	2,69	2,53	2,42	2,34	2,27	2,21	2,16	2,12	2,09	2,04	1,99	1,93	1,89	1,84	1,79	1,76	1,72	1,69	1,66	1,64	1,62
	7,56	5,39	4,51	4,02	3,70	3,47	3,30	3,17	3,06	2,98	2,90	2,84	2,74	2,66	2,55	2,47	2,38	2,29	2,24	2,16	2,13	2,07	2,03	2,01
32	4,15	3,30	2,90	2,67	2,51	2,40	2,32	2,25	2,19	2,14	2,10	2,07	2,02	1,97	1,91	1,86	1,82	1,76	1,74	1,69	1,67	1,64	1,61	1,59
	7,50	5,34	4,46	3,97	3,66	3,42	3,25	3,12	3,01	2,94	2,86	2,80	2,70	2,62	2,51	2,42	2,34	2,25	2,20	2,12	2,08	2,02	1,98	1,96
34	4,13	3,28	2,88	2,65	2,49	2,38	2,30	2,23	2,17	2,12	2,08	2,05	2,00	1,95	1,89	1,84	1,80	1,74	1,71	1,67	1,64	1,61	1,59	1,57
	7,44	5,29	4,42	3,93	3,61	3,38	3,21	3,08	2,97	2,89	2,82	2,76	2,66	2,58	2,47	2,38	2,30	2,21	2,15	2,08	2,04	1,98	1,94	1,91
36	4,11	3,26	2,86	2,63	2,48	2,36	2,28	2,21	2,15	2,10	2,06	2,03	1,98	1,93	1,87	1,82	1,78	1,72	1,69	1,65	1,62	1,59	1,56	1,55
	7,39	5,25	4,38	3,89	3,58	3,35	3,18	3,04	2,94	2,86	2,78	2,72	2,62	2,54	2,43	2,35	2,26	2,17	2,12	2,04	2,00	1,94	1,90	1,87
38	4,10	3,25	2,85	2,62	2,46	2,35	2,26	2,19	2,14	2,09	2,05	2,02	1,96	1,92	1,85	1,80	1,76	1,71	1,67	1,63	1,60	1,57	1,54	1,53
	7,35	5,21	4,34	3,86	3,54	3,32	3,15	3,02	2,91	2,82	2,75	2,69	2,59	2,51	2,40	2,32	2,22	2,14	2,08	2,00	1,97	1,90	1,86	1,84
40	4,08	3,23	2,84	2,61	2,45	2,34	2,25	2,18	2,12	2,07	2,04	2,00	1,95	1,90	1,84	1,79	1,74	1,69	1,66	1,61	1,59	1,55	1,53	1,51
	7,31	5,18	4,31	3,83	3,51	3,29	3,12	2,99	2,88	2,80	2,73	2,66	2,56	2,49	2,37	2,29	2,20	2,11	2,05	1,97	1,94	1,88	1,84	1,81
42	4,07	3,22	2,83	2,59	2,44	2,32	2,24	2,17	2,11	2,06	2,02	1,99	1,94	1,89	1,82	1,78	1,73	1,68	1,64	1,60	1,57	1,54	1,51	1,49
	7,27	5,15	4,29	3,80	3,49	3,26	3,10	2,96	2,86	2,77	2,70	2,64	2,54	2,46	2,35	2,26	2,17	2,08	2,02	1,94	1,91	1,85	1,80	1,78
44	4,06	3,21	2,82	2,58	2,43	2,31	2,23	2,16	2,10	2,05	2,01	1,98	1,92	1,88	1,81	1,76	1,72	1,66	1,63	1,58	1,56	1,52	1,50	1,48
	7,24	5,12	4,26	3,78	3,46	3,24	3,07	2,94	2,84	2,75	2,68	2,62	2,52	2,44	2,32	2,24	2,15	2,06	2,00	1,92	1,88	1,82	1,78	1,75

n₂																								
46	4,05	3,20	2,81	2,57	2,42	2,30	2,22	2,14	2,09	2,04	2,00	1,97	1,91	1,87	1,80	1,75	1,71	1,65	1,62	1,57	1,54	1,51	1,48	1,46
	7,21	5,10	4,24	3,76	3,44	3,22	3,05	2,92	2,82	2,73	2,66	2,60	2,50	2,42	2,30	2,22	2,13	2,04	1,98	1,90	1,86	1,80	1,76	1,72
48	4,04	3,19	2,80	2,56	2,41	2,30	2,21	2,14	2,08	2,03	1,99	1,96	1,90	1,86	1,79	1,74	1,70	1,64	1,61	1,56	1,53	1,50	1,47	1,45
	7,19	5,08	4,22	3,74	3,42	3,20	3,04	2,90	2,80	2,71	2,64	2,58	2,48	2,40	2,28	2,20	2,11	2,02	1,96	1,88	1,84	1,78	1,73	1,70
50	4,03	3,18	2,79	2,56	2,40	2,29	2,20	2,13	2,07	2,02	1,98	1,95	1,90	1,85	1,78	1,74	1,69	1,63	1,60	1,55	1,52	1,48	1,46	1,44
	7,17	5,06	4,20	3,72	3,41	3,18	3,02	2,88	2,78	2,70	2,62	2,56	2,46	2,39	2,26	2,18	2,10	2,00	1,94	1,86	1,82	1,76	1,71	1,68
55	4,02	3,17	2,78	2,54	2,38	2,27	2,18	2,11	2,05	2,00	1,97	1,93	1,88	1,83	1,76	1,72	1,67	1,61	1,58	1,52	1,50	1,46	1,43	1,41
	7,12	5,01	4,16	3,68	3,37	3,15	2,98	2,85	2,75	2,66	2,59	2,53	2,43	2,35	2,23	2,15	2,06	1,96	1,90	1,82	1,78	1,71	1,66	1,64
60	4,00	3,15	2,76	2,52	2,37	2,25	2,17	2,10	2,04	1,99	1,95	1,92	1,86	1,81	1,75	1,70	1,65	1,59	1,56	1,50	1,48	1,44	1,41	1,39
	7,08	4,98	4,13	3,65	3,34	3,12	2,95	2,82	2,72	2,63	2,56	2,50	2,40	2,32	2,20	2,12	2,03	1,93	1,87	1,79	1,74	1,68	1,63	1,60
65	3,99	3,14	2,75	2,51	2,36	2,24	2,15	2,08	2,02	1,98	1,94	1,90	1,85	1,80	1,73	1,68	1,63	1,57	1,54	1,49	1,46	1,42	1,39	1,37
	7,04	4,95	4,10	3,62	3,31	3,09	2,93	2,79	2,70	2,61	2,54	2,47	2,37	2,30	2,18	2,09	2,00	1,90	1,84	1,76	1,71	1,64	1,60	1,56
70	3,98	3,13	2,74	2,50	2,35	2,23	2,14	2,07	2,01	1,97	1,93	1,89	1,84	1,79	1,72	1,67	1,62	1,56	1,53	1,47	1,45	1,40	1,37	1,35
	7,01	4,92	4,08	3,60	3,29	3,07	2,91	2,77	2,67	2,59	2,51	2,45	2,35	2,28	2,15	2,07	1,98	1,88	1,82	1,74	1,69	1,62	1,56	1,53
80	3,96	3,11	2,72	2,48	2,33	2,21	2,12	2,05	1,99	1,95	1,91	1,88	1,82	1,77	1,70	1,65	1,60	1,54	1,51	1,45	1,42	1,38	1,35	1,32
	6,96	4,88	4,04	3,56	3,25	3,04	2,87	2,74	2,64	2,55	2,48	2,41	2,32	2,24	2,11	2,03	1,94	1,84	1,78	1,70	1,65	1,57	1,52	1,49
100	3,94	3,09	2,70	2,46	2,30	2,19	2,10	2,03	1,97	1,92	1,88	1,85	1,79	1,75	1,68	1,63	1,57	1,51	1,48	1,42	1,39	1,34	1,30	1,28
	6,90	4,82	3,98	3,51	3,20	2,99	2,82	2,69	2,59	2,51	2,43	2,36	2,26	2,19	2,06	1,98	1,89	1,79	1,73	1,64	1,59	1,51	1,46	1,43
125	3,92	3,07	2,68	2,44	2,29	2,17	2,08	2,01	1,95	1,90	1,86	1,83	1,77	1,72	1,65	1,60	1,55	1,49	1,45	1,39	1,36	1,31	1,27	1,25
	6,84	4,78	3,94	3,47	3,17	2,95	2,79	2,65	2,56	2,47	2,40	2,33	2,23	2,15	2,03	1,94	1,85	1,75	1,68	1,59	1,54	1,46	1,40	1,37
150	3,91	3,06	2,67	2,43	2,27	2,16	2,07	2,00	1,94	1,89	1,85	1,82	1,76	1,71	1,64	1,59	1,54	1,47	1,44	1,37	1,34	1,29	1,25	1,22
	6,81	4,75	3,91	3,44	3,14	2,92	2,76	2,62	2,53	2,44	2,37	2,30	2,20	2,12	2,00	1,91	1,83	1,72	1,66	1,56	1,51	1,43	1,37	1,33
200	3,89	3,04	2,65	2,41	2,26	2,14	2,05	1,98	1,92	1,87	1,83	1,80	1,74	1,69	1,62	1,57	1,52	1,45	1,42	1,35	1,32	1,26	1,22	1,19
	6,76	4,71	3,88	3,41	3,11	2,90	2,73	2,60	2,50	2,41	2,34	2,28	2,17	2,09	1,97	1,88	1,79	1,69	1,62	1,53	1,48	1,39	1,33	1,28
400	3,86	3,02	2,62	2,39	2,23	2,12	2,03	1,96	1,90	1,85	1,81	1,78	1,72	1,67	1,60	1,54	1,49	1,42	1,38	1,32	1,28	1,22	1,16	1,13
	6,70	4,66	3,83	3,36	3,06	2,85	2,69	2,55	2,46	2,37	2,29	2,23	2,12	2,04	1,92	1,84	1,74	1,64	1,57	1,47	1,42	1,32	1,24	1,19
1000	3,85	3,00	2,61	2,38	2,22	2,10	2,02	1,95	1,89	1,84	1,80	1,76	1,70	1,65	1,58	1,53	1,47	1,41	1,36	1,30	1,26	1,19	1,13	1,08
	6,66	4,62	3,80	3,34	3,04	2,82	2,66	2,53	2,43	2,34	2,26	2,20	2,09	2,01	1,89	1,81	1,71	1,61	1,54	1,44	1,38	1,28	1,19	1,11
∞	3,84	2,99	2,60	2,37	2,21	2,09	2,01	1,94	1,88	1,83	1,79	1,75	1,69	1,64	1,57	1,52	1,46	1,40	1,35	1,28	1,24	1,17	1,11	1,00
	6,64	4,60	3,78	3,32	3,02	2,80	2,64	2,51	2,41	2,32	2,24	2,18	2,07	1,99	1,87	1,79	1,69	1,59	1,52	1,41	1,36	1,25	1,15	1,00

p =,05 level; *p* =,01 level.
Reimpressa, com permissão, de John Wiley & Sons, Inc, Reimpressa de G,W, Snedecor and W,G, Cochran, 1980, *Statistical methods*, 7th ed, (Ames, IA: Iowa State University Press).

Tabela 7 Valores críticos do qui quadrado
Probabilidade sob H_0 de que $X^2 \geq$ qui quadrado

df	0,99	0,98	0,95	0,90	0,80	0,70	0,50	0,30	0,20	0,10	0,05	0,02	0,01	0,001
1	0,00016	0,00063	0,0039	0,016	0,064	0,15	0,46	1,07	1,64	2,71	3,84	5,41	6,64	10,83
2	0,02	0,04	0,10	0,21	0,45	0,71	1,39	2,41	3,22	4,60	5,99	7,82	9,21	13,82
3	0,12	0,18	0,35	0,58	1,00	1,42	2,37	3,66	4,64	6,25	7,82	9,84	11,34	16,27
4	0,30	0,43	0,71	1,06	1,65	2,20	3,36	4,88	5,99	7,78	9,49	11,67	13,28	18,46
5	0,55	0,75	1,14	1,61	2,34	3,00	4,35	6,06	7,29	9,24	11,07	13,39	15,09	20,52
6	0,87	1,13	1,64	2,20	3,07	3,83	5,35	7,23	8,56	10,64	12,59	15,03	16,81	22,46
7	1,24	1,56	2,17	2,83	3,82	4,67	6,35	8,38	9,80	12,02	14,07	16,62	18,48	24,32
8	1,65	2,03	2,73	3,49	4,59	45,53	7,34	9,52	11,03	13,36	15,51	18,17	20,09	26,12
9	2,09	2,53	3,32	4,17	5,38	6,39	8,34	10,66	12,24	14,68	16,92	19,68	21,67	27,88
10	2,56	3,06	3,94	4,86	6,18	7,27	9,34	11,78	13,44	15,99	18,31	21,16	23,21	29,59
11	3,05	3,61	4,58	5,58	6,99	8,15	10,34	12,90	14,63	17,28	19,68	22,62	24,72	31,26
12	3,57	4,18	5,23	6,30	7,81	9,03	11,34	14,01	15,81	18,55	21,03	24,05	26,22	32,91
13	4,11	4,76	5,89	7,04	8,63	9,93	12,34	15,12	16,98	19,81	22,36	25,47	27,69	34,53
14	4,66	5,37	6,57	7,79	9,47	10,82	13,34	16,22	18,15	21,06	23,68	26,87	29,14	26,12
15	5,23	5,98	7,26	8,55	10,31	11,72	14,34	17,32	19,31	22,31	25,00	28,26	30,58	37,70
16	5,81	6,61	7,96	9,31	11,15	12,62	15,34	18,42	20,46	23,54	26,30	29,63	32,00	39,29
17	6,41	7,26	8,67	10,08	12,00	13,53	16,34	19,51	21,62	24,77	27,59	31,00	33,41	40,75
18	7,02	7,91	9,39	10,86	12,86	14,44	17,34	20,60	22,76	25,99	28,87	32,35	34,80	42,31
19	7,63	8,57	10,12	11,65	13,72	15,35	18,34	21,69	23,90	27,20	30,14	33,69	36,19	43,82
20	8,26	9,24	10,85	12,44	14,58	16,27	19,34	22,78	25,04	28,41	31,41	35,02	37,57	45,32
21	8,90	9,92	11,59	13,24	15,44	17,18	20,34	23,86	26,17	29,62	32,67	36,34	38,93	46,80
22	9,54	10,60	12,34	14,04	16,31	18,10	21,34	24,94	27,30	30,81	33,92	37,66	40,29	48,27
23	10,20	11,29	13,09	14,85	17,19	19,02	22,34	26,02	28,43	32,01	35,17	38,97	41,64	49,73
24	10,86	11,99	13,85	15,66	18,06	19,94	23,34	27,10	29,55	33,20	36,42	40,27	42,98	51,18
25	11,52	12,70	14,61	16,47	18,94	20,87	24,34	28,17	30,68	34,38	37,65	41,57	44,31	52,62
26	12,20	13,41	15,38	17,29	19,82	21,79	25,34	29,25	31,80	35,56	38,88	42,86	45,64	54,05
27	12,88	14,12	16,15	18,11	20,70	22,72	26,34	30,32	32,91	36,74	40,11	44,14	46,96	55,48
28	13,56	14,85	16,93	18,94	21,59	23,65	27,34	31,39	34,03	37,92	41,34	45,42	48,28	56,89
29	14,26	15,57	17,71	19,77	22,48	24,58	28,34	32,46	35,14	39,09	42,56	46,69	49,59	58,30
30	14,95	16,31	18,49	20,60	23,36	25,51	29,34	33,53	36,25	40,26	43,77	47,96	50,89	59,70

Adaptada, com permissão, de R.A. Fisher and F. Yates, 1995, *Statistical tables for biological agricultural and medical research* (Essex, United Kingdom: Pearson Education), 47.

REFERÊNCIAS

Adams, J.A. (1971). A closed-loop theory of motor learning. *Journal of Motor Behavior, 3*, 111–150.

Ainsworth, B.E., Haskell, W.L., Whitt, M.C., Irwin, M.L., Swartz, A.M., Strath, S.J., O'Brien, W.L., Bassett, D.R., Jr., Schmitz, K.H., Emplaincourt, P.O., Jacobs, D.R., Jr., & Leon, A.S. (2000). Compendium of physical activities: An update of activity codes and MET intensities. *Medicine and Science in Sports and Exercise, 32* (9 Suppl), S498–504.

American Alliance for Health, Physical Education, Recreation and Dance. (1980). *AAHPERD health related physical fitness test manual*. Reston, VA: Author.

American Association for Health, Physical Education and Recreation. (1958). *AAHPER youth fitness test manual*. Washington, DC: Author.

American College of Sports Medicine. (1994). ACSM's guidelines for exercise testing and prescription. Baltimore: Williams and Wilkins.

American Heart Association. (1998). *1999 heart and stroke statistical update*. Dallas, TX: American Heart Association.

American Psychological Association (1999). Statistical methods in psychology journals: Guidelines and explanations. *American Psychologist, 54*, 594–604.

American Psychological Association (2001). *Publication manual of the American Psychological Association* (5th ed.). Washington, DC: Author.

American Psychological Association (2009). *Publication manual of the American Psychological Association* (6th ed.). Washington, DC: American Psychological Association.

Anshel, M.H., & Marisi, D.Q. (1978). Effects of music and rhythm on physical performance. *Research Quarterly, 49*, 109–115.

Anwar, M.A. (2004). From doctoral dissertation to publication: A study of 1995 American graduates in library and information sciences. *Journal of Librarianship and Information Science, 36*, 151–157.

APA Statement on Authorship of Research Papers. (1983, Sept. 14). *Chronicle of Higher Education, 27*, 7.

Arlin, M. (1977). One-study publishing typifies educational inquiry. *Educational Researcher, 6*(9), 11–15.

Bain, L.L. (1989). Interpretive and critical research in sport and physical education. *Research Quarterly for Exercise and Sport, 60*, 21–24.

Barnett, V., & Lewis, T. (1978). *Outliers in statistical data*. New York: Wiley.

Baumgartner, T.A. (1989). Norm-referenced measurement: Reliability. In M.J. Safrit & T.M. Wood (Eds.), *Measurement concepts in physical education and exercise science* (p. 45–72). Champaign, IL: Human Kinetics.

Baumgartner, T.A., & Jackson, A.S. (1991). *Measurement for evaluation in physical education* (4th ed.). Dubuque, IA: Brown.

Baxter, N. (1993–94, Winter). Is there another degree in your future? Choosing among professional and graduate schools. *Occupational Outlook Quarterly*, 19–49.

Bentham, J. (1970). *Introduction to the principles of morals and legislation*. London: Athalone Press.

Berelson, B. (1960). *Graduate education in the United States*. New York: McGraw-Hill.

Bernstein, L., Henderson, B.E., Hanisch, R., Sullivan-Halley, J., & Ross, R.K. (1994). Physical exercise and reduced risk of breast cancer in young women. *Journal of the National Cancer Institute, 86*, 1403–1408.

Betz, N.E. (1987). Use of discriminant analysis in counseling psychology research. *Journal of Counseling Psychology, 34*, 393–403.

Biddle, S.J.H., Markland, D., Gilbourne, D., Chatzisarants, N.L.D., & Sparkes, A.C. (2001). Research methods in sport and exercise psychology: Quantitative and qualitative issues. *Journal of Sport Sciences, 19*, 777–809.

Blair, S.N. (1993). Physical activity, physical fitness, and health (1993 C.H. McCloy Research Lecture). *Research Quarterly for Exercise and Sport, 64*, 365–376.

Blair, S.N., Kohl, H.W., III, Paffenbarger, R.S., Clark, D.G., Cooper, K.H., & Gibbons, L.W. (1989). Physical fitness and all-cause mortality: A prospective study of healthy men and women. *JAMA, 262*, 2395–2401.

Bogdan, R.C., & Biklen, S.K. (2007). *Qualitative research for education: An introduction to theories and method* (5th ed.). Boston: Allyn & Bacon.

Boorman, M.A. (1990). Effect of age and menopausal status on cardiorespiratory fitness in masters women endurance athletes. Master's thesis, Arizona State University, Tempe.

Borg, G.A. (1962). *Physical performance and perceived exertion*. Lund, Sweden: Gleerup.

Borg, W.R., & Gall, M.D. (1989). *Educational research* (5th ed.). New York: Longman.

Bouchard, C., Shepard, R.J., & Stephens, T. (Eds.). (1994). *Physical activity, fitness, and health*. Champaign, IL: Human Kinetics.

Bourque, L.B., & Fielder, E.P. (2003). *How to conduct in-person interviews for surveys* (2nd ed.). Thousand Oaks, CA: Sage.

Boyer, C.J. (1973). *The doctoral dissertation as an informational source: A study of scientific information flow*. Metuchen, NJ: Scarecrow Press.

Brown, J.A.C. (1954). *The social psychology of industry*. Middlesex, England: Penguin.

Buchowski, M.S., Darud, J.L., Chen, K.Y., & Sun, M. (1998). Work efficiency during step aerobic exercise in female instructors and noninstructors. *Research Quarterly for Exercise and Sport, 69*, 82–88.

Burgess, R.G. (Ed.). (1982). *Field research: A source book and field manual*. London: Allen & Unwin.

Campbell, D.T., & Stanley, J.C. (1963). *Experimental and quasi-experimental designs for research* (p. 5–6). Chicago: Rand McNally. Cardinal, B.J., & Thomas, J.R. (2005). The 75th anniversary of *Research Quarterly for Exercise and Sport*: An analysis of status and contributions. *Research Quarterly for Exercise and Sport, 76*(supplement 2), S122–S134.

Carlberg, C.C., Johnson, D.W., Johnson, R., Maruyama, G., Kavale, K., Kulik, C., Kulik, J.A., Lysakowski, R.S., Pflaum, S.W., & Walberg, H. (1984). Meta-analysis in education: A reply to Slavin. *Educational Researcher, 13*(4), 16–23.

Carleton, R.A., Lasater, T.M., Assaf, A.R., Feldman, H.A., McKinaly, S., & the Pawtucket Heart Health Program Writing Group. (1995). The Pawtucket Heart Health Program: Community changes in cardiovascular risk factors and projected disease risk. *American Journal of Public Health, 85*, 777–785.

Carron, A.V., Hausenblas, H.A., & Mack, D. (1996). Social influence and exercise: A meta-analysis. *Journal of Sport and Exercise Psychology, 18*, 1–16.

Carron, A.V., Widmeyer, W.N., & Brawley, L.R. (1985). The development of an instrument to assess cohesion in sport teams: The group environment questionnaire. *Journal of Sport Psychology, 7*, 244–266.

Caspersen, C.J. (1989). Physical activity epidemiology: Concepts, methods, and applications to exercise science. *Exercise and Sport Sciences Reviews, 17*, 423–474.

Cheffers, J.T.F. (1973). The validation of an instrument design to expand the Flanders' system of interaction analysis to describe nonverbal interaction, different varieties of teacher behavior and pupil responses (Doctoral dissertation, Temple University, Philadelphia, 1972). *Dissertation Abstracts International, 34*, 1674A.

Chien, I. (1981). Appendix: An introduction to sampling. In L.H. Kidder (Ed.), *Selltiz, Wrightsman, and Cook's research methods in social relations* (4th ed.). New York: Holt, Rinehart & Winston.

Christina, R.W. (1989). Whatever happened to applied research in motor learning? In J.S. Skinner et al. (Eds.), *Future directions in exercise and sport science research* (pp. 411–422). Champaign, IL: Human Kinetics.

Clarke, H.H. (Ed.). (1968, December). *Physical Fitness Newsletter, 14*(4).

Clarke, H.H., & Clarke, D.H. (1970). *Research processes in physical education, recreation, and health*. Englewood Cliffs, NJ: Prentice Hall.

Clifford, C., & Feezell, R. (1997). *Coaching for character: Reclaiming the principles of sportsmanship*. Champaign: Human Kinetics.

Cohen, J. (1969). *Statistical power analysis for the behavioral sciences* (2nd ed.). New York: Academic Press.

Cohen, J. (1988). *Statistical power analysis for the behavioral sciences* (2nd ed.). New York: Academic Press.

Cohen, J. (1990). Things I have learned (so far). *American Psychologist, 45*, 1304–1312.

Cohen, J. (1994). The earth is round ($p < .05$). *American Psychologist, 49*, 997–1003.

Cohen, J., & Cohen, P. (1983). *Applied multiple regression in behavioral research*. New York: Holt, Rinehart & Winston.

Cooper, H., & Hedges, L.V. (Eds.). (1994). *The handbook of research synthesis*. New York: Sage Foundation.

Coorough, C., & Nelson, J.K. (1997). The dissertation in education from 1950 to 1990. *Educational Research Quarterly, 20*(4), 3–14.

Costill, D.L. (1985). Practical problems in exercise physiology research. *Research Quarterly for Exercise and Sport, 56*, 378–384.

Crase, D., & Rosato, F.D. (1992). Single versus multiple authorship in professional journals. *Journal of Physical Education, Recreation and Dance, 63*(7), 28–31.

Creswell, J.W. (1998). *Qualitative inquiry and research design: Choosing among the five traditions*. Thousand Oaks, CA: Sage.

Creswell, J.W. (2003). *Research design: Qualitative, quantitative and mixed methods approaches* (2nd ed.). Thousand Oaks, CA: Sage.

Creswell, J.W. (2009a). Mapping the field of mixed methods research. *Journal of Mixed Methods Research, 3*, 95–108.

Creswell, J.W. (2009b). *Research design: Qualitative, quantitative and mixed methods approaches* (3rd ed.). Thousand Oaks, CA: Sage.

Creswell, J.W., & Plano-Clark, V.L. (2006). *Designing and conducting mixed methods research*. Thousand Oaks, CA: Sage.

Cronbach, L. (1951). Coefficient alpha and the internal structure of tests. *Psychometrika, 16*, 297–334.

Curran-Everett, D., & Benos, D.J. (2004). Guidelines for reporting statistics in journals published by the American Physiological Society. *Journal of Applied Physiology, 97*, 457–459.

Davidson, M.L. (1972). Univariate versus multivariate tests in repeated-measures experiments. *Psychological Bulletin, 77*, 446–452.

Day, R.D. (1983). *How to write and publish a scientific paper* (2nd ed.). Philadelphia: ISI Press.

Day, R.D. (1988). *How to write and publish a scientific paper* (3rd ed.). Phoenix, AZ: Oryx Press.

Day, R.D., & Gastel, B. (2006). *How to write and publish a scientific paper* (6th ed.). Westport, CT: Greenwood Press.

Dennett, D. (1991). *Consciousness explained*. Boston: Little, Brown.

Denton, J.J., & Tsai, C. (1991). Two investigations into the influence of incentives and subject characteristics on mail survey responses in teacher education. *Journal of Experimental Education, 59*, 352–366.

Denzin, N.K. (2008). The new paradigm dialog and qualitative inquiry. *International Journal of Qualitative Studies in Education, 21*, 315–325.

Drowatzky, J.N. (1993). Ethics, codes, and behavior. *Quest 45*, 22–31.

Drowatzky, J.N. (1996). *Ethical decision making in physical activity research*. Champaign, IL: Human Kinetic

Dunn, A.L., Garcia, M.E., Marcus, B.H., Kampert, J.B., Kohl, H.W., III, & Blair, S.N. (1998). Six-month physical activity and fitness changes in Project Active, a randomized trial. *Medicine and Science in Sports and Exercise, 30*, 1076–1083.

Edwards, A.L. (1957). *Techniques of attitude and scale construction*. New York: Appleton-Century-Crofts.

Erickson, F. (1986). Qualitative methods in research on teaching. In M.C. Wittrock (Ed.), *Handbook of research on teaching* (3rd ed., p. 119–161). New York: Macmillan.

Fahlberg, L.L., & Fahlberg, L.A. (1994). A human science for the study of movement: An integration of multiple ways of knowing. *Research Quarterly for Exercise and Sport, 65*, 100–109.

Farquhar, A.B., & Farquhar, H. (1891). *Economic and industrial delusions: A discourse of the case for protection*. New York: Putnam.

Feltz, D.L., & Landers, D.M. (1983). The effects of mental practice on motor skill learning and performance: A meta-analysis. *Journal of Sport Psychology, 5*, 25–57.

Fernandez-Balboa, J-M. (Ed.). (1997). *Critical postmodernism in human movement, physical education, and sport*. Albany: State University of New York.

Fine, M.A., & Kurdek, L.A. (1993). Reflections on determining authorship credit and authorship order on faculty–student collaborations. *American Psychologist, 48*, 1141–1147.

Fink, A. (2003). *How to sample in surveys* (2nd ed.). Thousand Oaks, CA: Sage.

Fink, A. (2009). *How to sample in surveys: A step-by-step guide* (3rd ed.). Thousand Oaks, CA: Sage.

Fischman, M.G., Christina, R.W., & Anson, J.G. (2008). Memory drum theory's C movement: Revelations from Franklin Henry. *Research Quarterly for Exercise and Sport, 79*, 312–318.

Flanders, N.A. (1970). *Analyzing teaching behavior*. Reading, MA: Addison-Wesley.

Flick, U. (2009). *An introduction to qualitative research* (4th ed.). Thousand Oaks, CA: Sage.

Fowler, F.J., Jr. (2002). *Survey research methods* (3rd ed.). Thousand Oaks, CA: Sage.

Fowler, F.J., Jr. (2009). *Survey research methods* (4th ed.). Thousand Oaks, CA: Sage.

Fraleigh, W. (1984). *Right actions in sport: Ethics for contestants*. Champaign, IL: Human Kinetics.

Franks, B.D., & Huck, S.W. (1986). Why does everyone use the .05 significance level? *Research Quarterly for Exercise and Sport, 57*, 245–249.

French, K.E. (1985). *The relation of knowledge development to children's basketball performance*. Unpublished doctoral dissertation, Louisiana State University, Baton Rouge.

French, K.E., & Thomas, J.R. (1987). The relation of knowledge development to children's basketball performance. *Journal of Sport Psychology, 9*, 15–32.

Friedenreich, C.M., Thune, I., Brinton, L.A., & Albanes, D. (1998). Epidemiologic issues related to the association between physical activity and breast cancer. *Cancer, 83*, 600–610.

Gage, N.L. (1989). The paradigm wars and their aftermath: A "historical" sketch of research on teaching since 1989. *Educational Researcher, 18*(7), 4–10.

Gall, M.D., Gall, J.P., & Borg, W.R. (2006). *Educational research: An introduction* (8th ed.). Boston: Allyn and Bacon.

Gardner, R. (1989). On performance-enhancing substances and the unfair advantage argument. *Journal of the Philosophy of Sport, 16*, 59–73. Reprinted in *Philosophic inquiry in sport*, 2nd ed., edited by W.J. Morgan & K.V. Meier (Champaign, IL: Human Kinetics, 1995), 222–231.

Gelo, O., Braakmann, D., & Benetka, G. (2008). Quantitative and qualitative research: Beyond the debate. *Integrative Psychological and Behavioral Science, 42*, 266–290.

Gill, D.L., & Deeter, T.E. (1988). Development of the Sport Orientation Questionnaire. *Research Quarterly for Exercise and Sport, 59*, 191–202.

Glaser, B.G., & Strauss, A.L. (1976). *The discovery of grounded theory*. Chicago: Aldine.

Glass, G.V. (1976). Primary, secondary, and meta-analysis. *Educational Researcher, 5*, 3–8.

Glass, G.V. (1977). Integrating findings: The meta-analysis of research. *Review of Research in Education, 5*, 351–379.

Glass, G.V., McGaw, B., & Smith, M. (1981). *Meta-analysis in social research*. Beverly Hills, CA: Sage.

Glass, G.V., & Smith, M.L. (1979). Meta-analysis of research on the relationship of class-size and achievement. *Evaluation and Policy Analysis, 1*, 2–16.

Glassford, R.G. (1987). Methodological reconsideration: The shifting paradigms. *Quest, 39*(3), 295–312.

Goetz, J.P., & LeCompte, M.D. (1984). *Ethnography and qualitative design in educational research*. Orlando, FL: Academic Press.

Goodman, R.M., Wheeler, F.C., & Lee, P.R. (1995). Evaluation of the Heart to Heart Project: Lessons from a community based chronic disease prevention project. *American Journal of Health Promotion, 9*, 443–445.

Goodrich, J.E., & Roland, C.G. (1977). Accuracy of published medical reference citations. *Journal of Technical Writing and Communication, 7*, 15–19.

Green, J.C., & Caracelli, V.J. (Eds.). (1997). *New directions for evaluation, number 74: Advances in mixed-method evaluation, the challenges and benefits of integrating diverse paradigms*. San Francisco: Jossey-Bass.

Green, K.E. (1991). Reluctant respondents: Differences between early, late, and nonresponders to a mail survey. *Journal of Experimental Education, 59*, 268–276.

Green, S.B. (1991). How many subjects does it take to do a regression analysis? *Multivariate Behavioral Research, 26*, 499–510.

Greenockle, K.M., Lee, A.M., & Lomax, R. (1990). The relation between selected student characteristics and activity patterns in required high school physical education class. *Research Quarterly for Exercise and Sport, 61*, 59–69.

Griffin, P., & Templin, T.J. (1989). An overview of qualitative research. In P.W. Darst, D.B. Zakrajsek, & V.H. Mancini (Eds.), *Analyzing physical education and sport instruction* (2nd ed., p. 399–410). Champaign, IL: Human Kinetic

Gruneau, R. (1983). *Class, sports, and social development*. Amherst: University of Massachusetts Press.

Guba, E.G., & Lincoln, Y.S. (1981). *Effective evaluation*. San Francisco: Jossey-Bass.

Guttmann, A. (1978). *From ritual to record: The nature of modern sport*. New York: Columbia University Press.

Haase, R.F., & Ellis, M.V. (1987). Multivariate analysis of variance. *Journal of Counseling Psychology, 34,* 404–413.

Hagen, R.L. (1997). In praise of the null hypothesis statistical test. *American Psychologist, 52,* 15–24.

Halverson, L.E., Roberton, M.A., & Langendorfer, S. (1982). Development of the overarm throw: Movement and ball velocity changes by seventh grade. *Research Quarterly for Exercise and Sport, 53,* 198–205.

Hamlyn, D.W. (1990). *In and out of the black box.* Oxford, UK: Basil Blackwell.

Harris, C. (1963). *Problems in measuring change.* Madison: University of Wisconsin Press.

Harris, R.J. (1985). *A primer of multivariate statistics* (2nd ed.). Orlando, FL: Academic Press.

Harvey, W.J., Reid, G., Bloom, G.A., Staples, K., Grizenko, N., Mbebou, V., Ter-Stepanian, M., & Joober, R. (2009). Physical activity experiences of boys with and without ADHA. *Adapted Physical Activity Quarterly, 26,* 131–150.

Harwell, M.R. (1990). A general approach to hypothesis testing for nonparametric tests. *Journal of Experimental Education, 58,* 143–156.

Hatch, A. (2006). Research: Musings of a former QSE editor. *International Journal of Qualitative Studies in Education, 19,* 403–409.

Hedges, L.V. (1981). Distribution theory for Glass's estimator of effect size and related estimators. *Journal of Educational Statistics, 6,* 107–128.

Hedges, L.V. (1982a). Estimation of effect size from a series of independent experiments. *Psychological Bulletin, 92,* 490–499.

Hedges, L.V. (1982b). Fitting categorical models to effect sizes from a series of experiments. *Journal of Educational Statistics, 7,* 119–137.

Hedges, L.V. (1984). Estimation of effect size under nonrandom sampling: The effects of censoring studies yielding statistically insignificant mean differences. *Journal of Educational Statistics, 9,* 61–85.

Hedges, L.V., & Olkin, I. (1980). Vote counting methods in research synthesis. *Psychological Bulletin, 88,* 359–369.

Hedges, L., & Olkin, I. (1983). Regression models in research synthesis. *American Statistician, 37,* 137–140.

Hedges, L.V., & Olkin, I. (1985). *Statistical methods for meta--analysis.* New York: Academic Press.

Helmstadter, G.C. (1970). *Research concepts in human behavior.* New York: Appleton-Century-Crofts.

Henderson, J. (1990, March 1). When scientists fake it. *American Way, 56*–62, 100–101.

Henderson, K.A., Bialeschki, M.D., Shaw, S.M., & Freysinger, V.J. (1996). *Both gains and gaps: Feminist perspectives on women's leisure.* State College, PA: Venture.

Henry, F.M., & Rogers, D.E. (1960). Increased response latency for complicated movements and a "memory drum" theory of neuromotor reaction. *Research Quarterly, 31,* 448–458.

Herkowitz, J. (1984). Developmentally engineered equipment and playgrounds. In J.R. Thomas (Ed.), *Motor development during childhood and adolescence.* Minneapolis, MN: Burgess.

Hollinger, D. (1973, April). T.S. Kuhn's theory of science and its implications for history. *American Historical Review, 78,* 370–393.

Hunter, J.E., & Schmidt, F.L. (2004). *Methods of meta-analysis: Correcting error and bias in research findings* (2nd ed.). Thousand Oaks, CA: Sage.

Husserl, E. (1962). *Ideas: General introduction to pure phenomenology* (W.R. Boyce, Trans.). New York: Collier Books.

Hyde, J.S. (1981). How large are cognitive gender differences? A meta-analysis using v^2 and d. *American Psychologist, 36*(8), 892–901.

Hyland, D. (1990). *Philosophy of sport.* New York: Paragon House.

Jacks, P., Chubin, D.E., Porter, A.L., & Connally, T. (1983). The ABCs of ABDs: An interview study of incomplete doctorates. *Improving College and University Teaching, 31,* 74–81.

Jackson, A.W. (1978). *The twelve-minute swim as a test for aerobic endurance in swimming.* Unpublished doctoral dissertation, University of Houston.

Jacobs, D., Anderson, J., & Blackburn, H. (1979). Diet and serum cholesterol: Do zero correlations negate the relationship? *American Journal of Epidemiology, 110,* 77–87.

Jacobs, D.R., Jr., Luepker, R.V., Mittelmark, M.B., Folsom, A.R., Pirie, P.L., Mascioli, S.R., Hannan, P.J., Pechacek, T.F., Bracht, N.F., Carlaw, R.W., et al. (1986). Community wide prevention strategies: Evaluation design of the Minnesota Heart Health Program. *Journal of Chronic Disease, 39,* 775-778.

Johnson, B.L., & Nelson, J.K. (1986). *Practical measurements for evaluation in physical education* (4th ed.). Minneapolis: Burgess.

Johnson, R.L. (1979). *The effects of various levels of fatigue on the speed and accuracy of visual recognition.* Unpublished doctoral dissertation, Louisiana State University, Baton Rouge.

Joint Committee on Quantitative Assessment of Research. (2008). *Citation statistics.* Berlin, Germany: International Mathematical Union.

Jones, E.R. (1988, Winter). Philosophical tension in a scientific discipline: So what else is new? *NASP–SPA Newsletter, 14*(1), 10–16.

Kavale, K., & Mattson, P.D. (1983). One jumped off the balance beam: Meta-analysis of perceptual-motor training. *Journal of Learning Disabilities, 16,* 165–173.

Keating, X.D., & Silverman, S. (2004). Physical education teacher attitudes toward fitness test scale: Development and validation. *Journal of Teaching in Physical Education, 23,* 143–161.

Kelso, J.A.S., & Engstrom, D.A. (2006). *The complementary nature.* Cambridge and London: MIT Press

Kendall, M.G. (1959). Hiawatha designs an experiment. *American Statistician, 13,* 23–24.

Kennedy, J.J. (1983). *Analyzing qualitative data: Introductory loglinear analysis for behavioral research.* New York: Praeger.

Kennedy, M.M. (1979). Generalizing from single case studies. *Evaluation Quarterly, 3,* 661–679.

Kirk, D. (1992). *Defining physical education: The social construction of a school subject in postwar Britain.* London: Falmer Press.

Kirk, J., & Miller, M.L. (1986). *Reliability and validity in qualitative research.* Newbury Park, CA: Sage.

Kirk, R.E. (1982). *Experimental design: Procedures for the behavioral sciences* (2nd ed.). Belmont, CA: Brooks/Cole.

Kohl, H.W., III, Dunn, A.L, Marcus, B.H., & Blair, S.N. (1998). A randomized trial of physical activity interventions: Design and baseline data from Project Active. *Medicine and Science in Sports and Exercise, 30,* 275–283.

Kokkonen, J., Nelson, A.G., & Cornwell, A. (1998). Acute muscle stretching inhibits maximal strength performance. *Research Quarterly for Exercise and Sport, 69,* 411–415.

Krathwohl, D.R. (1993). *Methods of educational and social science research.* New York: Longman.

Kraus, H., & Hirschland, R.P. (1954). Minimum muscular fitness tests in school children. *Research Quarterly, 25,* 177–188.

Kretchmar, R.S. (1997). Philosophy of sport. In J.D. Massengale & R.A. Swanson (Eds.), *The History of Exercise and Sport Science* (pp. 181–202). Champaign, IL: Human Kinetics.

Kretchmar, R.S. (2005). *Practical philosophy of sport and physical activity* (2nd ed.). Champaign, IL: Human Kinetics.

Kretchmar, R.S. (November, 2007). What to do with meaning? A research conundrum. *Quest, 59,* 373–383.

Kroll, W.P. (1971). *Perspectives in physical education.* New York: Academic Press.

Kruskal, W., & Mosteller, F. (1979). Representative sampling, III: The current statistical literature. *International Statistical Review, 47,* 245–265.

Kuhn, T.S. (1970). *The structure of scientific revolutions.* Chicago: University of Chicago Press.

Kulinna, P.H., & Silverman, S. (1999). The development and validation of scores on a measure of teachers' attitudes toward teaching physical activity and fitness. *Educational and Psychological Measurement, 59,* 507–517.

Lane, K.R. (1983). *Comparison of skinfold profiles of black and white boys and girls ages 11–13.* Unpublished master's thesis, Louisiana State University, Baton Rouge.

Last, J.M. (1988). *A dictionary of epidemiology.* New York: Oxford University Press.

Lawrence, P.A. (2003). The politics of publication. *Nature, 422,* 259–261.

Lawson, H.A. (1993). After the regulated life. *Quest, 45*(4), 523–545.

Lee, A., & Kamler, B. (2008). Bringing pedagogy to doctoral publishing. *Teaching in Higher Education, 13,* 511–523.

Lee, I.M., & Paffenbarger, R.S., Jr. (2000). Associations of light, moderate, and vigorous intensity physical activity with longevity: The Harvard Alumni Health Study. *American Journal of Epidemiology, 151,* 293–299.

Lee, T.D. (1982). *On the locus of contextual interference in motor skill acquisition.* Unpublished doctoral dissertation, Louisiana State University, Baton Rouge.

Leech, N.L., & Onwuegbuzie, A.J. (2009). *Quality and Quantity, 43,* 265–275.

Leon, A.S., Connett, J., Jacobs, D.R., Jr., & Rauramaa, R. (1987). Leisure-time physical activity levels and risk of coronary heart disease and death: The Multiple Risk Factor Intervention Trial. *JAMA, 258,* 2388–2395.

Levine, R.V. (1990, September/October). The pace of life. *American Scientist, 78,* 450–459.

Light, R.J., Singer, J.D., & Willett, J.B. (1994). The visual presentation and interpretation of meta-analysis. In H. Cooper and L.V. Hedges (Eds.), *The handbook of research synthesis* (pp. 439–453). New York: Russell Sage Foundation.

Lincoln, Y.S., & Guba, E.G. (1985). *Naturalistic inquiry.* Newbury Park, CA: Sage.

Locke, L.F. (1989). Qualitative research as a form of scientific inquiry in sport and physical education. *Research Quarterly for Exercise and Sport, 60,* 1–20.

Locke, L.F., Spirduso, W.W., & Silverman, S.J. (2000). *Proposals that work* (4th ed.). Thousand Oaks, CA: Sage.

Locke, L.F., Spirduso, W.W., & Silverman, S.J. (2007). *Proposals that work* (5th ed.). Thousand Oaks, CA: Sage.

Locke, L.F., Silverman, S.J., & Spirduso, W.W. (2004). *Reading and understanding research* (2nd ed.). Thousand Oaks, CA: Sage.

Locke, L.F., Silverman, S.J., & Spirduso, W.W. (2010). *Reading and understanding research* (3rd ed.). Thousand Oaks, CA: Sage.

Loland, S. (2002). *Fair play in sport: A moral norm system.* London and New York: Routledge.

Looney, M.A., Feltz, C.S., & VanVleet, C.N. (1994). The reporting and analysis of research findings for within subjects designs: Methodological issues for meta-analysis. *Research Quarterly for Exercise and Sport, 65,* 363–366.

Lord, F.M. (1969). Statistical adjustments when comparing preexisting groups. *Psychological Bulletin, 72,* 336–337.

Mabley, J. (1963, January 22). Mabley's report. *Chicago American,* p. 62.

Margerison, T. (1965, January 3). Review of *Writing Technical Reports* (by B.M. Copper). *Sunday Times.* In R.L. Weber (Compiler) & E. Mendoza (Ed.), *A random walk in science* (p. 49). New York: Crane, Russak.

Marsh, H.W., Marco, I.T., & Apçý, F.H. (2002). Cross-cultural validity of the physical self-description questionnaire: Comparison of factor structures in Australia, Spain, and Turkey. *Research Quarterly for Exercise and Sport, 73,* 257–270.

Marshall, C., & Rossman, G.B. (1999). *Designing qualitative research* (2nd ed.). Thousand Oaks, CA: Sage.

Marshall, C., & Rossman, G.B. (2006). *Designing qualitative research* (3rd ed.). Thousand Oaks, CA: Sage.

Martens, R. (1973, June). People errors in people experiments. *Quest, 20,* 16–20.

Martens, R. (1977). *Sport competition anxiety test.* Champaign, IL: Human Kinetics.

Martens, R. (1979). About smocks and jocks. *Journal of Sport Psychology, 1,* 94–99.

Martens, R. (1987). Science, knowledge, and sport psychology. *Sport Psychologist, 1,* 29–55.

Matt, K.S. (1993). Ethical issues in animal research. *Quest, 45*(1), 45–51.

Matthews, P.R. (1979). The frequency with which the mentally retarded participate in recreation activities. *Research Quarterly, 50,* 71–79.

Mattson, D.E. (1981). *Statistics: Difficult concepts, understandable explanations.* St. Louis, MO: Mosby.

McCaughtry, N., & Rovegno, I. (2003). Development of pedagogical content knowledge: Moving from blaming students to predicting skillfulness, recognizing motor development, and understanding emotion. *Journal of Teaching in Physical Education, 22,* 355–368.

McCloy, C.H. (1930). Professional progress through research. *Research Quarterly, 1,* 63–73.

McCullagh, P., & Meyer, K.N. (1997). Learning versus correct models: Influence of model type on the learning of a free-weight squat lift. *Research Quarterly for Exercise and Sport, 68,* 56–61.

McDonald, R.P. (1999). Test theory: A unified treatment. Mahwah, NJ: Lawrence Erlbaum.

McLeroy, K.R., Bibeau, D., Steckler, A., & Glanz, K. (1988). An ecological perspective on health promotion programs. *Health Education Quarterly, 15,* 351–377.

McNamara, J.F. (1994). *Surveys and experiments in education research.* Lancaster, PA: Nechnomic.

McNamee, M. (1998). Celebrating trust: Virtues and rules in the ethical conduct of sports coaches. In M. McNamee, *Sports, virtues and vices: Morality plays.* London and New York: Routledge.

McPherson, S.L. (1987). *The development of children's expertise in tennis: Knowledge structure and sport performance.* Unpublished doctoral dissertation, Louisiana State University, Baton Rouge.

McPherson, S.L. (1999). Expert–novice differences in performance skills and problem representations of youth and adults during tennis competition. *Research Quarterly for Exercise and Sport, 70,* 233–251.

McPherson, S.L., & Thomas, J.R. (1989). Relation of knowledge and performance in boys' tennis: Age and expertise. *Journal of Experimental Child Psychology, 48,* 190–211.

McPhie, W.E. (1960). Factors affecting the value of dissertations. *Social Education, 24,* 375–377, 385.

Merleau-Ponty, M. (1964). *The primacy of perception.* Evanston, IL: Northwestern University Press.

Merriam, S.B. (1988). *Case study research in education.* San Francisco: Jossey-Bass.

Merriam, S.B. (2001). *Qualitative research and case study approaches in education.* San Francisco: Jossey-Bass.

Micceri, T. (1989). The unicorn, the normal curve, and other improbable creatures. *Psychological Bulletin, 105,* 156– 166.

Midgley, M. (1994). *The ethical primate: Humans, freedom and morality.* London and New York: Routledge.

Montoye, H., Kemper, H., Saris, W., & Washburn, R. (1996). *Measuring physical activity and energy expenditure.* Champaign, IL: Human Kinetics.

Mood, D.P. (1989). Measurement methodology for knowledge tests. In M.J. Safrit & T.M. Morgan, D.L. (1996). *Focus groups as qualitative research* (2nd ed.). Thousand Oaks, CA: Sage.

Morgenstern, N.L. (1983). Cogito ergo sum: Murphy's refutation of Descartes. In G.H. Scherr (Ed.), *The best of The Journal of Irreproducible Results* (p. 112). New York: Workman Press.

Morland, R.B. (1958). A philosophical interpretation of the educational views held by leaders in American physical education. *Health, Physical Education and Recreation Microform Publications, 1,* (October 1949–March 1965): PE394.

Morris, J.N., Heady, J.A., Rattle, P.A.B., Roberts, C.G., & Parks, J.W. (1953). Coronary heart disease and physical activity of work. *Lancet, 2,* 1053–1057.

Morrow, J.R., Jr., Bray, M.S., Fulton, J.E., & Thomas, J.R. (1992). Interrater reliability of 1987–1991. *Research Quarterly for Exercise and Sport* reviews. *Research Quarterly for Exercise and Sport, 63,* 200–204.

Morrow, J.R., & Frankiewicz, R.G. (1979). Strategies for the analysis of repeated and multiple measure designs. *Research Quarterly, 50,* 297–304.

Morse, J.M. (2003). Principles of mixed methods and multimethod research design. In A. Tashakkori & C. Teddlie (Eds.), *Handbook of mixed methods in social and behavioral research* (pp. 189–208). Thousand Oaks, CA: Sage.

Morse, J.M., & Richards, L. (2002). *Read me first for a user's guide to qualitative methods.* Thousand Oaks, CA: Sage.

National Children and Youth Fitness Study. (1985). *Journal of Physical Education, Recreation and Dance, 56*(1), 44–90.

National Children and Youth Fitness Study II. (1987). *Journal of Physical Education, Recreation and Dance, 56*(9), 147–167.

Nelson, J.K. (1988, March). Some thoughts on research, measurement, and other obscure topics. LAHPERD Scholar Lecture presented at the LAHPERD Convention, New Orleans, LA.

Nelson, J.K. (1989). Measurement methodology for affective tests. In M.J. Safrit & T.M. Wood (Eds.), *Measurement concepts in physical education and exercise science* (pp. 229–248). Champaign, IL: Human Kinetics.

Nelson, J.K., Thomas, J.R., Nelson, K.R., & Abraham, P.C. (1986). Gender differences in children's throwing performance: Biology and environment. *Research Quarterly for Exercise and Sport, 57,* 280–287.

Nelson, J.K., Yoon, S.H., & Nelson, K.R. (1991). A field test for upper body strength and endurance. *Research Quarterly for Exercise and Sport, 62,* 436–447.

Nelson, K.R. (1988). *Thinking processes, management routines, and student perceptions of expert and novice physical education teachers.* Unpublished doctoral dissertation, Louisiana State University, Baton Rouge.

Newell, K.M. (1987). On masters and apprentices in physical education. *Quest, 39*(2), 88–96.

Newell, K.M., & Hancock, P.A. (1984). Forgotten moments: A note on skewness and kurtosis as influential factors in inferences extrapolated from response distributions. *Journal of Motor Behavior, 16,* 320–335.

Nieman, D.C. (1994). Exercise, upper respiratory tract infection, and the immune system. *Medicine and Science in Sports and Exercise, 26B,* 128–139.

Nietzsche, F. (1967). *The will to power* (W. Kaufmann & R. Hollingdale, Trans.). New York: Vintage Books.

Nunnaly, J.C. (1978). *Psychometric theory* (2nd ed.). New York: McGraw-Hill.

Oishi, S.M. (2003). *How to conduct in-person interviews for surveys* (2nd ed.). Thousand Oaks, CA: Sage.

Paffenbarger, R., Hyde, R., Wing, A., Lee, I., Jung, D., & Kampert, J. (1993). The association of changes in physical activity level and other lifestyle characteristics with mortality among men. *New England Journal of Medicine, 328,* 538–545.

Paffenbarger, R.S., Hyde, R.T., Wing, A.L., & Steinmetz, C.H. (1984). A natural history of athleticism and cardiovascular health. *JAMA, 252,* 491–495.

Paffenbarger, R.S., Jr., Wing, A.L., & Hyde, R.T. (1978). Physical activity as an index of heart attack risk in college alumni. *American Journal of Epidemiology, 108*, 161–175.

Pate, R.R., Pratt, M., Blair, S.N., Haskell, W.L., Macera, C.A., Bouchard, C., Buchner, D., Ettinger, W., Heath, G.W., King, A.C., et al. (1995). Physical activity and public health: A recommendation from the Centers for Disease Control and Prevention and the American College of Sports Medicine [review]. *JAMA 273*, 402–407.

Patton, M.Q. (2002). *Qualitative research and evaluation methods* (3rd ed.). Thousand Oaks, CA: Sage.

Payne, V.G., & Morrow, J.R., Jr. (1993). Exercise and VO_2max in children: A meta-analysis. *Research Quarterly for Exercise and Sport, 64*, 305–313.

Pedhazur, E.J. (1982). *Multiple regression in behavioral research: Explanation and prediction* (2nd ed.). New York: Holt, Rinehart & Winston.

Peshkin, A. (1993). The goodness of qualitative research. *Educational Researcher, 22*(2), 23–29.

Peters, E.M., & Bateman, E.D. (1983). Ultramarathon running and upper respiratory tract infections: An epidemiological survey. *South African Medical Journal, 64*, 582–584.

Pinker, S. (1997). *How the mind works*. New York and London: Norton.

Pinker, S. (1999). *Words and rules: The ingredients of language*. New York: HarperCollins.

Pinker, S. (2002). *The blank slate: The modern denial of human nature*. New York: Viking/Penguin Group.

Pitney, W.A., & Parker, J. (2009). *qualitative research in physical activity and the health professions*. Champaign, IL: Human Kinetics.

Plano-Clark, V.L., Huddleson-Casas, C.A., Churchill, S., Green, D.O., & Garrett, A.L. (2008). Mixed methods approaches in family science research. *Journal of Family Studies, 29*, 1543–1566.

Polanyi, M. (1958). *Person knowledge: Toward a post-critical philosophy*. Chicago: University of Chicago Press.

Porter, A.C., & Raudenbush, S.W. (1987). Analysis of covariance: Its model and use in psychological research. *Journal of Counseling Psychology, 34*, 383–392.

Porter, A.L., Chubin, D.E., Rossini, F.A., Boeckmann, M.E., & Connally, T. (1982, September/October). The role of the dissertation in scientific careers. *American Scientist*, 475–481.

Porter, A.L., & Wolfe, D. (1975). Utility of the doctoral dissertation. *American Psychologist, 30*, 1054–1061.

Prokhovnik, R. (1999). *Rational woman: A feminist critique of dichotomy*. London and New York: Routledge.

Punch, M. (1986). *The politics and ethics of fieldwork*. Beverly Hills, CA: Sage.

Punch, K.F. (2003). *Survey research: The basics*. Thousand Oaks, CA: Sage.

Puri, M.L., & Sen, P.K. (1969). A class of rank order tests for a general linear hypothesis. *Annals of Mathematical Statistics, 40*, 1325–1343.

Puri, M.L., & Sen, P.K. (1985). *Nonparametric methods in general linear models*. New York: Wiley.

Puska, P., Salonen, J.T., & Nissinen, A. (1983). Change in risk factors for coronary heart disease during 10 years of community intervention programme (North Karelia Project). *British Medical Journal, 287*, 1840–1844.

Reichardt, C.S., & Rallis, S.F. (Eds.) (1994). *The qualitative-quantitative debate: New perspectives*. San Francisco: Jossey-Bass.

Ridley, M. (2003). *Nature via nurture: Genes, experience, & what makes us human*. New York: Harper Collins.

Ries, L.A.G., Kosary, C.L., Hankey, B.F., Miller, B.A., Clegg, L., & Edwards, B.K. (Eds). (1999). SEER Cancer Statistics Review, 1973–1996. Bethesda, MD: National Cancer Institute.

Riess, S.A. (1994). From pitch to putt: Sport and class in Anglo-American sport. *Journal of Sport History, 21*, 138–184.

Rink, J., & Werner, P. (1989). Qualitative measures of teaching performance scale. In P. Darst, D. Zakrajsak, & P. Mancini (Eds.), *Analyzing physical education and sports instruction* (2nd ed., pp. 269–276). Champaign, IL: Human Kinetics.

Roberts, G.C. (1993). Ethics in professional advising and academic counseling of graduate students. *Quest, 45*, 78–87.

Roberts, T. (1998). Sporting practice protection and vulgar ethnocentricity: Why won't Morgan go all the way? *Journal of the Philosophy of Sports, XXV*, 71–81.

Robertson, M.A., & Konczak, J. (2001). Predicting children's overarm throw ball velocities from their developmental levels in throwing. *Research Quarterly for Exercise and Sport, 72*, 91–103.

Robinson, S., & Dracup, K. (2008). Innovative options for the doctoral dissertation in nursing. *Nursing Outlook, 56*, 174–178.

Robson, C. (2002). *Real world research: A resource for social scientists and practitioner-researchers* (2nd ed.). Malden, MA: Wiley-Blackwell.

Rockhill, B., Willett, W.C., Hunter, D.J., Manson, J.E., Han-kinson, S.E., & Colditz, G.A. (1999). A prospective study of recreational physical activity and breast cancer risk. *Archives of Internal Medicine, 159*, 2290–2296.

Rosen, S. (1989). *The ancients and the moderns: Rethinking modernity*. New Haven, CT: Yale University Press.

Rosenthal, R. (1966). Sport, art, and particularity: The best equivocation. *Journal of the Philosophy of Sport, 13*, 49–63.

Rosenthal, R. (1991). Cumulating psychology: An appreciation of Donald T. Campbell. *Psychological Science, 2*, 213, 217–221.

Rosenthal, R. (1994). Parametric measures of effect size. In H. Cooper & L.V. Hedges (Eds.), *The handbook of research synthesis* (pp. 231–244). New York: Russell Sage Foundation.

Rosnow, R.L., & Rosenthal, R. (1989). Statistical procedures and the justification of knowledge in psychological science. *American Psychologist, 44*, 1276–1284.

Rossman, G.B., & Rallis, S.F. (2003). *Learning in the field: An introduction to qualitative research*. Thousand Oaks, CA: Sage.

Rothman, K.J. (1986). *Modern epidemiology*. Boston: Little Brown.

Rubin, H.J., & Rubin, I.S. (2005). *Qualitative interviewing: The art of hearing data* (2nd ed.). Thousand Oaks, CA: Sage.

Rudy, W. (1962). Higher education in the United States, 1862–1962. In W.W. Brickman & S. Lehrer, (Eds.), *A century of higher education: Classical citadel to collegiate colossus* (pp. 20–21). New York: Society for the Advancement of Education.

Ryan, E.D. (1970). The cathartic effect of vigorous motor activity on aggressive behavior. *Research Quarterly, 41*, 542–551.

Sachtleben, T.R., Berg, K.E., Cheatham, J.P., Felix, G.L., & Hofschire, P.J. (1997). Serum lipoprotein patterns in long-term anabolic steroid users. *Research Quarterly for Exercise and Sport, 68*, 110–115.

Safrit, M.J. (Ed.). (1976). *Reliability theory*. Washington, DC: American Alliance for Health, Physical Education and Recreation.

Safrit, M.J., Cohen, A.S., & Costa, M.G. (1989). Item response theory and the measurement of motor behavior. *Research Quarterly for Exercise and Sport, 60*(4), 325-335.

Safrit, M.J., & Wood, T.M. (1983). The health-related fitness test opinionnaire: A pilot survey. *Research Quarterly for Exercise and Sport, 54*, 204–207.

Sage, G.H. (1989). A commentary on qualitative research as a form of inquiry in sport and physical education. *Research Quarterly for Exercise and Sport, 60*, 25–29.

Sage, G., Dyreson, M., & Kretchmar, S. (June, 2005). Sociology, history, and philosophy in the *Research Quarterly*. *Research Quarterly Supplement, 76*(2), 88–107.

Salzinger, K. (2001, February 16). Scientists should look for basic causes, not just effects. *Chronicle of Higher Education, 157*(23), B14.

Sammarco, P.W. (2008). Journal visibility, self-citation, and reference limits: Influences in impact factor and author performance review. *Ethics in Science and Environmental Politics, 8*, 121–125.

Scheffé, H. (1953). A method for judging all contrasts in analysis of variance. *Biometrika, 40*, 87–104.

Schein, E.H. (1987). *The clinical perspective in fieldwork*. Newbury Park, CA: Sage.

Scherr, G.H. (Ed.). (1983). *The best of The Journal of Irreproducible Results* (p. 152). New York: Workman Press.

Schmidt, R.A. (1975). A schema theory of discrete motor skill learning. *Psychological Review, 82*, 225–260.

Schmidt, R.A., & Lee, T.D. (1999). *Motor control and learning* (3rd ed.). Champaign, IL: Human Kinetics.

Schumacker, R.E., & Lomax, R.G. (2004). *A beginner's guide to structural equation modeling* (2nd ed.). Mahwah, NJ: Erlbaum.

Schutz, R.W. (1989). Qualitative research: Comments and controversies. *Research Quarterly for Exercise and Sport, 60*, 30–35.

Schutz, R.W., & Gessaroli, M.E. (1987). The analysis of repeated measures designs involving multiple dependent variables. *Research Quarterly for Exercise and Sport, 58*, 132–149.

Scrabis-Fletcher, K. (2007). *Student attitude, perception of competence, and practice in middle school physical education*. Available from ProQuest Dissertations and Theses database. (UMI No. 3285162)

Searle, J.R. (1980). Mind, brains and programs. *Behavioral and Brain Sciences, 3*, 417–457.

Seidman, I. (2006). *Interviewing as qualitative research: A guide for researchers in education and the social sciences* (3rd ed.). New York: Teachers college Press.

Serlin, R.C. (1987). Hypothesis testing, theory building, and the philosophy of science. *Journal of Counseling Psychology, 34*, 365–371.

Shadish, W.R., Cook, T.D., & Campbell, D.T. (2002). *Experimental and quasi-experimental designs for generalized causal inference*. Boston: Houghton Mifflin.

Shavelson, R.J., & Towne, L. (Eds.). (2002). *Scientific research in education*. Washington, DC: National Academy Press.

Sheets-Johnstone, M. (1999). *The primacy of movement*. Amsterdam and Philadelphia: John Benjamins.

Shore, E.G. (1991, February). Analysis of a multi-institutional series of completed cases. Paper presented at Scientific Integrity Symposium. Harvard Medical School, Boston.

Shulman, L.S. (2003, April). Educational research and a scholarship of education. Charles DeGarmo Lecture presented at the annual meeting of the American Educational Research Association, Chicago.

Siedentop, D. (1980). Two cheers for Rainer. *Journal of Sport Psychology, 2*, 2–4.

Siedentop, D. (1989). Do the lockers really smell? *Research Quarterly for Exercise and Sport, 60*, 36–41.

Siedentop, D., Birdwell, D., & Metzler, M. (1979, March). A process approach to measuring teaching effectiveness in physical education. Paper presented at the American Alliance for Health, Physical Education, Recreation and Dance national convention, New Orleans, LA.

Siedentop, D., Trousignant, M., & Parker, M. (1982). *Academic learning time—Physical education: 1982 coding manual*. Columbus: Ohio State University, School of Health, Physical Education, and Recreation.

Silverman, S. (2004). Analyzing data from field research: The unit of analysis issue. *Research Quarterly for Exercise and Sport, 74*, iii–iv.

Silverman, S. (Ed.). (2005). *Research Quarterly for Exercise and Sport: 75th Anniversary Issue, 76*(supplement).

Silverman, S., & Keating, X.D. (2002). A descriptive analysis of research methods classes in departments of kinesiology and physical education in the United States. *Research Quarterly for Exercise and Sport, 73*, 1–9.

Silverman, S., & Manson, M. (2003). Research on teaching in doctoral programs: A detailed investigation of focus, method, and analysis. *Journal of Teaching in Physical Education, 22*, 280–297.

Silverman, S., & Solmon, M. (1998). The unit of analysis in field research: Issues and approaches to design and data analysis. *Journal of Teaching in Physical Education, 17*, 270–284.

Silverman, S., & Subramaniam, P.R. (1999). Student attitude toward physical education and physical activity: A review of measurement issues and outcomes. *Journal of Teaching in Physical Education, 19*, 97–125.

Simon, R. (2004). *Fair play: The ethics of sport*. Boulder, CO: Westview Prentice Hall.

Singer, P. (1995). *How are we to live? Ethics in an age of selfinterest*. Amherst, NY: Prometheus.

Singer, R.N., Hausenblas, H.A., & Janelle, C.M. (Eds.). (2001). *Handbook of sport psychology* (2nd ed.). New York: Wiley.

Slavin, R.E. (1984a). Meta-analysis in education: How it has been used. *Educational Researcher, 13*(4), 6–15.

Slavin, R.E. (1984b). A rejoinder to Carlberg et al. *Educational Researcher, 13*(4), 24–27.

Smith, M.L. (1980). Sex bias in counseling and psychotherapy. *Psychological Bulletin, 87*, 392–407.

Snyder, C.W., Jr., & Abernethy, B. (Eds.). (1992). *The creative side of experimentation*. Champaign, IL: Human Kinetics.

Sparling, P.B. (1980). A meta-analysis of studies comparing maximal oxygen uptake in men and women. *Research Quarterly for Exercise and Sport, 51*, 542–552.

Spray, J.A. (1987). Recent developments in measurement and possible applications to the measurement of psychomotor behavior. *Research Quarterly for Exercise and Sport, 58*, 203–209.

Spray, J.A. (1989). New approaches to solving measurement problems. In M.J. Safrit & T.M. Wood (Eds.), *Measurement concepts in physical education and exercise science* (pp. 229–248). Champaign, IL: Human Kinetics.

Stamm, C.L., & Safrit, M.J. (1975). Comparison of significance tests for repeated measures ANOVA design. *Research Quarterly, 46*, 403–409.

Starkes, J.L., & Allard, F. (Eds.). (1993). *Cognitive issues in motor expertise*. Amsterdam: North Holland.

Steinhauser, G. (2009). The nature of navel fluff. *Medical Hypotheses, 10*, 1016.

Stock, W.A. (1994). Systematic coding for research synthesis. In H. Cooper & L.V. Hedges (Eds.), *The handbook of research synthesis*. New York: Sage Foundation.

Stodden, D., Langendorfer, S., & Roberton, M.A. (2009). The association between motor skill competences and physical fitness in young adults. *Research Quarterly for Exercise and Sport, 80*, 223–229.

Stull, G.A., Christina, R.W., & Quinn, S.A. (1991). Accuracy of references in the *Research Quarterly for Exercise and Sport*. *Research Quarterly for Exercise and Sport, 62*, 245–248.

Subramaniam, P.R., & Silverman, S. (2000). The development and validation of an instrument to assess student attitude toward physical education. *Measurement in Physical Education and Exercise Science, 4*, 29–43.

Subramaniam, P.R., & Silverman, S. (2002). Using complimentary data: An investigation of student attitude in physical education. *Journal of Sport Pedagogy, 8*, 74–91.

Subramaniam, P.R., & Silverman, S. (2007). Middle school students' attitudes toward physical education. *Teaching and Teacher Education, 22*, 602–611.

Tashakkori, A., & Teddlie, C. (1998). *Mixed methodology: Combining qualitative and quantitative approaches*. Thousand Oaks, CA: Sage.

Tashakkori, A., & Teddlie, C. (Eds.) (2003). *Handbook of mixed methods in social and behavioral research*. Thousand Oaks, CA: Sage.

Teddlie, C., & Tashakkori, A. (2009). *Foundations of mixed methods research: Integrating quantitative and qualitative approaches in the social and behavioral sciences*. Thousand Oaks, CA: Sage.

Teramoto, M., & Golding, L.A. (2009). Regular exercise and plasma lipid levels associated with the risk of coronary health disease: A 20-year longitudinal study. *Research Quarterly for Exercise and Sport, 80*, 138–145.

Tew, J. (1988). *Construction of a sport specific mental imagery assessment instrument using item response and classical test theory methodology*. Unpublished doctoral dissertation, Louisiana State University, Baton Rouge.

Tew, J., & Wood, M. (1980). *Proposed model for predicting probable success in football players*. Houston, TX: Rice University Press.

Thøgersen-Ntoumani, C., & Fox, K.R. (2005). Physical activity and mental well-being typologies in corporate employees: A mixed methods approach. *Work & Stress, 19*, 50–67.

Thomas, J.R. (1977). A note concerning analysis of error scores from motor-memory research. *Journal of Motor Behavior, 9*, 251–253.

Thomas, J.R. (1980). Half a cheer for Rainer and Daryl. *Journal of Sport Psychology, 2*, 266–267.

Thomas, J.R. (Ed.). (1983). Publication guidelines. *Research Quarterly for Exercise and Sport, 54*, 219–221.

Thomas, J.R. (Ed.). (1984). *Motor development during childhood and adolescence*. Minneapolis, MN: Burgess.

Thomas, J.R. (Ed.). (1986). Editor's viewpoint: Research notes. *Research Quarterly for Exercise and Sport, 57*, iv–v.

Thomas, J.R. (1987). Are we already in pieces, or just falling apart? *Quest, 39*(2), 114–121.

Thomas, J.R. (1989). An abstract for all seasons. *NASPSPA Newsletter, 14*(2), 4–5.

Thomas, J.R., & French, K.E. (1985). Gender differences across age in motor performance: A meta-analysis. *Psychological Bulletin, 98*, 260–282.

Thomas, J.R., & French, K.E. (1986). The use of meta-analysis in exercise and sport: A tutorial. *Research Quarterly for Exercise and Sport, 57*, 196–204.

Thomas, J.R., French, K.E., & Humphries, C.A. (1986). Knowledge development and sport skill performance: Directions for motor behavior research. *Journal of Sport Psychology, 8*, 259–272.

Thomas, J.R., & Gill, D.L. (Eds.). (1993). The academy papers: Ethics in the study of physical activity [specialissue]. *Quest, 45*(1).

Thomas, J.R., Lochbaum, M.R., Landers, D.M., & He, C. (1997). Planning significant and meaningful research in exercise science: Estimating sample size. *Research Quarterly for Exercise and Sport, 68*, 33–43.

Thomas, J.R., & Nelson, J.K. (2001). *Research methods in physical activity* (4th ed.). Champaign, IL: Human Kinetics.

Thomas, J.R., Nelson, J.K., & Magill, R.A. (1986, Spring). A case for an alternative format for the thesis/dissertation. *Quest, 38*, 116–124.

Thomas, J.R., Nelson, J.K., & Thomas, K.T. (1999). A generalized rank-order method for non-parametric analysis of data from exercise science: A tutorial. *Research Quarterly for Exercise and Sport, 70*, 11–23.

Thomas, J.R., Salazar, W., & Landers, D.M. (1991). What is missing in $p < .05$? Effect size. *Research Quarterly for Exercise and Sport, 62*, 344–348.

Thomas, J.R., Thomas, K.T., Lee, A.M., Testerman, E., & Ashy, M. (1983). Age differences in use of strategy for recall of movement in a large scale environment. *Research Quarterly for Exercise and Sport, 54*, 264–272.

Thomas, K.T., Keller, C.S., & Holbert, K. (1997). Ethnic and age trends for body composition in women residing in the U.S. southwest: II. Total fat. *Medicine and Science in Sport and Exercise, 29*, 90–98.

Thomas, K.T., & Thomas, J.R. (1999). What squirrels in the trees predict about expert athletes. *International Journal of Sport Psychology, 30*, 221–234.

Thomas, R.M. (2003). *Blending qualitative and quantitative research methods in theses and dissertations*. Thousand Oaks, CA: Corwin Press.

Thune, I., Brenn, T., Lund, E., & Gaard, M. (1997). Physical activity and the risk of breast cancer. *New England Journal of Medicine, 336*, 1269–1275.

Tinberg, C.M. (1993). The relation of practice time to coaches' objectives, players' improvement, and level of expertise. Master's thesis, Arizona State University, Tempe.

Tinsley, H.E., & Tinsley, D.J. (1987). Uses of factor analysis in counseling psychology research. *Journal of Counseling Psychology, 34*, 414–424.

Tolson, H. (1980). An adjustment to statistical significance: ω^2. *Research Quarterly for Exercise and Sport, 51*, 580–584.

Toothaker, L.E. (1991). *Multiple comparisons for researchers*. Newbury Park, CA: Sage.

Tran, Z.V., Weltman, A., Glass, G.V., & Mood, D.P. (1983). The effects of exercise on blood lipids and lipoproteins: A meta-analysis. *Medicine and Science in Sports and Exercise, 15*, 393–402.

Tuckman, B.W. (1978). *Conducting educational research* (2nd ed.). New York: Harcourt Brace Jovanovich.

Turner, A.P., & Martinek, T.J. (1999). An investigation into teaching games for understanding effects on skill, knowledge, and game play. *Research Quarterly for Exercise and Sport, 70*, 286–296.

University of Chicago Press. (1993). *The Chicago manual of style* (14th ed.). Chicago: Author.

U.S. Department of Health and Human Services. (1996). *Physical activity and health: A report of the Surgeon General*. Atlanta, GA: U.S. Dept of Health and Human Services, Centers for Disease Control and Prevention, National Center for Chronic Disease Prevention and Health Promotion.

U.S. Department of Health and Human Services. (2000). *Healthy People 2010* (Conference edition in two volumes). Washington, DC: U.S. Government Printing Office.

Vealey, R.S. (1986). The conceptualization of sport-confidence and competitive orientation: Preliminary investigation and instrument development. *Journal of Sport Psychology, 8*, 221–246.

Verducci, F.M. (1980). *Measurement concepts in physical education*. St. Louis, MO: Mosby.

Vockell, E.L. (1983). *Educational research*. New York: Macmillan.

Wainer, H. (1992). Understanding graphs and tables. *Educational Researcher, 21*(1), 14–23.

Wallace, B.A. (2000). *The taboo of subjectivity: Toward a new science of consciousness*. New York: Oxford University Press.

Webb, E.J., Campbell, D.T., Schwartz, R.D., & Sechrest, L. (1966). *Unobtrusive measures: Nonreactive research in the social sciences*. Chicago: Rand McNally.

Weiss, M.R., Bredemeier, B.J., & Shewchuk, R.M. (1985). An intrinsic/extrinsic motivation scale for the youth sport setting: A confirmatory factor analysis. *Journal of Sport Psychology, 7*, 75–91.

Weiss, M.R., McCullagh, P., Smith, A.L., & Berlant, A.R. (1998). Observational learning and the fearful child: Influence of peer models on swimming skill performance and psychological responses. *Research Quarterly for Exercise and Sport, 69*, 380–394.

Weiss, P. (1969). *Sport: A philosophic inquiry*. Carbondale: Southern Illinois University Press.

Welk, G.J. (Ed.). (2002). *Physical activity assessment for health-related research*. Champaign, IL: Human Kinetics.

Werner, P., & Rink, J. (1989). Case studies of teacher effectiveness in physical education. *Journal of Teaching in Physical Education, 8*, 280–297.

White, P.A. (1990). Ideas about causation in philosophy and psychology. *Psychological Bulletin, 108*, 3–18.

Willett, W. (1990). *Nutritional epidemiology*. New York: Oxford University Press.

Wilson, J.Q. (1993). *The moral sense*. New York: The Free Press/Macmillan.

Winkleby, M.A., Taylor, C.B., Jatulis, D., & Fortmann, S.P. (1996). The longterm effects of a cardiovascular disease prevention trial: The Stanford FiveCity Project. *American Journal of Public Health, 86*, 1773–1779.

Yan, J.H. (1996). *Development of motor programs across the lifespan: Arm movement control*. Doctoral dissertation, Arizona State University, Tempe.

Yin, R.K. (2003). *Case study research: Design and methods* (3rd ed.). Thousand Oaks, CA: Sage.

Zelaznik, H.N. (1993). Ethical issues in conducting and reporting research: A reaction to Kroll, Matt, and Safrit. *Quest, 45*, 62–68.

Ziv, A. (1988). Teaching and learning with humor: Experiment and replication. *Journal of Experimental Education, 57*, 5–15.

ÍNDICE ONOMÁSTICO

A

Abçy, F.H. 163
Abernethy, B. 47
Adams, J.A. 48
Anshel, M.H. 76-79
Anson, J.G. 96-97
Arlin, M. 425

B

Bain, L.L. 387-388
Baumgartner, T.A. 221-222
Bentham, J. 112
Berg, K.E. 170, 192
Betz, N.E. 193
Biklen, S.K. 374
Blair, S.N. 38, 332
Bloom, G.A. 394
Bogdan, R.C. 374
Borg, G.A. 228
Borg, W.R. 297-298, 353
Bourque, L.B. 307-308
Buchowski, M.S. 180-181

C

Campbell, D.T. 350-351, 354, 365
Carron, A.V. 276
Cheatham, J.P. 170, 192
Chen, K.Y. 180-181
Chien, I. 316
Christina, R.W. 25, 37, 55, 96-97
Cohen, A.S. 232
Cohen, J. 89, 138, 142
Cook, T.D. 365
Cooper, H. 274-275
Cornwell, A. 173
Costa, M.G. 232
Costill, D.L. 37
Creswell, J.W. 374, 377, 392, 395

D

Darud, J.L. 180-181
Day, R.D. 26-27, 67, 69, 74, 409, 417, 423
Denton, J.J. 300
Drowatzky, J.N. 99, 105, 108

E

Ellis, M.V. 195
Erickson, F. 382

F

Farquhar, A.B. 413
Farquhar, H. 413
Felix, G.L. 170, 192
Feltz, D.L. 276
Fielder, E.P. 307-308
Fink, A. 295
Fischman, M.G. 96-97
Flick, U. 392
Fowler, F.J. 295
Fox, K.R. 394
French, K.E. 37, 195, 275-276, 278, 283, 429

G

Gage, N.L. 391
Gall, J.P. 297-298
Gall, M.D. 297-298, 353
Gardner, R. 255
Gastel, B. 67
Gessaroli, M.E. 190, 196
Gill, D.L. 53
Gingras, Y. 61
Glass, G.V. 39, 274-278
Goetz, J.P. 316, 380-381, 383
Golding, L.A. 76
Greenockle, K.M. 163-164
Griffin, P. 110, 382
Grizenko, N. 394
Guba, E.G. 384

H

Haase, R.F. 195
Hagen, R.L. 142
Halverson, L.E. 312
Harris, C. 363
Harvey, W.J. 394
Hausenblas, H.A. 276
Hedges, L.V. 274-275, 277-283
Henry, F. 96-97

Hofschire, P.J. 170, 192
Humphries, C.A. 37

J

Johnson, R.L. 80-81
Joober, R. 394

K

Kavale, K. 275
Kennedy, J.J. 207
Kirk, J. 377
Kokkonen, J. 173
Konczak, J. 312
Kroll, W.P. 80-82
Kuhn, T.S. 34-36

L

Landers, D.M. 138, 276, 415
Lane, K.R. 80, 82-83
Langendorder, S. 76, 312
Larivière, V. 61
LeCompte, M.D. 316, 380-381, 383
Lee, A.M. 163-164
Lee, T.D. 363
Levine, R.V. 322
Light, R.J. 283
Lincoln, Y.S. 384
Locke, L.F. 37, 47, 69, 110, 374-375, 379, 382, 388, 399, 406
Lomax, R. 163-164
Lomax, R.G. 163

M

Mabley, J. 322
Mack, D. 276
Marco, I.T. 163
Marisi, D.Q. 76-79
Marsh, H.W. 163
Marshall, C. 374, 406
Martens, R. 35-36, 93, 387
Martinek, T.J. 192
Matt, K.S. 112
Matthews, P.R. 78
Mattson, D.E. 155

Mattson, P.D. 275
Mbebou, V. 394
McCaughtry, N. 374
McCloy, C.H. 47-48, 53
McCullagh, P. 197
McDonald, R.P. 162
McGaw, B. 39, 278
McPherson, S.L. 162, 188
Merriam, S.B. 306-307, 315-316
Meyer, K.N. 197
Micceri, T. 201
Miller, M.L. 377
Mood, D.P. 276
Morris, J.N. 336
Morrow, J.R. 276, 432
Morse, J.M. 374

N

Nelson, A.G. 173
Nelson, J.K. 208-209, 212, 226, 312
Nelson, K.R. 209, 383
Nietzsche, F. 267

O

Oishi, S.M. 307
Olkin, I. 275, 277-279, 280-282

P

Patton, M.Q. 307, 374, 378
Payne, V.G. 276
Pedhazur, E.J. 132
Peshkin, A. 381
Plano-Clark, V.L. 392
Polanyi, M. 35
Porter, A.C. 196
Porter, A.L. 425
Punch, K.F. 110-111
Puri, M.L. 207

Q

Quinn, S.A. 55

R

Rallis, S.F. 384
Raudenbush, S.W. 196

Reid, G. 394
Richards, L. 374
Rink, J. 320-321
Roberton, M.A. 76, 312
Robson, C. 392
Rosenthal, R. 140, 278, 283, 351
Rossman, G.B. 374, 384, 406
Rovegno, I. 374
Rubin, H.J. 307
Rubin, I.S. 307
Ryan, E.D. 322

S

Sachtleben, T.R. 171, 192
Safrit, M.J. 221-222, 232, 414
Sage, G.H. 387
Salazar, W. 138, 415
Salzinger, K. 47
Scheffé, H. 180-181
Schein, E.H. 35
Schmidt, R.A. 48-49, 363
Schumacker, R.E. 163
Schutz, R.W. 190, 196
Seidman, I. 307
Sen, P.K. 207
Shadish, W.R. 365
Shore, E.G. 99
Siedentop, D. 382
Silverman, S.J. 47, 69, 110, 217, 374, 388, 399, 406
Singer, J.D. 283
Smith, M. 39, 278
Snyder, C.W. Jr. 47
Sparling, P.B. 275
Spirduso, W.W. 47, 69, 110, 374, 388, 399, 406
Spray, J.A. 232
Stanley, J.C. 350-351, 354
Staples, K. 394
Stock, W.A. 278
Stodden, D. 76
Stull, G.A. 55
Subramaniam, P.R. 217
Sun, M. 180-181

T

Tashakkori, A. 391
Teddlie, C. 391
Templin, T.J. 110, 382
Teramoto, M. 76
Ter-Stepanian, M. 394
Tew, J. 194-195
Thomas, J.R. 37, 48, 104, 138, 162, 195, 208-209, 212, 275-276, 278, 283, 312-314, 415, 429
Thomas, K.T. 208-209, 212, 314
Thørgerson-Ntoumani, C. 394
Tinsley, D.J. 162
Tinsley, H.E. 162
Tran, Z.V. 276
Tsai, C. 300
Tuckman, B.W. 93
Tudor-Locke 334
Turner, A.P. 192

V

Verducci, F.M. 155

W

Wainer, H. 413-414
Weltman, A. 276
Werner, P. 320-321
Willett, J.B. 283
Wood, M. 194-195
Wood, T.M. 414

Y

Yin, R.K. 315-316
Yoon, S.H. 209

Z

Ziv, A. 148

ÍNDICE

Observação: O *f* e o *t* após o número da página se referem a figuras e tabelas, respectivamente.

A

a pergunta do advogado do diabo 306
AAHPERD 39, 309
abscissa 156
abstrações 262
acelerômetros 333-334
acessibilidade 26
acompanhamento
    para análise discriminante 194
    para ANOVA multivariada 195
    para ANOVA simples 180-184
    para questionário 302-303
acompanhamento de auditoria 385
actígrafo MTI 334
Adaptação de Cheffers do Sistema de Análise de Interação de Flanders 320-321
alfa (α)
    descrição de 136-137, 139f, 140, 174
    técnicas para ajuste 192-193
ameaça ao teste, à validade interna 351-352
ameaça da história, para a validade interna 351-352
ameaça da maturação, para a validade interna 351-352, 356
ameaças à validade interna
    arranjo cego para controle 356-357
    arranjo duplo-cego para controle 356-357
    controle de 356-358
    descrição de 351-354
    placebo para controle 356-357
    tipos incontroláveis de 357-358
American Physiological Society 409, 420, 428
American Psychological Association 409, 420
amostra
    amostra randômica estratificada 122
    amostra sistemática 122

atribuição randômica 123-124
definição de 121
justificativas *post hoc* para a 122
pesquisa qualitativa 375
princípio "bom o suficiente" para a 124, 353
questionário 294-295
representatividade da 294
seleção da 121-123, 294
seleção randômica da 121-124
amostragem
    baseada no critério 316
    intencional 316
    pesquisa de métodos mistos 393
    randômica estratificada 122, 294
    sistemática 122
análise
    de conteúdo 380
    de covariância. *Ver* ANCOVA
    de dados 345-347
    de item 230
    de trabalho 40, 317-319
    de variância. *Ver* ANOVA
    descrição da seção de métodos 94-96
    dificuldade de item 230-231
    discriminante 193-195
    do modelo misto multivariado 196
    duplamente multivariada 196-197
    estrutural 324
    fatorial
        definição de 162
        método de redução de dados 324
        uso da correlação em 145
        usos de 162-163, 217
ANCOVA
    descrição de 191-192
    multivariada 196
    uso de delineamento de grupo randomizado pré-teste – pós-teste 362
anonimato, direito a 110, 299, 376
ANOVA
    estimativas de fidedignidade usando 219t, 220
    fatorial
        com medidas repetidas 188, 191, 362
        componentes da 185-187

        definição de 184
        diferenças entre grupos testados com 211-212
        indicações para 184
        resumo de 187-188, 198t
        significância dos resultados 187
    intrassujeito 190
    medidas repetidas 24, 188-191, 212
    metanálise 280
    multivariada 195, 198t, 212
    simples
        cálculo da 178-181
        descrição da 178
        diferenças entre grupos testados com 210-211
        níveis de variáveis independentes em 187
        significado dos resultados 183-184
        teste de acompanhamento 180-184
    soma dos quadrados 178-179, 207, 280-281
    two-way (de dois caminhos) 190
ANOVA 2 X 2 185-186
ANOVA de medidas repetidas 24, 188-191, 212
ANOVA Krukal-Wallis por classificação 207
ANOVA *one-way*. *Ver* ANOVA simples
ANOVA *two-way* (de dois caminhos) de Friedman por classificação 207
ansiedade de estado 188
antropologia 373
antropologia cultural 373
aplicação de pesquisa epidemiológica 330
aprendizagem de habilidades motoras 48
apresentação oral de
    objetivo de 413
    perguntar a fazer antes de usar 417
    preparação de 417-420
    uso de 437
apresentações
    orais 436-437
    pôster 438-439
aptidão física 331

armazenagem dos dados 102
artigo científico
    dissertação *versus* 83-84
    estrutura da 84
    formato de 42-43
artigo de pesquisa. *Ver também* tese; dissertação
    apresentação de pôster de 438-439
    apresentação oral de 436-437
    crítica de 65*t*-66*t*
    formato de periódico para. *Ver* formato de periódico
    rejeição de 432
    revisão de 432-434
    submissão de, para periódicos 431
artigos. *Ver* artigos de periódicos; artigo de pesquisa
artigos de periódicos
    como fontes de literatura primária 51
    detalhes metodológicos em 88
    dicas para redação de 430-432
    frases científicas usadas em 63, 64-65*t*
    submissão de 431
assimetria 129, 130*f*
atividade física
    ataques cardíacos e 339, 339f
    atividade de monitores colados na cintura para acessar 333
    avaliação da 332-335
    definição de 331
    definições de medida para 331-332
    doença cardíaca e 327
    duração da 331
    espontânea 331
    estudos de coorte da 339
    estudos epidemiológicos. *Ver* estudos epidemiológicos
    frequência de 331
    intensidade de 331-332
    questionários sobre 332-333
    recomendações para 332
    volitiva 331
atribuição randômica 123-124
audiência
    seção de introdução e 75
    título e 74
autoria enganosa 102-103
autoridade 31
autorrelatos 379
axiologia 258, 260

B

banca de doutorado 109
banca de mestrado 109
banca de qualificação 402-405
barras de erros, nas figuras 419

bases de dados
    busca por computador de 57*t*
    descrição de 56
    eletrônicas 58
beta (β) 137
bibliografia comentada 55
bibliografias 55
1400/A Biblioteca Virtual 62
bibliotecas
    microformas 62-63
    serviços de 62-63
    uso do computador na 62
Boas, Franz 373
busca da literatura
    ajuste do escopo da 56, 58
    computadorizada 51, 56, 62
    descritores usados na 53
    escopo da 56, 58
    estratégias para 51
    fontes preliminares. *Ver* fontes preliminares
    fontes primárias. *Ver* fontes primárias
    fontes secundárias. *Ver* fontes secundárias
    Internet para 61-62
    leitura e registro da literatura de 63-65
    operadores de Boolean usados na 58, 58*f*
    passos envolvidos na 52-71
    planejamento da 56
    serviços de biblioteca para 62-63

C

campo de trabalho 110, 375
capacidade de transferência 384-385
carta
    de acompanhamento 302-303
    de apresentação 299-301
carta de apresentação
    para entrevista 306
    para questionário 299-301
catálogos computadorizados 56
causa e efeito
    critérios para 349
    estabelecimento de 96-97, 131-132, 349-350
    exemplos de 351
    foco na pesquisa experimental 349
Centro de Informação de Fontes Educacionais. *Ver ERIC*
ciência
    como investigação disciplinada 37
    definição de 30, 34
    normal 34-36
ciência normal 34-36
ciências naturais 34
cientistas empíricos 256
classificação 296

classificação de exaustão percebida 228-229, 332
clemência 229
coautores 103
coeficiente alfa 222
coeficiente alfa de Cronbach 222
coeficiente de contingência 206
coeficiente de correlação
    aplicação do teste t para 176-178
    coeficiente de determinação usado para interpretar 153-154
    descrição de 146
    fidedignidade expressa usando 218-222
    múltipla 159
    produto-momento de Pearson
        descrição de 120, 149-151
        determinações de fidedignidade no uso de 219
    significado de 153-154
    tamanho do 323
    transformação Z de 154-155, 155*t*, 449
    valores críticos de 448
coeficiente de determinação 153-154
coeficientes de fidedignidade 221-222
coleta de dados
    em pesquisa qualitativa 375-379
    entrevista usada para. *Ver* métodos de entrevista de 377-379
    grupos focal usado para 378-379
    pesquisa de métodos mistos 393-394
comparações planejadas 183-184
comportamento
    pesquisa observacional 318-320
comportamento afetivo
    definição de 226
    escala tipo Likert 228, 296-297
    escalas de classificação para 228-230
    escalas de semântica diferencial 228
    escalas para 228-230
    inventário de atitude de 226-227
    medida de 226-230
    pesquisa de personalidade 227
comportamentos humanos 35
computadores
    equipamento 121
    programa de computador 121
    uso na análise estatística 121
    uso na busca de literatura 51, 56, 62
    uso na classificação dos dados 380
concordância entre observadores 223
confiabilidade
    dados da pesquisa qualitativa 384-386
    definição de 384
confiança, de dados de pesquisa qualitativa 385
confidencialidade, direito a 110
confirmabilidade, de dados da pesquisa qualitativa 385

conhecimento
   fontes de 30-32
   intuitivo 31
   medida de 230-231
   método empírico de obtenção de 32
   método racionalista de obtenção 31-32
conhecimentos 424
consciência 257
consentimento informado 111-112, 299
consistência interna 221-222
construcionismo cultural 238
construcionismo social 238
construtos 245
contexto
   descrição do 141, 143
   em pesquisa histórica 244, 246-250
   tamanho do efeito e 143
contínuo de pesquisa 25-26
coortes 335
corpo docente
   orientação pelo 109
   orientador. *Ver* professor orientador
   trabalho com 108-110
correção de Geisser/Greenhouse 191
correção para continuidade 206
correção para continuidade de Yates 206
correlação
   "adequada" 154
   análise fatorial 162-163
   "boa" 154
   canônica 145, 162, 198t
   causa e 148-149
   definição de 145
   espúria 158
   fidedignidade da 152-153
   formas multivariadas de 162-164
   interclasse 219
   intraclasse 219-222
   modelagem de equação estrutural 163-164
   múltipla 145, 209
   negativa 148*f*, 148-149
   padrões de relações 148, 149*f*
   parcial 158
   positiva 120, 146-148, 147*f*
   semiparcial 158-159
   significância da 152-153
   simples 208-209
   técnicas estatísticas planejadas para testar 131
   uso da predição da 155-158, 161
   validade de construto estabelecida com 217
   variáveis envolvidas em 145
correlação de diferenças de classificação de 207
covariável 191
credibilidade 384

crenças 38
crítica
   de artigo de pesquisa 63, 65*t*-66*t*
   externa 243
   formulário de amostra para 66*t*
   interna 243-244
   revisão de literatura 70
   uso na pesquisa filosófica 266
Current Contents 54-55
Current Index to Journals in Education 54
currículo 244
curriculum vitae 430
curtose 129, 130*f*
curva característica do item 232
curva normal 129, 130*f*, 444-447

D
dados
   armazenagem de 102
   controle de caso 340
   entrevista 307
   estudos ecológicos 336
   medida nominal de 202
   não publicação de 100, 102
   pesquisa qualitativa
      análise de conteúdo 380
      análise dos 379-387
      capacidade de confirmação 385
      capacidade de transferência de 384-385
      categorização dos 380-381
      classificação de 380-381
      coleta dos 375-379
      confiabilidade de 384-386
      credibilidade dos 384
      interpretação dos 381-383
      relatório de 410
   plotagem de 89
   retenção de 102
   tamanho do efeito 283
dados ordenados 202, 207-208
dedução 262-263
definições operacionais 42, 79
delimitações 80
delineamento
   descrição da seção de métodos 94-96
   estudos epidemiológicos 335-344
delineamento comparativo causal 366
delineamento de comparação de grupo estático 359-360, 360*t*
delineamento de grupo-controle não equivalente 365-366, 367*t*
delineamento de grupos randomizados
   controle da ameaça da validade em 364*t*
   descrição de 361-362
   pré e pós-teste 362-363, 364*t*

delineamento de quatro grupos de Solomon 358, 363-364, 364*t*
delineamento de replicação comutada 366-367, 367*t*
delineamento de reversão 365, 367*t*
delineamento de séries de tempo 367*t*, 367-368, 368*f*
delineamento de sujeito único 368-371, 371*f*
delineamento de um grupo pré e pós-teste 359, 360*t*
delineamento *ex post facto* 366, 367*t*
delineamento intrassujeito
   participantes in 356
   tamanho do efeito para 279
delineamento pré e pós-teste de grupos randomizados 362-363, 364*t*
delineamentos analíticos
   ameaças da validade em 342-343
   estudos de controle de caso 340-342
   estudos de coorte. *Ver* definição de estudos de coorte 337
delineamentos experimentais
   descrição de 343-344
   pré-experimental. *Ver* delineamentos pré-experimentais
   quase-. *Ver* delineamentos quase experimentais
   verdadeiros
      ameaças à validade 364*t*
      definição de 360
      delineamento de grupos randomizado 361-363, 364*t*
      delineamento de grupos randomizados pré e pós-teste 362-363, 364*t*
      delineamento de quatro grupos Solomon 358, 363-364, 364*t*
      descrição de 360-361
delineamentos pré-experimentais
   ameaças à validade 360*t*
   definição de 359
   delineamento de comparação de grupo estático 359-360, 360*t*
   delineamento de um grupo pré e pós-teste 359, 360*t*
   estudo de uma tentativa 359, 360*t*
delineamentos quase experimentais
   controle de ameaça à validade em 365, 367*t*, 368
   delineamento de réplica trocada 366-367, 367*t*
   delineamento de reversão 365, 367*t*
   delineamento de séries de tempo 367*t*, 367-368, 368*f*
   delineamento de sujeito único 368-371, 371*f*
   delineamento *ex post facto* 366, 367t

delineamento de grupo-controle não
  equivalente 365-366, 367t
  descrição dos 364-365
  grupos intactos em 368
  objetivo do 365
  uso da randomização em 365
desconstrução 239, 266
descritores 53
desempenho, escores-padrão para
  comparação 224-225
desonestidade. *Ver* má conduta científica
  e desonestidade
desvio-padrão
  descrição do 125-126, 126t
  tamanho do efeito 278-279
desvios 110
determinantes 330
diagramas 418t
diferenças
  entre grupos 209-212
  significado de 168
  técnicas estatísticas planejadas para
    testar 131, 167-168
dificuldade do item 230-231
direitos autorais
  carta de permissão para 106f
  questões éticas com relação aos 105
discriminação do item 231
discurso 239
disseminação de saúde 330
dissertação. *Ver também* artigo de
  pesquisa
  agradecimentos na 424
  apresentação da hipótese na 78-79
  artigo de pesquisa *versus* 83-84
  autoria da 104
  contribuições do orientador para 104
  dados estatísticos apresentados na 409-
    410
  declaração do problema na 76-78
  definição operacional 79
  experimentos múltiplos apresentados
    na 412-413
  finalização da 408-412
  formato da 42-43
  formato de capítulo da 426
  formato de periódico para a 43, 425-
    430. *Ver também* formato de periódico
  formato tradicional da 425-426
  formatos de estilos para 427-428
  limitações listadas na 79-82
  objetivo da 425
  redação das orientações para 423-424
  resumo 435-436
  revisão de literatura na 70, 429
  seção de discussão de 410-412
  seção de introdução da 74-76
  seção de métodos da. *Ver* seção de
    métodos

seção de resultados da 408-410
seção de significância da 82-83
suposições listadas na 79-80
tabelas na 409
taxas de publicação para 425
título da 73-74
dissertação de mestrado 426
Dissertation Abstracts International 54,
  57t, 435
distorção
  definição de 342
  erro de medida como fonte de 343
  estudo epidemiológico 342, 346-347
  observador 229-230, 342
  publicação 282
  rememoração 342
  seleção 342, 351, 353, 355
distribuição
  assimetria na 129, 130f
  curtose em 129, 130f
  normal 130f
distribuição de frequência 128
doença
  distribuição de 329-330
  frequência de 329-330
  história natural de 337, 338f
  padrões de ocorrência 330
  período de indução de 338
doença cardíaca 327
doença cardiovascular
  atividade física e 327
  índices de mortalidade 329
duração da atividade física 331

E

e 58, 58f
efeito arquivo de gaveta 282
efeito da ordem 357
efeito de halo 229, 357
efeito Hawthorne 355
efeitos interativos do teste 354-355, 357
efeitos principais 185-186
efeitos reativos
  avaliação de 358
  controle de 357
  de arranjos experimentais 355
  de teste 354-355
  delineamento de quatro grupos de
    Solomon para 358
eixo *y* 419
empréstimo entre bibliotecas 62
enciclopédias 52
entrevista
  amostragem randômica estratificada
    para uso de pesquisa 122
  definição de 293
  descrição da 293
  desenvolvimento da habilidade para o
    desempenho 378

gravação de vídeo de 378
métodos de gravação 378
pesquisa qualitativa
  preocupações com a perda de dados
    307
  preparação de 306-307
  questionário vs. 39, 317
  telefone 39, 307-309
  uso de 377-378
  vantagens da 307
  vinheta narrativa criada de citações em
    383
enunciado do problema
  em teses ou dissertações 76-78
  descrição do 52
  estruturação do 77-78
  variáveis listadas no 76-77
epidemiologia
  aplicação 330
  de doença cardíaca 327
  definição de 329
  descrição de 40-41, 327
  descritiva 335-337
  determinantes 330
  distribuição 329-330
  do exercício 236
equação de regressão 155-157
equação de regressão múltipla
  papel da correlação parcial no
    desenvolvimento 158
  predição 161
equações de predição
  definição de 155
  regressão múltipla 161
equilíbrio estático 214
equipamento 121
equivalente metabólico 331-332
ERIC 54, 57t
erro (s)
  de amostragem 294-295
  escala classificatória 229-230
  expectativa de observador 230
  medida 218, 220
  padrão. *Ver* erro-padrão
  proximidade 229
  tendência central 229
  tendência do observador 229
  tipo I 136, 138f
  tipo II 136, 138f
erro de medida
  descrição de 218, 220
  padrão 223-224
  tendência causada por 343
erro-padrão
  da amostragem 294-295
  da estimativa 157-158
  da medida 223-224
  da predição 157
  descrição do 127-128

escala diferencial semântica 228
escala *T* 225
escala tipo Likert 228, 296-297
escalas de autoclassificação 228-229
escore de diferença 362
escore de erro 218
escore de ganho 362
escore não representativo 313
escore observado 218
escore verdadeiro 218
escore z 225
escores residuais 157
esfericidade 189
especialistas em ética (ou eticistas) 257
especificidade de população 161
especulação 265-267
esquemático 418*t*
estabilidade 221-222
estatística
   amostra. *Ver* amostra
   definição de 119
   intervalos de confiança 126-128
   razões para 119-120
   unidade de análise 124-125
   uso do computador em 121
estatística não paramétrica/testes
 estatísticos
   dados de ordem de classificação 202, 207-208
   definição de 129
   descrição de 201-202
   desvantagens da 129
   diferenças entre grupos 209-212
   estatística paramétrica *versus* 129
   qui quadrado. *Ver* qui quadrado
estatística paramétrica/testes estatísticos
   definição de 201
   descrição de 129
   estatística não paramétrica *versus* 201
estatísticas de testes 136-137
estatísticas descritivas
   em estudos experimentais 95
   em estudos quase experimentais 95
estatísticas livre de distribuição 129
estudante de pós-graduação
   envolvimento do corpo docente com 108-110
   questões éticas e 107-108
estudo de larga escala 104
estudo de uma tentativa 359, 360*t*
estudo-piloto 298-299, 305
estudos correlacionais
   descrição de 40
   medidas em 96-97
   participantes em 96-97
estudos de campo naturalistas 379
estudo de caso
   análise de trabalho 317-319
   atividades físicas 317

avaliativo 316
   características de 316
   definição de 315
   descrição de 40
   descritivo 315
   interpretativo 315-316
   obtenção e análise de dados 316-317
   participantes 316
   tipos de 315-316
estudos de controle de caso 340-342
estudos de coorte
   análises de 338-339
   definição de 338
   descrição de 335
   desvantagens de 340
   em atividade física 339
   vantagens de 340
estudos de predição 323
estudos descritivos
   ecológicos 336-337
   transversais 335-336
estudos desenvolvimentais
   descrição de 40
   método longitudinal 40
estudos desenvolvimentais *post hoc* 314-315
estudos epidemiológicos
   analíticos 337-343
   controle de caso 340-342
   coorte. *Ver* estudos de coortes
   delineamentos de 335-344
   delineamentos experimentais com tentativas randomizadas 343-344
   ecológicos 336-337
   fontes de distorção 342, 346-347
   interpretação de 344-347
   leitura de 344-347
   pedômetros usados em 334
   seção de conclusões de 346-347
   seção de discussão de 346-347
   seção de introdução de 345
   seção de materiais e métodos de 345-347
   seção de resultados de 346-347
   transversais 335-336
estudos longitudinais 311-312
estudos transversais 40, 312, 335-336
eventos igualmente possíveis 135
evidência
   definição de 242
   exame de 245
   leitura de 244-246
   pesquisa histórica 242-250
exercício. *Ver também* atividade física
   definição de 331
   previsibilidade e controle de 256
exibição gráfica, de dados do tamanho do efeito 283
expectativa 352, 354

experimento(s)
   múltiplo(s) 412-413
   planejamento de 89
exposição 330, 343

F

fabricação 100
falhas 96-97
falsificação 100
fatores de confusão 343
fatores de confusão potenciais 345
fatores de risco 328-330
fenômeno da crise de paradigma 35
fidedignidade
   coeficiente de correlação usada para expressar 218-222
   coeficientes de 221-222
   consistência interna para estimar 221-222
   entre avaliadores 221-223
   estabelecimento de 221-222
   fontes de erro de medida 218, 220
   método de estabilidade 221-222
   método de formas alternadas 221-222
   pesquisa desenvolvimental 313-314
   validade e 217-218
figuras
   objetivo de 413
   perguntas a fazer antes de usar, 417
   preparação de 417-420
   uso em apresentações orais 437
filósofos
   ambiciosos 259
   cientistas *versus* 256
   descritivos 263
fisiologistas 245
folha de resumo 50-51, 50-51*t*
fontes. *Ver* fontes primárias; fontes secundárias
fontes preliminares
   bibliografias 55
   buscas por computador 56, 62
   descrição de 53
   fontes de informação da biblioteca 55-56
   índices 51, 54-55
   resumos 54
fontes primárias
   críticas de 243-244
   críticas externas de 243
   críticas internas de 243-244
   definição de 51
   fontes preliminares usadas para descobrir. *Ver* fontes preliminares
   obtenção de 58-59
   periódicos. *Ver* periódico(s)
   pesquisa histórica 240, 242-243

fontes secundárias
  definição de 51
  enciclopédias 52
  pesquisa histórica 240-241
  revisão de pesquisa 52-53
força relativa 153
forjar dados 100
formato de periódico
  apêndices 428
  curriculum vitae 430
  descrição do 87
  dissertação ou tese escrita em 425-430
  estrutura do 427-430
  exemplos de 430
  informação de resultados 430
  informação do método 429
  resumo 439
  revisão de literatura 429
  seção de materiais preliminares 427
  seção do corpo 427-428
  sugestões e dicas para usar 430-432
  vantagens do 427, 439
fórmula da profecia de Spearman-Brown 222
formulário de codificação, para metanálise 276, 284-291
frases científicas 63, 64-65t
frequência
  de atividade física 331
  de doença 329-330
frequência relativa 135

G

gráficos 418t
  de barras 418t
  de caule-e-folhas 128, 128f, 201, 283
  de coluna 418t
  de curva 418t
  de fluxo 418t
  de *pizza* (torta) 418t
  de ponto 418t
graus de conhecimento 36, 37f
graus de liberdade 147-148, 205
gravação em vídeo das entrevistas 378
gravação em vídeo das observações 320-321
grupos focais 378-379

H

Health People 2010 328
hegemonia cultural 238
hipótese testável 33
hipóteses
  apresentação de, em dissertação ou tese 78-79
  características das 32-33
  definição de 51, 78
  em artigo de pesquisa 84
  intervalos de confiança usados em testes de 128
  nulas
    descrição de 78, 136t, 137
    falsidade de 143, 167
    poder e 138
    rejeição das 175, 349
    teste t como teste de 168
    valor das, na pesquisa em atividade física 142-143
  pesquisa 51
  pesquisa de métodos mistos 393
  revisão de literatura para desenvolver 50-51
  variabilidade da prática 49
histograma 128, 128f, 201
história descritiva 242
história narrativa 242
história natural da doença 337, 338f
homogeneidade de variância 171

I

ilustrações 420
"imersão dupla" 303
incidência 329
Index Medicus 54
índices 51, 54-55
índices de adequação do modelo 164
índices de mortalidade 329, 346-347f
Ingenta 57t
instrumento de atitude /inventários 214, 217, 226-227
instrumentos
  como ameaça a validade interna 351-352, 357-358
  descrição de 91-92
intensidade absoluta 331
intensidade da atividade física 331-332
intensidade relativa 331
interação seleção-maturação 352-354
interações significantes 186
interferência do tratamento múltiplo 355-356, 358
Internet 61-62
intervalos de confiança 126-128, 419
intervalos de frequência 128
invalidez 350-351
invariância de parâmetro 232
inventários de autorrelato 227
investigação científica 36-37
investigação estruturada 34
item bancário 232
itens escalados 296-297

J

jargão 67t-68t, 69, 74-75
justificativa *post hoc* 122

L

L 202, 207-208
lazer 331
lei da variável independente 184
Lei do Bem-estar Animal 112-114
leitura da pesquisa 27-30
limitações 79-82
linha de melhor encaixe 157-158
LISREL. *Ver* relações estruturais lineares
literatura auxiliar 240
literatura direta 240
livre de distribuição 129
livros-texto 51
logit 206

M

má conduta e desonestidade científica
  autoria enganosa 102-103
  definição de 99
  estocagem e retenção dos dados 102
  fabricação 100
  falsificação 100
  fontes de referência sobre 101
  modelo para considerar 105, 107-108
  motivações para 107
  não publicação de dados 100, 102
  plágio 99-100
  práticas inaceitáveis de publicação 103-105
  procedimentos de obtenção dos dados 102
  sanções para 107
manipulação 96-97
MANOVA 195-196
média 119, 125-126, 126t, 129
mediana 125-126, 129
medida nominal 202
medidas de tendência central
  definição de 125
  média 125, 126t, 129
  mediana 125-126, 129
  moda 126, 129
medidas específicas dos esportes 227
medidas não intrusivas 322-323
medidas repetidas
  com ANOVA fatorial 188, 191, 362
  com múltiplas variáveis dependentes 196-197
medidas(s)
  de comportamento afetivo 226-230
  de conhecimento 230-231
  de movimento 225-226
  de respostas escritas 226
metafísica 258
metanálise
  ANOVA 280
  apresentação dos dados 283
  codificação 276, 284-291

considerações metodológicas para 277-283
críticas da 277, 280
definição de 39, 274
exemplos de 275-277
história da 274
objetivo da 274-275
outliers 281-282
passos envolvidos na 274
questões de validade 275
regressão ponderada 280-281
resumo da 283-284
tamanho do efeito 274-276, 278-283
tendência de publicação 282
teste de homogeneidade 280
variáveis para codificar 276
método científico de resolução de problemas
   análise e interpretação do resultados 34
   definição de 30
   desenvolvimento do problema 32
   formulação da hipótese 32-33
   obtenção de dados 33, 213
método da forma paralela. *Ver* método de formas alternadas
método de contagem 320-321
método de contagem de frequência 320
método de diferença de grupo conhecido 217
método de duração 320-321
método de equivalência. *Ver* método de formas alternadas
método de equivalência racional de Kuder-Richardson 222
método de Flanagan 222, 231
método de formas alternadas 221-222
método de gravação contínua 320
método de intervalo 320-321
método de pesquisa 51
método Delphi 305, 309
método empírico 32
método longitudinal 40
método não científico de resolução de problemas 30-32
método narrativo 320
método racionalista 31-32
método teste-reteste 221-222
método teste-reteste no mesmo dia 222
metodologias descritivas 263
métodos dos quadrados menores 158
microformas 62-63
modelagem da equação estrutural 163-164
modelagem estrutural 145
modelo de regressão regressiva 159-160
modelo ecológico para promoção da saúde 330
modelo linear de análise estatística 142

modelo linear geral 202
modelo mentor 109
modelos log-lineares 206
modo 126, 129
Monitores de atividade de cintura 333
mortalidade experimental 351, 353, 358
movimento, medida de 225-226

N

não publicação de dados 100, 102
narrativa analítica 381-382
nominalismo 266

O

objetividade 223, 241
observação 379
obtenção de dados
   descrição de 32
   em método científico de resolução de problemas 33, 213
   em pesquisa qualitativa 375-379
   estudo de caso 316-317
   má conduta e desonestidade em 102
   sistemático 257
Operadores Boolean 58, 58*f*
ordenada 156
orientador
   contribuições na dissertação ou tese pelo 104
   mudança de 110
   na banca de qualificação 402
   seleção da 108-109
ou 58, 58*f*
outliers 102, 281-282

P

padrões de relacionamento 148, 149*f*
paradigma(s)
   "agência humana" 238
   definição de 237-238
   modernização 238
   pó-modernismo 238-239
   pós-estruturalismo 238-239
participantes
   amostra de. *Ver* amostra
   confidencialidade dos 110
   consentimento informado para 111-112
   definição de 88
   descrição de, na seção de métodos 89-91
   direitos de privacidade dos 110
   direitos dos 110, 376
   em delineamento intrassujeitos 356
   estudo de caso 316
   estudos correlacionais 96-97
   estudos experimentais 96-98

   informação sobre 90-91
   mortalidade experimental 351, 353, 358
   pesquisa correlacional 323
   pesquisa desenvolvimental 314
   pesquisa qualitativa 375-376, 384
   proteção dos 91
   proteção para os 110-112
   seleção dos 89-90
   sujeitos animais 112-114
   verificações de manipulação 96-97
participantes humanos. *Ver* participantes
pedômetros 333-334
pergunta de pesquisa. *Ver* perguntas(s)
perguntas fechadas 296-298
perguntas(s)
   para entrevista 306
   para questionário 296-298
   pesquisa de métodos mistos 393
   pesquisa histórica 241-242
   pesquisa qualitativa 374-375
   revisão de literatura para desenvolver 50-51
periódico(s)
   acusações de tendenciosidade em publicações 102
   artigos de revisão publicados por 52-53
   fatores de impacto 59*t*-61*t*, 61
   questões especiais 53
   submissão de artigo de pesquisa para 431
   tipos populares de 59, 59*t*-61t
pesagem hidrostática de 24
pesquisa
   analítica 37-39
   características da 23
   categorias de 235
   definição de 37
   desenvolvimental
      definição de 311
      escore não representativo 313
      estudos desenvolvimentais *post hoc* 314-315
      estudos longitudinais 311-312
      estudos transversais 312
      problemas metodológicos de 313-314
      proteção do participante 314
      questões de fidedignidade 313-314
      questões de semântica 313
   diagrama esquemático de 42*f*
   falhas na 96-97
   filosófica
      axiologia 258, 260
      características da 38, 255
      crítica 266
      desconstrução 266
      epistemologia 258

especulação 265-267
lado construtivo da 267
meta da 256-257
metafísica 258
objetivos da 256-259
problema de pesquisa 258-267
raciocínio dedutivo 262-263
raciocínio descritivo 263-265
raciocínio indutivo 261-262
razões para fazer 256, 258
resumo da 267-268
histórica
   contexto em 244, 246-250
   definição de 235
   delineamento de 242
   descrição de 38
   evidência usada em 242-250
   fontes 240, 242-244
   fontes de literatura 240-241
   fontes primárias 240, 242-243
   fontes secundárias 240-241
   linhas de questionamento 239-242
   paradigmas 237-239
   questões de objetividade 241
   questões para 241-242
   resumo de 249-251
   tópicos 239-242
interpretativa 388
leitura da 27-30
modelos alternativos de 34-37
natureza da 23-30
objetivo da 23
qualitativa. *Ver também* métodos mistos de pesquisa
   aplicações da 373, 387
   avaliações de qualidade 388-389
   características da 41
   ciência normal *versus* 36
   configurações 375-376
   considerações do contexto 144
   construção da teoria 383-384
   dados. *Ver* dados de pesquisa qualitativa
   definição de 35
   descrição de 236
   entrevista 377-378
   formulação de questões 374-375
   grupos focais em 378-379
   meta da 381
   narrativa analítica 381-382
   observação na 379
   participantes 375-376, 384
   problema de pesquisa 374
   procedimentos na 374-379
   projeto 406
   questões éticas 110, 376-377, 384
   referencial teórico como justificativa para 374-375
   relatório 386-387
   resumo da 388
   seleção da amostra 375
   tendência do pesquisador na 385
   vinheta narrativa 382-383
   visão geral da 373-374
quantitativa. *Ver também* pesquisa de métodos mistos
   considerações do contexto 144
   projeto 406
síntese de 39
visão geral de 42, 42f
pesquisa aplicada 24-25, 25t, 83
pesquisa básica 25, 25t, 83
pesquisa biomecânica 226
pesquisa correlacional
   definição de 323
   limitações da 324
   passos em 323-324
   usos para 145
pesquisa de campo 35
pesquisa de métodos mistos
   abordagens variadas de 392
   apresentação do estudo 394
   contínuo de 392f
   delineamento de 393
   descrição de 41-42, 236
   dificuldades associadas com 391
   exemplos de 394-395
   hipótese 393
   história dos 391
   paralelos 392-393
   perguntas 393
   questões de amostragens 393
   questões de coleta de dados 393-394
   questões para considerar 393-394
   sequenciais 392
pesquisa de personalidade 227
pesquisa descritiva
   definição de 39, 311
   técnicas usadas em 39-41
pesquisa experimental
   definição de 41
   descrição de 236
   objetivo da 349
   pesquisa observacional *versus* 328-329
   relações causa e efeito 349
   vantagens da 41
pesquisa observacional
   comportamentos 318-320
   considerações para 318-319
   descrição de 40
   limitação para 318-319
   observações 319-321
   pesquisa experimental *versus* 328-329
   pontos fracos da 320-322
pesquisa projeto. *Ver* projeto
pesquisadores pessimistas 260
pessoa-anos 338, 338f
pirâmide de probabilidade 193
placebo 356-357
plágio 99-100
poder (estatístico)
   aumento de 175, 186
   definição de 129, 174
   descrição de 138-141
   efeitos alfa sobre 174
   efeitos do tamanho da amostra no 140, 140t
   rejeição da hipótese nula e 175
   testes t e 174-176
população
   definição de 121
   estudo de controle de caso 340
   estudo de coorte 338
   estudo epidemiológico 345
pós-estruturalismo 238-239
pós-modernismo 238-239
práticas inaceitáveis de publicação 103-105
praticidade 26
predição 155-158, 161
prevalência 329
princípio KISS 69
princípio MAXICON 89
privacidade, direito a 110, 299, 376
probabilidade
   alfa (α) 136-137, 139f, 140, 174
   beta (β) 137
   definição de 135
   frequência relativa 135
   tabelas de expectativa para predição 216
problema
   abordagem do raciocínio dedutivo ao 47-49
   abordagem do raciocínio indutivo ao 47-49
   aprovação da banca de qualificação 403
   busca da literatura para descobrir. *Ver* busca da literatura
   critério para seleção 48
   declaração de, em dissertação ou tese 76-78
   identificação do 45-49
   pesquisa filosófica 258-267
   pesquisa qualitativa 374
   revisão de literatura 49-51, 64-70
   tipos teóricos de 46-47
problema de coorte 312
problema de pesquisa. *Ver* problema
procedimentos
   descrição dos, na seção de métodos 92-94
   falhas metodológicas nos 93-94
   teste piloto dos 93
programa de computador 121

programa de doutorado
  pesquisa como fundamento do 425
  seleção de 108
programas de pós-graduação
  modelagem de, na educação pós-
    graduada alemã 424
  seleção de 109
Project Active 343
projeto
  correção ortográfica do 403
  cronograma das fases 404
  definição do 43
  elementos de 399
  financiamento 406-407
  formato de periódico usado para 399
  interno 408
  pesquisa qualitativa 406
  pesquisa quantitativa 406
  preparação do 403
  processo envolvido no 402-405
  resumo do 420
  revisão do 412
  seção de introdução do 399-401, 421
  seção de métodos do 401, 421
promoção da saúde, modelo ecológico
  para 330
proposta de financiamento 406-407
PsycINFO 54, 57*t*
publicação
  dissertação 425
  práticas inaceitáveis 103-105
  tendência 282
  tese 425
publicação dupla 104

Q

questão de posição ideal 306
questão interpretativa 306
questionamento crítico 38
questionário
  acompanhamento 302-303
  amostra 294-295
  aparência do 298
  atividade física 332-333
  carta de apresentação com 299-301
  consentimento informado para 299
  construção de 295-298
  data de retorno para 300
  definição de 293
  entrevista *versus* 39, 317
  envio do 302
  estudo-piloto para 298-299
  extensão do 298
  formato de 298
  global 332
  história quantitativa 333
  "imersão dupla" 303
  incentivos financeiros para 300

métodos de entrega para 293
não respondentes para 303
objetivos do 293-294
objetivos do 293-294
preparação do relatório 303-304
questões abertas 296
questões fechadas 296-298
razões para usar 39
rememoração curta 332-333
representatividade da amostra no 294
respostas categóricas 297-298
resultados de 303-304
revisão do 298-299
questões abertas 296
questões éticas
  material com direitos autorais 105, 106*f*
  pesquisa qualitativa 110, 376-377, 384
  posições filosóficas subjacentes 28
  preocupação dos estudantes de pós-
    graduação sobre 107-108
questões hipotéticas 306
qui quadrado
  coeficiente de contingência 206
  definição de 202
  fórmula para 202
  observações usadas em 205
  restrições no use de 205-206
  tabela de contingência 204-205
  tamanho da amostra e 205
  usos de 201-202
  valores críticos de 454

R

r. *Ver* coeficiente de correlação
R. *Ver* coeficiente de correlação múltipla
R^2 168
r^2 140
$r_{12\cdot3}$. *Ver* correlação parcial
raciocínio
  crítico 265-267
  dedutivo
    definição de 262
    diagrama esquemático de 49*f*
    identificação do problema de
      pesquisa através de 47-49
    uso na pesquisa filosófica 262-263
  descritivo 263-265
  exigências para 48
  indutivo
    definição de 261
    diagrama esquemático de 49*f*
    identificação do problema de
      pesquisa através 47-49
    perigos associados com 262
    suposições associadas com 262
    uso da pesquisa filosófica 261-262
    vantagens e desvantagens do 261
randomização 356, 358, 365

razão de chance 340-341, 341*t*
razão *F*
  descrição da 24, 143
  em ANOVA multivariada 195
  na ANOVA 189, 191
  valores críticos da 451-453
razão *t* 175
redação
  clareza de sintaxe na 69, 70*t*
  da dissertação 423-424
  formato de periódico usado na. *Ver*
    formato de periódico
  jargões a evitar na 67*t*-68*t*, 69
  orientações para 423-424
  revisão de literatura 64-70
reducionismo 36
regressão
  estatística 351-353
  hierárquica 159
  múltipla. *Ver* regressão múltipla
  ponderada 280-281
regressão múltipla
  definição de 159
  problemas associados com 161-162
  procedimentos de seleção na 160*t*
  procedimentos para 159-162
  redução 161
relações estruturais lineares 163-164, 164*f*
relações inferência/inferencial 121, 245
relativismo 266
relato de colega 386
relatório
  experimentos múltiplos apresentados
    no 412-413
  figuras no. *Ver* figuras
  ilustrações no 420
  pesquisa qualitativa 386-387
  projeto. *Ver* projeto
  tabelas no. *Ver* tabelas
relatório de pesquisa. *Ver* relatório
Relatório de Scout 61
relevância 25*t*
resolução de problemas
  método científico de. *Ver* método
    científico de resolução de problema
  método não científico de 30-32
  métodos de 23
Resources in Education 54
respostas categóricas 297-298
respostas escritas, medida de 226
resultados 329
resumo de conferência 435-436
resumos 54, 435-436
retenção de dados 102
retração
  em regressão múltipla 161
  validação cruzada para a estimativa da
    215
  validade preditiva e 215

reunião da banca 403-404
revisão
  de artigo de pesquisa 432-434
  de questionário 298-299
revisão da pesquisa 52-53
revisão de literatura
  como apêndice 429
  crítica 70
  identificação de problema de pesquisa usando 49-51
  método de pesquisa de desenvolvimento usando 51
  objetivos da 49
  organização da 69
  plenitude de 70
  redação da 64-70
  seção de introdução da 65, 67
  seção de resumo e conclusões da 65
  seção do corpo da 65, 67
revisões
  componentes das 38
  definição da 38
  literatura. *Ver* revisão de literatura
  pesquisa 52-53
  publicações dedicadas a 38-39
risco relativo 339

S

sanções 107
seção de conclusões
  da revisão de literatura 65
  de estudo epidemiológico 346-347
  descrição de 43
seção de discussão
  da dissertação 410-412
  da tese 410-412
  de estudos epidemiológicos 346-347
  definição de 29
  descrição de 43
  do relatório de pesquisa qualitativa 386
seção de introdução
  de artigos de pesquisa 84
  de dissertação ou tese 74-76
  de estudo epidemiológico 345
  de projeto de pesquisa 399-401, 421
  de revisão de literatura 65, 67
  descrição da 43
  exemplos de 75-76
  redação da 74-75
seção de métodos
  de estudo epidemiológico 345-347
  descrição da 43
  descrição de procedimentos na 92-94
  descrições do delineamento e análise 94-96
  do projeto de pesquisa 401, 421
  instrumentos 91-92

  objetivo da 87
  participantes 88-91
  planejamento da 88-89
  reprodução do estudo após leitura 87
seção de resultados
  de dissertação 408-410
  de estudos epidemiológicos 346-347
  de relatório de pesquisa qualitativa 386
  de tese 408-410
  descrição de 43
seção de resumo 65
seção do corpo
  de revisão de literatura 65, 67
  no formato de periódico 427-428
seleção randômica da amostra 121-124
semântica 313
sessões de pôster 54
significação. *Ver também* tamanho do efeito
  da ANOVA fatorial 187
  descrição do 137-138, 141
  do coeficiente de correlação 153-154
  dos resultados da ANOVA simples 183-184
significância
  da correlação 152-153
  definição de 152
  descrição de 24
  estatística 28
  seção da dissertação com relação a 82-83
  seção da tese com relação a 82-83
sintaxe 69, 70t, 77
síntese da pesquisa. *Ver também* metanálise
  abordagem usada em 273
  definição de 273
Sistema de Análise de Interação de Flanders 320-321
Sociological Abstracts 57t
soma dos quadrados 178-179, 207, 280-281
SOSIG 62
SPORTDiscus 55, 57t
Statistical Analysis Sistem 121, 189-190
Statistical Package for the Social Sciences 121, 189-190
sujeitos animais 112-114
superstições 30
suposições 79-80
surveys
  amostragem randômica estratificada para pesquisa usando 122
  definição de 293
  eletrônico 304-305
  entrevista. *Ver* entrevista
  estudo-piloto para 298-299, 305

  método Delphi 305, 309
  normativos 39, 308-309
  questionário. *Ver* questionário
  resumo dos 309-310
  telefone 308

T

t^2 183-184
tabela da verdade 136, 136t
tabela de contingência 2 X 2 206
tabela de contingência 204-205
tabela de números randômicos 121-122, 442-443
tabelas
  como melhorar 414-416, 415f-417f
  em dissertação ou tese 409
  objetivo da 413
  perguntas a fazer antes de usar 413
  preparação da 413-417
  uso de apresentação oral de 437
tabelas de contingência multivariada 206-207
tabelas de expectativa 215-216, 216t
tamanho da amostra
  definição do 140
  efeitos da unidade de análise no 125
  estudo epidemiológico 345
  poder afetado pelo 140, 140t
  questionário 295
  qui quadrado e 205
  tamanho do efeito e 141
tamanho do efeito
  alfa e 138, 139f
  apresentação de dados 283
  aumento do 140
  contexto e 143
  definição de 137, 140, 168, 175, 274
  delineamento intraparticipantes 279
  desvio-padrão para 278-279
  efeitos estimados do tratamento usando 279-280
  fórmula para 137-138, 140
  interpretação de 142, 142t, 175
  metanálise 274-276, 278-283
  significância dos dados estimados usando 141, 168, 170
  tamanho da amostra e 141
  um modelo explicativo apropriado para 280
  variância do 280
tarefas balísticas 48
taxa de erro em relação ao experimento 192-193
técnica das metades 222
técnica de Bonferroni 192, 196
técnica de decréscimo de *F* 194-195, 197

técnica de seleção progressiva
　uso da análise discriminante na 194
　uso da regressão múltipla 160*t*
técnica de seleção regressiva
　uso da análise discriminante194
　uso da regressão múltipla 160*t*
técnica gradual
　uso da análise discriminante da 194
　uso da regressão múltipla da 160*t*
técnica pareada 356
técnicas estatísticas
　aplicação de dados de 131
　categorias de 131
　foco específico de correlação de 131
　foco específico de diferenças de 131, 167-168
　medidas de tendência central. *Ver* tendência central
　medidas de comparação de 198*t*
　testes. *Ver* testes estatísticos
　variabilidade. *Ver* variabilidade
técnicas multivariadas
　análise discriminante 193-195
　ANCOVA 196
　ANOVA 195, 198*t*, 212
　descrição de 193
técnicas univariadas
　análise discriminante e 194
　descrição de 193
tenacidade 30
tendência central, medidas de
　definição de 125
　erros em 229
　média 125-126, 126t, 129
　mediana 125-126, 129
　moda 126, 129
tentativas clínicas 343
tentativas de comunidade 343-344
tentativas randomizadas 343-344
teoria
　construção da, em pesquisa qualitativa 383
　crítica 388
　da modernização 238
　da resposta do item 231-232
　definição de 383
　do circuito fechado 48
　do teste clássico 231-232
　do traço latente 232
　esquema 48
　fundamentada 384
　relatividade 34
teorização 383
tese. *Ver também* artigo de pesquisa
　agradecimentos na 424
　apresentação de hipóteses na 78-79
　autoria da 104
　conclusão da 408-412

contribuições do orientador para a 104
dados estatísticos apresentados na 409-410
declaração do problema na 76-78
definições operacionais 79
experimentos múltiplos apresentados na 412-413
formato de capítulo da 426
formato de periódico para 43, 425-430. *Ver também* formato de periódico
formato tradicional da 425-426
formatos de estilos para a 427-428
índices de publicação para 425
limitações listadas na 79-82
objetivo da 425
redação de orientações para a 423-424
resumo de 435-436
revisão de literatura na 70, 429
seção de discussão 410-412
seção de introdução da 74-76
seção de métodos da. *Ver* seção de métodos
seção de resultados da 408-410
seção de significância da 82-83
suposições listadas na 79-80
tabelas na 409
título da 73-74
teste adaptativo 232
teste de dados pareados ordenados de Wilcoxon 207
teste de escada (*step*) 145
teste de homogeneidade 280
teste de Kraus-Weber 39
teste de Scheffé 180-182, 186, 194, 414*t*
teste *t*
　bicaudal 173-174, 450
　definição de 120
　dependente 171-173, 175
　diferenças entre grupos testados com 210
　entre a amostra e a média da população 168-169
　independente 169-171, 174
　interpretação do 173-176
　r e 176-178
　unicaudal 173-174, 450
　valores críticos para 451
teste *U* de Mann-Whitney 207
testes de campo 223
testes estatísticos
　categorias de 129-131
　não paramétrico 129
　objetivos dos 167
　paramétrico 129
　transformação Z para 154-155, 155*t*, 449
título 73-74

tópico
　identificação do 45-49
　orientações para encontrar 46-47
　pesquisa histórica 239-242
　websites para descobrir 61-62
tópico de pesquisa. *Ver* tópico
trabalho piloto 93-94, 375
transformação Z 154-155, 155*t*, 449
transformação Z de Fisher 154
tratamento
　aplicações da amostra para 123
　tamanho do efeito como estimador dos efeitos de 279-280
tratamento experimental
　arranjos de, efeitos reativos do 355
　tendência de seleção e 355
triangulação 385-386
turno 305

U

unidade de análise 124-125
unidades do desvio-padrão 138
uso adequado de material com direitos autorais 105

V

validade
　ameaças à 342-343, 351-358, 360*t*, 364*t*, 367*t*
　concorrente 213-214
　construto 213, 217
　conteúdo 213-214
　critério 213-216
　definição of 213
　ecológica 25, 358
　externa
　　ameaças à 354-356, 358
　　definição de 33
　　importância de 33
　　pesquisa que foca na 351
　face 213
　fidedignidade e 217-218
　importância da 350
　interna
　　definição de 33
　　importância de 350
　　pesquisa que foca na 351
　lógica 213-214
　metanálise 275
　preditiva 214
　validação cruzada 215
variabilidade
　de prática 49
　definição de 125
　desvio-padrão 125-126, 126*t*
　distribuição de frequência 128
　estatística 125-129

gráfico de caule-e-folhas 128, 128f, 201, 283
intervalos de frequência 128
variância 125
variância
   compartilhada 153, 153f
   entre tentativas 220
   erro 175
   homogeneidade da 171
   população 278
   tamanho do efeito 280
   verdadeira 175
variáveis
   categóricas 76, 188-189
   de controle 76

dependentes
   definição de 32, 76-77, 194
   descrição de 76-77, 194
   em delineamentos de grupo randomizado 362
   medidas repetidas com múltiplas 196-197
enunciado do problema, listagem de 76-77
estranhas 77
independentes
   descrição de 32, 76-77, 94
   efeitos principais 185-186
   lei da 184
   manipulação de 96

   manipulação de pesquisador das 77
   padrões de relações 148, 149f
   uso da pesquisa correlacional de 145
verificação de caso negativo 386
verificação de membro 386
vinheta narrativa 382-383

W

Web of Science 57t
websites 61-62